CORRESPONDANCE INÉDITE

DU

GÉNÉRAL-MAJOR DE MARTANGE

OUVRAGES DU MÊME AUTEUR

Journal du corsaire Jean Doublet de Honfleur, lieutenant de frégate, sous Louis XIV, publ. d'après le manuscrit autographe, avec introduction, notes et additions. Paris, 1884, 1 vol. in-8 carré.

Les Archives de la ville de Honfleur, notes historiques et analyses de documents, extraites des archives communales et publiées en vertu d'une délibération du conseil municipal. 1 vol. in-8. Paris, Alph. Picard, 1885.

Documents relatifs à la marine Normande et à ses armements aux XVIe et XVIIe siècles pour le Canada, l'Afrique, les Antilles, le Brésil et les Indes. (*Ouvrage couronné par la Société de géographie*). Rouen, 1889, 1 vol. gr. in-8.

Histoire de Pierre Berthelot, pilote et cosmographe du Roi de Portugal aux Indes orientales, Carme déchaussé né en Normandie. Paris, Picard, 1889, gr. in-8. *Portrait*.

Le Compte du clos des Galées de Rouen au XIVe siècle (1382-1384). Rouen, Cagniard, 1893, gr. in-8.

Essai historique sur Moulineaux et le château de Robert le Diable, suivi d'une notice sur le fief de la Vacherie-sous-Moulineaux. In-8, 219 pages et grav. Rouen, imprimerie Gy, 1896.

Le Vieux Honfleur et ses Marins. 1 vol. in-8 (374 pages). Rouen, Léon Gy, 1897.

CORRESPONDANCE
INÉDITE
DU
GÉNÉRAL-MAJOR
DE MARTANGE

AIDE DE CAMP DU PRINCE XAVIER DE SAXE

LIEUTENANT GÉNÉRAL DES ARMÉES

(1756-1782)

RECUEILLIE ET PUBLIÉE AVEC INTRODUCTION ET NOTES

PAR

Charles BRÉARD

PARIS

A. PICARD ET FILS, ÉDITEURS

Libraires de la Société de l'École des Chartes et des Archives Nationales

82, Rue Bonaparte, 82

—

1898

NOTICE BIOGRAPHIQUE

I

Il y a à peine quelques années, on s'accordait généralement à dire qu'on ne se lasse pas d'étudier le dix-huitième siècle. Cette assertion, accueillie alors comme une sorte d'axiome, pourrait fort bien rencontrer une certaine opposition aujourd'hui. Il est bien possible qu'on la trouve trop absolue, et nous ne ferons aucune difficulté de convenir qu'en effet, à l'heure présente, reparler, après tant d'autres, de cette époque, y ramener l'attention quand les études historiques s'attachent à un autre temps, c'est venir un peu tard. Sur le dix-huitième siècle, d'innombrables publications sont là pour satisfaire la curiosité la plus passionnée. Cependant ce siècle exerce encore une séduction si pénétrante que peut-être la correspondance du général de Martange sera-t-elle accueillie avec intérêt[1].

L'auteur est une figure peu connue mais qui n'est pas sans mérite ni sans originalité. Ancien séminariste, professeur, officier, agent diplomatique, homme de cour et homme de plaisir, il vécut, jeune encore, dans l'intimité du meilleur monde. Il sut en tirer bon parti.

---

1. Cette correspondance a été signalée par M. Vallet de Viriville, dès 1841 (*Archives hist. de l'Aube*, p. 334-340) : elle n'a pas passé inaperçue aux yeux des archivistes qui lui ont succédé à Troyes. En 1853, M. Ph. Guignard écrivait : « Je signale, comme ayant une grande valeur pour notre histoire, la correspondance et les mémoires du général de Martange, pendant les années 1765, 1766 et 1767, qui contiennent les renseignements les plus curieux et les plus intéressants sur la Dauphine. *Rapport sur les papiers de S. A. R. le prince Xavier de Saxe*, etc. Dijon, 1853, in-4°.

Sur le tard, il se mêla à une société moins choisie et profita des circonstances. On le vit, selon les temps, à Versailles où il y avait des armées d'esprits rôdeurs, et à Marly, où toutes sortes de gens étaient admis. Dans la partie intime et confidentielle de ses lettres, le général de Martange parle d'une plume libre de l'une et l'autre société. On a les récits d'un témoin et les récits d'un acteur. Il faut se le représenter comme un homme d'infiniment d'esprit, d'un esprit très fin et très perspicace, comme un homme de talent. Il sut dès sa jeunesse, se ménager des influences puissantes; elles lui donnèrent le moyen de s'introduire d'abord chez les ministres des cours secondaires de l'Allemagne, ensuite auprès des ministres de France. Il trouva en l'un de ces derniers un ennemi. Son grand protecteur fut le prince Xavier de Saxe[1]; il en a tracé le portrait le moins flatteur après avoir été son confident, son secrétaire, son courtier politique et son courtier d'affaires. Dans les négociations secrètes qu'il mena à l'étranger, il usa, et peut-être abusa de la protection du Dauphin et de la confiance de la dauphine Marie-Josèphe. Quand cette princesse ne fut plus là, il pénétra dans la société de Mme du Barry qui l'employa à son service secret. Alors, comme ce Scipion, l'honnête secrétaire de Gil Blas, il aurait pu dire : « C'est bien à la cour qu'il y faut regarder de si près; sous quelque vilaine forme que la fortune s'y présente, on ne la laisse pas échapper. » Cependant, il s'y donna une peine extrême pour n'accroître ni sa réputation ni sa fortune. A travers la correspondance qui se rapporte à la seconde partie de sa vie, on entrevoit qu'il passa par l'armée pour devenir courtisan; qu'il ne songea qu'à se pousser sans rien faire; qu'il se berça d'illusions, de l'idée de grandes charges jusqu'au

---

1. Xavier-Auguste, né le 24 août 1730, mort le 31 juin 1806, dans sa résidence de Zabeltitz près de Dresde. Il commanda un corps de dix mille Saxons pendant la guerre de Sept-Ans; gouverna la Saxe comme régent pendant la minorité de son neveu Frédéric-Auguste, de 1763 à 1768. Attiré par sa sœur Marie-Josèphe, mariée en 1747 au Dauphin, le prince Xavier se retira en France sous le nom de comte de Lusace. En 1775, il acquit de Maximilien de Rohan, archevêque de Bordeaux, la terre de Pont-sur-Seine, qui devint alors une résidence vraiment royale. L'approche de la Révolution en arracha le prince Xavier; il quitta la France en 1790 ou 1791.

moment où, réduit à un état de médiocrité qui n'était pas loin de l'indigence, il renonça à la lutte et se résigna à quitter la France : une pauvreté noble, écrivait-il, vaut mieux qu'une opulence malhonnête.

En 1768, l'Électrice douairière de Saxe disait : « M. de Martange est un esprit fécond en intrigues. » — « C'est l'un des plus grands intrigants de l'Europe, répondait le duc de Choiseul, le roi n'a pas besoin des services d'un homme tel que lui. » Louis XV ajoutait : « C'est un homme capable de bouleverser le royaume. » Voilà une appréciation préliminaire, destinée à donner immédiatement au lecteur la clef de la correspondance qui va suivre.

Marie-Antoine Bouët de Martange naquit, le 10 février 1722, à Renancourt, hameau de la commune de Villemeux (Eure-et-Loir). Il avait reçu de son père le nom de Bouët[1], mais il laissa ce nom à l'écart et prit celui de Martange qui paraît un nom supposé. On lui connaît une sœur aînée, Jeanne-Hélène-Françoise, née en 1715, et un frère cadet, Charles-Louis, né en 1724. On ne retrouve aucunes traces ni de l'un ni de l'autre. Ils étaient les trois enfants d'André Bouët, intendant du marquis de la Salle[2].

On ne sait pourquoi Martange se laissait qualifier du titre de vicomte, ni pour quel motif il faisait usage d'armoiries : d'azur au chevron d'or accompagné de trois roses. Il ne paraît pas impossible cependant qu'il ait été anobli en Saxe.

Il semble qu'on le destinait à l'Église, et qu'il obtint, jeune encore, le prieuré de Cossay, dans le Maine. Ensuite il devint professeur de philosophie en Sorbonne. On raconte — mais nous n'avons

---

1. Et non *Bonet* ou *Bonnet*.
Voici son extrait baptistaire :
« Le mardi, dixiesme jour de février (1722), à trois heures après midy, a esté baptizé Marie-Antoinne Boüé, né le matin du légitime mariage, d'entre noble personne André Boüé, intendant de la maison de M. le marquis de la Salle, et demoiselle Marie-Françoise Richelet, les père et mère demeurant à Renancourt, de cette paroisse, etc. » — Reg. des baptêmes de l'église Saint-Pierre de Cappé-Villemeux, diocèse de Chartres.

2. Louis de Caillebot, marquis de la Salle, baron de Renancourt, marié à D[lle] Jeanne-Hélène Gillain de Benouville.

pu contrôler l'exactitude du renseignement, — on raconte[1] que le maréchal de Lowendahl assistant à un de ses examens, fut frappé de sa tournure et lui dit gaiement : « En vérité, un uniforme vous irait mieux que votre robe, » Martange convint qu'il troquerait volontiers. Quelques mois plus tard, le 17 décembre 1745, le maréchal lui donna une lieutenance dans son régiment.

D'après la notice de ses services[2], ce fut en qualité de lieutenant et comme aide-de-camp du maréchal de Lowendahl que, l'année suivante, Martange prit part aux sièges de Bruxelles, de la citadelle d'Anvers, de la ville de Namur et à la bataille de Raucoux. Nommé au régiment allemand de la Dauphine, peu de temps après, il fit dans les Pays-Bas la campagne marquée par la conquête de la Flandre hollandaise et le siège de Berg-op-Zoom. A la paix d'Aix-la-Chapelle (1748), il fut mis en réforme comme Français; mais il reçut l'autorisation de passer au service de l'Électeur de Saxe. Le brevet de capitaine aux grenadiers-gardes et la patente de major de l'infanterie l'attendaient à Dresde.

Voilà les premiers pas de Martange : il n'était encore qu'un jeune officier avantageusement apprécié de l'état-major saxon, très bien en cour auprès d'hommes importants; comme particulier, il n'était pas connu. A Dresde, où il commandait une compagnie de vétérans, il se mit en tête de se marier, afin de s'avancer dans le monde. Laissant faire les hasards de la vie mondaine, il avait rencontré une jeune femme, Mme de Rachel, veuve depuis un an à peine d'un conseiller des Accises et fille d'un négociant de Lyon[3]. Martange l'épousa en 1754. C'était une personne très distinguée par l'intelligence, l'esprit et l'instruction; « une femme charmante, écrivait M. du Metz, on ne peut plus aimable, beaucoup d'esprit et très orné, voyant une très bonne compagnie et estimée de tous ceux qui

---

1. *Biogr. Michaud.*
2. Arch. adm. du ministère de la guerre.
3. Elle se nommait Marguerite Dufour. Elle était fille de David Dufour, marchand de fourrures, à Lyon. En 1745, elle s'était mariée en premières noces à Jean-Thomas de Rachel, mort en octobre 1753, laissant deux enfants, une fille qui résidait à Augsbourg en 1769, et un fils, M. de Rachel, lieutenant-colonel au service de l'électeur de Saxe en 1771.

la connaissent. » S'il en faut juger par plusieurs lettres de sa mère, Mme de Martange n'aurait pas tenu la place qu'elle méritait dans les combinaisons de l'existence de son mari. Cependant il est impossible de ne pas être frappé du ton affectueux de la correspondance intime de celui-ci et de la chaleur avec laquelle les joies de la famille y sont dépeintes.

L'époque du mariage de Martange fut aussi celle où, pour la première fois, il montra ses qualités de diplomate. La cour de Saxe les utilisa d'abord; le prince Xavier, frère de la Dauphine, en fit usage ensuite. Martange avait vite compris l'avantage qu'il pouvait tirer de l'amitié qui l'unissait à ce prince; il s'appliqua à flatter sa vanité, à lui inspirer des projets chimériques et à les servir. Mais s'il est un prince de Saxe à qui le jour de l'histoire soit peu favorable, c'est bien le prince Xavier. L'on conçoit sans peine que les ministres de France aient accusé Martange d'être le grand agitateur de cet esprit frivole et borné[1]. Dans une lettre du 30 mars 1761, que l'on trouvera plus loin, Martange écrivait ce qui suit : « Ce prince a, avec très-peu de dehors, le meilleur fonds qu'on puisse souhaiter, il est essentiellement juste. Je n'entends pas vous nier qu'il n'y ait beaucoup de taches à l'extérieur, comme de l'empressement, de la timidité dans la conversation, de l'embarras dans la façon de se présenter, trop d'amour pour le particulier; mais considérez tout cela comme une suite de son éducation. Il a eu le plus sot des gouverneurs possible, ignorant, avare, hypocrite, c'est en trois mots : le comte de Bellegarde. Il a été de plus moins chéri que les autres. En croissant, des chevaux, des chiens et des valets, voilà sa jeunesse jusqu'à la guerre. » Ce seul passage, parmi tant d'autres, des lettres de Martange, suffiroit pour faire comprendre l'influence, l'espèce de fascination exercée sur le prince Xavier par un homme qui employa tout ce qu'il avait d'esprit et de talent à le séduire. Il y parvint, et on les vit tous les deux figurer dans les négociations

---

1. D'après le duc de Choiseul. Au contraire, le marquis d'Argenson a écrit « Le prince Xavier, puîné du prince royal, a de l'esprit et de la figure, il est alerte et ambitieux. Se voyant supérieur à son aîné par ses qualités, il espérait devenir roi. » (*Journal et mémoires*, V, 235.)

les plus importantes et dans les guerres les plus générales de l'Europe.

II

En 1756, la France modifia inopinément sa politique traditionnelle; elle se sépara de la Prusse pour se jeter dans les bras de l'Autriche. Ce revirement de système, l'invasion de la Saxe par Frédéric II, l'état malheureux du roi de Pologne, furent les circonstances nouvelles et critiques qui mirent Martange en mouvement. La Saxe, liée avec la cour de Vienne et, par conséquent, emportée à servir les vues de la cour de Londres, se décida à répudier la cause britannique, à prendre des engagements avec la France et à concilier le grand chancelier de Russie, comte de Bestuchef, à la cour de Versailles. Pour présenter ces nouveaux desseins, le comte de Brühl, premier ministre d'Auguste III, fit choix du général de Fontenay et lui adjoignit Martange en l'invitant à s'adresser directement à la Dauphine, puis à se ménager des entrevues avec M. de Rouillé et l'abbé de Bernis.

Martange saisit avec empressement une occasion de répandre en France quelque bruit sur son nom. Il quitta Dresde au mois d'octobre 1756. Par les instructions dont il était porteur, le comte de Brühl offrait de s'employer pour hâter l'entière conciliation des cours de France et de Russie; il désirait en outre être éclairé sur l'état que l'on destinait au roi après la pacification générale et obtenir que les transfuges saxons fussent payés par la France. Sur ces derniers points, Martange devait échouer.

Au mois de février 1757, il obtint plusieurs audiences de M. de Rouillé, à la suite desquelles on décida en conseil d'accepter les offres du comte de Brühl. Auprès de l'abbé de Bernis, Martange fut moins heureux, quoique ce ministre « eût bien voulu se ressouvenir des temps éloignés où il l'avait vu se disposer à être comme lui l'un des oints du Seigneur[1] ». Il revint à la charge, mais ce fut en pure

---

1. Lettre du 18 février 1757.

perte. On lui dit avec force que le bien de la Saxe était assurément le principal objet que le Roi s'était proposé dans la recherche de l'amitié de l'impératrice de Russie; mais il ne reçut que des réponses évasives au sujet de l'entretien des troupes saxonnes par la France.

Martange ne prolongea pas son séjour à Paris au delà de quatre mois. Son retour fut annoncé à M. Durand par le comte de Broglie qui songeait à se l'attacher : « Je ne dois pas finir cette lettre, sans vous dire un mot de M. de Martange. Je le crois bon à être attaché à nos intérêts. Je pense que vous pouvez luy parler avec confiance et qu'il s'employera volontiers dans les choses où vous le jugerez à portée de nous servir[1]. » Il partit chargé d'une lettre de la Dauphine pour le prince Xavier et il se rendit en Bohême : « la connaissance qu'il avoit du local et ses lumières sur la guerre le mettoient en état de rapporter des notions bien précises sur des affaires qu'il importait avant tout de savoir[2]. »

Il était en Bohême quand ce pays fut envahi par les troupes prussiennes et il prit part à la tête des grenadiers saxons à la bataille de Prague. C'est à ces opérations militaires que se rapportent deux mémoires, datés des mois de février et mai 1757, relatifs à des projets de campagne pour un corps d'armée russe qui devait être composé de vingt-cinq mille hommes, partir de Grodno et opérer en Silésie. Martange était de retour à Vienne où il élaborait des plans en vue de l'intervention de l'armée française, lorsqu'il y vit arriver le comte de Broglie, de qui on attendait en ce moment le salut. « C'est le plus grand bonheur, écrivait-il, que M. le comte de Broglie soit arrivé à cette cour dans les conjonctures fâcheuses d'allarmes et d'étonnement auxquels on y est assez généralement livré. On a trouvé dans cet ambassadeur de la tête, des ressources et des vues, et il m'a paru qu'on en avoit grand besoin[3]. »

Quelques jours plus tard, Martange entrait en campagne à la suite du prince Xavier de Saxe, se distinguait à la bataille de

---

1. Arch. des Aff. Étr., Pologne, 251.
2. Aff. Étr. Pologne, 255; lettre du comte de Broglie, 6 mai 1757.
3. Lettre du 24 mai 1757.

Chotzemütz où il était blessé d'un coup de feu et avait deux chevaux tués sous lui. Un mois après, il recevait la croix de Saint-Louis. A ce propos, la Dauphine adressa au général de Fontenay le billet qui suit, qui est sans signature et sans date :

« J'ay eu un bien grand plaisir ce soir, car M. de Paulmy m'a fait dire que la manière dont Martange s'étoit conduit et la gloire qu'il s'étoit acquise faisoit une exception à tout ce qu'il avoit alégué contre luy jusqu'à présent et qu'il comptoit demander la croix de Saint-Louis pour luy. Mandez donc à ce gros cochon qu'il doit être content d'avoir été blessé, premièrement puisqu'il y trouve tant de plaisir, et en second lieu puisque cela luy vaut la croix de Saint-Louis, mais que c'en est assez et qu'une seconde fois il n'y a ni tant de plaisir ni croix à espérer[1]. »

A ces expressions familières, on s'aperçoit que Martange est en grand crédit déjà, qu'il jouit d'une réputation qui ne tardera pas à donner de brillants résultats.

Mais nous n'insisterons pas sur sa carrière militaire ; elle offre assez peu d'incidents pour qu'un simple aperçu suffise. Devenu colonel en 1758, appelé sur les bords du Rhin à commander les grenadiers du corps saxon joint à l'armée du prince de Soubise, Martange se fit remarquer de nouveau à la bataille de Lutzelberg livrée le 10 octobre. Il en a écrit une relation dont un fragment est resté dans ses papiers. C'est un morceau d'allure officielle, sans doute destiné à quelque gazette d'Allemagne : le narrateur y étale non sans complaisance l'ardeur, la discipline, le dévouement des Saxons à côté desquels il avait combattu. Sa correspondance privée, qui offre un plus grand fonds d'enseignement et d'agrément, est peut-être un meilleur morceau d'histoire touchant les troupes mercenaires qu'il commandait ; il mérite beaucoup plus de confiance. Les lettres écrites à Mᵐᵉ de Martange des camps de Paderborn, d'Eimbech et de Gandersheim ne laissent pas de nous apprendre beaucoup de particularités et d'anecdotes qui ne sont pas toutes

---

1. Orig. aux Arch. dép. de l'Aube. Cf. Thévenot, *Correspondance du prince Xavier de Saxe*, p. 105.

indifférentes. On remarquera qu'il y manifeste le désir de sortir du service de la Saxe, « de la galère où il est ». Ce souhait était-il sans artifice? On en peut douter. La galère dont il parle n'était point aussi dure qu'il se plaît à le dire. Audacieux et adroit, insinuant et actif, toujours en fonds de belle humeur, il réunissait tout ce qui pouvait lui faire supporter l'isolement des garnisons. Pour s'en convaincre, il suffit de lire les curieuses correspondances conservées dans le dépôt d'archives de l'Aube, à Troyes.

C'était au mois d'avril 1760. Martange venu de Strasbourg à Remiremont en la compagnie de plusieurs dames chanoinesses fut reçu à l'abbaye de Saint-Pierre dont alors était abbesse la princesse Christine de Saxe, « bonne jusqu'à la faiblesse et malheureusement laide à faire retourner la tête[1]. » On s'amusait à l'abbaye, on y recevait beaucoup de monde dans les appartements particuliers de la princesse et aux bâtiments des étrangers. Il y avait une excessive liberté dans cet établissement qui n'était que mondain. C'est ainsi qu'en parlent les Mémoires de ce temps. La verve et la gaieté de Martange s'y donnèrent carrière et y produisirent un certain effet. L'année suivante, la princesse Christine écrivait :

« C'est aujourd'huy la fête de l'ordre, mais je crains que notre dîner ne soit plus triste que l'année passée. Martange ne chantera plus la belle chanson du fameux roy de Prusse; il n'y aura personne pour faire rire l'Électrice au point qu'elle deviendroit violette comme son habit et manqueroit d'étouffer; personne ne mettra les doigts dans les verres de vin d'Hongrie pour en dégoutter les autres afin d'en profiter; personne qui, au dessert, aura envie de boire un verre de bière et le versera sur les autres. Combien de plaisirs de moins[2] ! »

Martange se chargeait, on le voit, de faire rire les personnes du plus haut rang; mais La Bruyère a dit : il n'est pas ordinaire que celui qui fait rire se fasse estimer.

Maintenant, son entrain restait le même « sur les chemins abo-

1. Le portrait de la princesse Christine de Saxe, par de la Tour, a figuré au salon de peinture de 1763.
2. Lettre du 24 avril 1761. Arch. dép. de l'Aube.

minables de la Silésie avec les plus mauvais chevaux et les paysans les plus stupides de l'Europe » et dans les salons où son zèle se déployait pour le service du prince Xavier. On verra qu'à ce moment il désira quitter la Saxe, résigner ses emplois, s'ensevelir dans l'obscurité. Nous nous défions de ces affirmations, elles ne sont pas sincères. Lorsqu'il se plaint au maréchal de Belle-Isle de n'être point assimilé aux maréchaux de camp et de perdre le fruit de dix années de travaux, il sait en un autre langage et dans l'intimité reconnaître que, colonel à trente-six ans, général-major à trente-neuf, sa fortune avait peu d'exemples! L'adroit courtisan avait le don de connaître l'esprit et l'humeur de ceux à qui il écrivait.

Martange vint une seconde fois en France, au mois de mars 1761, comme agent secret du prince Xavier. La convention aux termes de laquelle Louis XV avait pris à sa solde un corps auxiliaire de Saxons était sur le point d'expirer ; il fallait obtenir la prolongation du traité ou imaginer les bases d'un compromis. Il fut donc chargé de débattre l'affaire avec un ministre mal disposé pour les Saxons en général et pour le prince Xavier en particulier. Comme le temps pressait, la convention expirant à la fin de mars, l'envoyé extraordinaire rédigea, au cours de son voyage, en chaise de poste ou sur la table d'une auberge, le mémoire qu'il remit au duc de Choiseul le 24 mars[1]. Deux jours après, Martange se rendait à Versailles pour savoir s'il arracherait de l'incertitude de la cour une promesse décisive. Le duc le rencontra et lui dit : « J'ai lu votre mémoire. Je vous ai lu. Je tâcherai de vous répondre, samedi. » Au jour indiqué, il obtenait une audience, menait avec succès la négociation, en informait son prince et lui donnait l'assurance d'une paix prochaine :

« Une indication que j'ai d'une paix prochaine, disait-il, c'est le parti qu'on a pris de faire la grande cérémonie pour les funérailles du jeune duc[2] et qui coutera quinze cents mille francs. De plus, la

---

[1]. Copie d'un mémoire sur le corps saxon, 1761. Arch. dép. de l'Aube.
[2]. Le duc de Bourgogne, fils aîné du Dauphin.

cour part le 6 du mois d'avril pour deux mois de Marly, autre dépense extraordinaire de plus de deux millions, et il avait été résolu que pour ne pas toucher aux fonds de la campagne on ne prendrait ni l'un ni l'autre de ces partis. » Sa dépêche est datée du 27 avril 1761 ; le préambule est d'une originalité élégante, d'un tour plein de vivacité.

Martange avait bien plaidé sa cause puisqu'il l'avait gagnée ; mais la défense des intérêts du corps saxon formait la partie la moins importante de sa mission. L'ambassadeur avait reçu d'autres instructions qu'il croyait restées secrètes alors qu'elles avaient été percées à jour tant à Dresde qu'à Varsovie. Martange avait formé l'audacieux projet d'obtenir l'abdication du roi Auguste III : on conçoit qu'il était entré avec une certaine joie dans la pensée de voir sur le trône de Pologne le prince dont il était l'aide-de-camp. Résolu de sonder le terrain, il le fit sans avoir pu cacher au duc de Choiseul ses secrets désirs. Aussi se trouva-t-il un peu interloqué quand le ministre, en le regardant fixement, lui dit : « Mais si le prince Xavier est roi de Pologne, qui est-ce qui aura soin du militaire en Saxe? » Martange se contenta de sourire et, dit-il, de le fixer à son tour avec les yeux de la reconnaissance. Le soir même, il se rendit chez la Dauphine et fit entendre à cette princesse que le duc de Choiseul travaillait à faire passer la couronne de Pologne sur la tête du prince Xavier. « Ah! mon Dieu, ouy, dit-elle, il y travaille et on le sait à Varsovie, car je l'ai bien veu par la dernière dépêche que le comte m'a envoiée et qu'il avoit receuë de ce pays-là. Je ne m'en cèle pas et on auroit tort de m'en vouloir du mal[1]. »

A ces paroles de la Dauphine, Martange jugea bien qu'à Varsovie on devait avoir un peu d'humeur de sa démarche. On y blâmait, en effet, ses négociations, on n'admettait pas que la France exigeât d'Auguste III une renonciation complète, bien qu'à en croire Martange, ce prince eût été plus heureux et plus riche dans son

---

1. Lettre au prince Xavier de Saxe, 30 mars 1761. Arch. dép. de l'Aube. Copie dans les papiers de Martange, à Honfleur.

électorat de Saxe[1]. Le comte de Brühl, par une lettre du 29 mars 1761, se rendait l'interprète attristé des plaintes de la cour de Vienne et de la fâcheuse impression produite par un projet sur la réussite duquel le duc de Choiseul ne craignait pas d'entretenir les illusions du prince Xavier. Évidemment le ministre promettait plus qu'il ne voulait tenir.

L'esprit plein encore de la confidence du duc de Choiseul, Martange regagna les quartiers de l'armée du Rhin. Le prince Xavier l'y accueillit avec effusion : le secrétaire était toujours reçu avec la plus gracieuse affection pourvu qu'il s'engageât à servir le prince avant tout le reste. Or, à cet égard, son intérêt répondait à son zèle. Pendant longtemps, on verra Martange porter à Versailles les confidences d'une ambition habilement entretenue.

Pour le moment, il a conduit sa famille en Bavière ; Mme de Martange est installée à Wurtzbonrg tandis que son mari suit les opérations de l'armée du maréchal de Broglie en Westphalie et soupire après la paix. Dans la correspondance qui s'établit entre eux, Martange écrit à sa femme les lettres les plus tendres. Il ne tarit pas sur les nouvelles politiques, le mouvement des troupes, le défaut d'union entre les généraux, la marche des opérations, l'insuccès, l'indiscipline et les désordres de l'armée, le mécontentement de la plupart des chefs de corps ruinés par les frais de la campagne, etc. Ses lettres de la fin de l'année 1761 méritent qu'on en fasse mention : ce ne sont pas des lettres écrites pour le public, des confessions où l'on peut toujours se montrer tel que l'on consent à être vu.

Passons sur la fortune de Martange à l'armée d'Allemagne et voyons-le après son retour à Paris. La première chose qui lui parut claire, dans la retraite qu'il se choisit rue des Martirs, côte Montmartre, près des Porcherons, ce fut que des créanciers, petits

---

[1]. Dès l'année 1759, Martange avait conçu le projet d'obliger Auguste III de renoncer, même malgré lui, à la couronne de Pologne, et d'engager les Polonais à élire le prince Xavier à sa place. Ce projet se trouva parmi les papiers du prince Xavier qui furent pris avec tous ses équipages après la bataille de Minden.

et grands, allaient fondre sur lui; et qu'il n'allait plus avoir d'autres distractions dans sa solitude que leurs bourdonnements aux oreilles.

Ce n'était pas sans motif qu'il redoutait ces distractions inquiétantes, car la liste était longue des personnes au crédit desquelles il avait fait appel. Son mariage avec la veuve de M. de Rachel, sans le placer dans une situation opulente, lui avait apporté de la fortune. Mais cet état d'aisance avait duré peu par diverses raisons. Les mémoires du temps fournissent les informations les plus précises sur le train fastueux des officiers généraux dont quelques-uns n'étaient occupés que de leur équipage. Le prince Xavier de Saxe avait fait la guerre d'Allemagne avec un cortège d'aides-de-camp, d'écuyers, de chevaux et de carrosses, dont le nombre paraît invraisemblable. Ce qu'avait fait le maître, le serviteur l'avait fait à son tour. Martange n'entretenait pas moins de quatre domestiques, un cuisinier et un courrier, durant son séjour en Bohême, à Vienne et à l'armée du Rhin. Voilà peut-être ce qui explique pour quel motif il comptait sur de prochains déboires. En 1763, il songea à vendre sa charge d'aide-de-camp général. Le marché fut-il conclu? Nous n'en savons rien. Toujours est-il qu'à cette époque, par un moyen ou par un autre, il sut imposer silence aux sergents.

De ce côté, le voilà libre. Maintenant il va conduire l'intrigue qui devait, dans l'esprit de quelques-uns, porter le prince Xavier au trône de Pologne. Or, il y avait plusieurs autres candidats: le prince de Conti, l'Électeur de Saxe, et un candidat polonais, le stolnick Stanislas Poniatowski en faveur de qui la Russie se prononçait. Alors Martange renoua avec le prince Xavier un commerce de lettres très actif; il sortit de sa retraite où, dit-il, il dormait comme ces vieux matelots qui savent qu'en passant la Ligne ils doivent essuyer quelques semaines de calme forcé. Il fut convenu qu'il soutiendrait à Versailles la candidature du prince; qu'il pousserait à la roue sans donner soupçon à personne. Martange entra donc en campagne, et, pendant cinq mois, soutenu par la protection de la Dauphine, il multiplia ses démarches. On les trouve minutieusement exposées dans la partie de sa correspondance qui va du mois d'octobre 1763 au mois de février 1764 ; mais il n'est pas besoin de l'analyser, Martange y traite d'une affaire dont tous les secrets ont été surpris et démêlés[1]. Il y met aussi en scène la cour de Versailles et les incidents de l'existence de Louis XV, dans des anecdotes qui, depuis longtemps, ne sont plus des révélations[2].

Martange ne fut pas plus heureux dans une autre négociation qui lui échut en l'année 1765 ; elle n'avait rien de commun avec la précédente.

La maison royale de Saxe n'avait pu supporter sans amertume la ruine de ses rêves. L'élection de Poniatowski venait de rendre cette ruine aussi complète que possible. Le coup avait été cruel ; il avait semé parmi les intéressés des germes de mésintelligence et de jalousie qu'ils ne parvenaient pas à dissimuler au public malgré le voile respectueux, étendu par leurs familiers. Ces dissentiments avaient trouvé un écho à Versailles ; les vagues rumeurs qui y circulaient tendaient à éloigner la cour de France du prince Xavier ; on y blâmait ses complaisances pour les réformés, ses railleries contre les croyances catholiques, sa tiédeur et son indifférence religieuse. De tels griefs étaient de nature à exciter le mécontentement du Dauphin et de la Dauphine portés aux opinions extrêmes. Martange, qui s'employait à rétablir la paix, y perdait sa peine et ses soins. On décida qu'il se rendrait à Dresde. Louis XV donna son agrément à ce voyage.

C'est avec une verve singulière que Martange a raconté ses conférences de conciliateur. Il en a laissé un « Précis » que l'on trouvera plus loin.

Le soin de cette affaire le retint à Dresde pendant plus de six mois. Il y profita de son séjour pour régler la succession de M. de Rachel, premier mari de Mme de Martange, et pour toucher une

---

1. Boutaric, *Correspondance secrète de Louis XV* (2 vol. in-8°, 1866), t. Ier, p. 288-309. — Duc de Broglie, *Le Secret du Roi* (2 vol. in-8°, 1878, t. II, p. 225-260). — *Recueil des Instructions données aux ambassadeurs et ministres de France, etc. Pologne*, par Louis Farges (2 vol. in-8°, 1888), t. II, p. 153-229. — J. Flammermont, *Les correspondances des agents diplomatiques étrangers en France avant la Révolution* (1 vol. in-8°, 1896, p. 173, 290).

2. Lettres des 22 mars 1764 et 27 janvier 1765.

somme de 9.000 écus environ. Ces ressources furent à peine suffisantes pour éteindre les dettes contractées envers Favier, le comte de Broglie, MM. Moisson et Barin. Aussi écrivait-il ce qui suit : « Mon Dieu, ma chère enfant, quand serons-nous, une bonne fois, hors de la bredouille ? Il est dur d'être poursuivi par le papier timbré jusqu'en Saxe. »

Au moment où Martange se plaignait ainsi d'un malaise affligeant, l'une des personnes les plus puissantes qu'il avait su intéresser à sa fortune disparaissait. Le Dauphin expirait, à l'âge de trente-six ans, au mois de décembre 1766. Il perdit en cet honnête homme l'appui le plus enviable. Mais son émotion ne fut rien auprès de celle qu'il ressentit quand des craintes sur la santé de la Dauphine se firent jour. A dater de cet instant, Martange ne quitta plus Versailles, passant la plus grande partie de son temps dans l'antichambre de cette princesse, jusqu'au jour où il eut le devoir d'annoncer au prince Xavier la catastrophe [1].

Pour tous les deux, c'était un désastre : la mort de Marie-Josèphe de Saxe les frappa d'un coup dont ils ressentaient toute la violence, car les amitiés caressées jusqu'alors devinrent autant de périls. Il est assez curieux de voir la conduite que Martange tint dans cette crise. A partir de ce jour, il se montra assidu au jeu de Mesdames et marqua un changement de front complet. Pour bien faire comprendre en quoi ce revirement consistait, nous retournerons, à l'aide de sa correspondance, de quelques années en arrière.

Serviteur dévoué du prince Xavier de Saxe, mêlé aux pratiques secrètes de la cour de Dresde et interprète des espérances de cette cour, Martange avait plus d'une fois comploté contre les ministres de France. Ses avis, ses conseils avaient souvent eu plus d'effet que ceux de ces derniers. Il avait, à la vérité, aidé le comte de Broglie à défendre l'influence française en Pologne, mais, à la mort d'Auguste III, il s'était hâté de dire, de crier partout qu'une alliance avec la Prusse pouvait seule sauvegarder les intérêts de la Saxe et les vues de la France. On avait reçu fort mal cet avis à

1. Lettre du 13 mars 1767.

Versailles, de sorte que Martange avait été tenu peu à peu à l'écart. Il n'avait pas été sans remarquer le nuage qui grossissait ; pour le conjurer, il avait pénétré plus avant dans le cercle étroit de la Dauphine. Cette tactique, loin de détourner le coup qui le menaçait, en avait pressé l'éclat. Vers la fin de l'année 1765, en effet, le duc de Choiseul lui avait signifié sa disgrâce en lui ordonnant de s'éloigner de Versailles. Une lettre du comte de Broglie reçue quelques mois après, jettait un jour assez vif sur les griefs du puissant ministre[1]. Martange niait y comprendre quelque chose : « Je n'en sais pas plus que le comte de Broglie sur les prétendues intrigues entre Mme la Dauphine, lui et moy[2] ». Tenons pour assuré qu'un esprit comme le sien avait pénétré les causes d'une disgrâce qui l'avait déconcerté mais n'avait pas pu le surprendre : il n'ignorait pas que sa défaveur était l'œuvre de la coterie opposée, celle de Mme de Pompadour.

Une sorte d'exil pesa sur lui pendant plusieurs années. Alors il semble que, d'un côté, il fit taire son ressentiment, s'attacha à éteindre la colère du ministre, se tourna vers le dispensateur des pensions et des emplois[3] et que, d'un autre côté, il s'étudia à découvrir les signes avant-coureurs de la chute du même ministre. Mais le duc de Choiseul restait plus affermi que jamais, et il était très exactement informé des menées de Martange. Sur ce sujet, nous donnons la lettre qui suit ; elle est adressée au baron de Zuckmantel par le duc de Choiseul :

« A Versailles, le 13 septembre 1767.

« J'ai reçu, M., la lettre n° 28 que vous m'avés fait l'honneur de m'écrire. Les indices que vous avés concernant les vues du prince Xavier sur la couronne de Pologne sont très certains ; ils sont confirmés par des notions qui nous viennent d'ailleurs. Rien n'est plus chimérique que ce projet, il est digne de la vanité jointe

---

1. Voy. *Le Secret du Roi*, t. II, p. 49-68.
2. Lettre du 24 octobre 1766.
3. Lettre du 2 octobre 1767.

au peu de talent et au peu d'esprit de l'Administrateur[1]. M. de Martange, qui est un des plus grands intriguans de l'Europe, est l'auteur de ce projet, non pas qu'il en croye la réussite possible, mais pour flatter l'excessive présomption de ce prince, sur lequel il veut avoir l'air de dominer. M. de Martange intrigue aussi pour un autre objet qui ne réussira pas[2]. »

Par ces derniers mots, le duc de Choiseul faisait allusion à une curieuse affaire que Martange tramait dans le plus grand secret. Il s'agissait d'un plan formé pour faire échouer les projets conçus par le duc de Choiseul, qui préparait le mariage du Dauphin avec Marie-Antoinette. Lui, Martange, avait médité une autre union, ou plutôt trois autres mariages du même coup : 1° entre le Dauphin (Louis XVI), le comte de Provence (Louis XVIII), et deux princesses de Saxe ; 2° entre Mme Clotilde de France et le jeune Électeur de Saxe. Le caractère et les incidents de cette intrigue ont été exposés dans un article très bien fait pour l'éclaircir et l'expliquer[3]. Le complot ne pouvait pas réussir, a dit M. Eug. Welwert, et on ne conçoit guère que Martange se le soit mis en tête, alors qu'il avait connaissance d'engagements pris avec l'Autriche et avec le Piémont.

Quoi qu'il en soit, on le vit à Compiègne, à Versailles, à Dresde, à Cassel et à Coblentz, tantôt conférant avec le prince Xavier et prenant ses ordres, tantôt cherchant à enflammer la bonne volonté de Mme Adélaïde. Enfin, après six mois de voyages et de conciliabules, Martange fit connaître au prince Xavier l'insuccès de ses combinaisons secrètes. Il n'y avait plus de doute sur la réalité du mariage du Dauphin avec une archiduchesse, ni sur celui de Mme Clotilde avec le prince Charles-Emmanuel de Piémont ; le premier avait été ménagé par le duc de Choiseul dès le temps de son ambassade à Vienne, le second avait été préparé par M. de Chauvelin lors de son ambassade à Turin.

1. Au mois de décembre 1753, le prince Xavier avait été appelé à faire partie de la régence de l'électorat de Saxe.
2. Aff. Étr. Saxe, 52.
3. Eug. Welwert, *Trois mariages princiers*, dans *Archives hist. art. et litt*, t. Ier, p. 193 et 241 (1889-1890).

Martange venait d'acquérir la preuve qu'il était déchu de tout intérêt et de toute faveur. Ayant pris la résolution de s'éloigner pendant quelque temps, il se rendit à Dresde, en 1768, et il y passa la plus grande partie de l'année. Là encore, que l'on examine la conduite qu'il tint, et l'on verra qu'il s'entremit entre le jeune Électeur et sa mère, les flatta, essaya de les circonvenir. « C'est l'art de M. de Martange, s'écriait le duc de Choiseul ; c'est le savoir-faire d'un personnage qui, de son grenier, s'ingénie à faire et à défaire les rois, et à plus forte raison les ministres[1]. Il peut se dispenser de revenir en France, ajoutait-il, le roi n'a pas besoin à son service d'un homme tel que lui[2]. » La mauvaise humeur du ministre est peinte, en un récit rapide, dans une lettre où, avec beaucoup d'agrément, Martange met en scène le duc de Choiseul[3]. Celle de ses dépêches par laquelle il donne au prince Xavier la nouvelle de la disgrâce de ce ministre n'est pas moins curieuse. « Laïus est mort, écrivait-il, je ne troublerai pas sa cendre. Qu'il supporte, s'il peut, le séjour de sa belle maison de Chanteloup avec autant de fermeté et de tranquillité que j'ai soutenu pendant six ans l'exil volontaire de ma chaumière de Maison-Blanche ! Je n'y avois ni la ressource de la compagnie ni celle du plaisir, mais aussi jamais le remords ne s'y est approché de moy[4]. »

Maintenant, il nous semble que l'on peut se demander comment une conscience si pure se pouvoit accommoder de l'amitié de Jean du Barry, une si grande dignité de conduite se complaire dans la société des sœurs du *Roué* et dans celle de leurs familiers. C'est que Martange avait vu naître le pouvoir d'une nouvelle favorite, et qu'il avait conçu l'espérance de le faire servir à sa fortune.

---

1. Aff. Étr. Saxe, n° 54, Lettre du 22 mai 1769 ; et Saxe, n° 52, Lettre du 30 septembre 1767.
2. Aff. Étr. Saxe, n° 53.
3. Lettre du 24 octobre 1767.
4. Lettre du 20 août 1771.

III

« Bâtir un petit château, planter un parc délicieux, arranger un jardin où je puisse trouver tous les fruits et les meilleurs légumes, des régimens de dindons, de poulets et de vaches, dans une grande basse-cour où il y aura une écurie avec quelques bons chevaux de selle et de carrosse surtout, une bibliothèque choisie pour la solitude de ma philosophie, de petits appartements bien commodes et tous cela peuplé de petits et de petites Martange, voilà le canevas sur lequel j'ay travaillé toute la matinée, et c'est à la suite de ces établissemens que je t'en écris car il est juste, comme dame unique de tout cela comme de mon cœur, que je te mette au courant de tes domaines[1]. » Tel était le beau songe que Martange avait fait dans un mauvais trou de poële de village de Westphalie, au camp sous Paderborn. Atteint alors d'un peu de goutte, il en tirait prétexte pour ne point paraître au quartier général et pour parler à son aise de son goût de la campagne, quoiqu'il ne fût pas le moins du monde l'homme des plaisirs champêtres. Après son retour de l'armée d'Allemagne, en 1763 ou 1764, réalisant son rêve pastoral, il avait fait l'acquisition du petit domaine de Maison-Blanche situé dans la Brie, ce pays qui regorge de belles résidences habitées, au dix-huitième siècle, par l'aristocratie parisienne.

On ne compte pas deux heures de marche de Brie-Comte-Robert à Maison-Blanche. La route est charmante ; elle côtoie des propriétés agréablement situées ; suit le joli vallon de la Jonchère qu'entourent ou dominent de belles futaies et atteint le village de Lésigny. A quelque distance et à l'ouest du village, on aperçoit Maison-Blanche qui se dérobe derrière un bouquet d'arbres. Ce lieu est solitaire et les chemins y sont rudes. L'habitation s'élève dans les bois de Notre-Dame dont les sentiers se relient à ceux des taillis de Gros-Bois. Mais le petit château de Maison-Blanche n'est plus la

---

1. Lettre à Mme de Martange, 28 juin 1759.

demeure où Martange se reposait de ses visites à Versailles : une construction moderne remplace les anciens bâtiments. Pour derniers vestiges du siècle passé, on y voit un vieux puits creusé dans un coin du parc et des ormes séculaires qui ont étendu leur ombre sur le prince Xavier de Saxe et sur son neveu le comte d'Artois. Ce n'était d'ailleurs qu'une simple maison de campagne embellie par son propriétaire et meublée par lui avec un certain luxe. Des tentures d'Aubusson couvraient les murs du salon et ceux de la salle à manger ; des fauteuils à la Reine recouverts de moire cramoisie et blanche, des commodes de violette avec bordures et agréments en cuivre, un lit à la polonaise de damas cramoisi orné de crêtes et couronné d'un plumet blanc, une bibliothèque en marqueterie du bois des îles, des ottomanes, des bergères, des trumeaux de glaces meublaient et décoraient les appartements[1]. Au rez-de-chaussée du corps de logis principal se trouvait une chapelle.

C'est à Maison-Blanche qu'il faut, pendant huit années environ, aller voir Martange dès le premier signal du printemps ou durant la villégiature d'automne[2]. C'est dans la solitude où vit le courtisan qui a cessé de plaire que viennent en conférence les émissaires de la cour de Saxe : le général de Fontenay[3], le colonel-baron de Saiffert[4], l'abbé de Barruel et le conseiller de légation de Rivière, chargé d'affaires de Saxe, marié à une actrice. C'est là aussi que se rendent certains agents du duc de Choiseul. « Ce ministre, disait Martange, est instruit de tout par des espions de toutte espèce dont je ne puis pas douter que ma campagne de Maison-Blanche ne soit éclairée. » C'est là enfin qu'il tient son ressentiment en haleine, qu'il attend la disgrâce et l'exil du premier ministre. Quand ce beau jour arrive[5], quand les départements que les ducs de Choiseul et de

1. Notes de Boquet, tapissier (1769-1773) dans les papiers de Martange, à Honfleur.
2. Il vendit cette propriété en avril 1776.
3. Voy. sa correspondance aux arch. dép. de l'Aube, 17 E, 84.
4. Arch. dép. de l'Aube, 17 E, 110 et 110 bis. Sa correspondance contient une lettre signée : de Saiffert, premier médecin du duc de Chartres, médecin ordinaire de la comtesse d'Artois (25 octobre 1787).
5. 24 décembre 1770.

Praslin laissent vacants ont été donnés au duc d'Aiguillon et au marquis de Monteynard, le général de Martange triomphe ; il accourt de Maison-Blanche à Versailles, il s'y répand. A n'en pas douter, cet événement donnera à sa vie une direction nouvelle.

Vers l'année 1771, en effet, une nouvelle période commence dans la vie de Martange, mais les faits qui s'y rattachent sont des questions d'ordre privé. Nous essayerons de les analyser à l'aide des débris de la correspondance qui nous est parvenue.

Martange appartenait depuis plusieurs années, sinon à la société habituelle de Mme du Barry, au moins au groupe de ses intimes. Il devait à la favorite d'avoir obtenu une part d'intérêt dans la Ferme générale, ce qu'on appelait une croupe. Accueilli à Marly, lié avec le duc d'Aiguillon, M. de la Vauguyon et son fils le duc de Saint-Mégrin, avec l'abbé Terray et M. de Beaujon, le banquier de la cour, dînant une fois chez l'un une fois chez l'autre, Martange présumait être à jamais « tiré de la bredouille ». Il n'en fut rien ; l'état de ses affaires, loin de s'améliorer, était devenu plus critique à la fin de l'année 1771[1]. Ce n'était pas faute de faire sa cour à « l'Idole », à la belle et bienfaisante « dame de Marly », ni non plus à ses sœurs dont l'une, nommée familièrement Mlle Noirette, était la maîtresse du duc d'Aiguillon.

A la même époque, mais dans un autre monde, il eut l'occasion de se lier avec des financiers : les frères Rougemont, Mme His, de la maison Pierre His et fils, de Hambourg, dont la faillite fit quelque bruit en 1784, laquelle recevait à Bel-Air une partie des seigneurs de la cour. Martange avait trouvé en ces banquiers des amis généreux. Il avait rencontré dans les rangs de l'armée des relations non moins utiles. Il était en fort bons termes avec des officiers généraux : M. de Gribauval et le marquis de Ségur ; le colonel des gardes suisses comte d'Affry et le chevalier de Crussol, capitaine des gardes du comte d'Artois. Alors Martange se livra dès ce moment aux sollicitations les plus pressantes pour obtenir la charge de secrétaire général des Suisses et Grisons.

---

1. Lettre à Mme de Martange, novembre 1771.

C'est dans les premiers jours de l'année 1772 que Louis XV, cédant à d'incessantes instances, approuva les arrangements proposés en faveur du général de Martange. La lettre par laquelle celui-ci annonce au prince Xavier qu'il n'a plus d'orage à craindre est trop longue pour être transcrite ici, mais elle est curieuse à lire [1].

A la même époque se place la mission diplomatique dont Martange fut chargé auprès du gouvernement anglais. Une révolution venait d'être opérée en Suède. Le jeune roi Gustave III, pour se mettre en état de résister aux attaques soit du roi de Prusse soit de Cathérine II s'était tourné du côté de la France pour demander secours. Mais le duc d'Aiguillon ne pouvait engager la cour de France à prendre parti sans savoir si l'on devait compter sur la neutralité de l'Angleterre. C'est dans ces circonstances que Martange reçut l'ordre de se rendre à Londres. Il avait pour instruction de pressentir les dispositions des ministres anglais. La négociation qu'il suivit a été mise en lumière par M. le duc de Broglie [2]; il serait donc inutile de l'exposer ici; il serait superflu de résumer les dépêches qui alors furent échangées [3]. Les papiers de Martange fournissent plusieurs brouillons de ces dépêches.

La mission eut une issue peu favorable. A peine de retour, Martange prit une grave résolution, celle de se retirer en province et de s'y livrer au soin d'établir dans sa fortune un ordre assez évident pour assurer sa tranquillité. Diverses circonstances l'y pressaient. Il avait vu avec une angoisse croissante le ton des lettres du « maître de Chaumot [4] » se modifier; sa sagacité ne s'y était pas trompée. Il n'avait peut-être pas à redouter la haine de son ancien protecteur, quoiqu'il en ait dit, mais il ne pouvait plus compter sur un concours financier qui lui eût été plus nécessaire que jamais. Il avoue d'ailleurs que ses dettes s'élevaient à cent cinquante mille

1. Lettre du 29 décembre 1771.
2. *Le Secret du Roi*, II, p. 414.
3. Aff. Étr., Angleterre 501, fol. 241, 266, 282, 295 et 298.
4. La terre de Chaumot, à douze kilomètres de Sens, avait été achetée par le prince Xavier de Saxe en 1771. Martange en avait négocié l'acquisition.

livres et qu'il courrait le risque d'être logé au For-l'Évêque. Dans cette extrêmité fâcheuse, Martange quitta Paris; il se retira à Honfleur avec sa femme et la plus jeune de ses filles[1]. Mme de Martange devait résider pendant dix années dans cette petite ville de marins et de pêcheurs, y vivre condamnée à subir de nouvelles épreuves et à crier famine par tous les courriers.

Assurément, même avec l'esprit d'ordre et d'économie qui l'avait conduit à Honfleur, Martange ne se faisait pas l'illusion de croire que toutes les difficultés étaient résolues. Il avait beau se pousser auprès des ministres, surveiller ses chances et les cultiver, il se heurtait à des résistances invincibles. Il ne s'en montrait pas autrement découragé. Il comparait plaisamment son sort à celui de Bélisaire dont il avait, disait-il, les connaissances. Mais tandis qu'il cherchait en province un calme passager, Louis XV mourait; la faveur de Mme du Barry était finie; le renvoi de l'abbé Terray et du duc d'Aiguillon le privait de ses plus puissants appuis. Comment renouer les fils rompus? En essayant, disait-il, d'opposer le courage et la patience à la tempête.

On le verra néanmoins, aux années suivantes, s'épuiser en sollicitations, rechercher l'amitié de Beaumarchais, qui ne prêta qu'une attention distraite à l'affaire qu'on lui proposait, s'efforcer de servir sous les ordres du maréchal de Broglie qui commandait l'armée d'invasion rassemblée en Bretagne et en Normandie. De ce côté, contrairement à son espoir, il rencontra de la résistance; l'ancien aide-de-camp du prince Xavier de Saxe ne trouva pas autant d'empressement à accepter ses services qu'il en avait mis à les offrir[2]. Il faut savoir que Martange avait stipulé pour lui le grade de lieutenant-général et celui de lieutenant au régiment de Conti pour son fils. Le prince Xavier hésita; le ministre de la guerre avait vu d'un mauvais œil la demande; les pourparlers traînèrent et ils n'eurent pas de suite immédiate.

Pour réparer un de ces échecs auxquels la mauvaise fortune

1. Au mois de septembre 1773.
2. Lettre du 9 juin 1778.

l'avait habitué, pour faire diversion à ses regrets, Martange résolut de vendre sa charge de secrétaire général des Suisses et Grisons. La charge valait dix mille livres. Mᵐᵉ His, à qui il s'était ouvert de son projet lui trouva pour acquéreur son jeune parent, le baron de Diétrich, cousin de l'abbé d'Espagnac. La négociation fut très laborieuse; il est à présumer que sans l'intervention du prince d'Hénin, le marché n'eût pas été conclu. Mais il avoue « qu'il ne falloit pas moins qu'un homme comme celui avec lequel il avoit traité pour faire un marché de cette nature[1]. » En effet, le baron de Diétrich avait accepté des conditions très onéreuses : il lui en coûtait cent mille livres argent comptant; il avait, à la mort de Martange, six mille livres de pension à payer sur deux têtes, sans compter les trois mille livres de rente dévolues à Mᵐᵉ de Martange comme une sorte de douaire. Quant au vendeur il estimait, non sans raison, avoir fait une affaire infiniment avantageuse : il jugeait l'arbre à ses fruits.

L'armée suivante, il obtint un nouveau succès, mais les détails nous manquent. D'ailleurs, il suffira de savoir que Martange fut nommé lieutenant-général lors de la fournée du 1ᵉʳ mars 1780, la plus grande qui ait été jamais faite, puisqu'elle fut de plus de trois cents officiers généraux[2]. Pendant quelque temps, il espéra être pourvu d'une charge de gouverneur particulier. Ses prévisions ne se réalisèrent pas. Il fit entendre ses plaintes dans une lettre au ministre de la guerre[3].

IV

La lettre de M. de Ségur est la dernière que nous puissions citer : les sources d'information nous font défaut à compter de l'année 1783, époque où Martange paraît s'être retiré de Honfleur[4]. Il écrivit au

---

1. Lettre du 29 août 1779.
2. Nomination de 243 maréchaux de camp et de 87 lieutenants généraux.
3. Lettre du 13 juillet 1781.
4. Mᵐᵉ de Martange résidait encore dans cette ville au mois de mai 1783.

ministre qu'il avait un parti forcé à prendre; c'était de quitter la France. Abandonné à lui-même, se trouvant de nouveau dans une situation fort difficile, il s'y résigna et dirigea ses pas vers l'Allemagne. Mais, dans la troisième phase de sa vie, il faudrait le suivre aux environs de Landau, chez son gendre. Cette période ne nous est pas connue.

Tout ce que l'on sait, c'est que le général de Martange revint en France en 1790 et qu'il y séjourna. Son nom se trouva de nouveau mêlé à de mystérieuses négociations. « M. de Martange, lieutenant-général, doit partir pour négocier le retour des princes », lit-on dans les mémoires de ce temps[1]. Il est difficile de dire ce qu'il advint de cette affaire. Un peu plus tard, les uns disent que Martange commanda la cavalerie composée des émigrés réunis à Coblentz. D'autres ajoutent qu'il fut mis à la tête de l'infanterie réunie à l'armée prussienne en 1792. Enfin, on dit qu'il aurait eu sous ses ordres le corps d'émigrés qui accompagna le comte d'Artois à l'Ile-Dieu. Ce sont là des faits que nous n'avons pu éclaircir.

Le général de Martange est mort à Londres en 1806, à l'âge de 84 ans. Il avait eu trois enfants : un fils et deux filles. Le fils, nommé Auguste de Martange, né en 1764, était sous-lieutenant au régiment de Conti en 1779, capitaine au régiment d'Aunis en 1789; il était décédé en 1790. La fille aînée, Antoinette de Martange, épousa Jean-Robert-Bernard, baron de Rümerskirch, le 8 janvier 1774 ; c'était le beau-fils du prince de Lowenstein-Wertheim. Le baron de Rümerskirch obtint en 1774 des lettres de naturalité[2]. La fille cadette, nommée Xavière, était au couvent de la Conception, à Paris, en 1773.

V

Il ne nous reste plus, pour épuiser nos renseignements biographiques, qu'à dire un mot des autres écrits de Martange. Ce sont

1. De Lescure, *Lettres et documents inédits. Correspondance de Marie-Antoinette.* (Paris, 2 vol. in-8º).
2. Arch. nat. P. 2599, fol. 28.

des pièces fugitives dues à sa verve familière et à ses goûts littéraires qui se manifestèrent toute sa vie.

En 1751, à Dresde, étant alors capitaine aux grenadiers-gardes, Martange publia une tragédie en cinq scènes et en vers, intitulée *Joujoux ou les Lilliputiens*[1]. C'est également pendant son séjour à Dresde, et très peu de temps avant son mariage, qu'il écrivit l'épître adressée à un Juif de Berlin[2] :

> Avec l'esprit et la figure
> Que vous avez Monsieur Hirschel,
> Auriez-vous l'âme plus dure
> Que ne l'eût l'oint de Samuel?.
> Par Apollon, par Israël,
> Remise, je vous en conjure,
> Au moins jusqu'à la Saint-Michel.
> ....
> Le terme est court, soyez content ;
> Et plus d'humeur, je vous supplie.
> Vivons toujours en attendant,
> L'espoir est l'âme de la vie ;
> Des cieux c'est le plus beau présent.
> Voyez depuis combien de temps
> Vous attendez votre Messie !

Sous la date de 1759, Grimm a en outre reproduit dans sa correspondance une *Épître* de Martange au comte de Brühl[3]. Il cite également le *Ballet de l'Ennui*, ingénieux badinage dont Grimm donne l'analyse[4]. On y voyait un pauvre officier d'infanterie nouvellement réformé[5], faisant un beau monologue devant sa bourse vide, puis un chœur de Créanciers, une entrée de Regrets et de projets, une suite d'Expédients dansant affectueusement autour des Créanciers. Le théâtre change. On voit dans le fond s'élever des châteaux en Espagne ; l'officier d'infanterie en prend possession.

1. Quérard, *La France littéraire*. — Brunet, *Livres à clef*.
2. *Corresp. litt. de Grimm et Diderot* (éd. Tourneux), III, p. 206.
3. *Id.*, IV, p. 95.
4. *Id.*, VI, p. 401.
5. Indication qui permet de reporter la pièce aux années 1749-1750.

En 1787, Martange publia une brochure politique l'*Olympiade*, dont le but était de faire ouvrir les yeux du cabinet de Versailles sur les vues de l'Angleterre et de la Prusse relativement à la Hollande. Cet opuscule fut imprimé à Neuwied, ainsi que les suivants : *le Roi de Portugal, conte, suivi des Deux Achilles* (1788); *Achille ou la France renouvelée des Grecs, poëme en huit chants* (1792).

Martange a, de plus, composé des chansons qui, comme toutes les chansons d'alors roulaient sur la guerre et la galanterie. Deux ou trois de ces morceaux sont cités dans sa correspondance, notamment une chanson sur le combat de la Grenade (6 juillet 1779).

Les mémoires et les lettres publiées dans le présent volume sont tirés des archives municipales de Honfleur[1], des archives départementales de l'Aube[2] et des archives du ministère des affaires étrangères[3]. On trouve des pièces transcrites de la main de Martange : 1° à la bibliothèque de l'Arsenal, manus. 4510, portefeuille du comte d'Argenson, affaires d'Allemagne (1757-1762, tome Ier, aux folios 88, 89, 93, 98, 172, 183, 190, 245, 248 v°, 286, 295, 305, 313, 465 et 478; 2° à la Bibliothèque nationale, ms. fr. 11.248, fol. 85, Relation de la prise de Prague, et au folio 182, « Mémoire historique et militaire de ce qui s'est passé en Saxe vers la fin de l'année 1745; » le ms. 9.139 des nouvelles acquisitions françaises contient également le « Détail historique de la révolution arrivée en Saxe à la fin de l'année 1745. » Ces deux mémoires sont l'œuvre du général de Martange.

Enfin, on raconte[4] que « Martange se trouvait à Londres dans le même temps que Delille; il visitait souvent ce poète, auquel on croit qu'il a fourni le modèle de l'un de ses portraits du poème de la *Conversation* ». Le passage qui paraît s'appliquer à Martange, est le portrait du conteur qui se pique d'exactitude dans les détails :

---

1. Ce dépôt contient environ 430 pièces réunies en quatre liasses sous le titre : Papiers de Martange.
2. 17 E, 86.
3. Fonds Saxe et Pologne.
4. *Biogr. de Michaud.*

« Cet autre, encor plus impatientant,
  Soit distraction, soit malice,
Des nombreux démentis qu'il se donne en contant,
Doublant tous ses récits, double notre supplice :
« Un soir, dit-il, j'ai tort, c'était après soupé,
  » Enfermé dans une berline...
  » Je veux dire dans un coupé,
» Je partais pour Anvers, ou plutôt pour Maline...
» Non, c'était pour Honfleur......, j'oubliais, pour Rouen :
  « Mille excuses..... c'était pour Caen :
» Hé ! non, j'y suis à présent..... pour Coutance.
» Le nom du lieu n'est pas sans importance. »
Alors, ce qu'on nomma long-temps un persiffleur,
  Lui dit : « Monsieur, votre mémoire
» Vous fait souvent faux bon : écrivez votre histoire,
» Et de vos souvenirs rassemblez-y la fleur ;
» Alors nous vous suivrons sur la terre et sur l'onde ;
» Mais soit que vous veniez du Havre, ou de Honfleur,
» Ne hasardez jamais vos récits dans le monde
  ». Sans être assisté d'un souffleur. »

Martange n'a point suivi le conseil que Delille lui donnait ; il n'a pas écrit son histoire et, à coup sûr, on en peut exprimer le regret. Nous n'hésitons pas à croire que le général de Martange, homme de beaucoup d'esprit et de beaucoup de savoir, aurait laissé des récits très piquants, chauds de verve et remplis d'épanchements. Tel sera, croyons-nous, l'avis de qui voudra aborder la lecture des lettres dont nous avons entrepris la publication.

25 août 1898.

CORRESPONDANCE INÉDITE
DU
GÉNÉRAL-MAJOR DE MARTANGE

PROJET D'UNE DESCENTE EN ANGLETERRE [1]
(1756)

Idées d'un François sur la nécessité, les moiens et les suittes d'une descente dans la Grande-Bretagne[2]. — Dresde, *1ᵉʳ mars 1756*. — La gloire personnelle du Roi et l'honneur du nom françois exigent ou une réparation ou une vengeance éclatante : on a refusé à la France toutte satisfaction proportionnée à l'insulte[3]; le parti de la force est donc le seul qui lui reste à prendre.

Dans la dernière guerre, l'Angleterre se déclara contre nous mais ce n'étoit qu'à titre d'alliée des maisons d'Autriche, de Savoye et de la république d'Hollande : il nous suffisoit alors de faire retomber sur elle la plus grande partie des fraix d'une guerre presque toujours malheureuse pour les alliés, et sûrement toujours dispendieuse pour les Anglois.

Dans les différens qui se sont élevés depuis la paix d'Aix-la-Chapelle et qui se sont envenimés au point de renouveller la guerre, il n'est plus question pour la Grande-Bretagne de se parer de la

---

1. Mémoire autographe formant un cahier de 52 pages in-fol. Arch. mun. de Honfleur.
2. La paix signée à Aix-la-Chapelle, en 1748, n'avait pas été de longue durée. Les hostilités, commencées au Canada, s'étaient bientôt étendues jusqu'aux Indes occidentales et orientales.
3. Les différends s'aggravèrent par la capture de plus de 300 bâtiments marchands, enlevés avant la déclaration de guerre, avec huit, dix ou même quinze mille matelots, d'après les diverses versions. La France se décida à déclarer la guerre à l'Angleterre (1756).

conservation de ce prétendu équilibre dont il sembloit dans les dernières guerres que l'Europe lui eût confié le soin.

Aujourd'huy partie directe et principale, c'est une rivale jalouse des talens, des moiens et des ressources de la France pour le commerce ; inquiette à ne s'en plus cacher des soins que se donne depuis quelque temps le ministère françois pour le faire fleurir en le protégeant de jour en jour par une marine plus respectable. Les chantiers de Brest et de Rochefort n'ont pas moins allumé la mauvaise humeur des Anglois en Europe que la construction des forts sur l'Ohio et la rivière Saint-Jean ne les a allarmés dans l'Amérique septentrionale.

Les précautions anciennes et récentes pour la seureté de l'Électorat d'Hanover, les traités soit de neutralité, soit d'attaque, soit de deffense avec la Russie, la Prusse, la Hesse, etc., n'ont eu d'autre objet que de fermer à la France touttes voies de diversion et de la réduire en Europe à une guerre purement navale ou par la supériorité actuelle des forces maritimes de la Grande-Bretagne elle devoit probablement succomber.

C'est en partant du même principe et en suivant les mêmes vues qu'après l'insulte faitte au pavillon françois dans les mers de l'Amérique par l'escadre de l'amiral Boscarven, le ministère anglois a approuvé et ordonné sans aucune déclaration de guerre préliminaire la capture de tous les vaisseaux marchands françois même dans les mers d'Europe afin de nous ôter par l'emprisonnement des matelots et l'enlèvement de ces vaisseaux une partie des hommes de mer et des bâtiments que nous aurions pu employer en les armant à soutenir l'espèce de guerre à laquelle ils ont prétendu nous réduire. Aujourd'huy nos escadres eussent-elles d'abord quelque succès, nos armateurs fissent-ils d'abord quelques prises considérables, les premiers accès de notre valeur nous donnassent-ils d'abord quelque avantage, si ce n'est qu'une guerre de vaisseaux à vaisseaux, la pluralité, — et quelle pluralité ? — l'emportera nécessairement.

Il faut donc s'exposer ou à perdre de notre considération en Europe en laissant les affronts receus impunis, temporiser et chercher par la voie des négociations dans les secours de la politique et des reviremens des sistêmes des moiens de pallier notre foiblesse, ou changer la nature de la guerre qui nous est préparée en allant chercher et combattre les Anglois sur leurs propres foyers.

Au premier mot de débarquement les difficultés d'une sorte d'opération peu pratiquée et auxquelles par cette raison l'imagination peu accoutumée prette de nouvelles forces sont grossies jusqu'à être regardées comme autant d'impossibilités. Je n'ose point décider sur ce que je ne connois pas et je n'ai pas été assés à portée de m'instruire pour résoudre toutes les difficultés qu'on pourroit m'objecter, mais je n'ignore point une partie des préparatifs que l'on a faits en France ; les gazettes et tous les papiers publics parlent ouvertement d'un projet de descente, des batteaux que la France assemble et des mesures que prend l'Angleterre pour s'y opposer. Tant de menaces ajouteroient aux affronts que nous avons receus le ridicule de l'impuissance si elles restoient sans exécution. Mais, me dira-t-on, l'objet de la France n'est-il pas assés rempli si, par ces préparatifs simulés, sans qu'il soit besoin d'opérer un débarquement, elle parvient à jetter l'allarme dans l'esprit des particuliers anglois qui, dans la crainte d'une invasion prochaine, retirant leur argent des fonds publics ou n'y portant plus celuy qu'ils y avoient destiné occasionneroient le discrédit de ces mêmes fonds qui forment la plus grande ressource du ministère anglois.

Je répons que c'est par cela même que je me confirme de plus en plus dans la possibilité d'une descente. On ne craindroit point en Angleterre si on n'avoit rien à y craindre. L'imagination frappée peut bien ajouter à la crainte d'un certain nombre de particuliers, mais quand la frayeur, comme dans ces cas-cy, est nationale, il faut au moins que dans son origine elle soit fondée en raison.

Une preuve bien convaincante que ce n'est pas icy une de ces terreurs paniques qui ne saisissent que les cerveaux foibles et ne gagnent que les gens peu instruits, pourquoy ces précautions du ministère anglois et ces ordres particuliers du roi d'Angleterre pour éloigner des côtes où l'on croit l'invasion possible les chevaux, bœufs et autres bêtes de trait et de somme dont le service nous serait nécessaire en abordant la côte ? Est-il naturel d'imaginer que le gouvernement anglois donnât des ordres si préjudiciables au pays par le retard du labour, des semailles et des autres ouvrages de la campagne, si onéreux pour ce même gouvernement par les dédomagemens qu'il faudra donner à ceux qui, en exécutant l'ordonnance, auront sacrifié à l'intérêt public leur intérêt particulier ? Est-il naturel, dis-je, de croire que s'il n'y avoit pas possibilité et apparence d'une descente très-praticable que l'on prît en Angleterre autant de précautions et des précautions aussi couteuses pour l'empêcher. En un mot, si le débarquement étoit absolument impossible, il faudroit bien y renoncer, mais s'il n'est que difficile, comme je le juge par l'état de deffense de l'Angleterre et sur ses propres précautions, je crois fermement qu'il faut absolument le tenter. Ce qu'un succès de cette nature donneroit d'éclat et de réputation aux armes du Roi, ce qu'il en reviendroit de profit et de gloire à la nation, sa prospérité actuelle et sa prééminence pour la suitte sont des avantages si fort hors de proportion avec les risques que nous avons à courir pour réussir, que je ne crains pas de dire qu'hors une impossibilité démontrée l'exécution du projet dans les circonstances présentes est nécessairement indispensable.

Pour se faire un tableau de tous ces différens avantages, écartons un moment les difficultés, les moiens et l'ordre du transport, c'est un article de détails militaires que je me réserve à traiter séparément. Considérons le débarquement comme heureusement exécuté ; supposons un corps de 50.000 François dont 5 à 6.000 de cavalerie établi de l'autre côté de la mer, maître de Douvres ou de quelque autre des forts de la côte où l'on aura débarqué, muni de l'artillerie et de tout ce qui appartient à ce service dans la quantité que l'on aura évaluée nécessaire et qui sera supérieure à ce qu'on employe ordinairement avec un pareil nombre de trouppes.

Prévoions de là quelles sortes d'opérations un semblable corps bien conduit pourroit exécuter, quels obstacles il auroit à surmonter ; combien en suivant le cours des probabilités il lui faudroit de tems pour remplir son objet, quelles suittes pourroient et devroient avoir ses succès et enfin quelles ressources lui resteroient dans le cas d'un échec imprévu.

A l'égard de l'opération voicy ce que je proposerois d'après des idées qui ne sont à la vérité arrangées que sur une notion bien imparfaitte du terrain, telle que l'inspection d'une carte peut-être fautive a pu les faire naître, mais toujours faciles à rectifier sur une connoissance plus exacte et détaillée des lieux, telle que les ministres et les généraux chargés de la direction et de l'exécution de l'entreprise l'auront certainement.

Je laisse un corps de 10.000 hommes sous le canon du fort que j'ai supposé devoir être ma place d'armes avec la moitié de la grosse artillerie, 2 pièces de campagne par bataillon, un certain nombre d'ingénieurs pour étendre et fortifier le camp sur son front et sur ses ailes, pareil nombre d'artilleurs pour élever des batteries tant du côté des terres pour mettre le camp à l'abry de toutte insulte et surprise que du côté de la mer pour protéger et couvrir le port où les vaisseaux françois soit de guerre, soit marchands soit armateurs pourroient venir relâcher, conduire leurs prises ou se réfugier au cas qu'ils fussent poursuivis par des forces supérieures. La grande utilité de ce corps dont le camp deviendroit bientôt une espèce de citadelle où il se soutiendroit sûrement, et avec lequel l'armée agissante entretiendroit une communication facile à mesure qu'elle avanceroit dans la terre, seroit d'avoir un poste fixe et deffendu où on transporteroit les vivres, grains, fourrages et munitions de toutte espèce que l'on tireroit du pays par forme de contribution, d'où elles seroient distribuées à l'armée quand elle le jugeroit à propos, ou gardées dans des magasins pour servir à la subsistance même de toutte l'armée au cas d'un échec imprévu qui l'obligeât à se replier sur ses derrières. On y établiroit des hôpitaux pour les malades et les blessés; on y garderoit les otages que l'armée ne manqueroit pas de se faire donner à mesure qu'elle pénétreroit. Au cas qu'après le premier débarquement on fît passer de France de nouvelles troupes, ce qui seroit facile vu la sureté de l'abord et la briéveté du trajet, ce poste seroit l'entrepôt des rafraichissemens d'hommes et de munitions que l'on enverroit à la grande armée pour l'entretenir dans un état constant de supériorité, pendant que l'armée de la Grande-Bretagne déjà poussée au delà de ses bornes par des augmentations disproportionnées à ce qu'elle entretient ordinairement de troupes de terre, n'auroit que des paysans indisciplinés à opposer à des soldats formés et aguerris.

Les raisons sur lesquelles je m'appuie pour exiger que ce corps que l'on auroit tort de regarder comme oisif soit aussi considérable, indépendament des avantages que je viens de détailler et qui seuls suffiroient pour en faire sentir la nécessité, sont :

1° Que l'armée angloise pour pouvoir entreprendre sur un pareil corps seroit obligée à faire des détachemens si considérables qu'elle s'exposeroit pendant le temps qu'elle seroit dégarnie à être détruite ou dispersée par notre armée agissante déjà supérieure à touttes ses forces réunies ;

2° Que si malheureusement et contre toutte apparence nous venions à recevoir quelque échec ou une partie de nos troupes eut eu du dessous, comme cet échec ne pourroit jamais être tel qu'il n'eût beaucoup coûté aux Anglois, ce corps se réunissant à notre armée la mettroit à portée de réparer son désavantage et de faire retomber sur l'ennemi les malheurs du combat ;

3° Comme par les suittes de l'opération, ainsi que je l'explique ci-après, il est question de faire valoir les prétentions de la maison Stuart réduittes au bien de notre sistème, il est important que ses partisans soient encouragés par la justesse des mesures et la force des moiens que la France voudroit employer. Il faut les convaincre de la sincérité de nos démarches par la vivacité et le poids de nos efforts ; il ne faut pas perdre par la tiédeur dans laquelle ils resteroient en se méfiant de nous tous le secours que nous en pourrions retirer dans la suitte de l'exécution du projet. Or il me paroît que l'établissement solide d'un poste aussi considérable indépendament de la grande armée agissante seroit de nature à ne laisser aucun doutte ni scrupule à leur zèle, et une puissante considération pour les déterminer à prendre promptement leur parti.

Ces 10.000 hommes bien établis ainsi que je viens de le dire cy-dessus.

Des 40.00 hommes restans je détache deux gros corps de 8 à 10.000 hommes chacun avec la moitié de l'artillerie destinée à l'armée agissante pour venir prendre poste et camper, en supposant que Douvres fût devenu notre place d'armes, l'un à droitte sur Ashford et l'autre à gauche sur Wieck, observant naturellement de se communiquer et de couvrir leurs flancs contre tout ce qui pourroit venir des côtes de Sandwich, South-Foreland, etc. sur la droitte, Hythe et Winchelsea sur la gauche. Ces deux corps poussant en avant, de droitte et de gauche des détachemens particuliers reconnoitroient, disperseroient, ou enleveroient les petits postes ennemis qui se trouveroient sur leur routte, se saisiroient des chefs de famille, maires, connétables, principaux magistrats et autres personnages dont la conservation intéresse le pais et dont la tête répondroit de l'obéissance et de la soumission de leurs districts respectifs dans la fourniture des différentes contributions qui leur auroient été imposées.

Le corps des 20.000 hommes restans marchant immédiatement après et suivant la même routte viendroit relever ces deux corps dans le camp qu'ils auroient pris dans le tems que ceux-cy dans l'ordre cy-dessus et redoublant de précautions pour ne s'avencer qu'avec sureté, s'étendroient de droitte et de gauche sur Maidstone Canterbury où ils seroient pareillement relevés par le corps de 20.000, et d'où ils feroient la tête de toutte l'armée marchant sur Gravesend et Rochester pour venir camper entre les deux bras de la Tamise; attaquant et chassant devant lui tout ce qui s'opposeroit à sa marche et surtout ne se laissant amuser par aucun pourparler ou suspension qui est toujours au détriment de celuy qui est réuni et à l'avantage de celuy qui cherche à se réunir.

Je ne vois pas de là, après avoir reconnu et choisi un bon champ de bataille propre à y recevoir et à y combattre touttes les forces de la Grande-Bretagne si elles s'y présentent, et avoir pris touttes les mesures nécessaires pour les subsistances à proportion de ce qu'on aura pénétré dans l'intérieur du pais, je ne vois pas ce qui empêcheroit de faire passer la Tamise à un corps de 10.000 hommes pour l'établir dans le comté d'Essex et couper par ce moien la communication des comtés de Norfolck et Suffolck avec Londres ; — ou même toutte l'armée réunie campant entre les deux bras de la Tamise, qui pourroit l'empêcher de construire des redouttes et des batteries solides de canon, mortiers, pour battre même à boulets rouges et avec touttes les machines propres à mettre le feu à la ville et au port de Londres pour augmenter le désordre et la confusion où seroient les habitants et réduire par la désolation de la capitale toutte l'Angleterre aux termes d'une paix aussi funeste à leur gouvernement qu'avantageuse pour la France.

Voicy l'esquisse de l'opération que l'armée débarquée pourroit exécuter sur la ville de Londres.

Pour juger si cette suitte de succès est probable ou chimérique considérons un peu quels obstacles nous aurions à surmonter. Ces obstacles seroient ou de la part des troupes qui marcheroient à nous pour nous couper le chemin de la capitale, ou une suitte de la situation et deffense naturelle ou ménagée des lieux dont nous nous sommes proposés de nous rendre maitres en marchant de Douvres à Londres, car je ne regarderai point comme un obstacle la difficulté prétendue des vivres et du transport des munitions, si je suis maître du pays on a vu qu'à la faveur de la place d'armes qui est sur mes derrières comment je forme et établis mes magazins ; tous les greniers, tous les chevaux, tous les chariots du pays sont à moi si j'y suis le plus fort ; ainsi cette objection des subsistances tombe d'elle-même. Revenons donc à l'examen des troupes et des places dont Londres pourroit être couvert et retarder la marche de l'armée françoise.

A l'égard des troupes, je laisse prononcer tout homme de guerre sur le tems qui peut être nécessaire aux troupes angloises dispersées comme elles le sont sur toutte l'étendue de la côte pour se réunir en un corps d'armée assés formidable pour tenir la campagne en forme devant nous. Que l'on pèse ce qu'il faut de tems pour faire parvenir les ordres des généraux aux différentes divisions qui sont sous leurs ordres et peut-être ce qu'il faut de tems à ces mêmes généraux pour prendre une résolution fixe et déterminée. Pour peu que l'on ait vu la guerre, on scait ce qu'il y a de distance entre un conseil de guerre tenu et l'exécution de ce qui y a été résolu. Mais en supposant, pour leur mieux, que tout ait été prévu et arrangé d'avance, que chaque corps de l'armée britannique sache où il doit se rassembler, où et dans quel ordre il doit marcher en cas d'invasion de notre part, je demande quelles troupes et en quel nombre le général anglois les opposera-t-il à un corps choisi de 40.000 combattans. Il n'y avoit pas, il y a deux ans, 20.000 hommes de terre à la solde de la Grande-Bretagne, aujourd'huy il n'y en a pas 50.000 dans les trois Roiaumes, même en y comptant pour soldats les régimens dont la levée a été ordonnée dans le courant de l'année dernière et qui ne peuvent être regardés que comme des paysans garde-côtes qui ne soutiendroient jamais la valeur françoise plus sûre que toutte la férocité que l'on voudra leur supposer. De ces 50.000 repartis dans les trois Roiaumes qui forment la Grande-Bretagne et dont il y aura à peine 25.000 combattans, quelle disposition prétend-on faire pour nous arrêter? A parité de valeur le nombre est pour nous. Nos forces fussent-elles égales en nombre, est-ce à nous à les craindre et ne les avons-nous pas vaincus avec l'infériorité. Que l'on se rappelle le combat de Masle avant la surprise de Gand ; les motifs de vigueur ne sont-ils pas égaux de part et d'autre? L'ordre n'est-il pas supérieur de notre côté? L'avantage n'est-il pas dans cette occasion surtout au delà de toutte expression pour nos troupes? L'Angleterre dans ce moment de crise risqueroit touttes ses forces de terre contre une partie des forces de terre de la France, ainsi que dans une guerre de mer la France risquera toutte sa marine contre une partie de la marine angloise. Au pis aller qui seroit d'admettre l'égalité, ce qui n'est pas, ni ne peut être, devons-nous la craindre sur terre, et osons-nous nous le promettre sur mer?

Examinons à présent quels seroient les obstacles que nous offriroient à combattre l'assiette et la deffense des villes et postes qui se trouve dans notre marche et dont je propose de se rendre maîtres pour se porter sur Londres.

Je sens bien qu'il faudroit être instruit pour décider avec justice qu'il n'y a aucune place capable de résister à un coup de main vigoureux; je n'ai aucun plan de l'intérieur du pays, ainsi je ne puis pas juger avec connoissance de cause suffisante, mais on m'assure qu'aucun de ces postes n'a été fortiffié depuis la guerre du parlement avec Charles Ier. Et voicy quelques événemens de la même guerre qui me confirme dans la possibilité d'enlever touttes ces places de vive force, sans être obligé d'y essuier les longueurs d'un siège en forme et régulier.

Dans le soulèvement de la province de Kent en faveur du Roi Charles, année 1648, le général Fairfax ayant détaché une partie de son armée pour aller réduire les Gallois à l'obéissance marcha avec le reste contre le comte de Norvick et le général Waller qui étoient à la tête des soulevés de Kent et s'étoient déjà avancés jusqu'à Blechreeth. A l'approche de l'armée parlementaire les soulevés se retirèrent partie à Maidstone et partie à Rochester. Ceux qui s'étoient retirés à Maidstone furent attaqués avec beaucoup de vigueur et la ville emportée d'assaut. Sur cet événement voicy comme je raisonne. Qui empêcheroit une armée supérieure à celle de Fairfax de faire en 1756 ce qu'il fit vis à vis de Maidstone en 1648? Avec plus de moiens à employer, aurions-nous moins de résolution à entreprendre?

Sur la première nouvelle de la prise de Maidstone, les soulevés retirés à Rochester se retirent avec précipitation et vont se porter sur la bruière d'Onslow abandonnant la ville à Fairfax. Autre raisonnement : Rochester est donc un poste que l'on peut facilement emporter puisqu'ils n'ont pas osé s'exposer à le soutenir.

Le comte de Norvick trouve le moien après la retraite précipitée de Rochester de passer la Tamise à Gravesend pour se jetter avec 5 ou 600 hommes dans le comté d'Essex où il se réunit aux mécontens de cette province. Je dis encor qui empêcheroit une armée françoise de faire avec un corps de 10.000 hommes ce que fit Norvick avec 600?

Je trouve encore dans la même année que le général Fairfax ne resta dans le comte de Kent qu'autant de tems qu'il lui en falloit pour faire lever à Waller le siège de Douvres qu'il avoit entrepris; le corps de Waller étoit les débris de la défaitte de Maidstone et de la déroutte de Rochester. On peut juger de là quelles pouvoient être l'artillerie et les munitions avec lesquelles il s'étoit flatté de se rendre maître de la place. Il falloit encor qu'il eût compté sur la brièveté de la reddition puisqu'il étoit bien sûr pour peu que cela retardât d'avoir Fairfax sur les bras. Nouveau raisonnement pour conclure que si Douvres n'a pas été fortifié depuis ce tems, comme on me l'a dit, avec une tête de grenadiers et un service d'artillerie tel que je le suppose dans mon débarquement je dois faire en peu d'heures ce que Waller avoit espéré en peu de jours.

Voicy ce que j'ai pu rassembler de notions et de recherches pour me persuader que nous aurions à surmonter du côté des villes et places qui se trouvent sur notre chemin ne seroient pas de nature à retarder notre expédition sur Londres; avec ce que j'ai dit plus haut du nombre et de la qualité des troupes qui nous seroient opposées, j'ose avancer sans croire dire rien de trop avantageux qu'en trois semaines à compter du jour du débarquement l'Angleterre devroit être humiliée et la France vengée.

Le peu de tems qui suffit pour l'exécution d'un projet aussi important mérite la plus grande attention, puisqu'il seroit impossible dans un aussi court espace que l'Angleterre pût tirer aucun secours de ses alliés les plus chauds. Toutte l'Europe fût-elle réunie en sa faveur, elle pourroit peut-être un jour venger son humiliation, mais toutte l'Europe ne pourroit pas empêcher qu'elle ne fût humiliée.

Après avoir prévu et ordonné les opérations, discuté les différens obstacles et considéré le peu de tems qui nous est nécessaire pour pousser l'expédition à sa fin, examinons maintenant les suittes que pourroient avoir les succès d'une aussi brillante opération.

Maîtres d'une capitale qui donneroit la loy à touttes les différentes villes et provinces qui composent la Grande-Bretagne, indépendamment des sommes immenses dont nous nous dédommagerions des frais de l'entreprise que nous aurions exécutée, il est à présumer que les escadres angloises n'osant pas s'éloigner de leurs postes dans le temps que leur propre patrie seroit envahie par des troupes victorieuses, nos armateurs seroient à portée de faire des prises considérables dont le ministère françois en leur remboursant la valeur pourroit se servir par les suittes pour augmenter la marine du Roi.

Le parti de la maison Stuart puissament réveillé par une circonstance aussi favorable et les différentes pratiques que l'on auroit pu employer à cet effet ne manqueroit pas d'exciter des soulèvemens en Écosse et en Irlande que le prince Édouard en personne viendroit soutenir à la tête d'une armée françoise composée de ses Irlandois et des différents renforts que l'on auroit fait passer successivement de Calais à Douvres, ou même la grande armée trop bien établie alors pour ne pouvoir pas se passer du camp retranché qu'elle auroit eu sur ses derrières, les troupes qui auroient formé ce camp se joindroient aux partisans du prétendant et seroient emploiées à se rendre maître sous ses ordres des ports de l'isle de Wight, Portsmouth et autres de la côte en s'étendant autant qu'il seroit possible jusqu'à la province de Cornouailles et portant le feu dans tous les chantiers et magasins anglois ou à force ouverte ou par des incendiaires gagés et non avoués au cas que l'on eût besoin de se parer de modération et de couvrir ses vues, détruisant en un mot autant qu'il seroit possible la marine angloise et coulant à fond sous prétexte de résistance et de seureté tout ce que l'on ne pourroit pas enlever ou consumer par le feu.

Il me semble que la vieillesse du roi Georges et le bas âge du feu prince de Galles ne pouvant guère prévaloir contre la personne d'un prince valeureux, et dont les malheurs passés releveroient encore les droits, on pourroit parvenir à le placer sur les thrônes d'Irlande et d'Écosse et former de l'Angleterre une île indépendante en forme de République à laquelle il faudrait des siècles pour redevenir rivale de la France et qui auroit cependant assez de consistance et de jalousie de sa liberté pour résister à l'envie que le nouveau Roi d'Écosse et d'Irlande ne manqueroit pas d'avoir de la réunir à ses États.

Dès ce moment là tous les sistèmes politiques de l'Europe devant être refondus, les puissances amies et alliées devant prendre de nouveaux engagements ou renouveller ceux qu'elles auroient pris antérieurement, on peut se figurer le rôle supérieur que joueroit la France en Europe et l'influence qu'elle auroit dans ces différentes négociations et quelles cessions ne se feroit-elle pas faire par l'Angleterre de ce qui seroit à sa bienséance dans l'Amérique septentrionale, prenant par ce moien la place qu'occupe aujourd'huy l'Angleterre sur mer et restant sur terre ce qu'elle a toujours esté, la première puissance. Voilà les suittes brillantes que le succès de la descente projettée pourroit nous procurer, aurois-je eu tort d'avancer qu'elles étoient hors de toutte proportion avec les risques que nous avions à courir au cas d'un échec presque impossible.

Jettons maintenant un coup d'œil sur les ressources que nous aurions si contre toutte probabilité, une fois débarqués, il nous arrivoit quelque échec considérable. Je le répète encore et l'on aura pu s'en convaincre par l'examen des obstacles que nous aurions à surmonter une fois établis outre-mer ; mais pour ne rien laisser d'imprévu je veux bien supposer contre toutte probabilité que notre armée agissante ait receu un échec assés marqué pour être obligée de se replier sur ses derrières sans oser davantage tenir la campagne.

Je dis que dans ce cas le plus malheureux de tous ceux que l'on peut imaginer, je ne vois pas qui l'empêcheroit de soutenir avec toutte l'artillerie qu'elle auroit laissée dans le camp retranché et toutte celle qu'elle y conduiroit de sa défaitte, les munitions et provisions de toutes espèces qu'elle y auroit fait transporter et conduire, je ne vois pas, dis-je, qui l'empêcheroit de soutenir un siège contre touttes les forces réunies de la Grande Bretagne et de le faire durer assés longtems pour donner aux négociations celuy de déterminer la guerre en ne perdant pas davantage que ce que l'Angleterre nous demande aujourd'huy. Ce que les Anglois demanderoient de plus alors ne pourroit être qu'un dédomagement pécuniaire, et 300.000 hommes de terre qui resteroient encor à la France indépendamment des 50.000 qui seroient débarqués en Angleterre la rendroient assés respectable à la Grande Bretagne et à la plus grande partie de l'Europe pour ne pas vouloir par des propositions trop onéreuses la forcer à venger avec le reste de ses forces le traitement que l'on auroit fait à l'armée débarquée au cas que l'on la forçeroit dans ses retranchemens. Le moment où feu M. le maréchal de Broglie défendait Prague contre l'armée impériale étoit à peu de choses près le même que celuy où nous nous trouverions dans le cas supposé; mais je le dis encor, c'est le plus malheureux de tous et le moins probable.

Après avoir vu la nécessité d'une descente en Angleterre, avoir prévu les opérations que l'on pourroit exécuter, les obstacles que l'on auroit à surmonter, le peu de tems qui seroit nécessaire pour terminer la guerre avantageusement, les suittes d'un succès éclatant et les ressources qui nous resteroient en cas d'échec, je reviens au détail militaire que je me suis proposé de donner sur l'ordre de transport et débarquement, et dont je crois essentiel de se rapprocher autant qu'il sera possible. Je ne disconviens pas que ce transport ne soit, et je le regarde comme l'opération de guerre la plus périlleuse et la plus difficile, mais dès qu'il n'est pas impossible les difficultés les plus fortes ne sont que des raisons de plus de redoubler de précautions, de valeur et de prudence.

Les idées que je vais donner sont d'après la descente exécutée par Charles XII en Dannemarc le 25 juillet 1700.

Je scais ce qu'on pourroit m'objecter sur la valeur quelquefois peu mesurée de ce prince, mais il s'en faut bien que ce soit icy une des occasions où on puisse lui faire ce reproche; les éloges que le comte Renchild, vieux général de l'école de Gustave, donna au projet de descente imaginé pour le Roi lui-même sont un titre bien fort en sa faveur et indépendant du succès qui le suivit.

Je n'ignore pas encore que l'on pourra m'opposer la supériorité qu'avait alors Charles XII sur mer par la réunion des trois flottes combinées de Suède, de Hollande et d'Angleterre et qui en imposoient à l'escadre danoise pendant le débarquement, au lieu que dans le cas présent les forces maritimes de l'Angleterre sont si supérieures à celle que la France peut lui opposer qu'il est à craindre que le transport ne puisse pas se faire sans en perdre la plus grande partie.

Je conviens de cette supériorité numéraire en vaisseaux, mais que d'un côté on considère que telles attentives que l'on suppose les escadres angloises, et telles prêtes à sortir qu'elles puissent être de leurs ports, on peut profiter cependant du tems qu'elles mettront à se rassembler, d'un vent qui nous sera favorable et qui leur sera contraire, et puis une escadre de 22 vaisseaux de guerre comme celle de Brest avec tous les armateurs que je lui suppose réunis et à ses ordres forment cependant une armée navale qui peut tenir et doit à ce que je crois tenir assés de tems pour donner au transport celui de s'exécuter : l'ordre détaillé que je joins après expliquera encore mieux la force et le nombre des moiens que je crois nécessaire d'employer, et les principes sur lesquels je crois qu'on doit faire ce débarquement.

Détails. — Que l'escadre de Brest entrant dans la Manche soit renforcée de tous les armateurs de la côte occidentale à commencer depuis Saint-Malo ; que ceux de toutte la côte de Normandie, Cherbourg, Honfleur, la Hougue, etc., se joignent aussi à elle à la hauteur de leurs différens ports et qu'ainsi à mesure qu'elle avance dans le canal, elle soit encore jointe par ceux de Saint-Vallery, de Dieppe et des Boulonnois, où touttes ces différentes voiles agissans pour une même fin et sous les ordres du chef de l'escadre de Brest masqueront les ports de Portsmouth et de l'isle de Wight, attaqueront et combattront à outrance les escadres angloises qui en sortiront pour s'opposer au débarquement.

Les bâtimens plats qui doivent transporter les troupes qui doivent être distribuées sur les côtes à portée de se rassembler au premier ordre, borderont la plage entre Boulogne et Dunquerque jusqu'à l'endroit où le canal porte le nom de Pas-de-Calais et où l'on saisira le moment pour s'embarquer.

N. B. — Que jusqu'au 21 ou 22 de mars dans le tems équinoctial, les gros vaisseaux n'entrent point dans la Manche dans la crainte d'échouer contre les côtes, et c'est un avantage de plus pour ceux qui veulent débarquer.

Voicy l'ordre que je voudrais que le transport observât.

Sur les signaux convenus entre l'escadre et le port d'embarquement; deux frégattes et quelques corsaires sortiroient du port de Dunquerque, tant pour reconnoître l'endroit de la côte des comtés de Kent ou de Sussex que l'on aura choisi pour débarquer, que pour protéger de leur feu les premières troupes qui toucheroient terre. Je suppose que l'on est parfaitement instruit des endroits les plus abordables, de ceux qui sont les moins deffendus, que l'on a une connaissance détaillée de l'intérieur du pays et de la côte, que l'on est informé au juste de la distribution des troupes angloises dans leurs différens quartiers, du tems qu'elles doivent mettre à se rassembler en corps, du nom et de la capacité des généraux qui les commandent et s'il est possible de leur activité ou de leur inclination à délibérer, touttes choses sur lesquelles il faut absolument se régler et dont je ne puis parler que par conjectures.

En supposant cependant que l'endroit de la côte que l'on auroit choisi de préférence fût escarpé et par cette raison dégarni d'hommes et de retranchemens, il devroit y avoir dans les batimens de transport un certain nombre de ces samlaques dont parle le chevalier Follard, dont on pourroit se servir pour débarquer quelques compagnies de grenadiers qui, attaquant vigoureusement et sans balancer les postes voisins qui seroient plus abordables pour le terrain et par conséquent plus deffendus d'hommes faciliteroient au reste du transport une descente plus prompte et plus facile. A la suitte des 2 frégattes et des 20 corsaires, une avantgarde de 400 compagnies d'infanterie, grenadiers et piquets choisis, 8 piquets de dragons avec leurs cheveaux, un bataillon d'artillerie, deux compagnies d'ouvriers, deux brigades d'ingénieurs, une compagnie de mineurs, 500 pionniers ou travailleurs armés et choisis entre les plus résolus, 16 pièces de gros canon de 16 et 24 livres, 18 mortiers dont 6 propres à jetter cette espèce de grenade qu'en France nous nommons perdreaux et qui est d'une grande ressource pour inquietter et allarmer, auxquels je joindrois 14 obüts s'ils sont d'usage en France, les mortiers et canons avec doubles affuts, roüages, crapeaux, etc. Chacun des batteaux plats contenant 50 hommes ou la valeur d'une compagnie de grenadiers ou piquets, auroit ses flancs garnis de sacs à laine extérieurement et d'une double ou triple rangée de fascines ou saucissons intérieurement.

N. B. — J'aimerois mieux des saucissons, étant faits avec plus de soin, égaux en forme et en longueur, susceptibles de plus de solidité dans l'arrangement et propres à la construction des batteries que l'on auroit à élever quand on seroit à terre.

Si la capacité de ces batteaux pouvoit être doublée ou triplée de façon que chacun d'eux pût porter 100 ou 150 hommes, cela n'en seroit que mieux pour éviter l'embarras et je pense aussi pour résister à la mer. La poudre, les balles, les boulets, les bombes, les grenades, l'artifice et généralement tout ce qui est du service de l'artillerie pour l'attaque de la deffense serviroient de lest à ce premier convoy.

Je demande de plus des batteaux d'une espèce un peu différente, prenant plus d'eau que les barques d'infanterie, des espèces de galiottes dont l'intérieur serviroit d'écurie aux cheveaux pendant le trajet; J'en mets 25 dans chacune; le dessus de la galiotte ponté comme les bâtimens plats et avec la même forme de retranchement occupé par les dragons et par une partie des artilleurs, travailleurs, mineurs et pionniers qui seroient du transport de l'avant-garde.

Je crois que si l'on a pu construire des galiotes de 40 pieds de long ou même 45 sur 20 ou 25 de large, que l'on y pourroit transporter jusqu'à 50 cheveaux, ce qui seroit encore mieux.

Comme ces espèces de galiottes prenant plus d'eau et offrant aussy plus hors de l'eau que les barques plattes sur lesquelles on transporte l'infanterie, seroient plus exposées au canon ennemi soit en mer au cas que quelques vaisseaux eussent percé malgré la protection de l'escadre, soit des batteries des forts en approchant de la côte, que l'impossibilité d'en retirer les chevaux dans le cas que le bâtiment fît eau en rendroit la perte plus considérable, je les place dans une espèce de sauvegarde entre 4 batteaux plats portant 4 compagnies ou 2 de ces mêmes batteaux s'ils contenaient 100 ou 150 hommes.

Et afin que chacune de ces subdivisions puisse arriver en même tems et se secourir mutuellement en cas de malheur, j'assujetirois les 3 ou 5 batteaux dont elle seroit composée avec de gros cables, de façon cependant que l'on pût couper ces cables avec des haches si le feu ou quelqu'autre accident exigeoit que l'on sacrifiât quelqu'un de ces bâtimens pour conserver les autres. J'observerois encore de placer les poudres préparées, carcasses et artifice dans la galiotte pour les mettre plus à couvert du feu et des accidens.

Il y auroit trois chaloupes pour remorquer chacune de ces subdivisions le plus promptement qu'il seroit possible à force de voiles et de rames ; le reste de l'espace occupé par les gens destinés à la manœuvre de ces trois chaloupes remorquantes seroit rempli des cheveaux de frize, clayes, pelles, pioches et outils de toutte espèce.

Je croirois encore nécessaire de couvrir les galiottes de peaux fraîches et de fumier pour se préserver des étincelles et de la bourre des fusils au cas que pour la deffense ou pour l'attaque l'infanterie fût obligée de tirer de dessus ses batteaux.

N. B. — Il est supposé que dessous l'espèce de retranchement de fascines ou saucissons de chaque batteau on auroit laissé des ouvertures pour l'écoulement des eaux que les vagues y pourroient jetter pendant le trajet.

Chacune de ces subdivisions en les supposant de 5 batteaux chacune portant 225 hommes et 25 cheveaux il faudroit 16 subdivisions ou 80 batteaux de transport pour le corps de 3.600 hommes et 400 cheveaux dont est composé l'avant-garde.

En distribuant les 48 bouches à feu sur ces 16 subdivisions, il y en auroit 3 sur chacune que je ne crois pas que rien pût empêcher d'y mettre une batterie sur la proüe en l'assujettissant pour le recul avec de bons crampons de fer, ainsi qu'on fait aux vaisseaux. La réduction de ces subdivisions se feroit à 12 et il ne faudroit que 36 batteaux de transport si ces bâtiments contenoient jusqu'à 150 hommes.

Je compte pour le trajet 6 à 7 heures avec un bon vent et la marée pour nous.

Les grenadiers débarquans n'auroient rien à porter que leurs armes et leur munition; les vivres, les tentes, les marmites, etc., ne seront retirés qu'après l'artillerie et tout ce qui est nécessaire pour l'attaque et la deffense.

Les pionniers et travailleurs débarquans seroient de même armés, et porteroient outre les outils qui leur auroient été distribués dès le port d'embarquement, chacun, deux sacs à terre pour s'en servir suivant l'ordre des officiers commandans et le tracé des ingénieurs. En tout on doit considérer qu'il est plus important dès l'abord d'attaquer que de se retrancher.

Toutte l'avant-garde débarquée s'étendra promptement de droite et de gauche sur la côte, s'y fortifiera à la hatte, établira des batteries soit du côté des terres pour se couvrir, soit du côté de la mer suivant l'exigeance du cas, attaquera ou se soutiendra dans les postes qu'elle aura emportés de vive force, et au cas qu'il y eût ville ou château dont la reddition importât pour s'en faire une place d'armes comme Douvre, ou quelqu'autre fort de la côte il faudroit l'écraser de bombes, d'artifices, et l'intimider par le fer et le feu de façon qu'il n'y eut pas de milieu entre l'extrême calamité pour les habitans ou la plus prompte soumission.

Je ne parle point des tentatives préliminaires pour corrompre à force d'argent quelque gouverneur ou quelqu'un des officiers de la garnison, il est à présumer que si on a pu le faire sans trahir le secret de l'opération on n'y aura pas manqué : *dolus et virtus*.

Pendant cette première opération qui ne peut réussir que par la valeur et intrépidité des troupes qui composent l'avant-garde, s'avancera le grand convoi ou transport principal composé de 128 subdivisions pareilles à celles de l'avant-garde, ou au cas que chacun des batteaux contint 150 hommes de 80 et quelques de ces subdivisions portant 28.800 hommes et 3.200 cheveaux, suivis de 12 ou 15 grosses bélandres ou vaisseaux marchands, dont on auroit retiré les canons pour y mettre plus de monde et qui pourroient porter pour un trajet aussi court jusqu'à 6 ou 700 hommes qui viendroient débarquer à l'endroit préparé par l'avant-garde. Ce qui auroit été embarqué sur les bélandres et vaisseaux marchands seroit transporté par des chaloupes jusqu'aux batteaux plats sur lesquels se seroit faitte la plus grande partie du transport de l'infanterie, d'où ces troupes passeroient comme sur un pont à terre.

Je ne scais pas s'il ne seroit pas mieux de donner, à la place des galiottes de dragons dans l'avant-garde, des barques plattes de bonne infanterie qui en se joignant aux grenadiers débarqués pourraient attaquer quelqu'un des endroits plus abordables et plus deffendus d'hommes par conséquent et où le grand convoy où seroit toutte la cavalerie viendroit débarquer quand l'ennemi auroit été poussé. Surtout point de délibérations à un parti pris, c'est une de ces occasions où il n'est pas permis de douter de ce que l'on peut et ou la célérité et la vigueur sont prudence.

Je supplie que l'on compare ce que je propose à ce qu'a exécuté Charles XII à sa descente en Dannemarck et pratiqué avec succès, contre l'élite de l'armée saxonne commandée par le général Stenau au passage de la Duna.

Je n'ajouterai plus qu'un mot sur l'heure de cette expédition; je la commencerois à la petitte pointe du jour pour l'avoir exécutée à la nuit, en entier, je ne crois pas à moins de bien connoître la mer que cela puisse être exécuté de nuit.

Il ne me reste plus qu'à faire envisager aux armateurs qui auroient aidé l'escadre du Roi dans cette opération militaire quelle abondante récolte ils auroient à faire en recevant à l'embouchure de la Tamise les bâtiments anglois qui s'échaperoient du port de Londres à l'approche de l'armée françoise par terre, et qui n'éviteroient un malheur que pour tomber dans un autre. Je doutte que dans la calamité où seroit exposée la Grande Bretagne, ses vaisseaux fussent fort empressés de s'éloigner de leurs ports.

Je souhaitte de meilleur de mon cœur que ce projet réusisse en tout ou en partie et que l'on humilie une nation superbe qui ne nous regarde qu'avec l'orgueil le plus insultant pour une nation accoutumée à ne se comparer aux autres que par politesse.

MARTANGE AU COMTE DE BRÜHL[1]

A S. Exc. Mgr le comte de Brühl premier ministre de S. M. le Roy de Pologne Électeur de Saxe. — [*Versailles*], *11 février 1757. Par courrier de M. Rouillé.* — Mgr. V. E. aura vu par mes lettres du 29 du passé et du 4 du courant l'usage que j'avois fait auprès de M. l'ambassadeur comte de Broglie[2] et celui que je me proposois de faire auprès du ministre du R. T. Ch. des ordres particuliers qu'elle m'avoit donnés pour détruire entièrement l'impression désavantageuse que le choix de M. le comte de P.[3] avoit faitte à cette cour. L'occasion favorable d'entretenir à ce sujet M. Rouillé s'étant présentée samedi dernier, et ce ministre aiant bien voulu me donner tout le tems nécessaire pour m'expliquer, j'entrai avec lui dans tous les détails de l'envoi de M. le Stolnic dans le sens de la conversation que j'avois eue avec M. le comte de Bestucheff[4], dont j'ai rendu compte à V. E. dans ma lettre du 29. J'effleurai les liaisons primitives de M. le comte de W.[5] avec la cour de Berlin et sans m'arrêter à discuter l'attachement qu'on suppose à M. le grand chancelier comte de Bestucheff pour la cour d'Angleterre, j'allai tout rondement au point essentiel de ma commission, le seul capable d'exciter une confiance de laquelle dépend non seulement le rétablissement actuel des affaires du Roi notre maître, mais même la prospérité permanente de la maison de Saxe, et j'offris tout le crédit que V. E. peut avoir sur M. le grand chancelier pour tacher de concilier ce ministre à la cour de France. Je ne crus point devoir dissimuler ni les liaisons de ce ministre ni celles de

---

1. Copie de la main de Mme de Martange. Arch. de Honfleur.
2. Charles-François, comte de Broglie, fils et frère de maréchaux de France, avait été nommé ambassadeur à Dresde au mois de mars 1752.
3. Le nom est en blanc ; il s'agit du comte Auguste Poniatowski, ministre de Pologne à la cour de Russie, puis roi de Pologne.
4. Alexis, comte Bestucheff, grand chancelier de Russie sous la czarine Élisabeth ; disgracié en 1758.
5. Le comte de Woronzoff, vice-chancelier puis chancelier de Russie.

V. E. avec la cause Britannique avant la consommation du traité de Versailles. Je dis, ainsi que V. E. me l'avoit ordonné, qu'en cela ni M. le comte de Bestucheff ni M. le comte de Brühl n'avoit été anglois qu'autant qu'il convenoit de l'être alors à des ministres de Saxe et de Russie liés avec la cour de Vienne et par conséquent emportés par un système dépendant de la cour de Londres; qu'aujourd'huy le revirement du sistême occasionné par le traité de Versailles [1] décidant nécessairement V. E. à des engagemens perpétuels avec la cour de France et laissant aussi à M. le comte de Bestucheff la liberté de former pour sa cour de nouvelles liaisons, il étoit naturel que la Saxe qui attendoit uniquement son bonheur de son union intime avec la France s'employât à acquérir la Russie à cette [pensée]; qu'ainsi l'on pouvait compter que V. E. feroit tout ce qui seroit en elle pour accélerer l'union dont la Saxe devoit retirer les plus grands [profits] bien loin de vouloir soutenir, comme l'on paroissoit l'en soupçonner, une ancienne amitié évidemment contraire aujourd'huy à ses interests. J'ai insisté avec force sur cette réciprocité des bons offices de V. E. et j'ai ardemment désiré en son nom quelque occasion où l'on pût mettre à l'épreuve et son crédit et la sincérité de ses offres; en un mot, Mgr., j'ai montré sans restriction l'envie qu'auroit V. E. de faire tout pour le présent et pour l'avenir en faveur de la France dès que la France voudroit bien faire tout ce qu'elle peut et pour le présent et pour l'avenir à l'avantage du Roi notre maître.

Je ne cacherai point à V. E. qu'il ne falloit pas moins pour combattre des préventions qu'il importe tant au service du Maître de détruire, en fournissant à V. E. le moien de réparer toutes les pertes du roiaume et d'assurer à perpétuité la grandeur de la Maison Électorale par une confiance intime et réciproque avec cette cour-cy. J'ai cru qu'une fin aussi désirable vengeroit assés votre administration des imputations personnelles qui auroient précédé une époque aussi glorieuse.

---

1. Conclu le 1ᵉʳ mai 1756 avec l'Autriche; Louis XV promettait de garantir et de défendre toutes les possessions de l'impératrice Marie-Thérèse.

Je parlai encor à M. Rouillé du second article du premier mémoire présenté par M. le comte de V., cotté *sub A*, concernant l'entretien de nos transfuges. Ce ministre m'aiant objecté la difficulté de faire de nouvelles dépenses après l'armement considérable que le Roi son maître venoit d'ordonner en faveur de l'intérêt particulier qu'il prenoit à la cause du Roi, père de Mad. la Dauphine, je lui représentai que ce ne seroit point une nouvelle dépense dès que la somme nécessaire pour cet entretien devoit être retenue sur les fonds du subside acordé, au cas que la France en accordât un, comme je le crois, à l'Impératrice-Reine soit pour elle-même soit pour la Russie : M. Rouillé m'a bien voulu permettre de déduire cette raison dans un nouveau mémoire. Je me hâtai de..... [1] hier par M. le comte de V[oronzoff].

Aujourd'huy M. Rouillé m'aiant donné audience dans son cabinet m'a fait l'honneur de me dire qu'il avoit rendu compte hier au Conseil de la conversation que j'avoie eüe avec lui, et que sur l'assurance que je lui avois donnée de l'envie extrême qu'auroit V. E. de proffiter de la première occasion qui se présenteroit de marquer sa bonne volonté en emploiant son crédit à la cour de Russie, il avoit à me charger d'une commission où V. E. pourroit de la façon la plus agréable au R. T. Ch. et la plus utile au service du Roi notre maître donner la preuve de la sincérité des promesses que j'avois avancées de sa part.

Comme il est question dans ce moment-cy de mettre la dernière main à l'entière conciliation des deux cours de France et de Russie, réunion principalement utile dans les circonstances présentes aux désirs et à l'avantage du Roi notre maître, le service que le ministre de cette cour attend de V. E. est de s'employer à déterminer M. le grand chancelier comte de Bestucheff par tout ce qu'elle a de crédit sur l'esprit de ce ministre à aplanir tous les obstacles qui pourroient encore s'opposer à cette réunion dont la consommation importe également à l'Impératrice sa souveraine comme au R. T. Ch. et dans laquelle M. le grand chancelier n'auroit à regretter aucun des

---

1. Texte endommagé.

avantages particuliers qu'il peut désirer. M. Durand[1] doit recevoir par ce même courier qui remettra ma lettre à V. E. des ordres pour conférer à ce sujet avec elle, et ce même courier sera chargé de porter à Pétersbourg l'expédition que V. E. pourra faire en conséquence à M. de Bestucheff. Ce sont, en substance, Mgr., les propres paroles que m'a dittes ce matin M. Rouillé et que j'ai l'honneur de vous rendre de sa part.

Permettés-moi, Mgr., en considération du zèle sans bornes dont je brûle pour le service du Roi et du désir ardent que j'ai de marquer à V. E. toute la reconnaisance que je lui dois pour la confiance dont elle m'honore, de la suplier de vouloir bien regarder cette affaire comme le plus complet acheminement au succès des demandes que la justice de la cause du Roi notre maître l'authorise à faire et qui ont été énoncées dans le mémoire cotté *sub B* présenté par M. le comte de V. le 7 du courant : un intérêt intime et mutuel entre la Saxe et la France doit seul déterminer cette dernière à faire accorder d'aussi grands avantages au Roi notre maître, et cet intérêt sera principalement déclaré de la part de la Saxe par la démarche que l'on attend de V. E. Au reste, Mgr., je ne scaurois assés me louer du désir particulier que j'ai remarqué dans le ministre du R. T. Ch. de contribuer à l'entière satisfaction du Roi notre maître.

Je n'avois encor parlé qu'à M. le comte de Broglie des sujets de plaintes de V. E. contre M. Durand lorsque je receus la lettre qu'elle me fit l'honneur de m'écrire en datte du 19 du passé, et j'allai sur le champ en faire part à cet ambassadeur. J'ai lieu de croire que V. E. sera contente des ordres que l'on fera passer au ministre de France à Pétersbourg. La démarche que fera V. E. vis à vis M. de Bestucheff éclaircira toute méfiance et tous soupçons et ce sera de plus un titre que nous pourrons faire valoir avec le plus grand avantage vis à vis d'un ministère qui une fois assuré de notre franchise ira sans doute au devant des dédomagemens que nous demandons et qu'il se croira intéressé lui-même à nous faire

---

1. Ministre à Varsovie.

obtenir. Je n'entre point avec V. E. dans le détail des autres particularités dont elle sera informée par les lettres de M. le comte de V. et M. le général de Fontenai[1]. La certitude que j'ai que ma lettre lui sera remise en main propre m'a authorisé, malgré l'importance des matières qu'elle contient à ne point me servir de chiffres dans une affaire dont on a désiré que le secret demeurât partagé entre peu de personnes. Je suis trop heureux, Mgr., si le zèle avec lequel je cherche à exécuter vos ordres est agréable et utile au service du Maître. Je suis, etc.

MARTANGE AU COMTE DE BRÜHL[2]

Versailles, 18 février 1757. — Mgr. J'ai diné aujourd'huy chés M. Rouillé et ce ministre qui me marque la plus grande bonté m'aiant appelé dans son cabinet et demandé si je m'étois acquité auprès de V. E. de la commission de la veille, je lui répondis que non seulement j'avois eu l'honneur de vous en écrire, mais même que ne voulant rien avoir à me reprocher pour acquérir sa confiance entière à V. E. je lui avois apporté ma dépêche affin qu'il vit par lui-même non seulement que j'avois exactement rendu son idée et ses ordres, mais encore quel but je proposois à V. E. et quelle suitte de bonheur je lui avois fait envisager pour prix de la démarche qu'elle feroit auprès de M. de Bestucheff.

Je rendrois mal à V. E. le service que j'ai été assés heureux de rendre par cette confidence. M. Rouillé en a été pénétré et en me faisant compliment sur la clarté de ma lettre il m'a ajouté : « Je désire bien sincèrement que M. le comte de Brühl fasse ce que nous attendons de lui : c'est effectivement pour l'avantage le plus grand des deux cours. ». — « M., ai-je réplicqué, je suis si sûr de la bonne foi du premier ministre du Roi mon maître que si

1. Gaspard-François de Fontenay, brigadier d'artillerie (1744), maréchal de camp (1748), lieutenant général le 17 décembre 1759. Fut ambassadeur de l'Électeur de Saxe à Paris.
2. Copie de la main de Mme de Martange. Arch. de Honfleur.

V. E. après tout ce que je lui ai dit avoit encor des soupçons sur la candeur de ses offres et de ses vües, je n'aurois pour les détruire entièrement qu'à vous faire lire une dépêche écrite en entier de sa main, qui assurément n'a pas été faite pour vous être communiquée, V. E. ne se reffuseroit pas, je crois, à un témoignage de cette nature. » Et sur-le-champ je lui présentai la première des deux lettres que V. E. m'a écrite de sa main, qu'il lut d'un bout à l'autre et dont il fut si content qu'il me dit : — « Effectivement, M. le comte de Brühl paroit bien parler à cœur ouvert. » — Puis il ajouta : « Il se plaint beaucoup de M. Durand. » — « Aussi, lui répondis-je, M. Durand dans ce tems-là ne tenoit-il pas une conduite convenable vis-à-vis des sujets de la République attachés à la cour de France. Dans les circonstances présentes, M., où il est si fort question d'échauffer le cœur des Polonois en faveur du Roi mon maître, M. Durand avoit une tiédeur et une nonchalance qui devoit nécessairement se communiquer à tout un parti accoutumé à juger des intentions plus ou moins favorables de la France par le plus ou moins de chaleur du ministre qui la représente à Varsovie ; on a même cru depuis mon départ de cette ville que M. Durand avoit eu un entretien particulier à la Redoute avec M. Benoît, résident de Prusse, mais comme il s'en est excusé sur-le-champ, j'ai eu ordre du premier ministre du Roi mon maître de faire part de son désaveu et d'une conduitte plus satisfaisante de sa part à M. le comte de Broglie pour qu'il put en instruire V. E. Nouvelle preuve, ai-je ajouté, M^r, et de la sincérité du ministre du Roi mon maître et du peu de personnalité qu'il y avoit dans ses plaintes contre M. Durand. » M. Rouillé me répondit ces mots : « Les ministres du Roi sont bien éloignés d'avoir des ordres d'entretenir correspondances avec les ministres du roi de Prusse, ni d'être liés avec des personnes suspectes d'attachement à la cour de Berlin. »

J'ai scu sur cela en intime confidence du comte de Broglie que par le même courrier on faisoit des leçons à M. Durand pour réchauffer sa conduitte[1], et le même ambassadeur qui m'a encor

---

1. Voyez la lettre qui suit.

confié sous le sceau du plus grand secret qu'il retournoit sûrement en Pologne et qui est toujours le serviteur le plus chaud que puisse avoir le Roi notre maître, m'a dit qu'il seroit aussi nécessaire que V. E. se réchauffât un peu de son côté en faveur de M. Durand ; que les résolutions à prendre seroient moiennant cela plus promptes et qu'à son arrivée à Varsovie il se chargeoit du reste.

M. Rouillé m'aiant parlé du passage des Russes par les terres de la République et marqué quelque inquiétude pour la sureté des terres des seigneurs Polonois amis de la France, je l'ai assuré que ces inquiétudes étoient d'autant moins fondées que, vu l'objet que les Russes.....[1] ils étoient forcés par leur propre intérêt à tenir la plus exacte discipline. M'aiant encor marqué des inquiétudes sur la guerre que pourroit porter le roi de Prusse en Pologne en prévenant ou du côté de la Samogitie ou du côté de la Lithuanie les troupes russiennes, je suis entré avec lui sur cette matière en de grands détails géographiques et militaires, et j'ai lieu de croire que j'ai eu le bonheur de lui faire goûter mes idées. J'ai terminé cet article de ma conférence avec lui par cette conclusion : « M., je scais bien que quelques seigneurs polonois ne sont pas sur cette marche sans inquiétudes, mais j'ose assurer V. E. que leurs craintes ne sont qu'une suitte de leur ignorance militaire et c'est principalement au ministre du R. T. Ch. à Varsovie qu'il appartient de les rassurer. »

Il y a quelques jours que j'eus un entretien de quatre heures à ce sujet, papiers sur table, avec M. de Broglie que je persuadai totalement et qui n'eut aucune objection à me faire contre la marche par la Lithuanie qu'il finit par regarder comme essentielle.

J'ai remis, à la fin de mon entretien avec M. Rouillé, ce ministre sur l'article si important de nos transfuges, et sans me donner des assurances positives qu'il ne seroit peut-être pas le maître de tenir, vu le crédit prépondérant de l'abbé comte de Bernis, il m'en dit cependant assés pour me rassurer sur ce chapitre. Je puis vous assurer, Mgr., que M. Rouillé est on ne peut pas mieux intentionné pour l'avantage du Roi notre maître. J'aurai enfin demain à dix

---

1. Texte endommagé.

heures une conférence avec M. l'abbé de Bernis. Il y a longtems que je la désire et Madame la Dauphine aussi. Il étoit du diné aujourd'huy chés M. Rouillé, et il a bien voulu se ressouvenir des tems éloignés où il m'avoit vu me disposer à être comme lui l'un des oints du Seigneur [1]. Je vous avoue, Mgr., que je ne me serois pas douté que mon rabat eût dû un jour m'être utile pour le service du Roi. Je tâcherai pourtant de tirer grand parti de ce renouvellement de connoissance et je suis bien impatient de rendre compte à V. E. de ma conversation avec ce ministre : si je puis vous l'acquérir, je suis comblé.

M. le comte de Vicedom [2] m'a dit ce soir qu'il envoioit les trois mémoires à V. E. Je suprime ceux que je lui avois destinés et qui ne feroient que grossir le pacquet.

En tout, Mgr., je conçois les plus belles espérances et j'ose dire à V. E. que notre besogne est du moins en bon train. Un attachement sans réserve pour ses intérêts, la plus vive reconnoissance de ses bontés, le plus profond respect pour sa personne, voilà les sentiments avec lesquels j'ai l'honneur d'être, etc.

LE COMTE DE BROGLIE A M. DURAND [3]

A Versailles, le 18 février 1757. — Je me suis réservé, M., par cette lettre particulière à vous parler de M. le comte de Brühl. Vous connoissez qu'elle est ma façon de penser de ce ministre, ainsy je ne vous auray pas surpris en vous exhortant à beaucoup de ménagements à son égard.

Je crois que sa position le met dans le cas d'être dépendant de nous, et qu'il sera pourvu que nous ne luy imposions pas un joug trop rude surtout pour la forme. L'habitude où il a toujours été de

---

1. Martange, avant d'accepter une lieutenance dans le régiment de Löwendalh, s'était destiné à l'état ecclésiastique, avait obtenu le prieuré de Cossay (Mayenne) et était devenu professeur de philosophie en Sorbonne.
2. Nom défiguré; M. de Vitzhum, ambassadeur de Saxe à Paris.
3. *Arch. des Aff. Étr.*, Pologne, 251, fol. 326.

trigauder l'entraîne encore souvent malgré luy, mais dans le fonds je pense qu'il est dans les dispositions que nous pouvons luy désirer parce qu'il n'espère plus pouvoir se tirer de l'état où il est que par le secours que la France seule peut fournir à son maître et par les dédomagemens que Sa Majesté Polonoise ne peut tenir que de nous.

J'ay veu plusieurs lettres en original qu'il a écrites à M. de Martanges qui n'étoient pas faites pour m'être montrées; son embarras y est peint des couleurs les plus vives; il nous offre ses secours vis-à-vis M. le grand chancelier Bestucheff, et le fait d'une façon qui ne paroît pas suspecte.

Pour essayer sa bonne foi, M. Rouillé luy fait insinuer aujourd'huy qu'il peut nous en donner une preuve en levant quelques petits obstacles qui se présentent encore à l'occasion de l'accission de la Russie. On n'a pas voulu entrer dans un plus grand détail avec M. de Martanges, de crainte qu'il ne le communiquât au comte de Brühl en qui la confiance n'est pas encore établie. J'ignore pourquoy on a également jugé à propos de vous le cacher; mais comme il me paroît nécessaire que vous le sachiez, je vous confierai sous le plus grand secret même pour notre cour, que l'accroc qui existe à l'affaire de l'accission consiste en ce que la Russie voudroit par une convention particulière apellée secretissime annuller l'exception de la Turquie que nous avons exigée dans l'acte de l'accession, et M. le chevalier Douglas par je ne sais quel motif a signé cette convention.

Le roy et son conseil ont été heureusement choqués de cette proposition. On renvoye aujourd'huy l'accession ratiffiée mais non la convention qu'on déclare qui ne le sera jamais, et c'est dans la crainte que ce refus ne donne à M. le grand chancelier Bestucheff des armes pour nous nuire qu'on désire que M. le comte de Brühl s'engage à lever les obstacles que M. de Martanges sans luy en dire davantage luy mande être encore existans. Comme vous voilà instruit, M., vous pourrez plus facilement faire connoître à ce ministre l'utilité dont il peut nous être en luy faisant cependant toujours un mystère de ce que je viens de vous communiquer; et ce ne sera qu'après avoir reçu les lettres qu'il écrira en conséquence à

Pétersbourg que vous ferez partir le courrier que M. Rouillé vous mande d'y dépêcher. Ce commencement de négociation vous mettra à même de vous raprocher un peu de lui. Il aime un peu à être carressé, on peut lui accorder cet avantage ; quant à la confiance ce sera l'ouvrage du temps, et il lui en faudra bien autant pour acquérir la mienne que celle de qui que ce soit.

Vous trouverez ci-joint, à cachet volant, une lettre que je lui écris ; vous verrez ce que je lui dis de M. Zboinski. Je compte que cela suffira pour l'empêcher de partir, s'il ne l'est déjà à la réception de cette lettre ; joignez-y cependant tout ce que vous croirez nécessaire à ce sujet.

J'aprouve fort la proposition que vous me faites pour M. Malezenski. J'en ay la même opinion que vous ; et je me charge de faire aprouver ce que vous ferez en sa faveur. — Cte DE BROGLIE.

MARTANGE AU COMTE DE BRÜHL[1]

Versailles, 19 février 1757. — Mgr. Je sors dans l'instant de chés M. l'abbé de Bernis, et j'ai encor le tems avant le départ du courrier de rendre compte à V. E. de l'emploi du quart d'heure que j'ai passé avec ce ministre.

Je lui ai d'abord parlé de la confiance que le Roi et V. E. avoient en lui ; des ordres exprès que j'avois eu de l'en assurer ; que V. E. n'ignoroit pas que c'étoit à ses soins et à ses lumières supérieures que l'on devoit le traité de Versailles si intéressant pour toute l'Allemagne ; que tout ce que la Saxe avoit à demander aujourd'huy ne pouvant être que relatif à la confirmation d'un traité qui étoit son ouvrage, c'étoit aussi principalement sur luy que V. E. comptoit dans le conseil du R. T. Ch. pour y soutenir la cause et y appuier les prétentions du Roi notre maître.

Après des remerciemens de sa part et les assurances du désir

---

1. Copie de la main de Mme de Martange. Arch. de Honfleur.

qu'il auroit toujours de contribuer à la satisfaction de S. M. Polonoise, il a amené de lui-même la conversation sur le rapport que M. Rouillé avoit fait au Conseil de l'entretien qu'il avoit eu avec moi. J'ai répété touttes les assurances que j'avois données à M. Rouillé de la sincérité des vues de V. E. dans l'ex-roi de M. le comte Poniatowski et du désir ardent qu'elle auroit toujours de saisir les occasions qui pourroient se présenter de faire des démarches agréables à la cour de France.

Il a continué que le bien de la Saxe étant le principal objet que se fût proposé le Roi son maître dans la recherche qu'il avoit fait de l'amitié de l'impératrice de Russie, il devoit y avoir un concours mutuel de tous les ministres des puissances intéressées à cette guerre et surtout du premier ministre du Roi notre maître comme électeur de Saxe; que tous conjointement devaient tendre et aboutir au même but; que les anciennes liaisons avec l'Angleterre devoient d'autant moins subsister aujourd'huy de la part de V. E. que, par les engagemens intimes que la cour de Londres avoit pris avec celle de Berlin, il étoit de l'intérêt du Roi notre maître de s'opposer aux alliés naturels de son ennemi naturel; qu'il regardoit dans ces circonstances comme un très grand bonheur que V. E. liée de tous les temps avec un ministre aussi considérable et aussi principal que M. le grand chancelier comte de Bestucheff pût employer son crédit sur ce ministre à le détacher des principes qui paroissoient l'avoir conduit jusqu'ici; que la conduitte de M. de Poniatowski et les démarches de V. E. auroient dans peu à se mettre à découvert et que ce seroit principalement sur cela que la cour de France pourroit asseoir son jugement; que pour lui, comme on lui avoit dit que M. le comte de Poniatowski avoit de l'esprit, il comptoit sur cette ressource pour sa conduitte et qu'il pouvoit m'assurer qu'on avoit expédié des ordres à M. de Douglas pour le prévenir en tout comme le ministre d'un prince aussi allié que le Roi notre maître; que je conviendrois bien qu'une suitte de faits peut-être exagérés étoient une forte prévention contre ce ministre, comme il convenoit lui avec moi que ce seroit une injustice de croire qu'on ne pût pas en revenir.

Il m'a parlé ensuitte de l'objet de nos demandes et m'a dit sur cela que, quoique le Roi notre maître dût être bien sûr par tout ce que le R. T. Ch. faisoit par delà les engagements de ses traités et par un principe d'amitié particulière que le Roi son maître auroit toujours pour les intérêts de la Saxe, au cas que la guerre fût heureuse il y auroit cependant de la mauvaise grâce à traiter séparément avec nous d'une cause qui nous étoit commune avec la maison d'Autriche.

Je lui ai répondu sur cet article qu'en nous adressant au ministre du R. T. Ch. nous étions authorisés à une plénitude d'ouvertures et de confiance que nous ne pouvions pas avoir égale pour la cour de Vienne puisque quoique nous allassions tous au même but, il y auroit sûrement un point où les intérêts de la France et de la Saxe réunis croiseroient nécessairement ceux de la maison d'Autriche. — Oui, sans doute, me dit-il, mais je puis vous assurer que le Roi mon maître s'en est occupé dès le moment même de l'invasion et que son objet capital, en se portant avec autant de vigueur garant de la paix de Westphalie et de procurer de justes dédomagemens au Roi votre maître, mais qui suivant l'ordre des procédés doivent être concertés avec tous les alliés.

Je lui dis encore que bien loin de mettre de la finesse avec la cour de Vienne, en nous adressant directement à la France nous ne voulions que laisser à cette cour le soin de ménager nos intérêts qui devoient être les siens à la cour de Vienne ; qu'en prévoyant au reste toujours ce point de division où nos intérêts et ceux de la France seroient absolument différents de ceux de la cour de Vienne, le Roi notre maitre désiroit comme une chose juste et convenable de n'être point dans la présente guerre subordonnément auxiliaire de la maison d'Autriche quand sa dignité, ses pertes et ses espérances devoient l'engager à y avoir un intérêt direct et immédiat ; que c'étoit par ce motif que nous insistions avec autant de forces sur l'entretien des transfuges saxons à titre de corps indépendant de l'armée autrichienne.

M. l'abbé me dit : « Votre principe est bon, mais auparavant que nous soions à portée par la position de nos armées de donner la main aux..:..[1] et de prendre les troupes saxonnes avec nous, n'est-il pas plus naturel qu'elles servent jusqu'à ce tems à l'armée de l'Impératrice. » — « Servir, oui, sans doute, lui ai-je répondu, mais il est tout différent de servir ou à la solde de la cour de Vienne ou à titre de Saxons indépendans de toute autre cause que de celle de leur maître. Notre objet principal n'est pas seulement d'être paiés mais encore de l'être directement par la France, arrangement égal pour le fond à l'Impératrice-Reine et qui n'est rien moins qu'indifférent à la dignité, aux pertes et aux espérances du Roi mon maître. »

Sur cela est entré M. le comte de Stahremberg[2] qui a bien été un peu étonné de me trouver en tête à tête avec le ministre confident de sa cour. Après quelques complimens réciproques, je me suis retiré pour les mettre à leur aise et venir sur le champ en rendre compte à V. E. Patience et conduitte, Mgr., et j'entrevois qu'à la fin nous pourrons obtenir la plus grande partie de ce que nous désirons. J'ai l'honneur d'être, etc.

MARTANGE AU COMTE DE FLEMMING [3]

Au comte de Flemming, ministre de S. M. le Roy de Pologne Electeur de Saxe, à la cour de Vienne. — Versailles, 19 février 1757. — M. le comte, V. E. verra sur les mémoires que M. le comte de Vicedom lui envoie la marche que nous nous sommes prescrite depuis mon arrivée dans ce païs, les conférences consécutives que M. Rouillé et M. l'abbé de Bernis m'ont accordé avant-hier, hier et aujourd'huy, et les lettres que j'ai été obligé d'écrire en conséquence à S. E. M. le comte de Brühl m'ont pris tout le temps que j'avois destiné à rendre le compte le plus exact à votre E. Ce que je puis avoir l'honneur de lui écrire c'est que n'aiant jamais

---

1. Texte endommagé.
2. Ambassadeur d'Autriche à Paris.
3. Copie de la main de Mᵐᵉ de Martange. Arch. de Honfleur.

perdu de vue la conversation que j'eus avec Elle pendant mon séjour à Vienne sur les malheurs du Roi notre maître, la perte de notre armée, les moiens de réparer nos désastres et nos projets de dédomagemens et d'amélioration de fortune pour les suittes, aiant toujours devant les yeux les instructions que V. E. me donna pour M. l'Ambassadeur à mon départ pour Varsovie, je n'ai rien négligé pour les exécuter icy et vis-à-vis de lui et vis-à-vis des ministres qui veulent bien m'honorer de quelque confiance. En travaillant sur les idées de V. E. je suis trop sûr de faire le mieux pour m'en écarter d'un seul pas.

Je suis sûr qu'on envoie par le même courier qui portera ma lettre des ordres précis à M. de Douglas[1] pour se conduire vis-à-vis du comte Poniatowski, tels que M. le comte de Brühl auroit pu les dicter lui-même.

Nos transfuges, la base de notre rétablissement actuel et de notre prospérité future seront entretenus et payés par la France en entier. Je crois en être sûr ; il n'est question que de procéder avec la cour de Vienne sur cet article, et on convient ici de la justesse de nos principes.

Il est absolument essentiel que V. E. s'élève contre l'idée de mettre ces troupes en garnison dans Olmütz, elle sentira mieux que moi qu'il est absolument et de notre honneur et de notre intérêt qu'elle soit en évidence devant l'ennemi dès l'ouverture de la campagne.

M. l'ambassadeur comte de Broglie retournera sûrement en Pologne ; il me l'a confié sous le sceau du secret, mais cela ne fait plus aucun doute. Il est toujours serviteur chaud du Roi notre maître et absolument dans les principes que nous pouvons le plus désirer.

J'entrerai dans de plus grands détails avec V. E. à la première occasion. Le courrier qui part dans une heure ne me laisse que le tems de vous écrire ce peu de mots. J'ai l'honneur d'être, etc.

---

1. Le chevalier Douglas, d'origine écossaise, fut envoyé à Saint-Pétersbourg pour renouer les relations diplomatiques de la France et de la Russie.

MARTANGE AU COMTE ZINZENDORF[1]

*A M. le comte Zinzendorf, capitaine au service du roi de Pologne.
— Versailles 19 février 1757.* — Beaucoup d'affaires, mon cher comte, et une minute de tems à vous donner ne me laisse que celui de vous remercier de la lettre que vous m'avés fait l'honneur de m'écrire de Vienne. Reposés vous sur mon amitié pour en faire votre cour comme je dois. J'aurois bien des choses à vous mander de ce pais-cy, mais qui seroient de contrebande dans celui que vous habités probablement à présent. Le plus grand service que vous puissiés y rendre au Roi sera, s'il est possible, sans vous commettre, d'engager le plus de nos camarades qu'il se pourra de mettre leur personne à couvert en laissant au Roi notre maître, au tems et à la justice le soin de leur honneur. Adieu, mon cher ami, je vous embrasse de tout mon cœur; vous scavés une partie de mes vues, soutenés le courage et l'espérance des gens respectables que vous aimés comme moi.

PROJET DE CAMPAGNE POUR L'ARMÉE RUSSE[2]
(1757)

Projet de campagne pour l'armée russienne en février 1757. — La principale puissance du roy de Prusse est dans le cœur de ses États, c'est-à-dire dans cette portion arrondie de la Poméranie ultérieure, des trois Marches, de la Silésie, de Crossen[3], de Magdebourg et de Halberstadt. C'est de ces provinces fertiles, abondantes et peuplées qu'il tire ses grandes ressources; c'est là que sont ses plus grands magasins et ses trésors; c'est de là enfin, comme d'une métropole, qu'il étend ses vues ambitieuses sur la

---

1. Copie de la main de Mme de Martange. Arch. de Honfleur.
2. Copie de la main de Mme de Martange. Arch. de Honfleur.
3. Sur l'Oder.

plus grande partie de l'Allemagne. Et il n'est véritablement à craindre que parce qu'il possède entre la Sprée, le Havel, l'Oder, la Sahle et l'Elbe. Insensible à ses possessions éloignées de la Prusse du côté de la Samogitie, et à celle de Wesel du côté des Païs-Bas, il est à présumer qu'il ne les regarde dans ce moment-cy que comme des postes avancés pour arrêter et occuper la Russie du côté de la Courlande et brider ou tenter les Français du côté de la Westphalie, pendant qu'essentiellement actif dans l'intérieur de son païs il envahiroit des païs contigus qu'il seroit d'autant plus à portée de deffendre que tous ses magasins étant bien établis sur ses derrières, maître du cours des rivières où il pourroit avec des succès se porter en avant où au cas qu'il fût obligé de se replier, par quelque échec, il enleveroit encor et feroit passer dans les païs de sa domination tout ce qu'il pourroit de richesses, d'hommes, d'argent et de grains, feroit par ce moyen retomber tous les fléaux de la guerre sur les provinces qu'il auroit occupées sans que son pays s'en ressentît, et amenant la paix par des négociations il se trouveroit que sa puissance se seroit doublement fortifiée et de ce qu'elle auroit enlevé aux autres et des pertes que ses voisins auroient souffertes, dans le tems qu'en restituant des provinces obérées et satisfaisant en apparence au titre de dépositaire qu'il lui a plu de se donner; il se pareroit d'une feinte modération et en imposeroit pour la seconde fois à une partie de l'Europe.

Dans la résolution magnanime prise par S. M. Imp. de toutes les Russies de vanger le roi de Pologne son fidèle allié, de mettre un frein à la cupidité du roi de Prusse et d'humilier l'orgueil et la puissance d'un voisin aussi dangereux en faisant marcher un corps de 90.000 hommes de ses troupes sous les ordres de S. E. M^r le feld maréchal Apraxine, les succès qu'on a lieu de se promettre d'un aussi puissant secours ne peuvent remplir les vues justes et généreuses de S. M. Imp. de Russie qu'autant que ses troupes par une diversion puissante dans les possessions intérieures et chéries du roy de Prusse arrêteront également ses progrès au dehors et lui couperont les ressources au dedans de façon que telle négociation artificieuse qu'il entamât, tel ressort qu'il fît jouer pour amener une pacification qui lui seroit nécessaire il ne pourroit en retirer aucun fruit et se verroit réduit à la médiocrité primitive de sa maison et à l'impuissance de nuire, ce qui doit être l'objet capital de toute cette guerre, l'intérêt commun de tous les alliés sans exception, et le point de vue de l'amitié particulière de S. M. Imp. de Russie pour S. M. le roy de Pologne son fidèle allié.

Ainsi dans la suposition qu'un corps auxilliaire de François marchât assés en force pour en imposer avec 60 mille hommes aux troupes hanovriennes, hessoises et prussiennes dans la Westphalie pendant qu'avec 40 mille hommes auxquels se joindroient les 4 régimens de cavalerie saxonnes et les transfuges enregimentés rassemblés en Bohême, on attaqueroit la Halberstad et le Magdebourg sans se borner à une diversion infructueuse du côté de Wesel;

Que l'armée autrichienne commandée par le feld maréchal Browne campée en avant de l'Egra (Eger) et conservant le poste de Leitmeritz et ses communications sur l'Égra occuperoient en force les hauteurs d'Aussig et assureroient la droitte de ce poste en fortifiant de flèches et de redouttes le tertre qui la domine en dehors d'Aussig, réduiroit par cette deffensive le roy de Prusse à l'impossibilité de déboucher de la Saxe en Bohême;

Que le corps d'armée de 45.000 hommes aux ordres du prince Piccolomini, maître de camp de Kœniggrætz non seulement couvriroit le roiaume de Bohême du côté de la Silésie et du comté de Glatz, mais encore en se concertant avec le corps de 30.000 hommes rassemblés sous Olmutz en Moravie aux ordres de M. Marshal qui ne manqueroit pas de se porter sur la gauche des Prussiens entreprendroit conjointement et sur le comté de Glatz et sur la Silésie et pourroit marcher droit à Neiss.

L'objet qui resteroit à remplir à l'armée impériale de Russie seroit de se porter sur Gloyau et le duché de Sagan pour pénétrer de là descendant l'Oder jusqu'à la capitale même du roi de Prusse et terminer la guerre dès la même campagne en assurant à perpétuité le repos de l'Allemagne à la satisfaction des maisons de Bourbon, d'Autriche et de Saxe et en attribuant d'élever cette dernière sur les ruines de celle de Brandebourg. Toute éloignée que parroisse cette destination des troupes russiennes, je la regarde comme la seule essentielle et efficace par les raisons cy-dessus expliquées du peu d'intérêt que le roi de Prusse prend et doit prendre à la droite et à la gauche de ses possessions proportionnément au soin qu'il donne à ses possessions centrales et relativement aux conséquences dont il doit être pour lui de ni point être attaqué.

Pour parvenir à un but aussi salutaire pour tous les hauts Alliés, et aussi glorieux pour S. M. Imp. de Russie, tel est autant que j'en puis juger par la situation actuelle des troupes russiennes et la connaissance générale des cartes, l'ordre de marche et d'attaque que je proposerois de tenir et auquel S. E. M^r le général d'Apraxine et les autres officiers emploiés sous ses ordres pourroient adapter les positions particulières dont leur capacité et l'expérience dans l'art militaire ne leur laisseront pas échapper les avantages. Des 60.000 hommes qui sont derrière la rivière d'Aa et celle de Dwina, dont les quartiers sont distribués depuis Windau jusqu'à Liebau sur la Baltique, et par Goldnick sur la Windau, Mittau sur l'Aa, Riga sur la Dwina, Kalkenhausen[1], Kreutzbourg et Demburg[2] sur la même rivière dans un espace de 80 lieues de l'ouest au nord à portée de se rassembler en quatre jours de marche en se resserrant sur leur centre, je dettacherois un corps de 20.000 hommes principalement infanterie, avec l'atirail et l'artillerie de siège que je ferois transporter par eau sur les 10 bâtiments qui sont à Windau; ce corps marchant le plus près de la mer qu'il se pourroit et couvrant de toute insulte le convoi de ses bâtimens de transport, se porteroit sur Memel à la pointe du Curisshaf (Kurische-Haff), pendant que les 40.000 hommes restants aux ordres du général feld-maréchal Apraxine s'étendant à la gauche de ce corps de 20.000 hommes tireroit droit sur Midnick[3] en Samogitie, étendant sa gauche vers Kunaw (Kowno) sur le Niémen.

1. Kakenhusen.
2. Duneburg.
3. Medniki, ville de Courlande.

Le corps de 30.000 hommes dont 12.000 Cosaques et Zaporaviens distribués derrière le Borystène depuis Missislaw[1] jusqu'à Mülhhoff destinés à rassembler avec le plus grand ordre et la plus grande discipline les grains et le fourrage nécessaire à la subsistance de l'armée pour en former des magasins à Minsk et à Nieswitz[2], ce qui ne peut réussir qu'en encourageant les sujets des palatinats voisins à transporter eux-mêmes leurs grains et fourrages pour la formation des susdits magasins où ils en doivent être exactement et sur le champ paiés, suivant les prix et taxes dont on sera convenu, exactitude qui peut seule attirer la confiance si nécessaire pour une marche aussi longue. Ce corps de 30.000 hommes destinés à couvrir ces magasins et à les escorter jusqu'à la Wilia marchera sur deux colonnes, celle de la droitte par Dubrowna, celle de la gauche par Camien, continuant de là leur route sur Wilna où les principaux magasins rassemblés à Minsk et à Nieswitz doivent être transportés par la Wilia.

Ce qu'il y aura d'infanterie au nombre de 7 à 8.000 hommes couvrira ce magasin principal, le restant de ce corps viendra se porter sur le Niémen et en nettoier les bords jusqu'à Kunau, sûr de sa retraitte, en cas d'attaque des Prussiens, sur le poste d'infanterie de Wilna.

Dans la supposition que la marche de ces trois corps ait été exécuté proportionnellement, et que les corps débouchants par la Samogitie ne se soient avancés sur Memel et sur Midnick que dans le tems que le corps venant du Borystène se seroit porté à Wilna, il est facile devoir que telle position que puissent prendre les 30.000 Prussiens rassemblés en Prusse aux ordres du feld maréchal Lehwald[3], il trouveroit partout un corps égal à eux qui leur seroit opposé, et un second corps à portée de secourir ce premier en s'établissant sur le flanc ou en queue du corps prussien qui voudroit l'attaquer.

Si l'armée prussienne par de gros détachémens de la droitte de

1. Mscislaw, ville de la Lithuanie.
2. Minski et Nesvies ou Nieswiez.
3. Ou Lohwald.

ses quartiers vouloit marcher au corps venant par Wilna et passer le Niémen à la droitte de Kunau, il. est évident que ce qui resteroit alors de troupes prussiennes pour défendre ce royaume ne pourroit résister au corps de 40.000 hommes rassemblés sous Midnick qui n'auroit pas plus de marche à faire pour couper le retour aux troupes dettachées de l'armée prussienne que ces mêmes troupes n'en avoient pour aller attaquer les magasins de Wilna.

Ce que je dis de l'emploi du corps de Midnick au cas qu'une partie de l'armée prussienne se portât sur les troupes impériales venant par Wilna se peut appliquer à ce même corps de Wilna au cas que l'armée prussienne passant le Niémen à Tilsitt et à Rangnitz voulût attaquer le corps de Midnick, puisqu'alors le corps de Wilna pour prendre la queue de l'armée prussienne n'auroit qu'un chemin égal à parcourir à celui de cette même armée marchant vers Midnitz, pendant que le corps assemblé devant Memel se porteroit sur le flanc gauche de l'armée prussienne.

Ces deux points d'offensive étant les seuls que puisse tenter le roi de Prusse et me paroissant démontrés impossibles (à moins que l'on ne compte un prussien pour deux hommes, ce que je suis bien loin d'accorder), il reste à examiner quelle pourroit être vis à vis de cet établissement de l'armée prussienne la défensive des Prussiens. Il me semble que le parti le plus raisonnable qu'ils puissent prendre (et celui auquel ils paroissent se destiner par la position qu'ils avoient prise à la fin du mois de septembre dernier) seroit de borner le Niémen en occupant Tilsitt et Rangnitz et de porter un corps détaché sur Neustadt en avant d'Insterbourg pour couvrir leur flanc droit.

Dans cette position, on voit que Memel réduit à sa seule garnison et n'étant point couvert par l'armée prussienne ne peut manquer d'être facilement emporté. Le corps de Midnick contenant alors l'armée de Tilsitt, rien n'empécheroit l'armée de Memel de se réunir à lui en marchant par sa gauche, pendant que ce même corps de Midnick s'étendant aussi par sa gauche et se portant vers Rosinic[1] se joindroit à la droitte du corps de Wilna qui forceroit

---

1. Rosienne, petite ville de Pologne dans la Samogitie.

alors le passage du Niémen vers Kunau et marcheroit ainsi sur le flanc droit de l'armée prussienne qui ne pourroit faire face sans prêter le flanc gauche à l'armée de Midnick et de Memel combinée, qui se seroit avancée proportionnellement à la marche du corps de Wilna.

De ce moment Kunau deviendroit l'établissement du magasin général des grains et fourrages rassemblés d'abord à Wilna, l'armée prussienne ne pouvant sans témérité combattre l'armée russienne dans cette position et ne pouvant pas garder plus longtems la sienne sur le Niémen, vu le danger éminent de sa droite, il semble qu'elle n'ait d'autre parti à prendre que de reculer cette même droitte vers Welaw en se couvrant de l'Inster et tenant au Niémen par sa gauche, alors le passage du Niémen étant assuré à l'armée principale de Midnick et maîtresse de passer ce fleuve à Jurbourg à Sapiasiski ou même à Kunau faciliteroit en prenant la place du corps de Wilna le moyen à celui-cy de dépasser la droitte de l'armée prussienne et de venir s'établir sur son flanc, ainsi qu'à la première position.

Les mêmes inconvénients empêchant les Prussiens de combattre et de garder leur position, il semble qu'ils n'aient d'autre parti à prendre que de rétrograder sur Welaw pour couvrir Kœnigsberg, de marcher par leur droitte, regagner la Poméranie en passant par Elbingen et Dantzick, peut-être s'emparer de l'une ou de l'autre, ou même de l'une et l'autre de ces places pour couvrir les possessions prussiennes dans ces parties. Dans tel cas que ce soit et tel parti que prennent les Prussiens, l'armée impériale ne devant jamais se laisser distraire du point fixe de son opération, on poussera de gros détachemens en avant pour prendre poste à Culm et à Thorn où les magasins qui auront été préparés dès cet hiver dans les Palatinats de Volhynk (Volhinie), Lublin, Sandomir, Russie-Chelm et Mazovie doivent être rassemblés, prévenir de là l'ennemy sur la Warta et passant par le palatinat de Kalisch tomber sur Fraustadt pour pénétrer en Silésie par Glogau et le duché de Sagan, et y combiner le reste des opérations sur celles des armées autrichienne et françoise.

MARTANGE A M. ROUILLÉ [1]

Versailles, 16 avril 1757. — A Son Excellence M. Rouillé, ministre et secrétaire d'État ayant le département des Affaires étrangères. Le sieur de Martange, colonel d'infanterie au service de S. M. le roi de Pologne, Électeur de Saxe, a l'honneur de représenter à V. Ex., qu'après le succès promt et heureux de la commission particulière dont vous l'aviès chargé auprès de M. le comte de Brühl, la réponse par luy communiquée de M. le comte de Bestuchef, grand chancelier de Russie, au premier ministre du Roi son maître en datte du 8/19 mars 1757 et l'efficacité des promesses de M. le comte de Bestuchef confirmée par la nouvelle de la signature du traité d'accession conformément aux désirs du Roy Tr. Ch. en datte du 24/25 du mois passé, il ne pourroit être qu'extrêmement avantageux au progrès de la confiance menagée entre le ministère de S. M. Tr. Ch. et M. le comte de Bestuchef, grand chancelier de Russie :

1º Qu'en réponse à la lettre précise et non équivoque que ce ministre a écrite à M. le comte de Brühl et dont le sieur de Martange a donné communication à V. Ex. elle fit parvenir à M. le grand chancelier par le même canal une réponse également claire et satisfaisante sur ses demandes concernant le rappel de M. le chevalier Douglas et les instructions données ou à donner à M. le marquis de l'Hôpital [2] pour se concerter avec luy ;

2º Que dans ces commencemens d'une liaison et d'une bonne intelligence aussi nécessaire à l'avancement des opérations de la guerre présente et dont la France peut prévoir et tirer pour l'avenir des conséquences si avantageuses à son commerce maritime après

---

1. Affaires Étrangères, Pologne, 253, fol. 339.
2. Ambassadeur de France en Russie 1756. Le marquis de l'Hôpital, d'abord marquis de Vitry, avait été cornette au régiment de Royal-étranger cavalerie (1712), enseigne aux gardes françaises (1716), brigadier (1734), maréchal de camp (1740), lieutenant général le 1ᵉʳ mai 1745.

l'épreuve que l'on vient de faire de la confiance de M. le grand chancelier de Russie dans M. le comte de Brühl on se serve de préférence de l'entremise de ce premier ministre pour faire passer et agréer les propositions ultérieures que la France pourroit avoir à faire au ministère de S. M. I. de Russie, et qu'ainsi en fournissant à M. le comte de Brühl des occasions de renouveler la preuve éclatante qu'il vient de donner de la sincérité de ses vües, de son éloignement pour les anciennes liaisons et de son attachement au sistême présent, le ministère de S. M. Tr. Ch. travaillât en retour de son côté et par soy-même et par son crédit auprès des autres alliés à accélérer et assurer le rétablissement du roi de Pologne dans ses états électoraux et à luy faire obtenir tous les dédommagemens que l'équité évidente de sa cause la mise en droit de prétendre du roy de Prusse.

3º Le Roy Tr. Ch. se portant avec autant de magnanimité garant de la paix de Westphalie et faisant marcher un corps de troupes aussi considérable au secours des princes et états opprimés, il est de l'équité du ministère de S. M. Tr. Ch. de conférer confidemment avec les ministres du roy de Pologne Electeur de Saxe, principalement lezé de tous projets, mesures et résolutions prises et à prendre conjointement avec les autres alliés, de leur faire part des opérations militaires que l'on veut exécuter et de communiquer avec eux par un retour de confiance qu'ils se regardent comme heureux d'avoir méritée et qu'ils cultiveront toujours avec soin, sur les dédommagemens que l'on se propose de faire obtenir au Roy leur maître aux dépens de l'ennemi commun d'autant plus que les éclaircissemens que ces ministres seront à portée et en état de donner au ministère de S. M. Tr. Ch. sur tous ces différens objets auxquels ils sont si intéressés et spécialement sur l'espèce, l'utilité et la nécessité des dédommagemens que l'on fera obtenir au Roy leur maître importeront principalement à la France puisqu'il doit être question de l'état du prince qui est aussi étroitement lié au Roy Tr. Ch. et de la prospérité d'une maison que le sang, l'intérêt et l'amitié attacheront éternellement à sa couronne.

Le colonel sieur de Martange se disposant à retourner auprès du

Roy son maître avec M. le comte de Broglie, après avoir remercié V. Ex. des bontés dont elle l'a honorée pendant son séjour en France et de la grâce particulière qu'elle luy a faitte en l'employant dans une commission dont le succès peut et doit avoir des suittes aussi avantageuses pour les deux cours, la suplie de vouloir bien l'authoriser par écrit à répondre à son arrivée à Varsovie sur les points énoncés dans le mémoire qu'il a l'honneur de présenter à V. Ex. après en avoir communiqué et de l'avis de M. le général-major de Fontenay, envoié extraordinaire du Roy son maître.

PROJET DE CAMPAGNE POUR L'ARMÉE RUSSE [1]

Projet de diversion d'un corps de Russes en Silésie, présenté par M. de Martange le 28 may 1757 à MM. les Comtes, et approuvé au Conseil d'État le 23, et expédié par courrier le 24 à Pétersbourg.
— L'utilité extrême dont ne peut manquer d'être la diversion qu'on propose dans les possessions centralles et chéries du roy de Prusse, la possibilité et même la facilité qu'on croit avoir dans son exécution ont engagé à en soumettre le plan avec confiance à l'examen et au jugement de MM. les ministres résidens à la cour la plus intéressée à la justesse des mesures que l'on prendra dans la circonstance présente.

Il semble que d'un côté l'abandon de Vezel, de l'autre l'invasion de la Bohême doivent avoir mis entièrement à découvert les desseins du roy de Prusse et la conduite militaire que ce prince s'est proposé de tenir pendant le cours de cette campagne. Rassembler touttes ses forces dans un point, chercher à y accabler ou dissiper les armées de Sa Majesté Impériale, forcer cette Princesse à une paix précipitée par la crainte d'une dévastation totale de ses pays héréditaires de Bohême, Moravie, Autriche, tâcher enfin de parvenir à avoir exécuté tout cela avant que l'armée françoise d'un côté et l'armée

---

1. Copie. Arch. de Honfleur.

russienne de l'autre aient pu assés s'avancer pour y remédier, voilà si on ne se trompe le dessein formé d'un Prince aussi actif qu'ambitieux et qui par la célérité de ses moiens et la justesse de ses mesures se flatte de triompher de la puissance et du nombre de ses ennemis.

Toutte opération qui accelérera la marche des troupes auxiliaires soit dans les pays attaqués par le roy de Prusse soit sur les pays de la domination prussienne que ce prince aura crus à l'abry de toutte attaque, est donc la route qu'il nous convient de préférer comme celle qui s'opposera le plus aux succès qu'il se promet de sa situation présente, et préparera ceux que les hauts Alliés avoient envisagés au commencement de cette campagne. L'on regarde comme inutile de parler de ce qu'il y aura à faire du côté des François relativement au premier de ces moiens qui est celuy de fortiffier l'armée autrichienne en Bohême où elle a été attaquée, on suppose cet article déjà discuté par les deux cours de Vienne et de Versailles et déjà décidé entre elles et arrangés comme de nécessité indispensable. L'on n'entend traiter ici que des opérations qu'il y auroit à attendre de la part de l'armée russienne, et tel est le plan d'éxécution qu'on auroit à luy proposer.

Primo. On part de la supposition que l'armée entière aux ordres de M. le feld-maréchal comte d'Apraxine est forte de 115 à 120.000 hommes.

Secundo. Que toutte cette armée, soit par la rettraite volontaire des troupes prussiennes sur le Pregel, soit par les manœuvres que M. d'Apraxine aura exécutées pour se rendre maître du Niémen, se trouvera réunie avant le 15 juin sur la partie orientale de ce fleuve, de Kowno à Grodno jusqu'où s'étendroit sa gauche, et l'on juge alors que tel parti que pût prendre le feld-maréchal de Lohwald avec les 30.000 prussiens qu'il a à ses ordres, près de 100.000 Russes restans assés en force soit pour prévenir toutte attaque au cas que les Prussiens voulussent tenter, ce que l'on ne croit pas, soit pour attaquer eux-mêmes M. de Lohwald et l'obliger ou à combattre désavantageusement ou à regagner la Poméranie avec péril ce que l'on peut soupçonner être depuis longtems le projet prémédité du roy de Prusse pour rapprocher sa défense de son attaque.

On pourroit préliminairement à tout détacher aux ordres d'un lieutenant-général et de trois ou quatre généraux-majors, un corps de 20 à 23.000 hommes dans la forme suivante :

Trois brigades de bonne infanterie; chaque brigade de deux régimens; le régiment compté pour 2.400 hommes.

Deux brigades de grenadiers, chacune de deux bataillons, le bataillon compté pour 800 hommes.

Deux brigades de dragons; chaque brigade composée de deux régimens, le régiment de cinq escadrons, l'escadron de 150 hommes.

Une brigade de cuirassiers de deux régimens, le régiment à 750 chevaux.

Un détachement de 1.200 cosaques du Don.

Un détachement de 200 hommes pour le service d'artillerie avec 20 pièces de campagne, à raison de 2 pièces par bataillon. Et l'on demanderoit pour le service d'artillerie un officier suppérieur avec un second assés éclairé pour le remplacer en cas d'accident.

Ordre général de marche du corps des 23.500 hommes.

Les douze cens Cosaques partagés en trois corps de chacun 400 hommes pour être portés en avant sur la tête et les ailes de l'armée, reconnoître les chemins et les gués, s'informer de la marche des partis et des corps ennemis, les éclairer et rendre compte de tout au général-major commandant de l'avant-garde si c'est sur la tête de l'armée, et aux généraux des colonnes de la droite et de gauche suivant celle des ailes où il y aura eu quelque chose de nouveau.

Avant-garde. — Une brigade de grenadiers, la première brigade d'infanterie, deux piquets de cavalerie et six piquets de dragons aux ordres du général-major de jour marchant en avant de toutte l'armée immédiatement après les Cosaques, de façon que d'un moment à autre ces troupes puissent être mises en bataille pour faire tête à l'ennemi. Cette avant-garde aura 4 pièces de canon avec les munitions nécessaires. — N. B. Il sera donné l'ordre une fois pour touttes qu'en cas d'attaque tous les Cosaques seront sous le commandement du général-major de jour et se porteront le plus légèrement possible sur les ailes de l'avant-garde.

Colonne de la droite. — La colonne de la droite sera composée de la brigade des cuirassiers qui en aura la tête, de la seconde brigade de grenadiers et de la seconde brigade d'infanterie, aux ordres du plus ancien général-major.

Colonne de la gauche. — Un régiment de dragons à la tête suivi de la troisième brigade d'infanterie. L'artillerie au centre.

Les bagages (et le moins qu'il y en aura sera toujours le mieux) à la queue des colonnes, en avant des dragons qui feront l'arrière-garde du tout.

L'on n'a pas besoin d'expliquer l'avantage de cette distribution. Pour peu que l'on y fasse attention on verra avec quelle facilité, par l'évolution la plus simple, chacune de ces troupes se trouveroit dans sa marche même, dans l'ordre de bataille qui luy convient.

C'est aussi pour cela que dans la composition de la colonne de droitte on a cru devoir faire entrer un plus grand nombre de troupes et de la meilleure espèce comme la partie que l'ennemi pourroit le plus inquiéter au cas qu'il vouloit entreprendre sur ce corps d'armée. On répette donc qu'il faut, autant que le terrain qui est toujours le meilleur maréchal des logis d'une armée le permettra, se raprocher de cet ordre de marche. Voyons maintenant la route que cette armée auroit à tenir, et le tems qui lui seroit nécessaire pour arriver au but que l'on se propose.

15 et 16 juin, onze lieues de France. — L'armée partant de Grodno le quinze du mois de juin tireroit sur Raigrod où elle arriveroit le seize au soir. — On aura pris en partant de Grodno pour quatre jours de vivres, du foin ficelé et de l'avoine à proportion, au cas que l'ingratitude du terrain ne permit pas de trouver la subsistance des chevaux.

17 et 18, séjour. — Le dix-sept, l'armée marcheroit sur la Lick où elle pourroit camper et séjourner, appuyant sa droitte à la rivière et sa gauche aux montagnes de Stédens. Elle s'y renouvellera de vivres et provisions de toutte espèce pour la continuation de la marche.

19, 20, 21, séjour. — Le dix-neuf et le 20, sur Lickot ou elle pourroit camper Laris (l'Arys) devant elle et séjourner le vingt-un pour le renouvellement des provisions, et détacher de sa gauche en avant du Spirding-see pour s'assurer des deux passages d'Eckerstberg et de Gur sur le lac.

22 et 23. — Le vingt-deux, l'armée marchoit sur Peitschendorff. Le vingt-trois sur Ortelsbourg d'où elle portera des détachemens en avant pour fouiller la forêt de Passenheim et en éclairer les débouchés. Renouvellement de provisions.

24 et 25. — Le vingt-quatre et le vingt-cinq sur Neidenbourg.

26 et 27 séjour. — Le vingt-six séjour; le vingt-sept sur Morgenwalde avec des détachemens poussés en avant du côté de Grabelnau et de Tennberg pour avoir des nouvelles sûres des partis que l'ennemi auroit pu envoyer de ce côté. Renouvellement de provisions.

28 et 29. — Le vingt-huit et le vingt-neuf sur Lobau Newmarck avec les mêmes soins et les mêmes précautions.

30. — Le 30 sur Brodnicz en marchant dans le plus grand ordre et observant la plus grande discipline.

1er et 2 juillet. — Renouvellement total des provisions en payant au plus grassement et prenant touttes les précautions convenables pour les marches du premier et second juillet sur Culm où l'armée passera la Vistule.

3 juillet. — Le 3, séjour.

4 juillet. — On dit maintenant que l'armée, marchant sur Culm, le quatre juillet, pour se porter sur la Warthe avec le plus grand ordre et la plus grande discipline et surtout payant avec la plus grande exactitude tout ce qui luy seroit fourni, arriveroit le seize du même mois à Posen.

17 juillet, séjour.

18 jusqu'au 29 juillet. — L'armée repartant le dix-huit de Posen se retrouveroit à la fin de juillet sur l'Oder à portée ou de descendre le fleuve après l'avoir passé pour se porter sur Francfort et de là jusqu'à Berlin, ou de le remonter pour se joindre si cela étoit préféré aux troupes de l'Impératrice-Reine en Silésie.

On voit en suivant cette marche calculée que, dans l'espace de quarante-cinq jours, le corps d'armée se trouvera sur le pays ennemi où par conséquent il vivera aux dépends de S. M. prussienne. Mais jusqu'à cette époque il est aussi important que juste, tant que cette armée sera sur les terres de la République, qu'elle paye exactement tout ce qui luy sera fourni en évaluant ce qu'il en coûtera au plus haut, et en supposant par tête un écu, argent d'Allemagne, par cinq jours de marche ce qui feroit à peu près quatorze sols, argent de France, par homme, cavalier, dragons, fantassin, l'un dans l'autre, il se trouve par chaque payement de cinq jours vingt-trois mille cinq cents écus (23.500 écus), qui pour les neuf payemens forment un total de deux cens onze mille cinq cents écus (211.500 écus), somme qu'il faudroit remettre argent comptant au lieutenant général commandant de ce corps pour être distribué par ses ordres et en payemens réguliers à des commissaires qui réponderoient sur leur tête de l'employ des deniers et de la fidélité des quittances qu'ils auroient à représenter.

Il est aisé de juger, tel parti que prenne le corps d'armée soit qu'il soit destiné à descendre l'Oder soit qu'il doive le remonter pour se porter en Silésie s'il ne sera pas en état par les contributions qu'il exigera non seullement de rembourser cette somme mais encore de fournir au remplacement de celles que la grande armée aux ordres de M. d'Apraxine aura à répandre en suivant ses opérations contre le corps du feld-maréchal prussien de Löhald.

On ne cite que le seul avantage pécuniaire quoiqu'il soit bien démontré surtout en descendant l'Oder, qu'on puisse sans présomption s'en proposer de plus considérables.

Comme le mouvement d'un corps particulier ne doit être principallement considéré que par la relation qu'il doit avoir avec le mouvement des grandes armées et les grands projets de campagne qu'elles ont à exécuter, c'est sous cette face que l'on va l'envisager et qu'on se fera ensuitte de la meilleure foy touttes les objections qui paraîtront faisables sans chercher à rien diminuer des obstacles qu'il pourroit y avoir à vaincre. L'auteur de ce mémoire ne désire uniquement que le bien de la cause commune et n'aspire qu'à la gloire d'y contribuer.

Avantages de la marche d'un corps détaché de vingt-trois mille cinq cents Russes relativement aux opérations de la guerre en Bohême. — De deux choses l'une, ou le roy de Prusse dans le courant des mois de juin et de juillet aura exécuté une partie de ce qu'il propose, en battant M. de Daün et réduisant S. A. R. le duc Charles à toutte extrémité dans la ville de Prague ou le prince échouant dans l'une et l'autre de ces entreprises M. le duc Charles se sera maintenu dans Prague malgré ses attaques et M. de Daün se sera soutenu contre le prince de Bevern. Or, on dit que dans l'un ou l'autre cas la diversion proposée est toujours l'opération la plus avantageuse en cas de malheur pour le réparer en se joignant aux troupes battues, en cas de succès pour le suivre en attaquant l'ennemi partout avec la plus grande supériorité.

Croira-t-on que la marche de ce corps puisse être assés indifférente au roi de Prusse dès qu'il la scaura pour qu'il ne cherche pas à en prévenir les suittes en leur opposant quelque détachement? D'où le tirera-t-il ce détachement? Sera-ce de l'armée de Prusse? Il l'affoibliroit contre une armée du triple supérieure ; et que luy resteroit-il contre M. d'Apraxine? Ce ne peut donc être que des corps qu'il a déja en Bohême. Ce qu'il en tirera sera donc déja autant de moins soit pour presser M. le prince Charles soit pour attaquer M. Daün avec cinquante mille hommes dans Prague, cinquante-cinq aux ordres de M. de Daün, douze mille qu'il aura de renfort avant la fin de juillet. Quel détachement peut faire le roi de Prusse auquel on suppose dans ce moment cent dix mille hommes et qui n'a rien de plus à attendre? D'ailleurs peut-on imaginer que les bons ou mauvais succès des Hanovriens ne seront pas assés intéressants au roi de Prusse pour que le prince ne cherche pas à renforcer l'armée du duc de Cumberland. Et comment pourra-t-il faire marcher au Weser si arrêté sur l'Elbe par les armées autrichiennes un détachement de l'armée russe luy donne encore des inquiétudes sur l'Oder et dans le sein de ses possesions? Mais on pourroit peut-être imaginer que le corps entier des Russes exécuteroit toutte cette manœuvre avec plus de certitude et qu'en détachant un corps de vingt-trois à vingt-quatre mille cette diminution de ses forces peut l'exposer elle même à être attaquée avec désavantage ce qui auroit été moins à redouter si l'on eût laissé toutles les forces de Russie réunies sans les diviser. On répond à cela : *primo*, que le corps entier d'armée russe ne peut pas exécuter la marche proposée pour les vingt trois mille cinq cents hommes, que son objet devant être de pousser les Prussiens de poste en poste elle aura ou besoin de les combattre en Prusse ou de les suivre dans leur retraite, ce qui en supposant une suitte de succès rendroit au moins la marche du double plus longue ce qu'on a vu dès le commencement avoir été prévu et espéré par le roy de Prusse, au lieu que le corps détaché tournant les possessions prussiennes et marchant légérement par touttes sortes de raisons, maître de ses démarches, il ne dépend que de lui-même pour le temps qu'il doit être en route, il n'est donc pas juste que la grande armée russienne marchant en corps se puisse procurer dans ce même temps le même avantage ; *secundo*, à l'égard de la crainte que le détachement supposé en affoiblissant l'armée impériale de Russie ne la mit dans le cas d'être attaquée et battue par le corps de M. Lohwald. On croit avoir satisfait à cette objection en comparant ce qui resteroit aux Russiens avec l'armée prussienne. De cent quinze mille hommes, tirés vingt-cinq mille, reste quatre-vingt dix mille hommes. Les Prussiens en ont trente mille. Assurément si on n'est pas le plus fort trois contre un, on auroit tort de se flatter de le devenir à quatre. C'est la seule réponse qu'on ait à faire à cette objection que sa foiblesse auroit presque empêché de se proposer, cette diversion étant dans le nombre et la proportion où il faut qu'elle soit relativement aux opérations des armées de Bohême pour être d'une exécution aussi facile qu'utile, et n'exposant à aucun danger la grande armée.

Il reste à examiner quels risques auroit à courir ce détachement de vingt-trois mille cinq cents hommes et les obstacles qu'il auroit à surmonter.

Après avoir déja parlé des obstacles du trajet et de ceux des subsistances et même un peu toucher les précautions qu'il y auroit à prendre pour être délivré des détachemens que l'armée Lohwald [expédieroit] sur ses derrières contre le corps détaché des Russes, il reste à examiner si ces détachemens pourroient être assés considérables ou assés avantageusement postés pour pouvoir ou arrêter la marche du corps russe ou lui faire subir quelque échec.

On ne peut raisonablement supposer que Monsieur de Lohwald détaché contre le corps de dix mille hommes qui seroit le tiers de ce qu'il a contre l'armée de vingt trois mille hommes. Mais pour ne rien laisser en arrière de ce qui peut être objecté en avance encore que dans la supposition que dix mille Prussiens dussent inquiéter la marche de l'armée des vingt-trois mille Russes, bien loin de croire qu'ils dussent la retarder on regarderoit au contraire ce parti pris par eux comme une occasion de gloire pour le détachement car les Russes toujours maîtres de s'étendre par leur gauche et de se refuser aux postes avantageux que les dix mille hommes auroient pris obligeroient ceux-cy à marcher à eux dans un terrain qu'ils auroient reconnu la veille en marchant par leur gauche et ils ne livroient le combat que lorsque ce même terrain leur seroit favorable, auquel cas il semble que non seulement on ne devroit pas éviter l'ennemi mais même chercher à le prévenir et à le joindre le plus rapidement qu'il seroit possible; l'espoir du butin pour les soldats; l'amour de la gloire pour les officiers et l'espoir des récompenses, la considération du petit nombre pour tous seroient de puissans motifs à attaquer, et je crois qu'on en pourroit concevoir le meilleur augure; surtout disposition claire et attaque subitte avant la pointe du jour.

Il n'est donc pas plus à supposer qu'un corps de dix mille hommes puisse en battre un de vingt-trois mille cinq cents qui se présentera sans confusion la seule chose qui puisse nuire au plus grand nombre, que d'imaginer que M. de Lothwald ose se priver d'un tiers de ses forces contre une armée de quatre vingt-dix mille hommes dans l'espoir hazardé d'avoir un avantage sur vingt-trois mille.

On n'auroit donc rien à craindre pour la petitte armée russe de la part d'un détachement de M. Löhwald; ce qui pourroit marcher contre elle des garnisons de Poméranie n'est point encore un obstacle qui puisse l'arrêter, car outre que ces garnisons sont faibles par l'employ que le Roi fait de touttes ses troupes en campagne et que ce qu'il en pourroit marcher à l'armée de vingt trois mille hommes coureroit plus de risques qu'il n'en faut courir pour peu qu'on fasse attention au tems qu'il faudroit pour faire parvenir des ordres et à celui qui seroit nécessaire pour arranger la marche de ces garnisons, on voit que le secours qu'il seroit question d'en tirer contre ces vingt trois mille hommes russes seroit également difficile et infructueux. On ne parle point des détachemens qui pourroient être faits contre la petitte armée des grands corps d'armée prussienne en Bohême en les supposant c'est avouer l'utilité du détachement proposé et les risques que pourroient courir, dans touttes suppositions. Les vingt-trois mille hommes ne seroient pas à mettre en comparaison avec le mal qu'ils auroient déjà fait au roy de Prusse en l'obligeant à se priver de ses moiens dans le point essentiel où il a résolu de les employer.

D'ailleurs ou ces détachemens de la grande armée prussienne s'avanceront par la Moravie ou par la Silésie, si c'est dans le premier cas il est évident que le corps de vingt-trois mille hommes les préviendra sur le bas Oder et sera le maître de soutenir contre eux un siège dans Berlin même ce qui ne conviendroit certainement pas au roy de Prusse, et si les détachemens prussiens descendoient l'Oder par la Silésie rien n'empêcheroit alors les vingt-trois mille Russes de remonter ce fleuve jusqu'à ce qu'ils pussent se joindre par la Moravie à l'armée de M. de Daun et profiter de l'absence des Prussiens détachés pour tomber avec ce maréchal sur le corps qui luy seroit opposé.

Mais en cas que le tems destiné à l'exécution du projet qu'on vient de proposer parût trop long ou que l'on n'envisageât pas comme indispensable la nécessité où il metteroit le roy de Prusse de faire marcher des détachemens de son armée et ainsi de s'affoiblir soi-même dès la fin du mois de juin, qu'enfin on regardât comme préférable que ce corps russe dans la formation et l'ordre cy-dessus expliqué joignît l'armée impériale en Bohême au lieu d'agir par lui-même sur le bas Oder, alors il seroit facile en dirigeant ses vingt trois mille Russes par les palatinats de Bielsk, Lublin et de Sandomir de les porter à Cracovie et de là par la haute Silésie jusqu'à Olmutz d'où ils prendroient la routte qui leur seroit indiquée par M. le Feld-maréchal. Dans ce cas :

15, 16, 17 et 18 juin. — Le détachement des vingt-trois mille Russes partant de la gauche de leur grande armée à Grodno avec les mêmes précautions et le même ordre, viendroit en quatre marches à Bielsk où il camperoit, séjourneroit et renouvelleroit totalement les provisions.

19 juin, séjour.

20, 21 et 22 juin. — Le vingt, vingt-un et vingt-deux sur Mielnick sur le Bug[1] pour y séjourner le vingt-trois et y renouveller ses provisions.

23 juin, séjour.

24, 25, 26 et 27 juin. — Le vingt-quatre, le vingt-cinq, le vingt-six et le vingt-sept sur Ianour, Mridzecze Rokosz[2] et Kœzkow pour y séjourner le vingt-huit et renouveller ses provisions.

28 juin, séjour.

29 et 30 juin. — Le vingt-neuf et trente juin sur Lublin.

1er et 2 juillet. — Le premier et deux juillet sur Casimiers[3] pour y séjourner le trois juillet et arranger le passage de la Vistule.

MARTANGE AU COMTE DE BRÜHL[4]

A Mgr. le premier ministre. — *Vienne, 24 may 1757.* — C'est le plus grand bonheur que M. le comte de Broglie soit arrivé à cette cour dans les conjonctions fâcheuses d'allarme et d'étonnement

---

1. Affluent de la Vistule.
2. Ianowen ; Miedzyrecz, Rososse.
3. Kasimierz.
4. Minute autographe. Arch. de Honfleur.

auxquelles on y est encore assés généralement livré[1]. On a trouvé dans cet ambassadeur de la tête, des ressources et des vues. Il m'a paru qu'on en avoit grand besoin tant pour imaginer ce qui étoit à faire que pour presser l'exécution de ce qui auroit été résolu, et remédier par une action utile à cette mauditte perte de tems qui est la source du malheur qu'ils éprouvent et qui en retombant sur la cause commune porteroit le plus grand préjudice aux interests du Roi notre auguste maître si l'on ne se pressoit d'en prévenir les suittes.

M. l'ambassadeur a remis à M. le comte de Kaunitz[2], le seul des ministres qui dans cette crise-cy soit incapable de faire tête à l'orage, un plan pour la deffense de Prague extrait de ce qui a été pratiqué par l'armée françoise aux ordres de M. le maréchal de Broglie et on a fait parvenir par une voie sûre ce papier à S. A. R. Mgr. le prince Charles. On avoit encore demandé à M. l'ambassadeur un plan sur la conduitte que tiendroit M. le maréchal de Daun[3], mais il s'est excusé de le faire, cette besogne exigeant une connoissance exacte et détaillée du terrain qu'occupoient ou devoient occuper les deux armées, connoissance qu'il n'avoit point et ne pouvoit avoir. Les arrangemens pris pour ce général et les ordres qu'on lui a fait passer sont, en attendant ses renforts de Moravie de tâcher de vuider entièrement les magasins de Pardabitz et de Kœniggraetz et de se replier de Czaslau qu'il occupe encore aujourd'huy jusque sur Teuschtadt où, du moins le corps que le roy de Prusse aura détaché contre luy ne pourra être augmenté par les troupes laissées devant Prague ; M. le maréchal Daun sauroit au juste à qui il peut avoir affaire et au cas qu'il trouvât sa belle pourroit avoir quelque avantage sur M. de Bevern (?) et en profiter sans crainte d'être arrêté par la grande armée du roi de Prusse, ce qui seroit toujours inquiétant si on restoit aussi près à Prague qu'on l'étoit à Kollin.

1. Frédéric II, entré en Bohême au mois d'avril 1757, avait battu l'armée autrichienne le 6 mai suivant en avant de la ville de Prague ; il tenait étroitement bloquée cette ville où l'armée impériale en déroute s'était réfugiée.
2. Ministre d'Etat à Vienne.
3. Général autrichien, né en 1705 ; général en chef (1756).

Sur les lettres que M. l'ambassadeur a envoiées à sa cour par le courier dont j'ai rendu compte à V. E. sur celles que M. le comte de Fleming a écrites à M. d'Estrées, j'espère que les François accommoderont leurs arrangemens aux circonstances et je me flatte qu'en laissant un corps de 50.000 hommes pour observer les Hanovriens, M. le maréchal d'Estrées marchera avec le reste en Bohême pour entrer, en traversant rapidement la Hesse, en Saxe et venir occuper les débouchés par lesquels le roi de Prusse a pénétré en Bohême, mettre ce prince entre lui et l'armée du prince Charles de Lorraine pendant que M. de Bevern seroit combattu par M. de Daun : c'est le seul parti que je regarde comme efficace pour terminer la campagne aussi heureusement qu'il y avoit lieu de s'en flatter en la commençant.

L'infériorité du nombre et le désavantage des positions se trouveront alors du côté du roi de Prusse, et il ne paroît pas possible qu'il y résiste. Ce qui me fait croire que le François prendra ce parti c'est qu'il est en quelque façon de nécessité absolue pour la continuation des opérations projettées; on ne peut faire le siège de Magdebourg qu'en se rendant maître du cours de l'Elbe et il faut pour s'en rendre maître avoir chassé l'ennemi de Bohême. Voicy, Mgr., l'extrait des raisons et motifs que j'ai indiqués à M. le général de Fontenay pour les faire valoir à la cour de Versailles et leur donner du poids par la recommendation de Mme la Dauphine. C'est :

1° la nécessité de dégager l'armée du prince Charles et de soutenir celle de M. de Daun ; deux objets préliminaires aujourd'huy à toutte opération ultérieure que l'on ne s'est proposée pendant l'hyver que dans la supposition où l'on ne croiroit pas que ce qui vient d'arriver dût jamais avoir lieu ;

2° que le fruit de cette démarche de l'armée françoise seroit naturellement de faciliter le siège de Magdebourg auquel M. d'Estrées a dû être attaché puisque ce siège ne pouvoit être fait qu'en se rendant maître du cours de l'Elbe et qu'il falloit pour cela faire évacuer la Bohême à l'ennemi qui restoit en la possédant maître du haut Elbe ;

3° que si on ne prenoit pas ce parti en France, il y avoit lieu de craindre qu'au cas que les armes impériales vinssent à recevoir quelque nouvel échec par le défaut de la jonction de deux corps d'armée impériale, le roi de Prusse pourroit faire alors un détachement considérable de son armée pour renforcer celle de M. le duc de Cumberland qu'au lieu d'attaquer les[1]....... en Saxe, il y auroit à craindre pour les François d'être attirés, surmenés et ramenés sur leurs propres foyers ;

4° que s'ils étoient obligés à se retirer sur le Bas-Rhin et sur la Meuse, il y auroit encore à craindre que les Hollandois n'en...... à la vue des succès du roi de Prusse et que la guerre des Pays-Bas ne se joignit par là à celle d'Allemagne et de la mer ;

5° enfin, comme un motif plus noble et plus agréable à faire valoir, c'est l'intérêt qu'a la gloire du R. T. C. à voler au devant des besoins de ses alliés et des vœux de l'Allemagne, le relief que cette démarche donnera à leur alliance vis-à-vis de tous les princes d'Allemagne.

Tels sont, Mgr., les argumens qui m'ont paru le plus propre à être emploiés pour les décider dans une conjoncture aussi pressée.

Les nouvelles que nous avons du refus que font les Bavarois de marcher, et de la crainte que l'on a que les Wurtembergeois ne les imitent sont aussi désagréables que sûres. Quand même ces états reviendroient à des vues plus conformes à leurs traités, il paroit toujours à craindre qu'en en reculant l'exécution on en perde le fruit qu'on s'en était proposé.

La marche des François en Bohême est aujourd'huy le nœud le plus incessant de toutte la suitte de la campagne.

Je fonderois de grandes espérances sur la résolution entreprise par les Russes de reculer leur marche, s'ils étoient en état de faire un détachement bien conduit d'une vingtaine de mille d'hommes dont les........ de bonne infanterie et le reste de dragons et cosaques qui pourroient occasionner une diversion utile en tombant légèrement sur Franstadt et de là passant l'Oder pour se porter sur

---

1. Mot illisible.

l'Howel, la Sprée et obliger le roy. de Prusse à de nouveaux arrangemens d'autant plus dangereux à prendre pour luy que le reste de l'armée russienne obligeant M. le Lieutenant général à ne pas quitter la Prusse, ce ne pourroit être que de l'armée de Bohème que le prince tireroit des détachemens pour aller combattre et chasser ces nouveaux hôtes. Ce projet seroit peut-être d'une exécution aussi facile qu'utile sans le manque d'officiers intelligens et accoutumés à la guerre. Je communique sur cela mes idées à V. E. avec la confiance à laquelle elle m'a autorisé et les soumets à sa prudence supérieure.

Je dînai hier chez M. le maréchal de Niepog[1] et ne fus pas du tout content de ses propos. Il me paroît un homme plus occupé des prérogatives de sa charge de chef du conseil de guerre que des résolutions à prendre dans les circonstances critiques où l'on se trouve. L'ambassadeur le pressa beaucoup de questions, et entr'autres pourquoy on n'avoit pas canoné de meilleure heure? pourquoi les advis n'avoient pas été envoiés plus tôt à M. de Saint-Beliani(?) pour se rejoindre au prince Charles? Ses réponses ne furent ni claires ni précises.....

Voilà, M. ce que j'ai appris sur ces articles. M. l'ambassadeur n'attend pour partir que le retour du courier qu'il a dépêché à Versailles. Si je ne reçois pas d'ordres d'icy à ce temps, j'aurai l'honneur alors de l'accompagner jusqu'à Varsovie pour aller les recevoir de la bouche de V. E. J'ai l'honneur d'être avec le plus profond respect, etc.

MARTANGE A Mme DE MARTANGE[2]

A madame de Martange chez Mme de la Salle, place des Veaux, à Strasbourg. — Teschen en Silésie, ce 14 juillet 1757. — Je profitte d'un moment que j'ai à moy pour causer une minutte avec

---
1. On lit *Niepog* ou *Nicpog*.
2. Orig. Arch. de Honfleur.

ma chère Antonia[1]. J'ai eu hier à passer par des chemins abominables avec les plus mauvois cheveaux et les paysans les plus stupides de l'Europe, ce qui m'a fatigué horriblement. Aujourd'huy je ne suis parti de Frideck qu'à midi, et je vais ce soir coucher à Bilitz[2] pour arriver demain à Cracovie. J'ai mieux aimé différer mon arrivée d'un jour que d'aigrir mes playes[3] et d'en retarder la guérison. L'ordre étoit venu le lendemain de mon départ de Vienne de me faire partir le plustot que je pourrois soutenir la route pour Paris; heureusement que je n'étois plus à Vienne car telle impatience que je puisse avoir de rejoindre ma chère Antonia il étoit essentiel pour moy que ce ne fût qu'après avoir vu le maître à Varsovie. Sur quoy l'ambassadeur me dit même hier, en passant, que cela n'étoit pas maladroit à moy d'être parti la veille. De là tu peux voir, ma chère amie, que je ne serai pas longtems sans te retrouver, les choses s'arrangent pour tout au mieux. Si j'avois des nouvelles de ta santé et de celle de [ma fille] je n'aurois presque rien à désirer. Je t'embrasse mille fois. Je pars dans l'instant pour Sckohschaü[4], de là à Bilitz.

MARTANGE A L'ABBÉ DE BERNIS[5]

A Varsovie, ce 26 juillet 1757. — M. Je n'ai appris qu'en arrivant à Varsovie que V. E. étoit à la tête des Affaires, et j'ai

---

1. Mme de Martange se nommait : *Jeanne-Marie-Marguerite,* mais son mari par une substitution de nom fréquente alors l'appelait *Antonia,* peut-être parce que lui-même portait le prénom d'*Antoine.*

2. Bielitz (Autriche).

3. Martange avoit pris part aux batailles de Prague et de Chotsemütz; à ce dernier combat (18 juin 1757) il avait eu deux chevaux tués sous lui et avait été blessé grièvement. Il reçut la croix de Saint-Louis au mois de juillet suivant. Mme la Dauphine écrivait à son frère à cette occasion : « J'ai eu un bien grand plaisir ce soir, car M. de Paulmy m'a fait dire que la manière dont Martange s'étoit conduit et la gloire qu'il s'étoit acquise faisoit une exception à tout ce qu'il avoit allégué contre luy jusqu'à présent, et qu'il comptoit demander la croix de Saint-Louis pour luy. » Thévenet, *Correspondance inédite du prince Xavier de Saxe,* p. 105.

4. Skoischau (Autriche).

5. Affaires Etrangères, Pologne, 254, fol. 210.

fort assuré qu'il n'y avoit point de changement dans le ministère Les bontés dont vous avés bien voulu m'honorer pendant mon dernier séjour en France m'authorisent à vous faire mon très-humble compliment. Je serois trop flatté si les affaires et les ordres de mon maître me ramenoient à portée de faire ma cour à V. E. et de lui renouveller les assurances du profond respect avec lequel j'ai l'honneur d'être, etc. — *De Martange.*

MARTANGE AU COMTE DE BRÜHL[1]

A M. le comte de Brühl, premier ministre. — *Paris, 6 octobre 1757.* — Je receus mardy au soir à mon retour de Versailles la lettre que V. E. m'a fait l'honneur de m'écrire en datte du 14 du passé, contenant l'énumération des points accordés à l'entier rétablissement de la concorde. Je vous avoue, Mgr., tout grands qu'aient pû vous paraître ces sacrifices que je suis enchanté du parti qu'a pris V. E. de ne s'y point relfuser dans des circonstances où je regarde son union avec M. le comte de Broglie comme devenant de jour en jour plus nécessaire à mesure que nous aprochons du dénouement. Après les assurances réitérées par V. E. du désir sincère qu'elle avoit de lier étroitement les intérêts des deux cours, la seule ressource qui pût rester aux préjugés étoit de dire : que M. le comte de Brühl joigne les fruits aux paroles et nous n'avons plus rien à opposer. Cette phrase souvent répétée dans les bureaux avoit passé jusque dans les appartemens. Les nouvelles armes que V. E. vient de nous mettre à la main en se prêtant à ce que M. l'ambassadeur de France a désiré ne nous laisseront plus d'embarras sur nos réponses, et V. E. peut-être bien persuadée que nous ne négligerons rien pour faire valoir partout où besoin sera des preuves aussi peu équivoques de la sincérité de son attachement à cette cour. Je me flatte que M. l'ambassadeur de son

---

1. Copie de la main de Mme de Martange. Arch. de Honfleur. — Le texte est un peu endommagé ; on a remplacé par des points la partie disparue.

côté s'en fera un titre pour renouveller ses instances auprès de son ministère. On n'ignore pas dans ce pays toutte sa vivacité, et certainement on n'y applaudit pas, mais on rend justice à sa probité et à ses lumières, et les gens mêmes qui seroient le moins ses amis ajouteront toujours foy à ses rapports. J'oserois presque assurer à V. E. que le propos qu'on lui a fait tenir : *que le roi de Prusse étoit assés humilié*, n'est jamais sorti de sa bouche : dans mon séjour à Varsovie malgré les nuages qui ont obscurci la confiance réciproque relativement aux....... en Pologne et aux plaintes sur le passage des Russes, je ne l'ai.,..... les principes qu'il avoit établi ici l'hiver dernier........ la plus grande chaleur, et desquels on ne se dep........

Dans l'audience que Mme la Dauphine m'a faitte la grâce de m'accorder à mon retour de Fontainebleau, elle me demanda quelques détails sur les petits troubles dont j'avois été témoin à Varsovie. Elle écouta avec la plus grande attention les explications que je lui donnai sur la façon dont l'affaire de la Starostie de Lesseck avoit été conduitte, sur les demandes faittes à la mort du général de la Grande Pologne, les prétentions en faveur de M. le Palatin de Belseck, la promesse obtenue du roi par V. E. du palatinat de Masovie pour M. le comte Opalinski, et enfin sur les embarras où nous nous trouvions dans la situation délicate où nous étions entre les Russes et les François. Quand elle m'eût entendu, elle finit par me dire : « Mon Dieu, je crains bien que ces petittes divisions ne finissent par les brouiller ensemble, ce qui ne pourroit être qu'extrêmement préjudiciable au Roi mon père ; nous ne parviendrons à nos fins que par cette cour-cy, et il faut bien par cette raison avoir quelques complaisances. » Je luy répondis que c'étoit aussi le projet de V. E. et qu'elle n'avoit aucune peine à obliger les ministres de France, mais qu'il falloit aussi que de leur côté ils demandassent avec discrétion. J'ajoutai à cela que s'il restoit encore quelque soupçon sur les liaisons avec la cour de Londres, ce seroit la plus grande injustice que l'on lui feroit, et que j'oserois bien en répondre sur ma tête. La réponse de Mme la Dauphine fut : « Oh, pour cela, j'en suis bien persuadée ».

En rassemblant touttes les notions que j'ai pu recueillir soit à Varsovie de la bouche même de M. l'ambassadeur et surtout de la communication amicale et non suspecte de l'écrit dont je parlai dans le tems à V. E. soit à Vienne sur les ouvertures que me fit M. le comte de Stainville[1], soit sur ce que M. le général de Fontenay m'a fait l'honneur de me dire depuis mon arrivée dans ce pays, il n'est pas douteux que les intentions de cette cour-cy ne soient telles que nous pouvons les désirer. La plus saine politique fait une loy à la France d'avoir une puissance [quelconque] à apposer dans le besoin à la maison d'Autriche, l'amitié [qui existe] entre les deux maisons par le mariage de Mme la Dauphine [a probablement] déterminé ce choix sur la maison de Saxe. Le but réel..... est de nous procurer sans réserve en Allemagne tous les avantages possibles, à cet égard nous ne risquons rien à donner à cette cour une confiance pleine et entière. Cependant, Mgr., malgré cette certitude que nous avons de leurs bonnes intentions il n'en sera pas moins difficile d'amener M. de Bernis à nous répondre positivement et article par article sur chacun des points énoncés dans le précis des demandes faites au nom du Roi notre maître. Il est certain que la cour de Versailles a des engagemens intimes et particuliers avec la cour de Vienne. Quelques puissent être ces arrangemens, soit qu'ils regardent la cession des Pays-Bas autrichiens soit qu'il soit question de la principauté de Neufchâtel pour M. le Margrave[2] il est certain que la France se croit obligée aux plus grands ménagemens vis-à-vis l'Impératrice-Reine. Il semble que l'on craigne icy aux yeux du ministre autrichien de paroître soupçonner que ce qui est uni aujourd'huy puisse jamais être divisé et qu'on ne leur impute à prévoyance politique le soin trop marqué de l'arrondissement de la maison de Saxe qui portée au point où nous le demandons ne manquera pas d'éveiller la jalousie de la cour de Vienne. C'est sur ce ton que M. l'abbé de Bernis en a parlé à M. de Fontenay et c'est

---

1. Étienne-François, duc de Choiseul, ambassadeur à Vienne, puis ministre des Affaires Étrangères en 1761.
2. Probablement Frédéric-Guillaume margrave de Brandebourg Baireuth.

par cette raison que le ministre françois auroit mieux aimé que le mémoire n'eût été que pour la cour de Versailles qui une fois instruite de ce qui peut convenir au Roi notre maître auroit préféré le parti de solliciter en quelque façon pour nous à la nécessité de prendre sur elle de décider. Je conçois effectivement que cela auroit été moins embarrassant pour la France, mais avec ces sollicitations-là le Roi notre maître n'auroit pu être éclairci sur l'état que l'on lui destine qu'à la pacification générale, et il est de la plus grande importance qu'il soit provisoirement décidé ; et je persiste à regarder le parti pris de nous adresser conjointement aux trois principales puissances alliées comme le meilleur moyen d'accélérer cette décision.

Auriés-vous pu soupçonner, Mgr., dans le tems où il est étoit [question] de conciliation entre V. E. et M. le comte de Broglie au sujet de cette........ et de M. l'évêque Soltik[1] que les fréquens voyages........ de chés V. E. chés M. l'ambassadeur eussent pu être........ certains de l'intelligence la plus intime entre.............. allées et venues eussent été regardées comme les préparatifs d'une négociation particulière entre notre cour et celle de Versailles, à l'insceu de la cour de Vienne et de celle de Pétersbourg. C'est cependant ce qui passa alors par la tête de M. le comte de Stemberg qui en écrivit sur ce ton à sa cour. M. le comte de Kaunitz dit à ce sujet à M. le comte de Stainville que M. le comte de Broglie ne rêvoit absolument que Saxe et Pologne et n'étoit uniquement occupé que de ces intérests et qu'il y avoit presque tous les jours des conférences particulières entre luy et V. E. Mon départ pour Paris fut probablement jugé comme une conséquence de cette prétendue intimité et j'eus lieu de le juger au froid avec lequel M. le comte de Kaunitz me receut après les bontés qu'il m'avoit marquées un mois auparavant. J'imagine encor que le ministre en aura écrit sur le même ton à M. le comte de Stahremberg, pour prévenir M. le comte de Bernis, et c'est à cela que j'atribue ce que le ministre françois dit à M. le général de

---

1. Évêque de Cracovie.

Fontenay avant mon arrivée : « Qu'il me verroit avec plaisir et me recevroit comme un homme que V. E. honnoroit de sa confiance, mais qu'il ne traiteroit point d'affaires avec moi, que je pouvois me concerter avec le général et lui être utile, mais que ce ne seroit qu'avec le général qu'il traiteroit ». L'amitié de M. de Fontenay a eu à souffrir pour me rendre ce propos dont pour moi j'ai été d'autant moins embarrassé que je savois à n'en pouvoir douter que dans la lettre de V. E. à M. l'abbé Elle y marquoit expressément que je devois être aux ordres et sous la direction de M. le général : tous les postes jusqu'à celui de secrétaire inclusivement ne pouvant que m'honorer dès qu'il sera question de servir utilement le Maître. Je n'ai eu jusqu'à présent moyennant cela aucune conversation avec M. l'abbé de Bernis sur les affaires; d'ailleurs, il m'a comblé de politesses. Cela ne m'empêchera pas de m'établir toutte la semaine prochaine à Versailles avec le général de Fontenay qui ne négligera sûrement rien pour m'aboucher avec......... et de façon ou d'autre nous ne négligerons rien conjointement......... réponse sur le précis motivé remis avant-hier sur l'article......... grand chancelier et sur l'arrangement qu'il a fait espérer de terminer pour l'entretien de notre corps de troupes aussitôt que M. le Contrôleur général auroit fini l'examen qu'il a entrepris des états de recette et de dépense auxquelles il pourroit fournir.

Je n'ai pas manqué d'expliquer à M. le général de Fontenay l'esprit dans lequel S. M. se réserve de s'expliquer sur les autres propositions qui pourroient lui être faites par quelqu'un de ses hauts Alliés, et les vues et les espérances de V. E. pour la Prusse par l'entremise de la Russie. Ce que M. le comte de Bernis dit avant-hier à ce sujet et dont il rend compte dans sa dépêche à V. E. ne nous permet pas de doutter que cette négociation n'ait transpiré. Le parti qu'à pris le général d'en ignorer entièrement est sans contredit le meilleur et pour ce moment-cy et pour la suitte. Tel arrangement que nous désirions à cet égard, il est toujours essentiel que ce ne soit que la Russie qui paroisse, qu'elle propose seule ce qu'elle croit nous convenir et ce qui lui convient à elle, sans que nous paroissions l'avoir recherché; sans quoi ils ne manqueroient pas icy de nous attaquer sur le ministère que nous leur aurions fait de notre négociation et les reproches de manquer de confiance le réveilleroient avec plus de violence que jamais.

La promptitude avec laquelle la convention entre M. le duc de Cumberland et M. de Richelieu a été terminée ne nous a pas laissé le temps de tirer le parti que nous nous étions proposé pour l'abolition de la dette d'Hanovre. Mais comme les François restent nantis de l'Electorat d'Hanovre j'espère que cela pourra être amené par M. le général de Fontenay dans le sens que nous nous l'étions proposé et que j'en avois écrit de Vienne a V. E. Je n'aimerois pas que cet arrangement dut être remis à la pacification générale où nous aurons tant d'autres choses à demander.

Si M. le duc de Richelieu a profité, comme je l'espère.......... que lui a laissée la dissipation de l'armée d'observation.......... évacuer la Saxe et à la rendre dans le courant.......... promptitude avec laquelle il aura terminé avec............ cela ne devoit pas avoir lieu, et que l'on remit à l'année prochaine à poursuivre l'ennemy, j'avoue à V. E. que je regarderois la convention comme une précipitation bien condamnable. Il m'a paru qu'icy on en avoit [été] médiocrement satisfait, et effectivement il me semble que l'on étoit en passe d'en tirer meilleur parti. Voilà donc ce prodigieux armement de l'Angleterre réduit à néant par la retraite de l'isle d'Aix. Tout cela a abouti à raser de mauvoises fortifications et à prendre 400 hommes; c'est avoir acheté bien cher un aussi frêle avantage.

Le bruit public est que cet armement avoit été d'abord destiné pour la conquête de Saint-Domingue, mais que sur la déclaration qui avoit été faitte par l'Espagne qu'elle regarderoit cette démarche de fort mauvois œil, les Anglois y avoient renoncé dans la crainte de faire déclarer cette puissance. Les troupes de la maison du Roi qui étoient en marche vers la Rochelle ont receu contre-ordre. On assure que M. et Mad. la Margrave de Baireuth doivent arriver ici incessamment, et on nomme même la maison qu'ils doivent habiter; si cela est, soit la princesse elle-même soit quelque ministre à sa suitte, il y aura bien des propositions de faittes par le roi de Prusse. Mai je ne fais aucun doutte qu'il n'échoue; la résolution est prise qu'il ne pourra de longtems être redoutable. On disoit hier que l'on avoit arrêté un gentilhomme allemand, émissaire de ce prince, mais je n'ai pas encore pu vérifier si ce bruit avoit quelque fondement. Je ne scais pas, Mgr., si je me flatte trop, mais je compte qu'à la fin de ce mois touttes les troupes prussiennes se trouveront reculées jusqu'à la Sprée et à l'Oder, et que la Saxe et la Lusace entièrement évacuées n'auront d'ennemy sur l'Elbe que ce qui composera la garnison de Magdebourg. J'attens avec bien de l'impatience le moment où nous devrons écrire à Dresde au lieu de Varsovie. Je tremble toujours pour les occasions de brouilleries dans ces pays de..... et de Palatinat.

FRAGMENT D'UNE RELATION DE LA BATAILLE DE LUTZELBERG[1]

.... A la tête des grenadiers ne les eût appelés par la grandeur de l'exemple à l'amour de l'honneur et au mépris du danger. Le spectacle frappant du fils[2] de leur maître plus exposé qu'eux les fit rougir de l'étonnement qu'ils avoient marqué et ils se crurent obligés à laver cette faute par les plus grands efforts de valeur. Dans un moment ils gagnèrent la plaine et s'y déployèrent en bataille, établissant un feu de flanc contre l'infanterie hanovrienne qui étoit à my-côte de la montagne de Stolberg.

S. A. R. fit alors avec M. le général baron de Dryhernn une nouvelle disposition pour déloger entièrement l'ennemi de la crête du Stolberg qu'il tenoit avec deux bataillons Hessois et six pièces de canon qui incommodoient toujours la colonne de la gauche. M. le colonel de Kavenach à la tête du régiment de Xavier marcha fièrement à la montagne sans tirer un seul coup et ayant un

1. La bataille de Lutzelberg (ou Luxembourg) fut gagnée par le prince de Soubise le 10 octobre 1758. Le colonel de Martange y commandait les grenadiers du corps Saxon. — Le fragment ci-dessus est autographe; on en peut rapprocher les pièces concernant la même bataille et que Martange adressa au comte d'Argenson (Bibl. de l'Arsenal, ms. 4510).

2. Le prince Xavier de Saxe.

peu tourné le flanc de l'infanterie Hessoise, il la chargea avec la plus grande vigueur, la précipita de la montagne bayonette au bout du fusil, et s'empara de la batterie des six pièces de canon. Les régiments de Frédéric-Auguste, Maximilien et Rochau soutenoient l'attaque du colonel de Kavenach et se tenoient prêts à le recevoir et à le remplacer. L'importance de ce poste qui dominait toutte la plaine fit faire aux ennemis des efforts pour s'en rendre de nouveau les maîtres, et l'infanterie Hessoise tenta d'y remarcher. Mais le régiment de Xavier s'y maintint et sur le mouvement que fit M. le comte de Solms en se portant à la droitte de la montagne où il contint l'infanterie hanovrienne qui auroit pu soutenir les Hessois, ces derniers abandonnèrent le projet de rattaquer le Stolberg. L'artillerie françoise et saxonne s'étant ensuitte établie à my-côte et ayant commencé à tirer avec succès sur la colonne de l'infanterie ennemie elle ne tarda pas à s'étendre dans la plaine et marcha fort vitte, mais cependant avec ordre vers Lutzelberg.

Pendant que la colonne de la gauche avoit ce succès, la cavalerie françoise avoit débouché dans la plaine, et s'étoit mise en bataille faisant face à celle des ennemis qui s'avançoit en bon ordre pour favoriser la retraitte de la colonne de son infanterie et rétablir le combat. Cette cavalerie ennemie fut pliée partout où elle se présenta, et tant que la bataille a duré elle a toujours eu le même sort à plusieurs reprises différentes.

La victoire n'étoit plus balancée et touttes les tentatives des ennemis n'avoient plus pour objet que de courir et favoriser leur retraite ou plutôt leur fuitte vers les bois de Munden où ils n'arrivèrent qu'à la faveur de la nuit qui vint dérober aux François le fruit d'une victoire qui auroit couté aux alliés les deux tiers de leur armée s'il y avoit eu deux heures de jour de plus.

Au premier moment de l'attaque générale toutte l'armée françoise ayant marché à même hauteur, MM. de Soubise[1] et de Fitzjames[2] se trouvèrent à la fin à portée de canonner vivement la

1. Charles de Rohan, duc de Rohan-Rohan, prince de Soubise.
2. Le duc de Fitz-James, lieutenant général.

partie des ennemis la plus proche d'eux et les contraignit par là à se jetter en désordre dans les bois qui bordent la Wera.

M. le marquis de Crillon[1], avec des détachemens tirés de la gauche de l'armée, suivit les ennemis et les cannona pendant la nuit jusqu'à trois heures du matin.

Toutte la division de M. de Chevert[2], s'étant rangée après la bataille sur le champ où elle avoit combattu et vaincu, M. le prince de Soubise y vint faire ses remercîmens à M. Chevert, à S. A. R. et à touttes les troupes françoises, saxonnes et palatines qui avoient partagé les fatigues et la gloire de cette journée. Le cry de victoire : « Vive le Roy », fut répété à plusieurs reprises par touttes ces troupes.

La perte que la division de M. de Chevert a faitte ne passe pas 1.000 hommes tués ou blessés. L'infanterie saxonne y est à peu près pour un tiers, et 12 officiers saxons ont été blessés. La cavalerie françoise a fait la plus grande perte et la brigade des cuirassiers est celle qui a le plus souffert. M. le marquis de Voyer[3], maréchal de camp, et M. de Colincourt, maréchal général des logis de la cavallerie ont été blessés, mais sans danger. Le viconte de Belzunce qui menoit l'avant-garde de la colonne de la droitte l'a été mortellement.

La perte de l'ennemy en tués, blessés et prisonniers va au-delà de 3.000 hommes. Du nombre des derniers est M. le général de Zastrow, hanovrien, blessé d'un coup de canon au visage et de plusieurs coups de sabre sur la tête. Indépendamment de ce général on a encore fait prisonniers trois colonels, deux lieutenants-colonels et une trentaine d'autres officiers de tout grade.

On a pris pendant la bataille et à la retraitte 22 pièces de canon dont six ont été enlevés bayonette au bout du fusil par l'infantèrie

---

1. Colonel du régiment de Bretagne-infanterie (1738), brigadier (1743), maréchal de camp (1746), lieutenant général (1758).
2. Lieutenant d'infanterie (1706), lieutenant-colonel (1739), brigadier (1741), maréchal de camp (1744), lieutenant général (10 mai 1748).
3. D'abord cornette des chevau-légers d'Anjou, ensuite mestre de camp lieutenant du régiment de Berry-cavalerie, en 1743, brigadier, en 1745 ; maréchal de camp, en 1748.

saxonne sur la montagne de Stolberg et treize à la poursuitte de l'ennemi par le comte de Bercheny, colonel de Hussars; les trois autres pour la cavalerie françoise.

On a enlevé de plus 4 drapeaux et trois étandarts que le comte de Conflans, mestre-de-camp du régiment d'Orléans-cavalerie a été chargé par M. le prince de Soubise d'aller présenter au Roy à Fontainebleau, où M. le prince de Rochefort, brigadier, avoit été dépêché au moment même de la fin de la bataille pour porter la nouvelle de la victoire.

M. de Chevert dans sa relation[1] a rendu la justice la plus éclatante à l'ardeur avec laquelle touttes les troupes avoient combattu à l'envy les unes des autres, et il y a eu effectivement la plus grande émulation entre les François, les Saxons et les Palatins. Tous les chefs, tant généraux que particuliers ont mérité les plus grands éloges.

S. A. R. a eu les plus grands sujets de se louer de la prudence, de la valeur et de tous les talens supérieurs de M. le lieutenant-général baron Dyhernn, qui pendant le combat a fait manœuvrer les troupes suivant les circonstances et toujours avec la plus grande utilité.

Tous les officiers de la suite de S. A. R., et nommément MM. les colonels de Bruggen, de Block, et le baron de Weichs, son aide-de-camp général, ont servi auprès du Prince avec la plus grande distinction. M. le comte de Brühl et M. le lieutenant-colonel de Zeschwitz ont été de la plus grande utilité à M. de Chevert, MM. les aides-de-camp du lieutenant-général baron de Dyhernn, et majors de brigade à l'armée; le comte de Zinzendorff; les majors Lucke, Neydert, Fesch, et les capitaines Schultze et Schilling se sont acquittés de diverses commissions dont ils ont été chargés avec autant de zèle que d'intelligence. Le major Richte a fait servir l'artillerie saxonne avec la plus grande vivacité et utilité.

1. On distribua dans les rues de Paris l'imprimé suivant : *Relation de la bataille de Lutzelberg gagnée par l'armée de S. M. etc.* (4 p. in-4º Orléans, 1758.) Quelques jours après parut une autre relation : *Détail de la bataille de Lutzelberg gagnée par M. le prince de Soubise* (4 p. in-fol.)

L'armée passa la nuit sur le champ de bataille. Le lendemain 11, la division de M. de Chevert vint reprendre son camp du 9 en arrière du ruisseau de Bittenhagen, où elle fit avec toutte l'armée, le 12, la réjouissance pour la victoire remportée, et, le 13, le corps amené par M. le duc de Fitzjames précédant d'une marche la division de M. de Chevert fut camper à Merdenhagen, pour y être relevé le lendemain par M. de Chevert, et remarcher ensuitte dans cette proportion pour se rejoindre à M. le maréchal de Contades, ou occuper suivant les circonstances une position intermédiaire entre l'armée de ce maréchal et celle de M. le prince de Soubise[1].

MÉMOIRE ADRESSÉ AU MARÉCHAL DUC DE BELLE-ISLE PAR LE PRINCE XAVIER DE SAXE[2].

Pour Monsieur le maréchal duc de Bellisle. — Versailles, 12 décembre 1758. — L'attention particulière que M. le maréchal duc de Bellisle veut bien donner à tout ce qui peut mettre le corps saxon à la solde du Roy en état de servir plus utilement partout où il plaira à S. M. T. C. de l'employer, engage le comte de Lusace[3] à proposer quelques articles pour être insérés au renouvellement de la convention faitte l'hyver dernier à Vienne. Cette convention expire le 1ᵉʳ avril de l'année où nous allons entrer[4].

Le premier objet des demandes du comte de Lusace concerne l'augmentation d'un sous-lieutenant dans chacune des 72 compagnies dont le corps saxon est composé. Cette augmentation est de la plus importante nécessité pour le maintien du bon ordre et l'exactitude de la discipline.

1. Arch. de Honfleur, papiers de Martange.
2. Ce mémoire en entier de la main de Martange forme un cahier de trois feuillets. Arch. de Honfleur.
3. François-Xavier-Auguste, prince de Saxe, comte de Lusace, frère de la Dauphine, Marie-Josèphe.
4. D'après un état joint à ce mémoire, la nouvelle formation du corps saxon consistait en : 27 officiers du grand état-major et en 8.934 hommes formant douze régiments de grenadiers et de fusiliers.

Dans le temps où les articles de la convention ont été signés à Vienne, les ministres des trois cours contractantes ne comptoient pas que ce corps pût faire la campagne que nous venons de finir et ce n'a été que par des considérations purement économiques qu'on n'a attaché alors que 4 officiers à chaque compagnies de 136 hommes.

Ce nombre suffisant sans doute pour la garnison ne peut pas l'être en campagne. Il arrive souvent que deux officiers de la même compagnie se trouvent détachés en même tems, si des deux qui doivent rester un est malade et blessé le soin des deux tiers de la compagnie qui doivent demeurer au drapeau est remis à un seul homme, et il est bien difficile qu'avec la meilleure volonté la vigilance d'un seul puisse suffire à une troupe aussi nombreuse.

L'avantage et les ressources que procure un plus grand nombre d'officiers un jour de combat est, de plus, de la plus imposante considération. Indépendamment du bon exemple, du courage et de la fermeté que leur présence inspire à la multitude, il est nécessaire d'avoir de quoy remplacer ceux qui sont tués ou blessés, sans quoy la conduite d'un peloton ou même d'une division se trouve abandonnée à l'insuffisance d'un sergent ou autre bas officier.

Les soixante-douze sous-lieutenants demandés par cet article pourroient être tirés du surplus des officiers, de Saxe qui ont déjà servi dans les troupes de S. M. Polonoise et qui sont restés à Lintz faute d'employ dans le corps lors de la convention. Le comte de Lusace s'offre de les faire joindre le corps avant le 1er de mars, dès que M. le maréchal aura obtenu à cet égard l'agrément de S. M.

La paye du sous-lieutenant étant de 45 livres par mois de 30 jours et de 2 rations d'infanterie, les frais de ce nouveau supplément monteroient pour le Roy a environ 3.240 livres et 144 rations par mois.

Pour la compensation de ce que ce surcroit d'officiers causeroit aux caisses de S. M. T. C., le comte de Lusace propose à M. le maréchal de porter chacune des 72 compagnies jusqu'à 142 hommes, par une augmentation de 6 grenadiers ou fusiliers par compagnies qui, au moyen de l'augmentation proposée dans le 1er article du mémoire, seront sous le commandement d'un capitaine et de 4 officiers subalternes : proportion que le comte de Lusace estime la meilleure pour le maintien de l'ordre et de la discipline dans la troupe.

Le retard des progrès dont on s'étoit flatté la campagne dernière ayant éloigné les espérances d'enlever aux armes prussiennes et de Russie, au corps saxon, un plus grand nombre de transfuges, le comte de Lusace ne se fait point de peine d'avouer à M. le maréchal l'impossibilité où l'on serait actuellement de profiter de l'agrément que S. M. T. C. a bien voulu donner à ce que les régimens saxons de cinq compagnies fussent portés à neuf sur la même composition de ceux de la princesse : Royale, Frédéric et Xavier.

Le comte de Lusace remet à des tems plus heureux à profiter de cette faveur du Roy, et borne pour le moment sa demande à l'augmentation sus-mentionnée de six hommes par compagnie de grenadiers et fusiliers qu'il propose d'effectuer pour l'ouverture de la campagne prochaine.

Les 432 fusils et bayonnettes, 72 sabres et 72 outils de pionniers avec leurs étuis et bretelles pourroient être tirés des arsenaux de S. M. T. C.

L'habillement et l'équipement de chaque grenadier et fusilier saxon coute 19 écus 6 gros d'argent d'Allemagne, évalués 69 livres, 3 deniers monnoye de France; en joignant à cette somme environ 400 livres pour les marmites, le total de cette dépense une fois payée est d'environ 30.235 livres.

L'entretien d'un fusilier à raison de 13 livres 11 deniers, d'un grenadier à raison de 13 livres 16 sols, 7 deniers par mois de 30 jours fait un surcroît de dépense d'environ 6.000 livres qui ne seroient payées qu'à proportion et en tant que les dits grenadiers et fusiliers d'augmentation auroient été présentés au commissaire des guerres chargé de la conduite du corps saxon.

Aussitôt que le comte de Lusace aura été informé de la résolution et du consentement de M. le maréchal, il offre de faire remettre au bureau les états détaillés de cette dépense.

C'étoit dans la même idée où on étoit que le corps saxon que le Roy T. C. prenait à sa solde ne seroit employé que dans des garnisons qu'on convint à Vienne de n'assigner pour chaque capitaine que 3 rations de fourage. Ce nombre est insuffisant en campagne. Suivant les réglemens économiques des troupes saxonnes, le capitaine est tenu des fournitures de sa compagnie. Dans le service du roy de Pologne et de la plupart des princes allemands, on passe pour chaque compagnie un chariot destiné à transporter une certaine quantité de souliers, chemises, bas, guêttres, semelles et autres choses nécessaires à la réparation journalière de la troupe. Cet usage n'étant pas établi dans les armées de S. M. T. C. le capitaine saxon doit y subvenir par une plus grande quantité de chevaux de bâts et a par conséquent besoin au moins de 6 rations par mois de campagne. Dans la marche que le corps saxon a faitte en dernier lieu de l'armée de Contades à celle de Soubise pour la bataille de Lutternberg, une grande partie des soldats saxons ont été réduits à faire les marches longues et forcées du retour par le Saüreland en manquant absolument de souliers.

Le comte de Lusace prie M. le maréchal d'observer qu'une partie des soldats saxons faisant à peu près la douzième du corps de Polonois catholiques, il seroit nécessaire qu'indépendamment des ministres évangéliques attachés à chaque bataillon par la convention, S. M. T. C. daignât accorder et entretenir un seul aumônier catholique pour la totalité du corps avec le même traitement qui est d'usage dans chacun des régimens françois.

M. le maréchal voudra bien se rappeler les plaintes que le comte de Lusace s'est cru obligé de luy faire porter il y a trois mois contre la fourniture des tentes faites aux Saxons. Ces tentes ont été étranglées, mal faittes, et fabriquées de la plus mauvoise espèce de toilles. Il est impossible de s'en servir une seconde campagne à moins que l'entrepreneur ne soit obligé à des réparations très considérables, et telles qu'il plaira à M. le maréchal de les ordonner sur le détail des manquemens de cette fourniture que le comte de Lusace s'offre de faire remettre au bureau sur la résolution de M. le maréchal.

Le but de touttes ces demandes n'étant que de mettre le corps saxon plus en état d'exécuter les ordres du Roy, et de concourir par ses services dans tous les cas à la gloire des armes de S. M. T. C. Le comte de Lusace attend avec une confiance entière de l'amitié de M. le maréchal duc de Bellisle qu'il veuille bien faciliter et accélérer l'agrément du Roy sur chacun des points détaillés au présent mémoire.

MARTANGE A Mme DE MARTANGE [1]

Au camp sous Paderborn, ce 28 juin 1759. — Je t'aime et t'embrasse de tout mon cœur, ma chère femme; tu ne serois que ma maîtresse et belle comme un ange que je ne te désirerois pas plus que je le fais et que je ne me ferois pas un plus grand bonheur de me réunir à toy pour ne plus m'en séparer. J'ai laissé aller aujourd'huy mon gouin [2] seul au quartier général, et sous prétexte de la goutte dont réellement je suis un peu molesté j'ai resté à philosopher à mon aise dans un mauvais trou de poêle de village. Il y pue comme partout en Westphalie, mais il y entre un peu de soleil et j'y ai un bon lit où je suis resté depuis hier au soir onze heures jusqu'à ce matin onze heures précises. Depuis huit que je suis pleinement réveillé je ne m'occuppe que de toy, ma chère amie, d'Antoinette et de ceux et celles que tu me donneras encore.

Bâtir un petit château, planter un parc délicieux, arranger un jardin où je puisse trouver tous les fruits et les meilleurs légumes, des régimens de dindons, poulets et de vaches dans une grande basse-cour où il y aura de plus une écurie avec quelques bons chevaux de selle et de carrosse surtout, une bibliothèque choisie pour la solitude de ma philosophie, de petits appartements bien commodes, et tout cela peuplé de petits et petittes Martanges,

---

1. Orig. Arch. de Honfleur.
2. Nous croyons que par ce nom injurieux usité dans la marine, Martange désigne le prince Xavier de Saxe, dont il était l'aide de camp.

voilà le cannevas sur lequel j'ai travaillé toutte la matinée, et c'est à la suitte de tous ces établissemens que je t'en écris car il est juste comme dame unique de tout cela comme de mon cœur que je te mette un peu au fait de tes domaines.

J'attens aujourd'huy une lettre de toy; je me flatte que tu auras reçu les miennes de la privation desquelles tu te plaignois dans celle du 21 et 22 matin, que par conséquent tu auras été plus contente de moy et que par contre coup tu auras écrit de façon à me rendre aussy plus content de toy. Mes saignemens de nez qui m'avoient repris m'ont quitté sans que j'aye rien fait pour cela; j'espère que les tiens feront ou ont fait la même chose quoique la cause puisse en être différente. J'approuve fort que tu aies renoncé aux médecines, cela me paroit scabreux dans ton état et je te remercie de t'être fait saigner pour éviter les étouffemens. Je t'avertis que je ne te plains point du tout si au lieu d'un enfant tu en portes deux; je serois charmé de t'avoir obligation d'un double présent. Dans la bonne justice il me semble qu'il n'y auroit rien d'extraordinaire qu'il y en eût un pour toy et un pour moy.

Mr. le comte de Lusace receut hier une lettre du maréchal de Bellisle portant consentement de transporter la place d'assemblée des transfuges saxons à Francfort au lieu de la laisser à Strasbourg; par ce moyen tu seras quitte de la vue de ces espèces pendant les mois que tu as encore à rester en Alsace et je ne t'en trouverai pas pour cela plus à plaindre. Il y a icy un mécontentement général dans le corps et je me regarde comme l'homme du monde le plus heureux de n'y point avoir de troupes dont je ne voudrois pas prendre à présent pour toutte chose au monde. Ils (les transfuges) sont dans l'armée françoise dans le plus grand discrédit et ils désertent comme des mouches, il n'y a point de jour où il n'en parte 20 ou 30, à la fin il n'en restera pas la moitié et peut-être moins. Depuis la mort du prince Dyhernn tout ce qui est à la tête de cela ne s'occuppe qu'à faire de l'argent et chacun de ces gens-là est si délicat que la fatigue, le froid, le chaud, la faim, enfin tout ce qu'on souffre à la guerre et que l'amour seul du métier et un sentiment noble engage à souffrir gaiement leur est entièrement insupportable. Ils ont l'air triste, morne et abattu ; ils se plaignent, raisonnent et sont plus bêtes que les cochons dont cette province est peuplée. Ah, ma chère amie, qu'il me tarde d'en être quitte ! Le maréchal de Bellisle dans sa lettre au prince ne dit encore rien des brevets de Solms comme lieutenant-général ni de celui de Bruggen comme général-major[1] ni des appointemens de ce dernier ni des miens comme colonel ; je serois cependant fort aise à cause de toy surtout que cette affaire se décidât affirmativement : cela me donneroit 300 livres de plus par mois, et si on me paioit cela du mois d'avril je pourrois tout de suite t'envoyer cet argent pour retourner à la grande ville le mois prochain, c'est-à-dire celuy d'août car je compte celui de juin fini n'ayant plus que deux jours pour en être quitte. Je t'assure, ma chère petite, que je les pousse bien avec l'épaule ces jours-là. J'attendrai pour fermer ma lettre que le prince m'ait dit les nouvelles du quartier général si tant est qu'il y en ait. Touttes les lettres de tous les pays parlent d'une paix prochaine ; j'ai bien de la peine à arranger comment cela est possible. Je voudrois auparavant que le roy de Prusse eut receu un échec des Russes, mais malgré tout ce qu'on en a dit et ce qu'on nous en écrit journellement je ne vois pas que ces messieurs avancent plus que de raison et cela devroit être fait. Pour icy nous faisons vis-à-vis de l'ennemy la guerre véritablement en pantoufle ; il est pourtant singulier que nous n'avancions pas davantage, mais on dit que c'est la faute des farines et de la construction des fours. Il y a pourtant 20 de ces derniers de construits à Paderborn et d'icy à 2 ou 3 jours on peut encore en faire bâtir autant ce qui suffira pour la cuisson du pain dans cette ville. Mais on prétend que la farine de froment manque, et même dès hier on a fait proposer au corps saxon de prendre la farine de seigle au moins pour leurs femmes, car imagine-toy qu'il y a un bataillon de cette canaille et que nous trainons après nous plus de 700 vilaines qui sont réelle-

---

1. M. de Solms fut nommé lieutenant général le 1ᵉʳ juillet 1759 ; il servait dans les troupes de Saxe à l'armée du Bas-Rhin.
M. de Bruggen reçut commission de maréchal de camp sous les ordres du maréchal de Contades, en Allemagne, le 1ᵉʳ juillet 1759.

ment la lie de tout ce qui est en Saxe. Il est arrivé cette nuit une petitte avanture qui ne fera pas trop de plaisir au corps : un soldat saxon a passé à cheval près d'un sentinelle françois qui lui a crié d'arrêter ; mon saxon n'en a rien fait peut-être parce qu'il n'a pas entendu et le soldat françois a couru sur luy, l'a jetté en bas du cheval d'un coup de bayonnette dont le vilain est crevé : cela ne rappellera pas la concorde entre les deux nations. Tout cela, comme bien tu penses, soit dit entre nous deux exactement, car tant que je suis avec eux je dois par honneur taire leurs défauts et même un peu partager leur humiliation, dont j'enrage.

MARTANGE AU PRINCE XAVIER DE SAXE [1]

Dépêche à S. A. R. — Paris le 22 août 1759. — Mgr., j'ai déja eu l'honneur de rendre compte à V. A. R. de ce que j'avois fait à Choisy dans la course que j'y fis le 19 avec M. de Fontenay. M. le duc de Choiseul que nous vîmes hier matin dit à M. de Fontenay que le mémoire qui avoit été fait sur son bureau le 19 matin avoit été rapporté au conseil du Roy le même jour, que les raisons qui y étoient décrites avoient été trouvées justes et que le Roy avoit paru très favorablement disposé à accorder tout ce qui y étoit proposé. M. le duc trouva à propos que je fusse présenté au Roy pour faire mes révérences, comme il est d'usage quand on vient dans ce pays-cy. Il faut que la vérité avec laquelle je me suis expliqué devant M. de Choiseul, Silhouette et le maréchal de Soubise n'ait pourtant pas été prise en mauvoise part, car le Roy m'a regardé avec un air de bonté et de bienveillance dont tous les courtisans ont été frappés, et m'a honoré d'un souris extrêmement gratieux. La Reine, Mesdames et Mgr. le duc de Bourgogne m'ont parlé et demandé des nouvelles de V. A. R. J'ai pris la liberté de dire à la Reine que V. A. R. s'étoit converte de gloire à la tête d'une partie des Saxons [2]. Elle m'a répondu avec bonté : « Ouy, je le scais bien et

1. Minute autographe. Arch. de Honfleur.
2. A la bataille de Lutzelberg.

j'en suis très aise. » Madame la marquise de Pompadour ne recevoit pas, aussy je ne pus point y suivre le corps diplomatique. Nous passâmes, en allant dîner chés le duc de Choiseul, à la porte du maréchal de Bellisle qui ne fut pas visible pour nous. M. de Veault[1], son confident, fut au dîner de M. le Duc qui lui en parla, il répondit que M. le maréchal seroit très-disposé à me voir touttes les fois que je me présenterois. M. le Duc l'écrivit à M. de Fontenay chés M. de Choiseul afin que nous y retournassions dans l'aprés-midy en me priant de renfermer un peu la vérité dans mon cœur. J'y allai donc avec M. de Fontenay, mais nous trouvâmes un ours qui débuta par me faire une sortie affreuse de ce que j'avois parlé à d'autres avant luy. Il étoit en fureur et me dit en frappant du pied : « Je n'ai reçeu aucune lettre de M. le comte de Lusace et j'y ai répondu tout de suite. Je ferai tout pour marquer mon respect à M. le Duc et à M. le comte de Lusace, mais Monsieur (en parlant de moy) que je ne connois pas vient de l'armée, il ne me dit mot et parle à d'autres. Monsieur n'est-il pas colonel dans l'armée du Roy? Il devroit scavoir qu'il faut d'abord s'adresser au ministre de la guerre, si Monsieur n'est pas envoyé par M. le comte de Lusace. » « Non, Monsieur, lui répondis-je à mon tour d'un ton net et ferme, je ne suis rien à l'armée, ni colonel, ni lieutenant, et V. E. doit aussi le scavoir puisque c'est elle qui l'a décidé. Je suis envoié à M^r qui est le ministre du roy de Pologne Électeur de Saxe par M. le comte de Lusace. Je lui ai rendu compte des ordres que M. le comte de Lusace m'a donnés. J'ai fait ma charge et je n'ai manqué à rien. »

Cela a été dit si haut qu'il auroit été encore plus sourd qu'il l'auroit entendu. Il étoit fort ému et moi fort tranquille. Il s'est adouci, et m'adressant de nouveau la parole, il a dit : « Mais, Monsieur, pourquoy avoir tous ces gros bagages à l'armée, nous n'avons pas tout cela dans la nôtre. » — Je lui ai répondu : « Monsieur, V. E. scait que le corps saxon sert suivant ses usages, que les compagnies sont de 136 hommes, que le capitaine est chargé de

---

1. De Vault, brigadier de cavalerie, inspecteur général des milices de terre.

l'économie et de l'entretien de sa troupe, qu'à cet effet cuirs, toiles, et autres choses nécessaires à l'entretien de la troupe doivent le suivre et pour la cause dite il achète un chariot où sont aussi ses effets particuliers dont il se passe quand on envoye le gros équipage en arrière mais comme convoiement les gros équipages sont en sureté, et qu'on ne risque que les menus dans une affaire malheureuse; il n'est pas naturel de les perdre comme il est arrivé dans cette circonstance. » Il n'a pas trop sceu que répondre. Il a dit après à M. de Fontenay : « M., tout ce que M. le comte de Lusace désire sera fait. Il n'est question principalement que d'argent; les 80.000 frans que vous demandés sont peu de chose sans doute et vous ne demandés pas trop, mais M. le contrôleur général à qui j'en demande me fait des difficultés. Il faut que M. le Duc lui parle, sans cela on ne réussira à rien..... » Voilà ses termes et l'arrangement dans lesquels il les a proposés. Avec ce que je puis voir il n'est pas bien avec le contrôleur général, et peut-être le vieux fou branle-t-il au manche. En attendant voicy ce que nous ferons car il faut que cela s'arrange comme V. A. R. le désire pour le bien. Demain M. de Fontenay verra le Contrôleur général et je suis bien sûr que sentant, lui, mieux que le maréchal, la nécessité de ce que j'ai dit, il fera l'impossible pour V. A. R. Si on ne donnoit qu'une lettre de change de 40 mille ou 50 mille livres avec la certitude d'avoir à la fin de septembre le restant des 80 mille de façon qu'on pût s'arranger avec les marchands pour payer dans ce temps, je ne ferois nulle difficulté parce que cela reviendroit au même [1].

M. DE FETZCHWITZ A MARTANGE [2]

A Dunkerque, ce 28 septembre 1759. — Je n'ay point voulu vous écrire, mon général, avant que de savoir ce que deviendroit la

---

1. La minute s'arrête à ce mot, mais la lettre ne paraît pas terminée.
2. Arch. munic. de Honfleur. Lettre autographe.

flotille du s^r Thurot[1] et vous en pouvoir mander le départ, c'est à quoise bornent toutes les nouvelles que j'aurois pu vous donner de ce côté icy.

On s'est flatté jusqu'à cet heur que les gros tems qui surviennent à l'ordinairement aux environs de l'équinoxe éloigneroient les Anglois qui bloquent notre port, depuis Gravelines jusques à Ostende, avec 28 à 30 voiles de différente espèce, savoir : 3 vaisseaux de ligne, 17 frégattes et 8 cotters avec une bombarde, et qu'alors un coup de vent heureux favoriseroit le départ de la flotille du s^r Thurot. Nous avons eu le 23 de ce mois la plus haute marrée ; et depuis ce tems la mer a été assés agitée à différentes reprises par des vents du nord, surtout le 26 ; néanmoins les enemies tiennent la mer et garderont selon touts les aparences leur position c'est ce qui fera un obstacle physic et moral au s^r Thurot de mettre à la voile, à moins de ne vouloir se laisser prendre inévitablement par les Anglois. S'il ne part pas d'icy au 2 d'octobre, il est constant qu'il ne pourra point partir du tout parce qu'alors la mer se calme et que les trouppes ne pouvant se tenir si longtems en rade on sera obligé de les débarquer à cause des maladies qui les ont déjà diminué du nombre de 1500 à celui de 900 tant par les mauvais eaux qu'ils ont pour boisson que parce que la pluspart, surtout les gardes françoises et suisses, ne sont pas fait à un long séjour sur mer et ne peuvent absolument s'accoutumer à être ballotté de cet élément.

Si cela arrive je n'aurai rien plus à vous mander, M., de Dunkirque et vous savés mieux que moi qu'un embarquement général est absolument impossible pour cette année. C'est ce qui m'a déterminé, ne voulant pas être inutile au service du Roy et croyant plus convenable pour moi de finir et profiter du reste de la campagne à mon régiment, de demander la permission à Mr. de Chevert, qui compte d'ailleurs de passer quelques mois de l'hyver à Paris, pour

---

[1]. François Thurot, capitaine-corsaire, né à Nuits en 1727. Sa flottille était composée de cinq frégates ou corvettes. Il parvint à tromper la vigilance du contre-amiral anglais et il sortit de Dunkerque.

Thurot, encore fort jeune, fut tué sur son bord, l'année suivante (février 1760), dans un combat livré en vue des côtes d'Irlande.

pouvoir m'en retourner au corps saxon à l'armée autrichienne où se trouve le régiment de S. A. R. Mgr. le prince Albert. Mr. de Chevert vient de m'accorder mon départ au commencement du mois prochain, à condition que je m'en retournerai dès qu'il aura besoin d'un ayde de camp; en conséquence de cela il a écrit au roy de Pologne en réponse à la lettre que Sa Majesté lui avoit écrit pour m'accréditer à son corps de troupes qu'il commande en Flandre et dans l'Artois. J'espère, mon général, que vous aprouverai ma démarche et que vous en parlerai favorablement, si l'occasion s'en présente, à S. A. R. Madame la Dauphine dont j'ay apris avec la plus grande joye l'heureux accouchement par la part que tout saxon doit prendre à ce qui regarde cette digne princesse. Par la dernière lettre que j'ay eu l'honneur de recevoir de S. A. R. Mgr. le prince Xavier, je dois espérer de trouver S. A. R. à mon passage par Frankfort; je suis persuadé qu'il ne pourra qu'aplaudir à ce que je ne veux rester oysif à Dunkirque tandis que mon régiment est journellement aux coups de fusils avec les ennemies du Roy mon maître.

Je ne vous dis rien, M., du Havre[1] et de l'embarquement du duc d'Aiguillon parce que vous en êtes mieux informé, mais je vous envoy cy-joint un mémoire fait sur cet embarquement relatif aux circonstances présentes, il est fait avec beaucoup d'intelligence et je doute qu'on voit à Paris tout ce qu'il contient[2].

Oserai-je me flatter, mon général, que vous voudrez bien me permettre à me rappeler à votre souvenir par les nouvelles que je pourrai vous donner à l'armée autrichienne, ce ne sera que pour y joindre toujours les assurances du plus profond respect avec lequel je suis, etc. — DE FETZCHWITZ.

---

1. Le port du Havre fut bombardé par une escadre anglaise au mois de juillet 1759; il n'y eut pas d'embarquement de troupes les mois suivants, le port était bloqué.
2. Ce mémoire ne se trouve point joint à la lettre.

MARTANGE AU PRINCE XAVIER DE SAXE[1]

[*Sans date, 1759*]. — Mgr. Susceptible par l'état de votre naissance d'occuper entre les souverains une place dont vous êtes si digne par vos vertus, vos qualités et vos talents, V. A. R. n'y étant point appelée par le droit immédiat et prochain de succession, ce doit être par la conduite la plus réfléchie, l'étude et l'employ des moyens les plus conséquents et les mieux dirigés, tous les soins les plus assidus et les plus constants qu'elle peut espérer de faire servir les circonstances présentes à se procurer un établissement convenable pour un prince né aussi près du trône.

Dans le but que se propose mon zèle ardent et respectueux et ne cherchant qu'à bien connoître les voyes qu'il convient à V. A. R. de suivre pour arriver à un terme qui assure également son indépendance et le bonheur des sujets qui luy sont destinés, je vous préviens, Mgr., que je ne prétends rien vous déguiser des grands obstacles que vous aurez à surmonter. Serviteur franc, j'aspire à vous servir et ne veux pas vous flatter. Je connois trop le courage de V. A. R. et j'ai une opinion trop haute de l'âme de Mme la Dauphine pour craindre d'embarasser l'un et l'autre par des difficultés. Le seul moyen de les vaincre est de les avoir bien connues et V. A. R. sera d'autant moins embarassée qu'elle aura préparé d'avance et multiplié les ressources dont elle aura à faire usage dans l'occasion. C'est donc avec une vérité indépendante de toute autre considération que de l'attachement pour votre personne que je vais vous entretenir. Je soumets d'avance toutes les réflexions à votre jugement. Je suis trop récompensé si quelques-unes de celles que j'ay faites depuis deux ans sur les intérêts de votre maison et en particulier sur ceux de V. A. R. peuvent luy être utiles. Le bonheur de vous avoir servy fidèlement et essentiellement et

---

1. Affaires Étrangères, Pologne, 264, fol. 116. Copie d'une lettre au prince Xavier de Saxe.

celuy d'avoir obéi à Mme la Dauphine fera toujours la gloire et la fidélité de ma vie.

V. A. R. est déja prévenue sur la perspective du trône de Pologne et cet établissement est sans doute le plus brillant de ceux auxquels elle puisse aspirer. Mais outre que la possession de cette couronne ne s'offre que dans un éloignement que le vœu le plus cher de V. A. R. seroit de reculer éternellement s'il étoit possible, avant de s'occuper des moyens de réaliser un jour cette idée en se formant dès aujourd'hui un plan immuable de conduite auquel se rapportent toutes vos démarches, il faut considérer avant tout dans quel cas il peut vous convenir de songer à cet établissement sans blesser les intérêts et la grandeur de votre maison, objet privilégié auquel je craindrai d'autant moins de dire de V. A. R. elle-même qu'elle devroit le sacrifier à sa propre fortune que je scois combien la noblesse de ce sentiment est gravée dans son cœur. Or, Mgr., je ne vois qu'un cas où V. A. R. puisse se déclarer sans scrupule le rival de Mgr. le prince Électoral au trône de Pologne et ce cas n'existera qu'en attachant, à la paix, au moyen d'agrandissements convenables la dignité et la prérogative royale à l'électorat de Saxe héréditaire pour l'aîné des princes de la maison : toutes les têtes couronnées de l'Europe reconnaissant et garantissant conjointement avec l'Empire ce nouveau titre de la manière et dans la forme la plus solennelle.

Tous les matériaux pour l'agrandissement de l'électorat de Saxe sont déjà préparés dans un grand mémoire auquel j'ay déja travaillé il y a quinze mois[1], mémoire qui a été remis au nom et par ordre du Roy votre père aux ministres de la cour de Versailles concernant les dédomagements prétendus par S. M. Polonoise comme Électeur de Saxe à la guerre présente. Ainsi lorsque des projets mieux formés, des mesures mieux prises et mieux exécutées de la part tant des ministres respectifs que des généraux de la grande alliance auront pu terminer heureusement la présente guerre en réduisant le roy de Prusse à la médiocrité primitive de sa

---

1. Voy. plus haut la lettre à M. de Brühl, du 6 octobre 1757.

maison, dédomagement tel qu'il est exposé dans le mémoire que j'ai cité à V. A. R., le degré de puissance de l'Électeur de Saxe seroit tel qu'on peut attacher à son électorat la dignité royale héréditaire et cet état en pouvoir et en considération seroit de nature à ne rien laisser à regretter au prince successeur en voyant passer la couronne élective de Pologne sur la tête d'un frère.

Si au contraire par un défaut de justesse dans le projet ou par un manque de vigueur dans l'exécution au lieu de forcer le roy de Prusse à recevoir les lois onéreuses d'une paix qu'il demanderoit, ce prince parvenoit à le faire sans être contraint de dédommager convenablement la Saxe des torts que luy a fait souffrir la présente guerre, je laisse à V. A. R. à prononcer s'il n'importe pas à la considération de la maison de Saxe de chercher à conserver pour l'aîné, en cette qualité dépositaire naturel de sa grandeur, le relief d'une couronne qui luy seroit dans cela d'autant plus précieux et même nécessaire que le patrimoine électoral auroit été plus obéré. Le parti que prendroit V. A. R. sur l'importante réflexion que je lui présente seroit dans ce malheur de solliciter elle-même en faveur de son aîné la réunion de tous les suffrages et de soutenir ses prétentions de ses conseils et de son épée. Il me semble que ce seroit la loy de l'honneur conséquemment la seule que consulteroit V. A. R. et la seule que j'oserois lui conseiller.

Il résulte de l'importante considération que je viens de mettre sous les yeux de V. A. R. combien de préférence à tout il est indispensable de profitter de votre séjour à cette cour-cy et de vos conférences avec M. le Dauphin pour tâcher de faire arretter un plan général et vigoureux d'opérations, au moyen duquel toutes les troupes alliées fassent un commun effort en même temps contre l'ennemi commun et cela au commencement de la campagne pour pouvoir suivre sans interruption les succès qu'il y a lieu de se promettre de cette résolution universelle. En convenant de la supériorité des talents militaires du roy de Prusse je regarde moins cette supériorité que les tiédeurs successives des Autrichiens, des Français, des Suédois et des Russes comme causes principales de la facilité avec laquelle ce prince a résisté jusqu'à présent et réparé ses pertes apres les échecs de Chotzemutz, d'Olmutz et d'Holenkonhen.

L'humiliation du roy de Prusse et le démembrement de sa puissance est donc la mesure des avantages au moyen desquels on pourra faire de l'électorat de Saxe un royaume héréditaire, conséquemment aussi la mesure des prétentions que V. A. R. pourra former alors sur la couronne de Pologne. Ainsy, Mgr., la base de votre grandeur personnelle dépend du succès de cette même guerre qui vous a déjà comblé de tant de gloire.

Dans la suposition également naturelle et favorable que nous la terminions l'année prochaine et que la paix se fasse avec la consommation du plan qui de l'Électeur de Saxe fasse un Roy des Saxons, V. A. R. n'étant plus arrettée alors par le scrupule de s'élever au détriment du chef de sa maison et n'ayant plus à surmonter que les obstacles où elle puisse faire usage de toutes les ressources d'une politique prudente sans avoir à se la reprocher, il convient d'examiner les moyens qui seroient le plus à propos de concerter avec la cour de France pour préparer dans l'avenir ou même mieux accélérer, dès la conclusion de la paix, du vivant et de l'agrément du roy votre père, votre élection au trône de Pologne.

L'arrangement au moyen duquel l'Électeur de Saxe seroit proclamé roi des Saxons et son frère puiné Roy de Pologne est conforme aux règles de la politique des principales cours de l'Europe (la Russie seule exceptée), et dans la persuasion intime où je suis que la France a entièrement renoncé au projet de mettre cette couronne sur la tête du prince de Conty ou de quelqu'autre de son sang, je suis non seulement persuadé que ce sera avec empressement qu'elle employera tout son crédit en Pologne pour porter les partisans qu'elle a dans ce royaume en votre faveur, mais même je pense encore que le sujet de votre élection doit assez attiré l'attention la plus particulière de son ministère dès qu'il se conduira par principes pour ne rien négliger de tout ce qui peut prouver l'heureuse issue de cette négociation, en un mot qu'il est aussi important pour la France que pour vous-même que ce soit vous qui montiez sur le trône de Pologne.

Les raisons sur lesquelles je fonde idée sont celles-cy.

L'influence de la cour de Russie dans le Nord et dans les affaires générales de l'Europe sont un objet réel de jalousie de la France. Il luy importe donc de mettre des bornes à cette influence et surtout de barrer ses alliances d'autant plus dangereuses que le Czar futur étant un prince de la maison de Holstein les possessions et les prétentions qu'il aura en Allemagne seront un motif de plus pour exciter la cour de Pétersbourg à chercher à donner la loy dans l'Empire.

Il importe peut-être à la France par la même raison de chercher à relever au moins jusqu'à un certain point l'autorité royale en Pologne et de tirer en général la nation polonoise de la sorte de léthargie dans laquelle elle est ensevelie, et cela pour avoir dans le Nord un allié qu'elle puisse opposer à la Russie et la retenir dans le désir qu'elle a et aura encore plus d'être à la tête des affaires en Allemagne où son influence, je le répète, seroit d'autant plus dangereuse que l'union de l'Angleterre avec la Russie est une union naturelle, que l'alliance actuelle de la Russie avec la France ne peut être regardée que comme accidentelle et passagère et que cette Russie si elle parvenoit à faire un usage convenable de toutes les forces dont elle dispose seroit de toutes les puissances la plus redoutable, ainsi qu'on a pu s'en convaincre par ce qui s'est passé sous le règne du czar Pierre-le-Grand.

V. A. R. en suivant le même principe de politique verra pourquoy la France portée par raison à travailler en faveur d'un prince puiné doit s'opposer à la réunion de cette couronne sur la tête de l'Électeur de Saxe puisqu'alors il y auroit de sa part de l'imprudence à relever la puissance d'un prince qui seroit plus à portée que qui que ce soit d'abuser s'il le jugeoit à propos de ce degré de pouvoir par l'influence naturelle que doit avoir dans le corps germanique un Électeur de Saxe, grand maréchal, vicaire né de l'Empire, directeur de la communion évangélique, etc., titres auxquels l'électeur Maurice et quelques autres de vos ancêtres ont joué un aussi grand rôle dans les affaires de l'Allemagne et titres auxquels tout Électeur de Saxe doit par la situation seule de ses états d'être un prince également considérable et considéré dès que ses états et ses finances seront administrés comme ils peuvent et doivent l'être.

Vous avez, Mgr, les motifs sur lesquels il me semble que la France doit souhaiter que le pouvoir du roy de Pologne et celui de l'Électeur de Saxe ne soient pas confondus dans la même personne
....

il paroit démontré que cette distinction de personnes en Pologne et en Saxe est essentielle à la conservation de la prédomination de la cour de Versailles dans les affaires de l'Europe. V. A. R. sent bien que ce ne seront pas là les raisons que les ministres françois exposeront à Mme la Dauphine, ils chercheront de se faire honneur de leur envie extrême de luy complaire dans la personne d'un frère aussi digne de sa prédilection, et ce sentiment est effectivement plus honnête dans leur bouche et plus flatteur peut-être pour Mme la Dauphine. Mais à vous parler comme je pense, il est beaucoup plus sûr pour les intérêts de V. A. R. que leur attachement porte sur des raisons que sur des condescendances; et il restera encore à l'amitié de Mme la Dauphine tant de soins à avoir pour faire agir ces mêmes ministres conformément aux vues qu'ils doivent avoir en votre faveur; elle sera si souvent dans le cas d'exciter leur lenteur et de ménager les différentes instructions qu'il faudra envoyer aux ambassadeurs de France en Pologne surtout et en Russie, et tous ces soins seront d'un si grand détail qu'elle pourra effectivement s'attribuer la gloire de votre établissement, et vous aurez la satisfaction de tenir d'elle votre bonheur, que j'ai cru essentiel de mettre sous les yeux de l'un et de l'autre les raisons systématiques sur lesquelles je pense que le ministère de cette cour doit se régler dans cette grande affaire. Toutes abstraites que soient ces idées, il est absolument essentiel que Mme la Dauphine ainsi que V. A. R. en soyez remplis soit pour faire ressouvenir ce même ministère avec prudence dans l'occasion soit pour luy faire pressentir avec ménagement combien vous seriez disposé à entrer dans leurs vues si vous étiez roy de Pologne seroit aussi naturel et aussi indispensable pour vos intérêts réciproques que l'a été depuis plus d'un siècle la bonne intelligence de cette même cour de France avec la Suède.

Après avoir entretenu V. A. R. des motifs solides qui peuvent la déterminer à donner toute sa confiance au ministre du Roy T. Ch. dans la poursuite du grand objet de la couronne de Pologne et luy avoir détaillé les grandes raisons qui doivent engager ce ministère à placer sur ce trône un prince qui puisse partager par une réciprocité naturelle des intérêts, il est temps de prévoir d'où naîtront les obstacles que vous aurez à surmonter, et comment avec le concours du ministre de France sous la médiation de Mme la Dauphine vous pourrez conduire votre plan à une heureuse fin.

Les obstacles qui s'opposent aux vues de V. A. R. luy seront suscités ou de la part de la Russie par un intérêt politique contraire à celuy de la France ou de cette même cour de Russie par un goût particulier pour un autre candidat ou peut-être de la part du Roy même (et je ne touche cette corde qu'avec la circonspection la plus respectueuse), par quelques motifs de préférence dont la tendresse de V. A. R. a quelquefois gémi, ou enfin par des insinuations intéressées d'un ministère qui pourroit bien n'être pas aussi sincèrement dévoué à V. A. R. ni même à Mgr. le prince Charles[1] qu'il vous en assure l'un et l'autre.

Je vais entrer dans le détail de chacun de ces écueils et examiner avec V. A. R. ce qu'il convient de faire pour les éviter. La Russie cherche à étendre son influence dans les affaires générales de l'Europe par la même raison que la France doit s'occuper de la restreindre, et la cour de Pétersbourg pour parvenir à ses vues doit ménager et entretenir les liaisons qu'elle a déjà en Allemagne en même temps que tenant ses voisins immédiats et surtout les Polonois dans une sorte de dépendance, rien ne l'empêche quand elle le jugera convenable pour ses intérêts, de porter ses armes jusques dans le cœur de l'Empire pour y appuyer les résolutions et les prétentions qui luy seront les plus avantageuses. Cette politique a été le nœud principal de la liaison qui a subsisté entre le feu

---

1. Charles-Christian de Saxe, qui fut duc de Courlande.

Roy, grand père de V. A. R., et le czar Pierre Ier. L'idée du czar étoit d'avoir un pied en Allemagne et il n'y a rien qu'il n'eût sacrifié pour se procurer une partie du Mecklembourg par une suite des mêmes principes à la vacance du trône de Pologne. Le Roy, père de V. A. R., n'a point trouvé d'allié plus chaud que la Russie pour y monter et s'y soutenir; et c'est tellement une affaire de sistème pour cette cour de réunir la puissance électorale à la dignité royale en Pologne que quoique cette résolution ne soit pas publique j'ose dire à V. A. R. que le party d'en assurer la possession primativement à tout autre en faveur de la maison de Saxe a été pris en forme par les membres du grand conseil dans un comité tenu exprès à cet effet par l'instigation du grand chancelier comte de Bestucheff.

Cet arrangement est si essentiel à la politique de la cour de Russie que ce seroit en vain que la France essayeroit de l'y faire renoncer par la voye ordinaire de négociation, et je crois qu'il n'y a ni raisonnement ni sophisme qui puisse jamais persuader le ministère russe de s'en désister. Quelle ressource reste-t-il donc à la France pour concilier à V. A. R. pour son élection le consentement de la Russie, consentement si important que si elle s'opiniatroit dans son refus ce seroit la source d'une guerre cruelle d'autant plus difficile à terminer en notre faveur que tous les secours que la France pourroit tirer du roy de Prusse contre la Russie avant le commencement de la guerre dans laquelle nous sommes engagés sont supposés nuls par la conclusion d'une paix où notre objet capital est d'affaiblir extrêmement la puissance prussienne.

Je pense donc, Mgr., que ce n'est point par les raisonnements et la persuasion qu'il faut que la France suive la négociation de votre élection à la cour de Russie; c'est uniquement pour cette cour-là de l'intrigue qu'il faut attendre le succès désiré; c'est à la vénalité des ministres russes qu'il faut sacrifier; c'est le goût de dissipation et du faste de la souveraine qu'il faut flatter et entretenir; c'est en un mot par l'argent répandu à propos et dans les coffres de la souveraine et donné aux ministres de cette cour vénale qu'il faut s'assurer de son consentement. Il n'est pas de cette puissancelà ainsi que des autres. L'autorité des politiques des souverains est telle en Russie que sa volonté expresse abroge toutes les lois et tous les principes, et V. A. R. sentira combien on peut facilement se rendre maître de cette volonté expresse du souverain quand on s'est soumis ses goûts en luy fournissant les sommes nécessaires pour les satisfaire. L'intérêt de ce qu'il en doit couter à la France pour cette négociation luy sera si bien payé par les avantages qu'elle doit se promettre de son alliance étroite avec le roy de Pologne futur qu'elle ne doit rien épargner pour acheter la coopération de la Russie aux vœux qu'elle se proposera pour V. A. R., et cette difficulté qui dans tout autre pays seroit peut-être insoluble est pour être traitée en Russie la moins embarrassante de celles que vous avez à résoudre.

Je passe au second motif qui pourroit engager la cour de Russie à refuser son suffrage à V. A. R. par un goût personnel pour un autre candidat qui seroit Mgr. le prince Charles votre frère, et cet obstacle est d'autant plus redoutable à mes yeux que peut-être dans ce cas V. A. R. auroit à travailler en même temps contre le fortune d'un frère qu'elle aime et contre le vœu d'un père à l'obéissance duquel elle ne balanceroit pas de sacrifier ses plus hautes espérances dès qu'elles ne pourroient être comblées que contre l'agrément de Sa Majesté.

Après y avoir très-sérieusement réfléchi, je ne vois, Mgr., qu'un seul moyen qui puisse être sûr et qui certainement seroit à tout égard la plus digne de V. A. R. pour sortir convenablement du labyrinthe où sans cela vous seriez embarassé et satisfaire également aux soins de votre fortune et aux devoirs de votre tendresse respectueuse et de votre soumission aux volontés du Roy votre père. Tout délicat que doive paroitre au premier coup d'œil ce que je vais vous proposer, je l'envisage cependant comme le ressort unique de la politique la plus fine et sur l'idée que je me forme de façon de sentir d'un cœur noble et généreux, j'oserois presque en garantir le succès s'il étoit bien ménagé.

Le moyen, Mgr., est de vous concerter en toute cette affaire avec Mgr. le prince Charles lui-même et de plus faire servir par cette confiance l'amitié fraternelle à vous concilier l'agrément du Roy votre père et même celui de la cour de Russie, pendant que V. A. R. lui ménageroit ici pour le présent par le canal de la France une confirmation plénière de son élection au duché de Courlande et que vous lui feriez envisager pour l'avenir, dans le démembrement de la Prusse ducale ou quelque autre province de Pologne quand vous en seriez maître, une fortune capable de satisfaire à son rang et à son ambition ; par cette conduite fraternelle vous parviendrez tous les deux à vous assurer conjointement contre les insinuations d'un tiers qui pourroit chercher à perdre l'un par l'autre et dès que vous serez bien unis pour vous servir mutuellement et vous procurer d'accord un établissement convenable, vous pouvez être assuré que personne ne pourra vous nuire ni troubler le succès que vous devez mutuellement vous procurer.

Il n'y a que vous seul, Mgr., qui puissiez juger des fonds de franchise de Mgr. votre frère pour décider du sort qu'auroit l'ouverture confidente que vous luy feriez à ce sujet ainsi que la fidélité avec laquelle les engagemens que vous prendriez avec luy seroient remplis. Avant tout il faudroit vous assurer l'un et l'autre du secret inviolable avec lequel vous vous conduirez réciproquement et jusqu'à la consommation du grand projet, se décider que vous ne traiteriez que de frère à frère par l'entremise de Mme la Dauphine.

Si l'idée que je viens de suggérer à V. A. R. lui paroissoit praticable et qu'elle prît la résolution de la suivre, je pense que le meilleur moyen de la mettre en exécution seroit à charger un homme de confiance éprouvée de la lettre que vous écririez à Mgr. votre frère, et l'homme que je crois capable d'assez de discrétion, de conduite et d'attachement pour remplir cette commission ce seroit M. le baron de Weihs[1]..
...... Le prétexte qui pourra donner lieu à l'envoy de M. de Weichs pourroit être de porter à S. M. des propositions pour joindre avec l'agrément du R. T. C. le corps de cavalerie saxonne

---

1. Ou Weichs.

qui est en Moravie à celui d'infanterie qui est déjà sous les ordres de V. A. R. Le temps qu'on prendroit à Varsovie pour se décider à ce sujet donneroit à Mgr. le prince Charles celui de se consulter sur la réponse dont il chargeroit le baron de Weichs pour V. A. R., et au cas qu'il refusât contre toute espérance, je présume du moins qu'il ne violeroit pas les lois de la confiance, et qu'ainsi cette démarche si elle réussisoit seroit un coup de partie pour tous les deux, en ne réussissant pas n'auroit aucune suite fâcheuse pour les intérêts de V. A. R.

C'est encore à elle seule qu'il appartiendroit de juger par le long temps que le baron de Weichs a été attaché à sa personne si elle ne pourroit pas lui confier ou en tout ou en partie son secret pour le mettre en état de travailler oralement avec Mgr. son frère, ce qui avanceroit sans doute beaucoup plus que toute correspondance les mesures que vous pourriez prendre conjointement pour le succès de vos communs intérêts.................... ..... Il seroit nécessaire que ce ministre-cy travaillât sincèrement à assurer et garantir à perpétuité l'élection de Mgr. le prince Charles au duché de Courlande en faisant cependant traîner cette négociation jusqu'au moment où, sûr de voir imposer silence à l'intérêt politique de la Russie par les moyens dont j'ai parlé plus haut, on peut compter que les ministres russes à Varsovie concourreroient avec ceux du Roy T. C. pour faire déclarer d'avance V. A. R. successeur au roy son père où par une abdication entière en faveur de la couronne héréditaire en Saxe, ou par une désignation provisoire arrêtée entre les ordres de l'État qu'il seroit alors facile de réunir dès que les deux couronnes de France et de Russie seroient d'accord. M. le duc de Courlande s'intéressant alors seulement pour V. A. R. et son amitié agissant sans voile auprès du Roy il lui demanderoit son agrément pour vous comme une grâce pour lui-même et S. M. céderoit d'autant plus volontiers à ses instances qu'il accorderoit en cela le sentiment le plus cher de son cœur et la justice qu'il doit à votre primogéniture. Ce grand événement étant préparé pour le moment de la paix générale supposée avant tout avantageuse à la Saxe ainsi qu'il est marqué plus haut, je ne vois pas ce qu'il pourroit alors retarder la consommation de votre élection. Toutes les puissances contractantes à la paix s'en rendent garantes.

M. le prince Charles se déclarant personnellement pour V. A. R. je ne vois plus d'obstacles à m'imaginer que de la part des intérêts personnels de M. le comte de Brühl, mais je pense que dans ce cas dont l'existence n'est supposée qu'à tout événement il seroit facile de se le concilier par les promesses les plus fortes de la confirmation de son état en Pologne et l'espoir des grâces pour ses enfants. Celui qui s'élève en France sous la protection de Mme la Dauphine sera à ce que je crois un instrument très propre alors à employer pour concilier le père de V. A. R. et l'opinion avantageuse qu'on peut avoir de sa conduite future par celle qu'il a eu cette campagne me feroit augurer qu'après avoir rempli avec fidélité vis à vis du premier ministre les instructions dont Mme la Dauphine le chargeroit, V. A. R. devenu roy de Pologne pourroit acquitter de préférence en sa personne les grâces promises au père pour ses enfants.

Telle est, Mgr., la marche sistématique que je crois pouvoir vous conduire au trône des Polonois et la seule que j'imagine que vous puissiez suivre sans blesser les droits et la grandeur de votre maison dans la personne de son aîné, sans intéresser l'amitié dans la personne de votre puîné et sans manquer au vœu indispensable de soumission que vous devez aux volontés du roy votre père. Indépendamment que cet arrangement, ainsi que je viens de l'exposer, fait du vivant du Roy avec l'agrément de S. M. accéléroit l'établissement de V. A. R., article très important pour elle, je pense encore qu'il seroit beaucoup plus sûr de réussir par cette voye d'abdication plénière telle qu'elle a été faite par le roy Casimir ou de désignation provisoire telle qu'elle se pratique pour le roy des Romains vis-à-vis de l'Empire que de remettre à l'avenir et jusqu'à la mort du Roy qui éloigne la consomation de ce projet.

Les raisons pour lesquelles je voudrois qu'on prît des mesures moins éloignées sont : 1° que l'amitié la plus étroite pouvant avec le temps se refroidir, M. le prince Charles, marié et père, pourroit peut-être (ce que je n'avance que comme possibilité) sacrifier à l'ambition les engagemens qu'il auroit pris avec V. A. R; 2° que l'impératrice de Russie venant à mourir le ministre de son successeur pourroit être à certains égards moins corruptible et qu'alors cet intérêt politique de la Russie expliqué cy-devant ne pouvant plus être assoupi à prix d'argent le concert des deux cours de Versailles et de Pétersbourg si nécessaire pour réunir les ordres de l'état de Pologne seroit naturellement rompu, et il ne faut pas perdre de vue qu'il a fallu un phénomène politique pour que l'alliance de la Russie et de la France fût menée jusqu'au point où elle est aujourd'huy; mais doit-elle être durable?

En récapitulant ce que j'ay détaillé à V. A. R. Mgr. voit qu'il y a trois chefs principaux auxquels j'estime qu'on puisse rapporter le grand succès auquel nous aspirons.

Le premier est la négociation de la France en Russie pour se concilier à prix d'argent le consentement de cette cour du vivant de l'impératrice Elisabeth, et c'est là où V. A. R. a grand besoin de tout le crédit de Mme la Dauphine non pas tant pour faire goûter aux ministres de cette cour la nécessité de prendre cette voye qu'ils jugeront sûrement d'eux-mêmes la seule bonne mais pour la tenter à temps, car soit impuissance de trouver les fonds faute de ressources, soit complaisance en abandonnant à d'autres usages ceux qui pourront être destinés pour la Russie en sentant la nécessité et l'avantage de cette dépense faite à propos on sera toujours porté à reculer.

Le second point essentiel est le concert projeté avec M. le prince Charles, article sur lequel la connoissance particulière que vous avez du caractère de ce prince peut seule décider V. A. R.

Le troisième article est le concours de la France pour faire assurer, confirmer et garantir l'élection de M. le prince Charles au duché de Courlande........

A l'égard de S. M. le Roy votre père et même de son ministre, il est important que les ministres de France à Varsovie ayent des instructions très fortes de ménager la délicatesse du maître et même par égard pour lui d'user de toute espèce de ménagement pour la personne du ministre qu'il honore de sa confiance dont on aura besoin dans le moment décisif pour ne pas laisser un prétexte dans la répugnance que le Roy auroit pour la personne des ministres contraires de se refuser à tout ce qui lui seroit demandé en faveur de l'élection de V. A. R. C'est encore dans cette circonstance délicate où Mme la Dauphine peut rendre de très-grands services à V. A. R. en ménageant les différentes instructions que le ministère de cette cour devroit faire passer à ses ministres à Varsovie. C'est plus par des égards pour les volontés du Roy que par des services réels qu'on le préparera à faire des sacrifices volontaires en votre faveur. Si l'on offensoit par des contradictions la majesté de son rang, V. A. R. scait comme moi combien il seroit alors difficile de le faire revenir, au lieu qu'en préparant de bonne heure sa bonté paternelle à l'effort qu'on luy demandera par les moyens décisifs, par le concours des ambassadeurs des principales puissances de l'Europe dont presque tous les souverains vous touchent de si près, il est à présumer que cette grande négociation pourra être terminée à la paix à l'avantage de la maison de Saxe....

Mais enfin si contre tous les calculs de la prudence humaine la paix par une suite de malheurs ou de fautes imprévues venoit à être conclue sans qu'on pût parvenir à l'exécution de tous ces points dont la base est l'agrandissement de la Saxe, et qu'alors la Russie gagnât sur la France de consentir à ce que le Prince Electoral succédât en même temps à la couronne de Pologne et à l'Electorat, V. A. R. privée de la perspective du trône n'auroit-elle point d'autre établissement solide à espérer de Mme la Dauphine par le concours de la cour de France.

Je pense, Mgr., avoir saisi les deux voyes d'établissement auxquels il seroit d'autant mieux de songer aujourd'huy que le succès provisoire bien loin de nuire aux vues de V. A. R. pour le royaume ne la mettroit que plus en état d'y aspirer, dans l'une et dans l'autre des vues que je vais vous proposer la France peut être du plus grand secours à V. A. R.

Par le premier de ces établissements V. A. R. auroit la souveraineté du duché de Luxembourg avec les baillages et dépendances qui y sont annexés, avec le duché de la Haute Gueldre tel que ce pays a été cédé par l'empereur Charles V au roy de Prusse, suivant la dénomination de ses dépendances exprimées aux articles VII et VIII du traité d'Utrecht et au VIII° du traité de Bavière : c'est-à-dire la ville, la préfecture, le haut et bas baillage de Gueldre, les villes, baillages et seigneuries de Straheln, Wachtendow et Midelaar et l'ammanie de Kachenbeck et le pays de Ressel, Erchelens réservé.

N. B. — Il est à observer que par les articles IV, V et VI du même traité d'Utrecht, l'Empereur en sa qualité de souverain des Pays-Bas cède à l'évêque de Ruremonde tous les droits de collations aux bénéfices, précaution qu'on crut nécessaire pour la sureté de la religion catholique dans un pays qui passoit sous la domination d'un prince protestant, mais dont il faudroit revenir si la Gueldre en passant sous la domination de V. A. R. rentroit sous la puissance d'un souverain catholique.

De plus tout ce qui est revenu au roy de Prusse de la succession de Nassau suivant l'énoncé qui en est fait aux articles V, VI et VII du traité de Berlin comprenant la principauté de Mœurs, le comté de Lingen, l'ammanie de Montfort, la seigneurie de la haute et basse Schwalwe, la seigneurie de Naahwick, Hoenderland, Waternigen, Orange-poelder et Graverand, le péage de Genop, la baronnie d'Herstral et la seigneurie de Thuruhoul, la réunion de de tous ces États sous le nom de duc souverain de Luxembourg et de Gueldre pourroit être faite par V. A. R et l'Empereur luy en donneroit l'investiture du consentement de l'Empire sous la garantie formelle de la France et de la Hollande avec l'accession des principales puissances de l'Europe, et la cession de la souveraine de Luxembourg pourroit être ménagée en faveur de votre mariage avec une archiduchesse d'Autriche. La cour de France pourroit être d'autant plus favorablement disposée à négocier cet établissement que, ne pouvant posséder par elle-même, l'importante forteresse de Luxembourg suivant les engagemens qu'elle a pris par l'article XIV du traité d'Utrecht et le X° du traité de garantie, il seroit de son intérêt de travailler à la faire passer entre les mains d'un prince qu'elle a tant d'espérance de s'attacher et elle pourroit par cette raison solliciter cet arrangement à la cour de Vienne comme un prix des nouveaux efforts qu'elle feroit la campagne prochaine pour aider l'Impératrice-Reine à reconquérir la Silésie, et il y a apparence qu'outre l'amitié particulière de leurs Majestés impériales pour V. A. R. ces propositions seroient d'autant mieux reçues à la cour de Vienne que cette cession devenant la dot d'une archiduchesse l'Impératrice en voyant passer le Luxembourg sous la domination de son gendre ne croiroit pas en quelque façon que cette souveraineté sortît des mains de la famille impériale.

A l'égard de la cession exigible de la part du roy de Prusse, tant de la Haute-Gueldre que de sa portion dans la succession de Nassau tout attaché que soit ce prince à l'indivisibilité de tout ce que sa maison a acquis en différents temps par différents moyens, il sera toujours plus facile de le faire renoncer à ses possessions éloignées du Rhin et de la Meuse qu'aux possessions centrales de Magdebourg et de Halberstad dont on s'est proposé de faire le principal dédommagement de la Saxe, et toute avantageuse que puisse paroître aujourd'huy la situation des affaires du roy de Prusse je suis convaincu que pour éloigner entièrement les Russes et avoir la paix s'il n'était question que de céder en faveur de V. A. R. les deux articles dont je viens de parler ce prince n'hésiteroit pas à faire ce sacrifice à sa propre tranquillité.

Un second établissement pour V. A. R. seroit la souveraineté de la principauté de Neufchâtel et du comté de Vallengin tel que ces deux états sont possédés aujourd'huy par le roy de Prusse et tel que la France l'en a reconnu souverain par les articles IX et X du traité d'Utrecht.

On pourroit joindre à ce domaine l'assurance du grand gouvernement des duchés de Lorraine et de Bar que la France par un article exprès du traité de Vienne s'est engagée à laisser réunir sans en rien démembrer qui peut être annexé à un autre gouvernement. Dans ce cas, la contiguité de la souveraineté de V. A. R. avec le grand gouvernement qui luy seroit accordé donneroit à l'un et à l'autre le plus grand relief et de plus il est à observer que la mort prochaine du roy Stanislas avanceroit incessamment une jouissance qui peut devenir essentielle et même nécessaire à

V. A. R. et qui, à tous égards, rendroit ses finances particulières moins précaires.

Ce grand projet qui peut paroître au premier coup d'œil moins brillant seroit cependant avantageux pour les suites en ce qu'il approcheroit V. A. R. de l'Italie où les circonstances futures pourroient donner des facilités pour y faire à V. A. R. un état indépendant. Dans le cas de ce second établissement il seroit important pour vos intérêts de rechercher de préférence à une archiduchesse une dame de France : 1° parce que le Roy T. C. feroit à son gendre en luy donnant le gouvernement de Lorraine un état à tous égards supérieur à celuy qu'en pourroit espérer V. A. R. sans ce nouveau lien; 2° parce que si dans les suites il étoit question d'une souveraineté en Italie ce seroit principalement de la maison de Bourbon que vous pourriez l'attendre et ainsi ce seroit de préférence à cette maison qu'il faudroit s'allier; 3° c'est que les principales difficultés politiques qu'on rencontreroit en cherchant à vous ménager la souveraineté de Neufchâtel et de Vallengin devant venir de la part des Suisses intéressés à ne point laisser passer ces états sous la domination d'un prince catholique, les habitans leur étant attachés depuis longtemps par le droit de combourgeoisie, ce ne pourroit être que par le concours de la France que l'on pourroit y faire consentir les cantons et surtout celuy de Berne, et peut-être que cette négociation avec les Suisses bien ménagée auroit encore pour la France et pour la Saxe les suites les plus avantageuses en empruntant du trésor de Berne les sommes toujours nécessaires soit à la paix pour mettre la Saxe en état de se réparer, soit pendant la guerre pour pouvoir la continuer avec plus de vigueur et conséquemment plus glorieusement. J'ai craint pendant un temps que Mme la marquise n'aspirât pour elle-même à la souveraineté de Neufchâtel, mais en faisant réflexion que cette dame est sans postérité je ne puis me persuader ou qu'elle y pense sérieusement où qu'on ne pût pas, au cas où cela fût, l'en écarter ou l'emporter sur elle dès qu'il sera question de V. A. R.

Je ne vous parleray ni de l'expectative sur les duchés de Parme et de Plaisance par l'élévation de l'Infant au trône des Deux-Siciles, ni d'une cession du grand duché de Toscane à ménager avec l'empereur. L'une et l'autre de ces vues éloignées étant sujettes aux discussions les plus délicates : le duché de Parme parce que cet article intéresse toute la branche espagnole de la maison de Bourbon et surtout le roy et la reine de Sicile sœur de V. A. R. ainsi que l'état des princes ses enfans vos neveux; la Toscane par les embarras de la succession éventuelle de la Toscane accordée à tous les princes de la maison de Lorraine et de Bar dans le cas d'extinction dans la ligne directe dont S. M. I. est le chef. Cette succession éventuelle de la maison de Lorraine au grand duché de Toscane est exprimée dans l'article VII du traité de Vienne et il y a eu en conformité de ce droit deux diplômes, un du roy d'Espagne du 2 novembre 1736, l'autre du roy des Deux-Siciles du 1er may 1736.

Ainsy, Mgr., je me borneray aux deux projets d'établissement que j'ai esquissés pour V. A. R. Je ne me flatte pas sans doute d'avoir pu ramasser en aussi peu de temps toutes les connoissances qu'il faudroit avoir pour traiter d'aussi grands intérêts. Mon zèle est comblé dans ce moment si j'en ai dit assez pour fixer les vues de V. A. R. et si j'ai été assez heureux pour jetter quelques lumières dans les routes que l'amitié de Mme la Dauphine se propose de suivre pour votre établissement.

MARTANGE A Mme DE MARTANGE [1]
(Fragment).

[*Sans date, 7 juin 1760*]. — Je ne te dissimule pas, ma chère amie, que ce ne soit la chose du monde la plus satisfaisante pour mon amour-propre, que réformé comme capitaine en 49, on me fasse maréchal de camp en 60 ; c'est même une fortune dont il y a peu d'exemples[2]. Mais malgré toutte la satisfaction intérieure que

---

1. Orig. Arch. de Honfleur. — Le premier feuillet manque. Martange sollicitait le grade de maréchal de camp et il avait mis sa femme au courant de ses démarches. Voy. sa lettre au duc de Choiseul du 23 juin 1760.

2. Capitaine au régiment allemand de la Dauphine (infanterie) et réformé comme Français le 19 janvier 1749, Martange avait été autorisé, la même année, à passer au service de l'Electeur de Saxe. Il était colonel en 1758,

j'en ressens d'avance, ne crois pas que cela me fasse oublier mes amis essentiels, pas même mon plan de vie tranquille que je me suis fait et je t'ai communiqué tant de fois ; comme cette grâce au contraire concourt à consolider ce plan en me fournissant l'occasion de demeurer agréablement dans ma patrie et de sortir honnêtement du service de Saxe et de la galère où je suis, je ne puis que désirer ardemment qu'il ait lieu ; mais ce n'est pas le terme de mes désirs et celui-là n'est que sur la route.

Je ne scais d'où ta mère a pu en être informée ni ce qu'elle te rabache que je n'ai point vu ton frère à Francfort ; elle a une furieuse démangeaison de se mêler de ce qui ne la regarde point ; sans doutte qu'elle s'imagine par là que je vais me retrouver à portée de reparler de ses affaires au comte de Brühl. Je jure mon honneur qu'il n'en sera rien et que pour tout au monde je ne ferai pas la moitié d'une démarche pour cela. Si elle t'en écrit, tu peux lui répondre en conséquence en me faisant l'envoy de sa lettre. Cela ne m'empêche pas d'être plein pour elle de respect ; mais il y a deux petittes clauses à notre union pour la vie, c'est qu'elle ne se mêlera point de mes affaires et que je ne me mêlerai pas des siennes. Si je m'en écartois, je la connois assés pour être sûr qu'elle me plaideroit avant la fin de l'année. Et sur ce qu'elle te gronde d'être venue à Aix, je voudrois bien scavoir quel diable cela lui fait. Oh, tu feras très-bien de lui répondre respectueusement mais séchement sur cet article. Dans notre ménage point d'autre volonté que la tienne et la mienne, comme personne ne donne rien personne n'est en droit de nous rien commander.

Et pour M. le comte de G.. et ce qu'il peut trouver mal que tu ailles dans son voisinage, je te prie de t'en embarasser fort peu. Je ne crois pas qu'il osât te manquer, mais si cela lui arrivoit je l'en punirois de façon qu'il serviroit d'exemple aux autres ; dans l'occasion tu pourrois y engager ma parole, bien sûr que je la dégagerois solennellement, de la bonne façon.

général-major en 1761 ; mais il ne reçut le brevet de maréchal de camp au service de France que le 1ᵉʳ avril 1762. On voit qu'il devait encore attendre deux années la grande joie intérieure dont il parle.

Je te ferai demain le beau présent que tu me demandes pour remplacer le petit sachet verd ; je voudrois te remettre le bernardin en entier jusqu'à ce que je puisse te retrouver car je n'en ai besoin qu'avec toy et ne m'en soucie que pour t'en faire hommage, voilà ce dont tu peux être très-sûre. Il m'arrive cependant, par cy par là, d'en user pour écrire à Aix et la lettre reste dans mes draps ; mais d'ailleurs il ne m'est bon à rien jusqu'à ce que je puisse parader pour Antonia.

Je me fais une vraye fête de revoir ma petitte Minette grandie et raisonable ; baise-la bien pour moy, je te prie, si à tous les instans de ma vie où on ne me force à songer à autre chose on me demandoit à quoy je pense je répondrois toujours, avec vérité, à la mère et à la fille.

Bratkowski[1] me charge de ses respects pour sa maman et de ses respects pour sa petitte femme ; il se prépare demain d'aller à deux lieux d'icy lui faire une infidélité chez des demoiselles fort honnêtes et bien élevées, mais ce ne sera qu'une infidélité de désirs et il ne faut pas élever ta fille à y regarder de si près. Tous les maris ne doivent pas être aussi scrupuleux que le tien, car il est vrai que pour moy je n'en ai pas même un seul à me reprocher.

Bonsoir, ma chère amie, je vais au lit avec ton image dans mon cœur, je la caresserai jusqu'au someil et ce sera la première que je retrouverai en me réveillant ; j'attendrai l'heure de la poste pour fermer ma lettre. Bonsoir.

Le 8 juin, à 10 heures du matin.

J'ai dormi jusqu'à huit heures, ma chère amie, d'un someil doux et tranquille qui n'a été interrompu un seul instant que par le départ de M. de Bratkowski qui allait passer la journée à Rosenfols chez une Mme de Luckner qui a deux filles fort jeunes et, à ce que dit mon gendre, fort aimables. On lui a envoié une petite cocarde grande comme le petit doigt enveloppée dans une cinquantaine de

---

1. Aide de camp du prince Xavier de Saxe.

papiers différens, et cela doit être fort plaisant. *O Tudesqui, Tudesqui! povera gente quando savai longé dá voi!*

LE COMTE DE BRÜHL[1] A MARTANGE[2]

Varsovie, ce 14 juin 1760. — J'aime certainement mieux votre langage de franchise que tout autre : *propria confessio est optima correctio*. Il me seroit facile de vous prouver que vous avés été une maîtresse légère qui n'a pas marqué beaucoup de retour pour un amant qui l'avoit méritté de toutte façon. Mais, baste, j'accepte les assurances du nouveau général puisque je scais que vous ne retournerés jamais d'être colonel. Je suis l'homme le plus facile au monde d'oublier le passé, et comme je ne doute pas que votre nouvel engagement soit très-sincère je vous proteste amitié pour amitié. La mienne n'est jamais équivoque, elle est toujours constante. Je ne suis jamais p..... mais fermé dans mes sentiments quand je les ai voués. Soyés un ami, mon cher général, sur le même pied vous trouverés que je suis avec cordialité et une considération très distinguée, M., votre très humble et très obéissant serviteur.

Ch. de Brühl.

J'ai porté au Roy votre plus respectueuse reconnaissance et S. M. l'a très bien agréée.

MARTANGE AU GÉNÉRAL DE FONTENAY[3]

Au camp d'Obermoss, ce 20 juin 1760. — Voicy, très-cher général, le projet de M. le comte de Broglie à découvert. En paraissant nous déterminer avec la réserve de droitte sur Fulda, il n'a eu envie de nous tenir dans cette position qu'autant qu'il luy falloit de temps pour ramasser le reste des subsistances qu'il atten-

---

1. Premier ministre du roi de Pologne.
2. Arch. de Honfleur.
3. Arch. de Honfleur.

doit du haut Mayn, soutenir le derrière de ses débouchés et s'en procurer un brillant sur l'ennemy. Toutte l'armée du Roy est en pleine marche aujourd'huy sur la direction de Lich, et demain tous nos établissements seront ainsy que Giessen derrière nous, au moins l'imaginai-je sur notre marche d'aujourd'huy qui nous a porté sur Obermoss et Crainfedt et demain aux sources de l'Ohm du côté de Feldgröchau [1]. J'ai tort pourtant, par réflexion, de dire que Giessen sera derrière nous, mais nous le soutiendrons de si près que ce n'est qu'en nous marchant sur le ventre que l'ennemi pourroit s'en approcher. Le mouvement est superbe, et pour peu que M. de Saint-Germain [2] marche et travaille de son côté comme certainement il le fera je ne doute pas que le début de cette compagne ne soit encore plus brillant que celui de la dernière. Nous allons véritablement soutenir M. le maréchal et nous tenir à une journée de luy pour le joindre entièrement et nous coudre à sa droitte au cas que l'ennemi luy présentât bataille pendant l'opération du siège de Dillenbourg qui, j'imagine, doit commencer la campagne [3].

Dans le moment, mon cher général, je reçois votre lettre et celle de M. le duc de Choiseul un sujet de refus de M. le maréchal de Bellisle [4]. Je n'ai, et je vous le déclare formellement plus cœur à

---

1. Voy. *Les guerres sous Louis XV* par le comte Pajol, tome V, p. 45.
2. Le comte de Saint-Germain, lieutenant-général des armées. Servit d'abord en Bavière; colonel en 1747 d'un régiment d'infanterie allemande de son nom au service de France; réformé en 1760; maréchal de camp en 1746; ministre de la guerre d'octobre 1775 au 27 septembre 1777. Durant son ministère le comte de Saint-Germain tenta d'appliquer aux troupes les rigueurs de la discipline allemande. On dit plaisamment à ce sujet que le militaire voyait *M. de Saint-Germain en laid.*
3. Dillenburg, bloqué depuis le 27 juin, se rendit le 15 juillet 1760 après un incendie considérable causé par les bombes.
4. Une lettre de M. de Crémilles au comte de Noailles, datée du 17 juin 1760, fait connaitre que Martange sollicitait le grade de maréchal de camp. Mais il avait paru que « les services de cet officier en pays étranger en qualité de capitaine ou tout au plus de colonel ne pouvoient permettre de l'assimiler au service que font nos maréchaux de camp à l'armée. C'est ainsy je crois qu'il (le maréchal de Bellisle) s'en est expliqué à Mme la Dauphine. ».
Martange fut nommé maréchal de camp au service de France le 1er avril 1762.

rien ; je renonce à tout et après avoir rendu aux autres je me rends à moi-même. Je suis bien éloigné de me plaindre de personne et en renonçant à la fortune et même à la protection je me réserve la reconnaissance que je conserverai toujours du bien qu'on a voulu me faire. Je ne supporterai point d'humiliation je vous l'ai dit et il semble dans cette circonstance qu'on ne me distingue que pour être humilié. L'année dernière M. de Bruggen[1] fut fait général-major en may et receut le brevet de maréchal de camp en juin ; il est payé depuis juillet. On m'envoye la patente de général-major comme a lui et on trouve des prétextes contre moi seul. Est-ce parce que j'ai toujours servi avec plus de distinction que je dois être distingué par le refus des grâces ? Est-ce parce que je suis françois ? Pourquoy donc ? Eh bien, Monsieur, je n'ai point remis au lendemain pour me sacrifier et je n'attendrai point au lendemain pour recevoir les honneurs que j'ai dû recevoir la veille. Si dès aujourd'huy je ne quitte pas tout, ce n'est plus que parce qu'il y a des coups de fusil. On les tirera. J'y serai. Je remets à S. A. R. la démission de mes emplois et de mes pensions en Saxe[2], et je tâcherai de me suffire, à moy-même sans avoir plus rien à faire avec les favoris. L'estime que j'ai pour moi-même me suffit. Je ne suis plus en état de rien. Que l'on satisfasse les courtisans avec des promesses, c'est bien pour eux, mais qu'on ne fasse pas réellement pour moy sur le champ ce qui n'a pas souffert une minute de retard pour un autre ! Qu'on me mette au-dessous de mon camarade et qu'on m'expose dans les deux corps à être, comme l'année dernière, un objet de mépris par ma nullité, je ne le ferois pas pour cent mille écus de rente. Je ne vous l'ai pas promis[3], j'en suis au désespoir pour une seule raison mais telle forte qu'elle soit je la surmontrai comme les autres[4].

1. M. de Brugen, maréchal de camp le 1er juillet 1759.
2. Voy. les deux lettres qui suivent.
3. La fin est assez obscure, nous la reproduisons d'après la minute autographe où il semble manquer quelque chose.
4. Par une lettre du 29 juin 1760, le général de Fontenay écrivait au prince Xavier : « Une lettre du vicomte, du 20 du courant, me consterne à un point que je ne puis exprimer à V. A. R. La sœur par excellence n'y est pas

MARTANGE AU PRINCE XAVIER DE SAXE[1].

Au camp d'Obermoss, ce 20 juin [1760]. — Mgr. Pénétré des grâces que S. M. le Roi votre père a daigné répandre sur moy, je ne puis mieux illustrer ma reconnoissance qu'en suppliant V. A. R. de vouloir bien la porter elle-même aux pieds du Roy avec la plus humble et la plus respectueuse démission des emplois, charges et pensions qu'il avoit bien voulu me conférer. En m'arrachant, Mgr., aussi service d'un aussi généreux maître et à celuy surtout de la personne de V. A. R. le cœur me saigne, mais le premier des devoirs est l'honneur qui m'oblige à renoncer à ce qu'au lieu de faire ma gloire tourneroit à mon humiliation. Je suis avec le plus profond respect, etc.

LE PRINCE XAVIER DE SAXE AU GÉNÉRAL DE FONTENAY[2]

Au camp de Miclau, ce 23 juin 1760. — Je vous accuse, mon cher général, la réception de vos lettres des 1, 3, 6, 12 et 15 du courant, et vous remercie de touttes les peines que mes commissions vous ont occasionnées. Le refus que fait M. le maréchal de Bellisle d'accorder le brevet de maréchal-de-camp au général de Martange et la résolution inébranlable qu'il a pris sur ce refus sont les seuls motifs qui me déterminent à vous envoyer un courier pour tâcher par un dernier effort de faire revenir M. le maréchal de Bellisle du parti qu'il a pris dans cette occasion. Vous connoissés trop l'attachement et le zèle de Martange pour ma personne, et celui dont il a donné des preuves pour le service du Roy mon père,

---

moins sensible et Mgr. le Dauphin n'approuve en nulle façon le parti que le vicomte veut prendre et en est d'autant plus fâché que, lui voulant du bien, il est avec raison fermement persuadé qu'il s'en repentira avant qu'il soit peu. » Arch. de l'Aube.
1. Arch. de Honfleur.
2. Arch. de l'Aube.

pour ne pas sentir combien je serois touché de le perdre et combien il m'en couteroit de le voir renoncer à tout et se priver de tout quand il a tout fait pour moy[1]. J'ai cru en le mettant vis-à-vis du comte de Broglie que celui-ci trouveroit des raisons pour combattre l'idée où il est que le refus du maréchal de Bellisle le déshonore et l'humilie mais je vous avoue, mon cher général, que les motifs de son inflexibilité ont également frappé le comte de Broglie comme moy, et après nous avoir répondu à l'un et à l'autre que puisque la crainte même de faire quelque peine à Mme la Dauphine ne pouvoit pas lui faire digérer ce mépris, il ne pouvoit y avoir aucune considération qui lui fasse changer sa résolution. Il ne m'a point communiqué la lettre qu'il vous a écritte du camp d'Obermoos, et ce n'est que devant le comte de Broglie qu'il me la montra, en ajoutant que la démission de ses employs en Saxe étoit également écritte pour moy et que la seule apparence d'une affaire prochaine l'avoit retenu de quitter dès le lendemain. Il est outré de désespoir et rien ne peut le faire changer, tout ce que nous avons gagné c'est d'attendre le retour du courier que je vous expédie. Le comte de Broglie m'a donné une lettre à cachet volant pour M. le duc de Choiseul que je vous prie de faire voir à Mme la Dauphine avant que de la remettre au ministre. Je vous envoye aussi *sub volante* celles que j'ai faittes pour le même sujet à MM. de Bellisle, de Choiseul et de Noailles. Je crois ne pouvoir réunir trop de moyens pour n'avoir rien à me reprocher avant de renoncer à un bon serviteur; il écrit aussi à M. le duc de Choiseul[2] et au comte de Noailles qui a de l'amitié pour lui[3]. Je vous prie, mon

---

1. Dans une lettre du 30 septembre 1760 adressée au même général, le prince Xavier de Saxe disait : « Je connois fort bien la vivacité du vicomte et ses discours un peu libres. Je lui en ai parlé bien souvent mais il m'a dit qu'il aime à dire la vérité et qu'il l'a dit exprès pour qu'elle soit rapportée au César. Vous le connaissés, ainsi vous pensés qu'il ne faut pas aller contre son opiniatreté..... Je gagnerai beaucoup si je peux le rendre plus circonspect dans ses discours. » Arch. de l'Aube.

2. Voy. la lettre qui suit.

3. Le comte de Noailles, brigadier d'infanterie en 1743 et maréchal de camp en 1744, était lieutenant-général des armées depuis 1748.

cher général, de consulter pour le succès de la négociation dont je vous charge l'adorable avocate[1] et le négociateur par excellence Mr. le duc de Choiseul avant que de rien entamer. Je vous renvoye au pauvre général *in petto* pour les nouvelles militaires. Je suis, etc.

P. S. Du camp de Willingshausen, 28 juin 1760. — Mes lettres seroient parties depuis deux jours mais les occupations plus pressées que j'ai eues m'ont empêché de les expédier et Martange m'a prié lui-même de remettre l'expédition. J'ai eu le malheur de perdre, le 24, un excellent serviteur, le lieutenant-colonel Accarymon, aide-de-camp général, qui a été assassiné par des chasseurs ennemis en allant sommer par mon ordre le commandant d'Homburg.

MARTANGE AU DUC DE CHOISEUL-PRASLIN [2]

A M. le duc de Choiseul. — *Au camp de Mirlau, ce 23 juin 1760.* — Mgr. Également sensible aux bontés de V. Ex. et à la dureté de M. le maréchal de Bellisle, mon cœur est partagé entre la reconnaissance et la douleur. Il est trop humiliant que ce qui n'a rencontré aucun obstacle quand il a été question d'un autre que moy soit sujet dès que cela me regarde à des difficultés contre lesquelles la plus puissante protection doive échouer. J'étois, à la vérité, il y a douze ans, capitaine d'infanterie au régiment de Mme la Dauphine et j'eusse été comblé d'honneur de passer toutte ma vie en cette qualité ; je regardois la réforme qui me privoit de ma place comme le coup le plus accablant que je pusse éprouver. Dix ans de travaux, des circonstances et des événemens plus favorables encor à mon zèle qu'à mon ambition ont avancé ma fortune

---

1. Mme la Dauphine.
2. Orig. Affaires Étr., Pologne, 265, fol. 333. La minute de cette lettre se trouve aux arch. de Honfleur.
Martange demande des lettres de service et propose qu'il ne lui soit point assigné de traitement. S'il est refusé, il remettra ses emplois. Voy. la réponse du ministre à la date du 23 juillet 1730.

dans le service de Saxe. Quel Français pourroit être assés injuste pour m'envier le fruit de mon malheur, et qui donc voudroit être réformé pour courir les risques de la même carrière? L'honneur d'être né sujet du Roy doit-il me priver de ce qu'on a accordé à M. de Bruggen au même titre que celui que je produis? Je ne puis, Mgr., que me taire et respecter la décision de M. le maréchal de Bellisle, mais humilié par elle et dans l'armée du Roy et dans le corps saxon, je sens que je n'ai d'autre parti à prendre que de remettre entre les mains de M. le comte de Lusace la démission de tous mes emplois, et d'aller m'ensevelir dans l'obscurité à laquelle il plaît à M. le maréchal de me condamner.

Attaché à la personne de M. le prince Xavier, aimant mes devoirs, adorant mon métier, je suis forcé au commencement d'une campagne dont j'ai la plus haute opinion de renoncer au fruit du peu de bien que j'ai fait et de perdre l'espoir d'en faire davantage. M. le comte de Lusace m'ordonne d'attendre jusqu'au retour de son courrier pour exécuter la triste résolution qu'on me contraint de prendre, j'emporterai du moins la satisfaction de la démarche extraordinaire qu'il veut bien faire en ma faveur[1]. Si la raison d'épargne et d'économie étoit celle qui motivât le refus de M. le maréchal, il seroit aisé de la lever en ne m'assignant aucune sorte de traitement; je ne serai point deshonoré d'être pauvre et mal à mon aise, j'ai sur cela depuis longtemps toutte honte bue, mais je rougirois de honte d'être jugé incapable de servir quand mes camarades aux mêmes titres que moy sont emploiés. Pardonnés, Mgr., à ma confiance dans vos bontés que je vous entretienne de l'amertume dont je suis pénétré[2]. Je suis avec le plus profond respect, etc. — DE MARTANGE.

---

1. Voy. la lettre qui suit.
2. Martange sollicitait de rentrer au service de France en qualité de maréchal de camp, sa demande avait excité le mécontentement de tous les brigadiers d'infanterie.

On lit dans une lettre du général de Fontenay, en date du 4 septembre 1760 : « Mardi, le duc de Choiseul me parla de lui-même du vicomte [de Martange] et il me dit que l'on écrivoit de l'armée qu'il étoit fort utile à V. A. R. qui faisoit cas de ses avis. » — « Mais, ajouta-t-il, où a-t-il appris la guerre? » — « Je

LE COMTE DE LUSACE AU DUC DE CHOISEUL-PRASLIN [1]

Du camp d'Erbenhausen, ce **27 *juin* 1760.** — Je rends mille grâces à votre amitié, M. le duc, des démarches que vous avés bien voulu faire pour déterminer M. le maréchal de Bellisle à employer le général-major de Martange en qualité de maréchal de camp. Le refus de ce ministre et les raisons qu'il a allégués à Mme la Dauphine pour le motiver ont paru à M. de Martange tout ce qu'il pouvoit essuier de plus humiliant : persuadé que M. le maréchal de Bellisle, en ne faisant pas pour lui ce qui a été fait l'année dernière pour le général-major de Bruggen [2], le deshonnoroit également vis à vis des deux nations, il croit devoir prendre le parti de renoncer à tout, et ce n'est que jusqu'au retour de mon courier qu'il a remis à exécuter sa résolution, si M. le maréchal restoit inexorable. J'ai encore recours à votre amitié, M. le Duc, pour essaier une nouvelle instance en sa faveur ; je serois également fâché de le perdre et de le voir malheureux. Si les raisons d'épargne étoient les seules qui empêchassent le maréchal de Bellisle de l'employer ainsi que je l'ai demandé, M. de Martange m'a assuré qu'il renonceroit volontiers à tout traitement et qu'il fera de son mieux pour s'en passer, mais il dit qu'il est impossible de rester avec honneur à une armée ou dans aucun grade on n'a daigné faire usage de lui. Comme c'est, je vous prie, M. le Duc, une affaire que vous avés eu vous-même la

---

lui répondis qu'il avoit fait touttes les campagnes où le comte de Saxe avoit commandé en Flandres. » — « Oui, répliqua-t-il, comme lieutenant ou capitaine. » — « Je lui dis qu'il avoit servi d'aide-de-camp au maréchal de Löwendal et qu'un aide-de-camp d'un bon général qui avoit l'esprit ouvert, la vue bonne, de l'application à son métier et un désir ardent de s'y consacrer apprenoit plus sous lui dans une campagne que quantité d'officiers en douze et que je ne le lui avois pas surfait quand j'avois avancé que c'étoit un sujet. Je l'ai vu rêver et il a laissé tomber la conversation sur cet article. Je soupçonne qu'on lui a écrit du bien du vicomte et que ce pourroit être son frère. » Arch. de l'Aube.

1. Aff. Étr. Pologne, 265, fol. 336.
2. Maréchal de camp à la date du 1er juillet 1759.

bonté de commencer, puisque M. de Martange ne seroit employé comme maréchal de camp que parce qu'il est général-major saxon, il me semble qu'il n'y a aucune raison qui puisse faire du brevet qui lui seroit accordé un objet de jalousie et de dégoût pour MM. les brigadiers françois qui n'ont pas le même titre d'officier général étranger à faire valoir.

J'ai l'honneur, etc. — LE COMTE DE LUSACE.

LE DUC DE CHOISEUL-PRASLIN A MARTANGE [1]

Versailles, le 23 juillet 1760[2]. — J'ay recu, M., la lettre que vous m'avès fait l'honneur de m'écrire, le 23 du mois passé, sur la grâce que vous avés demandée. Quelques efforts que j'aie employés pour l'obtenir ils ont été inutiles ; et c'est avec une vraye peine que je vous l'annonce. Je sens toutte celle que vous aurés vous-même, mais je vous conseille de ne vous pas décourager et de ne faire aucune démarche qui puisse rendre le mal sans remède ; l'espérance de surmonter l'hyver prochain les obstacles de ce moment-cy doit vous soutenir. Je concourerai avec plaisir à tâcher de la réaliser et vous ne pouvés être trop persuadé des sentiments avec lesquels, etc.

MARTANGE AU PRINCE XAVIER DE SAXE [3]

A Paris, ce 1er janvier 1761. — Je revenois lundy au soir avec M. de Fontenay de faire ma cour pour la première fois à Mme la Dauphine n'étant arrivé à Paris que la veille, quand nous rencontrâmes Hermann qui me remit les dépêches dont V. A. R. l'avoit chargé pour moy et à Mr. de Fontenay les paquets que Mr. de Bratkowski avoit apportés de Varsovie. Nous envoiâmes le même

---

1. Aff. Étr. Pologne 265, fol. 347. Sa demande est refusée ; il l'obtiendra peut-être l'hiver prochain.
2. A la même date, le duc de Praslin exprimait les mêmes regrets au prince Xavier qui lui avait recommandé de Martange. Aff. Étr. Pologne, 265, fol. 346.
3. Orig. Arch. de l'Aube.

soir à Madame la Dauphine ce qui étoit à son adresse et en m'acquittant des excuses dont V. A. R. me chargeoit sur la longueur de son silence, je lui annonçai que le départ d'Eysenach pour venir à Versailles n'étoit différé qu'immédiatement après le retour du courier qui venoit d'arriver. Je venois d'entendre parler Mme la Dauphine avec trop d'impatience de son désir de revoir V. A. R. pour perdre un seul instant à exécuter les ordres dont vous me chargiés, et je n'ai pas même été aujourd'hui à Versailles pour éviter le reproche d'avoir différé d'un jour le moment dont la sœur par excellence se fait d'avance autant de plaisir. Ainsy, Mgr., j'ai passé les deux derniers jours de l'année dernière et les commencements de celle-cy à rédiger le cahier d'observations sur le mémoire qui vous a été envoié par Mr. le comte de Brühl. Je n'ai eu pour le fonds qu'à suivre vos idées et ce que j'y ai ajouté des miennes est une répétition des conversations que nous avons eües souvent ensemble sur ce sujet. Je ne puis pas assurer que les événemens soient absolument conformes au jugement que j'en porte, mais en y mettant toutte la réflexion dont je suis capable, il me semble que ce que je dis est ou doit être la vérité ; et que c'est d'après ces idées qu'il convient aux interests du Roy votre père qu'on se conduise. En joignant ces mémoires aux lettres de V. A. R. à Sa Majesté et à Mr. le comte de Brühl avec le plan projetté de la nouvelle augmentation dans l'infanterie et de la remonte de quatre escadrons le Roy pourra saisir d'un coup d'œil tout ce qu'il peut attendre d'avantageux pour le moment présent et pour la campagne prochaine, au cas que la paix ne se fasse pas pendant cet hiver.

J'ai été mortifflié des soupçons que j'ai vus dans la lettre de V. A. R. au sujet d'un manque d'amitié de MM^{rs} de Broglie. Je ne porte point de jugement jusqu'à ce que j'aie entendu les confidences que V. A. R. me promet à ce sujet ; tout ce que je puis lui dire c'est qu'il ne paroit pas douteux que le commandement de l'armée va repasser entre les mains de Mr. le maréchal de Soubise auquel on donne pour lieutenant-général Mr. de Chevert et pour maréchal-général-des-logis M^r. le comte de Maillebois.

Il y a des bruits sourds que M. le duc de Choiseul va devenir principal ministre, que Mr. le maréchal de Bellisle quittera la guerre et que Mr. de Crémilles le remplacera; que M. Berryer deviendra garde des sceaux; le chevalier de Mirabeau ministre de la marine, et Mr. de Chauvelin, ambassadeur à Turin, ministre des affaires étrangères : voilà de grands changemens mais rien de tout cela n'est encore fait.

La retraite de Mr. de Saint-Germain fait beaucoup de bruit; V. A. R. est sans doutte informée qu'il a remis ses pensions et renvoyé le cordon rouge : on ajoutoit qu'il passoit au service du Dannemarck mais jusqu'à présent le ministre de Dannemarck persiste à dire n'en avoir aucune connoissance et pour moy je crois que cette dernière partie de l'histoire de Mr. de Saint-Germain n'est pas fondée, et qu'il se retire tout simplement en Hollande. Quoiqu'il en soit, le Roy a été trés piqué du renvoy du cordon et de la remise des pensions qui alloient à 102 mille livres par an.

Je vais tout préparer ainsi que m'ordonne V. A. R. pour qu'à son arrivée à Versailles elle puisse donner et solliciter les mémoires concernant l'augmentation des trois nouvelles compagnies et la remonte du régiment de cavalerie, ainsy que celuy qui a été dressé par Mr. le commissaire de Borck au sujet des affaires pécuniaires du corps.

Je n'ai point encor vu Mr. Foulon, mais à ma première visitte je le préparerai de bouche à tout ce qu'il doit s'attendre de voir par écrit à l'arrivée de Monseigneur. Je ne manquerai pas à lui demander une explication sur l'ordonnance des 15 mille livres par mois expédiées pour V. A. R. et je me mettrai en état de vous en rendre compte à votre arrivée; je crois que pour cet article il n'y a que du malentendu. M. de Fontenay m'écrit de Versailles où il est que Mme la Dauphine a déja parlé à Mr. de Veault[1] au sujet des lettres de service de Mgr. son frère pendant l'hiver et que sur la réponse assés satisfaisante que ce sous-ministre lui avoit faitte elle se pro-

---

1. M. de Vault, brigadier de cavalerie et inspecteur général de l'infanterie en 1759, avait au ministère de la guerre le département des milices de terre et des gardes-côtes. Maréchal de camp en 1762, lieutenant général en 1780, il fut pendant près de vingt-cinq ans directeur du dépôt général de la guerre.

posoit d'en parler à la première rencontre au maréchal même. J'ai cru qu'il étoit plus convenable que cette demande fût faite de bouche par Mme la Dauphine que si V. A. R. en écrivoit elle-même à Mr. de Bellisle. C'est pourquoy je ne l'ai point insérée dans votre lettre à cet adorable vieillard.

Il y a des bruits sourds d'un grand changement prochain à la cour, voilà le cannevas sur lequel on fait tout le remue-ménage :

Mr. le duc de Choiseul principal ministre, conséquemment retraite du maréchal de Bellisle, et Mr. de Crémilles, d'adjoint au ministère, ministre tout de bon de la guerre. Vu Mr. le chevalier de Mirabeau dont on dit beaucoup de bien, frère de celui qui est auprès du duc de Wurtemberg, ministre de la marine. Mr. Berryer, garde des sceaux, et enfin Mr. le marquis de Chauvelin, ambassadeur en Sardaigne, ministre des affaires étrangères.

N. B. Tout cela n'est fondé que sur des *on dit tout bas.*

Mais que pourrai-je vous marquer de plus que des *on dit* n'étant sorti qu'une fois pour aller à Versailles depuis mon arrivée, et V. A. R. sçait qu'à Versailles on ouvre beaucoup la bouche, mais plus pour bailler que pour parler.

Je reviens à ce qui nous intéresse le plus. Hermann partant demain, 2, sera le jour des Rois à Eysenach ; Mgr. partira le 8 ou le 9, ainsy il sera à Versailles au plus tard le 20 du courant[1]. Je vous rendrois mal toutte l'impatience qu'à Mme la Dauphine de vous serrer à son cœur, sans doute qu'elle s'en expliquera mieux elle-même dans la lettre qu'elle doit remettre à Mr. de Fontenay et qu'Hermann vous apportera. Je ne vous dirai mot du désir personnel que j'ai de me retrouver à vos pieds, V. A. R. a la bonté de rendre justice à mon attachement pour sa personne et au profond respect avec lequel je suis, etc. — DE MARTANGE.

P. S. En relisant ma lettre j'ai vu que j'avois fait la sotise de vous parler deux fois de la même chose, mais ma dépêche ne sera point recommencée pour cela ; V. A. R. est habituée à me passer mes étourderies et mon griffonage.

---

1. Le prince Xavier arriva un mois plus tard, le 15 février.

LE PRINCE XAVIER DE SAXE A MARTANGE [1]

A M. le général de Martange. — Eysenach[2], *ce 31 janvier 1761.*
— Il y a un siècle, mon cher Martange, que je n'entends plus parler de vous, j'en suis dans une véritable inquiétude, et la satisfaction de recevoir de vos nouvelles et d'être instruit de ce que vous avés effectué pour le corps saxon, me rendent votre silence doublement impatient. Passés-moi ce moment d'humeur en faveur de mon amitié pour vous, qui me fait désirer d'être le moins que possible privé de vos lettres pendant que je le suis de vous avoir avec moi. Vous savés sans doutte par ma dernière du 16 les raisons qui m'ont empêché de me mettre en routte, elles n'étoient pas au clair[3] comme elles le sont aujourd'hui; le détail ci-joint que je vous prie de donner à lire à M#me# la Dauphine et à M. de Fontenay vous apprendra nos exploits : la tranquillité avec laquelle les ennemis laissent passer le tems de gelée a dû authoriser M. le maréchal à déterminer nos emplacements d'hyver. M. le comte de Broglie est venu les régler avec moi, et demain les trouppes vont se rendre à leur destination. Les établissements de Gotha et d'Eysenach subsistent toujours, et de ces deux endroits il se fait un revirement de trouppes qui seront poussées sur l'Unstrudt à Langensaltza, Graffentonna et Burgtonna ; la droite de notre armée s'étendra jusques vers Gebsée et la gauche sera tournée vers Mühlhausen occupé par quatre bataillons de Champagne et les Vignolles. M#rs# le comte de Solms et de Stainville commandent, le premier, la partie d'Eysenach et l'intérieur de nos établissemens, et, le second, celle de Gotha, Langensaltza et Mühlhausen, et tout le cordon de la haulte et basse Wera sera aux ordres de M. de Saint-Pern qui est à Eschwege ; notre droite sera assurée par l'armée de l'Empire qui tiendra Erffuth par un poste de trouppes

---

1. Original. Arch. de Honfleur. — La signature seule est autographe.
2. Ville du grand duché de Saxe-Weimar.
3. C'est-à-dire elles étaient écrites en chiffres.

égères soutenues de quelque infanterie. Notre dernière expédition outre la prise des 600 fameux Borusses a mis l'allarme jusqu'à Leipsig et nous a valu des provisions considérables en fourages. D'un autre côté 250 hommes de la légion britannique pris dans Stadberh par M. de Narbonne n'ont pas dû laisser de doutte aux ennemis sur notre existance, et je ne leur crois plus de grands desseins sur nos quartiers [1]..........................

Je vous demande avec instance des nouvelles sur le résultat du mémoire que vous avés remis à Mr de Fontenay pour le payement de l'excédant de notre complet ainsi que sur les espérances que vous avés pour la remonte de notre cavalerie et l'agrément de notre augmentation.

Voici encore, mon cher Martange, un mémoire que m'a envoyé M. Dufort, capitaine de grenadiers de La Marck, blessé à l'affaire d'Ellershausen; il vous écrit en même temps. Je vous prie de me le rappeller à mon arrivée à Versailles ainsi que Mr. Grillot de Prédelise qui vient de s'adresser à moy par le mémoire ci-joint [2]..
— Xavier, P. P. S. [3].

P. S. du 3 février. — J'ai retardé de faire partir la lettre dans l'espérance de pouvoir décider mon départ; comme il commence à dégeler je partirai d'ici le 7 du courant et je compte de vous voir à notre rendés-vous ordinaire, à Meaux, dimanche le 15 ou lundi le 16 au plus tard, car les chemins pourront bien ne pas seconder l'envie que j'ai de vous voir. En attendant, tenés moi des fromages de Bri tout pret.

MARTANGE A Mme DE MARTANGE [4]

A Madame de Martange, pavillon du Pont-Royal, n° 36, aux Tuileries, à Paris. = *A Bischeim, ce 4 mars 1761.* — J'ai receu hier

1. Vingt lignes en chiffres.
2. La lettre de M. de Prédelys est jointe à la dépêche du prince; M. de Prédelys sollicite une pension. Arch. de Honfleur.
3. Le prince Xavier faisait suivre sa signature de trois lettres majuscules que nous interprétons ainsi : *prince palatin de Saxe.*
4. Orig. Arch. mun. de Honfleur.

au soir par Bratkowski, ma chère amie, la lettre dont tu l'avois chargé : comme il a du venir tout de suite joindre le prince icy, il n'a pu t'écrire de Francfort comme il te l'avoit promis et me charge de te faire ses excuses. Nous avons été ce matin voir Mr. le maréchal à son quartier général de Wilbel : il n'y a rien de nouveau des mouvemens des ennemis qui se reposeront enfin, comme je le crois encore, et prendront leurs quartiers derrière Lohne et la haute Lahn où ils pourront faire à leur aise les sièges de Marburg et de Giessen auxquels nous ne nous opposerons pas, ou s'ils continuent à marcher ils feront démonstration sur leur droite vers Bonamos (?) et sur leur gauche à Aschaffenbourg, ce qui nous feroit repasser le Mein et le lendemain le Rhin : c'est le *nec plus ultrà* de cecy qui sera décidé vers le 8 ainsy que je te l'ai marqué. Je partirai tout de suitte après pour aller te retrouver : de bataille je te répons qu'il n'y en aura point. Comme je ne puis t'érire que par les courriers qui partent tous les 3 ou 4 jours, ne sois point inquiette, je te prie, si tu ne reçois pas de mes lettres plus souvent. A vue de pays je t'en écrirai encore une ou deux avant mon départ pour aller te rejoindre à Paris, car je ne crois pas que cela aille plus loin et suivant touttes les règles il n'est pas possible que cela dure plus longtems. En attendant je couche sur la paille comme un vilain, mais je ne m'en porte pas plus mal ; j'y pense à ma chère Antonia et cette idée me fait le meilleur lit du monde. Fais mes complimens à tout ce qui m'aime et embrasse pour moy Minette. Mme la Dauphine marque dans sa lettre à son frère qu'elle l'a embrassée quatre fois de tout son cœur, je lui en fais autant.

Mr. le comte de Solms[1] me charge de complimens pour vous ; le plus jeune de ses neveux qui est un fort aimable cavalier a été fait prisonnier à l'affaire du 15 où il s'est très-bien conduit.

1. Lieutenant général servant dans les troupes de Saxe à l'armée du Bas-Rhin.

LE COMTE DE BRÜHL AU PRINCE XAVIER DE SAXE [1]

Copie de la lettre de M. le comte de Brühl à S. A. R. = Varsovie, 11 mars 1761. = Pour M. de Martange. — Mgr. C'est par les dernières lettres de Paris que nous avons appris l'heureuse arrivée de V. A. R. à Versailles [2]. Les nouvelles que vous aurez apprises depuis votre départ, Mgr., du corps qui a eu l'honneur d'être sous vos ordres sont assez tristes et les pauvres Saxons ont malheureusement beaucoup souffert [3]. Quoique nous sommes au onze de mars, nous n'avons pas encore pu recevoir le détail et les gazettes de Berlin nous informent de ce qui s'est passé à l'armée françoise. Il n'y a que des sujets de chagrin de tous les côtés et S. M. le Roy sent avec la plus grande sensibilité tous les maux qu'on lui fait souffrir, qui paraîtront à tout le monde un jour dans l'histoire fabuleux, mais ne s'oublieront pas dans la maison de Saxe qui verra comment on a payé la bonne foy et la fermeté d'un si grand Roy. Le tems se suit mais il ne se ressemble pas, peut-être que le bon Dieu fera retourner celui où la maison de Saxe ne sera pas si méprisable comme on la traite à présent où on se met au-dessus de touttes les déclarations, promesses et obligations de la paix de Westphalie. La parole la plus sacrée est un rien, et une alliance avec la maison de Saxe ne vaut pas la peine.

Les rélféxions que S. M. fait et qui ruinent sa plus prétieuse santé me font mourir. Je ne parle pas à V. A. R. politique; Elle se trouve à la source et en sera pleinement informée. J'arrête ma plume et change de discours.

1. Arch. de Honfleur.
2. Le prince Xavier arriva à Versailles le 15 février, jour de la naissance du roi; le 23 mars il partit pour l'armée du Bas-Rhin.
3. Le comte de Block écrivait à Martange le 20 février 1761 : « Notre dernier échec me chagrine mortellement; il est de plus grande suitte que je n'ai cru d'abord, vu qu'il cause un entier découragement dans nos trouppes et vous ne sauriés croire quelle terreur panique s'est emparée du corps. Je crains la désertion et je crains une affaire. »

Je ferai partir les chevaux qui sont destinés à V. A. R. aussitôt que le chemin sera un peu praticable pour Prague, et la supplie de donner ses ordres de bonne heure à quelqu'un qui les reçoive, me flattant qu'Elle en sera contente. S. M. espère que M. le duc de Choiseul aura favorablement écouté V. A. R. pour renouveller la convention : ce digne ministre est trop juste pour ne point se rappeller les services éclatants que le corps saxon a rendus à l'armée françoise depuis qu'il y a été joint. M. le duc de Courlande est encore incommodé ; Mgr. le prince Albert est ici depuis huit jours et Mgr. le prince Clément se trouve hors de danger [1]. V. A. R. aura déjà appris que Mgr. le prince Clément a choisi l'état ecclésiastique [2], et que Mgr. le prince Albert souhaite d'obtenir la grande maîtrise vacante par la mort de l'Électeur de Cologne [3], mais on dit que la cour impériale s'intéressera pour le prince Charles de Lorraine. Cela sera donc à vous, Mgr., de penser à la succession. Je lui demande la continuation de ses grâces, et me signe avec une très-profonde soumission.

LE DUC DE CHOISEUL AU PRINCE XAVIER DE SAXE [4]

Copie de la lettre de M. le duc de Choiseul à S. A. R., en date du 23 mars 1761. — J'ai reçu, M. le comte, des mains de M. de Martange la lettre que vous m'avés fait l'honneur de m'écrire le 13 de ce mois ; muni des instructions que vous lui aviés données avant son départ cet officier ne m'a laissé ignorer aucun des besoins du corps saxon, m'a parlé de son état actuel et plus encore des mesures que vous preniés pour parvenir incessamment à le réparer. Je mettrai sûrement tous ces différents objets sous les

---

1. Il s'agit des trois frères du prince Xavier de Saxe : Charles-Christian, Albert-Casimir, Clément-Wenceslas.
2. Il avait d'abord fait la campagne de 1760 en qualité de lieutenant général.
3. Il fut également question de la grande maîtrise de l'ordre teutonique pour le prince Xavier vers l'année 1760.
4. Arch. de Honfleur.

yeux du Roy, et touché comme je le dois de la confiance avec laquelle vous voulés bien vous adresser à moy je me ferai un devoir de chercher à y répondre en allant au-devant de tout ce que je croirai propre à concourir au succès des vues qui vous animent et en vous faisant connoître sans perte de tems les intentions de S. M. J'ose croire que vous me rendés la justice d'être bien persuadé du désir que j'ai de faire ce qui peut vous être agréable, et vous marquer le respectueux attachement avec lequel j'ai l'honneur d'être etc.

LE COMTE DE BLOCK A MARTANGE [1]

Ce 26 mars 1761. — C'est avec la plus grande impatience que nous attendons de vos nouvelles et que je désire votre retour; en attendant je m'en va vous donner de bonnes nouvelles de notre contré. Depuis votre départ le théâtre s'est changé, et nous avons changé notre guerre défensive en offensive. M. le prince héréditaire nous l'a voulu empêcher se fixant trop sur son bonheur. Il a eu une petite leçon [2] et sa retraitte avoit nullement l'air d'un si grand homme de guerre comme il désire paroître dans le monde. Il avoit perdu la tête, dit-on, et à l'exemple des ancienns chevalliers il demanda un combat particulier avec quelque général. Mais comme il trouva beaucoup des gens qui s'offraient à lui faire raison, il prit la partie de se retirer nous abandonnant ses beaux gardes de Brunswig. Eh! mon Dieu des gardes prisonniers! Quel malheur est venu sur ces gardes? Ils ne sont pas pourtant si beaux que les nôtres ni si bien ajustés. Et il n'y a pas un seul de la beauté de notre Schneider qui est un des premiers qui est retourné.

En attendant c'est une petite revanche pour Langesathe [3], nous font près des 2.000 prisonniers et ce qu'il est extraordinaire 19

---

1. Original. Arch. de Honfleur. Texte français; nous le reproduisons avec ses incorrections.
2. Affaire de Grünberg, du 21 mars 1761, qui délivra Cassel.
3. Langensalza.

drappeaux, 15 canons et 4.000 fusils. Toutte cet avantage fut emporté par les régiments du Roy, la Ferronay, Beauffrémont, et d'Antichamp-Dragons, et par les volontaires d'Austrasie.

Le combat a commencé entre Stangerode[1] et Grünberg, et on les a chassés jusqu'à Bourggemunden[2]. M. le maréchal[3] s'est porté en avant de tous côté et l'ennemi a abandonné l'Ohme malgré notre attente et Ziegenheyn[4] et s'est replié sur l'Eder. Je crois au moins qu'il y tiendroi au moins quelque tems bonne contenance pour couvrir le siège de Cassel. Mais si ce siège n'est pas plus avancé que celui de Ziegenhein il pourroit bien arrivé qu'il le levasse et qu'ils abandonnassent l'Eder. Je ne veut pas encore me faire de si agréables illusions. J'espère pourtant que nous ferons notre possible de chasser le prince Ferdinand de l'Eder. Si cela arrive avant que Cassel soit prise nous somes très bien dans nos affaires et Goettingen est sauvé aussi. M\. le comte de Broglie se défend en merveuille et fait beaucoup de tomage aux assiégeants.

L'incomparable comte de la Lippe ne me paroît pas être un si grand preneur de ville qu'on a cru. M. le vicomte de Belsunce leur a, dit-on, coulés au fond sur le Weser une vingtaine des bateaux qui leurs apportoient des munitions de Hamelh. Le roy de Prusse commencé à oppérer ; il a porté une partie de son armée vers Misnie ; il a fait jetter des ponts sur l'Elbe [à] Merxdorff. Le comte de Daun est arrivé à l'armée ; il a fait construire des ponts entre Pirna et Dresde pour cumiquer avec M. de Beck qui est à Grosenhäyn. Laudon (?) est arrivé à son armée en Silésie, et je crois que M. de Daun le favoriseroit pour se venger de la journée de Torgau. Croyez-vous encore la paix, cher ami? si, non, songez un peu au corps des trouppes légères dont je vous ai parlé.

M. le comte de Solms est encor à Francfort ; il n'est pas entièrement rétabli, mais il se porte mieux.

Les plaintes contre le corps ne sont pas tout-à-fait telles qu'on

---

1. Stangenrod.
2. Burggmunden.
3. Le maréchal de Broglie.
4. Ziegenhain.

a marqué au maréchal. Il n'y a que très-peu qui sont fondées et de peu de conséquence. L'arrivée de M. de Pomiés m'a causé de l'inquiétude. Mgr. ne m'a pas dit mot de son expédition, ce qui l'augmente.

Je fait mon possible de faire voir à notre maître l'avantage qu'il auroit d'être grand maître de l'ordre teutonique; il ne me paroit pas le goutter.

Millions de compliments à Mme la Générale, je lui assure de mes sincères respects. Ne m'oubliés pas, vieux grand pappa, et soyez convaincu que je vous aime de tout mon cœur. — C. DE BLOCK.

Je vous prie de faire rendre au prince Galitzin cette lettre incluse; il contient une lettre de change de 600 livres de M. le chevalier d'Horion. Je vous prie de vous faire donner un reçu.

MARTANGE AU PRINCE XAVIER DE SAXE[1]

A Paris, ce 27 mars 1761. — Mgr. Il est certain qu'on s'occupe sérieusement de paix, mais il ne l'est pas également qu'on s'en soit occupé jusqu'à présent. M. le duc de Choiseul a protesté à Fontenay, il n'y a pas encore huit jours, qu'il n'y avoit aucune négociation ni directe ni indirecte d'entamée; mais il a ajouté en même temps qu'il étoit cependant question de faire des démarches relatives à la pacification générale. En conséquence il fut arrangé mardy dernier matin, à Versailles, que M. le duc de Choiseul viendroit dîner le lendemain mercredy à Paris chez M. le comte de Stahremberg et qu'il n'y avoit que les ministres amis d'invités à cette conférence d'alliés. Il n'y avoit à ce dîner que M. le prince de Gallitzin, M. de Fontenay et M. de Scheffer, ministre de Suède.

Je ne scais point ce qui s'est passé dans cette conférence, et Fontenay comme de raison n'a pas pu m'en dire les détails, mais

---

1. Minute autographe. Arch. de Honfleur. On trouve aux arch. dép. de l'Aube une autre lettre portant la même date : « vendredy 27 mars 1761. »

autant que je l'ai deviné avec ce que j'ai fait dire au bonhomme, il a dû être question de faire d'abord une proposition pour entrer en négociation aux fins de parvenir à la pacification générale. On assure que cette démarche est la première; le duc de Choiseul le jure, mais je ne le crois pas parce que j'ai la mauvaise habitude de croire plutôt aux faits qu'aux paroles. Ce qu'il y a de sûr, et que je tiens de bon lieu, c'est qu'il y a près de six mois, et certainement du moment de la bataille de Siptitz, la Russie a commencé d'elle-même à faire des ouvertures au ministère de France. Sa raison est fondée sur ce qu'elle sent bien qu'elle ne pourroit conserver la Prusse qu'autant que le roy de Prusse seroit entièrement écrasé, que la preuve étant aujourd'huy incontestable que ce dangereux ennemi ne pourroit pas l'être, écrasé, il lui resteroit toujours assés de moyens de faire repentir la Russie de lui vouloir retenir sa conquête, qu'ainsi cette Prusse devant tôt ou tard lui être rendue, ce seroit une folie à la Russie de venir se ruiner à combattre en Allemagne sans avoir aucun dédommagement à espérer de ses dépenses et de ses efforts et uniquement pour les vues de la maison d'Autriche.

Il est encore vray que l'inaction de M. de Hoddick et des Autrichiens lors de la levée de boucliers du roi de Prusse et du prince Ferdinand, soit comme prétexte soit comme réalité, a mis de froid entre la cour de France et celle de Vienne, et qu'il y a eu à ce sujet des confidences entre la France et la Russie. En tout il paroît que ces deux dernières puissances sont assés d'intelligence entre elles et que la Suède s'entend aussi parfaitement avec elles. Pour nous il paroît aussy que pendant que la France s'occupe des choses qui peuvent être avantageuses à la maison de Saxe, la cour de Vienne, bien loin d'entrer à cet égard dans les vues de ce ministère-cy et dans celles du Roi votre père, traverse sourdement les démarches de la France.

V. A. R. a vu par la lettre de Madame la Dauphine que Mgr. le prince Clément son frère avoit déclaré qu'il prenoit le parti de l'Eglise. Sur cela M. le comte de Brühl d'après certains vieux papiers de la connoissance de V. A. R. a proposé qu'au moyen de la résolution de ce prince on donnât l'Electorat de Cologne au prince-évêque de Liège, à condition que le nouvel Electeur se donnât dans le temps le prince Clement pour coadjuteur. Il a de plus proposé qu'on profitât de la vacance du siège de Paderborn pour l'annexer à perpétuité à l'Electorat de Mayence, afin que par ce moyen l'Electeur de Mayence eût une compensation pour le pays de l'Eichsfeld qui seroit cédé avec Erfuth à la Maison Electorale de Saxe.

Ces arrangemens très-bons proposés par M. le comte de Brühl ont été fort goutés par M. de Choiseul, dont par parenthèse Madame la Dauphine et M. de Fontenay sont très-contens. Ce ministre expédia le soir même que M. de Fontenay lui en parla un courier à Vienne pour prier au nom du Roy T. C. cette cour de se pretter à un arrangement qui pourroit du moins servir de quelque dédomagement au roi de Pologne. On répondit à Vienne que l'Empereur ne pouvoit pas se mêler de cette affaire et qu'il laissoit la liberté d'élection aux chapitres. On fit valoir les motifs de religion, pendant qu'on scait qu'il appuie les vœux d'un comte de Konigseckerps et qu'on intrigue en sa faveur parce que la maison d'Autriche aime mieux voir dans ces grandes dignités de l'église de l'Empire des maisons qui lui sont attachées subordonément que d'y voir des princes de maisons souveraines qui ne seroient pas dans sa dépendance. Cela a donné encor de l'humeur icy, et comme il n'y a qu'un temps pour travailler à ces arrangemens parce qu'il faut se décider avant les élections on est obligé de se presser un peu pour annoncer chacun ses idées. Et voilà pourquoy si on veut faire la paix il n'y a pas de temps à perdre pour entrer en négociation; et voilà pourquoy je persiste à croire qu'incessamment on y entrera, où qu'on annoncera qu'on y est entré. Il semble que la cour de Vienne veuille seulement gagner du temps, et pour y parvenir qu'elle chicane sur tout et qu'elle multiplie les difficultés. Mais les quatre autres parties paroissent de très bon accord. Le Roy votre père a chargé Fontenay de remercier le duc de Choiseul de ce qu'il a fait dans cette circonstance. J'attens le premier moment favorable dans ces temps prétieux pour en profiter si je le puis pour la satisfaction de V. A. R. Elle peut être sûre que, s'il vient, je le saisirai et que s'il ne vient pas, ce moment, je ferai de mon mieux pour le faire naître.

J'ai vu beaucoup de nouvelles des Pays-Bas qui disent que la grande maîtrise de l'Ordre Teutonique est décidée pour le prince Charles frère de l'Empereur. Et cela paroît assés probable car quoiqu'il ne s'en mêle pas pour d'autres, à ce qu'il dit, il peut bien s'en mêler pour son frère. Si V. A. R. a des réponses d'Eptinguen[1] à la lettre qu'elle lui a écrite, je la supplie de me les communiquer. On a hésité dans cette affaire et on s'y est pris bien tard. Comme je n'ai vu Mme la Dauphine qu'une minutte hier, je n'ai pas pu lui parler sur tous ces objets. Elle est dans la plus grande tristesse et ce n'est que d'hier qu'elle a paru au public pour la première fois depuis la mort du duc arrivée dimanche dernier[2]. Je joins, ainsy que V. A. R. me l'a ordonné, les deux minutes de lettres que je pense qu'elle doive écrire au Dauphin et à la Dauphine sur cet événement. Une indication que j'ai d'une paix prochaine, c'est le parti qu'on a pris de faire la grande cérémonie pour les funérailles du jeune prince et qui coutera quinze cent mille francs. De plus la cour part le 6 du mois d'avril pour deux mois de Marly, autre dépense extraordinaire de plus de deux millions et il avoit été résolu que pour ne pas toucher aux fonds de la campagne on ne prendroit ni l'un ni l'autre de ces partis. Il paroît donc puisqu'on les a décidés qu'on a des certitudes qu'on aura pas besoin de cet argent pour la campagne prochaine.

Le départ de la Maison du Roi est cependant fixé au 19 d'avril, et le 28 du courant, qui est demain, le premier bataillon des gardes doit se mettre en marche pour les Pays-Bas. L'armée de Soubise s'assemblera, dit-on, à Nuiss.

---

1. Le baron d'Eptingen, colonel d'un régiment d'infanterie suisse de son nom, brigadier en 1762, maréchal de camp en 1770.
2. Le duc de Bourgogne, fils aîné du Dauphin, mourut à Versailles le 22 mars 1761.

LE COMTE DE BRÜHL AU PRINCE XAVIER DE SAXE [1]

Copie de la lettre de M. le comte de Brühl à S. A. R. en datte de Varsovie du 28 mars 1761. Pour M. de Martange. — J'ai eu l'honneur de voir par la dernière de V. A. R. au Roy qu'Elle pensoit retourner à Versailles pour finir le renouvellement de la convention, une négociation de la dernière nécessité. Mais comme nous avons vu par des lettres particulières du 13 que tout est en mouvement et qu'il y a les plus favorables apparences que l'armée françoise fera regretter à celle des Alliés leur marche téméraire, je juge que V. A. R. la quittera difficilement qu'après l'époque que Dieu veuille seconder par sa grâce. Comme le lieutenant Koztoski pense à faire son voyage bien vite pour se rendre au corps, je l'accompagne par la présente et m'acquitte de la prière de son vieux père et de la sienne propre pour le recommander à la haute protection et grâce de V. A. R.

Je ne parle pas, Mgr., politique car à votre arrivée à Versailles Madame la Dauphine et M. le général de Fontenay vous mettront bientôt au fait. On nous accuse de tems en tems des restrictions où nous ne pensons pas. Personne au monde souhaite plus ardemment une honorable et durable paix que nous, et nous n'avons jamais rêvé de nous y opposer, mais nous parlons de notre juste indemnisation et de notre sureté pour l'avenir. Ce sont ces deux articles que nous recommandons à la France comme à une amie sur laquelle le Roy a toujours mis sa confiance, son espérance, ayant compté comme il compte encore sur ses promesses, sur ses déclarations et sur les obligations du premier garant de la paix de Westphalie. Les deux cours impériales connoissent leurs engagements en conformité des traités les plus solennels d'une alliance stipulée indissoluble...

Enfin je me tais sur cette matière car elle me meneroit dans un

---

[1]. Arch. de Honfleur.

détail qui ne peut que navrer le cœur et le faire pleurer. Nos malheurs sont sans exemples et révoltent la nature, cependant leurs horreurs seroient beaucoup plus inouïes si on nous refusoit secours et justice.

C'est après demain que les chevaux de V. A. R. partent pour Prague. J'attends toujours ses gracieux ordres si elle m'en juge digne, et lui proteste que je cherche une vraie gloire dans le bonheur de lui prouver que personne me surpasse en zèle et que j'ai l'honneur d'être à toute épreuve avec une très-profonde soumission, etc.

MARTANGE AU PRINCE XAVIER DE SAXE[1]

A Paris, ce 29 mars 1761. — Mgr, je soupirois dans ma dernière lettre à V. A. R. d'avoir presque manqué la messe les fêtes de Pâques pour travailler à nos affaires; cette fois-cy, c'est encore pis; j'ai manqué hier tout de bon mon dîner pour la même raison. Toute sensible que me puisse être une privation aussi essentielle, je me dois cependant de dire que je n'en ai pas murmuré puisque c'étoit pour le service de V. A. R. Il faut encore que j'aye le cœur meilleur que l'estomach. Au fait, Monseigneur, après avoir attendu hier, depuis 10 h. du matin dans l'antichambre du seigneur Duc, où, par parenthèse, je lui ai vu expédier plus de 300 personnes sans en éconduire une seule dont il n'eût pas écouté et reçu les mémoires. J'ai entendu à 2 h. après-midy ces paroles consolantes : « M. de Martange, vous ne vous en allés pas; je conte « bien vous voir et vous parler. » Et à cette sommation flatteuse, M. de Martange de s'armer d'une nouvelle dose de patience, d'espérer et de ne presque plus sentir qu'il avoit faim. J'avois cependant encore une bonne grosse demie heure d'attente à soutenir, et c'est un temps assés long pour faire des soliloques à jeun. Enfin, à deux

---

1. Arch. de l'Aube. Orig. Dépêche publiée par M. Thévenot dans la *Correspondance inédite du prince François-Xavier de Saxe* (1 vol. in-8°, 1875).

heures et demie, je restois seul et je suis entré dans le sanctuaire. C'est le moment de mon triomphe, puisque depuis cette heure jusqu'à 3. h. 3 quarts, je suis resté en tête-à-tête avec le Tout-Puissant, et j'ai fait avec lui ce qu'on appelle une main à fonds. Voilà son début : — Tudieu ! M. de Martange vous n'êtes pas maladroit ; votre mémoire[1] est court et bon ; mais il me semble que ce n'est pas comme cela que nous étions convenus que vous le feriés, dans notre première conversation. Comment l'entendez-vous, s'il vous plaît ? Une diminution d'hommes et une augmentation d'argent cela n'est pas tourné.

V. A. R. peut se représenter l'air et le ton dont cela a été dit. Voicy ma réponse : — M. le Duc je suis chargé de vous exposer les intérêts du corps saxon et je dois les mettre dans tout leur jour avec la plus grande exactitude. Toute mon adresse se réduit à être simple et clair ; c'est l'esprit de la Lettre-Mémoire que j'ai eu l'honneur de vous écrire. La diminution d'hommes que j'ai proposée à V. E. n'est que momentanée, et je suis prêt à entrer dans tous les détails des moyens que M. le Cte de Lusace se propose d'employer pour réparer cette perte. Vous verrés par là qu'elle ne sera pas de longue durée. A l'égard de l'augmentation de dépenses, c'est une affaire de calcul qui se réduit à nous donner un peu moins pour le présent, et pour l'avenir autant que nous avions avant notre accident, ou très peu de choses de plus. — Je ne vous fais pas un crime de votre Mémoire, a-t-il repris, je le trouve très-bien ; mais je vous répète seulement que vous y avez mis de l'adresse et que ce n'est pas de cela dont nous étions convenus. — M. le Duc, j'ai eu si peu de temps l'honneur de vous entretenir, qu'en vérité, nous n'avons pu convenir de rien. Nous avions ébauché très superficiellement le projet de nouvelle formation, et je suis parti du point actuel où se trouve le corps Saxon, pour vous exposer le plan de Monsieur le Cte de Lusace ; j'ai touché quelque chose des motifs que je crois les plus propres à vous intéresser. Ma proposi-

---

1. Ce mémoire daté du 24 mars 1761 se trouve en copie aux arch. dép. de l'Aube.

tion et mes moyens sont simples et pris dans la vérité. Je vous ai avoué avec plaisir que le renouvellement de la convention sur le pied proposé étoit une affaire d'amitié et de considération personnelle, et je suis très persuadé que je me suis mis par cet aveu fort à mon aise. Si c'est là ce qui m'a valu le reproche d'adresse que V. E. veut bien me faire, je l'ai mérité ; j'ai pris mes avantages, et j'ai ordre de M. le Cte de Lusace de les prendre toujours avec vous au même titre. — Fort bien m'a-t-il dit en riant d'amitié ; vous vous mettés à votre aise. Je ne vous dis pas que vous fassiés mal ; ce qu'il y a de vray c'est que je ferois de même à votre place ; mais avec tout cela, nous étions convenus qu'il falloit faire un traitement particulier pour vos bataillons prisonniers qui serviroient en garnison. Vous n'en dites pas un mot dans votre Mémoire ; cela n'est pas de bonne foy.

— Je dois vous proposer, M. le Duc, dans mon Mémoire, ce que M. le Cte de Lusace désire, c'est ma charge. Vous m'avés parlé d'une clause de la justice de laquelle je n'ai pas pu disconvenir. J'ai dû en rendre compte à M. le Cte de Lusace ; c'est ma charge et je l'ai faite ; mais ce n'est pas ma charge d'en faire moi-même la proposition à V. E. — Mais puisque vous sentés vous-mêmes qu'ils ne peuvent pas être employés autrement, pourquoy ne le pas mettre tout de suite dans votre projet de nouvelle formation ; car vous n'en parlés pas? — Il est vray que je n'en ai pas parlé par les raisons que je viens d'avoir l'honneur de vous dire ; mais quand il n'y aura plus que cet article à régler, comme tout ce qui est proposé ne s'oppose point à ce que vous exigés, il sera facile de convenir.
— Comment voulez-vous que vos deux bataillons prisonniers, qui ne font pas en tout 800 h. soient au pair de deux bataillons qui, dans votre plan, doivent faire 1100 h. et plus. Avec quoi complet-terés-vous les 300 et tant d'hommes qui leur manqueraient ? avec des recrues?

— M. le Duc, quand il n'y aura plus que cet arrangement à régler, je vous les mettrai très facilement au pair ; c'est une affaire de police intérieure que le Prince peut facilement effectuer, en complètant ses bataillons par les prisonniers de guerre de 1760, ou même par les invalides de la campagne présente; mais, comme j'ai l'honneur de vous répéter, ce n'est pas le grand point; avant de nous arranger sur les exceptions, il serait bon de la règle. — Là, de bonne foy, M. de Martange, pouvés-vous faire le service pour 13 bataillons en campagne? — Oui, M. le Duc, et je vous en répons sur mon honneur. Les états que je vous ai donnés sont la vérité même. Nous avons dans le moment actuel 13 bataillons de chacun 598 têtes, et vous verrés que dans six semaines tous nos bataillons seront augmentés de chacun 100 hommes; vous le verrés.

Sur cela, grande dissertation sur les moyens que V. A. R. met en usage pour recruter le corps; récit des officiers qu'Elle envoye et qu'Elle entretient en Saxe et sur la frontière pour recevoir et faire passer les transfuges; explication de la bonne harmonie qu'il y a entre V. A. R. et Mgr. le Pce Roïal électoral, votre frère, pour concourir à l'exécution de ce projet. Et tout cela a été dit d'un ton sans vanité, aussi persuasif qu'intéressant.

Et votre cavalerie, cela coûteroit un argent du diable. — A cela, répétition par moy de touttes les raisons qu'il y a à dire sur ce sujet; récit attendrissant du parti pris par V. A. R. pour l'exécution de son projet; enfin, cause bien plaidée, puisqu'elle a été gagnée. Arrêté que notre Régiment de cavalerie aura lieu.

N. B. On ne s'est point expliqué si on entreroit dans les avances demandées pour la remonte et l'équipement, et je me suis bien gardé d'entrer en explication sur cela, dans cet instant; mais j'ose annoncer à V. A. R. qu'on y entrera au moins pour une partie et que la France se chargera en totalité de l'entretien; cela est convenu; les 654 têtes formant 4 escadrons.

— Mais du moins, a-t-il repris il faudra que nous regagnions cela d'un autre côté, et qu'il y ait au moins un de vos bataillons de refondu; d'autant plus que ce que vous avez d'officiers ne servant plus.... — Oh! Monseigneur, ai-je répliqué en l'interrompant; au nom de Dieu, ne réformons point d'officiers et laissons subsister les corps. Jusqu'à présent, nous avons semé dans l'espérance de recueillir un jour; nos officiers nous sont prétieux et pour le présent et pour l'avenir. Conservés-leur le pain et l'honneur; c'est sur cette baze que nous rebâtirons une armée. Notre honneur présent vous est cher, et je me flatte toujours que notre existence vous intéresse aussy pour l'avenir.

Sur cela, grande dissertation politico-militaire sur l'avenir en cas de paix ou de guerre; principes de votre connoissance avancés par moy et reconnus par luy; conséquences suivies et également reconnues; enfin, conclusion presqu'à l'unisson et toutte à notre avantage; explications très-satisfaisantes; digressions à l'objet présent de la convention, mais qui lui étoient favorables, et tout cela à propos de ce que j'ai glissé légèrement en mon nom dans le Mémoire dont je vous ai envoyé copie au sujet de la personne de V. A. R., de son crédit vis-à-vis du Roi, son père; et de la confiance des troupes, officiers et soldats, en Elle.

Dans ce long à parté entre luy et moy, et qui a été aussi satisfaisant qu'intéressant, il a été question de l'union qui se trouvoit actuellement entre les soldats des deux nations et que je lui ai assurée s'accroître journellement. Je lui ai dit à ce sujet que cela alloit jusqu'aux petites attentions, et que je le laissois le maître d'en juger lui-même par ce que j'allois lui citer d'une bagatelle qui étoit d'autant plus concluante que cela n'étoit pas fait pour être cité; que les Saxons avoient adopté les batteries d'ordonance françoise; et que dans les plus petites choses, ils se rapprochoient trop des mœurs françoises pour n'en pas toujours partager les vues et les sentiments.

— Ainsy, M. le Duc, lui ai-je dit à la fin, en vérité, je crois que la France s'obligera elle-même en accordant à la Saxe les avantages que nous sollicitons pour le corps Saxon. (C'est par là que je l'ai ranimé au projet de nouvelle formation.) — Notre grand projet, m'a-t-il dit, dès le temps que j'étois à Vienne, a été de conserver au Roi de Pologne un fonds d'armée. Cette conservation ne seroit-elle pas plus assurée si tout le corps étoit placé dans des garnisons tant que la guerre durera?

N. B. Cecy étoit un propos avancé pour me faire parler; il me tentoit, je l'ai vu à n'en pouvoir douter.

— M. le Duc, ai-je répondu, l'objet de conserver le corps saxon au Roi de Pologne a toujours été effectivement notre objet primitif; mais, de bonne foy, en le conservant pour son maître, convenez que vous en auriés bien peu d'opinion si il ne vous annonçoit pas par des services présents l'utilité dont, en s'augmentant à la paix, il peut devenir, et pour son maître, et peut-être pour Vous. Permettés-luy d'allier toujours ces deux objets, et en pensant à sa conservation, occupés-vous aussy de sa gloire. Quand vous pourrés nous donner quelques semaines de repos, nous en profiterons pour nous mettre en état de mieux travailler; c'est l'idée du Prince et les vœux de tout le corps Saxon, je vous en donne ma parole. A la bonne heure que ce qui est par le sort des armes prisonnier de guerre, serve dans des garnisons; cela est juste, puisqu'il ne peuvent servir que là; mais pour le reste, il peut être plus utilemens et plus convenablement employé.

Sur cela, énumération des circonstances où le corps a bien servi pendant le cours des précédentes campagnes, et tout cela écouté très-favorablement.

— Ah! ça, M. de Martange, je vais donner des ordres pour faire travailler à un contre-projet dont vous serés content; mais arrangés-vous comme vous voudrés, je n'entens pas qu'il nous en coute davantage d'argent; je comptais y gagner, mais vous ne le voulés pas. Vous aurés votre cavalerie entretenüe puisque vous m'assurés que c'est pour le bien de la chose; nous regagnerons un peu de ce que cela nous coûtera de plus sur le traitement des deux bataillons qui seront en garnison... Deux, mais il y a en trois, car vos bataillons de grenadiers ont été pris par les Prussiens.

— Monseigneur, s'il vous plaît, entendons-nous. Les grenadiers qui nous ont été pris par les Prussiens sont les compagnies de différents bataillons de tout le corps; mais ce ne sont pas des bataillons même. Il n'y a eu effectivement que deux bataillons à drapeaux de prisonniers (les princes Charles et Antoine). Toutes ces compagnies rentrées au pouvoir du Roy de Prusse, nous reviendront en détail; en attendant, nous formerons des compagnies de grenadiers de la meilleure infanterie qu'on puisse choisir, et voilà, Monsieur le Duc, pourquoy les compagnies de grenadiers dans le nouveau plan de formation sont proposées comme devant être d'abord plus faibles que celles des fusiliers ; parce qu'avec le temps, à mesure que nos vrais et anciens grenadiers nous reviendront (et ils nous reviendront), croiés-en en ma parole ; nous les remettrons à leur place et ils seront ce qu'ils y ont été.

Il m'a écouté comme quelqu'un qu'on persuade, puis a répété :

— Je ferai incessamment travailler au contre-projet, car cela est instant. L'enverrés-vous à M. le Cte de Lusace avant de terminer ? — Oh! ouy, M. le Duc, cela est indispensable. — Allons, et je vous donnerai aussy vos lettres de maréchal de camp.

De ma part, grands remerciements.

Il me restoit encore à m'assurer de ce qui concerne nos officiers prisonniers à Magdebourg.

Je lui ai rendu compte dans le plus grand détail de ce que nous sçavions par eux-mêmes de la façon dont le Roi de Prusse en avoit usé avec eux ; de l'incorporation de nos hommes ; de la séparation de ceux qui avaient donné des revers à Lilienstein ; de ce que nous avions fait en leur envoyant de l'argent à Magdebourg ; de ce qu'avoit écrit M. le maréchal de Broglie au prince Ferdinand, et enfin de la nécessité qu'il y avoit de les réclamer diversement du Roi de Prusse. Il a approuvé tout ce nous avions fait, notamment les mesures prises en leur faisant tenir de l'argent, et il m'a assuré qu'il n'y avoit rien de plus juste et qu'il alloit écrire au Maréchal de Broglie pour les redemander diversement au Roy de Prusse, sur le pied du cartel, et comme officiers au service du Roi. Il m'a même ajouté que si le Roi de Prusse hésitoit, de qu'il ne croiait pas, on y mettrait la même hauteur et le même intérêt que pour les officiers nationaux des trouppes du Roy, et qu'il en alloit écrire dans ce sens à M. le Maréchal de Broglie.

Voilà en substance, Monseigneur, le précis d'une conférence de 5 quarts d'heure, dont je me flatte que V. A. R. sortira aussi content que moy. J'ai rendu compte le même soir à Mad^e la Dauphine, en gros de ma satisfaction et de celle que V. A. R. auroit, en la priant d'en remercier M. le Duc, à la première occasion : « Oh !

« pour cela oui, je le remercierai, m'a-t-elle dit, et de bon cœur.
« Mon Dieu, que je suis aise qu'il vous ait parlé aussi long-
« temps ».

Je suis revenu cette nuit même pour pouvoir travailler aujourd'hui à l'expédition de mon courrier, et Madame la Dauphine m'a encore envoié pendant la nuit, l'incluse pour V. A. R.

Ainsy, Monseigneur, j'en suis à attendre le contre-projet en question; mais je suis fondé à croire qu'il sera à peu près conforme à nos espérances, et quand même il y auroit quelques discussions à essuyer et quelques corrections à solliciter pour la satisfaction de V. A. R., je suis encore fondé à espérer de parvenir à le rectifier. Je vais préparer tous nos articles pécuniaires à traiter, tant avec M. le Contrôleur général qu'avec M. le duc de Choiseul lui-même, M. Foulon, M. de Boullogne, etc., etc. Puis viendront nos mémoires particuliers pour les grâces auxquels V. A. R. s'intéresse; chaque chose à son tour pour ne rien gâter; d'abord le bien général, puis le particulier, *abs te procedere nefas*.

Je goûte d'avance la sorte de tranquilité que vous causera le récit que je viens de vous faire et je suis avec respect, etc.

De Martange.

MARTANGE AU PRINCE XAVIER DE SAXE[1]

A Paris, ce 30 mars 1761. — Mgr, dans le courant d'une de ces dissertations confidentes que je vous ai seulement indiquées par ma dépêche, M. le duc de Choiseul est entré avec moy dans l'examen des moyens qu'il y auroit de mettre le ministre du R. V. P. [roi votre père] dans l'obligation de ne plus négliger le militaire aussi cruellement qu'on avoit fait par le passé, et de profiter de la paix, au cas qu'elle eut lieu, pour rétablir en Saxe une armée qui rendit cette puissance respectable à ses voisins; d'abord pour la

---

1. Org. Arch. de l'Aube. Voy. Thévenot, p. 207. Le brouillon de cette lettre se trouve à Honfleur (papiers de Martange, 1re liasse, n° 47).

conservation de ses possessions, et ensuite pour pouvoir dans l'occasion être utile à l'agrandissement de l'Electorat : Je ne vois, à vous parler vray, M. le Duc, luy répondis-je, qu'une seule voye à prendre pour parvenir à ce but dont depuis le commencement des troubles en Allemagne, j'ose vous dire que j'ay été constamment occupé ; (Il m'a interrompu pour me dire poliement qu'il le sçavoit bien et que c'est pour cela qu'il m'en parloit à moy), et ce moyen, ai-je repris, est dépendant de l'intérêt que vous continuerés de prendre à nous, et du degré de confiance que le Roi voudroit bien donner à M. le Cte de Lusace ; mais pour cela, il faudra que le corps repassant en Saxe à la paix continue à y être à la solde de la France. — Mais dans ce cas-là, a-t-il repris, est-ce que le Cte de Bruhl ne s'en rendroit pas maître ? et alors M. le Cte de Lusace n'y pourroit plus rien ; on nous tromperoit sur tout, et on enploieroit l'argent à toutte autre fin qu'à celle pour laquelle il seroit donné. — Je confesse, M. le Duc, qu'à cet égard vos soupçons pour l'avenir sont fondés sur la connoissance du passé ; mais cependant je crois pouvoir vous dire que la consistance du P. Xavier, aujourd'huy qu'il a mérité comme Comte de Lusace, seroit bien différente en Saxe auprès du Roi son père et à tous égards bien plus imposante vis à vis d'un Ministre qui n'est que courtisan, et qui n'oseroit pas heurter de front le fils de son maître, prince d'un âge fait et d'une conduite irréprochable, comme il auroit traité le prince dans le temps qu'il ne le consideroit comme un enfant, et que réellement, il n'avoit alors pour luy que la prérogative de sa naissance. Cela m'a fourni l'occasion de récapituler les différentes occasions dans lesquelles V. A. R. avoit gagné sur l'esprit de son père en lui exposant toujours les objets intéressants sous un point de vüe dont la suitte des événemens avoit toujours prouvé la justesse ; je lui ai dit que nous savions même que le Roi avoit dit plusieurs fois dans l'intérieur, et même devant le Cte de Bruhl : « Xavier a
« pourtant eu raison ; Xavier a pourtant bien fait ; Xavier s'est
« pourtant conduit avec prudence dans cette circonstance diffi-
« cile. » De façon que, quoique la tendresse du Roi pour lui ne soit pas aussi forte qu'il y auroit lieu de le désirer, il y a cepen-

dant nécessairement à présent un degré d'estime et de considération méritée qui lui donnera toujours le droit de représentation vis à vis d'un père qui a l'expérience que son fils ne lui a jamais rien représenté qu'avec de fortes raisons de le faire pour le bien de son service. Le Roi ne peut pas oublier, M. le Duc, lui disois-je, que non-seulement le Cte de Brühl, mais même tous ses ministres après lui l'avoient induit en erreur et avoient fait une école quand il avoit été question de demander à la France de renvoier le corps Saxon à la fin de 1759, en Saxe; et qu'il n'y avoit que ce Xavier qui fait pourtant bien quelquefois, qui eut lutté seul pour le parti de la raison et de la prudence; et en dernier lieu, M. le Duc, le Prince avoit encore ouvert le parti le plus salutaire en demandant au Roi son père les deux Paleks d'ulans qui sont à l'armée autrichienne pour se joindre au corps qu'il commandoit sur la Werva; il a même envoyé un courrier à cet effet, dès les 1ers jours de janvier. Le ministre n'a rien répondu au Mémoire utile que le Prince a envoyé à Varsovie; mais il ne peut pas empêcher que le Roi ne voie actuellement que les vues de son fils étoient justes, puisque si on les avoit suivies, on auroit fait une chose très agréable à la France (il en est convenu), et qui auroit vraisemblement empêché de perdre comme on a fait la Saxe de vüe. Je dis donc, M. le Duc, que d'après touttes ces réflexions, le Roi de Pologne, même en supposant qu'il n'aimât pas son fils, ne peut pas s'empêcher d'avoir de la confiance en ses avis, il a beaucoup gagné en estime. Je veux que l'affection prédominante soit toujours pour le favori; mais il n'est pas possible qu'il n'y ait considération et attention pour le fils qui voit bien, qui sert bien, et dès que ce fils sera autorisé certainement il représentera respectueusement, mais fortement. Il obéiroit sans doute si son père prononçoit contre lui; mais il y a lieu de croire que, non-seulement le père ne prononcera pas contre un fils qui est dans l'habitude de lui dire de bonnes raisons; mais même que le Ministre n'oseroit pas s'opposer au Prince dans des arrangements où l'utilité de son maître et les avantages de la Maison Roiale Electorale seroient évidemment liés.

Après cela, le Duc me demanda beaucoup de choses sur le fonds du caractère de V. A. R., sur ses inclinations et sur ses goûts. Il appuya beaucoup de questions sur la bonté et l'honnêteté de votre cœur, et finit par me dire : « Croiés-vous qu'il n'oubliât jamais un service essentiel?

— Il n'en est pas capable, M. le Duc; avec très peu de dehors, il a le meilleur fonds qu'on puisse souhaiter; il est essentiellement juste. Je n'entens pas vous nier qu'il n'y ait beaucoup de taches à l'extérieur, comme de l'empressement, de la timidité dans la conversation; de l'embarras dans sa façon de se présenter; trop d'amour pour le particulier; mais considérés tout cela comme des suites de son éducation. Il a eu le plus sot des gouverneurs possibles; ignorant, avare et hipocrite; c'est en trois mots le Cte de Bellegarde. Il a été de plus, ce Prince, moins chéri que les autres : voilà son enfance. En croissant; des chevaux, des chiens et des valets : voilà sa jeunesse jusqu'à la guerre. C'est là où son éducation a vraiment commencé. L'intérieur est assurément admirable, et l'extérieur se développera à mesure qu'il sentira lui-même tous les droits qu'il aura acquis de s'expliquer sans embarras. Il est juste au point de n'accorder jamais, par aucune considération, même un mot de recommandation à des gens qu'il n'estimeroit pas. Le duc m'a écouté fort avidement. — Effectivement, m'a-t-il dit avec politesse, il n'a jamais mis de vivacité en recommandant personne: comme il a fait pour vous, et cela lui fait honneur, car vous le servés bien. — Cela doit d'autant plus en faire à la bonté de son cœur, M. le Duc, qu'en vérité je ne l'en ai jamais prié, et c'est bien de lui-même; il ne s'en est même pas vanté vis à vis de moy.

Comme nous en étions sur ce ton de confiance et même de confidence plutôt que de négociation, il m'a dit en me regardant fixement : — Mais s'il est Roi de Pologne, qui est-ce qui aura soin du militaire en Saxe?

Je l'ai fixé à mon tour avec les yeux de la reconnoissance en lui disant : M. le Duc, l'événement dont vous me parlés est dans le cercle des possibilités; mais cela seroit éloigné. — Pourquoi? a-t-il repris; c'est à cela que je travaille actuellement, et il y a certain

Mémoire que peut-être vous auriés lu (a-t-il dit, en me regardant malicieusement) qui donne de bonnes instructions sur cela. J'ai baissé les yeux et j'ai souri.

Il a repris sérieusement : J'y travaille et je crois qu'on peut faire fonds en France, sur les principes, si notre projet réussit. »

— M. le Duc, ai-je dit à mon tour, les principes de liaison et de reconnaissance sont, je crois, dans le Mémoire, à côté des instructions dont vous venés de me parler; et je puis vous protester que ces principes sont bien ceux du cœur de M. le Cte de Lusace, et ils y seront invariables; je vous le dis comme je le crois. — Il faut vous en croire, m'a-t-il dit; personne ne peut mieux le connoître que vous.

Il ne m'a rien dit de plus à cet égard, et c'est assés honnête. J'ai touché deux mots, le soir même, à Mme la Dauphine de cette confidence particulière et très particulière.

Madame la Dauphine a été charmée de voir qu'en cas de paix il fut aussi bien disposé à continuer les subsides pour l'entretien du corps Saxon; et, quand il a été question de la couronne de Pologne : « Ah! mon Dieu, ouy, dit-elle, il y travaille et on le sçait à Varsovie; car je l'ai bien vu par la dernière depêche que le Comte m'a envoiée et qu'il avoit reçue de ce pays-là. Je ne m'en cèle pas, et on auroit tort de m'en vouloir du mal.

J'ai bien vu par ce peu de mots qu'à Varsovie on devoit avoir un peu d'humeur de cette négociation, et peut-être, mais je ne le sçais pas encore, est-il question de vous couronné par voye d'abdication. Il ne seroit pas étonnant que le Roi votre père, ne fût excité par son Ministre à se récrier à ce sujet, et cela uniquement pour ses intérêts particuliers à lui Bruhl; car d'ailleurs, le Roi votre père, plus heureux et plus riche dans son Électorat, au sein de ses véritables sujets, ne regrèteroit pas, si on le laissoit à lui-même le triste plaisir de ne porter une couronne que pour faire des ingrats.

Je n'ai pas vu Fontenay depuis deux jours, et il ne m'a rien dit de tout cela; vraisemblablement même il ne m'en parlera pas, ni moi non plus; et quand même il m'ouvriroit son cœur, je ne lui ouvrirai pas le mien; cela est trop important pour mettre d'autres personnes que vous dans ma confidence, et je ne pardonnerois pas même à *Votre Majesté*, si vous la devenés, l'indiscrétion que j'aurois à reprocher à l'Altesse Roiale, si vous ne gardiés pas bien notre secret.

N. B. Le même Ministre qui jure toutte la journée à Fontenay et à tous les ministres étrangers qu'il n'est point question d'aucune négociation, ni directe ni indirecte pour la paix, m'avoue à moy qu'il travaille à faire passer la couronne de Pologne sur votre tête. Cela ne peut se faire qu'à la faveur d'un arrangement de pacification ; on y travaille donc ? Cecy encore pour V. A. R. seule.

Autre N. B. — C'est cette parfaite intelligence qui subsiste actuellement entre les Ministres et de Russie ; ces ouvertures faites en confidence depuis plus de six mois, et dont je vous ai entretenu dans ma dernière lettre particulière ; l'humeur qui perce à Varsovie et à Vienne sur cette intimité. Tout calculé, Monseigneur, il me semble que M. le Duc de Choiseul a fort bien profité de ces instructions qu'il dit être dans certain Mémoire de ma connoissance. Il y a cependant une réflexion qui m'embarrasse ; c'est de scavoir comment le Ministre de Russie suivroit le même plan... après tout il n'y a qu'à, dans ce pays-là payer un peu plus cher les Ministres, et la connoissance de leurs intérêts ne les rend pas moins corruptibles.

Au fait, Monseigneur, voilà où cela en est et ce que j'en sçais.

Revenons à ce qui concerne notre convention. Le grand article de nos officiers généraux a été discuté et il m'a répété tout ce que vous lui avés entendu dire, avec encore plus de liberté qu'il ne le faisoit devant V. A. R. Enfin que cela ne pourroit pas absolument rester sur le pié où cela étoit actuellement ; que dans la première convention, cela avoit été réglé différemment, que M. le Maréchal de Bellisle avoit fait de son chef une sotise qu'il falloit réparer et qu'il ne devoit rien nous couté de nous expliquer à ce sujet dans l'acte de renouvellement de la convention.

J'ai eu là fort à faire, je vous assure, et la besogne n'étoit rien moins qu'aisée ; mais enfin, après bien des si, des mais, des convenances, des considérations, j'ai emporté qu'il n'y auroit rien de changé *par écrit* à ce qu'il avoit plu au Roy de nous accorder, dans les précédens actes de renouvellement ; que les pouvoirs resteroient entre les mains de nos officiers et qu'il n'y auroit à cet égard rien de *stipulé* de contraire à ce qui avoit subsisté les deux précédentes campagnes ; en engageant cependant la parole de V. A. R. qu'elle feroit sur cela la police dans l'intérieur de son corps, et qu'Elle auroit attention que l'officier général saxon ne commandât point l'officier général françois du même grade ; mais que cet engagement verbal ne seroit point confirmé par écrit puisque cela ne pouvoit se faire sans un air de mécontentement et une espèce de dégradation, après ce qui avoit été accordé en 1758 ; et que de telle façon que cela pût être énoncé, cela ne pourroit qu'être sensible aux officiers généraux du corps Saxon, et faire perdre quelque chose du crédit de V. A. R. surtout auprès du Roi son père ; que M. le Cte de Brühl étoit homme à donner une mauvaise couleur à cet arrangement et à persuader qu'il y auroit eu ou peu d'attention de la part de ce prince pour les intérêts du corps, ou peu de considération de la part de la France pour sa recommandation ; que cela ne pourroit jamais produire qu'un très mauvais effet. J'ai eu grand besoin d'appuyer à plusieurs fois sur cette considération ; enfin il est revenu à mon avis, et je crois que c'est tout ce que nous pouvions gagner. Cela ne dépendant que de V. A. R., il lui sera aisé de donner des ordres à ses officiers généraux et de leur faire goûter la justice de ce qu'Elle leur prescrira en son nom, et pour le bien du service du Roi son père ; puisqu'après tout, ainsi que me l'a très fort répété M. le Duc de Choiseul, en cela ils sont traités comme les officiers généraux Autrichiens, et ils ont encore de plus les pouvoirs de maréchaux de camp que les Autrichiens n'ont pas. A cela, il n'y a rien à répondre, et je crois, après ce que V. A. R. a vu et entendu de la façon de penser du Duc sur cet article, qu'Elle ne sera pas fâchée que cela soit arrêté de la façon que je lui marque ; c'est, je pense, tout ce que nous pouvions espérer de mieux.

Quand il a été question entre le Duc et moy de nos officiers prisoniers à Magdebourg, j'ai essayé de le faire parler, en m'étendant sur les égards que je croiois que le roi de Prusse auroit toujours, non-seulement pour les demandes ; mais même pour les recommandations de la France ; surtout s'il étoit question de quelques pourparlers de pacification, dans lesquels je me garderois bien de vouloir pénétrer, et que je ne lui citois qu'en tous cas ; mais il n'a pas voulu mordre à l'hameçon, soit qu'effectivement il ne soit question de rien entre la France et la Prusse, ce qui est possible, soit qu'il ne lui ai pas plû de me mettre dans la confidence ; ce qui est encor tout simple. Il ne m'a pourtant pas paru fâché de ce que je lui disois à ce sujet, et s'est contenté de me répondre dans le sens dont je vous ai rendu compte dans ma dépêche, et qui est tout ce que nous pouvons ministérialement (*sic*) demander de plus. En tout nous n'avons point je crois à nous plaindre, ains au contraire fort à nous loüer, à ce qu'il me semble et pour le moment présent, et pour l'avenir.

J'oubliois de dire à V. A. R. qu'il n'est rien moins qu'ami de M. de Chevert dont il ne fait aucun cas, et, en m'en parlant avec confiance, il m'a dit que ce n'étoit qu'un bavard et un claque-dent. J'ai trouvé l'expression énergique et assés équivalente à celle de menteur, (cecy entre nous.)

Je me flatte, Monseigneur, que vous me pardonnerés d'avoir été deux jours à faire mes dépêches ; mais dans des affaires de la nature de celle dont je vous rens compte, je ne puis m'aider de personne, et cela est un peu long à ce qu'il semble à mes pauvres doigts ; mais enfin, ils vous sont consacrés ainsi que le reste de mon existence. N'allés pas perdre au moins ce qu'ils vous ont tracé, ce seroit encore pis qu'à Minden.

Tous les bataillons de gardes sont partis pour Liège où est leur rendés-vous. Le départ de la Maison est toujours fixé au 10 d'avril ; les uns croient que c'est tout de bon que la campagne aura lieu, d'autres que ce qu'on fait n'est qu'une représentation et une montre de ce qu'on pourroit faire. V. A. R. sçait les raisons qui me font pencher pour la seconde opinion. Je suis avec respect, etc. — DE MARTANGE.

P. S. — Je viens de recevoir dans l'intant, Mgr, votre lettre du 24 ; je vois que V. A. R. s'impatiente un peu de n'être pas où le bien du corps l'appelle. Je partage bien cette impatience ; mais je la prie de ne la pas laisser paroître; il est important de ne montrer que de la satisfaction pour ne pas se faire d'ennemis, dans un temps où avec un peu plus ou un peu moins de mal, nous parviendrons à note but. Comptez, Mgr, qu'avant peu, il faudra bien que tout le monde se repose; le corps Saxon sera dans la classe générale et à sa place; à tel endroit qu'on l'envoiât avant que les cantonemens généraux du reste de l'armée soient décidés; on courroit risque d'avoir à le déplacer comme trop près ou trop éloigné. Il faut bien entrer dans ces raisons et surtout s'y prêter gayement; cela est essentiel pour quadrer à tout ce que j'ai dit et traité avec M. le Duc de Choiseul de la vérité de l'intérêt que prend V. A. R. à ce qui peut faire réussir les vües de cette nation-cy. *Experto crede Roberto*, c. a. d. daignés vous en fier à l'expérience d'un vieux serviteur qui sera comblé de vous voir ou vous devés être. C'est bien le moment de la politique et de l'attention sur vous pour être et paraître aimable.

Pardonnés mes avis à mon zèle; je ne vous envoye pas de mauvais cahiers pour le plan que vous avés à suivre, et je désire sûrement autant que vous-même que vous arriviés au but que je vous souhaite au nom de tout mon attachement pour V. A. R.

LE PRINCE XAVIER DE SAXE A MARTANGE [1]

D'Obermerle, ce 31 mars 1761. — Mon courrier m'a rendu ce matin à trois heures les dépêches dont vous l'aviés chargé; je n'ai pas besoin de vous répéter, mon cher Martange, que je les attendois avec la plus grande impatience mais j'ajoute qu'elle avoit été augmentée par la réception de la lettre cy-jointe de M. le duc de Choiseul que j'ai reçu samedi dernier et dont le contenu donne en termes généraux de bonnes espérances.

J'ai lu et relu vos deux lettres et les pièces annexes avec ce plaisir que l'on ressent toujours en vous lisant. Le choix que vous

---

1. Orig. Arch. dép. de l'Aube.

avés fait des points capitaux à traiter est on ne peut plus judicieux et très conforme au mien. Votre récapitulation de la conversation ave Mr. de Choiseul est des plus intéressantes et je ne m'étonne pas que ce ministre ait paru entrer dans des raisons aussi persuasives par la solidité des principes que par l'élégance de la diction. Les observations que vous avez semées dans les états dressés pour les projets de la nouvelle formation viennent le plus à propos du monde. Enfin tout votre travail est un chef d'œuvre dont le succès ne doit plus me paroitre douteux.

MARTANGE AU PRINCE XAVIER DE SAXE [1]

Lettre particulière du 15 avril 1761. — Mgr. A ce que M. de Fontenay envoye de détails à V. A. R. sur les démarches de la pacification future, je n'ai que peu de réflexions à joindre pour l'usage particulier de V. A. R. Remarqués la lettre d'invitation aux généraux pour presser leurs opérations; je vous avoue que je crois pas excessivement à cette démonstration, quoique si l'ennemy ne demandoit pas la suspension d'armes, il faudroit bien soutenir ce qu'on avance dans la lettre d'invitation, et alors gain ou perte on risqueroit touttes les espérances de conciliation parce que sur les succès ou les revers de l'armée, les négociateurs hausseroient ou baisseroient leurs prétentions de la veille et par ce moyen tout se passeroit en menaces et rien n'avanceroit la conclusion qu'on souhaitte de notre côté très sincèrement. Quand je dis de notre côté je n'entends pas y comprendre la cour de Vienne, et il paroit déjà assés ouvertement qu'il y a beaucoup de froid entre les deux augustes ministres des deux augustes maisons de Bourbon et d'Autriche. Cette dernière ne fait que se prêter à l'envie que la France n'a point caché de faire la paix et si elle pouvoit prolonger la guerre elle ni manqueroit pas; ses raisons sont bonnes pour elle, elles sont un peu ruineuses pour ses alliés. La France s'est chargée

---

[1]. Copie de la main de Mme de Martange. Arch. de Honfleur.

de la première proposition et cela n'est pas maladroit, c'est mettre les ennemis dans le cas de parler à leur tour et de proposer à leur tour. Ce qu'il y a à proposer à présent c'est la suspension et voilà la proposition qu'on s'attend à leur voir faire et sur laquelle il convient que cette cour-cy ne marque aucune impatience. Au cas que l'ennemi propose l'armistice on l'accordera en demandant pour clause l'évacuation de la Saxe et la conservation des revenus au légitime souverain. Cela sera négocié sur l'évacuation ou de la Prusse ou de la Hesse ou du pays de Clèves. Voilà à mon sens l'ordre des procédés, et comment il conviendroit de remplir l'intervalle des deux mois et demi qui sont accordés et fixés pour l'arrivée des plénipotentiaires respectifs à Augsbourg. Dans ces circonstances le pauvre Fontenay se trouve assés embarassé, on lui ordonne à ce qu'il m'a dit en confidence de demander dès à présent l'évacuation de la Saxe, et d'annoncer ministérialement que sans cette condition il ne peut au nom du Roy son maître souscrire au congrès. Je le vois par là entre la désobéissance à un ordre positif ou une sottise pommée à faire. On se moquera de nous si cela s'exécute ou à titre d'indiscrets ou à titre d'imbécilles : d'indiscrets en demandant avant le temps ce qui n'est bon à demander que lorsqu'il sera question d'armistices, et le demander à présent ce seroit demander l'armistice, ce qu'on ne veut pas; d'imbécilles parce qu'il y a de la sottise à protester au nom de son maître contre une chose résolue qu'on ne peut pas empêcher, et qu'on peut se rendre désagréable par la protestation. Il y a toutte apparence que cela vient du cher comte de Flemming. Fontenay le croy, et il y retrouve ses raissonnemens. Moy je ne doutte pas que cela vienne de luy, car je ne connois pas d'homme plus propre à conseiller à contre-temps, à faire le lundy ce qu'on devoit remettre au jeudy, et regretter le jeudy ce qu'il auroit fallu faire le lundy.

M. de Choiseul a dit très-honnêtement à Fontenay : « M. ce que votre cour a de mieux à faire dans cette circonstance-cy c'est de vous ordonner que le nom du Roy votre maître soit toujours mis dans le traité à côté de celui R. T. Ch. » Comme pour lui dire : par cette confiance la France ne peut que soutenir les demandes

de la cour de Saxe autant que les siennes mêmes et l'existence
d'une des deux puissances appuye les droits de l'autre. Mais j'ai
bien peur que le très-cher comte de Brühl ne veuille faire à sa tête
et cela n'en ira pas mieux.

Enfin, Mgr., voilà donc le congrès arrêté[1] et cet article essentiel convenu entre les parties; par la célérité avec laquelle la réponse est venue de Londres j'ai de la peine à me persuader que cela ne fût pas déja arrangé avec la proposition ministériale de cinq ministres, et je persiste à croire qu'il y a encore quelque chose de fait qu'on n'avoue pas, malgré les juremens du duc de Choiseul qu'on n'avoit entamé aucune négociation.

On dit ici qu'avec le comte de Choiseul, les ministres françois seront M. le comte d'Hérouville et M. de Monclar, avocat général du parlement d'Aix. Le premier de ces plénipotentiaires est parent proche du Duc; le second, son ami intime; le troisième, un homme du plus grand mérite : c'est lui qui a rédigé les fameuses remontrances du parlement d'Aix. Jugés par le choix des personages si on veut tout de bon la paix; je ne scais encore aucun ministre des autres cours.

La grande flotte angloise avoit enfin paru devant Belle-Isle, forte de cent voiles et de huit mille hommes de débarquement. La place a été vivement chauffée de canons et de bombes. Le duc d'Aiguillon est parti la nuit du 10 au 11 de Versailles pour aller en Bretagne. Il a assuré le Roi qu'il étoit fort tranquille sur les suittes de cette expédition des ennemis. Les nouvelles d'hier disoient que de Vannes on n'entendoit plus tirer. Le bruit public étoit que les Anglois s'étoient retirés, les uns pour aller tenter une autre expédition, d'autres regardent leur retraite comme une suitte des ouvertures de paix. On paroit fort peu en peine à Versailles de ce nouvel incident[2].

---

1. La proposition d'un congrès à établir pour traiter d'une paix générale fut faite par la France à l'Angleterre de concert avec les alliés de cette couronne.
2. Les Anglais avaient entrepris de se rendre maîtres de Belle-Isle; ils attaquèrent la place et en firent le siège pendant deux mois. Le gouverneur de Belle-Isle, désespérant d'être secouru, se décida à capituler et il sortit de la place le 7 juin 1761.

La revue des mousquetaires s'est faitte hier. Le marquis de Castries[1] est parti pour Dusseldorff et le maréchal de Soubise part aujourd'huy pour aller, dit-on, s'aboucher avec le maréchal de Broglie. On parle du siège de Lipstadt. Les officiers généraux de l'armée de Soubise doivent être à leurs divisions le 10 de may ; les officiers particuliers doivent avoir rejoint avant la fin d'avril les corps qui sont à l'armée de Soubise.

Voilà, Mgr., touttes les nouvelles particulières de paix et de guerre que je puis faire passer à V. A. R. Mon sentiment particulier est toujours comme vous voyés pour une pacification prochaine et c'est, comme vous l'avés vu par la grande lettre que je vous envoye aujourd'huy, sur ce plan que j'ai conçu le projet de sacrifier les deux articles qui nous deviennent inutiles en tems de paix à la conclusion d'une affaire majeure qui doit nous être utile dans tous les temps, guerre où paix.

Je dois encore dire sur cela à V. A. R. que le duc de Choiseul a besoin de se ménager sur les complaisances qu'il pourroit avoir pour M. le Dauphin et Mme la Dauphine, et cela affin de ne point allarmer la marquise [de Pompadour] avec laquelle il est venu au point où étoit le cardinal de Bernis quand elle le perdit pour n'être point perdue avec lui. Je scais de science certaine que cela en est là malgré toutes les tendresses de la confiance et de l'amitié habituelle, et le[2]......... que le Duc auroit l'air de faire pour nous de plus que ce qu'a fait le maréchal de Bellisle seroit un trait de lumière dont la marquise s'éclairsiroit sur les ressources que le Duc se ménage dans la protection de la jeune cour contre son ressentiment : *Nota*, que le duc de Choiseul succède au cardinal de Bernis et que les fautes du prédécesseur ont dû l'instruire. Au nom de la plus sainte confiance, Mgr., que cet article délicat demeure enseveli entre vous et moi ; je ne vous le détaille avec autant de soin que

---

1. Mestre de camp, en 1744 ; commissaire général de la cavalerie et brigadier en 1748 ; maréchal de camp le 10 mai 1748 ; lieutenant général le 28 décembre 1758 ; mestre de camp général de la cavalerie, en 1759 ; maréchal de France en 1780 ; ministre de la marine de juin 1775 à août 1785.
2. Il manque un mot au texte.

parce que je le juge essentiel à votre direction dans le parti que je vous ai proposé d'après ma conversation avec le Duc et celle d'hier avec M. du Bois[1].

Mme la Dauphine m'a dit que le Roy lui avoit annoncé l'élection du comte de Konigsecg à l'Électorat de Cologne en lui disant que ce seroit à la cour de Vienne qu'il falloit s'adresser pour la coadjutorerie en faveur du prince Clément, son frère, et comme le Roy la fait demander à l'Impératrice, Mme la Dauphine ne doute pas que cette dignité ne soit bientôt accordée; la cour de Vienne ne risque rien à le faire, et c'est toujours beaucoup de gagner pour elle que d'avoir du temps. L'affaire de la grande maitrise pour le prince Charles de Lorraine est regardée comme décidée, et V. A. R. dans tout cecy n'a encore rien à attendre. Cette réflexion que j'ai faite avec Mme la Dauphine lui perce le cœur. Le duc de Choiseul ne m'a rien dit de plus que ce que j'en ai marqué à V. A. R. sur l'affaire de la couronne de Pologne. Je ne scais pas positivement si c'est par voye d'abdication que cela est traité et ce que j'en ai marqué à V. A. R. n'est qu'un soupçon. Au reste comme cela ne pourroit que faire honneur, j'ai donné votre lettre particulière à lire à Mme la Dauphine. Le Duc à ce qu'elle m'a dit ne lui en a pas parlé non plus. Ainsi, Mgr., comme vous ne faittes ni Mme la Dauphine aucune démarche vous pouvés être tranquille sur ce que ce ministre-cy fera; au cas que le Duc me reparlât je vous en ferai part pour votre information particulière mais vous pourrés toujours en sureté de conscience et d'honneur en prétendre cause d'ignorance puisque effectivement ni vous ni les vôtres n'êtes consultés sur les mesures qui seroient prises en votre faveur. Ce que je vous en ai marqué est encore une chose à enterrer dans le silence entre vous, Mme la Dauphine et moi.

1. Premier commis du bureau de la Guerre. Dans les *Noëls* pour l'année 1764, on lit :

> Un homme d'importance
> (C'était monsieur Dubois),
> Fort bouffi d'impudence,
> Dit en haussant la voix :
> De ma visite ici, Seigneur, tenez-moi compte ;
> Car à ma porte plus d'un grand
> Vient se morfondre en attendant,
> Sans en rougir de honte.

Je meurs de peur qu'il ne soit question de quelque chose d'important sur cette matière dans la lettre de Mme la Dauphine que le pauvre Fontenay a oublié de m'envoyer et qui a été mise par mégarde dans le pacquet de Flemming, où il faudra que V. A. R. l'envoye chercher par un courrier exprès si elle ne lui est pas rendue. Le pauvre homme est pénétré de cet oubli, et ce seroit l'accabler que de le faire scavoir à Mme la Dauphine. Je vous prie, Mgr., de le couvrir dans cette malheureuse négligence de votre protection et de votre silence. Son cœur est zélé, sa tête est saine, le jugement est encore très-bon, mais la mémoire à 75 ans.

Nous avons encore parlé avec Mme la Dauphine, de Neufchâtel. « Oui, m'a-t-elle dit, mais vous scavés que mon père le veut pour luy et c'est pour le vendre aux Suisses. » Je lui ai prouvé que d'abord les Suisses ne souffriroient pas qu'un prince puissant catholique devint possesseur de ces deux comtés dans le voisinage de Brême et que par cette raison le Roy votre père auroit l'exclusion. A l'égard de la vente il n'y a que ceux de Brême en état de payer et par la constitution équilibrique des cantons celui de Fribourg catholique s'oposeroit à une acquisition qui augmenteroit la puissance des cantons protestans. Tout ce qu'il y auroit de mieux à faire pour contenter à cet égard les désirs du Roy votre père en songeant à une petite souveraineté indépendante pour V. A. R. seroit que vous fussiés chargé de la rente de ce que la Saxe doit aux Suisses, vous, prince de Neufchâtel, et comme ce doit être pour liquider cette dette que le Roy votre père voudroit en faire la vente, son objet seroit rempli. Nous verrions après comment on pourroit soulager vos revenus d'une charge aussi considérable. Ce seroit une négociation particulière entre V. A. R., la France et les Cantons. Mais nous n'en sommes pas là, et au cas qu'on y vienne c'est ce qu'il y aura à faire.

Mme la Dauphine m'a encore dit au sujet des lettres de M. le comte de Brühl que ce ministre leur parloit toujours de s'occuper de la succession du roy Stanislas pour V. A. R. après la mort de ce vieux prince, comme si, disoit-elle, je pouvois et devois, moi femme de M. le Dauphin, toucher cette corde-là en faveur de mon frère que j'aime de tout mon cœur au préjudice de mes enfans. Effectivement, il n'y a pas de sens au comte de Brühl de se borner à l'établissement de V. A. R. à ce débouché dont la possibilité n'existe que dans sa tête et ne peut exister que là. Mais S. E. croit avoir tout fait quand elle propose d'éloigner V. A. R. Nous verrons avec le temps qui de lui ou de l'équité aura raison.

M. de Witingenhoff qui m'a remis la lettre de Mgr. le duc de Courlande que j'envoye à V. A. R. m'a dit que les nouvelles fraîches qu'il avoit de Varsovie annoncoient l'état de Mgr. le Duc comme fort critique, et que pour lui il craignoit fort pour la vie de S. A. R. La santé du Roy votre père est aussi fort chancelante depuis quelque temps à ce que tout le monde assure. Il seroit bon que V. A. R. eût quelqu'un de sûr à Varsovie qui veillât sur ces différens événemens pour l'informer avec la plus grande promptitude de tout ce qui peut l'intéresser. Je n'ai point encore pu sortir de Versailles ou d'ici pour faire une seule visite ce qui m'a empêché de voir et de parler à Mockra[1]..... le seul personnage dont je puisse tirer des indications peu sûres de ce pays-là. Je tâcherai les deux derniers jours de la semaine de me répandre un peu dans le monde pour profiter du temps que j'aurai à attendre la réponse de V. A. R.

En parlant à Mme la Dauphine de la pacification elle me demanda ce que je croiois qu'on put obtenir pour la Saxe dans les circonstances présentes. Je lui dis : Erfutt, le pays d'Eychsfeldt, la basse Lusace, de l'argent, la décharge des dettes avec l'Angleterre, le rachapt de Schleusingen et de Holstein et quelques baliages du landgrave de Hesse en échange de Fritzlar dont on pourroit dédomager l'électorat de Mayence. Elle me dit qu'elle croyoit que la plus grande partie de ses demandes nous seroient accordées. Cela nous mena à parler de sécularisation, mais elle et M. le Dauphin sont trop dévots pour entendre ce langage-là. Je lui fis cependant remarquer la différence qu'il y avoit pour l'édification de l'Église et la propagation de la religion romaine entre la décence des

---

1. Le nom est en abrégé. Peut-être Mokranowsky, patriote polonais affilié à la correspondance secrète de Louis XV

évêques de France et la vie un peu scandaleuse des princes-évêques d'Allemagne, et si je ne la persuadai pas au moins je l'étonnai beaucoup. Pauvres princes, dirois-je moi-même, voilà comme l'intérêt particulier des prêtres vient malgré vous obscurcir les lumières les plus pures ! Au fait cependant je crois qu'elle apprendroit sans douleur quelque sécularisation avantageuse pour sa maison, mais sa sainteté se reprocheroit d'y avoir contribué par ses sollicitations.

Elle me dit que le Pape, en reffusant le bref d'éligibilité au cardinal de Bavière, auroit donné pour raison qu'il ne conviendroit pas étant cardinal qu'il ne fut point Électeur. Je lui répondis : « J'espère, Madame, que le Pape n'exige pas que l'on accepte cette raison-là pour la véritable. » — « Pour moi, dit-elle, je lui aurois aussi refusé » voulant parler de la conduitte un peu dissolue de S. Éminence à Passy avec la dame Aleardi. J'ai pris texte de là pour lui dire : « Madame la Dauphine peut juger de là ce que l'Église gagneroit d'édification si le prince de Liège étoit séculier et l'évêque seulement prêtre, et ainsi des autres principautés écclésiastiques de l'Allemagne. »

J'espère que le courage que j'ai eu de traiter une matière aussi délicate lui donnera quelques scrupules sur l'horreur qu'elle a de dénaturer le bien de l'Église. Si j'ai réussi à la ramener sur cela à des principes de bonne politique, j'aurai fait une très-bonne action.

Vous avés vu, Mgr, par une article de ma dernière dépêche, dans la lettre particulière ce que prends la liberté de recommander à V. A. R. sur la nécessité de l'entretien de la bonne intelligence avec le maréchal de Broglie et l'air de joie heureuse sous lequel la bonne politique commanderoit que vous cachassiés les sujets de mécontentement que vous pouvez avoir contre le général de l'armée [1]...

.... S'il y a encore de nouveaux griefs par la suite, croiés, Mgr., un serviteur qui ne vous a dit jamais que la vérité. Faites-en le sacrifice au bien général. Vous êtes fils de Roy, et il

---

1. Suit un passage d'environ 34 lignes qui a été omis dans la copie. Il paraît avoir été transcrit et expédié en chiffres; nous avons pu en rétablir les dernières lignes.

y a bien peu de gens dans le monde capables de vous manquer que vous ne pouvés pas croire légèrement qu'on vous manque.

M. le duc de Choiseul m'a demandé si V. A. R. comptoit revenir ici et je lui ai répondu que je ne le croiois pas, malgré toutte l'envie que vous aviés de faire votre cour au Roy, que les affaires des réparations du Corps vous le permissent. La maréchale de Broglie a fait la même question à Mme la Dauphine qui lui a répondu de même. Si cependant les circonstances avançoient au point que votre présence y fût nécessaire je me réserve de vous en avertir, et, à tout événement, je vais arranger aussi tot votre réponse, tout ce qui pourroit vous retenir à Wurtzbourg pour le bien du corps saxon, le premier de vos devoirs et de vos plaisirs.

Dans le moment[1].......

Je n'ai pas eu de nouvelle conférence sur nos prisonniers de Magdebourg, mais V. A. R. peut être sûr de leur sort dans les circonstances où nous sommes actuellement. Au cas que les choses changeassent et que le Roy de Prusse voulût distinguer entre ceux qui ont donné des revers et ceux qui ne l'ont pas fait, je prendrai les mesures pour exécuter ce que V. A. R. me prescrit. Elle peut être tranquille à cet égard. Le bruit que vous me marquez que M. de Beust d'Eysenach fait courir est fondé, et le roy son maître s'en est déclaré assés hautement. Mais cette cour-cy est tranquille et il y a grande apparence que c'est un acheminement convenu pour la paix. Pardon si j'oublie encore quelque chose, mais je ne puis différer à vous expédier Hermann dont je voudrois déjà avoir la réponse.

LE PRINCE XAVIER DE SAXE A MARTANGE[2]

A M. de Martange. — *Würzburg, 16 may 1761.* — Malgré toute l'impatience avec laquelle j'ai attendu, mon cher Martange,

---

1. Autre passage omis dans la copie.
2. Lettre orig. Arch. de Honfleur. Copie aux Arch. dép. de l'Aube.

l'arrivée de votre courier, j'ai toujours bien imaginé que ce retard étoit fondé sur de bonnes raisons; la réception de votre dépêche[1] du 10 courant m'a confirmé dans cette idée, et je conçois très facilement que votre travail a été immense et qu'il falloit avoir l'amour du bien, tel que vous l'avés, pour ne point perdre patience au milieu de tant de contrariétés. Je ne vous laisse point languir après ma réponse, mais je vous préviens qu'elle ne scauroit être définitive, et je m'explique en vous suivant point par point.

Je débute par l'article 12 du projet de la nouvelle convention[2], qui eu égard à mon devoir relativement aux intérêts du corps dont le Roi mon père m'a confié le commandement, à l'honneur nos généraux, et à celui de la Nation, n'a pu que m'être extrêmement sensible après les propositions que vous aviés faittes de ma part à M. le duc de Choiseul. Il auroit dépendu de moi de convenir par des lettres particulières et engagemens tacites, entre moi et le Duc, d'un arrangement en vertu duquel j'aurois donné ma parole que, moi présent ou absent, les généraux saxons ne feroient point de difficultés de ne pas être commandés en détachement selon leur tour de rôle, de ne point discuter le commandement aux généraux françois de grade égal toutes les fois que les deux nations seroient troupes mêlées, seul et unique cas qui auroit pu faire naître des contestations mais qui par ce moyen étoient absolument évitées. Au moyen d'un expédient aussi raisonnable, que je m'engage à confirmer par écrit, M. le duc de Choiseul ainsi qu'il a bien voulu me le faire assurer par vous, mon cher Martange, n'auroit point inséré l'article 12 dans la nouvelle convention : les généraux françois conserveroient les droits qui leur sont dus et les nôtres n'éprouveroient pas une dégradation que leurs services et leurs blessures reçues au service du Roi n'ont pas dû leur attirer, qui leur

---

1. On trouve l'original de cette dépêche aux Arch. de l'Aube; une copie incomplète, datée du 9 mai, existe dans les papiers de Martange à Honfleur.

2. Convention signée à Versailles, le 31 mars 1760, par laquelle la France entretenait à sa solde un corps de 10.000 Saxons. L'art. XII réglait le rang des officiers généraux.

vaudra le mécontentement de leur souverain, la perte de la confiance des troupes, et sera peut-être suivie de l'entier anéantissement de ce corps. Je répète qu'il auroit dépendu de moi de faire sur ce point un arrangement tacite avec le duc de Choiseul, mais je ne suis pas autorisé à accéder à l'article 12 de la convention et avant de m'y déterminer j'attends les ordres exprès du Roi mon père auquel je vais dépêcher un courier pour cet effet. M. le duc de Choiseul est trop équitable pour ne point approuver les justes précautions que je dois prendre relativement à une affaire qui touche de si près l'honneur de la nation. Je suis mortifié de m'être trouvé dans l'erreur sur l'espèce de confiance que je lui ai crû à mon égard et que je n'aurois jamais démentie tant par amour du vrai que par zèle pour le bien. Je vous prie de lui rendre compte de l'embarras dans lequel le contenu du 12me article de la convention me jette. Vous ajouterés, mon cher Martange, que vis à vis d'un ministre dont les mesures sages et éclairées ont toujours dû promettre à une nation attachée par tant de liens que nous le sommes à la françoise un avenir conforme à des intérêts inséparables, je ne crains pas de plaider de nouveau une cause aussi essentielle à notre honneur qu'elle est facile à décider pour la satisfaction du ministre. Voici les observations toutes simples que je dois alléguer en notre faveur :

1º Les pouvoirs n'ont pas été nécessaires pour éviter les contestations et les prétentions sur le rang avec les généraux françois, puisqu'on les avoit prévenues par la première convention à l'article 12 où le Lieutenant-général commandant le corps est censé le dernier des Lieutenants-généraux du Roi, et les généraux-majors les derniers maréchaux-de-camp ; par ce même arrangement les généraux saxons étoient dès lors assimilés à ceux des armées du Roy.

2º La parole et les engagemens que je vous ai mandé vouloir donner et que je promets de donner encore à M. le duc de Choiseul me font espérer avec justice que mon absence supposée du corps, causée par un voyage nécessaire ou une maladie ne diminueroient rien de la confiance que je me promets de la part de ce ministre, dans les mesures que je prendrai pour obvier à toute espèce de dispute et de concurrence entre les généraux françois et saxons.

3° Comme il n'y a en tout que cinq généraux saxons admis à la qualité de généraux françois, l'arrangement dont je m'offre pour garant vis à vis de M. le duc de Choiseul souffre d'autant moins de difficulté. Ces messieurs sont tout prêts à consentir à l'expédients proposé pourvu que M. le duc de Choiseul, d'après ce qu'il avoit bien voulu antérieurement me promettre par vous, consentît à son tour à un accommodement particulier; mais plutôt que de se voir devant le public déchus des grâces que le Roy avoit daigné leur faire, ils se croient obligés pour éviter une disgrâce aussi sensible et aussi peu méritée de se retirer entièrement du service. Je vous prie donc de faire sentir à M. le duc de Choiseul l'embarras auquel je me vois exposé en me voyant presque qu'au moment de perdre tous ces généraux, et voir par là donner une secousse des plus dangereuses à la consistence du corps saxon à la conservation duquel M. le duc de Choiseul prend certainement un intérêt proportionné à ses lumières et à son attachement au bien général.

4° En conséquence de toutes ces considérations sérieuses et importantes, j'espère que M. le duc de Choiseul mettra le sceau aux preuves de son amitié pour moi et de ses bonnes intentions pour les intérêts et l'honneur du Roi mon père, en laissant devant le public le point concernant les généraux saxons sur l'ancien pié, et ne stipulant rien, ainsi qu'il a bien voulu le promettre à cet égard dans la nouvelle convention. Je m'engage à donner toutes les sûretés convenables signées de ma main pour la satisfaction de ce ministre et pour prévenir toute espèce de dispute et de concurrence; les généraux saxons consentiront sans aucune difficulté à ne marcher qu'avec leurs troupes, et lorsque les détachemens seront mêlés ils céderont toujours le commandement aux généraux françois, pourvu qu'ils restent sur le tableau et prennent le jour comme par le passé et qu'ils n'essuyent pas le désagrément d'être déclarés par une pièce aussi publique que la convention déchus de la grâce que le Roi a daigné leur faire. Comme je ne désire rien que de travailler pour le bien et pour l'honneur, je me vois d'autant plus obligé de faire mes représentations à M. le duc de Choiseul, et je ne fais autre chose par là que de m'acquitter de mon devoir vis à vis du Roi mon père et du Corps saxon dont il m'a confié le commandement.

La façon de penser de M. le duc de Choiseul ne me permet pas de douter que ce ministre ne m'écoute favorablement, et il lui paroîtra sans doute raisonnable que, dans un point où il s'agit de ne nous faire perdre des droits et prérogatives, on nous ménage au moins l'honneur du sacrifice. Je joins ici une lettre à ce sujet pour M. le Duc[1], à laquelle vous ajouterés tout ce que notre amour reconnu pour le bien vous suggèrera de mieux.

Voici, mon cher Martange, tout ce qui m'a paru important à vous communiquer sur ce point essentiel; je ne doute qu'exposée par vous sous les yeux de M. le Duc de Choiseul nous ne gagnions une cause que nous ne méritons pas de perdre par les soins et le zèle de tout le corps pour se rendre de jour en jour plus utile au service du Roy, d'autant plus que par le tempérament que je propose nous remplissons toujours les intentions de M. le duc de Choiseul. Je ne vous parle point des autres articles pour ne pas retarder le départ du courier, et je finis en vous recommandant surtout encore l'échange de nos officiers prisonniers à Magdeburg et de rappeler ce point à M. le duc de Choiseul. — LE COMTE DE LUSACE.

MARTANGE AU PRINCE XAVIER DE SAXE [2]

A Paris, ce 30 may 1761. — Mgr. Mes vœux sont comblés et V. A. R. est satisfaitte : ce n'est pas sans peine, mais elles sont oubliées dès qu'elles sont suivies du succès. Par la copie de la

---

1. Les papiers de Martange (arch. de Honfleur) pourraient fournir le texte de cette lettre; elle s'y trouve en une copie datée du 16 mai 1761. Malheureusement l'humidité en a détruit une grande partie.
2. Orig. Arch. départ. de l'Aube.

lettre que vous avés écrite à M`r`. le duc de Choiseul en date du 16 du courant, V. A. R. voit les engagemens qu'elle a pris et ceux auxquels la suppression de l'art. xii ont été attachés. Je ne suis point inquiet de l'exactitude avec laquelle ces engagemens seront tenus ; vous serés content de la façon dont les articles vous ont été rappellés et à cet égard nous n'avons plus qu'à jouir puisque tout est signé d'hyer. *Tolle, lege* et envoiés après à Varsovie l'instrument de la convention pour y être ratifié après en avoir pour votre usage particulier tiré copie.

Nous éprouvons une anicroche sur le paiement des 175 mille livres. Le seigneur de la Porte, général des finances de M`me` la Dauphine, a les siennes en aussi mauvois état que certain général de votre connoissance ; il ne peut faire honneur à la délégation ; et je suis occupé à en obtenir une autre qui puisse être aussitôt satisfaite qu'accordée. J'ai écrit à cet effet, hier, à M. le duc de Choiseul et j'attens sa réponse ; je compte l'avoir satisfaisante avant le 5 de juin et moi-même partir, le 6, pour aller vous rejoindre et vous en porter le montant en espèces ou en lettres de change. Ainsy, Mgr. je n'attendrai plus de réponse de V. A. R. et et l'affaire d'argent consomée je pars tout de suite après avoir acquitté à M. Ducamp l'ordonnance de M. Bussy[1], auquel je supplie V. A. R. de dire que je ferai à cet égard ce qu'il me demande et que pour le reste je serai assés tôt à Wurtzbourg ou dans les lieux qu'habitera V. A. R. pour lui donner les quittances qu'il me demandoit. C'est par cette raison de prompte réunion que je supprime tous les détails inutiles à écrire puisque notre affaire est consommée suivant les désirs de V. A. R. Comme V. A. R. me laisse le maître de faire ce que je trouverai convenable relativement à nos officiers prisonniers non échangés, je prens le parti de ne pas toucher un mot de cette charade, les circonstances n'étant pas de nature à entrer dans ces détails et les occupations sérieuses du ministère ne leur permettant pas de décider sur ces sortes

---

1. Dominique Bussy, camérier privé de l'Electeur de Saxe, trésorier du prince Xavier de Saxe, à Dresde.

d'objets sur lesquels il est plus court et plus sensé de ne pas douter de ses droits que de chercher à les faire décider.

A l'égard des croix du Mérite et de Saint-Louis, c'est au Roi votre père seul qu'il appartient de décider s'il trouve bon que les officiers de son armée s'engagent par serment à ne jamais porter les armes contre la France, et c'est une question très problématique. Dans tous les cas il faut toujours l'agrément du Roi votre père, et quoique sujet du R. T. C. je lui ai demandé la permission, quand je l'ai receue la croix de Saint-Louis, de la porter. Je laisserai à ce sujet une notte à M. le général de Fontenay pour faire les démarches convenables aussitôt que le Roi votre père aura prononcé, mais jusque-là il n'y a rien à faire que des imprudences.

Pour les gratifications, il n'y a absolument rien a attendre; et et on m'a répondu qu'il étoit expressément marqué que nous ne devions pas en prétendue et que dans les cas où on ne pourroit pas payer même les appointemens des officiers généraux de l'armée du Roy, je devois sentir moi-même combien peu on étoit dans la possibilité de faire des gratifications.

L'article des tentes a été très bien saisi par V. A. R. et dès qu'on paye argent comptant, il n'est plus question de prendre en nature : à l'égard des étendards et timbales, *de minimis non curat prætor*. L'ordonance de création du régiment de cuirassiers nous expliquera où ses sortes de fournitures seront à prendre, et par une lettre particulière il est facile de nous faire payer le montant des nôtres.

Je me suis apperceu comme V. A. R. de la différence des 32 tentes pour notre régiment de cavalerie, mais comme cela est compensé et au-delà par l'excédent accordé en tentes d'infanterie je n'ai pas jugé à propos de faire recommencer une besogne déjà arrêtée.

Je laisserai à Mme la Dauphine une notte pour ce qu'elle m'a demandé concernant vos 15 mille livres de traitement particulier pour le mois d'hiver et la campagne présente; il ne falloit pas de ce moment-cy multiplier les questions pour réussir; *successivé*, c'étoit la méthode à suivre.

Mme la Dauphine agira aussi avec vivacité en faveur de M. le comte d'Erpach et du papa Schomberg, mais le moment actuel n'est pas celui d'obtenir pour l'un et pour l'autre. M. le duc de Choiseul n'a donné que des espérances, la princesse m'a promis de veiller à les faire réaliser dans les circonstances dont elle sera toujours très-contente d'être avertie, n'ayant rien de plus à cœur que de s'intéresser pour les serviteurs de Mgr. son frère.

Pour notre pauvre commissaire[1], il n'y a absolument rien à espérer du duc pour luy ; je suis au désespoir de n'avoir qu'une aussi mauvoise nouvelle à lui donner, aussi n'ai-je pas le courage de lui écrire directement ; Mme la Dauphine fera dans les occasions tout ce qu'elle pourra pour le récompenser par l'utile de ce qu'on lui refuse pour l'honnête et l'agréable. Je remets à vous entretenir sur le s^r Dubois à mon arrivée à Würzsbourg, jusques là beaucoup de politesses et d'honnêtetés. Il est vrai qu'il ne nous a pas desservi, et je pense encore qu'il pourra nous être utile.

J'écris en l'air à V. A. R. et je lui demande pardon de n'avoir pas peint[2].... comme à mon ordinaire, mais j'ai tant et tant à courir pour ce diable d'argent qu'il me faudroit retarder le courier d'un jour pour vous dire tout ce que je voudrois, etc. — DE MARTANGE.

MARTANGE AU PRINCE XAVIER DE SAXE[3]

A Paris, ce 30 may 1761. — Mgr. Il est certain que la campagne va se rouvrir, et cependant les bruits de paix se soutiennent encore : Mr. de Bussy est parti lundy dernier pour Londres, on ne dit point encore que Mr. de Stanley soit arrivé. Mr. le duc de Choiseul travaille beaucoup à Marly et y est enfermé des journées entières. Mr. de Grimaldi, ambassadeur d'Espagne y a un logement

---

1. M. de Willemann, commissaire des guerres. Le duc de Choiseul déclarait qu'il le ferait peut-être sortir de l'armée.
2. Trois mots en Allemand.
3. Orig. Arch. départ. de l'Aube.

et il a de fréquentes conférences avec le Duc, dont il est apparent que la paix avec l'Angleterre fait le sujet. Du reste rien ne transpire.

Le siège de Bellisle continue, mais suivant les dernières nouvelles les assiégeans tirent avec assez de molesse. On assure que le fameux capitaine Cornic[1], celui qui a pris le vaisseau anglois l'*Ajax*, a offert de transporter 3.000 hommes à travers la flotte angloise, et on me dit hier à Marly que cette offre avoit été acceptée ; il doit à cet effet se servir d'un vieux vaisseau de la Compagnie des Indes, profiter d'un vent favorable et venir échouer à la pointe même de la forteresse de Palais[2].

Le comte de Broglie, qui a eu quelques petits démêlés avec Mme la Dauphine et moy au sujet de nos officiers généraux, me dit hier, à Marly, que V. A. R. commanderoit la réserve de la droite comme l'année dernière ; qu'il ignoroit les arrangements qui avoient été faits par le maréchal son frère, mais qu'il croioit que nous aurions Mr. le comte de Vaux pour lieutenant général françois employé sous les ordres de V. A. R. Du reste, je n'en ai rien tiré de plus de lui sur les opérations militaires, et je ne pense pas qu'il en sache davantage que moy.

J'envoye à V. A. R., mais sous le sceau du plus intime secret et pour elle seule strictement et sans exception, un mémoire[3] que j'ai remis il y a quelques jours au duc de Choiseul sur la campagne présente. Il ne m'a été fait à ce sujet aucune réponse et je ne scais pas le parti qu'on prendra ; V. A. R. y verra toujours un système suivi d'opérations militaires qui ne sont pas faittes pour servir à son instruction mais qui doivent lui être agréables par le sujet qu'elles traitent. Je deffens toutte copie jusqu'à la fin de la campagne et pour cause.

Il y a tout plein de tracassseries entre la marquise et le duc de Choiseul ; on prétend encore qu'il y en a entre M. le duc d'Aiguillon et le duc de Choiseul. Au milieu de tous ces orages le ministre a

---

1. Charles Cornic, officier de marine, né à Morlaix, brave et intrépide capitaine qui se signala dans plusieurs combats.
2. Belle-Isle-en-Mer (Morbihan).
3. Ne se trouve pas aux Arch. dép. de l'Aube, 17. E. 86, liasse 30.

l'air serein et gay ; il est vray qu'il paroit peu, mais comme il travaille beaucoup et qu'il me semble qu'il travaille bien, je crois qu'il aura le dessus, ou si sa disgrâce arrive elle sera éclatante. Il n'a point nommé d'autres ministres pour le congrès que le comte de Choiseul qui jusqu'à présent est seul. J'ai vu encore hier l'abbé de la Ville travailler à Marly ; peut-être est-ce aux instructions de Mr. le Plénipotentiaire, peut-être les portera-t-il lui-même et restera-t-il auprès de lui à Augsbourg, mais tout cela est encore fort incertain. Il faut toujours faire pour nous comme si la campagne devoit avoir lieu jusqu'à la fin quoiqu'à juger par le mémoire public remis par Mr. d'Havrincourt au ministre de Stockolm il semble que ce ne sera que très malgré elle que la France feroit encore cette campagne.

Je n'ai point obtenu d'autre réponse sur nos officiers prisonniers de Magdebourg malgré ce que j'en ai inséré à la fin de la lettre de V. A. R. au duc ; je me flatte qu'il vous aura répondu lui-même. En le voyant demain, comme je l'espère, je lui en reparlerai encore, mais pour demander des copies de ce qu'il a écrit ; V. A. R. a trop vu ce pays-cy par elle-même pour ne pas se ressouvenir combien cela est impraticable.

Je me suis bien gardé dans ma négociation de parler du courier que V. A. R. avoit envoyé à Varsovie pour prendre ses ordres sur l'acceptation ou le refus de la convention proposée. On n'auroit pas manqué de prendre le parti d'attendre la réponse du Roi votre père, et dans cas, les instances que j'ai fait faire à Mme la Dauphine auroient été évitées et notre besogne manquée. J'ai fait pour le mieux et avec V. A. R. je ne crains pas d'être désavoué sachant qu'elle rend justice à la sincérité de mon cœur et parfois à la justesse de mes réflexions. Mme la Dauphine à laquelle j'ai communiqué mes idées les a fort approuvées et c'est d'après sa décision que je me suis déterminé, et j'ai bien fait.

Il est de toute impossibilité de faire revenir Mr. le duc de Choiseul sur le chapitre du pauvre commissaire ; il n'entre ni ne veut entrer sur son chapitre en aucun examen et dit qu'il le connoit de longue main ; que sur cela il ne faut pas s'opiniâtrer si on ne veut pas qu'il croie que c'est parce qu'il nous convient de le garder pour notre intérêt que nous le demandons, ou que nous demandons pour luy, (cecy pour V. A. R. seule, elle scait les conséquences).

LE PRINCE XAVIER DE SAXE A MARTANGE [1]

A M. de Martange. — Würtzburg, ce 5 juin 1761. — Votre courier, mon cher Martange, m'a rendu hier votre belle et consolante épître; je ne pouvois m'attendre qu'à de pareils succès de la part de quelqu'un accoutumé comme vous à vaincre les plus grands obstacles : recevés-en mes tendres remercîmens et regardés-moi comme garant de la reconnoissance dont tous nos généraux s'empresseront certainement de vous donner l'acte authentique. J'ai fait lecture à MM. de Solms et Klingenberg [2] de l'article qui les regarde, ils comptent ainsi que moi que d'après cet arrangement ils prendront le jour comme ci-devant et resteront à leur rang sur les tableaux et états de l'armée françoise. L'entremise de Madame la Dauphine pour faire consentir M. le duc de Choiseul à ce tempérament les a pénétrés de la plus respectueuse reconnoissance et bien loin de lui faire regretter ses bontés ils employeront tout pour se rendre dignes d'une protection aussi prétieuse. Je vous prie, mon cher Martange, de l'assurer qu'il n'y aura jamais la moindre difficulté sur ce point de la façon dont il est arrangé actuellement.

La dernière clause de notre convention met le comble à votre ouvrage en nous mettant à l'abri des difficultés pécuniaires. L'ordonnance du payement pour le corps saxon à laquelle la nouvelle convention se raporte ne s'y est point trouvée jointe, je vous prie de m'en envoyer copie [3].

1. Lettre originale. Arch. de Honfleur. Copie aux Arch. départ. de l'Aube.
2. Maréchal de camp le 1er avril 1759.
3. L'ordonnance de payement datée du 4 mai 1761 portait la remise au général-major de Martange d'une somme de 175.644 livres, formant le parfait payement de la somme de 460 mille livres accordée au corps saxon, par décision du roi du 4 avril 1750, pour le remplacement de ses pertes pendant la campagne de 1759.

Je presse le départ de ce courier, mon cher Martange, pour vous prévenir sur l'inutilité de ma dernière dépêche relativement au retardement de notre marche, toute représentation à cet égard seroit de trop et pourroit nous être nuisible puisqu'un ordre réitéré de M. le Maréchal nous doit faire passer sur tous les obstacles pour exécuter le mouvement du 10 du courant. Je joins ici la lettre du maréchal et ma réponse qui vous instruiront de ses intentions et des moyens que nous employons pour nous y conformer[1]. Je n'en suis pas moins déterminé à vous prier de ne pas presser votre départ de Versailles où vous nous êtes certainement de la plus grande utilité. Vous êtes d'ailleurs à portée de sçavoir au juste le fond qu'il y a à faire sur les opérations de cette campagne; ce qui se passe à Belle-Isle et les raisonnemens de bien des gens instruits me persuadent que tous nos mouvements n'aboutiront qu'à de simples démonstrations. Nous ferons cependant l'impossible pour exécuter le mouvement du 10. Remués à votre tour, mon cher Martange, ciel et terre pour nous procurer le plus d'espèces que faire se pourra, car nous sommes réellement dans le cas précis des pauvres de l'Évangile qui doivent hériter le royaume des cieux.

J'ai pris, sur ce que vous me mandés, le parti d'envoyer ordre aux officiers en Saxe de venir remplacer les prisonniers des deux bataillons échangés, mais c'est à tout hasard et en me remettant à votre talent négociateur pour nous en procurer l'agrément de la cour, essentiel pour autoriser le commissaire à passer ces nouveaux venus dans les revues.

Le contenu de la lettre du maréchal est exactement tout ce qu'il m'a mandé sur ma destination et sur notre avenir. Il m'est parvenu par des voyes indirectes et peu sûres que j'aurois à mes ordres la seule et unique réserve de l'armée composée du corps saxon, de la brigade de Nassau-infanterie et de deux brigades de cavalerie et de 150 hommes du corps royal avec douze pièces du parc. On m'a raporté de plus que la brigade de Picardie, celle de cuirassiers et de Commissaire-général avec les deux régimens de Hainault et de

---

1. Voy. les deux lettres qui suivent.

Flandres marcheroient avec nous, et que notre direction d'ici nous porteroit en quatre jours à Fulde, d'où après un séjour nous nous rendrions dans quatre autres à Eisenach. Je vous répète encore, mon cher Martange, que ce que je vous en dis n'est qu'un bruit vague et incertain, et que les gens regardent tout notre mouvement comme un jeu.

MM. d'Erpach et de Schömberg sont comblés de la puissante protection que vous leur avés menagée, et la situation où ils se trouvent ne pourra qu'ajouter au prix des bienfaits et des grâces qu'ils espèrent obtenir. — XAVIER.

LE MARÉCHAL DUC DE BROGLIE AU PRINCE XAVIER DE SAXE[1]

Copie de la lettre de M. le Maréchal à S. A. R. — *Francfort, 1ᵉʳ juin 1761.* — J'ay reçu les trois lettres dont M. le comte de Lusace m'a honoré les 21 et 29 may où je vois avec bien de la peine les obstacles qui empêchent que le corps saxon ne se mette en mouvement à l'époque que j'ai eu l'honneur de lui indiquer précédemment.

Si M. le comte de Lusace avoit eu la bonté de m'instruire plus tôt de l'embarras où il se trouvoit par raport aux tentes, j'aurois fait écrire à Strasbourg comme je l'ay fait pour lui en faire fournir, mais il ne doit plus avoir d'inquiétude sur cet objet qui sera rempli par les soins de M. de Gayot. M. le comte de Lusace voudra bien seulement faire mander à l'officier chargé de ses ordres à Strasbourg de ne pas aller en avant sur cet article des tentes et de remettre toutes celles que les marchands auroient pu déjà lui avoir livrées à M. de Lucé, intendant d'Alsace, qui les prendra en remplacement de celles que M. de Gayot doit faire fournir afin d'éviter la retenue qui en seroit faite sans cela sur le corps saxon.

A l'égard de l'argent, que je ne doute pas que M. le duc de Choiseul n'y pourvoye incessamment et je suis également persuadé

---

1. Copie. Arch. de Honfleur.

que le commissaire de la Salle, chargé de la partie des échanges ne perdra point de tems à exécuter les ordres que je luy ai donnés pour celuy des officiers saxons qui ont été pris par les Hanovriens et les Prussiens.

Quant aux armes, on a fait délivrer à M. le Coq, à Goettingue, une quantité plus que suffisante pour le nombre des soldats qui en manquent.

Tous les moyens réunis aux efforts que M. le comte de Lusace fait de son côté ne me permettent pas de douter que le corps saxon ne soit en état de faire, le 10 de ce mois, ce mouvement indiqué. M. le comte de Lusace en sent la nécessité et le regret que j'aurois de morceller ce corps et de le distribuer dans les garnisons si le retard de ses réparations l'empêchoit d'entrer en campagne. Je connois trop la façon de penser de M. le comte de Lusace pour n'être pas persuadé que cette alternative l'affligeroit autant que moy, puisque cela priveroit le corps saxon des occasions de contribuer au succès des armes du Roy d'une manière proportionée au zèle qu'il a toujours témoigné pour le bien de son service. J'ai l'honneur d'être, etc. — LE MARÉCHAL DUC DE BROGLIE.

LE PRINCE XAVIER DE SAXE AU MARÉCHAL DUC DE BROGLIE[1]

Copie de la réponse de S. A. R. à M. le Maréchal. — Würtzbourg, 4 juin 1761. — Je reçois, M. le Maréchal, avec toute la reconnoissance possible les ouvertures que vous me donnés relativement aux moyens d'achever plus promptement la réparation du corps saxon, et particulièrement pour l'article des tentes dont la fourniture sera sans doute un embarras considérable de moins. Je viens de donner ordre à l'officier chargé des miens à Strasbourg de remettre toutes les tentes que les marchands auroient pu déjà avoir livrées à M. de Lucé selon vos intentions, et je dis encore me

1. Arch. de Honfleur.

raporter sur le retard involontaire que j'ay dû mettre à cet article à ce que j'ay eu l'honneur de vous mander par ma précédente.

Le point le plus important et le plus propre à rendre notre zèle inutile, c'est-à-dire l'arrivée de nos remises d'argent est encore retardée, M. le Maréchal, selon le rapport que m'a fait hier M. de Martange qui me mande que, malgré l'ordonnance, on fait beaucoup de difficultés de nous délivrer les espèces.

A l'égard des armes nous ne serions pas dans l'embarras si celles que l'on nous a délivrées en dernier lieu à Francfort avoient le calibre requis, mais par les épreuves réitérées qu'on en a fait il s'en est trouvé plusieurs dont l'embouchure est tellement étroite que les balles sans l'envelope de papier qu'on leur donne communément n'y scauroient entrer. Je les feray rendre, M. le Maréchal, dès que celles de Gœttingue nous seront arrivées.

Je vous dois, M. le Maréchal, les plus grandes obligations des ordres que vous avés donnés à M. de la Salle pour l'échange de nos officiers. Les deux bataillons nouvellement échangés marcheront en attendant avec le nombre d'officiers qui n'a pas point été pris. Comme sur les demandes réitérées que j'avois fait à la cour pour obtenir la liberté de nos officiers prisonniers je n'avois pas eu de réponse décisive je n'ay pas pu les remplacer encore, j'en ay cependant mandé d'autres de la Saxe pour cet effet, mais ils ne joindront que dans quelques tems, n'ayant eu que depuis peu d'ordre positif.

Tout ce que j'ay l'honneur de vous détailler dans ma précédente en vous représentant au vray notre situation était fondé sur ce même zèle que vous me connaissés, M. le Maréchal, pour le bien du service du Roy ; c'est ce sentiment qui m'auroit fait désirer de ne paroitre en campagne que dans l'état le plus conforme à cet objet. Vous êtes sans doute persuadé que l'alternative d'être dans l'inaction ou de contribuer tels que nous sommes à vos succès n'en est point pour nous et que depuis le chef jusqu'au dernier membre du corps saxon nous ferons l'impossible pour exécuter vos ordres. Les bataillons marcheront quand vous le décideres, mais ils ne seront pas complets, vu que les transports qui nous sont venus et qui nous viendront encore ne peuvent être habillés ni équipés au terme fixé. Je donnerai les ordres pour les habiller aussy promptement que possible et les faire joindre dès qu'ils seront en état.

J'ai l'honneur de vous répéter, M. le Maréchal, que notre zêle et notre amour pour le bien passe réellement nos facultés. Les efforts que nous allons faire achèveroient d'épuiser les ressources foibles et incertaines qui peuvent encore rester à des gens expatriés. La caisse de notre corps déjà abimée par les avances dans lesquelles nous sommes engagés est dans l'impossibilité de faire face aux besoins les plus pressans. Un emprunt de 30 mille florins que j'ay fait icy après mon arrivée nous a entretenu un peu; le retard du payement de la dernière ordonnance me mit dans la nécessité de ménager de nouveaux emprunts et de chercher des secours au moyen de mon crédit particulier qui est aussy peu étendu que celuy de tout le corps. Ces considérations sont trop conformes à notre situation pour que vous n'y entriés pas, M. le Maréchal, et toute la faveur que je vous demande avec instance, c'est d'envisager avec quelque attention les embarras violens de notre état et les entraves qu'ils mettent à notre zèle et à notre bonne volonté. Je me persuade que vous voudrés bien en tems et lieu faire valoir à la cour la nécessité de nous accorder des secours proportionnés à notre épuisement et essentiels pour obvier à notre ruine.

J'ay l'honneur de vous prévenir, M. le Maréchal, qu'en m'engageant vis à vis de vous de faire mouvoir au terme prescrit ce qui se trouvera réparé du corps saxon je ne puis pas mettre en ligne de compte notre nouveau régiment de cavalerie. Il seroit actuellement formé et monté si notre campagne d'hiver n'avoit pas reculé nos négociations pour la nouvelle convention par laquelle l'existence de ce corps vient d'être décidée. J'ay à la vérité travaillé d'avance autant que l'incertitude où nous étions a dû me le permettre, mais ce n'est que depuis la résolution de la cour que l'on a du entamer tous les arrangemens requis pour l'équipement de cette cavalerie, et avec la diligence que l'on y employe je compte, M. le Maréchal, que ce nouveau régiment nous joindra en deux mois, et je feray l'impossible pour que ce soit en six semaines mais ne puis vous le promettre.

Il seroit à désirer pour nous que tout ce qui doit contribuer à l'honneur, à la réputation et à la conservation du corps saxon dépendit uniquement de vos mesures, M. le Maréchal, nos embarras seroient sans doute bientôt terminés.

LE PRINCE XAVIER DE SAXE A MARTANGE[1]

Pour M. de Martange. — Würzburg, *5 juin 1761.* — Je dépêche aujourd'huy, mon cher Martange. le courrier à Varsovie pour rendre compte au Roi mon père des bonnes nouvelles que vous me donnés; vous avés agi selon votre prudence ordinaire en ne faisant pas mention du premier courier que j'y ai envoyé, et j'ai fait part à nos généraux de ce nouveau trait de votre intelligence supérieure, et de la prochaine expédition de leurs lettres de service qui les tranquillise on ne peut pas davantage. Votre lettre à M. de Choiseul est de main de maître; je vous en remercie bien sincèrement. Je n'ai point reçu sa réponse dont vous me parlés et je vous prie, mon cher Martange, de me gratifier par le premier courier d'une minute pour ce ministre, que je mettrai au net supposé que sa réponse m'arrive. Vous sentés vous-même combien votre présence à Versailles nous est essentielle pour terminer tout ce qui nous reste encore à désirer. J'espère que mon courier vous y trouvera encore; je lui ordonne de demander attentivement de vos nouvelles en chemin faisant, et je mande pour plus de précaution à Fontenay d'ouvrir le parquet au cas que vous fussiés déjà parti. Je vous recommande de ne pas oublier de me porter ma cassette de bijoux dont je vous ai parlé dans ma dernière. Mon quartier-maître général, Brathowsky, a mes ordres pour vous faire préparer pour vous et votre famille présente et future la maison la plus convenable de la bonne ville de Würzburg, et pour peu que

---

1. Lettre originale. Arch. de Honfleur.

vous le désiriés j'engagerai M. le comte d'Elz à vous recevoir au nom de tout l'illustre chapitre, le verre à la main.

Je vous ai mille obligations des nouvelles politiques que renferme votre lettre particulière. Je me réserve à répondre de bouche à tous les points dont je ne fais pas mention ici. Vous avés beau dire que votre lettre étoit indéchifrable, je m'en suis tiré à merveille et l'ai trouvée[1]...

Notre pauvre comissaire se résigne assés tranquillement à son destin et met toute son espérance dans les bontés de Mme la Dauphine.

J'ajoute encore ici, mais sous le sceau du secret, que ce n'est pas le Maréchal mais le comte de Broglie qui a grondé M. de la Salle sur l'échange de nos officiers, en lui demandant de quelle autorité il le faisoit et qu'il valloit bien la peine d'échanger des étrangers. Je vous marque ceci comme une preuve de son affection pour nous. On parle à présent d'arranger un échange pour de l'argent, vous voyés par là que nos anciens prisonniers seront rachetés et que ceux que je mande pour les remplacer nous resteront sur les bras, mais je me réserve à arranger ce point avec vous à votre arrivée. — XAVIER.

MARTANGE AU PRINCE XAVIER DE SAXE [2]

Paris, 6 juin 1761. — Mgr. Je ne perds pas une minute pour répondre en substance à la lettre dont V. A. R. m'honore en datte du 3 du courant. Elle me pénètre de plus de douleur que je n'en ai ressenti de ma vie, et je croirois manquer dans l'occasion la plus essentielle à ce que je vous dois d'attachement et de reconnoissance si je ne vous faisois pas les représentations les plus instantes sur la résolution à laquelle je serois au désespoir que V. A. R. se fût fixée. Il est non seulement important, Mgr., mais encore indis-

---

1. Trois mots en allemand.
2. Orig. Arch. départ. de l'Aube. Copie aux Arch. de Honfleur.

pensable que l'armée de M. le maréchal de Broglie entre en campagne avec tout l'apparat de ses forces, soit qu'il soit question de s'en servir, ce que je ne crois pas encore, soit qu'il ne s'agisse que de se présenter de façon à en imposer à l'ennemi, ce que j'estime plus vraisemblable; il est toujours d'une nécessité supérieure à touttes autres considérations que la France puisse faire valoir la supériorité du nombre de ses forces sur ce que le prince Ferdinand peut lui opposer. Tous les arrangemens soit politiques soit militaires portent sur ce fondement, et cette supériorité actuelle en Allemagne est la seule sorte de réciprocité que la France ait à employer contre ses ennemis : en retardant la marche d'une partie de ses trouppes sur lesquelles on a compté, vous sentés, Mgr., que c'est retarder l'employ des moyens qu'on a jugés nécessaires, qui sont nécessaires *principalement dans l'instant présent* et qui vraisemblablement dans six semaines ou deux mois ne le seront plus; par le besoin qu'on a de toutes ses pièces soit pour jouer soit pour en avoir l'air, jugés, Mgr., combien on seroit sensible à voir le corps aux ordres de V. A. R. hors d'état d'exécuter ce qu'on a tant de droit d'attendre de lui; les raisons justificatives de son inaction touttes bonnes et fortes qu'elles sont n'empêcheront pas toutte l'humeur qu'on ressentiroit de voir les Saxons rester en arrière, et cette même humeur nous imputeroit à faute malgré tout ce que nous pourrions dire de n'avoir pas fait tout ce que les autres trouppes dont l'armée est composée ont exécuté pour le remettre en état de reparoître en campagne. Cela est d'une conséquence supérieure à tout, et j'ose dire à V. A. R. que le parti de rester en arrière quand toutte l'armée s'ébranlera est la ruine de touttes nos espérances pour l'avenir, et qu'il effaceroit irrévocablement tout ce que nous avons fait de bien pour la gloire et les intérêts de la Saxe. Il faut absolument, Mgr., que V. A. R. fasse au delà du possible dans cette circonstance et si la totalité du corps est hors d'état ainsi qu'elle me le marque de quitter ses quartiers, il n'en faut pas moins forcer tous les moyens pour marcher avec tout ce qui se trouvera en état de le faire. Je sens parfaitement combien ce conseil est de difficile exécution par le dérangement que cela causera dans la composition des corps, mais je le répette à V. A. R. touttes considérations œconomiques et même de discipline doivent céder à l'acte de bonne volonté et de zèle qu'il s'agit de donner en marchant comme on pourra. Plus il y aura d'obstacles à vaincre, de difficultés à surmonter, plus l'honneur du corps sera grand et plus les droits de V. A. R. seront fondés aux bons offices de la France pour le présent et pour l'avenir. Au pis aller, dussions-nous nous servir des vieilles tentes de la campagne dernière, touttes délabrées qu'elles soient, le grand point est de marcher et malgré tous les retards que nous avons essuyés de pouvoir faire valoir un zèle au-dessus même des possibilités. Croiés-en, Mgr., un serviteur vrai et éclairé qui ne voit que votre bien, celui du corps que vous commandés et du pays qui l'a adopté. Le conseil que je prends la liberté de vous donner est de l'exécution la plus instante; il me paroit même si pressé que je me reprocherois d'attendre la journée pour avoir la réponse de Mme la Dauphine, et en écrivant ma lettre je voudrois vous la rendre moi-même pour y joindre touttes les raisons dont je suis plein. Je serois parti sur le champ en poste sans la nécessité où je suis d'attendre encore trois ou quatre jours pour recevoir enfin une centaine de mille francs sur la délégation de M. de la Porte qui me donne autant de peine qu'en aura V. A. R. à entrer en campagne avec des réparations aussi peu avancées. Vous pouvés compter, Mgr., que vous toucherés les cent mille francs avant le 16 de ce mois, et vous pouvés faire vos arrangemens en conséquence. Je travaillerai dès demain pour mettre en ordre le remplacement de nos officiers prussiens, et tout ce que m'ordonne V. A. R. La meilleure façon de faciliter nos négociations en tout genre est de vous faire un mérite de la démarche que j'ose vous demander à mains jointes comme la chose la plus essentielle.

Le comte de Broglie part mardi 9 au soir, et fait toutte diligence pour rejoindre le maréchal son frère. Les nouvelles disent Bellislle à l'extrémité[1]; on tente cependant l'impossible pour y porter

---

1. Après un blocus et un siège prolongés (avril-juin 1761), Belle-Ile tomba au pouvoir des Anglais.

secours et on ne désespère pas encore, la garnison fait des miracles, Mr. de Stanley n'est ici que depuis 3 jours ; rien ne transpire de ce qu'il y a fait. Bien des gens croient encore que suivant l'éclat avec lequel les deux armées françoises doivent paroitre en même temps en campagne, on pourra accélérer la paix par suspension d'hostilités. Si cela ne réussit pas, il est certain qu'on poussera les deux sièges de Lipstadt et de Munster à toutte vigueur et qu'on ne ménagera rien pour obliger l'ennemy aux voyes de conciliation qu'on se propose. Il me seroit impossible, Mgr., de rester plus longtemps icy ; tout le monde partant ou étant parti, je ne pourrois y rien faire pour nos affaires et la seule façon de les avancer est de procurer par notre zèle et nos opérations l'avancement de la paix et du bien général. J'envoye à Mme la Dauphine la lettre de V. A. R., et j'ose là prévenir d'avance que certainement sa réponse sera conforme à la mienne.

Je n'en dis pas plus pour ne pas arrêter le courier. Je suis avec le plus profond respect, de V. A. R., etc. — DE MARTANGE.

MARTANGE AU PRINCE XAVIER DE SAXE [1]

A Würtzbourg, ce 27 juin 1761. — Mgr. Me voicy enfin de ma personne à Wurtzbourg et on ne peut pas plus empressé d'aller reporter mon existence aux pieds de V. A. R. J'attens le seigneur Metzer auquel j'ai envoié l'ordre à Francfort de venir me joindre icy avec un chariot de poste où je m'embarquerai avec mon lit et ma malle pour aller vous retrouver. J'ai fait partir il y a près d'un mois mes chevaux sous la conduite du fils d'un de mes vieux camarades que j'ai pris pour mon aide-de-camp et dont je n'ai aucune nouvelle, sinon qu'il s'est égaré dès le commencement de sa route en prenant celle du Bas-Rhin. Tout cela m'inquiette fort peu ; d'icy à trois ou quatre jours cela sera éclairci et j'irai rejoindre V. A. R. comme je pourrai. Je serois bien trompé si cette campagne-cy étoit

---

1. Orig. Arch. départ. de l'Aube.

longue, ainsi j'espère qu'avec vos bontés j'aurai toujours en cas de besoin un cheval pour suivre V. A. R., et voilà l'essentiel s'il y avoit apparence de quelque événement militaire d'icy à huit jours. J'attens encore avec toutte confiance des bontés de V. A. R. de m'en donner avis assés promptement pour que je puisse enfourcher le bidet et arriver à temps.

Je remets à cette arrivée à causer avec V. A. R. Je ne lui parle point du refus que m'a fait Mme la Dauphine de sa cassette aux bijoux. Elle vous en parlera sûrement dans la lettre que je vous envoye. Je suis sûr que ce n'est pas pourtant par inquiétude que je n'en use comme la dame de Boisgiroult[2] avec le Saint-Jean Népomucène. Je remets, en argent sec, 350 livres à M. Bussy et le reste des 12 mille livres en quittances des s^{rs} Ducamp et Favier.

Je n'écris à personne comptant voir tout le monde dans quelques jours, et oublier dans leur société et auprès de V. A. R. tout l'ennuy que j'ai eu pour cette fois-cy dans la benoite ville de Paris et lieux adjacens, dont le ciel préserve tout honnête chrétien comme celui qui est avec le plus profond respect, etc. — De Martange.

Mme de Martange et Mad^{lle} se mettent aux pieds de Mgr., et j'en ai ébauché un qui avec le temps s'y mettra aussy.

MARTANGE A Mme DE MARTANGE[2]

A Paderborn, ce 20 juillet 1761. — Je viens de recevoir, ma chère amie, tes trois lettres des 12, 14 et 16 du courant. L'état de ma fille me pénètre de douleur et je vais passer les jours dans la plus mortelle inquiétude jusqu'à ce que j'aie des nouvelles plus consolantes : le seul soulagement que je puisse trouver à l'état affreux où cela me met est de t'envoyer Fiennes[3] pour te faire

---

1. Mme de Boisgiroult avait volé plus de 400 mille livres à la Dauphine. Arrêtée et mise à la Bastille, elle avoua tout.
2. Orig. Arch. de Honfleur.
3. Son valet de chambre.

parvenir plus promptement un remède que Mr. Wolff garantit immanquable même pour la dissenterie et que je te souhaitte, ma chère amie, qu'il arrive à temps et utilement; je perdrois le tiers de mon existence en perdant ma fille : embrasse-la bien tendrement pour moy.

Tu as vu par ma lettre d'hier l'état de touttes nos opérations militaires; suivant touttes les nouvelles de Paris, de Vienne et de Londres on s'attend à une suspension d'armes très-prochaine, mais en attendant il est certain que l'on s'est battu comme des chiens [1].

J'ai vu une lettre de Paris où on marque que les Anglois ont attaqué l'île de Ré dont ils veulent faire le siège et que l'escadre de Rochefort à ordre de les aller combattre. On s'attendoit le 4 de ce mois, à Bordeaux, à voir un combat naval.

Dans les lettres interceptées aux ennemis, je vois qu'on parle chez eux suspension et paix encor plus qu'icy et qu'ils attendent des ordres d'un moment à l'autre. Comme cependant tout cela n'est pas sûr et que Wusbourg [2] t'est odieux et dangereux pour ta santé et celle de ma famille, non seulement je te permets mais te prie même de partir le lendemain de ma lettre receue, si la santé de Minette te le permet, pour aller à Spa : ne crains pas pour sa foire si elle n'a que cette maladie; fais-lui faire de bon potage au ris et aux pieds de mouton; nourris-là bien et qu'elle prenne l'air. Conserve-la moy, je te prie, et conserve toy pour elle et pour moy. En partant tu remettras à Mr. de Bussy cinquante louis, et à Fiennes un petit pot de tabac en me le renvoyant. Je ne crois pas malgré cela que la paix soit éloignée et je pense encor qu'avant la fin du mois cela s'arrangera, mais pour plus grande précaution il est bon d'avoir du tabac. Tu voudras bien laisser à Francfort chez Mr. d'Oblenschleger la malle qui doit être venue pour moy pour que je puisse la faire venir si j'en ai besoin.

Je te préviens, s'il n'est pas question de paix, qu'avant peu nous reviendrons sur Cassel, l'envie du siège de Lippstadt et celui de

---

1. Combat de Fillingshausen, livré les 15 et 16 juillet 1761.
2. Wurtzbourg (Bavière).

Munster étant un peu passée grâces à la façon dont on a commencé et pour n'avoir pas suivi certain projet qui finissoit tout. L'autheur doit être fort glorieux d'avoir bien vu, mais il seroit plus content s'il s'étoit trompé et qu'on eût réussi. La désunion entre les deux maréchaux[1] est, dit-on, au dernier degré et je parierois que cela avancera la nécessité de la paix et sa conclusion ; c'est ce qui a consolé les honnêtes gens de l'échec du 16 qui au reste est l'action la plus glorieuse pour les troupes.

Il me tarde bien, ma chère amie, de me voir réuni à tout ce que j'aime ; je compte que cela ne sera pas long mais je ne sais encor rien de positif. Renvoye-moy Fiennes tout de suitte et avec de bonnes nouvelles si cela est en ton pouvoir. Ma pauvre Minette, que tu me causes de chagrin et d'inquiétude dans ce moment-cy ! Bonsoir et tendresse éternelle, ma chère amie. J'ai trouvé à ce que je crois ce qu'il te faut pour un cuisinier ; il m'a promis d'être bien sage, fidelle et de ne point s'ennyvrer. Il s'étoit engagé à un lieutenant-colonel pour faire campagne mais la vie militaire ne lui convient pas. Tu lui donneras dix écus par mois et six livres pour le vin, c'est ce que je lui ai promis. Garde-le pour l'amour de moy s'il est bon ; je n'ai pas eu le temps de l'essayer, mais il m'a promis de faire tout ce que tu voudras ; je le fais partir avec Fiennes.

MARTANGE A MADAME DE MARTANGE[2]

Au camp d'Eimbeck[3], ce 8 septembre 1761. — Je viens de recevoir ce matin, ma tendre amie, ta chère lettre du 31 du passé par

---

1. Le maréchal duc de Broglie et le maréchal prince de Soubise. Martange avait été autorisé à faire les fonctions de maréchal de camp à l'armée du maréchal de Broglie, laquelle après avoir opéré dans la Hesse et dans la Westphalie, pris ses quartiers d'hiver sur le Mein, s'était jointe à l'armée du prince de Soubise formée sur le Bas-Rhin. Aussitôt la jonction, le maréchal de Broglie attaqua le prince Ferdinand de Brunswick au village de Fillingshausen et perdit la bataille (16 juin 1761).

2. Arch. de Honfleur.

3. On lit dans la *Gazette* à la date du 26 septembre 1761 : « Suivant les nou-

laquelle je te vois ainsi que je m'en étois flatté un peu plus tranquille et mieux portante, ayant receu de mes nouvelles. C'est effectivement un maudit pays que Wurtzbourg pour les lettres, et généralement parlant toutte cette année-cy n'est rien moins que favorable pour les correspondances, cette poste-cy ne partant que trois fois la semaine. Et, à ce propos, il est bon de te prévenir que du mercredy au samedy il n'en part point; ainsi point d'inquiétude par parenthèse d'être, après avoir reçeu celle que je t'écris, trois jours sans en recevoir d'autres car c'est la règle.

Nous n'avons encore aucune nouvelle de M*r*. le Maréchal qui doit cependant aujourd'huy revenir au camp de Sulpeck; ce retour occasionera vraisemblablement, ainsi que je te le marquois dans ma lettre d'hier, un nouvel arrangement des troupes qui sont à la droite du Weser, et je pense pour moy que nous pourrions bien aller jusqu'à Gandersheim ou Seesen pour attendre les contributions auxquelles il paroît qu'on s'attache actuellement et dans le dessein aussy d'engager M. le prince Ferdinand à faire passer plus de troupes à la droitte du Weser. Mais cette opération ne sera pas suivant mon estime de longue durée, je pense au contraire qu'aussitôt que M*r*. de Broglie aura l'air de vouloir s'étendre de ce côté-cy, le prince Ferdinand se portera plus en force sur la Dymel et en menaçant M*r*. de Stainville[1] fera bien vite revenir M*r*. le Maréchal.

Il peut même se faire que de s'éloigner de M*r*. de Stainville pût être dangereux, car nous scavons que M*r*. de Soubise doit être actuellement sous Vesel et par conséquent rien ne gênant M. le prince héréditaire il pourroit se porter en Hesse par Bredibar et Stadberg ce qui donneroit une allerte fort embarassante à M. le comte de Stainville qui se trouveroit presque coupé. Ainsy tout cal-

---

velles que l'on a d'Allemagne, l'armée commandée par le maréchal de Broglie campa le 11 sur les hauteurs d'Eimbeck. Le comte de Lusace se porta avec sa réserve à Gandersheim. »

1. Jacques, comte de Stainville, avait servi en Autriche et était passé lieutenant-général au service de France le 18 mai 1760. Il devint maréchal de France en 1783 et décéda en 1789. Il a été dit déjà que le comte de Stainville était le frère du duc de Choiseul.

culé il faut de bon gré ou non que nous nous casanions sur la Fulde et la Verra avant la fin de ce mois, et ce n'est pas plus tard qu'à cette époque, ma chère amie, que je remois le moment de me retrouver quelquefois avec toy, et toujours plus près de toy, ainsy que je t'en ai prévenu, soit Allendorff, soit Creutzbourg, soit Eisenach, car je ne puis pas encore scavoir auquel de ces endroits il sera question de donner la préférence. Je suis au reste tranquille à cet égard parce que je te rens la justice de croire que dès que nous ne serons qu'à 6 ou 7 lieues de l'autre, l'endroit qui nous rapprochera autant te paraîtra la plus agréable de touttes les habitations.

Le prince n'a encore aucune lettre d'Abernitz sur ce que tu me dis des négociations de M. de La Touche; je serois enchanté en mon particulier que cela fût vray parce que cela annonceroit qu'on songe d'autant plus à replier sur le Mein et sur le Rhin, ce qui est le signe le plus certain de la fin de la guerre. Il n'y a eu aucunes lettres authentiques de Paris depuis celles que je t'ai dites, et aussisôt que je saurai quelque chose de nouveau je ne manquerai pas de t'en faire part pour amuser ta solitude jusqu'à ce que j'aille la troubler moi-même et te la faire oublier.

Favier[1] a écrit à Brathowski en lui envoyant les gouttes pour le prince; la lettre est du 29 du passé. Il n'y parle d'autres nouvelles que de l'arrêt du parlement contre les Jésuites[2]; comme la cour, dit-il, n'a encore pris aucun parti contre, on soupçonne qu'elle aprouve la résolution du parlement et qu'elle abandonne les R. R. Pères à leur mauvaise étoile. Je serois assés porté à croire que cela pourroit bien être car depuis quelque temps le Maître[3] n'est pas l'ami de la Société. Le même Favier m'écrit au sujet d'une affaire qui regarde Block[4] et par occasion se plaint amèrement de son silence. C'est un bon vieillard, un galant homme que tu aimes

---

1. Secrétaire de correspondance au service du prince Xavier, à Paris.
2. Arrêt du 6 août 1761 qui ajourne les Jésuites à comparaître au bout de l'année pour le jugement de leur constitution.
3. Le prince Xavier de Saxe.
4. Le baron de Block, général-major au service de la Saxe.

ainsy que moy ; écris-lui je te prie d'amitié, ma chère petitte, et excuse toy du mieux et du plus tendrement que tu pourras de ne l'avoir pas fait plutôt.

Ta nouvelle de Paderborn en faveur du prince Clément est un peu précoce ; comme M^r. le prince Ferdinand est un peu à la tête du chapitre de cette ville, il est assés apparent qu'il n'aura pas donné sa voix à un prince de Saxe. Avec le temps et lorsqu'on y sera le maître, il y a tout à espérer pour luy ainsi qu'à Munster et Hildesheim, car il a sa bulle d'éligibilité pour tous les évêchés vaquens et à vaquer en Allemagne.

Ce que tu me marques de l'archiduchesse-infante est affreux[1] ; c'est un accident à consterner toute la cour. Cela peut avoir son bon, c'est d'abbattre l'orgueil et de la rendre plus propre à se prêter, et à céder aux circonstances dans un temps où la paix est l'objet des vœux de toutte l'Europe, la maison d'Autriche seule exceptée.

Point de nouvelles de Silésie depuis le 19 où on s'attendoit à une bataille ; cependant des officiers de cette armée-là qui écrivoient au prince finissoient leurs lettres par dire : nous sommes bien en présence et presque réunis aux Russes puisqu'il n'y a qu'une mille et demie de distance de leur armée à la nôtre, mais ils attendent que nous soions les premiers à engager une affaire et nous attendons de notre côté que ce soit eux qui la commencent, nous pourrions bien rester encor longtemps comme cela.

M. le duc de Fronsac[2] a eu un petit avantage le 28 du passé sur M^r. le général Kilmansegg qui étoit sorti de Munster et qui avoit d'abord poussé les dragons du régiment de Chapt qui, à leur tour, soutenus par les volontaires de Soubise et par le régiment de Piémont ont reconduit ledit Kilmansegg jusques sous le canon de Munster après lui avoir tué 3 à 400 hommes et pris 300 parmi lesquels 14 officiers. Pendant le même tems le prince héréditaire

---

1. On lit dans la *Gazette* : « Le 3 de ce mois (juin 1761), l'archiduchesse Amélie se trouva indisposée, et le 6 la petite vérole se manifesta ».
2. Mestre de camp réformé du régiment de *Septimanie* ; brigadier de dragons, le 23 juillet 1756.

attaquoit et canonoit à Dorston où il pourroit bien de son côté avoir pris un bataillon de Vierzet-Liégeois [1] qui étoit dans ce mauvais poste, et qui avoit ordre de s'en retirer sur Wesel où le prince de Soubise est certainement à présent crainte d'être coupé de ses communications.

Nous n'avons encore aucun ordre de marche et rien de ce qui étoit hier au soir n'est changé aujourd'huy : je ne scais si je me trompe mais je ne pense pas qu'avant le 10 nous sortions d'icy ni qu'avant ce temps aussy il se fasse aucun mouvement à Francfort. Ce qu'il y a de sûr c'est que Mme la maréchale de Broglie et Mme de Lameth y sont encore et qu'elles ont dit à M^r. de Glaubitz[2] que tant que la guerre ou la paix ne seroient pas décidées elles y attendroient l'événement. On espère icy aujourd'huy que M^r. de Vogüé[3] y viendra de Schlichten en visite, mais il n'y a encor rien de sûr et cela pourroit bien manquer comme la dernière fois. S'il y a des nouvelles je te les marquerai par ma lettre de demain. Je dîne aujourd'huy chez le commissaire Willemann avec Glaubitz et quelques autres officiers des plus minables ou des moins révoltans ; au moins boirai-je frais et mangerai-je chaud ce qui me fait grand plaisir d'avance, car malgré la prodigieuse ambition dont tu me fais gratuitement honneur je t'avoue que mon âme très-terrestre et très-simple est fort attachée à l'instinct et aux plaisirs de l'animalité.

J'ai envoyé Metzer à la poste et pour scavoir s'il y en a de toy, et j'attens son retour pour mettre fin à la longue conservation que j'ai bavardée avec toy. Je n'ai nulle nouvelle de l'affaire d'Es... ni de celle de Rich...[4] mais ce n'est pas une raison pour renoncer ni à l'une ni à l'autre et sur la seconde lettre que Mme la Dauphine doit avoir écrite à sa sœur je veux encore me flatter que laditte sœur opérera sur l'esprit du mary. Mais, à la vérité, le tableau que

---

1. Régiment créé par ordonnance du 25 mars 1757 et composé de deux bataillons ; le bataillon était de 680 hommes et 40 officiers.
2. M. de Glaubitz était maréchal de camp du 13 mai 1758 ; il avait été lieutenant-colonel du régiment d'infanterie allemande de Nassau, puis brigadier d'infanterie en 1748.
3. Le comte de Vogüé, lieutenant-général le 28 décembre 1758.
4. Les noms sont en blanc.

le comte d'Einsiedel m'a fait du revêche que ce seigneur-là avoit dans le caractère me fait appréhender qu'avant de dire oüy il ne fasse attendre longtemps. Enfin un peu plus tôt ou un peu plus tard pourvu que cela vienne, voilà le principal; cependant le plus tôt vaut très-certainement le mieux, d'autant comme dit le proverbe que le rôt brûle.

Les affaires d'Italie ont un air de se brouiller qui si on ne se presse d'y mettre ordre éclatera d'une façon cruelle. Je vois Sa Sainteté qui se met dans l'affaire des Corses jusqu'aux oreilles; un pas de plus à son allocution apostolique et il n'y aura plus moyen de reculer. Touttes ces réfléxions me font croire plus que jamais qu'on se pressera de conclure une pacification qui peut réunir tous tous les esprits et empêcher le fléau de la guerre d'étendre ses ravages aux quatre coins de notre Europe.

A midy.

Poste arrivée, et point de lettres pour moy; les jours se suivent et ne se ressemblent pas. Il vient aussy d'arriver des nouvelles de Mr. de Vogüé par lesquelles nous apprenons que le 31 du passé le corps prussien aux ordres du prince de Holstein-Gottorpp avec un régiment d'infanterie et les hussards de Malackowiski est parti de Mapirg (?) pour marcher en Saxe à l'armée du roi de Prusse, ce prince étant trop foible pour résister seul aux Autrichiens et aux Russes. En voilà déjà une de celles que j'avois devinées d'arrivée. Les mêmes nouvelles ajoutent qu'on dit qu'il doit encore y avoir d'autres régiments de l'armée alliée qui seront détachés pour renforcer l'armée prussienne, mais je n'en crois rien par les raisons que tu m'as si souvent entendues dire. On assure encore que par raison de cette diminution le prince Ferdinand d'un mois, qui est celuy-cy, entier ne tentera rien; tu peux arguer de là pour le reste de mes prédictions. Cette nouvelle-là, à ce qu'il me paroît, valoit bien de recevoir aujourd'huy un petit mot de lettre de toy, mais apparement ce n'est pas ta faute. Mille baisers entre ta fille et toy, ou si tu l'aimes mieux entre toy et ta fille. Mr. de Vogüé ne viendra pas icy, sa lettre est d'hier; tout est tranquille dans ses quartiers.

Mme DE MATHAREL[1] A Mme DE MARTANGE[2]

A Madame la comtesse de Martange. — Paris, ce 10 septembre 1761. — Je me suis informée, Madame, aux échos d'alentour du païs que vous habités, et surtout à Mr. de Fontenelle qui l'ignore comme toutes les personnes qui vous sont attachées, voulant me rapeller dans l'honneur de votre souvenire et vous prier de joindre vos prières à celles que je vient de faire à monsieur le comte de Martanges, je prend le party de luy envoyer cette lettre pour vous la faire parvenire. J'ay réclamé, Madame, auprès de luy les offres obligeants qu'il a eü la bonté de me faire, et je réclame aussy les vôtres pour l'engager à instéresser Mgr le comte de Lusace en faveur d'un mémoire que j'ay adressé à Mr. le comte de Martanges. Voilà, Madame, dont il s'agit. Mr. le comte de Gouvernet de la Tour-du-Pin, mon parent, et de plus l'amy intime de Mr. de Matharel et le mien, à qui nous devons la plus grande reconnoissance pour des services esentiels qu'ils nous a rendu, a un frère abbé, grand vicaire de l'archevesché de Vienne depuis neuf ans. C'est un sujet admirable; c'est un nom très-bon et très-connu; il n'a aucunes grâces du Roy, et est cadet d'une maison peu riche. Mr. l'évesque d'Orléans[3] connoit tout ce qu'il mérite, mais vous n'ignoré pas qu'il ne dispose de rien qu'auttant qu'il est sollicité par des personnes auquelle il ne peut refuser. Il s'agit donc, Madame, d'engager Mgr. le comte de Lusace à luy demander et faire demander par madame la Dauphine l'abbaye de Joui, diocèse de Sens, pour Mr. l'abbé de Gouvernet. J'ai envoyé à monsieur le comte de Martanges un mémoire pour cela. Je vous suplie, Madame,

---

1. Son mari, Marie-Joseph de Matharel, comte de Fiennes, fut gouverneur de Honfleur de 1732 à 1777.
2. Arch. de Honfleur.
3. Louis de Jarente de La Bruyère.

de vous y intéresser, c'est le plus grand services que vous puissiés me rendre ; vous l'imaginés bien, Madame, puisque vous me procurerés une occasion de reconnoitre les services d'un parent et d'un amy....... — FIENNES DE MATHAREL.

MARTANGE A Mme DE MARTANGE [1]

Au camp de Gandersheim, ce 19 octobre 1761. — Pardon, adorable petitte, si j'ai été aussi laconique dans mes lettres de tout ce mois-cy, les occupations continuelles que j'ai eues jusqu'à ce moment tant le jour que la nuit à écrire, courir et travailler en tout genre m'ont enlevé le seul plaisir que je puisse goûter éloigné de toy. Je souffre autant, mon cher enfant, à ne t'écrire que quatre lignes que tu souffres toi-même à en avoir aussi peu à lire pour calmer ton ennuy ; juge de tout celui dont j'ai été dévoré d'être privé pendant douze jours de recevoir aucune de tes nouvelles te sachant malade et à la mort. J'ai maudit cent fois mon étoile de ne pouvoir être dans tes bras à partager tes douleurs et à les adoucir, mais la nécessité qui n'a point de loy en donne à l'amour le plus tendre. Enfin tous les risques et les maux plus cruels de l'absence touchent à leur fin, et dans peu nous en effacerons le souvenir dans les douceurs d'une conversation amicale et intime et les plaisirs d'une société cordiale et intime.

Je profite de l'envoy de Mr. le chevalier de Chatelux [2] qui va porter à la cour le détail de l'expédition de Volffenbutel [3] et les drapeaux de la garnison que nous y avons faite prisonnière de guerre pour le charger de ma lettre et te faire passer ce même détail qui t'amusera peut-être, parce que tu en aimes tendrement

1. Orig. Arch. de Honfleur. Mme de Martange était allée à Spa et elle y séjournait.
2. Le chevalier de Chastellux était colonel du régiment de La Marche en 1759, colonel du régiment de Guyenne en 1761 ; maréchal de camp le 1er mars 1780.
3. Wolfenbüttel, petite ville du duché de Brunswick.

l'auteur. Je ne veux point te cacher que j'ai couru très grand risque à ce vilain petit siège ayant eu du même boulet ma canne emportée dans ma main, mon manteau percé et mon épée pliée à mon côté; cette petitte aventure a fort corrigé le prince de courir s'exposer à faire des reconnoissances hazardées.

Ce que nous faisons icy n'est plus que pour enlever aux ennemis les fourages dans cette partie. Mr. le Maréchal a dit au prince que l'armée entreroit dans ses quartiers au plus tard le 9 de novembre. Je me flatte encore que ce sera quelques jours plus tôt, les pluyes presque continuelles de cette saison ne permettant pas de tenir plus longtemps les troupes sous la toile. Ainsi, ma chère amie, dans 15 jours au plus tard je partirai pour aller te joindre, car je devancerai de quelques jours le départ de l'armée et j'en ai déjà prévenu le prince. Je ferai partir mes chevaux de carosse de vendredy en huit pour aller m'attendre à Fulde où je viendrai les joindre le 4 ou le 5 de novembre sur mes chevaux de monture, et enfourcherai de là un bidet pour venir plus tôt à Wurtzbourg, d'où nous prendrons la poste pour aller ensemble à Fulde où mes chevaux et mes gens relayeront la poste pour nous mener à petites journées où le corps saxon aura ses quartiers. Voilà mon arrangement, ma chère amie, et il me tarde déjà d'être au moment de l'exécuter. Que ne donnerai-je pas pour en avancer les momens! Je voudrois déjà que cette lettre qui te portera quelque consolation te fût parvenue, et je voudrois même plus pouvoir te la porter moi-même; si je puis avancer mon arrivée compte sur mon empressement pour le faire.

J'ai eu la consolation de recevoir hier trois de tes chères lettres, une du 8, une du 11 et la dernière du 13 du courant avec le billet inclus de ma chère brunette qu'après toy je meurs d'envie de voir et d'embrasser. Je l'adorois méchante et volontaire que ne ferai-je pas en la retrouvant douce et charmante! Mon cœur est entre vous deux et uniquement à vous deux, mes chers amis, je ne vis que pour vous et ne pense qu'à vous. Il me tarde d'être hors de la galère dans laquelle je suis embarqué et malgré tout ce qu'on dit du commencement d'une nouvelle guerre je t'assure que je scais des choses qui me font juger avec quelque connoissance de cause que la paix se fera encore cêt hyver. J'ai beaucoup causé avec un marquis de la Torre, espagnol qui est chargé icy des affaires de sa cour et qui m'a dit beaucoup de choses par estime pour moi qu'il ne dit pas à tout le monde. Au cas que la guerre continue, ce ne sera pas toujours en Allemagne que nous la ferons, et c'est déjà beaucoup de gagné, car ailleurs si le poisson est mauvais la sauce le fait manger, au lieu qu'icy et la forme et le fonds tout en est dégouttant. Nous parlerons bientôt tête-à-tête de tout cela et de tout ce qui nous intéresse.

J'ai décacheté par mégarde une lettre de ta mère qui m'est venue de Paris, et je te l'envoye avec celle qui étoit incluse dedans pour ton frère à qui tu la feras parvenir.

J'en ai une de Mme Bernard, de Châlons, qui me sollicite pour lui faire payer le vin qu'elle a envoié au prince et qui me marque qu'elle a une jolie petite chevrette angloise pour toy et qu'elle te la garde. Nous la prendrons à notre passage si nous allons à Paris comme je n'en doutte presque pas, car malgré tes idées compte que les quartiers d'hiver cette année seront très-tranquilles et très-pacifiques ; en tout cas je ferai avec toy tous mes voiages et ne te quitterai pas certainement.

On dit icy une fort mauvaise nouvelle, c'est que les ennemis ont laissé la peste à Varbourg[1] et à Hoxter, on y meurt dru comme mouche d'une espèce de maladie épidémique ; les gelées arrêteront sans doute ce fléau qui est une suite de la misère, de la corruption de l'air et des cadavres de toute espèce qui l'empoisonnent dans le séjour trop long des grandes armées. Pourvu que mes deux Antoinettes vivent et se portent bien, je me console des malheurs du reste de l'humanité.

Je suis charmé que tu te sois raccommodée avec ton cuisinier, je lui pardonne de tout mon cœur dès que tu es contente de son service ; c'est principalement pour toy que je l'ai pris. S'il est sage, qu'il s'applique à faire à ton goût sans quoy très sûrement il ne fera pas au mien. Il faut vivre et manger bien et proprement, c'est un

---

1. Warburg.

grand article et celui auquel je m'attache beaucoup à présent. S'il fait bien, il se trouvera bien et sera bien payé ; s'il fait mal j'en prendrai un autre et je le chasserai. J'avois dit à cet animal-là de faire sa cour à Jeannette pour ne point sortir ; est-ce qu'elle n'en a pas voulu ? cela vaut pourtant mieux que rien. A-t-il les bonnes grâces de Minette ? Lui fait-il de bons potages ? car c'est encore une petite princesse qui ne laisse pas que d'avoir voix au chapitre et qui de jour en jour doit encore l'avoir davantage. Tu vois, ma chère amie, que pour peu que j'aie du tems à moy je l'employe avec grand plaisir à bavarder avec toy. Il faut pourtant que je finisse car mon Auguste Maroufle m'attend pour me donner le mot et je suis de jour. Je te baise mille et mille fois et voudrois bien être de nuit avec toy. Baise la chère petite brunette pour son papa qui meurt d'envie de danser un menuet avec elle. Mes complimens à ton médecin.

P. S. — Broti[1] n'a pas le tems d'écrire, il te fait assurer de son respect. Ne montre la relation qu'en particulier au commissaire ; ne parle pas de l'avoir receue dans la ville parce que le prince n'a point encore écrit au Roi son père.

MARTANGE AU PRINCE XAVIER DE SAXE [2]

A Würtzbourg, ce 30 novembre 1761. — Mgr. Les ordres de V. A. R. sont éxécutés : je lui envoye l'accolade du mémoire de Varsovie et des réflexions qu'il a fait naître. Je souhaite fort qu'il en fasse faire d'utiles cette année-cy pour l'envoy des uhlans, mais je n'ose m'en flatter.

Mr. Bussy fait son inventaire des pièces contenues dans les deux caisses qui vont être refermées devant moy, et reportées demain chés Mr. le lieutenant-colonel d'Obernitz.

Je ne scais pas trop, Mgr., comment V. A. R. se trouve du

---

1. Abréviation de Bratkowski.
2. Orig. Arch. départ. de l'Aube.

froid excessif qu'il fait naturellement, mais pour mon camarade de voiage[1] et moy c'est quelque chose d'incroyable que la révolution qu'il a reproduitte en nous; et, en vérité, depuis les travaux de feu Hercule de vigoureuse mémoire, on ne travaille plus comme nous avons fait l'un et l'autre; ces deux dames en sont à ne pouvoir mettre un pied devant l'autre. Pour nous, nous n'en sommes que plus frais et plus légers. Ainsi soit de V. A. R. si elle trouve sur sa route à faire usage de cet état resplendissant dont elle se félicitoit à la fin de la dernière lettre dont Elle m'a honoré ?....

Je vis hier à la Redoutte les deux tiers des dames et *freules* franconniennes désespérées de ne pouvoir servir de quartiers d'hiver à nosseigneurs les Saxons et de n'avoir qu'une vingtaine de gros talons pour remplacer tout un corps dont le leur se trouvoit si bien. J'ai vu une *freule* charmante se pâmer au nom du papa[3] dont je lui peignois la constance; ses joues se sont enflammées, ses yeux se sont à moitié fermés et sa main s'est perdue dans sa poche ou dans les environs.

J'ai entrevu une jeune dame que vous voyiés, il y a deux ans, avec tant de plaisir et que vous avés vue avec tant de plaisir l'année dernière. Elle ne m'a point parlé, mais j'ai lu dans ses yeux qu'elle mourroit d'envie de me chanter pouilles, car voilà ce qui arrive et il est dans l'ordre que les serviteurs paient pour les maîtres.

J'ai entendu trois ou quatre *freules* dire pis que pendre de Bratkowsky. La plus modérée de toutes le comparoit à un homme qui seroit né avec 100 mille livres de rente et qui ne scauroit pas s'en faire honneur.

Il n'y en a qu'une qui dise du bien de Zinzin[4]; les autres n'en

---

1. Mme de Martange.
2. Voilà qui est clair, trop clair sans doute. Mais on trouve dans la correspondance de Martange beaucoup de propos aussi lestes; il se donnait de grandes licences. Telle lettre au prince Xavier, datée de Francfort, le 24 novembre 1760, ne peut être publiée.
3. Ce terme familier semble désigner le général de Fontenay, Envoyé extraordinaire du roi de Pologne, à Paris.
4. Le comte de Zinzendorff, Envoyé extraordinaire de l'Electeur de Saxe à la cour de Suède.

parlent pas, mais si elles en parloient ce seroit pour en dire du mal, car elles paroissent faire plus de cas du corps que de l'esprit.

Après tous ces badinages, Mgr. V. A. R. me permettra-t-elle de lui dire en particulier que c'est peut-être un bien que le corps n'ait pas eu ses quartiers dans ce pays-cy, où la grosesse de Mme de M...rack fait un bruit affreux, parce que personne ne doute que ce ne soit d'un homme fort attaché à V. A. R. et que sa protection auroit eu bien de la peine à sauver du ressentiment d'un mary offensé. Malgré toutte mon amitié pour lui je suis fâché que son incontinence lui ait attiré cette mauvaise affaire sur les bras ; il est cependant d'un âge à modérer ses feux, mais depuis les deux persécuteurs de la chaste Susanne tout le monde s'accorde à dire qu'on n'a jamais vu de vieillard plus dangereux. Je ne le nomme point à V. A. R., aux traits que je viens d'esquisser Elle ne peut manquer de le reconnaître. Tel qu'il est, je serai charmé de le retrouver à Eysenach et je suplié V. A. R. de le lui dire, à condition qu'il se chargera de vous rapeller tous les jours jusqu'à celui où je vous rejoindrai le respect et l'attachement avec lequel je suis, etc. — DE MARTANGE.

P. S. Mme de Martange me charge de mettre son respect aux pieds de V. A. R.

MARTANGE AU DUC DE CHOISEUL-PRASLIN [1]

A Versailles, ce 20 décembre 1762. — Mgr. Je viens de recevoir la lettre dont V. Ex. m'a honoré hier, avec la notte de Mr. le comte de Stharemberg qu'elle a eu la bonté d'y faire joindre pour mon instruction particulière. Dans un entretien que j'ay eu vendredy dernier avec M. l'ambassadeur de l'empereur, ce ministre avoit bien voulu déjà me donner lecture de cette notte ainsy que de la copie de la lettre de V. Ex. à M. le comte de Lusace en date

---

1. Affaires Étrangères, Saxe, vol. 48.

du 14 du courant. Après avoir pris lecture de l'une et l'autre de ces deux pièces, je suis convenu avec M. le comte de Stharemberg que pour le fonds de l'affaire, il ne pourroit y avoir rien de mieux que de prendre pour base de l'acte de cession du corps saxon et de s'en tenir à ce qui étoit marqué dans la lettre de V. Ex. à M. le comte de Lusace, scavoir :

Qu'au moyen d'une somme d'argent dont on conviendrait icy et qui seroit remise directement à M. le comte de Lusace, ce prince pourvoiroit à la totalité de la solde du corps saxon dont la caisse impériale ne seroit point réellement chargée, quoique par les termes de l'instrument public de session, ce corps de troupes dût paroître passer à la solde, comme il passeroit réellement et de fait au service et à la disposition de l'Impératrice-Reine, pour être employé principalement à la deffense de l'empire en le joignant à l'armée des Cercles. Je conclus conséquemment que puisque c'étoit icy qu'on devoit convenir de la solde que M. le comte de Lusace devoit recevoir et de la forme dans laquelle cette somme lui seroit remise, ce devoit être aussy icy qu'on devoit consommer l'acte de cession ainsy qu'on l'avoit jugé à Varsovie en envoyant à cet effet des pleins pouvoirs à M. le général de Fontenay pour l'authoriser à signer cet acte, aussitôt que les conditions en auroient été préparées et convenues par M. le comte de Lusace ; que ce Prince devant arriver à Versailles dans quelques jours il n'y auroit point de retard dans la consommation du traité et que rien ne seroit plus aisé que de s'entendre sur les formes puisqu'on étoit parfaitement d'accord sur le fonds.

J'ajoutai à M. le comte de Stharemberg qu'à l'égard de la nécessité de fixer dès à présent une époque à laquelle le corps saxon cesseroit d'être aux ordres du général de l'armée françoise pour ne plus dépendre uniquement que de ceux du général qui seroit désigné par S. M. l'Impératrice, il paroîtroit naturel d'indiquer pour époque de ce changement d'état celle de la parfaite évacuation du Mein par les troupes du Roy à moins que cette époque ne fût avancée, comme elle pouvoit l'être, par la consommation entière de l'acte de cession que rien ne devoit empêcher d'être signé vers le 15 du mois de janvier prochain, M. le comte de Lusace s'étant proposé de partir le 20 de Wurzbourg pour arriver icy dans les derniers jours du présent mois ; et qu'en attendant, comme il étoit effectivement indispensable, ainsy que le jugeait M. l'ambassadeur, de prendre incessamment avec la cour de Vienne des arrangements provisoires relatifs à ce qui concernera le service et l'employ futur des troupes saxonnes dont la direction aussitôt après la consommation du traité de cession dépendra uniquement de la cour impériale, j'allois avoir l'honneur d'en écrire à M. le comte de Lusace pour qu'il fît partir sur le champ un officier de confiance qui peut aller prendre à Vienne les ordres et les instructions du ministre impérial tant sur les opérations de guerre futures que sur les objets de fournitures et subsistances que le corps saxon recevroit à l'avenir au nom et par ordre de l'Impératrice-Reine comme pain, viande, riz, fourrages, poudres, hopitaux, etc, ainsy qu'il étoit pratiqué et d'usage pour les propres troupes de S. M. I. dont les troupes saxonnes seront censées faire partie, comme elles l'ont été de celles du Roy tant qu'elles ont eu l'honneur de combattre à côté de ses drapeaux et qu'elles ont été à la solde et au service de France.

V. Ex. reconnoitra dans tout ce que j'ay l'honneur de luy exposer que je m'en suis fidèlement tenu à ce qu'elle m'a fait la grâce de me dire dans l'entretien qu'elle m'accorda avant le voiage de Choisy. Je vais maintenant travailler si elle le trouve bon tant avec M. Du Bois pour convenir sur le fonds de la somme qui sera remise à M. le comte de Lusace pour tenir lieu de solde à l'avenir qu'avec M. Foullon pour la liquidation des sommes redues pour le montant des pertes faittes devant l'ennemi pendant la dernière campagne et les précédentes. Permettés-moy de vous renouveller à cet égard, Mgr., la prière que je vous ai faitte, de nous accorder provisoirement un acompte de 150 mille livres pour les besoins les plus urgents et les réparations les plus indispensables aux troupes saxonnes pour se mettre en état de remplir la destination quelconque qui leur sera indiquée.

Je compte envoyer demain, 21, un exprès au devant de M. le

comte de Lusace pour que ce prince de l'endroit où il le recevra expédie tout de suite ses ordres à l'officier de confiance qu'il jugera à propos de charger de convenir à Vienne tant de ce qui concernera les opérations futures des troupes saxonnes que des arrangements à prendre pour les fournitures nécessaires à leur subsistance et à leur nouvel état.

Je crois également satisfaire par cette démarche à ce que V. Ex. m'a fait la grâce de me dire avant le voiage de Choisy, à ce qu'elle me marque dans sa lettre à M. le comte de Lusace et à ce qui est exprimé dans la notte qui leur a été remise par M. le comte de Stharemberg.

Si V. Ex. a de nouveaux ordres à me donner je ne sors point de Versailles pour en être plus à portée : je la supplie d'être également sûre et de mon empressement à les recevoir et de mon exactitude à les exécuter. J'ai l'honneur d'être etc. — DE MARTANGE.

LE CHEVALIER DU METZ[1] A MARTANGE[2]

A Mayence, le 30 mars 1763. — J'ay receu vos deux lettres, mon très-cher général, et j'ay eu le bonheur de voir S. A. R. à son passage ; elle s'est meffié de ma cuisinne et avoit en conséquence dîné à Oppenheim, au moien de quoy je n'ai pas pu la posséder longtemps. Je suis comblé des marques de bonté dont elle m'a honnoré et j'ay veu avec une grande satisfaction que ma situation à tous égards lui faisoit de la peine. Elle m'a dit qu'elle vous avoit chargé en partant de veiller à mes petits intérêts auprès du ministre, j'ose me flatter que vous n'aviez pas besoin de ce nouveau véhicule, je n'en suis pourtant pas fasché quoiqu'à vous dire le vray, j'espère peu. Bouryade travaille aussi de son côté mais aussi infructueusement ; j'ay pris mon parti et je prendray le bien qui

---

1. Ancien colonel de cavalerie fait brigadier le 20 février 1761 ; maréchal de camp le 25 juillet 1762. Le journal de police de Marais en fait mention sous la date du mois de janvier 1766. Bibl. Nat., ms. fr. 11360, fol. 22, 35 et 68.
2. Arch. de Honfleur.

m'arrivera comme quelque chose que je n'attendois pas. Mes affaires personnelles sont dans le même état, c'est ce qui me chagrinne, cependant mes beaux frères paroissoient vouloir y travailler sincèrement et surtout depuis la mort de ma femme, que par parenthèse vous ne sçavez pas quoiqu'il y ait deux mois qu'elle soit arrivée. Je craignois le contraire mais ils continuent de penser de même pour moy et paroissent plus que jamais fort empressés à me voir dans une position plus heureuse. Vous me ferez le plus grand plaisir, mon très-cher général, de voir Bouryade, de le presser vivement et de l'aider de vos idées et surtout de luy parler de l'intérêt que S. A. R. prend à ce qui me regarde. Parlez-lui même de Mme la Dauphine si vous croiez devoir et pouvoir le faire; enfin emploiez tous les ressorts de votre imagination échauffée par l'amitié.

Je n'ay pas pu cacher à S. A. R. que je sçavois presque certainement que le prince Clément n'auroit rien à Liège [1] et que ce seroit Mr. Doutremont qui avoit 31 voix il y a huit jours. On ne croit point icy que j'y prenne aucun interest au moien de quoy on ne se cache point de moy et j'ay sceu depuis longtemps tout ce qui devoit arriver, tout comme aussi les mauvoises plaisanteries qui ont été faites sur nostre ministre de Mannheim qui a travaillé à la coadjutorerie. Si tout ce qu'ils en disent icy est vray, bien loing d'avoir servi le prince il luy a fait grand tort et luy en fera partout il sera envoyé pour pareille besogne. Je l'ay dit à S. A. R.; j'ay cru devoir le faire pour qu'à l'avenir on choisît mieux. On m'a laissé entrevoir, et c'est quelqu'un en estat d'en juger, qu'il ne seroit pas difficile de parvenir à estre coadjuteur de Trèves. J'en ay fait part à S. A. R. et des moiens qu'on pourroit employer. Elle m'a dit qu'elle vous en écriroit aussi bien que son frère. Si vous venez à Spa ou à Aix-la-Chapelle je vous metray à porté d'en parler à la personne même. Mettés-vous d'icy à ce temps en état de luy faire vos propositions pour des arrangements à prendre.

---

1. Le prince Clément, qui avait d'abord embrassé la carrière des armes et fait la campagne de 1740 en Allemagne, se destina ensuite à l'état ecclésiastique. En 1763, ce prince posa sa candidature à l'évêché d'Hildesheim en Westphalie puis pour le siège de Liége.

Pendant que vous êtes sur les lieux vous devriez bien imaginer quelque chose qui me fût propre et qui me tienne quelque temps honnestement en Allemagne ou ailleurs, et d'après nos idées travailler de concert avec Bouryade pour les faire réussir. Vous me connoissés assez pour scavoir à quoy je pourois estre propre et vous scavez aussi que je ne suis pas bien difficile ni bien cher. Enfin, mon cher général, occupés-vous un peu de moy ; j'ai besoin de vostre secours et de toute vostre amitié. J'espère que vous me manderez où vous prendrez les eaux et le temps que vous y ariverez. Peut-être irai-je vous y joindre à moins que vous ne veniez à Frankfort comme vous me l'avés marqué dans votre précédente.

Voulés-vous bien permettre que Madame trouve icy les assurances de mon respect et que je baise le petit doigt de Mlle Minette.

Vous m'avés deffendu les cérémonies, j'en suis comblé car c'est un grand plaisir pour moy que de finir en vous assurant que je vous aime et vous aimeray toute ma vie de tout mon cœur. — Du Metz.

MARTANGE AU PRINCE XAVIER DE SAXE [1]

A Paris, ce 7 avril 1763. — Mgr. J'ai passé les trois premiers jours de mon veuvage à Versailles avec touttes les inquiétudes de quelqu'un à qui il manque quelque chose d'essentiel [2]. J'allois machinalement et par la seule impulsion de mon cœur vous chercher vers ce triste appartement où les jours sont si longs et les nuits si courtes. Il ne me manquoit pour être plus semblable à ces chiens qui vont partout chercher leur maître que de pisser comme eux contre touttes les portes où ils l'ont vu entrer. Mais comme ce geste-là n'est pas tout-à-fait reçeu dans ce pays-cy, il a fallu me borner à ne leur ressembler que par la fidélité de l'attachement, et à cet égard j'ai l'honneur d'assurer V. A. R. qu'elle ne verra jamais entre eux et moy aucune différence.

1. Orig. Arch. dép. de l'Aube.
2. Après un séjour en France, le prince Xavier venait de quitter Versailles.

Aussitôt que j'ai pu me répandre dans Paris pour aller à la découverte sur ce qui nous regarde ; j'ai trouvé tout le monde imbu de la pension de V. A. R. et de plus de la cession que le Roi nous faisoit de l'hôtel de Bellisle pour votre habitation d'hiver. On n'attendoit, disoient les gens les plus instruits, que de l'avoir fait entièrement meublé et mettre en ordre pour annoncer cette donation à V. A. R., et afin que vous vous trouvassiés tout de suitte à votre aise, à la campagne comme à la ville, il n'étoit pas douteux que Chambord au même titre qu'il avoit été donné au maréchal de Saxe ne fût également destiné à V. A. R. J'aurois pu, si j'avois été moins circonspect vous faire tout de suitte mon compliment sur ce double arrangement, mais ne donnant pas d'ordinaire une entière croiance aux événemens parce que je les désire, j'ai cru qu'il étoit plus convenable de m'en remettre à un plus ample informé pour pouvoir vous informer au juste vous-même de ce qui vous regarde. Depuis quelques jours tous ces bruits de donation de l'hôtel de Bellisle ont un peu diminué, et après m'avoir donné du plaisir à entendre la destination que je souhaitois, on a voulu me faire renoncer à cette douce espérance en m'assurant qu'il étoit question au contraire de vendre cet hôtel dont le prix étoit destiné à des usages indispensables pour lesquels on n'avoit pas d'argent. Je ne m'arrête pas plus à cette nouvelle désagréable que je l'ai fait au bruit flatteur qui vous en faisoit propriétaire. Je suspens encore pour quelque temps mon jugement et remets au moment fortuné où je pourrai consulter cet oracle dont un suisse rend l'abord si difficile, et dont le Dieu qui le rend se communique si rarement ; quoiqu'il ne parle pas souvent, comme il dit l'exacte vérité quand il parle, j'aime encor mieux le consulter qu'un autre, et c'est par lui que j'espère scavoir positivement à quoi m'en tenir. J'aurai l'honneur de vous en rendre compte dans le temps. En attendant je n'ai pas laissé que de préparer certaine Dame dont vous craigniés avec quelque raison que le suffrage ne fût pas pour Paris. Je lui ai fait un tableau à son goût de la vie que nous mènerions à Paris si on nous donnoit l'hôtel de Bellisle. Je vous ai fait parler d'après cet arrangement et je n'ai pas oublié l'article des chevaux de chaise pour arriver plus promptement à Versailles. Je me suis étendu sur la plus grande honnêteté de cet arrangement en comparaison de la mesquinerie de celui qui avoit été suivi jusqu'à présent pour vous, et toujours en finissant chaque période par ces mots ou autres équivalens : car enfin il ne faut que trois quarts-d'heure pour venir de Paris à Versailles, et si nos chevaux manquent ceux de Madame ne manqueront pas pour soulager l'impatience de Mgr., au moins il s'en flatte. Elle a été très-flattée elle-même de ce propos, n'a fait aucune opposition et a topé à tout en disant seulement : mais ce don de l'hôtel de Bellisle est peut-être une folie de Paris et le Roy n'y songe peut-être pas. J'ai jugé sur ces mots qu'il falloit que la chose fût encore indécise et j'attendrai ce que me dira le Duc ou le Contrôleur général pour être plus particulièrement sûr de mon fait. Voilà du moins la Dame favorablement disposée au cas que cet arrangement ait lieu, et je crois que c'est quelque chose pour vous que de lui voir donner son consentement à votre résidence dans la bonne ville. Elle m'a même demandé quand vous comptiés revenir ou quand je comptois moy que vous le pourriés. J'ai répondu à cela que vous vous flattiés, en partant, que ce seroit vers le mois d'octobre et que je jugeois qu'effectivement rien ne vous empêcheroit de tenir parole à cette époque. J'ai dit ce que je pensois et ce que je crois qu'il sera essentiel de tenir, mais nous avons pour cela de la marge. Passons au plus pressé . . . . . [1].

LE PRINCE XAVIER DE SAXE A MARTANGE [2]

Dresde, ce 28 may 1763. — J'ai attendu, mon cher Martange, à répondre à votre lettre du 28 du passé dans l'espérance de recevoir d'un jour à l'autre celle que vous m'y promettiés et dans laquelle vous vouliés me faire part de la réponse du Duc au mémoire que vous lui aviés remis, mais votre long silence ne me fait rien

---

[1]. La suite de la lettre est relative aux finances particulières du prince Xavier et au paiement de sa pension de 150.000 livres.
[2]. Arch. de l'Aube.

augurer de bon sur la réussite de cette affaire si importante pour nous et je romps le mien pour avoir d'autant plus le droit de me plaindre du vôtre. En effet, me laisser pendant un si long espace de tems ignorer de vos nouvelles, c'est peu conforme aux sentimens que je vous connois pour moi et c'est me jetter dans des inquiétudes sur votre santé, tirés-m'en au plutôt, mon cher Martange, vous devés cette attention à l'amitié que j'ay pour vous.

Je ne m'attendois à rien moins qu'à la nouvelle que vous m'annoncés que ma pension ne commencera que de la fin de mars et que le premier payement ne seroit ordonné qu'au mois de juillet, par conséquent nous pouvons compter de ne toucher du comptant qu'au mois d'août au plutôt ce qui me dérange extrêmement dans mes finances, ayant compté sur ce paiement beaucoup plus sûrement que sur de l'argent comptant après la promesse que le Duc en avoit fait tant à moi qu'à Mme la Dauphine et à vous, et j'aurois crû pouvoir faire plus de fond sur la parole du Duc. La raison qu'il vous a alléguée que le bon du Roy n'étant que du 19 mars il ne pouvoit ordonner le payement que de cette datte ne me paroit pas sans réplique, car je crois qu'il ne lui auroit pas été plus difficile de faire antidatter ce bon du 1er janvier que de faire regagner l'ancienneté aux généraux et brigadiers de l'avant-dernière promotion. Enfin il faut bien passer par là car il faut mieux un tu tiens que deux tu auras, et il faut faire les arrangemens en conséquence mais vous sentés bien que ce retard de payement met aussi un retard considérable malgré moi à mon retour en France.

Je vous prie aussi, mon cher Martange, de tâcher de savoir positivement et de faire décider le Duc sur quel pied et quelle façon je serai à mon voyage en France. Vous sentés aussi bien que moi qu'il m'est très important de le savoir bientôt pour pouvoir faire mes arrangemens en conséquence et combien cette incertitude m'arrête et me force à des indécisions et irrésolutions si contraires à ma façon de penser et de vivre et, en même temps, dispendieuse pour ma chambre des Finances. Vous savés ce que nous avons déjà dit à ce sujet avant de vous quitter, ainsi je me repose entièrement en ceci comme en toutte chose sur vous mais de grâce faittes que l'on se décide bientôt.

Le bruit que vous m'avés mandé s'être répandu à Paris du don qu'on me faisoit de l'hôtel de Bellisle et de Chambord a aussi gagné les pays étrangers, car j'ai reçu des compliments à ce sujet de Pologne et d'ailleurs, mais je n'en croirai rien jusqu'à ce que je l'apprenne par vous et je suis dans ceci comme Thomas : *nisi videro et tenuero non credam.*

Assurés, je vous prie, de mes devoirs Madame de Martange ; embrassés tendrement ma commère et soyés persuadé des sentimens que vous me connoissés pour vous.

MARTANGE AU PRINCE XAVIER DE SAXE [1]

A Paris, ce 15 juin 1763. — Mgr. Il faut être aussi sûr que je suis des bontés de V. A. R. pour oser être aussi peu exact à observer la correspondance qu'elle m'a permis d'entretenir avec elle, mais je me flatte que le fonds de mon cœur vous est assés connu pour ne pas imputer à la tiédeur de mon attachement le long intervalle qui s'est écoulé entre mes lettres. De la retraite que je me suis choisie icy, à l'extrèmité d'un des fauxbourgs, tout en savourant la tranquillité et même la parèsse vous pouvés compter que je n'en serai pas moins allerte à sortir de ma solitude quand le moment sera venu de le faire utilement. En l'attendant je dors comme ces vieux matelots qui savent qu'en passant la ligne ils doivent éprouver quelques semaines d'un calme forcé où le gouvernail est un meuble inutile et où ce qu'on peut faire de mieux est de ne rien faire du tout. Voilà mon cas, Mgr., spectateur non indifférent de ce qui se passe sur deux théâtres j'observe les gestes et la contenance des acteurs, et je suis les évènemens de la scène et la conduite de la pièce pour chercher à agir moi-même quand le plan sera une fois bien fixément arrêté. Jusques-là je pense que

---

1. Orig. Arch. départ. de l'Aube.

pour ce théâtre-cy dont je suis le plus près il y auroit de l'injustice à exiger que des gens qui n'ont pu encore prendre de parti fixe et constaté pour leurs propres affaires s'occupassent d'engagemens éloignés relatifs aux affaires d'autruy. Prudence et patience, c'est à ces deux mots, Mgr., que se bornoit en substance la dernière lettre que j'ai eu l'honneur de vous écrire et c'est encore le meilleur avis que je puisse répéter à V. A. R. dans celle-ci. Ne faisons rien et empêchons s'il est possible qu'on ne fasse rien qui nous écarte essentiellement d'un but que nous avons reconnu avantageux exclusivement à tout autre; motif de prudence qui doit constamment régler notre conduitte. Attendons pour qu'on puisse nous donner icy qu'on y sache ce dont on pourra disposer et ce qu'on aura soi-même, ce qui ne peut être éclairci que lorsque les arrangemens pécuniaires auront été solidement constatés; motif de patience qui doit ainsi que je l'ai déjà écrit à V. A. R. nous faire envisager sagement bien plutôt comme un délai que comme un refus la première réponse négative qui a été faitte au mémoire remis par M. de Fontenay. Comptés encore un peu, Mgr., sur les oracles de la vieille Cassandre ; si on ne met pas des obstacles d'où vous êtes on reviendra icy de ce qu'on a répondu et V. A. R. à son retour aura encore la gloire de consommer elle-même l'objet auquel nous avons constamment visé pendant six longues années de peines et de travaux. Le rétablissement parfait de la précieuse santé du Roi doit avoir calmé touttes les craintes qu'on pourroit avoir icy sur les suites d'un événement qu'on craignoit de voir arriver bientôt. Les partis sages qu'il paroît qu'on prend en Saxe pour le rétablissement des affaires sont encore avantageux pour un avenir plus éloigné.........

Je n'entretiens point V. A. R. du lit de justice ni des édits que le Roi y a fait enregistrer au Parlement, il faut à cet égard s'en rapporter aux gazettes, mais je me reprocherois de ne pas envoyer à V. A. R. les *Remontrances*[1] qui sont assés rares et une petite bro-

---

[1]. *Remontrances du Parlement au sujet des édits et de la déclaration enregistrée au Lit de justice*, 1763.

chure [1] incluse qui ne laisse pas que d'avoir fait une grande sensation dans le public : ce projet a été anciennement proposé par un Mr. de Boisguilbert, sous Louis XIV ; l'auteur fut exilé ; son plan avoit précédé celui du maréchal de Vauban pour la taille réelle : on m'a dit que ce même plan avoit été présenté, il y a cinq ans, à Mr. le Contrôleur général dans le temps qu'il étoit lieutenant général de police par un nommé Guérin notaire, que ce plan alors lui avoit fort plu mais que depuis il l'avoit condamné. C'est un conseiller au Parlement nommé Roussel [2] qui en est aujourd'huy l'autheur. On annonce dans quelques jours la réfutation [3] ; je souhaite fort qu'elle ne soit pas bonne car il y auroit beaucoup à gagner pour la France et pour ses amis si le projet intitulé *Richesse de l'Etat* s'éxécutoit même en partie. On m'a assuré que ce projet au reste avoit de puissans amis au Conseil [4].

Je me référe encore à la *Gazette* pour l'ordonnance de réforme d'une partie de la gendarmerie ainsy que pour la nouvelle promotion de maréchaux-de-camp. Le pauvre du Metz a encore été sacrifié ; je n'ose plus lui écrire........

Il est plus difficile que jamais de joindre le Duc. Depuis près d'un mois, le Roi fait beaucoup de petits voiages à Choisy et Saint-Hubert ; il n'est plus que quelques heures à Versailles et on assure que cela continuera jusqu'au voiage de Compiègne où la cour ira s'établir le 3 de juillet ; je tâcherai pourtant d'icy là d'accrocher un petit quart d'heure de conversation instructive.

1. Feuille in-4º de huit pages intitulée *Richesse de l'Etat* et qui se distribuait gratis. Elle traçait un tableau des moyens de répartir un impôt unique, personnel, qui supprimait les taxes exploitées par les fermiers ou traitants au nom du roi. La brochure fut saisie le 15 juin 1763, mais les écrits pour ou contre se succédèrent sans fin. Au mois de décembre parut l'*Anti-Financier* ; on exerça les perquisitions les plus vives contre cet ouvrage dont l'auteur, avocat au parlement de Paris, concluait aussi à un impôt unique.

2. Roussel de la Tour.

3. Elle parut sous ce titre : *Doutes modestes sur la Richesse de l'Etat, ou Lettre écrite à l'auteur de ce système par un de ses confrères*, 13 juin 1763, 8 p. in-4º.

4. Cette information est exacte ; l'auteur menacé de la Bastille mais défendu par divers personnages publia la pièce suivante : *Développement du plan intitulé Richesse de l'État*, s. l. n. d. in-8º.

Il y a eu un combat de deux contre deux entre d'Argens[1] et du Heausset contre d'Egremont[2] et Güntaut. V. A. R. se rappellera peut-être l'imputation de lâcheté faite à d'Argens dans le régiment de Beauffremont dont il avoit été fait colonel-commandant en sortant de la Légion roiale. Des quatre combattants, du Heausset est le seul qui n'ait pas été blessé grièvement ; aucun n'en mourra ; sûrement qu'il y aura une seconde représensation. Le pauvre Montlibert qui avoit si bien deffendu la vieille redoute dans le dernier siège de Cassel et qui avoit été fait colonel à la suite des grenadiers de France s'est aussi battu avec un capitaine des dragons de la Reine, et Montlibert a été tué sur la place.......

MARTANGE AU PRINCE XAVIER DE SAXE[3]

A Paris, ce 26 juin 1763. — Mgr. Les fêtes, les illuminations et feux d'artifice ont rempli les trois premiers jours de cette semaine pour célébrer la double époque de la publication de la statue équestre[4]. Mr. le duc de Chevreuse[5], colonel-général trèspesant du corps léger des dragons, a ouvert la scène le lundy en faisant son entrée publique comme gouverneur de la ville de Paris. Les orages pluvieux du lundy, mardy et mercredy ont un peu dérangé les plaisirs ; celui du mardy entre autres creva inopinément dans le temps que la plus grande partie des femmes de Paris se promenoit dans les Thuilleries et que l'autre assistoit en plein air au concert qu'on exécutoit dans le même jardin. Représentés-vous s'il est possible, Mgr., l'effet d'une pluye affreuse sur des personnages

---

1. Le chevalier d'Argence, mestre de camp en second au régiment des dragons de Beauffremont en 1761 ; maréchal de camp en 1770.
2. Maret d'Aigremont, major au régiment d'Aubigné en 1761.
3. Arch. dép. de l'Aube.
4. La statue de Louis XV par Bouchardon, élevée au centre de la place de la Concorde, le 20 juin 1763.
5. Colonel-général des Dragons en 1754, lieutenant-général des armées en 1748, gouverneur de Paris en 1757, Louis d'Albert, duc de Luynes et de Chevreuse, prince de Neufchâtel, mourut en son hôtel, rue Saint-Dominique, le 8 octobre 1771. Il fut inhumé dans un caveau de l'église Saint-Sulpice.

vêtus d'un simple taffetas qui, dans un moment, fut collé contre les f..... à ne l'en pouvoir détacher, marquant exactement la taille et les contours de ce qu'il couvroit et dessinoit en même temps ; les jolies tailles et les beaux c.... se consolèrent sans peine de cette révélation forcée, mais les vilaines et les contrefaittes qui perdoient dans un moment leurs robes et la bonne opinion qu'elles imaginoient qu'on avoit de leurs charmes en eurent une humeur qui ne les rendit pas plus agréables, et qui n'empêcha pas qu'on eût vu sous l'étoffe des cuisses grêles comme celles d'un héron et des f.... aussi plates que des raquettes. — Autre orage le mercredy qui a si fort mouillé l'artifice qu'une partie du feu a manqué et cela est précisément tombé sur la partie la plus intéressante. Les illuminations ont été brillantes et celle de l'hôtel de Pompadour surtout a été supérieure à tout ce qui a jamais été vu dans ce genre et par la profusion des lumières et par le goût avec lequel elles étoient distribuées. Enfin, Mgr., le temps des plaisirs étoit consommé le mercredy au soir, et dès le jeudy on a recommencé à s'occuper sérieusement d'affaires. Le Parlement a présenté vendredy de nouvelles remontrances au sujet des édits du lit de justice. Je ne les ai point vues ces remontrances, mais à juger par celles qui les avoient précédées il y a lieu de croire qu'elles ont été fort extraordinaires. Je ne scais point encore la réponse précise que le Roi a faite à ces MM., mais vraisemblablement il a tout examiné avant d'ordonner l'enregistrement de ses édits et je ne vois rien de plus singulier que des remontrances après l'enregistrement, car c'est demander au Roi le désaveu de la volonté exprimée avec toutte la plénitude de la majesté du throne. Vous en avés vu souvent, Mgr., gémir sur ces dissensions domestiques ; elles vous intéressent comme moi-même. Il est affreux pour les cœurs qui aiment leurs maîtres et leur païs de ne pas voir la concorde unir tous les membres de la famille à la volonté du chef.

Il a paru un nouveau projet de restauration des finances[1] qui

---

1. *Système d'impositions et de liquidations des Dettes de l'État par M. le chevalier de Forbin, officier de la marine.* Ce livre tendait à réduire toutes les taxes à un seul impôt sur le pain et la viande.

est une nouvelle forme de sistème intitulé *Richesse de l'État*. Si c'est ma chimère, (et en réduisant la somme à moitié en même temps qu'on augmenteroit de deux millions de contribuables les classes de répartitions, j'ai de la peine à croire que ce soit une chimère), enfin quoiqu'il en soit si c'en est une elle a singulièrement plu à la nation dont l'imagination échauffée l'a embrassée et caressée comme une réalité.

A propos de réalité, je vais demain à Versailles pour y réaliser la promesse qu'on m'a faitte pour la fin de ce mois et la faire réellement exécuter par Mr. le Contrôleur général dans les premiers jours de juillet. Il me tarde fort d'avoir terminé cette affaire, imaginant bien que les finances de V. A. R. peuvent avoir besoin de quelque aliment. Je me flatte par ma première être en état de lui rendre compte des démarches que j'aurai faites à cet égard et du prompt succès que j'en attens. Je n'envoie point encore à V. A. R. le petit mémoire que je la supplierai de recommander à Mr. d'Enden pour les affaires de ma femme ; ce sera pour la première ou seconde lettre que j'aurai l'honneur de lui écrire ; en attendant je la supplie si cela est praticable, de me ménager un arrangement pour ma place d'aide-de-camp contre une somme d'argent comptant. Il n'y a personne dans le pays qui ne doive désirer une place qui l'approche autant du maître des grâces ; cela vaut au moins 15 mille écus pour un amateur, et à cause des temps malheureux j'en donnerois ma démission pour 12 mille, mais argent comptant. Si V. A. R. veut avoir la bonté de négotier cela en silence je lui aurai la plus grande obligation. Elle peut juger par elle-même s'il ne seroit pas honteux que je restasse sans aucune récompense après le peu de services que j'ai rendu au pays. Je m'en rapporte à vous, Mgr., et comme à mon juge et comme à mon avocat, car c'est sur V. A. R. seule que je compte pour négotier l'affaire et plaider l'agrément[1]. Il ne seroit pas mal que dans votre première lettre,

---

1. Le prince Xavier répondit ainsi à cette demande (21 juillet 1763) : « Votre charge d'aide-de-camp vous donne toujours un pied ferme et avantageux dans le service de Saxe, au lieu que si vous y restés comme un simple général-major, par conséquent non employé, je crains fort que vous ne soyés

Mgr., vous me fissiés entendre que votre retour aura lieu vers septembre, cela flattera Madame la Dauphine et cela fera qu'on décidera plutôt l'affaire du logement afin que tout soit arrangé pour votre arrivée. Il se présente tous les jours des Suisses, des cuisiniers, etc. pour V. A. R., je les renvoye tous à votre arrivée et à décision. Il est venu jusqu'à des gardes-chasses pour Chambord. Mais deux lignes du maître valent mieux que dix pages de rumeurs populaires. Enfin il faudra bien un jour que tout cela se découvre, pourvu que ce soit à l'entière satisfaction de V. A. R. la mienne est assurée. J'ai l'honneur d'être avec respect. etc. — DE MARTANGE.

Mme et Mlle de Martange offrent l'hommage de leur respectueuse sonmission à Mgr.

P. S. Le pauvre Metzer, le vilain aux fromages, doit être actuellement à Dresde, et je lui ai promis de le recommander à la charité de V. A. R. pour lui faire avoir dans quelque coin une place où il n'y ait qu'à calculer (il écrit bien), boire (ce qu'il fait encor mieux), et manger (ce qu'il ne fait pas mal). Au fait, c'est un bon diable auquel c'est une espèce de mérite que de s'être trouvé souvent sous les yeux de V. A. R., et ce sera me donner acte de vos bontés que d'avoir de la charité pour ce vieux reitre. Mme de Martange et votre commère vous supplient également en sa faveur.

LE PRINCE XAVIER DE SAXE A MARTANGE [1]

Töplitz, ce 7 juillet 1763. — J'ai reçu avant-hier, mon cher général, votre lettre du 15 du passé [2]; je ne puis qu'approuver et

réduit à un très modique traitement comme, selon qu'on m'a assuré, seront tous ceux qui ne seront point employés dans les généralats et dont il y aura un bon nombre dans la nouvelle formation mis au nombre de ceux qui n'ont d'autre avantage que de porter l'habit rouge et dont nous avons malheureusement, comme vous savés, à foison. J'attendrai encore votre dernière décision après les réflexions que vous aurés faittes sur ce que je vous dis pour terminer la négociation ».

1. Arch. dép. de l'Aube.
2. Voy. la lettre à sa date.

applaudir aux raisonnemens politiques que vous y faittes et aux
espérances flatteuses que vous m'y donnés pour l'avenir. Je suis
sur ce chapitre du même sentiment que vous et j'ai eu trop d'expérience de la justesse des oracles de la vieille Cassandre pour ne pas
y croire aveuglément, mais je ne puis m'empêcher de vous dire que
notre pays est dans un état à ne pouvoir pas attendre cet *avenir*
aussi prochain qu'il puisse être, c'est le présent très-pressant qui
nous embarasse : il est plus aisé de sauver la vie à un homme qui
nage en lui tendant les bras que de le rappeller à la vie quand il a
été une fois englouti par les eaux. Voilà précisément notre cas.
L'amour seul du militaire qu'on respire ici (je puis vous en assurer
sincèrement nous soutient encore sur la surface, mais si on ne nous
aide *dans le moment présent* je crains fort que tous les secours
qu'on nous voudra donner *à l'avenir* ne soyent plus inutiles. Vous
m'avés dit si souvent que l'à-propos est l'âme de touttes les
démarches, inspirés cette maxime au ministère de Versailles,
dépeignés-lui qu'instruits par le passé nous sommes sincèrement
portés pour le militaire et que nous prenons touttes les mesures
pour le mettre sur un pied convenable à notre dignité et utile pour
nos alliés mais que nous sommes contrecarrés par le manque de
l'essentiel qui est l'argent, qui avec le temps et la bonne administration pourroit revenir dans le pays, et que c'est ce moment actuel,
même le seul qui seroit profitable tant pour la Saxe que pour la
France, selon les principes que nous avons établis, de nous donner
des subsides qui ne feroient plus le même effet dans quelque tems
d'ici. J'ai parlé sur ce sujet avec M. le marquis de Paulmy et il est
convenu avec moi, sur ce que je lui ai dit, et sur la connoissance
qu'il a de nos affaires, que c'est le moment actuel qui est convenable pour nous relever des malheurs que la guerre nous a occasionés ; il m'a assuré d'en avoir écrit dans le même sens à sa cour.
Prenés cette occasion, mon cher Martange, pour former une nouvelle attaque et pousser une nouvelle botte à l'homme si difficile à
aborder, et je désire que par la première vous me marquiés quelque
chose de consolant sur le petit quart-d'heure de conversation intui-
tive que vous avés voulu tâcher d'accrocher encore avant le voyage
de Compiègne.

Je vous suis bien obligé des nouvelles que vous voulés bien me donner des arrangements qu'on veut prendre pour le militaire en France, il est seulement à désirer que tous ces beaux arrangements s'exécutent et je vois avec plaisir que dans tous ces arrangements on prend beaucoup de notre service allemand; celui de la distribution des généraux employés toutte l'année dans les différents districts est la même chose que nos généralats en Saxe; comme ces généraux doivent servir toutte l'année sans s'absenter et que mon plan comme vous savés est de passer une partie [de l'année] en France et l'autre en Saxe, je crois que c'est une chose ni convenable ni utile pour moi de demander, mais s'il y a des camps l'année prochaine je compte bien alors à mon retour en France, ainsi que nous en sommes convenus, de demander à y être employé.

Je désire bien ardemment que M. Bannière tienne sa parole pour le tems de l'expédition de l'ordonnance du payement de ma pension et encore plus que Mrs du Trésor royal exécutent bien vite les ordres de S. M. car dans ce moment-cy le besoin d'argent chés moi est fort urgent, comme vous aurés vu surtout par ma dernière, mais je vous avoue que je crains bien que ces MMrs. chès qui promettre est un et tenir est l'autre (je parle par expérience) ne vous fassent pas trotter par le pavé de Paris. Je désire bien par la même raison cy-dessus alléguée qu'avec le premier envoy vous puissiés m'envoyer aussi la contribution de 100 louis de M. de la Porte, et, si le bruit public que vous me marqués à son sujet est vrai, il est plus que jamais urgent de presser ce payement, et il est certain que si même il n'a pas encore vu le sieur Calvé il doit au moins avoir reçu de lui l'avis de cette recette de M. de Block que ce dit sieur Calvé à faitte.

Je souhaitte encore que l'obstination de Mrs les Parisiens à me donner l'hôtel de Bellisle et Chambord se vérifie, et je me réfère sur ces deux articles à mes précédentes. Je suis bien fâché de la mort de ce pauvre Montlibert ainsi que des blessures des combattants de deux contre deux, mais après tout le bruit que cette vilaine affaire a faitte on ne pouvoit pas s'attendre à autre chose et je crains bien que cela n'en restera pas là.

Je suis bien curieux de voir le petit *état* que le roy de Prusse fait imprimer à Wesel des rapines que les officiers français doivent y avoir faittes, cela sera une pièce assés intéressante et je vous prie de m'en envoyer un exemplaire quand il paraîtra aux yeux du public.

Vous m'avès fait un sensible plaisir de m'avoir envoyé les imprimés sur les *Richesses de l'État* et les dernières *Remontrances*; ils me sont venus bien à propos pour remplir par leur lecture le vuide du temps que je trouve dans l'ennuyeux séjour de Töplitz dont les agréments vont de pair avec celui d'Harhausen, et d'un certain château sur les amusements duquel vous avés fait cette belle chanson sur l'air : *Une fille est un oiseau*. Ce sera un amusement de plus pour le staroste Bratho de me faire la lecture de ces deux pièces, ainsi que celle du Lit de Justice, des édits, réforme de gendarmerie et promotion des généraux, des Gazettes dont comme vous savés il est un amateur déclaré, et cela le dédomagera du griffonage qu'il a de moins qu'il y a un an, quoiqu'il m'assure très-fort qu'il en a encore tout son soûl et que cette lettre vous en doit être une preuve. Au reste la compagnie des baignants et baignantes est fort peu nombreuse ; outre la suitte du Roy il n'y a que quatre à cinq dames très-peu attraiantes par leur beauté et une quinzaine d'officiers autrichiens, de sorte que ceux qui ont besoin d'être guéris ont tous le tems de se soigner, l'agrément de la compagnie ne les en empêchera pas.

Enfin, mon cher Martange, je me fie entièrement à la parole que vous me donnés de m'écrire plus souvent, vous savés combien vos lettres me font plaisir, et ce sera me donner la marque la plus éclatante de votre amitié que de m'en régaler aussi souvent que vous pourrés. Vous pouvés être persuadé que de mon côté je serai au moins aussi exact que vous.

Pour ce qui regarde vos affaires pécuniaires dans ce corps, j'attends avec impatience le mémoire que vous me promettés à ce sujet, je n'épargnerai rien pour y réussir et je désire seulement d'y être plus heureux que je ne l'ai été jusqu'à ce moment en France, mais j'espère qu'avec un peu de tems et de patience dans ce pays-là aussi tout sera réparé avec usure.

Adieu, cher général, je vous envoye une provision d'amitiés. Prenés-en pour vous autant que vous voudrés, et vous n'en prendrés jamais trop, et distribués le reste entre Mme de Martange et ma petite commère.

MARTANGE AU PRINCE XAVIER DE SAXE [1]

A Paris, ce 5 septembre 1763. — Mgr. Ce n'est que sur une conversation que je viens d'avoir avec Mr. le comte d'Onöpp que j'ai l'honneur d'écrire en hâte à V. A. R. ces deux mots pour la prier de seconder nos vues respectives dans le projet qu'il a d'acheter ma charge d'aide-de-camp général. Il se propose de solliciter pour l'agrément les bontés de LL. A. R. Mme la princesse Christine et Mgr. le prince Clément. Pour moy, Mgr., je n'ai et ne veux avoir d'autre protection que la vôtre; je vous supplie de vous concerter pour obtenir du roy cette faveur pour le comte d'Onöpp : il est allemand, homme de naissance, il a été et peut être encore infiniment utile; c'est une excellente acquisition et à tous égards il vaudra beaucoup mieux que moy dans cette place. Je suis convenu avec lui que moyennant dix mille écus, argent d'Allemagne, je donnerois ma démission, et en vérité c'est demander bien peu pour une place que dans d'autres circonstances j'aurois achettée de tout mon cœur le quadruple; et dans la présente je me croirai trop heureux de conclure le marché à ce prix. Il est aisé de déterminer le Roy à accorder au comte cette demande qui sera en même temps une sorte de récompense pour luy et pour moy.

J'attens des lettres de V. A. R. avec toutte la soif d'un amant qui attend réponse à un billet doux. Voilà un siècle que V. A. R. me laisse dans l'altération. Je me flatte qu'elle n'écrit point parce qu'elle s'amuse et c'est l'essentiel que de s'amuser. Je serai pour mon compte très-flatté quand je pourrai être à portée de partager vos amusemens.

---

1. Orig. Arch. dép. de l'Aube.

Hier tous les députés du parlement de Paris eurent audience à Versailles : ceux de Rouen sont dans deux villages sur le chemin de Versailles où ils ont ordre d'attendre et attendront longtemps la commodité du maître [1] : on assure qu'on a désigné le village où ils attendront pendant le voiage de Fontainebleau : jolie lesse dans un païs de chasse que deux présidens et 4 conseillers! Le parlement de Bordeaux a donné des remontrances que l'on dit aussi très-fortes, assurément c'est le siècle des remontrances que celui-cy. Je persiste à avoir toujours fort mauvoise opinion du zèle et de la bonne foy de tous ces remontreurs que je ne vois faire aucun bien et qui très certainement en se mettant entre le père et les enfants font beaucoup de mal. Je crains d'être trop tard à la poste et je finis à la hâte en me mettant très-respectueusement aux pieds de V. A. R. *ut et melius quam in litteris.* — DE MARTANGE.

MARTANGE AU PRINCE XAVIER DE SAXE [2]
(Fragment).

Sans date (1763)............. Qu'avant de prendre un parti fixe pour le soutien de V. A. R. il conviendroit de savoir jusqu'à quel point la cour de Vienne et celle de Madrid s'intéresseroient au succès de cette entreprise; qu'il ne paroissoit pas que la cour de Vienne cherchât à prendre des mesures aussi efficaces qu'il le faudroit peut-être pour barrer la volonté absolue que la Russie annon-

---

1. Dix membres du parlement de Rouen avaient été mandés à Versailles; le premier président Miromesnil était parmi eux. Ces dix magistrats ne purent obtenir d'être admis auprès du roi. Des lettres de cachet survinrent qui les exilaient, les uns à Neaufle, les autres à Villepreux. — Floquet, *Hist. du Parl. de Normandie*, VI, 554.

2. Minute incomplète formant 8 pages in-folio. — Arch. de Honfleur, 1re liasse, n° 69.

Après la mort d'Auguste III, roi de Pologne (5 octobre 1763), son fils le prince Xavier de Saxe avait engagé des négociations secrètes avec la cour de France en vue d'être élu roi de Pologne. Dans le fragment de lettre que nous donnons, Martange rend compte de ses démarches et spécialement d'un entretien avec le duc de Praslin.

çoit en faveur d'un candidat polonois ; que la conformité de la notte remise par le ministre du Roi de Prusse et de celle que la Porte avoit fait remettre à M. de Vergennes étoit de nature à faire craindre d'échouer dans une entreprise où ces trois puissances qui se trouvoient les plus proches et les plus en état d'agir se déclaroient d'un sentiment contraire; que malgré tout cela les intentions favorables du Roi pour le prince Xavier, me dit-il, n'étant point douteuses on fera humainement tout ce qu'il est possible aussitôt qu'on se sera concerté avec les cours de Vienne et de Madrid; que rien ne pressoit encore puisqu'il ne pouvoit être question de rien avant la diette de convocation et que d'ici à ce temps-là on pourroit voir ce qu'il seroit possible de tenter.

Voilà en substance à quoi se borna d'abord sa communication que M. le duc de Praslin voulut bien me donner de la décision du conseil. J'écoutai M. de Praslin avec une attention qui ne m'a pas laissé perdre, à ce que je crois, un seul mot de ce qu'il venoit de me dire, et quand il eut fini reprenant à mon tour les points principaux qu'il venoit de me communiquer, après l'avoir remercié pour V. A. R. de ce qu'il nous avoit ménagé la faveur du Roi jusqu'à vouloir se concerter avec ses alliés pour procurer votre élévation : — Rien de plus juste, M. le Duc, ajoutai-je, que de s'assurer des dispositions de ces deux cours de Vienne et de Madrid que M. le prince Xavier a tout lieu de regarder comme étant entièrement conformes aux bonnes intentions du Roi. A l'égard de l'efficacité de la cour de Vienne les secours que S. A. R. en peut attendre ne peuvent porter que sur les bons offices de son ambassadeur auprès de la République et je me flatte qu'ils ne sont pas douteux, ou bien sur la marche des troupes qu'elle mettroit en mouvement à l'appuy de sa recommandation, ce qui ne pouvoit avoit lieu que dans un cas de renouvellement de guerre contre le vœu général de l'Europe et à ce que je croyois le vœu particulier de la France. L'inquiétude que pourroit donner la conformité de la notte qui a été remise par le ministre du Roi de Prusse et celle que V. E. veut bien me confier avoir été remise par La Porte à M. de Vergennes n'est pas après tout d'une conséquence aussi frappante qu'elles ont pu le paroître au premier coup d'œil, car il est à remarquer que la liberté des suffrages et la conservation de l'intégrité des domaines sont les seuls articles qui soient positivement déclarés et tout ce qui concerne l'élévation d'un *piaste* n'est énoncé même dans la déclaration de la Russie qu'à titre de désir, et comme une chose que l'Impératrice croit avantageuse au bien de la République sans cependant gêner à cet égard les suffrages de la nation ce qui ne pourroit se faire sans aller contre cette même liberté qu'elle assuroit vouloir conserver. A l'égard de ce que croit V. E. qu'il n'y a rien à faire d'essentiel jusqu'à la diette de convocation, elle me permettra de lui dire qu'il est au contraire évidemment essentiel dès que le Roi a une bonne volonté décidée pour le prince Xavier de travailler avant cette même diette de convocation pour se concilier de nouveaux partisans dans les Palatinats et confirmer par quelques libéralités ceux qui sont déjà affectionnés ; que c'étoit à la diette de convocation même que le primat communiquoit aux deux ordres assemblés les lettres des souverains et princes étrangers, et que c'étoit précisément dans cette diette qu'il étoit question d'avoir un parti assés considérable pour prévenir l'exclusion qui pourroit être prononcée comme elle l'avoit été en plusieurs occasions par une confédération du plus grand nombre, que pour en revenir alors il n'y auroit plus que la force à employer et que pour éviter le renouvellement de la guerre que cela pouvoit entraîner il n'étoit question que de prévenir cette exclusion en balançant ou en gagnant la majorité des voix dans les diétines commissiales où l'on donnoit les instructions aux nonces qui devoient assister à la diette de convocation, que ces diétines allant commencer il n'y avoit pas le plus petit temps à perdre pour se décider sur l'envoy de la remise de 600 mille livres que j'avois eu l'honneur de lui demander et qui étoit le principal objet pour lequel je l'avois pressé de prendre l'avis du Roi et sur lequel cependant il ne m'avoit donné aucune espèce de réponse, qui étoit la seule que j'attendois dans le moment présent.

— Mais, Mr., me répondit-il en m'interrompant avec quelque émotion de colère, vous en revenés toujours là, et lorsque le Roi sera une fois engagé sans savoir les suites de cet engagement il ne sera plus possible de reculer, et voilà ce qu'il conviendroit à que je crois d'éviter et c'est pour cela qu'il faut attendre à être bien sûr du parti que prendront les autres cours alliées.

— Mr. le Duc, ai-je repris, si on attend la réponse de Madrid, fût-elle favorable, elle ne pourra venir que quand on ne pourra plus faire usage pour la diette de convocation de ses secours. C'est dans le moment même, Mr. le Duc, qu'il faudroit décider sur les 600 mille livres. Si le prince Xavier ne les a pas avant la fin de ce mois-cy, il ne pourra plus remplir avec cette somme l'objet qu'il se propose et deux millions ne pourroient remplacer ce retard. La protection du Roi n'est point exposée, parce que c'est en son nom et non à celui du Roi ; comme je vous l'ai dit et que vous avés paru l'approuver, que cet argent sera distribué....... Il importe que le prince Xavier ait de l'argent à répandre comme V. E. sait que la Russie en fait passer à M. de Poniatowski. C'est sur cela principalement, M. le Duc, que je vous demande une réponse.

Alors il me dit comme s'il avoit fallu lui tirer cette parole du fond de l'estomach : — M. j'ai aussi parlé au Roi de vos instances à cet égard, et S. M. n'a point encore pris son parti. Si elle veut donner des fonds extraordinaires je les ferai passer, mais il faut qu'elle voie auparavant son contrôleur général et qu'elle lui parle. — C'est avec un gros soupir qu'il m'a dit cela. J'insistai encore sur ce que le temps pressoit pour savoir à quoi s'en tenir, et alors il se fâcha sur mon impatience et me dit avec colère que je faisois sans doutte ma charge en cherchant à embarquer le Roi, qu'il n'y avoit rien à dire à cela, mais que je trouvasse bon qu'il fît aussi la sienne en exposant au Roi les raisons pour et contre ; que M. le Dauphin était présent quand cela avoit été discuté et qu'il pourroit me dire s'il le vouloit comment la chose avoit été débatue. Le ton et la véhémence dont il s'expliqua en me parlant du Dauphin me donnent lieu de croire que ce dernier a plaidé en votre faveur. J'en saurai les détails d'icy à quelques jours, mais autant que je puis voir l'indécision du Maître ne porte que sur les moyens que le contrôleur général trouvera pour opérer cette remise et j'espère qu'avant la fin de la semaine nous aurons une réponse telle que nous la désirons.

Comme c'étoit avec toutte l'émotion de la colère que le Duc venoit de me parler, je me trouvai tout naturellement disposé à lui répondre avec quelque vivacité aussi : qu'il n'étoit rien moins que question de ma part d'embarquer le Roi en lui demandant les 600 mille livres puisque ce don ne devroit pas être donné sous le nom de S. M. et que j'avois toujours eu soin dans touttes mes dernières conversations d'appuyer sur ce tempérament ; que la protection du Roy ne pouvoit être compromise que du moment qu'il prenoit ouvertement le prince Xavier pour son candidat et que nous ne demandions pas que cela fût avant la diette de convocation, ainsi qu'il étoit inutile de prendre des précautions à cet égard; que toutte la négociation qu'il y auroit à traiter étoit une affaire de confiance de votre part et de bienveillance de la part du Roy. — Oh, pour cela, oui, Monsieur, me dit-il, de bienveillance absolue de la part du Roy, car je ne crois pas qu'il y ait intérêt politique. — Et moy, M. le Duc, je le crois très fort. — Vous seriés bien habile si vous me le prouviés. — Je vous le prouverai invinciblement, lui répliquai-je, si vous me donnés le temps de m'expliquer. Et tout de suite je lui détaillai une partie des raisonnemens que j'avais exposés à Sainte-Foix [1] et au duc de Choiseul.

Il m'écouta assés patiemment et soit que Sainte-Foix l'eût déjà prévenu à cet égard, soit que cet exposé l'eût frappé, il se contenta de m'objecter que ?........ de la cour de Pétersbourg de laquelle ils avoient presque toujours été et seroient vraisemblablement toujours dépendans. Je ne conviens pas de cela. M. le Duc. — Oh ! parbleu, M., vous ne convenés de rien. — Que de ce qui me paroit vray, M. le Duc ; et je ne vois pas que ce qui s'est fait dans d'autres circonstances doivent absolument arriver dans celle-cy, si l'unanimité en la majorité des suffrages qu'il est question de gagner sont pour le prince Xavier. Y a-t-il jamais eu unanimité plus

1. Radix de Sainte-Foy, premier commis des Affaires Étrangères et favori du ministre.
2. Plusieurs lignes indéchiffrables.

grande que celle en faveur du roi Stanislas ? Eh bien, que s'en est-il suivi ? — C'est fort différent, Mr. En quoy ? — En ce qu'alors la cour de Berlin étoit neutre, et que celles de Vienne et de Pétersbourg étoient unies d'interest. — Mais la portion de la Silésie qui est aujourd'huy occupée par le roi de Prusse l'étoit par les régimens autrichiens qui pouvoient entrer en Pologne en même temps que les Russes d'un côté et les Saxons de l'autre. Aujourd'huy la cour de Vienne est pour nous. — Fort bien Mr., mais le roi de Prusse est contre.

C'est là où je l'attendois, et c'est là où je lui fis à peu près les mêmes confidences que j'avois déjà faites à Sainte-Foix........ Il me demanda deux fois si j'étois sûr de cette disposition du roi de Prusse. — Non, M. le Duc ; les canaux par lesquels cela est venu à M. le prince Xavier ne sont pas assés sûrs pour cela. Ils le sont cependant assés pour y faire atttention et je crois que cela en mérite. Ce qui me porteroit à le croire, c'est que je pense que l'intérêt du roi de Prusse dès qu'il ne s'agit plus d'envahir est tout différent de celui de la Russie, que le candidat de l'Impératrice n'est pas celui du roi de Prusse et que peut-être tout calculé le prince Xavier lui convient peut-être mieux qu'un autre. — Il me demanda encore pourquoy ? et je répétai une partie de ce que je vous ai marqué plus haut avoir dit à Sainte-Foix. A quoy il me répondit très-honnêtement alors ces propres mots : — Oh, si l'élection du prince Xavier pouvoit être agréée du roi de Prusse, je vous avoue que cela nous mettroit beaucoup plus à notre aise et alors je commencerois à me flatter du succès. — Il ne me convient pas, M. le Duc, répliquai-je, de voir plus loin que vous ne me permettrés à cet égard, mais je ne sçais pas si on trouveroit tant de difficultés à s'en expliquer avec lui. Il a comme pensé un petit moment et m'a dit : — Je n'ay aucun ministre à Berlin et le prince Xavier en a ; c'est par là qu'on peut voir ce à quoy on pourroit s'attendre de sa part. Mais, cependant, a-t-il repris, touttes les apparences d'un concert avec la Russie existent et je sçais de la Porte que M. de Revin s'est donné les mouvements les plus vifs (nous en sommes même très-fâchés par parenthèse), pour décider le grand vizir qui n'est pas trop notre amy à donner sa notte qui a été remise à Mr. de Vergennes [1].

MARTANGE AU PRINCE XAVIER DE SAXE [2]

A Monseigneur, 13 novembre 1763. — On regarde icy le parti des Czartoryiski comme le plus dangereux et je pense qu'on a raison, car fût-il le moins nombreux il est sûrement le plus sistématique. J'ai appris à Fontenay qu'on envoioit en conséquence de cette idée à Varsovie le général Monet [3] qui a été autrefois gouverneur du prince Adam [4] et qui ne laisse pas que d'avoir beaucoup de connaissance des intérêts des principales maisons de Pologne et qui possède surtout parfaitement les vues et les projets de celle de Czartoryiski. Le fonds de ses instructions est exactement sur le même plan de celles que M. le duc de Praslin avoit données aux ministres de France à Liège lors de la dernière élection. Le général doit représenter à M. le palatin de Russie que s'il croit son parti assés considérable pour emporter la couronne on n'a aucune proposition à lui faire (rien ne pouvant équivaloir au sacrifice qu'il en feroit), mais que si ce même parti ne peut que le mettre dans le cas de disputer sans être moralement sûr du succès, il doit considérer tous les malheurs qu'une guerre civile est capable d'allumer en Pologne, et la ruine de la pluspart des seigneurs possessionnés, (danger plus considérable pour lui que pour tout autre); enfin tout ce qui peut émouvoir une âme patriotique doit être emploier par le général Monet, sans oublier l'argument essen-

---

1. En copiant cette dépêche, nous avions espéré pouvoir en compléter le texte à l'aide des originaux conservés à Troyes ; mais il est à remarquer qu'une lacune existe dans les papiers de Martange (30ᵉ liasse, 17 E. 86) pour les derniers mois de l'armée 1763 et l'année 1764 en entier. Arch. dép. de l'Aube.

2. Minute autographe. Arch. de Honfleur.

3. Jean-Antoine, comte de Monet, agent de la correspondance secrète de Louis XV.

4. Adam-Casimir Czartorisky à la mort d'Auguste III s'était porté candidat au trône de Pologne.

tiel et capital, scavoir la promesse des plus grands biens et des plus grandes dignités de la part du roi futur et de la part du Roi Très-Chrétien, l'assurance de sommes très considérables si le dit Prince veut se réunir aux Polonois bien intentionnés pour la France et appuyer les prétentions du candidat qu'elle protègera. On ne s'explique point si l'envoy du général Monet se fait en faveur de V. A. R. ou de l'Électeur ou du prince Charles; on se borne à dire que l'objet de la France n'est que de conserver la couronne dans la maison de Saxe généralement, mais par ce que j'ai déjà eu l'honneur de vous marquer dans mes précédentes, V. A. R. peut se flatter que c'est Elle que regarde cette bonne intention. Je leur scais gré dans mon cœur de cette démarche qui est franche et honnête, mais il s'en faut bien que je fonde sur elle tout l'espoir que j'y fonderois si elle étoit faite dans son temps et surtout de concert avec le roi de Prusse. J'imagine que tout ce qui se fera dans l'affaire de la succession par un autre canal que ceux de Prusse et de Russie (surtout celui de Prusse parce qu'il dispose un peu de l'impératrice) ne doit produire aucun effet.

Au reste le plus grand soin qui paroisse agiter ce ministère-cy, ce n'est pas tant celui de faire tomber la couronne sur votre tête que l'inquiétude dont il est travaillé au sujet d'un démembrement quelconque en faveur d'un Prince déjà trop puissant pour le reste de l'Europe. On cherche à faire partager la même inquiétude à touttes les cours amies, surtout à Vienne et le point principal de touttes les instructions des ministres envoiés à la Diette est de travailler de préférence à tout à l'intégrité des domaines de la République. Reste à examiner à présent si cette conservation est praticable au cas que le roi de Prusse ne le veuille pas, et je crois être fondé sur la négative tant que les cours de Berlin et de Pétersbourg seront d'accord et qu'elles auront de plus dans le sein même de la Pologne une certaine quantité de gentilshommes qui leur seront vendus, et c'est le cas où je suppose actuellement la maison Czartoryiski.

La mauvaise humeur des puissances ne suffit pas pour arrêter le roi de Prusse dans ses vues, il faut des moyens plus efficaces et il ne se rendra qu'aux dernières raisons des gens de son État. Qui se chargera de les faire valoir ces raisons? La France trop éloignée ne pourra contribuer que de ses vœux et tout au plus de quelque argent, mais ce n'est pas de l'argent dont il s'agit, c'est des hommes. Qui les fournira ces hommes? Serait-ce la cour de Vienne seule? Jugés vous-même si elle l'osera, surtout la France qui peut redevenir son ennemie restant tranquille dans ses garnisons pendant que l'Autriche et la Prusse s'énerveroient mutuellement. Se joindroit-elle les Saxons? Malgré toutte l'envie de réussir pour la couronne de Pologne, croiés-vous, Mgr., que l'Électeur pût prendre ce parti? La cour de Vienne pour braver la cour de Berlin renoueroit-elle avec Hanovre? Dans ce cas, voilà l'ancien sistème revenu et la France tout naturellement raccommodée avec le roi de Prusse. Ce n'est pas ce qu'on veut à Vienne sans doute, surtout dans le moment où on s'occupe de l'élection du roi des Romains. Je ne parle ni de la Suède ni du Danemarck : de la Suède elle est subordonnée aujourd'huy, totalement et sans réserve, à la cour de Pétersbourg, et nous supposons Pétersbourg et Berlin d'accord; le Danemarck est trop sage pour faire une levée de bouclier contre la Prusse et la Russie en même temps et tel affront qu'il y ait à dévorer de ces deux puissances, croiés, Mgr., que ce ne sera jamais tant qu'elles seront unies qu'il songera à se venger.

A l'égard de la Porte, je conviens que ce seroit un moyen à mettre en jeu pour empêcher le dénombrement supposé arrangé entre les deux cours de Berlin et de Pétersbourg, mais le moyen est : 1° très éloigné contre un homme qui en a de tout prêts; 2° il ne laisse pas que d'être dangereux pour la cour de Vienne même qui craindra toujours que les troupes ottomanes une fois en marche en faveur de la Pologne ne se rabattent sur la Valachie. J'ajoute que ce moyen est d'ailleurs très incertain tant parce que l'inter-nonce qui est actuellement à Potsdam expliquera favorablement à la Porte les démarches de la cour de Berlin, que parcequ'il paroitra toujours fort extraordinaire au Divan de prendre une résolution de concert avec la cour de Vienne son ennemie éternelle. Enfin quoiqu'il en soit des secours de la Porte, il est sûr qu'ils seroient longs à arriver et que pour barrer le roi de Prusse il en faudroit de très prompts, qu'aucune puissance n'est assés à portée, assés en état ou assés intéressée à la conservation de cette intégrité pour pouvoir donner aux Polonois, qui restans seuls et divisés contre deux voisins comme le roi de Prusse et la Russie n'ont d'autre parti à prendre que de céder aux circonstances et à la force. J'en reviens donc à dire que c'est de concert avec la cour de Berlin qu'il faudroit agir et qu'en s'y prenant bien sans doute il y gagneroit le plus, luy, mais les cours de Vienne et de Dresde y gagneroient aussy, et cette dernière n'eût-elle qu'un bailliage annexé à l'Électorat il est incontestable qu'elle seroit très dédommagée de la ruineuse couronne à laquelle elle renonceroit.

A l'égard de la perte de la République de Pologne, ce serait un mal sans doute pour elle, mais les Polonois en sentiroient peut-être mieux la nécessité de se réunir pour se mettre en état de se venger, de réparer la perte qu'ils auroient faite et s'en faire payer l'intérêt suivant les circonstances. Et voilà le point où je les voudrois pour la grandeur même de V. A. R. si Elle est destinée à régner sur eux. Ce qui me console quelquefois jusqu'à l'espérance c'est que je me suis tellement persuadé qu'il est de l'intérêt du roi de Prusse que cela soit comme je le désire que je me flatte qu'il sera assés grand pour faire icy les premières démarches, et que d'icy où peut-être on n'est arrêté que par une mauvaise gloire on sera très disposé à tirer au moins parti de sa bonne volonté en votre faveur. Il y a des temps où je me voudrois à Berlin pour pousser à la roue, mais somme toutte j'aime mieux rester icy à l'affût où je ne donne assurément soupçon à personne. V. A. R. parfaitement tranquille à Dresde n'ayant également aucune démarche à faire n'a nécessairement point à se reprocher de barrer les vues de son frère aîné[1]. J'ajoute cependant que si vous n'avés aucune démarche à faire pour vous procurer la couronne,

---

1. Frédéric-Christian-Auguste, prince électeur de Saxe, décédé le 17 décembre 1763.

vous ne devés pas non plus en faire de directement contraires à des intérêts que d'autres pourroient vous ménager et où les circonstances pourroient vous porter, j'entens par des démarches contraires, des renonciations par écrit, à vous présenter comme candidat ou vous laisser présenter. Vous avés très amplement satisfait à l'amour fraternel, ne faites rien contre luy, ne faites même rien pour vous ; mais si on vous veut du bien, laissés vous faire.

LE PRINCE XAVIER DE SAXE A MARTANGE [1]

Chiffre de la lettre de S. A. R. — 28 novembre 1763. — Le frère de Bratkowski mande que Mrs. de Czartoriski l'ont comblé de politesses et qu'il lui ont demandé touttes les circonstances relatives au nouveau règne et que sur son récit le prince Adam s'était écrié : « Quel changement agréable pour nous si l'Électeur devient roy ! » Que pensez-vous de cette exclamation ? Vous n'y croirés pas ; aussi fait mon Brathowski qui dit que le prince Adam a cru parler à un jeune homme qui prend tout pour argent comptant, et qu'il ne s'était pas trompé de beaucoup.

Le duc mon frère continue toujours à demander la permission d'aller en Pologne. Il a communiqué à l'Électrice plusieurs lettres du Grand Général Branicki et des autres seigneurs pour lesquelles on le presse de venir après les Diéttines, et que sa présence seroit d'une grande utilité pour les vues de l'Électeur. Je ne scais encore quel parti l'Électrice prendra à ce sujet car elle est fort indécise. Il y a quelques jours qu'elle s'était fermement proposé de ne lui point donner cette permission et hier elle me parut pencher à son départ. Au reste il me paroit toujours qu'il travaille de bonne foy pour l'Électeur car je pense que s'il manquoit à l'Électrice et qu'il ne réussît pas, comme cela doit être, n'étant soutenu d'aucune puissance étrangère, il se mettroit dans le cas

---

1. Copie. Arch. de Honfleur.

de perdre tout ce qu'il peut espérer, et qui n'est que de cette seule cour-cy, par là il seroit le plus malheureux de ses frères. Avec tout cela s'il est une fois à Varsovie et qu'il soit faux, il pourrait nuire à l'Électeur ; c'est ce qui arrête l'Électrice. Je ne scais encore à quoi elle se déterminera.

Par des lettres arrivées en ce moment de Berlin, il paroît sûr que l'Impératrice de Russie veuille absolument que le stolnick Poniatowski devienne roi de Pologne. Les mêmes lettres marquent que l'on ne croioit pas que le roi de Prusse voulût agir offensivement ; et jusqu'à présent nuls préparatifs de guerre. Je crois même scavoir de science certaine que tel plan qu'il ait pu arranger provisoirement avec la Russie, il n'est point en état de commencer une guerre par la raison que ses troupes sont très mécontentes des paiemens de leur solde qu'il continue de leur faire en mauvais argent, qu'il manque de tout ce qui est nécessaire pour les faire agir, que la dernière guerre a épuisé ses coffres et dépeuplé ses États. Ainsi ces raisons que vous pouvés croire (car c'est comme je vous le marque au pied de la lettre) brideront un peu l'humeur guerrière de S. M. prussienne.

Les inquiétudes qu'on vous paroît avoir d'un démembrement quelconque des domaines de la République prouveroit que l'objet de la mission du général Monet à Varsovie seroit de travailler en faveur de l'Électeur. Enfin vos raisonnemens sur le peu d'influence que pourroit avoir la France, en cas de guerre, vu l'éloignement des secours qu'elle ne pourroit donner, et sur l'inutilité et l'incertitude de ceux qu'on pourroit attendre de la Porte éloignent encore plus touttes les espérances que, d'un autre côté, vous paroissés vouloir me donner. Je ne crains qu'une chose, c'est qu'en cherchant à travailler pour moy nous ne nuisions aux vues de l'Électeur et à toutte notre maison.

Une autre chose qui me cause de l'inquiétude, c'est qu'en cas que l'Électeur ne réussisse pas pour lui-même la couronne ne passe au duc mon frère de préférence à moy, tant par le grand nombre d'amis qu'il a en Pologne que par le crédit qu'il a en Russie, car si cette puissance ne réussit pas pour son candidat, elle sera à ce que je crois plus portée pour Charles que pour moy, tant pour lui procurer un établissement auquel elle s'est engagée par ses précédens écrits publics que pour n'avoir point un voisin lié à la France par la reconnaissance. Mais si je vois quelque apparence de rivalité de la part du Duc je ne manquerois pas de répéter à l'Électrice la parole qu'elle m'a donnée de travailler de préférence pour moy. En attendant je resterai tranquille et me laisserai faire patiemment, ainsy que vous me le marqués, mais je vous prie de prendre bien garde à ce que je vous ai dit plus haut. Tout ce que je vois et entends me prouve d'autant plus la sincérité des vues du Duc pour notre frère aîné. Il a été deux fois en conférence assés longtemps avec M. de Paulmy [1], mais je suis persuadé que ce n'étoit que pour raisonner ensemble des affaires de Pologne et se concerter en faveur de l'Électeur.

Malgré toutte mon impatience d'être bientôt en France, il sera cependant indispensable que vous m'éclaircissiés auparavant sur quel pied je serai ; car ce seroit le plus grand dérangement pour mes finances si j'étois obligé de partir avant d'avoir terminé tout ce que j'ai à faire icy pour mon économie domestique, et avoir arrangé provisoirement à Paris la maison quelconque que j'y devrois tenir. Vous sentés, n'ayant ni vaisselle, ni équipages, ni meubles que ce seroit encore doubler cette énorme dépense s'il falloit être obligé de la faire à la hâte. Répondés-moy, je vous prie, en grand détail sur ce dernier article.

MARTANGE AU PRINCE XAVIER DE SAXE [2]

Minutte à S. A. R. M. le prince Xavier. — Paris, *28 décembre 1763.* — Mgr. J'ai l'honneur de faire à V. A. R. mes complimens de condoléance [3] et de félicitation avec l'effusion bien sincère d'un

---

1. Le marquis de Paulmy, ambassadeur de Pologne.
2. Minute autographe formant 10 pages in-folio. Arch. de Honfleur.
3. Il venait d'apprendre la mort de l'Électeur de Saxe, Frédéric-Christian-Auguste, né à Dresde le 5 septembre 1722, décédé le 17 décembre 1763.

cœur dont l'attachement vous est connu depuis longtemps. Je n'ai pas perdu une minutte pour faire touttes les démarches que j'ai jugées devoir être les plus avantageuses au service et aux interests de V. A. R. Je suis trop flatté si la conduitte que j'ai tenue a l'honneur de son approbation.

Le courier Hermann a fait une singulière diligence pour la saison ; il est arrivé chés moy [1], le 23, vers une heure. Les premiers momens de ma surprise passés, j'ai réfléchi sur l'usage que je devois faire de la nouvelle intéressante que je venois de recevoir, et la certitude de la mort de Mgr. l'Électeur me laissant toutte liberté d'agir sans craindre de compromettre V. A. R., j'allai le même soir trouver M. le général de Fontenay auquel je donnai part de l'arrivée du courier et du contenu de la dépêche dont il étoit porteur. Quoique Hermann m'eût assuré que de 24 heures au plus tôt il ne seroit suivi d'aucun autre courier, nous jugeâmes cependant qu'il étoit de la plus grande conséquence pour vos interests de toutte espèce que ce ministère-cy fut prévenu le plutôt possible sur tous les points où l'amitié de cette cour peut vous être utile. Et nous partîmes le même soir pour Versailles où, après avoir informé M. le Dauphin et par lui Mme la Dauphine, M. de Fontenay alla chez M. le duc de Praslin en même temps que je me rendis chez M. le duc de Choiseul ; et comme j'avois écrit quatre mots pour ce dernier pour point perdre de temps au cas que je ne pûsse pas le joindre, il prit ma lettre et l'envoia tout de suitte au Roi sans la décacheter. C'est par elle que le Roi en a été informé, et comme je demandois une audience dans cette lettre au Duc pour conférer avec lui sur les interests de la nouvelle situation de V. A. R., le roi a été tout de suite prévenu en gros sur les vües que cet événement vous permettoit et sur les secours que vous attendiés de la France [2]. On me fit appeler dans la

---

1. En 1763, Martange demeurait rue des Martyrs, n° 8, côté Montmartre, près les Porcherons.
2. Le soir même, Louis XV adressa à Tercier, premier commis des Affaires Étrangères, chargé de la réception et de l'expédition des lettres de la correspondance secrète, le billet suivant : « Ce 23 décembre 1763, au soir. — Dans

chambre à coucher de Mme la Dauphine, le même soir, à onze heures. M. le Dauphin, Mme la Dauphine et Madame s'y entretenoient. On me fit redire sommairement une partie des raisons que j'avois déjà détaillées dans d'autres circonstances sur la convenance presque universelle que V. A. R. montât de préférence sur le thrône de Pologne. Je m'expliquai le plus brièvement que possible d'après les principes que vous me connoissés, et j'ajoutai à la fin que la bonté active du Roi et les secours d'amis et d'argent pouvant plus que tout réaliser cette convenance je suppliois mon auditoire d'en entretenir le Maître qui alloit venir et de parler pour un prince qu'ils aimoient tous. Je leur expliquai ensuitte ce que je connoissois de vos droits à l'administration [1] et du temps que dureroit votre régence. Le Roi arrivoit à ce moment et il fallut promptement se retirer. En sortant, M. le Dauphin m'ordonna de dire à l'huissier d'aller avertir Mesdames. Madame me dit la même chose avec l'air du monde le plus riant, comme si elle avoit voulu marquer l'intérêt qu'elle prenoit au zèle avec lequel je venois de parler. Voilà, Mgr., l'employ de ma première soirée du 23.

Je craïonnai pendant la nuit quelques idées sur la consultation que je me proposois d'avoir le lendemain 24 chez le duc de Choiseul où je devois dîner. Ces idées étaient en substance les mêmes que j'ai rédigées dans le mémoire écrit le 25 pour M. le duc de Praslin auquel je l'ai remis le lendemain 26. Je le communiquai à M. de Fontenay qui l'approuva et quoique ce fût la veille de Noël et que Mme la Dauphine fût déjà en dévotion, elle ne put se refuser à la tendre curiosité de lire ce qui concernoit les interests de son cher Xavier.

J'eus après le dîner mais à sept heures du soir, seulement, une audience du duc de Choiseul, dans laquelle il débuta par me dire

---

le moment, je viens d'apprendre, par un courier du prince Xavier à Martange, la mort de l'Électeur son frère. » Boutaric, *Correspondance secrète de Louis XV*, t. I, p. 309.

1. C'est-à-dire à la régence de l'électorat de Saxe. L'Électeur de Saxe laissait un fils mineur, héritier de la couronne électorale.

que ne se mêlant point des affaires étrangères qui regardoient la Pologne et l'Allemagne il ne concevoit pas pourquoy je m'adressois à lui ; qu'il ne sçavoit rien de tout cela que ce qu'on en disoit au Conseil ; qu'il étoit bien et parfaitement bien avec M. le duc de Praslin mais qu'il ne vouloit pas aller sur sa besogne ; que M. de Fontenay étoit déjà venu le trouver (à la vérité par ordre de M. de Fleming, il y a quelques jours) ; qu'il lui avoit dit en gros plusieurs choses relatives aux interests de la Saxe et aux vues qu'on avoit sur la Pologne, etc., etc., mais que ce n'étoit pas au ministre de ce département qu'il s'étoit expliqué ; que cette partie des affaires étoit dans le lot de M. de Praslin qui scavoit seul ou en étoit et sur quoy on pouvoit compter avec les cours voisines et intéressées pour pouvoir se concerter avec elles sur le parti qu'on voudroit prendre en faveur de la maison de Saxe ; que pour moy j'avois la fureur de le regarder comme *principal ministre* et que j'avois tort ; qu'il ne prendroit point mon papier ; qu'il ne devoit peut-être pas même m'entendre quoique le Roi que j'avois déja fait prévenir sans doutte par M. le Dauphin et Mme la Dauphine lui eût déja parlé, dès le matin, du prince Xavier, mais qu'il ne me répondroit rien de positif ; que c'étoit M. le duc de Praslin que cela regardoit et que c'étoit ce ministre que je devois voir.

Je laissai, suivant mon usage, toutte son impétuosité s'écouler, mais quand tout fût dit je n'en revins pas moins sur mes pas et tout en l'assurant que c'étoit par forme de conversation uniquement je le tâtai sur tous les points de mon mémoire. Je les lui détaillai tous, même le projet de lettre au primat pour se mettre sur les rangs, et il ne gagna rien à avoir refusé de lire mon mémoire car il entendit tout ce qu'il auroit lu. Je crus m'appercevoir que ses réflexions n'étoient rien moins qu'à notre désavantage. Je lui dis, à la fin, que je ne lui demandois pas ce qu'il pensoit de tout cela puisque c'étoit à M. le duc de Praslin à résoudre la question, que j'étois pourtant bien aise de lui avoir expliqué le tout et que j'espérois que la complaisance qu'il avoit eu de m'entendre ne me nuiroit pas auprès de M. le duc de Praslin, que ne connoissant presque pas ce dernier je ne pouvois me présenter chez lui que sur sa recommandation, de lui duc de Choiseul, que j'attendois qu'il voulût bien, par amitié pour V. A. R., dire beaucoup de bien de moy afin que je me trouvasse tout de suitte au taux de confiance où je désirois être pour le service de M. l'Administrateur; que ne faisant rien qu'après en avoir rendu compte à M. de Fontenay l'unité de vues et de rapport ne seroit point dérangée, &c. Il me promit tout ce que je voulois à cet égard, et il finit par me promettre de le prévenir aussy sur ceux des points de notre conversation qu'il se rappelleroit, qu'il me promettoit même de tâcher de l'engager à rapporter l'affaire au Conseil plutôt que de la traiter dans un travail particulier avec le Roy puisque sûrement je ne serois pas fâché que M. le Dauphin fût instruit de tout ce qu'on pourroit dire et eût sa voix à donner dans la décision d'une affaire qui intéressoit un prince frère de Mme la Dauphine. Je sortis fort content de son cabinet où j'avois passé une bonne heure et demie. V. A. R. daignera se souvenir que ce n'est jamais impunément qu'il m'a accordé d'aussi longues audiences. Il me dit en sortant que je ne pourrois voir M. le duc de Praslin que le lundy dans l'après-midi, qu'il venoit de partir pour Paris et qu'à son retour lundy à Versailles il me tiendroit parole.

Je revins dans la nuit à Paris où j'employai la matinée du jour de Noël à dormir beaucoup; j'en avois grand besoin, et à prier un peu quoique j'en eusse peut-être eu au moins autant de besoin que de dormir. Je rédigeai l'après-midy le mémoire au duc de Praslin tel que j'ai l'honneur de l'envoyer à V. A. R. *sub X* (car c'est et ce sera toujours la première lettre de mon alphabet) avec le projet adjoint *sub A* d'une lettre de signification au primat et d'une autre *sub B* circulaire pour tous les autres magnats, et j'employai une partie de la nuit à préparer les matériaux de différens projets de lettre contenus dans les feuilles *sub C. D* et *E* [1], afin qu'au moment où le courier que nous attendons aujourd'huy après Hermann arrivera je fusse en état de ne point retarder celui-cy pour le renvoyer à V. A. R.,

---

1. Il s'agit dans ce passage de mémoires et de lettres chiffrés dont les minutes ou les originaux ne se trouvent ni à Honfleur ni à Troyes dans les papiers de Martange.

m'ayant déclaré qu'il seroit en état de remonter à cheval le lendemain matin 27, ce qu'il n'auroit pu faire plus tôt, sa selle, ses bottes étant dans le plus mauvais état par la pluye, les chuttes et les mauvois chemins, et des parties essentielles pour courier étant encore plus mal équippées que la selle qui devoit les porter.

Lundy, 26, je me rendis à mon assignation à Versailles où je trouvai M. le duc de Praslin assés favorablement prévenu par M. le duc de Choiseul pour m'accorder une audience à fonds depuis six heures et demie jusqu'à près de neuf heures. Je trouvai ce ministre froid par complexion, beaucoup moins instruit sur les affaires de Pologne, sur les interests respectifs des familles et sur le parti qu'on pourroit tirer de tout cela en notre faveur que je ne l'aurois cru. Il a en gros des intentions droites et favorables, mais ses marches sont mêlées de questions composées par un esprit d'inquiétude et de parcimonie qui n'est pas aisé à vaincre. Il a l'air de vouloir faire seulement sa charge avec honnêteté, et content d'avoir rempli sa tâche journalière il n'est rien moins que porter à travailler pour l'avenir. Il n'est point homme à hasarder de grands moyens pour une grande fin. La circonspection est, où je suis bien trompé, sa partie dominante. Il parle toujours de consulter les autres et craindroit d'être le premier à donner le ton. Du reste, droit, honnête, s'exprimant avec clarté, et du moins s'il ne prend point promptement des engagemens il est incapable de manquer à ceux qu'il aura une fois pris. Voilà, Mgr., comme m'a paru et comme j'ai trouvé l'homme auquel j'ai eu affaire.

J'ai fait de mon mieux pour employer utilement le temps qu'il m'a donné pour l'échauffer un peu sur les objets que j'avois à traitter avec lui, et j'ose me flatter d'être parvenu sinon à lui faire envisager la négociation au thrône de Pologne comme une négociation qui lui feroit le plus grand honneur personnel et qui auroit dans l'avenir les suittes les plus avantageuses pour l'État (car il s'est totalement refusé à ces deux considérations quoique je les aie proposées le moins maladroitement qu'il m'a été possible), mais du moins à lui faire regarder le succès comme beaucoup plus facile et surtout moins couteux qu'il m'avoit paru le croire et le craindre. Je me suis servi avec assés de succès de l'esprit, de la tournure sous laquelle je croiois que V. A. R. pouvoit se mettre au nombre des candidats, et comme je me suis très-parfaitement convaincu que sa plus grande crainte étoit de compromettre la protection du Roy dans un pays où les tenans du parti opposé devoient avoir l'avantage. J'ai souvent appuyé sur l'espèce de moyen qui pourroit être employé par V. A. R., par lequel bien loin de se déclarer le candidat de la France et d'engager par là le R. T. Ch. à des démarches hazardées, vous paroitriés au contraire renonçer à toutte autre protection qu'à celle que touttes les cours promettent réciproquement à la liberté des suffrages. J'ai cru voir le Duc se remplir avec complaisance dans cette idée. Une autre remarque dont j'ai profité dans cette conférence (et une vieille conversation que j'avois eue à Fontainebleau avec le duc de Choiseul dont je vous ai rendu compte dans le temps n'a pas peu contribué à me mettre sur la voye), c'est que malgré la confiance qu'il affecte de ne rien croire des projets d'un démembrement quelconque et de paroître ajouter foy aux déclarations respectives des cours de Russie et de Berlin sur la conservation de l'intégrité des domaines de la République. J'ai très bien remarqué que cette crainte étoit le grand article qui lui tenoit le plus à cœur, et celui dans le fonds qui l'embarassoit le plus. C'est d'après cette observation que je me suis appliqué (et j'ose dire avec fruit) à lui faire bien comprendre que V. A. R. devant s'annoncer pour ne tenir à aucun parti et n'étant attaché à aucune des familles, aucun candidat n'étoit plus à portée qu'Elle de réunir tous les esprits, dont sans cela la division ne pouvoit que s'envenimer au point que le plus faible appelle les Russes ou les Prussiens à son secours, les deux puissances (et le roi de Prusse surtout) ne manqueroient pas de se faire payer un peu cher de la protection qu'ils accorderoient à la République partagée en factions, qu'on ne pouvoit mieux prévenir qu'en prenant de bonne heure le parti qu'on avoit pris à la fin pour les enfans de Sobieski, et qui étoit de les exclure également pour leur substituer un prince qui ne tiendroit à aucun d'eux et seroit indifférent à tous, que pour peu qu'on aidât de la part de la France la vérité de cette réflexion de quelque somme d'argent répandue à propos et soutenue par les nobles polonois qui restoient encore attachés à la France, il y avoit lieu de se flatter qu'on parviendroit au but qu'on se proposoit et que j'étois convaincu que cela ne couteroit pas, à beaucoup près, autant qu'on paroissoit le croire, ce que je lui ai répété trois ou quatre fois parce que le grand point est de le mettre dans le cas de faire sa première cave et qu'une fois engagé il faudra bien qu'il tienne le jeu.

Sur ce qu'il me disoit qu'avant de prendre aucune résolution, il seroit important de scavoir le degré d'intelligence qui seroit entre V. A. R. et M. le prince Charles[1], si M. le prince Charles voudroit bien vous aider de ses amis, s'il ne chercheroit pas à les employer pour lui même et si V. A. R. considérant que sa personne est indifférente aux Polonois qui ne la connaissent presque point, ils pencheroient peut-être de préférence pour celle du prince Charles qu'ils connaissent beaucoup plus et qu'ils aiment, j'ai eu un grand soin de lui représenter que soit que M. le prince Charles votre frère eût pour V. A. R. la même déférence que vous aviez eue pour votre aîné, soit qu'il crût devoir songer à lui même, il n'y avoit point de cas où vous fussiés dans l'intention de céder vos vües aux siennes, et j'ai ajouté à cette phrase que je me flattois pour V. A. R. que le Conseil ne lui en viendroit jamais de la part de la France, que de plus, bien loin d'avancer les affaires de la maison de Saxe par le parti de Mgr. votre frère ce seroit précisément le moyen de défendre l'intégrité des domaines de la République, ce parti devant nécessairement être combattu par le parti de la Russie qui seroit évidemment supérieur ; que les amis de Pologne ne tenoient qu'avec de l'argent, qu'il en couteroit infiniment pour payer ceux de M. le prince Charles qui ne feroient jamais rien que de le soutenir contre les Czartoriski, d'une part, et les Branicki, de l'autre, qui soutenus de leur côté par leurs amis mettroient le feu au quatre coins de la République ; que le roi de Prusse l'éteindroit quand il lui plairoit, mais que vraisemblablement il ne s'en donneroit pas la peine pour

---

1. Charles, prince de Saxe, duc de Courlande.

rien et que cela produiroit tout justement le malheur même contre lequel il importoit le plus de prendre de bonne heure pour le salut même de l'Europe des précautions.

Il étoit bien important, Mgr., que je m'étendisse sur cet article avec M. le duc de Praslin, soit que Mgr. le prince Charles ait par lui-même et ses amis cherché à concilier cette cour-cy à ses vuës (et c'est à V. A. R. à y donner attention), soit que M. de Paulmy et le ministre Hennin ayant vu la chose sous un point de vue plus favorable à Mgr. votre frère qu'à vous, soit enfin que M. le duc de Praslin lui-même ayant compté que les amis de Pologne servoient par amitié crût gagner beaucoup à faire cause commune avec ceux de M. le prince Charles qu'il supposait n'avoir pas besoin de payer. Mais il avoit grand besoin d'être redressé sur cette idée.

Enfin, Mgr., après beaucoup de détails, de questions de sa part et de solutions de la mienne, car pour lui il s'est réservé ne s'expliquer que lorsqu'un second courier auroit confirmé la nouvelle de la mort de l'Electeur et qu'on verroit un peu plus clair dans les premières suittes que cet événement auroit en Saxe et pourroit avoir en Pologne, M. le duc de Praslin en est pourtant venu à me dire que le goût du Roi pour V. A. R. étoit décidé, que S. M. lui en avoit déjà parlé, qu'il sentoit bien qu'on ne pourroit pas réussir sans quelques dépenses et que ce ne pouvoit pas être simplement avec la plume qu'on réussiroit, qu'à la vérité, lui, ministre des affaires étrangères, n'avoit pas des moyens pour l'entreprendre mais qu'en rendant compte de tout au Roi il prendroit les ordres de S. M. et que si Elle vouloit s'intéresser, comme il n'en doutoit pas, à vous placer cette couronne sur la tête il faudroit bien qu'il fît des fonds nécessaires à cet effet et que de sa part son zèle respectueux pour la maison de Saxe, pour M. le Dauphin et Mme la Dauphine, l'envie ardente qu'il avoit personellement d'en donner des marques à V. A. R. à laquelle il me chargeoit d'en rendre compte lui feroient dépenser avec le plus grand plaisir et sans aucune sorte de regret les sommes qui seroient consacrées par S. M. à cet objet, (*verba notatu digniora quam in ipsius ore rara*). Il finit par prendre mon mémoire et le projet de lettre au primat quoiqu'il se fût proposé de remettre à les lire jusqu'à l'arrivée d'un second courier ; ce qui me fit grand plaisir car j'espère que moyennant cela il aura toujours pu travailler d'autant et qu'il se mettra plus promptement en état de rendre un compte clair à V. A. R. des objets contenus dans les deux pièces que je lui ai laissées et dans lesquelles il n'aura pas laissé que de trouver *multa, paucis*.

Je vis, ce 26, au soir en sortant de chez ce Duc, M. le Dauphin et Mme la Dauphine auxquels je dis simplement que j'avois très lieu d'être content de ma réception, et je vis que cela leur faisoit grand plaisir car ils s'intéressent fortement au succès. L'un et l'autre d'ailleurs étaient fort inquiets de ce que le second courier n'arrivoit pas. Je les tranquilisai le mieux que je pus par le calcul des différents points qu'il y auroit eu indispensablement à résoudre avant de parvenir à l'expédition:

J'allai hier matin chez M. de Fontenay. Point de courier. Je lui rendis compte de ma conversation avec le Duc. Il regarda comme une chose du meilleur augure les paroles que je vous ai marquées plus haut, *notatu digna*. Je revins chez moi mettre en ordre la feuille C dont je désire que V. A. R. soit contente. Pour moy j'ai bon augure de l'effet de ces lettres chacune dans leur partie, et je ne crains point d'avouer à V. A. R. que je m'en suis scû beaucoup de gré dans l'espoir de l'utilité où elles lui seront.

Point encore de courier aujourd'huy 28, Mgr.; il faut que le malheureux se soit cassé bras ou jambes, ou noyé. Il me passe mille chimères par la tête, je les chasse du mieux que je peux et je continue à vous écrire comme si j'étais sûr qu'il va arriver. Une chose qui me console dans la cruelle incertitude ou ce retard nous jette c'est que demain la poste même, à défaut d'un courier, me mettra vraisemblablement plus à mon aise pour me représenter chez M. le duc de Praslin ; je n'aurai plus rien qu'à ajouter ce qu'il m'aura dit pour vous expédier tout de suite Hermann que je voudrois déjà qui vous eût rejoint avec tout ce dont je le chargerai.

V. A. R. a jugé de mon zèle d'après la connoissance réelle qu'elle en a en imaginant que mon premier mouvement seroit de désirer d'aller la rejoindre à Dresde dans l'espoir de lui être utile; c'est effectivement le premier bond que mon attachement pour votre personne et votre gloire, dans une circonstance aussi unique que délicate, m'a fait faire, mais une réflexion un peu plus méditée m'a fait me féliciter de me trouver icy puisque c'est de cette cour que V. A. R. doit uniquement attendre des secours et que les succés qu'elle désire ne peuvent se réaliser que par les mesures qu'on prendra avec cette cour-cy, et le concert qu'elle liera avec les autres. L'article pécuniaire surtout, ce nerf universel qui est la condition *sine quâ non* de tout ce qu'on se propose a besoin d'être traité icy dans les circonstances présentes avec un soin particulier que j'avoue à V. A. R. que je crois qu'il ne faut pas moins que la surveillance animée dont je suis rempli pour votre service pour espérer de parvenir à faire prendre sur cet objet capital une résolution conforme à nos vues.

A l'égard de ce que j'ai marqué de relatif à la liaison de la France et de la Saxe, c'est une pierre d'attente sur laquelle il convient absolument de s'entendre pour les interests et la gloire de votre administration en Saxe, mais comme cette négociation n'est pas faite pour être pressée, que ce n'est même ni votre intérêt ni celui de la Saxe qu'elle s'exécute avant la conclusion de l'affaire de Pologne, ce que j'en ai dit est plus pour rappeller des principes qui vous font honneur auprès de ce ministère que dans l'intention d'avoir à ce sujet une décision prompte et précise.

Le 30. Enfin, Mgr., Cossart est arrivé hier matin, et tout calculé il a fait en passant par Munich à peu près toute la diligence possible. Si j'étois entre quatre yeux avec V. A. R. j'aurois bien de la peine à m'empêcher de l'embrasser aussi tendrement que respectueusement en reconnaissance de l'arrangement qu'Elle a fait avec Mme l'Électrice ; c'est le sceau de la gloire personnelle de V. A. R. et le présage du bonheur de votre administration en Saxe. Quoique mon attention à vos intérêts ne m'eût pas permis de me dispenser de prévoir les prétentions que Mme l'Électrice auroit pu former au désavantage de ce que le droit de votre naissance et les loix de l'Empire vous donne, je me suis toujours flatté que la confiance particulière et si juste que je connois à V. A. R. pour cette Princesse laisseroit tout arranger à la concorde et à l'union domestique. Je répette à V. A. R. avec plénitude de satisfaction que rien au monde ne peut lui faire plus d'honneur et n'est mieux arrangé.

A l'égard des affaires de Pologne, V. A. R. a pris le très-bon parti de ne rien céder des très justes et très-naturelles espérances personnelles que la mort de Mgr. l'Électeur lui permet aujourd'huy de former à la couronne ; les devoirs de mon attachement me prescrivent à cet égard de m'en référer absolument à tout ce que j'ai eu l'honneur de vous en écrire ces jours passés, tant pour le fonds que pour la forme. La précaution que V. A. R. a prise dans dans ses lettres de notification de ne point parler de ses vües ultérieures est très-sage ; cela n'exige qu'un léger changement dans le commencement des pétitoires et autres missives dont je vous envoie les projets *sub A. B. C. D. E.* Je mets ces changemens *ad marginem*, tels que j'estime à peu près convenable de les faire.

Comme M. de Fontenay avoit pris médecine avant l'arrivée de Cossart, qu'il ne pouvoit par cette raison aller à Versailles hier, je passai chez lui avant de m'y rendre ne voulant pas différer de voir s'il étoit possible M. de Praslin ainsy que M. le Dauphin et Mme la Dauphine. Ses lettres étoient déja parties pour la Princesse. La grande affaire de M. le duc de Fitz-James que le parlement de Thoulouse a ajourné à celui de Paris, en sa qualité de pair du roiaume[1] pour répondre de la conduite qu'il a tenue en Languedoc, ayant fait assembler pour la troisième fois les pairs chez M. le duc d'Orléans, à Paris, M. le duc de Praslin s'y trouvant avec les autres je ne pus le joindre. Mais j'eus en revanche une conférence de plus d'une heure avec M. le Dauphin et Mme la Dauphine. Je me flatte d'y avoir bien rempli M. le Dauphin de touttes les raisons qui parlent en faveur de V. A. R. pour la préférence d'intérêt. Vous savés avec quelle conscience il se refuse à se laisser pénétrer, mais malgré toute sa retenue j'ai pourtant bien vu et j'ose le certifier à V. A. R. qu'il a fait la plus grande attention à ce que je lui

---

1. Le duc de Fitz-James s'était battu, dans Toulouse, avec le marquis de Royan ; le Parlement, redevenu libre, instruisit aussitôt contre lui.

ai dit, qu'il étoit fort content de voir la possibilité frappante du succès bien établie, et que je suis bien assuré que si la chose est portée au Conseil il fera le meilleur usage des moyens que je lui ai suggérés. Il m'a cependant répété en forme d'objection une partie des choses que M. le duc de Praslin m'avoit déja dittes au sujet d'une cession en faveur du prince Charles attendu le parti qu'il avoit, mais je lui ai si bien détaillé que ce parti même étoit contre le succès de ce prince que s'il n'en est pas formellement convenu, au moins n'a-t-il eu aucune raison contraire à m'alléguer, et ce n'est pas contre lui que je plaidois, mais je le mettois en état de plaider au Conseil contre les autres. Je lui ai rendu compte de l'espoir que M. de Praslin m'avoit permis au sujet de l'argent. — Etes-vous assés bon, m'a-t-il dit, pour ne pas regarder ces paroles-là comme un refus honnête? — Oh, pour cela, non, Mr., lui ai-je répondu, je ne les prens pas pour refus. Je scais très positivement et par des rapports très sûrs que quand M. le duc de Praslin croit devoir refuser il le fait en termes si clairs et si précis qu'ils ne peuvent être amphibologiques. Il s'est mis à sourire. — Mr., ai-je ajouté finalement, si vous joignés vos amis à ceux du prince Charles, (comme l'un n'a pas plus d'argent que l'autre, il faudra toujours que ce soit vous qui paiés), il vous en couteroit pour vouloir faire le prince Charles roi de Pologne six millions, et il ne le seroit pas. Si vous votés pour le prince Xavier il ne vous en coutera pas plus de deux millions et il le sera; et vous aurés joui de votre considération, et vous aurés fait le bien et l'union de la Pologne, et vous vous serés acquis un ami sûr dans le Nord non pas pour agir d'après vos vües offensives si vous en aviés mais pour entretenir la paix suivant vos interests. Ou je me trompe fort où il vaut mieux donner deux louis pour réussir en faveur d'un prince qu'on aime et qu'on connoit que d'en sacrifier six pour échouer en protégeant un prince qu'on aime aussy mais qu'on ne connoit pas.

Voilà mes propres mots, Mgr., et je vous répette à vous qu'indépendamment de mon attachement particulier à votre personne j'ai dit la chose comme je la vois. Mme la Dauphine m'ayant demandé qu'Hermann ne partît que ce soir j'attends ses paquets. M. de Fontenay a écrit au duc de Praslin ce matin pour tâcher d'en avoir audience icy, il m'a promis sa réponse et je l'attens.

LE PRINCE XAVIER DE SAXE AU DUC DE CHOISEUL-PRASLIN [1].

Dresde, ce 20 janvier 1764. — Je ne scaurois trop vous remercier, M. le Duc, de la bonté avec laquelle vous avès bien voulu écouter M. de Martange. La confiance entière que j'ai depuis longtemps dans son zèle et son attachement pour moi me fera regarder celle que vous lui accorderés, sur ce qui me concerne, comme une marque particulière de mon amitié. J'ose vous répondre, M. le Duc, de la droiture de son cœur et de son inviolable discrétion. J'espère que M. le Dauphin et Mme la Dauphine voudront bien joindre leur recommandation au témoignage que j'ai l'honneur de vous en rendre : sujet et serviteur du Roy, c'est un titre pour que je l'emploie de préférence ; il connoit mieux que personne le fond de mon cœur et mes principes et il est plus à portée que qui ce soit à vous rendre compte. Ce qu'il m'a marqué des dispositions favorables dans lesquelles vous avés bien voulu vous expliquer avec lui sur les espérances que la mort de l'Électeur mon frère me permet de former sur les bontés du Roy et le désir que vous aviés de me ménager sa protection me pénètre de la plus vive reconnaissance. Je vous promets, M. le Duc, de chercher à mériter toujours par mes sentimens envers S. M. T. Ch. les secours que j'espère par vos bons offices de ses bontés pour un frère de Mme la Dauphine. Je suis, etc. — Xavier.

1. Affaires Étrangères, Saxe, 1764, vol. 59. — On trouve dans le vol. 279, Pologne, fol. 134, une autre lettre du prince Xavier et portant la même date ; c'est également une lettre de recommandation pour de Martange.

LE PRINCE XAVIER AU DUC DE CHOISEUL-PRASLIN [1]

A Dresde, ce 1ᵉʳ février 1764. — Les circonstances deviennent si pressantes, M. le Duc, que je ne puis plus différer d'éclaircir mon sort, sans perdre totalement la confiance du parti qui m'est attaché. On ne me cache point que pour peu que je tarde encore d'employer les seuls moyens capables de soutenir et d'encourager la bonne volonté de mes amis, ils ne se rendent bientôt à l'activité et aux bienfaits que la Russie prodigue en faveur de Poniatowski : les partisans les plus affectionez à la maison de Saxe me marquent cependant qu'il seroit encor non seulement très-possible mais même facile d'oposer à ce candidat les suffrages de la plus grande et de la plus saine partie de la Nation si la noblesse des Palatinats pouvoit se convaincre par des effets réels qu'il est des cours amies de la République, auxqu'elles mon élection ne seroit pas indifférente [2].

Mon principal espoir a toujours été, M. le Duc, dans la bienveillance du Roy, et dans les bons offices de votre amitié ; c'est sous ces auspices, et par la condition de l'intérêt que la France prendroit en ma faveur, que je me suis flatté d'engager l'Espagne à concourir pour aider un prince attaché par autant de liens que je le suis à la maison de Bourbon à monter sur un trône où je pense qu'il ne peut être indifférent à cette même maison de me voir placé de préférence à un candidat de la Russie.

Il est des tempéramens, M. le Duc, pour s'arranger sur le secours que le Roy voudroit bien m'accorder, et il seroit aisé de régler les instructions qu'il pourroit faire passer à ses ministres en

---

1. Affaires Étrangères, Pologne, vol. 279, fol. 136, pièce n° 28.
2. Les cours de Vienne et de Madrid exhortaient le prince Xavier à se présenter pour candidat au trône de Pologne, mais elles lui refusaient tout secours de troupes et d'argent. De son côté, Louis XV écrivait qu'il ne pouvait rien donner au prince de Saxe que des recommandations. — Cf. Boutaric, *Corresp. secrète inédite de Louis XV*, t. I, p. 312 et 313.

Pologne de façon que son vœu et sa protection ne seroient point compromis, mais il faut absolument que je renonce à toute espérance, ou se seroit évidemment me compromettre moi-même, si je ne suis pas incessamment en état par la remise sollicitée de confirmer mes amis dans l'attachement qu'ils me marquent, et de donner le temps à la République et aux puissances qui s'intéressent à sa liberté de voir plus clair dans les résolutions et les engagemens réels les cours de Berlin et de Pétersbourg.

La réponse que j'attens par le retour de mon courrier, M. le Duc, décidera irrévocablement de mon sort ; je réclame toute votre amitié pour me ménager une résolution favorable, mais si pur des considérations supérieures que je ne puis prévoir la bonne volonté du Roy se trouvoit restreinte ou retardée, je vous prie instamment, M. le Duc, de me procurer cette même réponse que j'attens (dût-elle être négative) si précise qu'elle puisse servir à régler ma conduite de façon à ne plus prolonger mon incertitude et celle de mes amis. Je suis, etc. — XAVIER.

MARTANGE AU PRINCE XAVIER DE SAXE [1]

Sans date [1764]. — L'amitié dont S. A. R. a la bonté de m'honorer m'autorisera-t-elle d'ajouter par l'amour le plus vray de sa gloire des conseils qu'Elle a bien voulu écouter quelquefois et qu'Elle a toujours reconnus n'être dictés que par l'espoir de contribuer à ses véritables intérests. C'est dans cette vüe, Mgr., que je prens la liberté de vous ouvrir les vœux de mon cœur pour le succès de la carrière que vous allez commencer en Saxe [2]. Le début surtout est de la plus grande conséquence; c'est le moment de passer l'éponge sur le passé, de ne s'occuper que de l'avenir et de se mettre pour rien dans la balance les affec-

1. Minute autographe. Arch. de Honfleur.
2. Après la mort de l'Électeur de Saxe (14 décembre 1763), le prince Xavier fut appelé avec sa belle-sœur Marie-Antoinette, électrice douairière, à faire partie de la régence de l'Electorat. Il avait alors trente-quatre ans.

tions ou les contradictions particulières pour vous occuper entièrement du bien général du pays que vous allés administrer de façon que votre pupille[1] en prenant la régence n'ait que des grâces à vous rendre en comparant l'état dans lequel vous aurés pris le timon de ses affaires à celui dans lequel vous les lui rendrés. Il n'est pas possible, Mgr., de rien faire de mieux que tout ce qui a été fait pour la partie économique et le choix des sujets auxquels les parties principales ont été confiées. La base est bien établie et V. A. R. n'a qu'à soutenir ceux qui sont à la tête des départemens par la confiance qu'elle aura en eux. A cet égard je ne puis m'empêcher de lui dire que le moyen de la marquer cette confiance, c'est de s'en rapporter à eux de tous les détails et de me traiter avec eux que des grands objets de leurs départements. On n'a pas le temps de voir tout, et celui qu'on employe à examiner de petites choses est perdu pour les grandes. M. le chevalier de Saxe est à la tête de l'armée, ses intentions sont sûrement bonnes, son âme est élevée, il peut avoir marqué peut-être moins de déférence que vous n'auriés souhaité dans d'autres temps ; tout cela ne fait rien, Mgr., il ne faut vous souvenir de rien que du bien qu'on a fait et pour assurer celui qu'on pourra faire et que vous désirés. Il convient que vous donniés à M. le chevalier de Saxe la confiance la plus entière pour tout ce qui est militaire et que le plan arrêté soit suivi. Si l'Electeur vivoit j'aurois réclamé votre protection pour être maintenu à mon rang dans les grâces que le Roy votre père m'avoit accordées, et V. A. R. scait par quels canaux je les ai recherchées, mais dans le moment present je supplie V. A. R., avec instance de donner à cet égard toutte satisfaction au chevalier. Maréchal de camp en France, serviteur de V. A. R., j'ai assés de titres et je ne puis mieux sacrifier mes prétentions que dans une circonstance où cela peut vous être bon à quelque chose. La seule chose sur laquelle j'ose supplier V. A. R. de s'expliquer pour moy vis-à-vis le chevalier, c'est sur un soupçon bien faux qu'il a conceu que j'avois oublié les bontés que lui et M. le comte de

---

1. Frédéric-Auguste, Électeur de Saxe, fils de Frédéric-Christian, né le 23 décembre 1750.

Ruzoyki (?) m'ont marqué et que l'ambition a pu me rendre coupable d'ingratitude. Vous scavés la vérité, M., vous scavés la lettre du Roy à l'impératrice ; M. le comte de Fleming scait ma conduite à Vienne, je supplie V. A. R. de me ménager vis-à-vis du chevalier la justice que je mérite non seulement de ne m'être jamais écarté des loix de la reconnoissance mais encore de n'avoir pas laissé échapper une seule occasion de rendre à tous mes anciens amis, protecteurs, et spécialement à M. le chevalier de Saxe l'hommage de la vérité la plus satisfaisante pour lui. Voilà, Mgr. ce que j'attends de vos bontés et de votre justice. Mais s'y refusât-il, je ne vous en supplie pas moins de lui continuer la plénitude de confiance pour le militaire que M. l'Electeur et Mme l'Electrice lui avoient accordée. Il est personnellement trop estimé à cette courcy pour que cette considération n'influe pas pour beaucoup sur le succès des arrangemens que nous avons médités depuis si longtemps.

En remettant totalement non seulement entre vos mains, Mgr., mais dans celles même de M. le chevalier de Saxe mes patentes de général-major et d'aide-de-camp général, j'ose cependant vous prier, et c'est pour le propre intérêt de V. A. R. et non pour le mien d'engager (pourvu que cela soit possible sans aigreur) M. le Feld-maréchal à agréer l'arrangement dont j'ai parlé à V. A. R. en faveur du comte Donopp. J'ai des vues sur ce comte qui a de l'esprit beaucoup et beaucoup de manège. Je penserois que c'est sur lui que V. A. R. devroit jetter les yeux de préférence à tout autre pour aller à Pétersbourg : il est intimement lié avec le prince d'Anhalt-Coethen qui y est, et fort bien venu de l'Impératrice. Ce prince d'Anhalt vous connoît et par son canal Donopp pourroit lier en Russie pour votre service la plus avantageuse négociation. Indépendamment de l'esprit (et je répète qu'il en a beaucoup), quoique sa figure ne soit pas imposante, il a des talens cachés qui mis en œuvre peuvent être d'une grande utilité dans un pays où les personnalités font plus que les principes. Consultés-vous vous-même, Mgr., consultés M. le comte de Fleming et si cette idée très intéressante vous rit tachés avec le premier courier de m'envoyer la patente d'aide-de-camp pour le dit comte parce que je le ferois partir sur le-champ pour Dresde, et tout ce qu'on lui impute fut-il vray, il est encore sûr qu'il vous seroit ou du moins pourroit vous être de la plus grande utilité à Pétersbourg, et que le plus tôt qu'il y sera ce sera le mieux : ce prince d'Anhalt-Coethen est un très beau diamant à mettre au doigt ou ailleurs de l'Impératrice, et Donopp est très-propre à le mettre en œuvre ce diamant. Je lui en dirois deux mots avant son départ.

Ma façon de saisir les objets n'a pas toujours été conforme à celle dont M. le comte de Fleming les voioit, et j'en ai parlé alors à V. A. R., comme je le pensois. Je serois au désespoir, Mgr., que ce que j'en ai dit pût influer en aucune façon sur la confiance entière que je supplie V. A. R. de donner à ce ministre pour toutte la partie politique. J'ai dit ce qui me paraissoit vray (et ce qui s'est trouvé l'être), mais il n'en est pas moins sûr que la nomination de M. le comte de Fleming a été génerallement approuvée dans touttes les cours, que tous ceux qui l'ont connu dans ses ambassades l'estiment et que la sureté dont on se flattera en traittant avec lui facilitera à V. A. R. la conclusion des traités et arrangemens qu'Elle croira convenable de faire pendant son administration pour le bien de Mgr. l'Électeur son pupille. Je vous supplie même, Mgr., de lui communiquer tout ce que mon zèle pour V. A. R. me fait écrire et imaginer, ses vues et celles que mon attachement m'inspire étant très certainement les mêmes si nous différons sur les moyens je me flatte que nous nous réunirions toujours à la fin.

En tout, Mgr., je crois qu'il importe essentiellement de ne faire aucun espèce de changement à tout ce qui a été réglé par l'Électeur, et qui a eu trop d'applaudissement général pour qu'on ne mérite pas d'être applaudi en suivant les mêmes erremens.

Il y a un certain point de la vénerie sur lequel tel goût que vous pussiés avoir je supplie V. A. R. de se tenir en garde contre les flatteurs qui vous en proposeroient le rétablissement ainsi que des spectacles. Regardés ceux qui vous donneroient ce conseil s'il s'en trouvoit auprès de vous comme des malheureux indignes de votre présence et d'ennemis punissables du bien public.

Je ne marque rien à V. A. R. sur la conduite qu'il lui convient de tenir avec Mme l'Électrice. Toutte ma façon de penser à cet égard étant établie dans le mémoire dont je vous envoie copie *sub X*. J'ajoute seulement que la plus respectueuse déférence, la plus grande confiance, la plus grande part en un mot que vous lui donnerés à l'administration sera ce qui vous fera le plus grand honneur. V. A. R. me comprend quand je dis la plus grande part que vous lui donnerés et non pas celle que vous lui laisserés prendre.

A l'égard de la conduite à tenir vis à vis son S. A. R. le prince Charles[1], voicy le plan sur lequel je croirois qu'il vous conviendroit d'agir. Il est entièrement compris dans les phrases suivantes que je crois que vous lui devés dire en particulier avec le ton de la tendresse fraternelle qui vous unit, mais en même temps avec celui de la noble sécurité que votre situation actuelle est faite pour inspirer à V. A. R. :

« J'espère de votre amitié, &a[2]. »

Je ne scais, Mgr., si V. A. R. est informée que M. de Marainville[3] a écrit icy au duc de Choiseul pour demander au Roy la permission de passer au service de Saxe en qualité de quartier-maître général, et je le tiens de M. le duc de Choiseul même qui m'a dit à ce sujet en dînant chés lui, le 24 du courant, qu'il étoit charmé de trouver cette occasion de s'en débarasser. J'aime fort, M. de Marainville, Mgr., mais il n'est point question d'amitié quand il y va du service de V. A. R. Si la chose est résolue à votre

---

1. Le 8 fév. 1764, le prince Xavier écrivait à Martange : « Vous avés raison de douter de la sincérité des sentimens de mon frère Charles. La conduite qu'il tient me prouve bien que je dois malgré mes engagemens pris me méfier autant de luy et même plus que de tout autre et ne faire aucun fond sur ses promesses. Mes procédés envers lui méritoient cependant plus de reconnoissance. »

2. La suite manque. La minute porte en marge plusieurs mots latins qui renvoient sans doute à un mémoire que nous n'avons pas trouvé.

3. Par lettre du 30 janvier 1764, le marquis de Paulmy avait demandé au prince Xavier le grade de lieutenant-général au service de la Saxe pour le comte de Marainville.

sceu, qu'elle convienne à M. le chevalier [de Saxe] comme à Mme l'Électrice, je n'ai rien à dire, mais si V. A. R. n'a point eu connoissance de cette négociation qui en s'exécutant sous son administration pourroit peut-être exciter le chagrin et le mécontentement dans l'armée saxonne, je supplie V. A. R. pour l'intérêt de son administration de faire quelques réflexions sur le découragement que pourroit inspirer à sa nation de voir donner cette place principale à un étranger. J'ose vous dire que je connois trop bien le génie de la nation pour n'être pas convaincu que leur délicatesse est très portée à la jalousie, et cette disposition fût-elle un mal il est du devoir du chef de la nation d'y avoir égard et d'exciter leur émulation plutôt que de la refroidir en plaçant des étrangers dans des places auxquelles ils croient pouvoir aspirer. Malgré toutte la justice que je rens aux talens de M. de Marainville, j'ose dire que personne n'est plus capable de remplir cette importante place que M. de Block[1]. V. A. R. le scait comme moy et il seroit trop heureux pour le bien général du pays et de l'armée que Mgr. le Chevalier pût adopter à cet égard les idées de V. A. R. Si cet avancement n'est point dans l'ordre du tableau il porteroit au moins sur un homme qui est né dans le pays, qui est fils d'un père qui a servi la Saxe, il connoit le pays au moins comme M. de Marainville, il en parle la langue que M. de Marainville ne parlera jamais. Je parle contre moi-même, Mgr., mais à moins d'une nécessité absolue et d'un manque total de sujets, cette place ne doit pas être remplie par un étranger; j'en aurois les talens et l'agrément pour moy-même que je vous dirois la même chose. Je n'ai que faire de supplier V. A. R. de vouloir bien garder pour Elle seule ce que je lui marque par une suitte de mon attachement particulier; je déplairois par là à toutte la famille de Marainville que je vois souvent et que j'aime; je l'estime même, mais j'ai eu le bonheur de vous marquer quelquefois que l'interest particulier n'étoit plus rien pour moy quand l'intérêt de Martange et le général se trouvoient en compromis.

1. Le baron de Block, général-major au service de la Saxe, chargé d'affaires du prince Xavier, à Dresde.

Voilà, Mgr., tout ce que je me rappelle pour le présent d'intéressent pour votre service particulier. Cecy est la dépêche du cœur; si elle étoit en chiffre elle seroit pointée *X*.

MARTANGE AU DUC DE CHOISEUL-PRASLIN [1]

A Paris, le 12 février 1764. — Mgr. En vous envoiant la lettre que le prince Xavier me charge de vous remettre, je prens la liberté d'y joindre un petit cahier de mes études sur la Pologne [2]. J'ai recherché de bonne foy la vérité, et c'est elle que je crois avoir l'honneur de vous offrir. Je suis avec respect, etc. — DE MARTANGE.

CONSIDÉRATIONS SUR LA POLOGNE [3]

Considérations sur la Pologne relativement à l'élection future. Versailles, ce 12 février 1764. — Ce que la Saxe doit être en Allemagne, la Pologne rendue à elle-même pourroit l'être dans le Nord.

Un roy de Pologne qui n'aura en vuë que l'avantage et la gloire de la République, ainsi qu'un Électeur de Saxe qui ne sera occupé que du bien de son Électorat, sont également interessez à se rendre les dépositaires de la paix entre leurs voisins.

Tous deux placez entre des puissances d'un ordre supérieur dont les querelles exposeraient leurs États à l'invasion de celle qui resteroit la plus forte, l'objet principal de leur attention doit être la conservation de l'équilibre des forces entre les puissances

---

1. Aff. Étr. Saxe 50.
2. Voy. le mémoire qui suit.
3. Ce mémoire, remis aux ministres de France au nom du prince Xavier pour soutenir la candidature de ce prince au trône de Pologne, se trouve aux archives des Aff. Étr., Saxe, vol. 50. Il en existe une copie aux arch. munic. de Honfleur, laquelle forme un cahier de 29 pages in-folio.

rivales, et si l'une des deux entreprend, en allumant la guerre, de faire trop pencher la balance, le soin de leur politique est de se préparer les moyens de pouvoir toujours, quand ils le jugeront convenable, rétablir entre elles l'égalité, soit en menaçant de joindre soit en joignant réellement la totalité de leurs forces à celle du parti le plus foible si la voye de la médiation ne peut avoir lieu. L'inspection seule d'une carte géographique est à l'égard de cet intérêt mutuel la démonstration la plus convaincante.

On sentira encore mieux toute la conformité de ces deux États dans leur position respective, si on observe que la Pologne ainsi que l'Électorat de Saxe étant également dépourvus de places fortes pour s'en faire des poinds d'appui et de défense, le premier abus qu'un voisin ambitieux fera contre eux de la supériorité de ses forces les exposera toujours à la perte entière de leur pays et à une dévastation rapide et totale de leurs possessions, aussitôt que l'un ou l'autre s'écartera de ce sistême de neutralité attentive qui seule peut faire leur sureté.

Les relations de la Russie avec le reste de l'Europe n'ayant été consolidée que sous le règne du czar Pierre premier, et l'époque de la consistance prussienne telle qu'elle est aujourd'hui étant encore plus proche de nous, ce n'est pas dans les événements passez qu'il est question de rechercher la preuve du sistême qu'on vient d'établir. Il suffit pour l'objet qu'on se propose de discuter dans ce mémoire que cette espèce de neutralité toujours attentive et quelquefois agissante dans le besoin étoit aussi évidemment qu'elle l'est l'intérêt présent de la République de Pologne dans les véritables principes de son gouvernement et dans l'état actuel des possessions qui forment l'intégrité de ses domaines.

La reconnoissance que les deux derniers Rois-Électeurs de Saxe devoient à la Russie, dont les secours les avoient aidez à monter et à se soutenir sur le trône, les prétentions respectives des deux électorats de Saxe et de Brandebourg pour les droits de territoire et de commerce qui, en excitant la jalousie des deux Électeurs, les avoient également indisposez l'un contre l'autre en leur qualité de Roy de Pologne et de Prusse ; l'attachement de feuë S. M.

Polonoise pour la maison d'Autriche et sa confiance entière dans l'amitié de la Russie jusques à la fin du règne d'Élisabeth ; la prédilection marquée aux Polonois protégez par cette princesse dans la distribution des grâces et des dignitez de la République, préférence qui ne pouvoit manquer d'entretenir la rivalité des partis qui s'étoient formez pendant les deux dernières élections et dont la diette de pacification n'avoit suspendu que pour un moment les animositez ; les fréquentes absences des deux derniers rois de Pologne dans leurs états héréditaires ; enfin tous les inconvéniens d'une administration partagée et peut-être vicieuse pour les deux états par la raison même qu'elle étoit partagée. Tels sont les obstacles qui ont empêché depuis le commencement du siècle la République de Pologne de s'attacher au seul sistème au moyen duquel elle puisse se soutenir, et qui ont donné à la Russie cette prépondérance qui en détruisant l'influence naturelle que la République devroit avoir dans les affaires du Nord ne peut manquer, si elle continue, de devenir aussi dangereuse que révoltante pour le reste de l'Europe. Et c'est cependant ce qui doit arriver si en plaçant sur le trône un candidat de son choix on lui laisse confirmer par l'habitude et par de nouveaux motifs de reconnoissance et de dépendance le droit qu'elle s'arroge de disposer presque en souveraine de la République.

Examiner si la France a un intérêt direct à barrer les projets de la Russie dans la prochaine élection, et mettre en doute les avantages qu'elle retireroit de voir la République de Pologne rendue à sa juste influence diminuer la prépondérance presque arbitraire de la Russie dans les affaires du Nord, ce seroit se demander si la France est une puissance assez considérable, ou non, pour s'intéresser à la tranquilité publique de l'Europe ; ce seroit détruire toutes les relations que la nature du terrein et les traitez ont mis entre les États et en exclure précisément la première et la plus ancienne des monarchies ; ce seroit ignorer les liaisons anciennes et permanentes des cours de Versailles et de Stockolm et l'avantage dont seroit pour cette alliance l'état florissant de la République ; ce seroit oublier tout ce que le ministère françois a sacrifié d'argent et employé de négociations depuis la mort de Sobieski pour empêcher cet accroissement de la puissance russienne ; ce seroit en un mot se refuser volontairement à la double évidence du droit et des faits.

Les seuls objets de discussion problématique, au point où en sont actuellement les choses, se réduisent donc à l'examen des deux questions suivantes :

L'élection du prince Xavier au trône de Pologne rendroit-elle effectivement à la République l'influence qu'il lui convient d'avoir dans les affaires du Nord avec restriction de la prépondérance russienne, et cet avantage est-il absolument exclusif en faveur du seul prince Xavier ?

Les moyens que ce candidat pourroit employer sont-ils de nature à balancer avec probabilité de succès ceux d'un candidat porté par la Russie ?

Pour se convaincre que l'avénement du prince Xavier au trône de Pologne rendroit à cette République toute la considération qu'il luy conviendroit d'avoir entre les puissances du Nord et la retireroit avant peu de la déférence presque servile à laquelle la Russie a commencé à l'accoutumer, et dont elle cherche à appesantir encore plus le joug aujourd'hui, il n'y a qu'à récapituler ce qui a été dit plus haut des moyens par lesquels cette puissance étrangère a pu s'arroger aussi rapidement la supériorité qu'elle affecte jusques dans les délibérations les plus intérieures de la République et juger par l'opposition naturelle et raisonnable des intérets et des maximes du nouveau Roy aux maximes et aux intérets adoptez sous le gouvernement de ses prédécesseurs de la contrariété des suites qui résulteroient infailliblement de son Élection. Sans états, sans objets, sans revenus étrangers, le prince Xavier n'auroit de fortune et de gloire à espérer que de la fortune même et de la gloire de la République ; son étude continuelle seroit donc de s'en occuper pour son propre intérêt qui ne pourroit jamais être que la suite du bien général. La permanence de ce prince au milieu de ses sujets anéantiroit sans peine les brigues et les conventicules auxquelles les différens chefs de partis consacroient l'intervale des Diettes sous le règne des Rois-Électeurs. Ces partis que la cupidité seule a entretenus dans l'espoir d'arracher par la crainte du mal qu'ils pourroient faire les grâces de la cour se dissiperoient aisément sous un roi qui n'ayant lui-même ni famille, ni parti à soutenir dans la République n'auroit d'autre intérêt dans la distribution des grâces qui dépendent du trône que de choisir ses sujets capables de le soutenir et mettroit par cette conduite tous ceux qui aspirent aux bienfaits et aux dignitez dans le cas de ne chercher qu'à les mériter par l'utilité dont ils seroient à la patrie. Libre dans tous ses engagements personels et particuliers, les lois que la reconnoissance imposeroit au prince Xavier vis-à-vis des puissances auxquelles il devroit son élévation ne pourroient que lui faire honneur auprès de la République dont il seroit le chef, elles n'entraineroient aucune prédilection révoltante pour la noblesse polonoise puisque le nouveau Roi ne pourroit jamais mieux signaler cette reconnoissance qu'en ramenant toute la nation à l'union patriotique qui en faisant son bonheur rempliroit l'objet le plus intéressant que ces mêmes puissances auroient eu en vue en le portant sur le trône; il profiteroit de cette heureuse réunion des familles pour engager les premiers magistrats et les dignitaires de la République à remplir avec émulation les devoirs de leurs charges tant dans le militaire que le civil, et dès lors de foible et nulle qu'est aujourd'huy la République par ses divisions intérieures, la déprédation de ses moyens, le silence et l'insufisance de ses tribunaux, elle deviendroit ce qu'il conviendroit qu'elle fût pour son propre bonheur et pour l'équilibre du Nord, c'est-à-dire une puissance neutre, de cette sorte de neutralité attentive et agissante dans les circonstances qui sans être jamais dangereuse pour ses voisins leur rendroit cependant les droits de sa couronne assez respectable pour les empêcher de violer aussi légèrement qu'ils ont fait quelquefois la franchise et la souveraineté de son territoire.

Pour juger de quelle conséquence il pourroit être spécialement pour la France que le nouveau gouvernement de la République la portât à ce degré de considération si légitime, il n'y a qu'à se rappeller que ce n'est uniquement qu'à la faveur d'une impunité fondée sur la foiblesse et les divisions de la République qu'un corps de Russes aux ordres du général Lascy put marcher dans l'avant-dernière guerre par les terres de la République pour venir se joindre aux ennemis de la France sur les bords du Rhin, et que par une suite de la même confiance dans l'impuissance et les divisions intestines de la République, le roi de Prusse, dans la dernière guerre, a osé dégarnir ses frontières, malgré les griefs que la Pologne pouvoit avoir contre lui pour mener la totalité de ses forces en Bohême et en Saxe contre les troupes du roi et celles qui étoient dans son alliance.

Au reste pour saisir avec quelle rapidité la révolution pourroit se faire dans une nation telle que la Polonoise par les principes du nouveau règne, il suffit de se rappeller toute la facilité que trouva Sigismond Auguste. au milieu même de la diette la plus tumultueuse qui vouloit sa déposition, à se concilier dans un moment le corps entier de la noblesse malgré la brigue et le crédit des grands qui l'avoient ameutée et cela par la seule proposition de la distribution juste et légale des starosties et des autres bienfaits qui sont à la disposition du trône. Quel effet subi ne devroit-on pas attendre de l'exécution d'un bien dont Sigismond ne fit que flatter l'espérance publique et que sa condescendance pour les alliez de sa maison et pour celle des Radziwill dans laquelle il s'étoit choisi une épouse l'empêcha toujours d'exécuter? obstacle qui sous le règne d'un roi piaste ou de tel autre candidat qui aura pris des alliances dans des familles polonoises s'opposera toujours à l'union des familles et conséquemment au bien et à la gloire de la République. Cette observation seule suffit pour prouver que non seulement la Pologne sous le règne du prince Xavier pourroit et devroit être rendue à la juste influence qui lui convient d'avoir dans les affaires du Nord, mais encore qu'il est le seul entre ceux qui paroissent aspirer aujourd'hui au trône qui puisse par sa parfaite indépendance personnelle opérer une réunion sistématique et simple des maisons opposées, et par là donner au corps entier de la République une consistance assez solidement établie pour pouvoir assurément maintenir, s'il le falloit par la force, cette même influence.

Il ne sera pas inutile de remarquer que pour éviter, autant que possible, les suites funestes que pourroit avoir contre l'équité de la distribution des dignitez et des biens la complaisance si naturelle d'un Roy pour son épouse et pour la famille dans laquelle il l'auroit choisie, la République s'est expressément réservée le droit quand le souverain qu'elle se seroit élu ne seroit point marié de lui indiquer elle-même celle des princesses étrangères dont elle agréroit le plus la recherche. Cette observation est d'autant plus importante en faveur du prince Xavier qui en est susceptible, que fils et petits-fils des rois de Pologne, et ne pouvant jamais en cette qualité être regardé comme étranger à la république, il aura pour les usages, la langue, la connoissance des lois et l'amour de la patrie tous les avantages d'un Piaste, sans être sujet comme lui aux inconvéniens de la prédilection et de la consanguinité.

Reste donc à discuter si, pour arriver au trône, ses moyens sont de nature à balancer ceux du candidat que la Russie lui oppose.

Pour pouvoir mettre quelque clarté dans la solution de cette question principalement décisive pour ou contre le parti qu'il conviendroit de prendre actuellement en faveur du prince Xavier, il est indispensable de distinguer d'abord la nature des différens moyens que les candidats peuvent mutuellement s'opposer et de fixer les époques où ils doivent être employez, mais surtout de s'assurer autant que possible de l'avenir en assujetissant au calcul des différens intérêts des puissances voisines les probabilitez plus ou moins favorables à chacun des deux partis.

Après tout ce qui a été détaillé plus haut des avantages inestimables que la République pourroit se promettre de l'élection du prince Xavier, exclusivement à celle de tout autre candidat, il est incontestable que si les suffrages de la nation étoient éclairez et libres tous les moyens de persuasion seroient et ne pourroient être qu'en sa faveur. Sa supériorité à cet égard seroit dans la plus parfaite évidence même vis-à-vis d'un Piaste que la nation estimeroit aussi recommendable par l'éclat de ses services que par celui de sa naissance, à bien plus forte raison cette supériorité est-elle hors de tout parallèle vis-à-vis d'un candidat qui uniquement porté par la faveur d'une cour étrangère, personnellement odieux à la plus grande partie de la nation par le ton avantageux que cette même faveur l'a autorisé à prendre avec ses compatriotes.

Comment la nation polonoise se donneroit-elle pour souverain, sans rougir de honte, le fils d'un homme auquel dans ce même siècle on a contesté son extraction et qui ne l'a jamais prouvée que par sa valeur? Quelle distance de ce candidat à un prince né aussi près du trône même auquel il aspire et qui de tems immémorial ne compte que des souverains pour ayeux!

Ce n'est donc ni sur les convenances ni sur les moyens de persuasion que le prince Xavier peut avoir aucune concurence à craindre. Mais on ne peut se dissimuler qu'autant il y a d'avantage à cet égard sur le comte Poniatowski, autant les démarches impérieuses de la Russie et la proximité des secours que celui-ci parroit devoir attendre des bontez d'une protectrice aussi décidée, lui donne d'avantage sur le prince dans l'emploi des moyens violens d'autant plus décisifs que les lois et la liberté n'ont rien à leur opposer et qu'ils en imposeroient à l'unanimité même des suffrages si elle existoit. Il n'y a qu'un Polonois rempli de l'ancienne splendeur de sa République qui puisse s'aveugler sur l'insuffisance des efforts qu'elle pourroit faire aujourd'hui pour maintenir l'honneur de son choix contre le vœu et les troupes de la Russie. L'exemple de l'élection du roi Stanislas et des suites infructueuses qu'elle eut, malgré une confédération qu'on pouvoit véritablement appeler générale, ne doit laisser subsister aucune espèce de doute sur cette insuffisance.

La sincérité avec laquelle on cherche à ne rien établir que de certain sur ce qui pourroit soutenir le prince Xavier contre cette supériorité de moyens violens ne permet pas de faire fond sur l'idée purement conjecturale d'une révolution, cependant très possible, soit en Russie contre l'Impératrice même, soit dans le goût de cette princesse, par le parti qu'on pourroit tirer de l'ascendant d'un favori actuel et de la jalousie qu'on pourroit lui inspirer peut-être contre des engagemens pris avec son prédécesseur. On ne compte pas davantage sur les menaces et les forces de la Porte, ni sur des inquiétudes causées par les mouvemens des Tartares. Toutes ces ressources également incertaines, vagues, lentes, coûteuses et compliquées n'offrent rien de réel et d'existant contre 40 mille Russes répandus sur la frontière et tous prêts à marcher pour soutenir le vœu de leur souveraine. On croit devoir ajouter encore avec la même bonne foi que, malgré l'heureuse intelligence qui règne aujourd'hui entre les cours de Versailles et de Vienne, on ne se flatte pas que cette dernière marque jamais autant d'intérêt et de chaleur en faveur d'un puisné de la maison de Saxe qu'elle en auroit pu marquer pour l'Électeur.

Quand le grand chancelier comte de Bestuchef fit rendre sous le règne d'Élisabeth un *conclusum* solennel du grand Conseil de Russie sur les secours que l'empire russe donneroit invariablement, en cas de vacance du trône, à l'Électeur de Saxe de préférence à tout autre candidat, soit des princes de sa maison soit des maisons étrangères, soit de l'ordre de la noblesse de Pologne, cette résolution solennelle fut motivée dans le Sénat du double avantage que les deux empires d'Allemagne et de Russie trouveroient à assurer cette forme d'élection quoique élective; et les avantages furent énoncez dans le *conclusum* comme sistématiques et indépendans de toute l'amitié personnelle que les deux Impératrices avoient pour le feu roi. C'est, fondé sur la teneur de ce même décret, dont il doit avoir été le promoteur, que le comte de Bestuchef dans le parti récemment pris par sa souveraine en faveur du comte Poniatowski n'a pas dissimulé combien son sentiment étoit opposé à cette élection malgré toutes ses anciennes liaisons d'amitié très particulières qu'il a toujours eues pour ce Polonois. Les motifs que la cour de Vienne auroit eu de rappeller à celle de Pétersbourg cet engagement ne subsistent plus depuis la mort de l'Électeur, mais les autres relations naturelles de ces deux cours n'ont point cessé et comme elles sont de nature à subsister autant que les deux empires on pense qu'il y auroit de l'incohérence dans la conduite du ministère autrichien si la cour de Vienne s'exposoit sans intérêt d'État à barrer aujourd'hui la protection que son alliée accorde avec autant d'éclat à Mr. de Poniatowski.

Tout ce que le prince Xavier peut raisonnablement attendre de Vienne se réduira donc aux expressions honnêtes de désir et d'amitié personnelle, mais ce seroit faire une fausse route que de s'adresser à cette cour pour opposer la force à la force.

Il n'y a que le roi de Prusse seul qui par la situation de ses États, par la distribution de ses troupes et la célérité de ses moyens puisse annoncer et soutenir une volonté supérieure à la volonté décidée de la Russie. Malgré l'intimité apparente de ce prince avec l'impératrice Catherine, malgré tous les bruits d'un traité vrai ou supposé entre lui et cette souveraine relativement à la succession de Pologne, malgré la conformité des déclarations de ces deux cours pour déterminer le choix de la République sur un Piaste, malgré les nouvelles encore plus récentes qu'on répand en Pologne sur un nouvel engagement pris entre les cours de Pétersbourg et de Berlin pour mettre le comte Poniatowski nommément sur le trône, comme il s'en faut bien que le roy de Prusse soit dans l'habitude de se livrer autant aux égards de la complaisance que l'impératrice de Russie à la vivacité de son goût et que ce prince, à juger par le passé, ne décide ses mouvemens que par des motifs de gloire ou d'intérêt, on a de la peine à saisir quel peut être l'objet qui rappelleroit aujourd'hui les deux cours à tant de conformité dans leurs vues et leurs mesures. L'intérêt opposé des deux États est trop réel pour que dans un point aussi intéressant pour l'un et pour l'autre tant de confiance réciproque ne soit pas suspecte. Une simple réflexion sur les mouvements actuels des troupes russes et prussiennes suffit peut-être pour répandre bien des nuages sur cette conformité prétendue de choix et de moyens, car enfin il est sûr qu'il se fait également des préparatifs de guerre sur les frontières de Russie, de Prusse et de Silésie. Et quel besoin a-t-on de prendre tant de précautions, et des précautions aussi dispendieuses, s'il est vrai que la Prusse et la Russie soyent d'intelligence? Enveloppée, comme l'est la République, au milieu de ces deux États si leurs maîtres sont d'accord il ne faut qu'un ambassadeur pour dicter aussi souverainement leur volonté que pourroit le faire un camp de cent mille hommes.

S'il n'y a, comme on est porté à le croire, que l'intérêt d'État qui détermine le roi de Prusse et qu'il soit opposé, comme personne n'en doute à l'intérêt d'État de la Russie, il n'y a qu'un intérêt majeur qui puisse établir entre les deux cours une si grande confiance. Cet intérêt majeur, s'il existe, ne peut porter que sur un démembrement quelconque de la Prusse polonoise. Dans ce cas rien de plus naturel que l'intelligence parfaite qui les auroit réunis pour tromper et la République de Pologne et l'Europe par des déclarations désintéressées, et alors non seulement il n'y auroit plus d'espoir pour le prince Xavier mais même cette union monstrueuse pourroit entraîner pour l'Europe des suites bien plus funestes qui ne sont point de l'objet de ce mémoire.

Mais si les déclarations de ces deux cours sur la conservation de l'intégrité des domaines de la République ont été aussi sincères que positives de leur part on revient à se demander quel peut être l'objet de ces préparatifs de guerre respectifs, et il faut convenir ou que cet objet est fantastique, ou qu'il porte sur la méfiance que les deux cours s'inspirent mutuellement.

C'est à cette idée essentielle qu'il convient de s'arrêter pour éclaircir avec toute la précaution et la prudence requise quelles sont et quelles peuvent être les véritables intentions du roi de Prusse, et sonder jusqu'à quel point et comment on pourroit l'amener à s'expliquer en faveur du prince Xavier. Cela seroit peut-être d'autant moins difficile que son intérêt d'État pourroit très bien lui représenter dans ce prince un voisin plus convenable pour lui qu'aucun Piaste, par les mêmes raisons qui ont été détaillées plus haut, de l'intérêt et des facilitez qu'il auroit à porter la République à un point de considération tel que sans pouvoir être jamais dangereuse à la monarchie prussienne la Pologne put cependant servir de sauvegarde et de barrière entre lui et la Russie, l'alliée si naturelle de l'ennemi principal de la puissance prussienne.

Il n'est pas indifférent d'observer à cet égard que la conformité de la notte du Résident prussien avec la déclaration remise par le comte de Kaiserling ne peut être que la suite d'un arrangement concerté pendant la vie de l'Électeur de Saxe. Il est simple que le roi de Prusse ait jugé convenable de prendre dans ce temps des précautions contre une élection aussi contraire à ses intérêts, et que pour l'empêcher il se soit engagé avec la Russie en faveur d'un Piaste quelconque. Toutes les démarches que M. de Rexin a fait à Constantinople pour solliciter du divan la notte qui a été envoyée au grand Général et remise à M. de Vergennes sont évidemment en conséquence des instructions d'une datte antérieure à la mort de l'Électeur ; rien n'empêcheroit donc que les nouvelles circonstances relatives à l'élection du prince Xavier n'engageassent le roi de Prusse à changer aujourd'hui ses mesures, et on pourroit être tranquille sur les facilitez qu'il sauroit trouver pour revenir des espèces d'engagements antérieurs qu'il auroit pris.

En un mot, ou le roi de Prusse est réellement et intimement lié avec la Russie, et le prix de cette laison est un démembrement quelconque en sa faveur, ou son intelligence avec la cour de Pétersbourg n'est que simulée. Dans ce dernier cas, dès qu'il n'est plus question d'un Électeur de Saxe mais d'un prince cadet rien ne paroîtroit devoir empêcher S. M. prussienne de se rendre à l'intérêt direct qu'elle a de barrer l'influence de la Russie. Il ne lui en couteroit pour cela que de confirmer par une déclaration interprétative la partie essentielle de la notte remise par son Résident à Varsovie, et d'annoncer à la République que les troupes qu'il tiendroit prettes à marcher sur la frontière n'y seroient que pour assurer la liberté des suffrages et empêcher tous les moyens violens que d'autres puissances pourroient employer pour les gêner. Ce parti qui est peut-être le seul qui puisse sauver à l'Europe le renouvellement de la guerre, en obligeant les deux puissances qui sont le plus à portée de la recommencer à se respecter mutuellement, seroit en même tems de la plus grande conséquence pour le prince Xavier puisqu'il le rendroit à la plénitude des avantages de ses moyens de persuasion sur lesquels il est hors de toute concurrence avec Mr. de Poniatowski. Et, en verité, si l'intérêt majeur d'un nouvel accroissement ne l'emporte pas dans l'âme du roi de Prusse, quel attrait pour la gloire de ce prince que de pouvoir disposer aussy autentiquement de la tranquilité de l'Europe, et que d'accès ne devroit-on pas trouver à lui fair goûter une idée aussi flatteuse ?

Il n'appartient qu'à la sagesse supérieure et à la pénétration éminente du conseil du Roi de décider sur une matière aussi délicate et de régler les démarches qui pourroient être faites en conséquence de sa résolution. On auroit encore tout le temps de suivre cette négociation avec tous les ménagemens dont elle seroit susceptible puisque ce n'est qu'à la diette d'Élection qu'il peut être question d'opposer la force à la force, mais il n'en est pas moins indispensable jusques là (si l'élection du prince Xaxier est véritablement aussi intéressante qu'on a cherché à le démontrer) de le mettre en état de se conserver toute la supériorité d'intérêt patriotique que ses partisans peuvent faire valoir aujourd'huy contre ses concurrens ; malheureusement l'usage oblige absolument d'étayer l'honnêteté de ses moyens par d'autres que la séduction seule devroit employer.

Toutes puissantes que soyent les considérations du bien public pour les républicains instruits, comme les voix tumultueuses de ce qu'on appelle en Pologne la petite noblesse décident souverainement dans les diéttines commitiales et de la nomination des Nonces et des instructions qui leur sont données par les autres Palatinats, il est toujours à craindre que l'intérêt général, tout évident qu'il est, ne soit sacrifié à la cupidité de la multitude ignorante et avide, toujours portée à immoler un avenir qu'elle ne voit pas à un besoin pressant qu'elle sent, à moins que ceux en qui elle met sa confiance ne l'éclairent sur ce qu'il luy convient de penser et de vouloir au moyen de quelques libéralitez répandues à propos. Il en coutera certainement moins au prince Xavier pour persuader qu'à tout autre, et surtout qu'au comte Poniatiowski pour séduire, mais malgré l'éloignement de la nation pour ce dernier, il réunira immanquablement toutes les diéttines en sa faveur si on ne sacrifie rien contre lui pendant que la Russie le met à portée d'éblouir ses compatriotes par les largesses les plus considérables. Le parti qui vote aujourd'hui en faveur du prince Xavier est certainement en état, si on le soutient de la remise d'argent demandée au nom de ce prince, de lutter au moins avec parité à la Diette de convocation, et pendant ce tems on gagneroit celui qui est nécessaire pour s'éclaircir sur le roy de Prusse (point capital pour le succès). Mais si une fois Mr le Stolnick, en triomphant dans les Diéttines s'assuroit de la résolution de la Diette de convocation et de la confédération qui en est une suite, telles dépenses qu'on put faire ensuite pour s'opposer à ses succès tout seroit irrévocablement manqué pour le prince Xavier.

Il seroit superflu d'entrer encore en explication sur les tempéramens qu'on pourroit prendre pour éviter de compromettre la protection du Roi, en la déclarant avant le tems, et pour se donner celui de préparer et de ménager sous le sceau du secret et de la reconnoissance les moyens de réunir suivant les circonstances les amis de la France au parti de la maison de Saxe, ou si contre tout espoir le prince Xavier ne pouvoit réussir le parti saxon à celui du grand Général.

Ces tempéramens ont déjà été mis sous les yeux du ministère de Sa Majesté, et ce ne seront pas sans doute des motifs d'inquiétude à cet égard qui empêcheront de prononcer favorablement sur la demande que le prince Xavier renouvelle aujourd'huy.

En soumettant aux lumières et au jugement des ministres du Roy ces considérations sur l'état présent de la Pologne relativement à la prochaine élection, l'auteur ne se propose que de leur faire hommage des réflexions et recherches qu'il a du faire sur un objet dont il est uniquement occupé.

Tels motifs qui puissent concourir à une résolution favorable sur l'objet de sa demande, la reconnoissance du prince Xavier n'y verra que la bienveillance généreuse du Roi.

MARTANGE AU PRINCE XAVIER DE SAXE[1]

Paris, 15 février 1764. — Mgr. V. A. R. a vu par ma dernière qui lui aura été remise par le sieur Le Leu que ce ne fut que chés M. de Fontenay que j'appris par le billet de Mme la Dauphine le parti pris de cette cour-cy de refuser opiniâtrement malgré touttes nos instances de se décider sur les demandes faittes en votre nom jusqu'à ce qu'elle se fût concertée avec les deux cours ses alliées. Après touttes les conversations suivies que j'avais eues avec M. de Sainte-Foy et dans lesquelles ce premier commis qui est ordinairement l'oracle de M. le duc de Praslin étoit convenu avec moi et des principes et des conséquences; après l'avantage que j'avois eu dans les détails où il m'avoit été plusieurs fois permis d'entrer tant avec M. le Dauphin qu'avec les deux ministres et dont j'ai eu l'honneur de vous rendre fidèlement compte dans le temps; surtout après ma dernière séance avec M. de Praslin, j'avoue que le petit billet de Mme la Dauphine au général me causa autant de surprise qu'il me donna d'humeur ainsi que V. A. R. aura pu le remarquer dans l'*adjunctum* que je fis chés M. de Fontenay même à ma dépêche. Tout ce que je pus vous marquer de raisonnable dans ce premier instant de trouble ce fut, autant qu'il m'en souvient, d'engager V. A. R. malgré le reffus obstiné qu'on nous faisoit de s'explicquer sur l'objet de nos demandes de continuer cependant à vous conduire comme si ce ministère devoit cependant se déterminer à nous accorder tout ce que nous souhaittons de luy. Et c'est encore aujourd'huy, Mgr., que j'ai eu le temps de réfléchir plus attentivement de sang froid tout ce que j'estime de plus sage à résoudre, parce qu'enfin le succès de vos vuës sur la Pologne ne peut avoir lieu que par cette cour-cy, et que telle juste que puisse être votre impatience il importe de toutte façon à votre intérêt de ne l'exprimer qu'avec

---

1. Copie de la main de Mme de Martange. Arch. de Honfleur.

ménagement ignorant comme nous le faisons qu'elles peuvent être les véritables causes de son indécision. Si les motifs qui doivent l'engager à vous soutenir ne tenoient absolument qu'à l'envie de vous obliger personnellement je ne me serois pas flatté un seul instant d'en obtenir aucun secours, V. A. R. peut à cet égard se ressouvenir de ma façon constante de penser, mais il n'en est pas ainsi de l'envie que je crois à ce ministère-cy de suivre un projet qui barreroit l'influence de la Russie et qui établiroit à la France un allié d'autant plus sûr dans le Nord que les avantages qu'elle en retireroit seroient même indépendants de sa reconnoissance. C'est d'après ce motif que j'ai de tous les temps conçu de l'espoir de la voir s'occuper essentiellement des soins de votre élection, et le sistême de sa part me paroit trop juste et trop raisonnable pour m'en désister au premier et même au second obstacles qui s'opposent à son acomplissement. Malgré ce que nous éprouvons de contrariété, Mgr., bien loin de revenir sur les idées sistématiques que j'ai conçu à cet égard, et sur lesquelles V. A. R. parroit craindre dans sa lettre du premier de ce mois que mon zèle ne m'ait égaré, c'est au contraire dans la solidité de mes principes et dans leur invariabilité que j'ai cru devoir nous chercher des ressources et suivant ce que V. A. R. m'a vu faire quelquefois avec confiance sans craindre d'être obligé de revenir sur mes pas et me dédire. J'ai osé entreprendre de réunir sous un seul aspect dans un ouvrage cohérent et suivi et consigné entre les mains des ministres[1] le tableau de tout ce qui peut être pour ou contre l'élection de V. A. R. de l'intérêt réel qu'on a de négocier et de travailler de toutte façon en votre faveur et des moyens qu'il y auroit à employer pour se procurer des succès.

C'est à cet ouvrage, Mgr., que je m'étois proposé de travailler dès le lendemain même du départ du sieur Le Leu, et j'avois déjà commencé à jetter quelques idées sur le papier quand l'arrivée du courier Rey et les dépêches dont il étoit porteur me firent presser

---

1. Voy. le mémoire qui précède.

ma besogne pour que cet effort pût être fait assés à temps pour soutenir la démarche ministérielle que M. de Fontenay avoit ordre de faire. Mon zèle m'a assés heureusement servi pour être en état dès le samedi au soir d'en avoir une copie correcte qu'après avoir communiquée à M. de Fontenay j'envoyai le dimanche matin à Mme la Dauphine avec les deux lettres que V. A. R. m'ordonnoit de lui communiquer avant de les remettre aux deux Ducs de sa part affin de ne rien faire qu'avec son attache, pendant ce temps pour n'en point perdre on tiroit les deux copies que j'avois besoin et que je remis le lendemain matin avec les lettres de V. A. R. à MM. de Choiseul et de Praslin : Le mémoire ci-joint *sub A*, la lettre au duc de Choiseul en datte du premier février *sub B*, celle au duc de Praslin *sub C*, et *sub D* la copie du billet de Mme la Dauphine contenant également l'aprobation de cette princesse et le tendre intérêt qu'elle prend à cette affaire.

J'allai avant-hier lundi à Versailles et M. le Dauphin me fit appeller à trois heures et demie précise dans ce petit cabinet intérieur de votre connaissance pour lui lire le mémoire en entier. Il l'écouta avec l'attention la plus suivie et ne me troubla pas par la plus petitte interruption. Quand j'eus finis il me fit la grâce de me dire : — Il est bien fait votre mémoire ; on ne peut pas vous accuser d'avoir écrit en homme de mauvaise foy ni en homme inconséquent. Je ne vois qu'il y ait une objection raisonnable à vous faire sur la première partie ; à l'égard de la seconde, c'est au temps..... Il n'a rien ajouté à ce mot sinon de répéter : votre mémoire est bien fait. Ma réponse a été comme V. A. R. le juge bien une expression de reconnoissance pour la bonté avec laquelle il jugeoit mon ouvrage dont je croyois que le principal mérite étoit d'être écrit avec la plus grande vérité. — Mon intention est si pure à cet égard, M., lui ai-je dit, qu'indépendament de mon attachement à la personne du prince Xavier j'ose dire à M. le Dauphin que si M. de Choiseul ou M. de Praslin m'avoient demandé un mémoire sur cette matière je ne l'aurois pas fait pour le service du Roi différent de celui que j'ai fait pour le service du prince. Je suis convaincu, M^r., ajoutai-je, que l'élection du nouveau roi de Pologne est tout ce qu'il peut y avoir[1] dans ce moment-cy pour la France et nous regreterions éternellement peut-être cette occasion-cy si nous la laissions échapper. — M. le Dauphin m'écouta avec trop de bonté pour n'être pas persuadé lui-même d'une partie des principes que je prenois la liberté d'établir très-rondement sur des matières qui le touchent d'aussi près. Il resta encore prés d'une heure après la lecture du mémoire à en discuter historiquement ou politiquement les articles avec autant d'intérêt pour V. A. R. que de bonté pour son ambassadeur. J'observai cependant de sa part la plus grande discrétion sur les intentions et les dispositions du roi de Prusse, et s'il m'est permis de hazarder avec vous un soupçon, je serois presque tenté de croire que sur ce chapitre il en scait un peu plus que moi, et de plus que ce qu'il scait a quelque rapport à la méfiance que j'établis dans mon mémoire comme très possible malgré les apparences entre les deux cours de Berlin et de Pétersbourg. J'ai l'honneur d'avertir V. A. R. que ce que je lui manque sur ce sujet est absolument conjectural et que cela ne porte sur aucun indice positif. M. le Dauphin me demanda encore ce que ces Messieurs — en parlant des deux Ducs — disoient de ce mémoire, et comme je lui répondis que ne l'ayant que du matin j'ignorois s'ils l'avoient lu et ce qu'ils en pensoient, il ajouta : — Avec toutes ces bonnes raisons soiés sûr que Fontenay n'aura point la réponse positive qu'il demande. — Ah, Mr., lui dis-je, si cela est nous perdrons tout et si le moment des Diétines est manqué, nous ne pourrons jamais en revenir telle bonne volonté qu'on y mette d'ailleurs. Sur cela il me répliqua avec vivacité mais sans colère : — Il est absolument impossible de s'expliquer avant d'avoir la réponse de l'Espagne. Et il sortit en me disant cela comme j'ai l'honneur de vous le rendre, sans colère mais avec vivacité, une vivacité qui vouloit dire : malgré toutte notre bonne volonté nous ne pouvons pas sans manquer à des engagemens embarrassans nous expliquer jusqu'à ce que nous ayons consulté ceux qui sont de moitié avec

---

1. Il manque plusieurs mots.

nous dans ces engagemens. Telle est, Mgr., l'interprétation que son ton et son geste, en me parlant, me portent à donner à ses paroles.

Je n'ai pu joindre hier ni le duc de Choiseul ni celui de Praslin : c'étoit le jour de l'entrée de l'envoyé de Pologne en même temps que celui des ambassadeurs ; mais j'ai scu que le mémoire avoit été lu par l'un et par l'autre. M. de Sainte-Foy m'a encore repetté que son sentiment particulier étoit entièrement conforme à tout ce que j'avois établi. Il m'a confié de plus qu'il avoit proposé au duc de Praslin de répondre par écrit à la notte remise par M. de Fontenay, mais que ce ministre s'étoit absolument réservé de le faire verbalement ne voulant rien écrire avant les nouvelles d'Espagne. Sur cela j'ai essayé de savoir par lui si on avoit envoyé d'ici à ce sujet un courier à Madrid, mais sa réponse a été que je sentois bien qu'il ne pouvoit pas m'en faire une, et je n'ai pu insister. S'il m'est cependant permis d'interpréter ce refus de s'expliquer sur le courier par les paroles que je vous ai citées plus haut de M. le Dauphin *qu'on attendoit la réponse d'Espagne*, je pencherois fort à croire qu'on a écrit positivement sur ce sujet à Madrid et que peut-être avant peu de jours M. de Fontenay pourra par l'expédition du second courier qu'il garde icy faire passer à V. A. R. une détermination positive.

Voilà, Mgr., ce que j'ai fait de mon côté pour votre service. M. de Fontenay vous mettra au fait dans sa dépêche de tout ce qui concerne la notte qu'il a remise et ce que M. de Praslin lui aura répondu. Mon opinion constante sur toutte cette affaire, Mgr., c'est qu'indépendamment du besoin d'argent qui rend forcément cette cour-cy très-rétive sur toutte espèce d'avance, la circonspection de M. le duc de Praslin adoptée dans le conseil du Roi ne permet pas de faire aucune démarche autrement que de concert et après l'avoir communiquée au ministère de Vienne et de Madrid. Je crois que le ministère françois scait à quoi s'en tenir sur celui de Vienne et n'y compte pas plus que moi ; de celui-là j'en suis sûr, et malgré tous les beaux semblants et toutte la politesse de la cour impériale je ne fais pas le plus petit doutte de la parfaite

nullité dont son amitié vous sera. La plus complète indifférence
(à quelques recommandations près), je pense, et j'ai toujours pensé
que c'est tout ce que vous en tireriés. Les notes que j'ai lues sur le
visage de M. le Dauphin, en même temps que je lui lisois la partie
de mon mémoire qui concerne l'intérêt que la cour de Vienne
prendra à votre élection, m'ont pleinement confirmé dans un
sistême qu'il ne tient qu'à V. A. R. de retrouver uniformément
établi dans touttes les lettres que j'ai eu l'honneur de lui écrire
depuis la mort du feu Roi son père. Il pourroit même se faire
qu'il y eût déjà quelque commencement d'intelligence, quelque
retour de correspondance proposée et renouée entre cette cour-cy
et celle de Berlin, et que pour annoncer et faire goûter à Vienne
sans s'y brouiller ce retour de correspondance on eût pris le parti
de passer par le canal de l'Espagne qui se trouve actuellement
dans les plus grandes liaisons avec la maison d'Autriche, qu'en
un mot cette réponse attendue de Madrid et d'après laquelle on
pourra prendre un parti fixe dut porter tant sur la corde délicate
d'intelligence avec le roi de Prusse sans offenser la cour de Vienne
que sur les secours d'argent dont le Roi catholique devroît concourir
avec le Roi Très Chrétien à faire de V. A. R. un roi très-ortho-
doxe. J'ai l'honneur de vous répéter, Mgr., que tout cecy est
absolument conjectural de ma part mais un raisonnement qui ne
laisse pas que de donner quelque poids à la conjecture ; c'est
qu'ici on ne vous dit pas expressément non à ce que vous demandés
mais on attend pour vous répondre. On ne vous dit pas non, on
croit donc à la possibilité du succès ; il est certain qu'on ne
douteroit pas un seul instant de l'inutilité de toutte tentative en
votre faveur, (persuadé surtout comme on l'est du peu d'intérêt
que la cour de Vienne y prendra) si on croyoit les cours de
Pétersbourg et de Berlin d'intelligence pour le même candidat.
On soupçonne donc qu'il y a des motifs de méfiance entre l'impératrice de Russie et le roi de Prusse, et il est difficile d'avoir ce
soupçon et de le communiquer à la cour d'Espagne sans le tenir
à peu près directement du roi de Prusse lui-même. En donnant à
V. A. R. cette réflexion comme conjecturale et incertaine, je la

crois cependant mériter assés d'attention de sa part pour suspendre du moins quelque temps son jugement sur le parti auquel on s'arrêtera fixement à cette cour-cy, et j'ose encore espérer sans vouloir vous flatter (car l'homme qui rend par écrit raison d'une opinion dont il ne change pas suivant la saison ne doit pas être soupçonné d'être flatteur) que le parti quoique plus tardif que je ne l'ai cru, sera cependant tel que nous le désirons. J'entens *positis ponendis* ainsi qu'il est expliqué dans le mémoire à l'article surtout où il est question de l'intérêt du roi de Prusse dans cette affaire. Je conçois tout l'embarras dans lequel cette incertitude laisse V. A. R., mais tel qu'il soit il ne peut jamais être un motif pour désespérer du succès. C'est au contraire un motif de redoubler de bonne conduitte en Pologne, où bien loin de partager l'impatience que vous marquent les Polonois sur la déclaration authentique à laquelle ils voudroient que les cours se résolussent et que ces mêmes cours ne veulent ou ne peuvent pas donner dans le moment présent, V. A. R. doit employer tous ses amis les plus affidés à faire goûter à tout ce qui compose le parti antagoniste de la Russie la justice du délay que mettent ces mêmes cours, et surtout la France, à s'expliquer sur leurs véritables intentions jusqu'à ce qu'elles aient pris entre elles les mesures convenables pour soutenir le parti auquel elles se fixeront; que ces intentions quelles qu'elles fussent seroient certainement au plus grand avantage de la République et ne pourront jamais être par cette même raison que contradictoire à celle de la Russie. Ce seroit pour la partie la plus saine de la noblesse polonoise s'exposer à des regrets cuisants si elle vouloit se décider légèrement sur son choix pendant que les cours les plus amies de la République croyoit devoir prendre plus de temps pour se décider. Les lettres des souverains et autres princes étrangers sur la vacance du thrône et l'élection future ne devant être lue qu'à la diette de convocation, quand les cours ne devroient se décider que dans ce moment, il ne devroit encore y avoir rien de perdu pourvu que l'efficacité de leurs secours et de leurs bonnes intentions réparât la lenteur de leur décision (comme il y avoit lieu de l'espérer) il semble que les gens instruits et prudents devroient en attendant cette époque suspendre aussi leur décision et ne s'occuper que du bien général de la République et de la conservation de la liberté des suffrages, en observant bien que ce seroit en quelque façon renoncer à cette précieuse liberté de choisir que de se laisser aller à recevoir celui que la Russie leur offre si despotiquement et dont l'élévation avantageuse à quelques particuliers seulement feroit nécessairement le malheur général de la République dont elle augmenteroit au lieu de terminer les divisions.

Je sens, Mgr., tout ce qu'il y a à dire contre l'insuffisance de ces raisons, dès qu'elles ne sont point soutenues d'argent, mais comme c'est ce qu'il y a de moins mal à faire que de tenir ce langage et que renoncer d'avance et par impatience à l'occasion unique de votre établissement permanant seroit le plus grand des maux, je suplie V. A. R. de vouloir bien ne pas s'écarter encore pendant quelque temps de ce sistème de tempérance forcée, puisqu'étant obligé de se régler d'après les cours dont elle attend des secours et de l'appui Elle ne peut prendre avec ses amis en Pologne qu'un parti conforme à celui que ces mêmes cours prennent avec elle-même.

Il me semble d'ailleurs parce que V. A. R. a bien voulu me communiquer que M. de Paulmy dont le zèle ne doit pas être suspect à V. A. R. est d'un avis très conforme au mien tant au sujet de cette déclaration que vous demandés aux cours avant le temps convenable et de la renonciation précipitée du Grand-Général en votre faveur, que relativement à l'inutilité et au danger qu'il y a d'annoncer par tout avec affectation que la Saxe ne contribuera absolument en rien aux frais de votre élection si la saine politique ne permet jamais de mentir elle fait souvent la loi de se taire et je crois que c'étoit bien le cas de le faire dans cette circonstance et dans tout autre où l'on courroit risque de perdre beaucoup sans espérance d'aucun gain. J'en reviens donc, Mgr., tout calculé, au conseil par lequel je finissois ma dernière lettre et que j'ai pris la liberté de rappeller au commencement de celle-cy et je la finis en suppliant V. A. R. de vouloir bien pour son propre intérêt se conduire dans l'incertitude où on la laisse, comme si cette incertitude devoit incessamment se terminer par lui accorder tout ce que nous désirons pour Elle et de ne pas prendre de parti fixe contre elle-même, quand les cours en qui elle a mis et du mettre son espoir n'en prennent par elle-mêmes de contradictoires à ce que nous leur demandons. Ne soiés pas, Mgr., plus cruel qu'elle pour vous vous-même. C'est à cette seule réflexion utile que je me borne aujourd'huy sans préjudice de celle que j'ai insérée dans ma lettre précédente et surtout l'article qui regarde l'envoy d'un personnage de confiance à Berlin. C'est à V. A. R. à décider souverainement sur l'utilité des idées que je lui propose. Je la supplie de les prendre un peu sous sa protection, n'étant pas à portée de les deffendre moi-même, et de les regarder du moins comme celle du plus ancien serviteur éprouvé de sa personne. Vous verrés, Mgr., avec quelque satisfaction, je crois, le parti que j'ai tiré au commencement du mémoire d'une comparaison réciproquement avantageuse à la Saxe comme à la Pologne ; vous en jugerés, Mgr. Tout ce que je puis vous dire, comme je le sens, c'est que je suis trop payé de ma peine si V. A. R., pour le service de laquelle il est fait, en juge avec autant de bonté que l'a fait M. le Dauphin. Je suis, etc.

LE PRINCE XAVIER DE SAXE A MARTANGE [1]

Dresde, le 15 février 1764. — J'ai reçu à la fois, mon cher Martange, vos trois lettres du 22, 25 et 29 janvier, n°s 4, 5 et 6. Je n'ai rien à y répondre que de vous remercier des nouvelles que vous avés bien voulu me donner. Elles justifient totalement la démarche que j'ai faite d'envoyer un courier pour exiger une réponse positive afin de sortir de l'incertitude où je me trouve. Vous jugerés comme moi que c'étoit ce qu'il y avoit de mieux à faire, et si je n'avois pas déjà pris ce parti avant la réception de vos lettres, elles

1. Lettre originale, signature autographe. Arch. de Honfleur.

m'auroient certainement déterminé après à le prendre parce que cet expédient me paroit encore le plus seur moyen ou de rétablir mes affaires en Pologne par les prompts secours qu'on sera obligé de m'accorder si on veut me soutenir ou en cas de négative de finir au moins mes embarras et sauver ma gloire en me désistant de mes vues sur cette couronne sans me compromettre. Enfin dans l'un ou l'autre cas mes matériaux sont préparés et telle que soit la réponse que le courier pourra m'apporter elle n'aura rien de quoi m'étonner et j'exécuterai ma résolution prise.

Je ne vous fais point de détail aujourd'huy sur l'état de mes affaires en Pologne, les copies cy-jointes sur A. B. C. D. E. F. vous mettent au fait de tout[1]. D'ailleurs je ne pourrois que vous répéter ce que je vous ai dit jusqu'icy dans toutes mes précédentes, et ce seroit prendre une peine inutile que vous ne pouvés certainement pas avoir oublié ce que je vous ai marqué à ce sujet, et je suis pleinement persuadé que vous aurés employé mes lettres de la façon qui vous aura paru la plus convenable et la plus utile à mes intérêts.

Il faut convenir que nos ennemis sont on ne peut pas plus habiles à mettre tout en jeu ce qui peut leur procurer quelque avantage et quoique ce qu'ils avancent est dénué de toute vérité, ils en retirent cependant tout le profit que la réalité pourroit leur donner, et ils réussissent également à encourager leur parti, à décourager le nôtre et à gagner les foibles et intéressés. Il est certain que si l'on avoit des moyens rien ne seroit plus aisé que de détruire leurs artifices, et en répandant quelque argent et découvrant la fausseté de leur actions et procédés par des preuves qui doivent se trouver d'eux-mêmes (*sic*), on verroit diminuer leur parti aussy vite qu'il s'est renforcé, mais vu l'état où nous [nous] trouvons il faut les voir faire impunément et sans y opposer.

La nouvelle qu'ils débitent de la déclaration de la cour d'Espagne me paroit aussy fausse que l'est celle qu'ils publient de la Porte, car si elle étoit fondée, dans les lieux où vous êtes vous

---

1. Ces copies ne se trouvent point dans le dossier.

en auriés été certainement informé, et je me flatte avec raison que vous ne m'auriés pas laissé ignorer une nouvelle aussy intéressante. Agréez mes complimens à Mad. de Martange et quelques tendres embrassades pour ma petite commère. — XAVIER.

LETTRE AU PRINCE XAVIER DE SAXE [1]

Varsovie, le 15 février [1764]. — Je suis bien découragé ne voyant presque aucune espérance qui me mette en état de réparer le tems précieux que nous avons perdu. Je sais qu'on vous a répondu de Vienne qu'on ne vouloit faire aucune dépense pour vous soutenir, ni se hazarder à fâcher trop la Russie et le roi de Prusse. Je crains bien qu'on ne vous réponde la même chose de Versailles. Si cela est il y auroit de l'imprudence à persister, surtout après avoir déclaré comme vous l'avés fait que vous attendiés des secours et de l'appui de Vienne et de France. Je sais que Mr. de Sacken l'a déclaré en Russie et sauf respect il me paroit que c'est une imprudence [2].

Ce que le Duc a écrit de Pétersbourg est encore bien plus déplacé et sa lettre a fait la division du conseil de Russie; c'est ce qu'on me marque de Pétersbourg même. Je ne puis vous envoier des copies des articles qui me sont adressés en chiffres. Il en est de même de la lettre au prince Radziwil, mais vous en avés eu assés par la dernière dont je vous ai envoié copie. J'ai fait sur cela quelques reproches à Mr. Alloy sans lui dire à quel point j'étois informé de la mauvoise conduite de son maître (sur quoy je prie qu'on ne me compromette pas). Mr. Alloy m'a donné pour excuse que l'accord entre les Princes doit rester secret, et que jusqu'à ce que les Cours se soient déclarées chacun peut agir pour soi. M. de Borck a dit la même chose. J'ai répondu à l'un et à l'autre que

---

1. Chiffrée en partie et sans signature. Arch. de Honfleur.
2. En chiffres depuis : « ce que le Duc » jusqu'à « et que tant qu'il ». La traduction en interlignes est de la main de Martange.

je voiois le très-mauvois effet qui résultoit pour le prince Xavier de ce que le Duc paroissoit agir pour lui-même. Je scois bien que le général La Chinal[1] est la cause de toutte cette conduite équivoque, et que tant qu'il gardera cette mauvoise tête son frère ne peut se fier à lui. Je ne sais plus rien sur la Palatine de Lublin, sinon qu'après avoir bien conféré avec le Palatin de Russie elle s'est enfuite à sa campagne et a laissé icy Mme la Duchesse au couvent. Le Palatin de Kyovie arrive icy; je soupçonne avec grand fondement qu'il veut négocier son accommodement avec la Russie. Vous ne me parlez point des Brühls que l'on dit icy être persécutés à Dresde. Il est seur que cela vous fera perdre le Palatin de Kyovie et les Mnischeix. Le premier seroit très important à conserver et les autres à encourager car ils ont de la bonne volonté pour le prince Xavier, mais ils meurent de peur. Il faudroit ménager un peu la famille de Brühl et cajoller la petite générale d'artillerie qui est encore à Dresde à ce que je crois. Je vous ai dit sur les Turcs tout ce que j'ai à dire. Ce que vous me mandés de la recommandation que la cour de Naples a faite à la Porte en votre faveur me feroit rire si je pouvois d'ailleurs en avoir envie. Quant au roy de Prusse cet objet est bien plus sérieux; on dit qu'il doit envoyer ici comme ministre à la prochaine Diette un prince Schinex silésien. Saviés-vous bien qu'à cette Diette l'élection pourra se faire tout de suite à l'impromptu? Ce que je vous dis là n'est pas une folie et je la marque aussi à ma cour.

LETTRE AU PRIMAT ET AUX MAGNATS [2]

Projet de lettre au Primat et aux autres Magnats. — *Paris, 22 février 1764.* — Je ne dissimulerai point à V. A. les vœux que

---

[1]. M. de la Chinal Godski, piémontais d'origine, homme de confiance et aide-de-camp du prince Charles de Saxe, duc de Courlande, était le pire des ennemis du comte de Brühl.

[2]. Minute autographe. Arch. de Honfleur. Plusieurs brouillons de cette lettre se trouvent dans les papiers de Martange, nos 85, 86 et 87.

j'ai formés pour le throne. Fils et petit-fils de deux Rois que la République a si souvent appelés du nom de Pères de la Patrie, l'honneur du diadême m'eût été encore plus cher par le plaisir de régner sur une nation de Frères. Trop éclairés pour ne pas saisir tous les avantages qu'on pourroit se promettre sous le gouvernement d'un prince qui sans parti, sans liens particuliers et tout entier au corps de la République ramèneroit dans son sein cette concorde si désirable, qui seule peut faire la baze de la prospérité et de la gloire communes, j'aurois espéré qu'un intérêt aussi cher à des âmes nobles et républiquaines auroit réuni leurs suffrages sur ma tête. J'avois principalement attendu le succès de cette réunion de la tendresse paternelle de V. A. pour la République, de votre amitié pour moy et de la juste influence de votre exemple sur les cœurs de la plus saine partie de la nation. Mais j'avoue à V. A. que les circonstances présentes ne me paraissant pas de nature à laisser à la réflexion et à la persuasion toutte la liberté dans laquelle j'avois mis ma plus grande confiance, je crois devoir aujourd'huy par égard pour la République même renfermer tous mes vœux dans mon cœur, et les borner à celui de la voir aussi heureuse que j'aurois cherché à la rendre. Je suis, etc.

LE PRINCE XAVIER DE SAXE A MARTANGE [1]

Dresde, le 22 février 1764. — J'ai reçu, mon cher Martange, votre missive du 4 février n° 7. Vous augmentés par vos services et par les peines que vous vous donnés journellement pour mes intérêts mes obligations, mais rien ne peut augmenter les sentimens de ma reconnoissance ni ceux de la justice que je rends à vos mérites et à vos talens. Je vous reconnois dans ce que vous venés de m'écrire ; les principes que vous établissés sont solides, vos combinaisons justes et la conduite que vous observés au mieux.

---

1. Lettre originale chiffrée en partie. Signature autographe. Arch. de Honfleur.

Mais malgré tous les soins que vous vous donnés et le jour que vous mettés dans mes affaires pour démontrer aux ministres qu'elles sont très-susceptibles de réussite, même faciles dans l'exécution et sans que la protection du Roy puisse être compromise, je crains toujours (et avec raison) que vous ne les persuadiez pas à faire les démarches convenables et nécessaires ni à donner de l'argent qui est pourtant l'âme et le nerf de toute l'entreprise. Je remarque qu'on manque de bonne volonté; on vous laisse parler et avancer toutes vos raisons; on vous écoute et on ne fait pourtant rien. Les difficultés et les oppositions que l'on fait à vos raisons, et que vous combattés si bien sans qu'ils se rendent, me font soupçonner qu'on est plutôt intentionné de nous refuser que de nous accorder quelque chose, et qu'on est embarrassé où trouver un moyen pour donner au moins un refus honnête et pour le colorer.

Supposons[1] aussi qu'on soit forcé enfin par nos raisons et instances à nous accorder quelque secours, je prévois qu'il sera si faible que j'aurois tort de m'embarquer. Je vous ai détaillé mes raisons et mon sentiment à ce sujet dans mes précédentes, je ne pourrois que vous les répetter, il vaut mieux renoncer à mes vues et projets dès à cette heure que d'y être obligé dans la suitte. Je m'aplaudis toujours du parti que j'ai pris en dernier lieu. La cour de France sera au moins réduitte à se déclarer; telle que puisse être cette solution elle vaudra mieux que l'embarras et l'incertitude où je me trouve. Est-elle favorable, les autres cours amies suivront son exemple et je serai en état, soutenu par elles, de me mettre sur les rangs et de profitter avec succès des circonstances favorables qui existent toujours. Est-elle contraire, tout est dit et en avertissant mes amis je les met au moins à même de songer à leurs intérêts. Cette démarche est celle qui me convient et je la leur dois par reconnoissance pour le zèle avec lequel ils me sont attachés. Ma dernière doit vous avoir prouvé que je ne suis nullement éloigné de me servir des moyens et ressources que la Saxe pourroit

---

1. En chiffres depuis : « supposons » jusqu'à « ceux que je paye en mon parti ».

m'offrir pour réussir dans mon projet aussitôt que les cours amies et particulièrement la France se seroient déclarées. Je pourrois même le faire avec d'autant plus de fondement que les objets se concilient très bien ensemble, car en payant les dettes du Roi comme j'ai déjà commencé à faire, je travaille aussi pour mon compte en attirant ceux que je paye en mon parti.

Je vous envoie cy joint les nouvelles de Pologne qui me sont venues par la dernière poste. Malgré notre inaction elles ne sont rien moins que contraires; les diéttines ont eu tout le succès possible et auquel je ne devois pas m'attendre; l'article de l'exclusion a été empêché par les soins et les dépenses de mes amis. Nos adversaires ont eu la supériorité en nonces, mais il est toujours assés heureux qu'ils n'ayent pas réussi à faire exclure et rejetter les candidats étrangers comme ils l'avoient projetté. Le Palatin de Kyovie, beau-père du comte Brühl, général d'artillerie, homme d'une grande considération et crédit en Pologne et qui ne s'étoit pas encore décidé pour aucun parti vient de m'envoyer un homme de confiance avec l'assurance que je dois entièrement compter sur lui et sur ses amis. Je connois toute l'importance du gain de ce personnage et de sa démarche, mais que répondre aux pressantes sollicitations qu'il me fait de me déclarer. Je n'ai autre chose à faire que d'arrêter son envoyé jusqu'au retour de mon courier pour pouvoir donner une réponse authentique et telle que sa franchise et ses actions la méritent.

Je joins icy un état des nonces élus; ceux marqués par un *C* sont pour les Czartorisky, ceux par un *N* pour nous, et les derniers par *N* et *D*, indécis.

Vous avés raison de croire que l'argent que le Stolnik a reçu de la Russie soit le même qui est destiné à liquider les prétentions des Polonois sur la Russie. Il remplit les deux objets. Ce n'est que la famille qui fait courir le bruit que ces sommes avoient été envoyées uniquement pour l'avancement des affaires du Stolnik et n'étoit destiné à aucun autre emploi. Mais l'on sait à quoi s'en tenir sur ce sujet. J'ai prévenu vos conseils, et il y a déjà quelque tems que j'ai ordonné à mes affidés en Pologne d'aprofondir la vérité de ce fait, et je leur ai prescrit à peu près la même conduite que vous jugés convenable d'observer. — XAVIER.

Bratkowski[1] me marque que le bruit court que le Palatin de Russie veut se mettre sur les rangs. Cette nouvelle n'est pas avantageuse ; ce rival par la considération qu'il a est bien plus à craindre que le Stolnick haï généralement. Cependant elle est assés probable et elle ressemble assés au caractère du personnage. Il se peut fort bien qu'il n'ait affecté d'être dans les intérêts du Stolnick que pour mieux le faire détester et que par une politique bien entendue il n'eût caché ses vues que pour faire voir à la Russie combien l'avènement de l'autre est impraticable et qu'il est beaucoup plus aisé pour lui. Les nouvelles prochaines doivent confirmer si le fait est fondé. J'approuve très fort la troisième observation que vous me faites et je suis entièrement de votre avis sur la manière de m'annoncer en Pologne par les lettres pétitoires dès que je serai dans le cas d'en écrire et de travailler amplement en mon nom. Mais pour le faire il faut également des moyens, et avec ceux-là les puissances amies doivent nécessairement donner des déclarations de vouloir soutenir la liberté de l'élection, déclaration qui ne les engage à rien, qui ne peut pas les compromettre par l'explication qu'elles pourroient toûjours donner dans la suitte et d'après les événemens. Je n'ai jamais voulu que les cours amies se portassent hautement pour moi, et je n'ai exigé que des manifestes généraux pour rassurer un peu les esprits de mon parti. Quant à la remarque que vous me faittes que je ne dois pas insister sur l'espèce de secours et de soutien que les cours voudroient m'accorder, je suis de votre sentiment. Je ne puis prétendre aucun détail sur ces secours ; il est cependant essentiel que je sache sur quoi compter pour prendre mes mesures en conséquence. Vous sentés vous-même qu'il seroit très ridicule de vouloir entreprendre ce projet uniquement avec les 600 mille francs que vous avés demandés ; ce seroit un argent perdu inutilement pour la France, et me mettre en jeu sans espoir de gagner ma cause.

---

1 En chiffres jusqu'à la fin.

Encore cette somme si modique qu'elle est n'est-elle pas donnée, et de l'œil que je vois les choses je crois que nous sommes bien loin du terme du payement. Vous vous flattés en espérant le contraire. Par les nouvelles que Saul me donne de l'Espagne, il me marque que cette cour n'est pas du tout intentionnée de se mêler des affaires de Pologne et elle paroît très peu disposée à sacrifier quelque somme en ma faveur. Elle n'a pas refusé entièrement mais elle fait cependant entrevoir très peu d'envie[1]. Vous sentirés combien il est important dans ce moment de cacher cette nouvelle et je vous prie de n'en rien dire à qui que ce soit; aussy longtems que mon courier n'est pas de retour il faut se taire sur des nouvelles aussi peu agréables.

LE PRINCE XAVIER DE SAXE A MARTANGE[2]

Dresde, le 7 mars [1764]. — J'ai reçu par Cossart, mon cher Martange, votre lettre du 22 du passé, n° 10, et par la poste celle du 20, n° 9, avec la lettre de change. Tachés, je vous prie, d'opérer le payement des 6 derniers mois ; j'ai bien besoin d'argent, je n'espère pas qu'on s'obstinera à des refus continuels et vous devés l'obtenir.

Notre affaire est donc enfin éclaircie et le final tel que je l'avois cru ; vous ne voudrés plus combattre à présent mes craintes et mes soupçons, ils ne sont que trop vérifiés par le succès contraire. Entrainé par l'attachement que vous avés pour moi et pour le bien, vous vous êtes flatté et vous avés trop écouté vos raisonnemens et combinaisons. Moi, au contraire, ne jugeant que d'après ce que vous me marquiés et d'après les difficultés que l'on présentoit j'ai bien prévu que je ne devois m'attendre à rien de la cour de France,

---

1. Voyez Boutaric, *Correspondance secrète de Louis XV*, I, 312 et 313, aux dates des 12 février et 22 mars 1764.
2. Lettre originale. Signature autographe. — Arch. de Honfleur.

et j'ai deviné juste [1]. Je ne vous cache pas que j'ai été bien sensible à cette mauvaise nouvelle malgré que je m'y étois attendu, et ce qui augmente encore plus mon chagrin est d'être obligé de renoncer à mes vues et projets avec des apparences si probables de réussite et dans un moment où les circonstances sont les plus favorables ; cependant il n'y a pas autre chose à faire.

J'avois espéré [2] trouver dans votre lettre quelques conseils et votre sentiment sur la conduite à tenir à la suitte de cette affaire. Mais apparemment que frappé par ce coup véritablement accablant vous n'avés pas pensé que j'en eusse besoin, et vous m'avés laissé par là dans un grand embarras, d'autant plus qu'accoutumé à vos conseils dont je connois la sagesse j'aime à les suivre.

Celui que vous me donnés sur ma retraite à faire et sur la façon et la précaution à employer pour ne rien faire dont on pût tirer avantage ou s'en servir contre moi à l'avenir, si des évènemens inattendus permettoient de revenir à mes vues et espérances sur la couronne, est très bon et juste, mais je ne puis l'exécuter qu'en partie. Il est de la dernière conséquence d'avertir mes amis et de leur dire la vérité. En ménageant leurs intérêts comme je le ferai par cette démarche, je les conserve du moins par ma droiture pour quelque autre occasion, au lieu que si je les amusois plus longtems par des réponses vagues et incertaines je les perdrois sans ressource et me deshonorerois moi-même. J'ai pris le parti d'écrire avant tout à la cour de Vienne, et en envoyant copie de la dépêche de M. le duc de Praslin je demande encore une fois sa résolution et si elle veut faire quelque chose pour moi et agir. Sa réponse me déterminera. Elle est favorable (comme il n'y a pourtant pas lieu de s'en flatter) je vous la fais passer et nous recommençons notre négociation la fondant sur la promesse que la France fait dans sa déclara-

1. Louis XV écrivait à Terrier, premier commis des affaires étrangères, le 22 mars 1764 : « L'Espagne se refuse à tout secours, Vienne aussy ; par conséquent, nous ne pouvons rien donner au prince de Saxe que, comme eux, des recommandations ; avec ces réponses, le prince Xaxier ne se présentera peut-être pas quoiqu'on le lui conseille toujours, mais sûrement ne sera pas élu. » — Boutaric, *Correspondance secrète de Louis XV*, I, 313.

2. Le paragraphe qui suit est en chiffres.

tion. Est-elle contraire, comme je dois craindre, je me concerterai avec mon frère Charles[1] sur ce qu'il y aura de mieux à faire pour nos intérêts communs.

Par[2] cette démarche je m'assurerai en même temps des vrais sentimens qu'il n'aura plus raison de me cacher, et s'ils me sont nuisibles je pourrai m'y opposer avec succès et prendre mes précautions en conséquence, car, entre nous soit dit, j'ai toujours encore des soupçons contre lui.

Tel est mon plan et je crois que c'est ce qu'il y a de mieux à faire. En attendant je prépare déjà d'avance mes lettres pour la Pologne pour pouvoir les faire partir tout de suite quand je serai décidé.

Vous avés bien raison de croire que l'union cordiale, malgré l'intérêt d'Etat, entre les cours de Pétersbourg et de Berlin n'a point d'autre but que le démembrement de la Pologne. Je crois la même chose, mais il est à savoir si ce projet est prochain ou éloigné. La conduite du roy de Prusse me fait juger comme s'il cherchait à en accélerer l'exécution, du moins ses démarches en ont-elles tout l'air ; il n'est pas homme à faire de gros magazins et à manœuvrer avec ses troupes comme il fait à cette heure pour rien, et il est trop politique que de ne pas profiter des circonstances favorables qui se présentent à lui d'aggrandir ses domaines et d'arracher quelques provinces à la Pologne. S'il les possède une fois, qui l'en chassera ? Les cours alliées lui feront-elles la guerre ? Elles me paroissent trop peu en état pour la commencer et ils en ont même perdu l'envie et le goût. Il pourra donc faire tout ce qu'il voudra sans opposition et sans perte d'un homme. Il entrera en Pologne avec une armée comme protecteur et pacificateur (titres qu'il se donne déjà) et il gardera quelques provinces pour ses peines et les fraix. Enfin il suivra la fable du singe qui prit le chat pour retirer les marrons du feu, et il l'exécutera avec la Russie.

Les dernières nouvelles de la Russie portent que le conseil a fait

---

1. Le prince Charles de Saxe, duc de Courlande et fils d'Auguste III.
2. Les lignes qui suivent sont en chiffres jusqu'à « contre lui ».

de nouvelles représentations à l'Impératrice sur la marche des troupes qu'elle a projettée et sur la dépense des sommes considérables qu'elle employe pour le soutien de son candidat. On ajoute que le mécontentement est général et qu'il étoit presque impossible qu'il n'arrivât bientôt des évènemens dans cet empire. Les Czartorisky craignent beaucoup, à ce que l'on me marque, la déclaration et l'argent de l'Espagne ; cette crainte ne doit guère durer et ils en seront bientôt délivrés.

Je joins un extrait de la lettre de Bratho[1] et le parchemin signé que vous m'avés demandé. — XAVIER.

MARTANGE AU PRINCE XAVIER DE SAXE[2]

Sans date. [*10 mars 1764*]. — Mgr. Toutte sensible qu'ait été pour moy la notte ministériale de M. le duc de Praslin, elle ne m'a jamais abbatu au point de prendre l'espérance d'en revenir, et si mon attachement pour V. A. R. dans cette retraite forcée s'est borné au seul conseil sur la teneur de la lettre qu'il lui convenoit d'écrire à ses amis de Pologne, c'est qu'il m'a paru comme je le crois encore qu'il n'y avoit point d'autres démarches à faire pour votre service dans la circonstance présente. Obligé au moins pour quelque temps d'abandonner la lice à vos concurrens au thrône, je vous ai conseillé de vous retirer, mais en Parthe et en laissant après vous un trait dont l'effet pût être funeste à vos rivaux par l'impression avantageuse que cette lettre répandue dans toutte la Pologne y produiroit en votre faveur. Permettés-moy, Mgr., de vous répéter encore aujourd'huy que je doute fort que tout ce qu'on aura proposé ou proposera à V. A. R. de mettre à la place de cette lettre pour

---

1. Brathowsky, aide-de-camp du prince Xavier de Saxe.

2. L'original de cette lettre ne se trouve pas à Troyes dans le fonds des papiers du prince de Saxe. Nous en avons établi le texte d'après une minute autographe et une copie de cette minute ; l'une et l'autre pièces sont incomplètes.

Voyez les n°s 91 et 92 des papiers de Martange aux archives de Honfleur.

détailler la vérité des faits vous soit ni aussi avantageux ni aussi honorable que la simplicité et la noblesse des sentimens exprimés dans le modèle que j'ai pris la liberté de vous envoyer. Je ne pense pas qu'il puisse jamais être question de rendre des comptes ni de vous excuser auprès des Polonois sur ce que vous avés fait ou n'avés pas fait pour arriver à leur thrône. Tant qu'il vous reste quelque espoir d'y monter à ce thrône (et il vous en reste encore et c'est le seul établissement vraiment convenable pour vous), tant qu'il vous reste donc quelque espoir (si incertain qu'il puisse être) d'y parvenir, c'est sur ce plan, c'est à ce but unique qu'il faut diriger tout ce que vous faites, tout ce que vous ferés, tout ce que vous ne ferés pas : pensées, paroles, actions et omissions tout doit tendre là. Oui, Mgr., même les omissions, elles peuvent être très essentielles pour ou contre votre fortune et même votre réputation ; surtout les omissions de certains détails qui en s'appesantissant sur le passé sans aucune sorte d'utilité pour le présent peuvent influer très-désagréablement sur cet avenir que nous devons toujours avoir devant les yeux. M. le duc de Praslin, par exemple, n'a sûrement pas mis dans la notte dont Cossart a été porteur tout ce qu'il pense sans doute, ni tout ce qui a été débattu dans le conseil de son maître, mais malgré cette réserve de la part de ce ministre si vous veniés cependant à communiquer cette notte aux Polonois pour leur faire voir que ce n'est pas votre faute si on n'a pas pris d'autres arrangements à cette cour-cy, il n'est pas douteux que la France n'eût le plus grand lieu de se plaindre comme d'une indiscrétion impardonnable de la publicité que vous donneriés par là aux sentimens exprimés dans cette notte sur la foiblesse de la République, sur les intrigues de la Russie, sur la crainte qu'inspire le génie, le goût et les ressources du roy de Prusse, lorsque ces réfléxions n'ont été faites que pour l'usage seul de V. A. R. Vous sentirés sûrement comme moy, Mgr., que tels bénéfices que les événemens futurs réservâssent encore en votre faveur, d'icy à la diette d'élection, non seulement le ministère d'une cour, à laquelle une démarche aussi indiscrète de votre part auroit fait des tracasseries à Berlin et à Pétersbourg, ne seroit rien moins que porté à se donner des soins et à donner de l'argent pour vous faire profiter des circonstances les plus favorables relativement au thrône de Pologne, mais encore qu'il refuseroit constament par la suitte de se livrer avec confiance dans telle espèce de négociation qu'il y eût à suivre entre vous et lui, et qu'il ne s'avanceroit qu'avec une circonspection glaçante et en prenant touttes les précautions possibles pour ne plus s'exposer à être compromis. V. A. R. a droit d'attendre la vérité de ma part et je ne cesserai jamais de la lui dire tant qu'elle voudra bien l'entendre. Cette même vérité me prescrit encore de vous dire que je suis fâché qu'en prenant le parti d'écrire à la cour de Vienne vous lui aiés envoié copie de la dépêche de M. le duc de Praslin. Je ne vous répéterai point à ce sujet, Mgr., tout ce que je vous ai dit et écrit si souvent et notament dans le dernier mémoire sur le peu d'intérêt réel et actif auquel vous devés personellement vous attendre de la part de cette cour-là et qui a du vous persuader d'avance de l'inutilité d'une seconde sommation, pour l'engager à vous soutenir de troupes comme elle le feroit sans doute pour son intérêt particulier et non pour celui de l'Électeur votre neveu s'il étoit question de le porter au thrône au lieu de vous. Je ne considère cette démarche que relativement au mauvais effet que peut produire icy tant de confiance de votre part dans la maison d'Autriche. Daignés observer, Mgr., que quand même cette communication de la dépêche de M. de Praslin eut été absolument indispensable, les égards de cour à cour exigeroient que vous m'envoyassiés cette copie qu'avec l'agrément du Duc lui-même ou au moins (si le tems pressoit trop pour en attendre réponse) que vous ne la communiquassiés au ministère autrichien que de concert avec l'Ambassadeur de France à Vienne. Si ces formalités, comme je le crains fort, sur ce que vous me marqués ont été oubliées, on aura exposé par là V. A. R. a des reproches désagréables d'indiscrétion et de précipitation. Un autre inconvénient, Mgr., c'est que ces confidences de cœur et de prédilection pour la cour de Vienne, malgré le sistème présent qui unit aujourd'huy les deux maisons de Bourbon et d'Autriche, ne peuvent pas être avantageuses à la Saxe, et je crois qu'un peu moins d'intimité avec la seconde ne nuiroit pas au projet très-juste et très-naturel que vous avés de tirer des subsides de la première. Comment voulés-vous, Mgr., qu'on puisse faire valoir icy cet argument principal auquel le duc de Choiseul a paru si sensible dans le temps et qui porte sur la neutralité et l'indépendance de la cour de Saxe entre les deux maisons qui se disputent la suprématie dans l'Empire, si on vous voit continuer la déférence totale que le feu Roy a habituellement marquée à la cour de Vienne, et annoncer vis-à-vis de Berlin un éloignement invincible? Si votre ministère ne s'observe pas, du moins, Mgr., sur cette prédilection cordiale, comment voulés-vous que la France puisse se flatter que, si un jour à venir les circonstances exigeoient que la Saxe prit un parti net entre elle et Vienne vous n'hésiteriés pas à lui donner cet acte de reconnaissance et d'amitié, et à sacrifier la maison d'Autriche, lorsqu'elle vous voit consulter cette même cour de Vienne comme votre principal oracle et lui faire, sans nécessité, des confidences de cœur? Et cependant, Mgr., si la France ne peut pas espérer que quand une fois la Saxe sera rendue à ses forces, à sa consistance naturelle et à sa considération légitime dans l'Empire elle employera tous ses moyens à se rendre dépositaire de la tranquillité publique en Allemagne conformément aux vrais intérêts de l'Électorat qui lui sont exactement communs avec la France ainsi qu'il est prouvé dans le mémoire que j'ai remis à M. le duc de Choiseul à ce sujet quelque temps avant la mort du feu Roy et qui est entre les mains de V. A. R., si, dis-je, la France ne peut pas espérer que par attachement sistématique pour l'entretien de cette paix qu'elle désire en Allemagne ou pour y faire plus promptement finir une guerre qui s'y seroit élevée, la Saxe se déclarera suivant le vœu de S. M. T. Ch. contre l'une ou l'autre des deux puissances principales de l'Empire sans acception de personne, soit Autriche soit Brandebourg : *Tros Rutulusve fuat, nullo discrimine*[1]. Il seroit inutile pour elle de donner aujourd'huy des subsides pour relever une puissance dont elle n'auroit pas cette

---

1. *Tros Rutulusve fuat, nullo discrimine habebo*; Troyens ou Rutules ils sont égaux à mes yeux. *Énéide*, livre X, v. 108.

sorte de réciprocité de services à attendre dans l'occasion. Car enfin, Mgr., il n'y a que cette considération qui puisse engager cette cour-cy à souhaitter les avantages de la Saxe et à se priver d'un argent dont elle a tant besoin elle-même pour contribuer à rendre à cet Électorat son ancienne influence dans l'Empire dans l'espoir d'un retour de reconnaissance qu'elle croira se ménager par là dans l'occasion.

Je ne fais à cet égard que vous répéter ce que j'ai eu l'honneur mille fois et qu'il me semble que vous avés un peu perdu de vue dans cette circonstance. Je ne pourrois non plus, Mgr., que répéter à V. A. R. ce que j'ai déjà eu l'honneur de lui marquer dans une de mes précédentes sur le tems convenable à prendre pour négotier avantageusement notre traité de subsides. Je persiste à croire que vouloir y travailler dans ce moment-cy et avant que l'affaire de Pologne soit décidée (au moins à la diette de convocation) ce sera se nuire et pour l'une et pour l'autre affaire.

Il en est de même suivant ma façon de voir du projet de céder tous les partisans de Saxe au Grand Général pour balancer l'influence de la Russie et du roi de Prusse par l'opposition de la Porte à laquelle le Grand Général est personnellement agréable, et cela sans l'espoir, ajoute-t-on, de conserver à l'Electeur l'expectative de remonter sur le thrône après la mort de ce Roy *ad interim*.

Je ne vous répéterai point, Mgr., tout ce que j'ai eu l'honneur de vous écrire tant de fois au sujet de cette envieuse Porte dont il n'y a jamais rien à espérer qu'à force de plus d'argent qu'il n'en faut pour s'en passer et qui de plus ne peut rien faire pour nous qu'en déclarant la guerre à la Russie et en la faisant heureusement contre cette puissance, ce que la cour de Vienne ne souffrira jamais à moins que la tête ne tourne à M. de Kaunitz.

Mais je prens la liberté de vous demander quel intérêt V. A. R. veut-elle que la France ait à contribuer de son argent et de ses amis au succès d'un projet dont tout ce qui pourroit résulter de favorable (sans entrer dans le détail des difficultés) seroit de conserver la couronne de Pologne pour la remettre sur la tête de l'Electeur, lorsque cette cour-cy est sistématiquement convaincue qu'il ne peut être qu'extrêmement préjudiciable et à la France et à la Saxe même que cette couronne étrangère soit réunie au bonnet électoral? Je deffie tous vos ministres réunis de jamais pouvoir faire changer la façon de penser adoptée icy pour toujours ; ce que j'ai l'honneur d'en marquer à V. A. R. n'est point conjectural, j'en suis aussy assuré que de ma propre existence, et même *ex tactu et visu*. Jugés maintenant, Mgr., si on vous donnnera de l'argent pour remplir un objet qu'on ne souhaite pas, que peut-être on craint, et que très-certainement on ne doit pas désirer ; et jugés encore de plus si de voir le ministère saxon s'occuper constament de cette idée de la couronne de Pologne pour son Electeur doit engager ce ministère-cy à donner pour l'Electorat des subsides qu'il prévoira devoir être emploiés à faciliter le retour au thrône, convaincu comme on est icy qu'aussitôt que l'Electeur redevenant Roy ne pourra plus conserver sa neutralité et son indépendance dans les affaires d'Allemagne, et qu'il se retrouvera, comme l'ont été les Rois ses ayeul et bisayeul, l'ami constant, inviolable, intime et nécessité des deux cours de Vienne et de Russie. Croiés, je vous supplie, Mgr., que ce que j'ai l'honneur de vous marquer est ou doit être l'idée de cette cour-cy.

A l'égard de celle de Vienne, c'est tout différent ; pour peu qu'elle voie jour à cette union du bonnet électoral et de la couronne de Pologne, je suis très persuadé qu'elle y travaillera de bonne foy et que même il seroit très aisé de l'amener à soutenir cette manœuvre de la force de ses armes. Mais non-seulement la France jamais ne soutiendra ces démarches de son argent, tel serviteur soumis qu'on soit icy ou qu'on paroisse l'être de la cour de Vienne, mais je suis très persuadé de plus que si cet arrangement dans lequel Mr. de Fleming est peut-être vis-à-vis Mr. de Kaunitz *instrumentum in manu figuli*, devoit avoir lieu, au point que cette négociation prit consistence, je suis très-persuadé, dis-je, que la France sacrifieroit encore sourdement quelques sommes pour les barrer. Et je n'en tiens pas pour cela cette cour-cy pour moins bonne, moins fidèle, moins véritable alliée de la Saxe. Passés-moi la comparaison : un malade glouton a des fantaisies de manger qu'il prend pour un besoin, il demande du pain à son amy qui lui en refuse ; il s'adresse à une complaisante intéressée qui ne se soucie point de le voir malade, qui d'ailleurs a une place dans son testament en cas d'accident ; elle le satisfait au péril de l'indigestion. Qui des deux mérite la confiance du malade? Voilà, à mon gré, l'image de ce que la France et l'Autriche sont et doivent paroître aujourd'huy à la cour de Saxe.

D'après tout cet examen, par quel motif V. A. R. est-elle prête d'exposer (dans une négociation ordonnée en son nom et entretreprise sous ses auspices) l'Electorat qu'elle gouverne pendant 4 à 5 ans, à perdre dans cet intervalle de votre administration un bien réel et effectif pour une expectative de pure fantaisie? Si vous avés dû respecter du vivant de Mgr. l'Electeur les goûts de Madame l'Electrice sur ce sujet, ce n'est plus la même chose aujourd'huy. L'Electeur, chef et majeur, pouvoit décider de son bien ; votre état de premier sujet étoit celui de la soumission. Mais vous gérés en votre nom à présent le bien de votre pupille ; les loix de l'Empire vous en ont donné le droit et imposé la charge, ce ne doit être que la connoissance très-prouvée d'un bien réel pour l'Electorat qui doive décider V. A. R., et jamais le goût de la mère ne doit entrer dans la balance avec le bien réel du fils. Les complaisances de vos ministres pour une princesse qui règnera sur eux dans quelques années quand V. A. R. rentrera dans l'ordre de la dépendance peuvent les aveugler et les réduire au point de se tromper *et de chercher peut-être à vous tromper vous-même en sa faveur.* Mais, moy, Mgr., qui aurois le courage d'être le premier à vous porter à renoncer à la couronne en faveur du chef de votre maison si je jugeois que cela lui fût profitable, je dois aussi vous dire avec liberté, (persuadé comme je le suis que c'est un très-grand mal pour la Saxe d'avoir eu ses Electeurs sur le throne de Pologne et que ce seroit renouveller ce mal que de les y faire remonter), que vous auriés : 1° en votre qualité d'Administrateur à vous reprocher d'avoir travaillé sur un plan qui comme vous en pouvés juger par ce que j'ai dit plus haut peut, doit même déranger tout ce que vous vous êtes proposé de faire de réellement avantageux pour l'Electorat ; j'ajoute : 2º et je vous préviens que la négociation que vous entamerés (si vous n'en revenés pas) n'aura icy aucun succès, et que tout ce qui en résultera ce sera de ruiner absolument vos propres affaires et de sacrifier des espérances très-incertaines, si vous voulés, qui vous restent sur la couronne, à l'expectative encore plus incertaine, de conserver un jour pour votre neveu un titre qui doit après tout lui lui être moins cher que le plus petit de ses baillages, et qui l'exposera toujours à faire le malheur de la totalité de ses Etats électoraux s'il l'obtient.

Voilà, Mgr., ce que mon attachement pour votre personne, mon zèle pour la gloire de votre administration et les vœux que je fais pour votre propre fortune m'authorisent à vous exposer. Si on donne à V. A. R. des raisons plus claires, plus suivies, plus conséquentes que les miennes, il est juste que vous leur donniés la préférence, mais si à la place de raisons et de principes on ne met que des mots, des idées incohérentes et des décisions *ex cathedrà* uniquement soutenues par le maintien et la phisionomie, daignés vous ressouvenir, Mgr., que V. A. R. règne *ad tempus* et qu'il importe trop à votre honneur de bien remplir cette charge pour ne pas exiger du ton qui convient à un maître qu'on détruise par des argumens clairs et conséquens les principes que je viens de détailler sous vos yeux, ou qu'on en attaque les conséquences par des raisons supérieures. Si V. A. R. est satisfaite de la solution qu'on lui donnera (et je la supplie de la demander par écrit), elle est la maîtresse d'ordonner et nous obéirons icy sans répugnance ; mais si vous sentés la vérité de tout ce que j'avance, si vos ministres conviennent de la justesse des principes établis, daignés alors ordonner, Mgr., à M. de Fleming de suspendre les ordres qu'il fait continuellement passer à M. de Fontenay pour presser la double négociation du Grand Général et du traitté de subsides. Je supplie V. A. R. de se faire représenter ses deux dernières dépêches des 7 et 9 mars et de voir à quel point elles sont contradictoires à ces mêmes principes que je viens d'établir. Je ne puis vous dissimuler, Mgr., que je suis révolté de voir l'impatient M. de Fleming ne pas attendre le moment que vous aiés renoncé à la couronne pour suivre sa chimère et faire sa cour à Madame l'Electrice à vos dépens en détournant touttes les négociations que je soutiens pouvoir encore vous être avantageuses, sur la tête du jeune Electeur qui n'en est pas susceptible.

De plus quand il voudroit exprès vous faire échouer dans le traité de subsides, il ne pourroit pas choisir un temps plus opportun pour entamer cette négociation, et pour ne rien garder sur le cœur dans l'humeur que tout cela m'inspire si son projet était de chercher en vous faisant essuyer refus sur refus à vous détacher de la France pour relier la Saxe avec les cours de Londres et de Vienne il ne s'y prendroit pas autrement qu'il le fait. Votre gloire, votre réputation, votre fortune sont intéressés, Mgr., à avoir des yeux attentivement ouverts sur ces objets; mais si V. A. R. tient toujours aux principes sur lesquels nous avons constament et invariablement cherché à travaillé depuis six ans je vous indique la voye que l'on doit tenir en votre nom, et je vous préviens suivant mon devoir que soit malice, soit aveuglement la route que prescrit aujourd'huy M. de Fleming s'en écarte et qu'il y a très grand besoin que V. A. R. la rectifie. Il n'est pas besoin de lui retirer votre confiance (point de changement, s'il est possible, sous votre régence) mais il faut lui faire sentir quels sont vos principes, quelles connoissances vous avés des interests réels de votre pays, en un mot que V. A. R. a une volonté qui ne doit se rendre à celle d'autruy qu'aux bonnes enseignes de la vérité démontrée par des raisonnemens et des réflexions solides. Je ne crois point, Mgr., que mon attachement m'ait aveuglé sur vos interests, ni égaré sur le tableau que je me suis fait de l'avenir. Les embarras présens de cette cour-cy et la circonspection méthodiquement foible de M. le duc de Praslin ont à la vérité retardé des décisions favorables que je croiois plus prochaines, mais les momens de réaliser les combinaisons que je vous ai annoncées ne sont pas encore passés; on nous a au moins laissé le bénéfice des événemens; je les attens et les espère. Dans ce cas, Mgr., on vous promet de fournir aux frais de concert avec l'Espagne; nous finirons par n'avoir besoin que d'argent et notés bien, Mgr., qu'il n'y a encore que la cour de France qui nous ait fait à cet égard une promesse positive.

S'il y a quelque fondement aux nouvelles qu'on mande à V. A. R. de Pétersbourg, la Russie n'est-elle pas au moment de renoncer à cette influence suprême qu'on lui a toujours crue sur le thrône de Pologne ? Pourquoy donc prendre vous-même un parti décidé contre vos intérests quand les cours vos amies et les évènemens possibles dans les cours ennemies vous laissent encore une porte ouverte à l'espérance ? Pourquoy renonçer à un objet unique et prochain pour courir à contretemps à des objets plus éloignés qui ne peuvent que gagner à être différés jusqu'à l'élection ? Ce n'est jamais d'avoir raisoné, combiné et réfléchi qu'on a des reproches à se faire, Mgr., ce seroit plutôt d'agir sans réflexion contre des combinaisons justes et des raisonnemens solides qu'on auroit à se repentir. J'ai vu M. de Fleming dans quatre dépêches consécutives écrire que la Russie décideroit souverainement le procès de la succession ; que le roi de Prusse ne feroit que ce qui conviendroit à l'Impératrice ; qu'il auroit pour cette princesse une déférence aveugle ; qu'il ne craignoit rien tant que d'être obligé à faire des démarches militaires, que ses troupes étoient mal payées et ses officiers mécontens ; qu'il manquoit de toutte espèce de munitions et qu'il n'avoit aucunes ressources pour se procurer de l'argent, &ᵃ., &ᵃ., ce que vous pouvés lire dans quatre ou cinq dépêches écrites depuis la mort du Roy. Pourquoy change-t-il aujourd'huy de ton sur tout cela ? Pourquoy depuis deux dépêches est-ce le roy de Prusse au contraire qui dispose de la Russie et qui sert de cette princesse (*sic*) à son gré pour arriver à ses fins ambitieuses ? Quelle conséquence y a-t-il entre la lettre de la veille et celle du lendemain ? Pourquoy ces variations ? Avec un système immuable et conséquent on a au moins une base solide ; si des circonstances étrangères et qui ne dépendent pas de nous nous retardent, nous dérangent, il nous reste un pivot fixe sur lequel on peut se retourner. Ayés la bonté, Mgr., de vous faire représenter mes nᵒˢ 1 et 2 après la mort du Roy, et V. A. R. y verra que je lui disois alors par raisonnement ce que M. de Fleming prédit aujourd'huy que les choses sont à peu près arrivées. Je prens la liberté de vous le répéter, Mgr., et j'use de celle que V. A. R. m'a donnée de lui donner franchement mon avis. Rectifiés-le en le gardant et rectifiés-le vertement, c'est votre intérêt, c'est celui de votre pupille ; votre réputation et le bien être de l'Electorat dépendent de votre vigilance à cet égard. Mais je me flatte, Mgr., que V. A. R. voudra bien résumer elle-même avec quelque attention tout ce qu'un zèle franc et sincère m'a inspiré pour son service. Il dépendra d'elle de régler en conséquence les ordres qu'elle donnera à son ministère icy et les démarches qu'elle lui prescrira. Tout ce que je puis vous dire c'est que si mon bonheur et mon honneur étoient exactement attachés à votre bonheur et à votre gloire, si j'étois votre maîtresse, votre amie, tout ce qui a l'attachement le plus désintéressé, et de plus si j'étois tout cela né en Saxe, je ne vous parlerois pas autrement que je le fais et je rougirois de vous donner d'autres conseils que ceux que je prens la liberté de vous donner.

A l'égard de Mgr. le prince Charles, j'avoue à V. A. R. que ce que j'ai vu dans vos lettres et dans celle de M. de Paulmy je ne crois pas sa conduite pure, et ce M. de la Chinal me paroit bien opiniâtrement attaché à travailler exclusivement pour lui. C'est un mal sans doute que cette discussion domestique entre vous deux, mais au reste il ne faut pas s'en désespérer. Toutte l'adresse dont vous avés besoin (et elle vous est très-permise) c'est de sauver avec lui les apparences et de travailler consciensieusement pour le parti de Saxe sans décider si c'est pour Xavier ou pour Charles. Car ce parti à la fin s'il doit réussir ne réussira que par l'argent ; cet argent la France le donnera, elle ne le donnera qu'à V. A. R. et ainsi le parti restera à celui qui paiera. Voilà ce qu'il faudra toujours amicalement lui faire sentir quand vous aurés des explications ensemble.

Je n'ose plus vous reparler de l'envoy de M. de Fritsch. Depuis combien de tems vous l'ai-je conseillé ? Que risquiés-vous à cet envoy, et que ne risqués-vous pas à manquer une occasion de pouvoir vous expliquer, au moins voir venir le roy de Prusse. S'il lui faut absolument quelque chose du territoire polonois, un peu d'accroissement par cession le flattera plus que beaucoup plus par droit de conquête. Je ne vous ai jamais demandé d'en faire la proposition mais de lui fournir quelqu'un en qui il eût assés de confiance pour en faire, lui. Qu'en coûte-t-il de le voir venir? C'est en agissant qu'on peut espérer de réussir et c'est là principalement qu'il faudroit agir et au moins se mettre à portée de l'entendre s'il veut s'expliquer comme j'espère toujours qu'il le feroit. Je vous ai déjà prévenu sur des soupçons que j'avois d'un retour prochain d'intelligence avec cette cour-cy. Malgré la convalescence de la Marquise on persiste à la dire condamnée par les médecins et à dire qu'elle ne verra pas l'été. Elle morte, adieu l'alliance autrichienne, et l'aversion du roy de Prusse pour elle n'empêchera plus le retour de l'ancien sistême dont au moins les prémices peuvent assurer votre bonheur et même par un consentement unanime. *Credo mihi et spera.* Du moins point de parti précipitamment pris contre cette possibilité.

Pardon, Mgr., d'une aussi volumineuse épitre, j'ai cru la devoir à votre service et je la devois à mon propre soulagement. Malgré tout le tems qu'elle m'a pris, j'ai trouvé celui hier d'obtenir la promesse d'un acompte dans le courant de la semaine sainte sur nos 6 mois. Je le garderai suivant ce que V. A. R. m'a prescrit, mais je la supplie de ne tirer sur moy que lorsque je l'aurois avertie de la somme que j'aurai entre les mains, car la dernière fois cela m'a causé trop d'inquiétude.

Le retour de la santé de Mme la marquise, qui se transportera jeudi prochain à Bellevue, a rappelé la cour et les ministres à Versailles. Je compte y passer une partie de la semaine et y épier les occasions d'y être de quelque utilité aux bonnes intentions et aux vues de V. A. R.

LE PRINCE XAVIER DE SAXE A MARTANGE[1]

Dresde, le 14 mars 1764. — Vous vérés, mon cher Martange, par les nouvelles que je vous envoie cy-joint[2], que bientôt les Polonois n'auront plus à se plaindre comme ils ont fait du petit nombre de ceux qui prétendent au thrône vacant, et que la quantité des candidats qui se proposeront aura plutôt lieu de les effrayer.

Je ne regarde pas la déclaration que le prince Potoli a fait à ce Primat qu'il aspire au thrône pour lui-même comme nuisible à mes intérêts, je crois au contraire que plus il y aura d'aspirans plus mes affaires en iront bien ; d'autant plus si la convention entamée, dont on parle comme je vous l'ai mandé, entre les puissances de ne pas agir offensivement l'une vis-à-vis de l'autre dans les affaires de Pologne et d'accorder à la nation une libre élection eût lieu. Partant de là il me seroit fort aisé dans la confusion qu'une concurrence de rivaux va causer de réunir par de l'argent et des promesses les voix en ma faveur ou du moins de gagner la pluralité à la Diette de convocation. Mais où en prendre ? voilà le point essentiel. Je vous ai communiqué mes idées à ce sujet ; c'est à vous à voir si elles sont pratiquables.

Dans le moment on vient de me remettre votre lettre du 1er du courant n° 11. Vous ne me mândés rien du rappel de Mr. de Broglie qui est pourtant seur ; je désirerois être instruit des circonstances et je me flatte que vous voudrés bien m'en informer. — Xavier.

Par[3] ce que je vous ai marqué précédemment, vous jugerés aisément que je suis bien éloigné de regarder l'affaire de Pologne comme un procès fini. Je n'ai pas encore perdu toutte espérance, et quoique celle que j'ai soit effectivement très-foible parce que les secours des cours amies en font du moins encore en partie la baze,

---

1. Lettre originale, Signature autographe. — Arch. de Honfleur.
2. Voir plus loin la partie chiffrée.
3. Chiffre de la lettre de S. A. R. en datte du 14 mars 1764.

je crois pourtant ne devoir pas abandonner entièrement la partie dans ces momens-cy. Les circonstances sont changées, elles pourront encore changer davantage et devenir plus favorables. Je ne dois donc pas me presser avec ma décision ni renoncer à mes vues; par conséquent la conduitte à tenir sera la même que j'ai observée jusqu'ici, savoir de rester tranquille et sans me déclarer. Mais comme cette tranquillité et ce silence seul ne suffiroient pas pour me mener au but, il faudra employer les moyens nécessaires pour y parvenir. Le principal me paroit être celui de faire part à Mr. le duc de Praslin de ce qui se passe en Pologne, s'il n'en est pas instruit, et de lui insinuer que je ne demande qu'une somme d'argent sans aucun autre espèce de soutien, et qu'à l'aide de celle-là je pourrois me flatter du succès. Comme cette dépense faitte (même sous le sceau du secret si l'on veut) n'engage la cour de France à aucune autre démarche à faire que celles qu'elle se doit à elle-même et à l'instar des autres cours, il seroit assés possible que nous réunissions. Ne vous imaginés pas que je me la représente si facile, je sens très-bien vu l'état où cette cour toutte puissante qu'elle est se trouve actuellement la difficulté qu'il y aura de lui arracher quelques sommes considérables, mais cependant c'est ce qu'il faut essayer et l'unique ressource qui me reste pour faire revivre mes espérances et pour entrevoir quelque succès. Je prévois bien encore que la somme qu'on pourroit m'accorder ne sera certainement pas suffisante pour remplir mon objet mais elle le sera toujours assés pour nourrir en attendant la confiance de ceux de mon parti afin de les empêcher de se jetter d'un autre côté, et nous donner le temps d'engager l'Espagne à suivre l'exemple de la France et de sacrifier aussi quelque argent. Pour faciliter notre négociation et empêcher qu'elle ne traîne en longueur, vous pourriés faire entendre au duc de Praslin que je ne demande point d'argent comptant à présent, mais que je me contenterai d'assurances certaines pour le remboursement à tems indiqué, avec cela je me fais fort de trouver des espèces; je vois à présent que ce moyen me mettroit en état d'agir efficacement et d'espérer. En vous parlant comme je fais je suppose toujours que l'impératrice de Russie n'agira pas offensivement pour soutenir son candidat et qu'engagée ou par la convention mentionnée si elle doit exister ou par les représentations de son conseil et la crainte d'une révolution, elle se contentera des voyes de négociation et de persuasion. Comme cette conduite alors nous mettroit au moins de pair et que nous nous servirions des mêmes armes, je puis nécessairement plutôt me flatter de la réussite par les moyens que vous connaissés bien. Voilà donc de nouveaux sujets à vous faire faire bien des réflexions. Je vous prie de me les communiquer touttes et de ne point m'épargner les conseils ; vous m'y avés si bien accoutumé que je suis tout étonné quand je ne reçois de vous qu'une feuille. Reprenés courage, c'est moi-même qui vous y invite. Vous m'avés donné trop de preuves de votre attachement pour douter un instant que vous ne fassiés tout ce qu'il y aura de bien à faire. Je vous envoye copie de la déclaration de chés vous. Il ne suffit pas que cette cour m'ait refusé de l'argent mais elle ne fait pas sentir même dans sa déclaration le moindre désir de me voir sur le thrône. Il ne falloit pas me nommer, mais n'y avoit-il pas moyen d'employer des termes qui auroient assés fait comprendre ce que l'on ne vouloit pas dire tout haut en promettant de reconnaître également quiconque des candidats élus ; il me semble que c'est donner des armes très-fortes aux Czartoryiski contre moi.

MARTANGE AU PRINCE XAVIER DE SAXE [1]

Du 22 mars 1764. — Mme la marquise [2] a été levée pendant quelques heures tous ces jours-cy. On se flatte qu'elle est absolument hors de danger. J'envoye à V. A. R. le bulletin d'hier matin et d'hier après-midi.

Mrs. les ducs de Choiseul et de Praslin ont été incommodés et le duc de Choiseul garde encore la chambre pour son mal de gorge.

---

1. Minute autographe. Arch. de Honfleur.
2. Mme de Pompadour mourut à Versailles dans les petits appartements du Roi, le 15 avril 1764.

Je scais qu'il a travaillé tous ces jours-cy comme un diable avec le Contrôleur général[1] qui est venu s'enfermer pendant six heures par jour à l'hôtel de Choiseul.

Le voiage du Duc dans les pays du roiaume paroît sûr; il y a trois cents chevaux de poste de commendés pour le mois de may sur sa route et deux frégattes pour son transport par mer de Brest à Rochefort. On croit qu'il va quitter le département de la guerre et que ce sera M. de Contades qui le remplaçera. Les Broglie[2] qui arrivent icy le 1er d'avril ne laissent pas que d'avoir des partisans dans le monde et on croit, si la marquise meurt, qu'ils se réconcilieront avec le duc de Choiseul qui ne se réservera que la marine, et qu'oubliant touttes vieilles querelles ils se livreront tous les quatre, y compris le Contrôleur général, au bien de la chose publique.

La marquise, dans le vray, rend le pus par les crachats, par les urines et par les selles. Tous les médecins la condamnent à n'en pas revenir, mais il y en a qui disent qu'elle peut traîner comme cela durant trois mois. La duchesse de Gramont[3] aspire à la survivance et c'est pour se procurer une visite du Roy dans son lit qu'elle s'est fait saigner. Cela ne lui a pas trop réussi et le Roy y a été mais à contre-cœur. La petitte d'Amblimont qui garde la marquise est fort caressée du maître, et bien des gens croient que d'un accès de reconnoissance le Roy pourroit bien lui en faire un d'amour. Mais mon opinion à moy, et celle du plus grand nombre, est que le Roy se rendra complètement à sa famille.

Quelqu'un des Affaires Étrangères me dit hier que nos affaires de Pologne n'allaient pas si mal et il me fit entendre qu'on étoit bien prest de s'accommoder avec le roy de Prusse. On dit, d'ailleurs, que nos liaisons avec la cour de Vienne pourroient bien s'embrouiller avant peu, et que la maison d'Autriche n'est pas contente du traité qu'on vient de conclure avec Gênes et au moyen duquel

---

1. M. de Laverdy, conseiller au Parlement, avait été nommé contrôleur général des finances, le 12 décembre 1763, lors de la démission de M. de Bertin.
2. Partie expédiée en chiffres jusqu'à la fin.
3. Sœur du duc de Choiseul.

on va faire passer 1400 hommes au service de la République en Corse, à charge de nous rendre dans l'occasion quatre vaisseaux armés en guerre.

MARTANGE AU DUC DE CHOISEUL-PRASLIN [1]

A Paris, le 27 mars 1764 [2]. — Je viens de recevoir une lettre de M. le prince Xavier en datte du 14 de ce mois. S. A. R. me marque que celles arrivées de Pologne au moment même qu'elle m'écrivoit lui annonçoient les nouvelles suivantes : 1° que le prince Lubomirski podstoli de la couronne s'est rendu le 7 de ce mois chez le Primat auquel il a déclaré en forme qu'il prétendoit à la couronne pour lui-même. Le Palatin de Kiovie a déclaré publiquement qu'il appuieroit et soutiendroit les prétentions de ce nouveau candidat ; 2° que la rumeur publique de Varsovie étoit qu'un courrier de Pétersbourg en avoit apporté au stollnick Poniatowski l'avertissement de ne plus compter sur aucun secours direct de troupes ni d'argent ; 3° que sur la nouvelle de ce changement dans les dispositions de la Russie, le prince palatin Czartoriski s'étoit décidé à se mettre sur les rangs lui-même ; 4° que les représentations faites par le conseil et par le sénat à l'impératrice de Russie sur les dépenses énormes et les suites dangereuses que pourroit entraîner la protection décidée qu'elle accordoit à son candidat avoient été renouvellées en dernier lieu avec tant de force & d'instance et nommément par les comtes Bestucheff et d'Orloff, que non seulement cette princesse étoit déterminée de renoncer à fournir des troupes et de l'argent mais même qu'il paroissoit presqu'impossible qu'il n'y eût avant peu une révolution dans l'intérieur de cet empire.

1. Affaires Étrangères, Saxe, 1764, vol. 50.
2. Martange renouvelle au nom du prince Xavier la demande d'un secours pécuniaire pour soutenir ses prétentions au trône, attendu que les nouvelles arrivées de Pologne sur les intentions de la Russie semblent devoir augmenter ses espérances.

Quoique S. A. R. soit bien persuadée que les ministres du Roy ne laissent point ignorer à V. Ex. ce qu'il peut y avoir de fondé dans tous ces faits. Elle me charge cependant pour plus grande seureté de vous faire part de tout ce qui est venu à sa connoissance, le prince m'ordonne de plus d'exprimer de mon mieux combien il est pénétré de ce que V. Ex. a bien voulu lui communiquer dans la notte qu'elle leur a adressée des motifs qui avoient déterminé S. M. à se refuser à regret au sentiment de la généreuse bienveillance qu'elle daigne lui conserver. Le conseil obligeant que V. Ex. a inséré dans cette même notte de ne pas renoncer entièrement au bénéfice des événements, et l'intention favorable que S. A. R. s'est flattée de voir dans la déclaration de S. M. à la République renouvellent aujourd'huy son espoir et fixent sa reconnaissance.

S'il est vrai que la Russie dont les préparatifs guerriers ont paru former jusqu'à présent les plus grands obstacles soit ou amenée par la voye de négociation ou forcée par des circonstances et des oppositions quelconques non seulement à ne plus faire usage de ses troupes, mais même à ne plus soutenir à prix d'argent le vœu de l'Impératrice pour son candidat, le prince Xavier recouvrera dès lors l'usage de tous les moyens de persuasion que ses amis peuvent faire valoir en sa faveur avec tant d'avantage et contre tout si apte qu'il soit et contre tout prince étranger tel qu'il fût, s'il y en avoit qui dussent se mettre sur les rangs.

La prétention de M. le Podstoli, quoique vraisemblablement dirigée dans l'invention de ce nouveau concurrent contre le prince Xavier, est réellement et de fait à l'avantage de ce prince. La multiplicité des prétendans de l'ordre de la noblesse nationale devant évidemment faciliter la réunion de ces partis à celui d'un candidat d'un ordre supérieur tel que le fils ou le petit-fils de ceux que tous ces prétendans se sont donnés et ont reconnus pour leurs souverains.

Ces deux nouvelles circonstances, M. le Duc, dont la seconde est certaine (car la première concernant la Russie n'est fondée que sur une rumeur que l'embarras du parti Czartoriski rend très-vraisemblable) paroissent annoncer l'époque de ces événemens prévus par V. Ex., et le prince Xavier pour n'en pas perdre le bénéfice se détermine à ne renoncer encore à rien et il se propose de continuer de soutenir avec prudence son état d'incertitude, attendant la Diette de convocation et de circonstances peut-être assez favorables pour pouvoir se mettre hautement sur les rangs sous la protection de S. M.

S. A. R. sent trop la nature des ménagemens avec lesquels le Roy s'est expliqué dans la déclaration remise par M. le marquis de Paulmy pour ne pas cacher scrupuleusement dans le secret de sa reconnoissance le secours d'argent dont il m'ordonne de renouveller la demande en son nom avec le redoublement de confiance que lui inspire le changement des circonstances. L'objet de la somme qu'il espère que l'amitié de V. Ex. lui obtiendra de la générosité du Roy est de se conserver au moyen de quelques libéralités indispensables un fonds de parti qui sans ce secours se dissipera insensiblement sous les diverses bannières des différents candidats; au lieu que s'il est un peu soudoyé il restera uni et à la disposition du prince soit pour lui-même comme il s'en flatte soit pour le Grand Général ou pour tel autre candidat qui aura l'attache du Roy. Les agens du prince en Pologne ne compromettroient dans la distribution de cet argent ni le nom, ni le crédit de S. M. et la connoissance du bienfait seroit uniquement renfermée dans le cœur du prince qui le recevroit.

Voilà, M. le Duc, ce que S. A. R. m'a chargé d'exposer à V. Ex. J'aurai l'honneur de me mettre sous vos yeux dans deux ou trois jours pour recevoir votre réponse et vos ordres, vous communiquer ce que j'aurai reçu de nouveau pendant cet intervalle et vous indiquer quelques facilités très-propres à lever le principal des obstacles qui gênent peut être aujourd'huy le désir que vous avés certainement de contribuer à porter le prince Xavier sur le trône.

MARTANGE AU PRINCE XAVIER DE SAXE [1]

Mémoire particulier à l'usage de S. A. R. le prince Xavier de Saxe, 12 may 1764. — Dè telle façon, Mgr., que les choses se préparent aujourd'huy en Pologne il me paroit toujours évident que ce sera à la fin la volonté du roi de Prusse qui décidera des événemens. En même tems que la position limitrophe et presque environnante des états de ce Prince l'engage à prendre le plus grand intérêt au choix de la noblesse polonoise, cette même position lui donne encore plus d'avantages et de facilités qu'à toutte autre puissance, pour faire entrer, subsister et agir des troupes sur le territoire de la République. Sans parler de la supériorité de combinaison et de conduite que les faits passés garantissent assez à S. M. Prussienne pour l'avenir, je me borne seulement à observer que la suitte inévitable d'une guerre civile dans un pays aussi ouvert que la Pologne ne pourra manquer d'y être la destruction la plus rapide de toutte espèce de subsistances par l'incendie des magazins et la dévastation respective ; que non seulement dans une guerre de cette espèce la noblesse polonoise des deux partis se mettra réciproquement hors d'état de tenir la campagne mais même qu'aucune troupe étrangère sans en excepter même celle de Russie ne pourra trouver à la longue de quoy vivre dans le cœur de la Pologne où les grandes opérations devroient se décider. Pendant que les troupes prussiennes distribuées sur la Sprée, sur l'Oder et sur la Warthe ayant tous leurs gros magazins à couvert dans leurs garnisons ordinaires, se trouveront toujours en état de déboucher de chacun de ces points pour venir assurer par leur présence le vœu exclusif du souverain au nom duquel elles agiront.

Ce sont ces considérations, Mgr., qui m'ont fait dès le commen-

---

1. Mémoire autographe en partie, formant un cahier de 20 pages in-folio. — Arch. de Honfleur, pièce n° 98 des papiers de Martange.

cement regarder ce Prince sinon comme le juge unique au moins comme le juge principal du grand procès de la succession au trône de Pologne. C'est par cette même raison que j'ai si constamment désiré que V. A. R. eût à Berlin un personnage de confiance qui en inspirât assés à S. M. Prussienne pour l'engager à aller jusqu'à lui dire franchement : « Je ferai le prince Xavier roi de Pologne à telle condition, » ou : « Soiés sûr qu'il n'y a aucune condition qui puisse me porter à consentir à l'élection du prince Xavier. » Je n'avois indiqué Mr. de Fritsch, dont le nom et la figure me sont à peine connus, que sur la foy de la confiance dont on l'avoit honoré au traité de Hubertsbourg. Mais je ne tenois point à la personne, et j'aurois été également content si V. A. R. eût honoré de cette commission tout autre ministre saxon, homme d'esprit et de poids, qui en se rendant à Berlin sous le motif vague de curiosité n'y eût eu d'autre objet réel que de chercher à se rendre agréable au Roy et d'attendre le moment où il plairoit à ce Prince de s'ouvrir de préférence avec lui sur les affaires de Pologne.

Plus nous approchons du terme, Mgr., et plus je me persuade que ce ne peut jamais être qu'en agissant de concert soit public soit caché avec le Roy de Prusse que vous pourrés réussir, et mon espoir dans le mémoire que j'écris actuellement, *currente corde et calamo* pour l'usage particulier de V. A. R. est, après vous avoir encore plus convaincu de la nécessité de cette intelligence entre vous et lui, de vous indiquer la route qu'il conviendra à vos interests qu'on suive, et les démarches praticables par lesquelles j'estime qu'il vous sera possible ou d'effectuer cette liaison salutaire (ce que je désire de préférence à tout) ou au moins de sortir d'une incertitude périlleuse en sachant positivement à quoy vous en tenir sur les vues réelles et décidées de ce monarque. Je souhaitte de cœur et d'âme m'être trompé dans l'opinion que j'ay eue de la réalité des secours de la Porte, de l'efficacité des mouvemens des Tartares et de la franchise avec laquelle la cour de Vienne adhérera au projet d'exciter le Grand Seigneur à porter directement la guerre en Russie. J'écarte dans ce moment-cy tous les motifs qui nourrissoient (et que j'avoue à regret qui nourrissent encore ma méfiance malgré touttes les apparences), et j'établis comme certaine la supposition douteuse que tout se trouvera arrangé à tems, selon nos désirs, c'est-à-dire que l'impératrice de Russie rappellée au soin de sa propre deffense dans l'intérieur de son empire, soit par une révolution intestine soit par l'invasion des armées tartares et ottomanes, ne pourra pas même laisser en Pologne un seul homme pour y soutenir le candidat qu'elle a pris sous sa protection. Assurément, Mgr., c'est bien là le cas le plus avantageux de ceux que nous puissions imaginer, mais il n'en reste pas moins évident, dans cette même supposition, toutte brillante qu'elle soit, que le roi de Prusse qui ne sera point attaqué et qui ne peut l'être luy par les Turcs conservera la plénitude de ses moyens et restera conséquemment le maître, et d'autant plus le maître de les employer en faveur de qui il jugera à propos. En un mot, Mgr., voicy ma façon de voir : si le roy de Prusse a des desseins contraires à ceux de l'impératrice de Russie, il doit l'emporter sur cette princesse par la triple supériorité de moyens, de connoissance et de position, et je pense qu'il l'emporteroit sans que les Turcs ni les Tartares s'en mélassent (dès que la cour de Vienne voudra être neutre). Si d'un autre côté les deux cours de Berlin et de Pétersbourg ont signé leur traité et qu'elles soient parfaitement d'accord sur leurs vues et sur leur candidat, à tel point qu'on suppose la Russie embarassée et même écrasée par les Turcs et les Tartares, le roy de Prusse n'en restera pas moins le maître de soutenir efficacement, quoique seul, le candidat dont il seroit convenu avec la Russie et d'en assurer l'élection. Et de là je conclus que dans tous les cas possibles, le candidat qu'il protègera est exclusivement à tout autre celui qui doit incontestablement réussir.

Si les Polonois étoient bien réunis entre eux, je conçois que S. M. Prussienne y regarderoit à deux fois pour entreprendre de leur dicter des loix, dans la crainte que la cour de Vienne ne saisît un instant favorable pour ranimer ses anciennes querelles. Mais dans l'état présent des choses et lorsqu'une partie de la nation opposée à l'autre se déchire mutuellement, je ne vois aucune force

en état de restreindre les décrets du roy de Prusse. La cour de
Vienne seule agirait contre luy? Je laisse à V. A. R. à juger si
l'intérêt qu'elle prend à votre élection est et peut être assés fort
pour la déterminer à un parti violent, si cette cour qui a fini la
guerre avec empressement, quoique l'Empire en partageât alors
le fardeau avec elle, se montrera disposée à se charger seule et à
ses fraix des hasards d'une nouvelle querelle, pendant que la France
son ancienne rivale et qui peut toujours la redevenir la regarderoit
tranquillement s'épuiser. Je ne vous parle ni de la France ni de
l'Espagne auxquelles en supposant une bonne volonté aussi ardente
et aussi éclairée que je leur vois avec une sorte de confusion et la
plus grande douleur, une bonne volonté tiède et embarassée, en
les supposant, dis-je, comme je l'avois espéré et comme je devois
l'espérer, empressées pour leur propre intérêt à contribuer à votre
élévation au thrône, il est sûr que vu leur éloignement de la Pologne
elles ne pourront jamais vous être utiles que par les sommes
d'argent qu'elles fourniront, et sûrement, Mgr., après avoir aussi
mesquinement hésité sur les secours personnels qui leur ont été
demandés en votre nom, il n'est pas à espérer qu'elles en donnent
jamais assés à la cour de Vienne pour la tenter de se charger seule
du poids de la guerre d'élection.

Convenons donc, Mgr., que dans tous les cas imaginables (même
dans celui ou la Porte nous soutiendroit avec succès et porteroit
par la diversion la plus avantageuse la guerre au sein de la Russie)
le roy de Prusse malgré l'accablement de cette même Russie resteroit toujours l'arbitre du sort de la République et de l'élection de
son Roi futur.

Il ne peut y avoir que le duc de Praslin dans le monde, je crois
(si tant est qu'il est de bonne foi), qui imagine sérieusement que le
roy de Prusse soit uniquement entraîné par sa complaisance pour
l'impératrice de Russie, que sans vues d'agrandissement et
d'intérêts quelconques dans ce qu'il a fait, c'est sincèrement et sans
objet de réciprocité qu'il se prêtera toujours complétement à
seconder les projets de Catherine. Pour moi, je suis bien éloigné
de juger d'une façon aussi bornée les vues d'un prince qui en a.

ordinairement d'aussi étendues. Si jusqu'à ce moment-cy il y a eu autant de ménagemens de sa part que de précipitation de celle de la Russie, ce n'est pas assurément qu'il prenne moins d'intérêt que cette puissance à l'élection future, mais c'est qu'il en prend un plus réfléchi. Il laisse Catherine annoncer son goût et sa volonté avec vivacité, et soutenir l'un et l'autre avec une inconsidération qui lui a fait faire en dernier lieu les démarches les plus fausses, pendant que conduit par les principes il ne s'avance, lui, de son côté, que jusqu'au terme qui peut convenir à ses intérêts, et qu'après avoir embarqué la Russie jusqu'à se déclarer partie dans la cause de la Pologne, toujours maître de se replier quand il le jugera à propos, tout annonce qu'il s'est préparé de longue main à jouer le grand rôle de juge et de médiateur.

La nécessité de se concilier les suffrages de ce Prince étant si évidemment établie, il reste à voir à présent, Mgr., par quels moyens, en partant du point présent, nous pourrions y parvenir, et je vais à cet égard vous communiquer mes idées, après vous avoir donné l'avis que vous me faites la grâce de me demander sur le plan exposé dans la notte confidente du comte Mosjinski. Ce projet me paroit aussi praticable qu'avantageux, et ce seroit suivant ma façon de voir tout ce qu'il y auroit de mieux et de plus simple à exécuter, s'il est vrai comme on le suppose dans cette notte qu'il y ait effectivement une convention secrette entre l'Impératrice-Reine et le roy de Prusse, par laquelle ces deux puissances s'engagent mutuellement à n'employer aucuns moyens violens dans l'élection du Roy futur. Qu'on garantisse à V. A. R. la neutralité des armes du roy de Prusse, et je ne craindrois pas de lui garantir la couronne, surtout après la démarche généreuse qu'elle vient de faire pour mettre les patriotes en état de soutenir les libertez et l'indépendance de leur République. Mais le grand point est avant tout de s'assurer de l'existence de la ditte convention, et d'écarter toute espèce de doute sur la parfaite neutralité d'un Prince qui me paroit ne pas être placé de façon à montrer autant d'indifférence sur les événemens et qui n'est pas assez accoutumé à l'oisiveté pour se refuser aux occasions certaines d'acquérir de la gloire et d'augmenter sa puissance.

On ne peut rien de plus sage, Mgr., que l'injonction que j'ai lue dans les instructions de Mrs. de Brathowski et Essenius [1] de prendre principalement garde de ne pas attirer par une démarche éclatante, précipitée et dépourvue de soutien un affront à la personne de V. A. R. et de nouveaux malheurs à la Saxe. Le projet dont il est question dans la notte confidente de M. de Mosjinski auroit tout le caractère du plus grand éclat, mais s'il est vrai comme je le crois et comme j'en ai détaillé les raisons au commencement de ce mémoire que la supériorité d'influences soit absolument, à toutes sortes de titres, du côté du roy de Prusse, il est conséquemment incontestable que ce seroit courir les hazards que V. A. R. veut et doit principalement éviter, que de se croire suffisamment soutenu dans la double élection et le couronnement tant qu'on ne sera pas assuré de sa protection ou au moins de sa neutralité que j'estimerois suffisante si je croyois qu'il put être neutre, mais je ne le pense pas. Personne assurément ne désire plus que moi de voir la couronne sur votre tête, mais tout vif que soit ce désir il ne m'aveugle ni sur l'évidence des écueils auxquels V. A. R. s'exposeroit témérairement ni sur le renouvellement des désastres auxquels une démarche imprudente exposeroit l'Électorat que vous administrez et que vous ne pouvez remettre sur la voye de recouvrer son ancienne splendeur qu'en le faisant jouir au moins pendant quelques années d'une entière tranquillité.

Si le roy de Prusse ne peut être gagné et qu'il nous soit décidément contraire, la Porte et les Tartares fissent-ils tout ce qu'on en espère en Russie, je conclurois avec douleur à vous désister absolument de la couronne, et je croirois qu'il vous conviendroit de vous borner à tirer parti des circonstances présentes pour terminer le plus avantageusement possible suivant l'esprit du second point des instructions de Mrs. de Brathowski et Essenius [2] tout ce qui peut concerner le chapitre des exhorbitances et des dettes répettées ou à

---

[1]. On a vu plus haut que M. de Brathowsky était aide de camp du prince Xavier. La personne nommée ici Essenius est le baron d'Essen, ministre de l'Électeur de Saxe à Varsovie.

[2]. Résident de Saxe à Varsovie.

répéter contre la maison de Saxe du chef des deux derniers Rois, et à vous ménager de plus ainsi qu'à Mgr. votre frère un état tel que la République étoit en usage de le décerner aux fils de ses Rois, et auxquels le feu Roy votre père n'a renoncé dans les *Pacta conventa* que dans l'espoir qu'il avoit que l'amour de la République pour les Princes ses enfans les dédommageroit avantageusement du droit auquel il renonçoit pour eux.

Je ne regarde pas comme douteux, Mgr., qu'à la première démarche hostile qui se feroit en Pologne par la noblesse confédérée, soit que cette démarche fut faite sous votre nom soit que sans vous nommer, elle fut faite en votre faveur, le roy de Prusse n'usât dans le moment même contre l'Électorat que vous administrez, de ce qu'il appelleroit le droit de représailles, masquant son invasion de son amour sincère pour la paix et de la nécessité que lui imposeroit la loi du bon voisinage, de prendre les voyes les plus courtes et les plus efficaces pour détourner le fléau d'une guerre qu'il diroit n'être excitée que par l'ambition de l'Administrateur et soutenue par les finances de l'Électorat; tout injustes que seroient ces motifs, je ne doute pas qu'il ne les appuyât d'un manifeste justificatif, et qui seroit en état de contredire la loi du plus fort.

Il n'y auroit donc qu'un parti à prendre pour éviter de nouvelles horreurs à la Saxe, au cas que V. A. R. crût pouvoir lutter avec le secours de ses amis, contre l'influence prussienne, ce seroit de vous conduire comme fit le margrave de Bade quand il voulut servir au commencement de la guerre de religion la cause de l'Électeur Palatin roy de Bohême contre la maison d'Autriche. Il abdiqua absolument après s'être composé une armée considérable de ses sujets la régence de ses États en faveur de son fils, déclara publiquement n'être plus le souverain du margraviat qu'il abdiquoit, et annonça que son fils, margrave actuel, ne partageoit en aucune façon la résolution qu'il avoit prise afin que la maison d'Autriche n'eût aucun prétexte de venger sur le nouveau margrave qui ne l'avoit point offensée les violences auquel son père se livra. Cette conduite, Mgr., est le cannevas de la seule que vous auriez à suivre pour assurer la Saxe contre les vengeances d'un aussi dangereux voisin. Mais telle gloire personelle que V. A. R. put envisager à disputer la couronne de Pologne contre le roy de Prusse, je ne crois pas que cet honneur puisse jamais valoir la véritable gloire d'une bonne administration de l'Électorat, à laquelle même en cas de succès de nos vues sur la couronne il est important et glorieux pour vous que vous restiez attaché ; il n'y a que le cas seul où on feroit une clause absolue à votre couronnement par laquelle on exigeroit que vous ne vous partagassiez pas entre la Saxe et la Pologne qui pût, à ce que je crois, vous déterminer à sacrifier votre état présent mais transitoire, à la permanence de celui que vous acquéreriez par ce sacrifice.

Il n'y a aucune comparaison à faire entre le parti qu'on prit au dernier interrègne en faveur du feu Roy votre père, et celui que la noblesse confédérée prendroit pour votre couronnement. La puissance prussienne étoit alors comme nulle ; la Russie votoit pour la maison de Saxe ; la Silésie était alors à l'Empereur et l'Empereur s'étoit déclaré pour le Roy votre père. Le couronnement d'Auguste ne fut que le prétexte qui ramena les Polonois à son parti, la vraye raison qui décida leur soumission c'est que la force étoit évidemment contre Stanislas. Aujourd'huy la Russie vous est absolument contraire, l'Autriche est tiède, et ne le fût-elle pas il ne lui reste qu'un boyau pour déboucher en Pologne, les garnisons de Silésie sont occupées par les troupes prussiennes et elles y assurent à leur souverain la même influence en Pologne qu'y avoit à ce titre la maison d'Autriche en 1734.

L'observation que fait V. A. R. sur les suites qu'entraineroit un renouvellement de guerre entre les cours de Vienne et de Berlin est de la plus grande justesse. Quand même l'Impératrice-Reine s'intéresseroit assez vivement à votre élection pour recommencer la guerre contre le roy de Prusse, ne s'ensuivit-il que de voir la Saxe redevenir forcément le théâtre de la guerre quand même elle n'y prendroit aucune part directe, cette image seule suffiroit pour vous engager à solliciter vous-même, s'il en étoit besoin, la cour de Vienne de ne point prendre les armes, mais je crois que V. A. R. n'en sera pas réduite là.

Le résultat de tout ceci, Mgr., c'est qu'il faut de façon ou d'autre gagner le roy de Prusse et s'assurer de son aveu ou du moins de sa neutralité; que tant qu'on pourra se flatter de l'amener au point où nous le désirons, l'espoir est permis à V. A. R., mais que si ce Prince est bien décidément d'accord avec la Russie et que son arrangement soit irrévocablement fait en faveur de Poniatowski, ou de tel autre candidat russe, en un mot qu'il fallût forcer le passage malgré lui pour arriver au trône, que V. A. R. renonçât plutôt à la couronne que de commettre la dignité de sa personne et le salut de l'Électorat, et que dans ce cas elle se bornât à traiter favorablement le second point contenu dans les instructions de Mrs. Brathowsky et Essenius, et encore dans ce cas forcé, désirerois-je que V. A. R. s'adressât au Roy de Prusse pour suivre cette négociation parce que je suis persuadé que rien ne se fera en Pologne et qu'aucun des arrangemens qui seront faits entre les confédérez des deux partis ne tiendra que sous le sceau et avec l'attache du roy de Prusse.

Tous ces motifs réunis ne laissant subsister aucun doute sur la nécessité absolue de faire agréer vos projets à S. M. Prussienne, j'entre dans le détail des moyens que j'estimerois praticables pour parvenir à cette fin, et je vais indiquer à V. A. R. comment je pense qu'il seroit convenable d'entamer une négociation aussi délicate et d'en retirer les fruits, de telle façon qu'elle tourne sans vous compromettre.

Je désirerois d'abord que le fidèle Bratho, qui est digne à tous égards de la confiance de ses compatriotes et qui, en leur raportant en dernier lieu la réponse expressive de V. A. R., aura certainement acquis le plus grand crédit dans l'esprit des principaux chefs de la confédération, dans une conversation particulière qu'il se procureroit comme par hazard avec le Maréchal de la confédération ou avec celui dont les avis auroient le plus de poids dans le conseil, jettât en avant comme de lui-même et sans dessein quelques-uns des raisonnemens que j'ai détaillez plus haut sur la prodigieuse influence du roy de Prusse et la supériorité que lui donne sa position, ses moyens, ses connoissances, l'habitude qu'il a de la guerre, ses ressources pour faire naître les événemens et sa célérité habituelle à prendre le meilleur parti pour en profiter ; puis qu'après s'être un peu étendu sans affectation sur chacun de ces objets il conclût par la réflexion naturelle que si la liberté de la République se trouve en danger par les démarches impérieuses et tyranniques de la Russie, c'est bien moins par la cour de Pétersbourg même, que par ces liaisons avec celle de Berlin que ce danger doit allarmer les patriotes.

Je ne crois pas qu'on puisse sensément contredire aux véritez que Bratho aura déduites sur tous les avantages qu'à le roy de Prusse pour faire pencher la balence en faveur de qui il jugera à propos, ainsi il est naturel de penser que l'interlocuteur de Bratho n'auroit aucune peine à convenir avec lui qu'il seroit au moins utile de gagner ce prince pour l'opposer à la Russie. Cette utilité une fois reconnue il ne seroit pas difficile à Bratho, continuant d'avoir l'air de ne se livrer qu'à sa propre réflexion momentanée, d'ajouter comme en doutant, que non seulement cette liaison seroit infiniment avantageuse au parti patriotique mais que ce seroit peut-être la seule qui pût assurer le bonheur et la liberté de la Patrie contre la tyrannie russe, et après tout que si elle étoit aussi indispensable qu'elle leur paroissoit dans le court examen qu'ils venoient d'en faire, il étoit étonnant que les Patriotes n'eussent pas déjà pensé à faire des démarches pour tâcher d'effectuer cette intelligence et d'assurer l'avantage à leur parti en opposant Berlin à Pétersbourg.

Ce sera déjà beaucoup si Bratho amène son personnage jusqu'à convenir de lui-même de la nécessité qu'il y auroit de s'adresser au roy de Prusse. Je ne voudrois pas qu'il poussât les choses plus loin dans un premier entretien. La vérité de cette réflexion une fois établie et prise par l'interlocuteur de Bratho *ad meditandum* germera certainement dans sa tête si c'est un homme sensé et véritablement occupé de la gloire du parti auquel il s'est attaché, et il y a lieu de croire qu'il se trouveroit tout préparé le lendemain à admettre toutes les conséquences que ce principe entraîne dans son exécution. Vraisemblablement même il aura été au devant de quelques-uns des moyens qu'il seroit question de lui faire goûter, auquel cas l'adresse du négociateur est de paroître, lui, n'y avoir pas pensé, et en approuvant des idées qui lui paroîtront aussi lumineuses que nouvelles, Bratho le confirmeroit dans son plan et s'occuperoit seulement à le rectifier, de façon que rien ne peut venir de la part de V. A. R. et qu'elle ne se trouvât pas compromise dans les propositions qu'il feroit à ce sujet aux principales têtes de la confédération.

Si le personnage que Bratho auroit conduit dans son premier entretien jusqu'à sentir la nécessité indispensable de faire des démarches auprès du roy de Prusse n'avoit rien imaginé au delà de la question, ou que ce qu'il auroit imaginé sur le *quomode* ne fut pas tel que nous le désirons, je pense que dans ma seconde conversation l'intelligent Bratho devroit jetter, toujours comme par hazard et *ex tempore*, des doutes sur la sincérité des liaisons des deux cours de Pétersbourg et de Berlin ; qu'il employât succintement pour cela les mêmes argumens que j'ai employez dans le mémoire que j'ai envoyé à V. A. R. ; qu'il fasse observer la tiédeur des démarches du roy de Prusse comparée à celles de l'impératrice de Russie ; qu'il énerve et rende suspects les témoignages de prétendue amitié et de distinction accordez par S. M. Prussienne à Mr. de Poniatowsky ; qu'il fasse surtout observer les longueurs qu'éprouve la conclusion du traité négotié avec l'impératrice Catherine ; qu'enfin il conclue par dire que pour lui il seroit porté à croire que le roy de Prusse n'en agit pas de bonne foi avec la Russie, que ce Prince est dans l'usage de ne rien faire que pour son intérêt et qu'il ne lui envoit que de contraires à cette liaison, à moins que par l'accord le plus inique et le plus odieux pour la famille Czartoriska si elle a eu l'indignité de s'y prêter on n'ait tenté ce Prince par des sacrifices onéreux à la République : voilà le point délicat de la négociation et qui exige toute l'adresse de Bratho. Tout en fixant l'attention de son interlocuteur sur l'indignité et la honte d'un sacrifice onéreux à la République, dont l'ambition de Poniatowsky payeroit la protection du roy de Prusse et tout en déclamant contre un démembrement quelconque, il faudroit rappeller par occasion, et comme de simple réminiscence, qu'à la vérité au traité de Welau la République avoit cru devoir récompenser la défection du margrave de Brandebourg et le service qu'il lui rendroit en abandonnant les Suédois par la cession de la pleine souveraineté de la Prusse ducale, mais que cette cession avoit été le prix d'un service rendu à la République, au lieu que ce qu'on lui céderoit aujourd'hui seroit le prix de l'oppression de la Pologne si c'étoit pour faire triompher Poniatowsky.

Si le républicain avec lequel Bratho s'entretiendra est un véritable patriote et un gentilhomme vertueux, ce seroit la place de lui crayonner en raccourci le tableau du bonheur général et de la prospérité naturelle de la République sous le gouvernement d'un prince qui pourroit seul opérer cette réunion si désirable des principales familles entre lesquelles la discorde est prête à se perpétuer au détriment et peut-être à la dissolution totale de la Patrie, et conclure de là les larmes aux yeux que cette double perspective est telle que la République gagneroit sans doute beaucoup en payant d'une marque de sa reconnoissance le service que lui rendroit le roy de Prusse, en portant au trône le seul Prince qui puisse effectuer sûrement le bonheur public.

Si l'interlocuteur républicain n'est qu'un ambitieux qui cherche sa fortune dans le triomphe du parti qu'il soutient et dans l'humiliation de celui qu'il combat, il faudroit simplement conclure avec lui et tâcher de l'engager à prononcer de lui-même, que la véritable adresse seroit peut-être de se servir des mêmes armes que nos adversaires employent auprès du roy de Prusse, et essayer si en faisant pressentir à ce Prince une marque de la reconnoissance dont le parti patriotique payeroit le secours qu'il donneroit à la République on ne pourroit par ou le détacher du parti de la Russie, au cas qu'il se fût déjà engagé avec elle, ou prévenir ses engagemens si son traité avec l'Impératrice n'étoit pas encore conclu; qu'après tout s'il n'en devoit coûter à la République que de lui céder à la Diette de pacification ce dont il jouit déjà par usufruit des territoires d'Elbing et de Drahem ; ce ne seroit dans le fond rien lui donner qu'un titre de plus à une possession que sans cela on ne lui contestera pas, et que si à ce prix on pouvoit conserver l'intégrité des domaines de la République, en prévenir les ruines, et éviter les malheurs qu'entraîne une guerre civile et qui retombent principalement sur le parti le plus foible, ce seroit avoir véritablement servi la République et bien mérité d'elle.

L'objet de Bratho, qui ne doit jamais compromettre V. A. R. en paroissant proposer cette idée, doit être d'en laisser tout l'honneur au personnage auquel il l'aura fait adopter et de l'exciter à demander au chef de la confédération patriotique qu'on députât plutôt que plus tard un personnage de confiance pour entamer une négociation indispensable avec le roy de Prusse, dont le moindre fruit qu'on pût s'en promettre seroit de savoir positivement à quoi s'en tenir sur les véritables intentions du roi de Prusse, les clauses de son traité avec la Russie s'il est vrai qu'il y en ait un de signé entre cette Impératrice et lui, le plus ou le moins de fidélité avec laquelle il sera attaché aux engagemens qu'il aura pris en faveur du candidat porté par la Russie pour en être détaché par les propositions qu'on lui feroit entendre au nom de la République ; qu'au moins cette certitude empêcheroit la confédération de faire de fausses démarches ultérieures dont l'issue ne pourroit être que très-malheureuse, dès qu'on auroit à combattre contre le vœu ou les armes du roy de Prusse ; en un mot, qu'il falloit de préférence à tout tâcher de se concilier les secours de ce Prince, dût-on acheter sa faveur ou au moins s'assurer de sa neutralité au moyen de laquelle la confédération pour peu qu'elle fût aidée par la Porte l'emporteroit facilement.

De l'exécution de ce plan que l'intelligent Bratho suivroit certainement pour le mieux, il résulteroit pour V. A. R. l'avantage certain de percer sans se commettre, les vues du roy de Prusse, et quand nous ne retirerions de cette démarche que de sortir d'une incertitude aussi embarrassante ce seroit déjà beaucoup.

Mais je pense de plus que cela nous meneroit tout naturellement à quelque chose de mieux et que le roy de Prusse, entrant en négociation avec les Députez de la confédération, pourroit bien accepter leurs propositions. Dès lors comme il lui seroit infiniment important que les engagemens qu'il prendroit avec la confédération patriotique lui fussent garantis par les principales puissances de l'Europe, comme V. A. R. est plus à portée qu'aucun autre candidat de lui ménager cette garantie par ses liaisons immédiates avec la France, l'Autriche et l'Espagne, il est à espérer que cela le tourneroit entiérement en votre faveur, persuadé comme je le suis par toutes les raisons que j'ai déja eu l'honneur de vous alléguer plusieurs fois, qu'il ne vous est rien moins que directement opposé, et que pourvu que l'Électeur de Saxe ne soit point roy de Pologne, il aimera mieux que ce soit un prince cadet de la maison de Saxe que tout autre, je suis certain du moins que tel étoit son projet lorsqu'il étoit lié d'intérêt avec la France pour les affaires du Nord.

Malgré tout ce qu'on m'a dit, ce que j'ai cru et ce que je vous ai marqué précédemment d'une négociation entamée entre cette cour-cy et celle de Berlin pour le renouvellement de leur ancienne intelligence, malgré les indices et les bruits qui vous sont venus directement d'ailleurs à ce sujet, malgré tout ce qui devroit en être systématiquement parlant, je suis obligé d'avouer à V. A. R. en voyant la tiédeur de M. le duc de Praslin, sa lenteur à prendre un parti et la sorte de hauteur qu'on croit devoir mettre à ne point faire les premières démarches, que je crains bien que cette négociation si même elle existe ne soit encore bien éloignée d'être conclue. Si les choses en venoient au point où je désirerois de les voir pour la députation patriotique que je viens d'indiquer à V. A. R. il est certain que vous vous trouveriez tout naturellement et sans offenser la cour de Vienne, dans la passe d'être le médiateur d'un renouvellement sinon d'intelligence du moins d'honnêteté réciproque entre cette cour-cy et celle de Berlin, et ce rôle est trop beau par lui-même et influeroit trop sur la prospérité et la considération de votre administration pour ne pas ajouter un grand attrait de plus à la perspective de la négociation que je viens de proposer pour la noblesse confédérée de Pologne.

Je n'ai communiqué à personne, Mgr., ces réflexions non plus que celles dont V. A. R. m'a fait part sur les suites possibles d'un projet dont l'exécution lui a paru comme à moi aussi périlleux que l'intention en est bonne et noble. Je pense qu'elle ne peut mieux faire que de conférer avec Mad. l'Électrice et Mr. le comte de Fleming sur les moyens de mettre en pratique l'idée que je viens de lui suggérer de faire tâter le roy de Prusse par les Polonois, le bonheur de la Saxe et votre élévation au trône seroient la suite du succès de cette démarche, à laquelle je m'attache d'autant plus qu'en pouvant nous procurer tous les biens auxquels nous aspirons, elle ne nous expose à aucuns des risques et des écueils qu'il nous importe d'éviter.

Bratho vous est invariablement attaché, Mgr., son jugement est sain ; daignez lui communiquer ce mémoire. Il est sur les lieux, s'il en trouve les moyens aussi avantageux que je le crois aux vues de V. A. R. et au bien être de la République je suis persuadé que le cœur échauffera l'esprit et qu'il sera plus en état que qui que ce soit de ménager ses propos et ses démarches de façon à en opérer le plus grand succès, que je vous souhaite au nom de l'attachement le plus vrai et le plus inviolable.

MARTANGE AU DUC DE CHOISEUL-PRASLIN [1]

Le 1ᵉʳ juillet 1764 [2]. — La bonté avec laquelle V. Ex. a reçu le petit cahier de recherches sur la Pologne que j'ai eu l'honneur de lui présenter au mois de février dernier [3], m'autorise à lui faire un nouvel hommage de quelques-unes de mes réflexions sur la situation présente de la République, sur les suites de l'élection qui s'y prépare et sur les moyens d'opposition qu'il y auroit encore à employer soit pour barrer avec succès l'influence de la Russie en fermant le chemin du trône à M. Poniatowsky, soit si les circonstances restoient décidément à la force pour ne le faire du moins qu'avec gloire en mettant les patriotes en état de s'assurer des con-

1. Aff. Étr., Pologne 282. fol. 187.
2. Mémoire parvenu avec la lettre de Martange du 4 juillet 1764 ; il contient des réflexions sur l'état de la Pologne et sur ce qu'il conviendrait de faire pour s'opposer à l'élection du stolnick Poniatowski.
3. Voy. plus haut le mémoire du 12 février 1764.

ditions avantageuses, en entretenant l'habitude de confiance et d'attachement d'une partie des républicains pour la France, en se préparant enfin à regagner par leur moyen dans des circonstances plus favorables ce qu'on auroit été obligé, dans celle-cy, de sacrifier de l'ancienne influence.

Tel jugement que V. Ex. porte de ces idées et de l'usage qu'on en pouvoit faire, j'ose du moins protester de toute la pureté d'intention dans laquelle je vous les aurai communiquées. Malgré la vivacité de mon attachement pour la personne du prince dont les intérets fixent mes études et mes vœux sur la Pologne, je n'en ai pas discuté avec moins de scrupule la vérité des faits, la certitude des principes et la probabilité des moyens. Enfin, M. le Duc, c'est d'après ma propre conviction bien plus que d'après mon zèle que j'ai raisonné et que je propose.

S'il est vrai que la diette de convocation qui se tient actuellement à Varsovie sous le sceau de la confédération représente effectivement la République et que les réglemens qu'elle a arrêtés dans ses sessions passent en constitution, il est incontestable que par les articles dont on y est convenu sur la gestion des grands trésoriers et sur l'établissement des tribunaux, le roi futur disposera presque arbitrairement par la suite et des finances et de la justice, il est également évident que par le résultat des changemens que les états ont résolu de faire dans la manutention des salines, des mines, des économies et généralement de tous les biens affectés à l'entretien de la table royale les revenus de la couronne se trouveront portés sous le nouveau règne jusqu'à la somme exorbitante de près de cinquante millions, au lieu des deux auxquels ils ont été bornés sous les règnes précédens.

Cette différence énorme de richesses, de crédit et d'autorité réelle que le Roi futur réunira dans sa personne à la prérogative de distribuer toutes les grâces (seul avantage dont ont joui ses prédécesseurs) change entièrement le fond de la constitution de l'État et ne laissera plus que l'image du pouvoir et de la liberté aux deux autres ordres de la République pendant que le chef qu'elle se sera donné devenu maître de toutes les résolutions par la suppression de l'unanimité fera mouvoir à son gré tous les ressorts à l'avantage de sa gloire personnelle, de son intérêt particulier et conformément aux vues de la puissance à laquelle il devra son élévation.

S'il étoit permis de percer dans les ténèbres de l'avenir, on y verroit peut-être des projets formés d'alliance encore plus étroite entre le Roi futur de Pologne et la souveraine actuelle de Russie, et alors l'image du pouvoir absolu deviendroit encore plus frappante. Ce qu'il y a de certain, c'est que tout ce que pourra faire l'impératrice de Russie en faveur du comte Poniatowsky quand il sera assis sur le trône de Pologne sera toujours moins étonnant et bien plus naturel que tout ce qu'elle aura fait pour l'y porter. Il est très possible d'ailleurs qu'indépendamment des bontés dont cette princesse l'honore, les réflexions qu'elle aura faittes sur l'incertitude de sa propre situation et sur les révolutions auxquelles son trône est sujet lui fassent prévoir et craindre les événemens qui peuvent et doivent l'en précipiter, soit par un mécontentement national pendant la minorité du grand duc son fils, soit par la réalité des droits de ce prince au moment de sa majorité, et qu'en élevant le comte Poniatowsky elle pense à se soutenir elle-même où au moins à s'assurer un état et une retraite sur le trône de Pologne si elle est obligée de descendre de celui de Russie.

Enfin quelques puissent être les motifs de Catherine soit de politique soit de prédilection il est possible, il est même très apparent qu'elle s'est proposée en donnant une couronne au comte Poniatowsky d'y joindre le don de sa main. Je ne m'étendrai pas sur les suites possibles de l'union effrayante des forces combinées des deux empires dirigées par un prince jeune, ardent, capable, ambitieux, opposé, par inclination et par principe, à la France, attaché dans tous les tems à l'Angleterre, inspiré et aidé dans ses entreprises par une famille nombreuse et constamment sistématique.

Je restreins mes réflexions au cercle de la Pologne, et en ne considérant le roi futur que sous l'aspect de la puissance qui lui sera affectée en cette qualité j'observe, et avec certitude, qu'en laissant subsister l'écorce et la dénomination républicaine la Pologne n'en sera pas moins souverainement gouvernée qu'un état purement monarchique. En comparant l'influence de ce nouveau gouvernement à la nullité de cette puissance sous les derniers règnes, il s'en faut bien que j'envisage ce changement d'administration comme un mal pour la Pologne ; je pense même que cet état se trouvera réellement porté par cette secousse au degré de considération où il nous conviendroit de l'élever par des voies plus naturelles et plus conformes à sa constitution et à l'égalité des familles en cherchant à mettre la couronne sur la tête du prince Xavier.

Mais (et c'est là l'objet principal sur lequel porte ma réflexion) cette même révolution dont les effets seraient avantageux pour la France si elle étoit préparée sous ses auspices et sous la direction de son ministère, ne sera-t-elle pas le plus grand des maux politiques quand la Pologne n'en aura l'obligation qu'à des puissances ennemies du nom français, quand tout se sera fait au gré et par l'impulsion de la Russie qui enchainera par là à son sistême non seulement la reconnaissance du monarque comme elle a fait sous les deux derniers règnes mais les trois ordres de la République dont elle se sera assujettie les forces et les résolutions, lorsqu'enfin la France au lieu d'avoir (comme il conviendroit à la prééminence de sa couronne) opéré une révolution aussi importante aura été amenée par les intrigues d'une puissance ennemie jusqu'au point de n'avoir pas mené à Varsovie un ambassadeur du roi pour en être témoin. Ma plume se refuse à s'appesantir sur des considérations aussi révoltantes, et se presse de passer aux moyens d'opposition avec autant de rapidité que je désirerois qu'on les exécutât et que je crois indispensable de le faire.

Tout ce qu'on pourrait employer de raisonnemens et même de profusions pour rappeller le gros de la nation à sentir l'intérêt réel qu'elle a de s'opposer aux vues de la Russie seroit absolument inutile. Les libéralités qui dans le tems des diéttines conciliales auroient pu nous concilier la majorité des nonces sont devenues insuffisantes depuis que nos antagonistes au moyen de cette même majorité qu'ils ont gagnée sur nous ont fait approuver l'entrée des troupes étrangères et ont pu légitimer par leur confédération l'usage des moyens violens.

Dans la scission formelle qui divise aujourd'hui la République, il faut indispensablement avant tout opposer la force à la force, et ce n'est qu'en se faisant craindre qu'on peut espérer de se faire écouter.

Malgré le ressentiment que la cour de Vienne doit avoir de la nouvelle liaison des cours de Pétersbourg et de Berlin, ce seroit se tromper que de s'attendre de sa part à lui voir soutenir à main armée l'intérêt qu'elle a annoncé par sa déclaration vouloir prendre à ce qui se passeroit en Pologne. Cette cour s'est vraisemblablement bornée aux bons offices d'amitié et de recommandation dont elle a chargé son ambassadeur.

La Porte qui dans ses derniers rescrits s'étoit énoncée avec tant de hauteur s'est exprimée depuis avec d'autant plus de mollesse, et quand même on pourroit parvenir à ramener le divan à des résolutions vigoureuses la lenteur du secours feroit perdre tout le fruit de la négociation si on ne se donne pas le tems de l'attendre.

Les termes où s'est mis le roi de Prusse par son traité avec l'impératrice de Russie interdisent tout espoir présent de se servir de lui pour réprimer des violences qu'il paroit approuver. Les sept ou huit mille Polonois assemblés au nom et sous la bannière du grand général sont donc absolument les seuls bras armés contre la Russie. Si ce corps se désunit dès lors il est soumis, le triomphe de la Russie est entier et rien n'arrêtera plus l'exécution des projets ambitieux de Catherine et de Poniatowsky.

Mais un corps aussi peu nombreux pourra-t-il jamais balancer…? Avant tout calcul sur sa foiblesse actuelle et sur les moyens de le rendre par la suite plus respectable, considérons qu'il est unique et qu'il nous est trop précieux en cette qualité pour ne pas pourvoir avant tout à sa conservation en fournissant les sommes nécessaires à sa solde et à son entretien.

Ce secours instant ne serviroit qu'à conserver à la France la confiance des chefs du parti patriotique, ce motif est trop intéressant pour n'y pas sacrifier des sommes qui telles fortes qu'elles puissent être seront toujours d'une valeur fort au-dessous de la considération qu'elles conserveront. En faisant passer ces remises par les mains du prince Xavier il seroit aisé de ne compromettre ni le nom du Roi ni même celui du prince : on ne lui reprocheroit pas vraisemblablement davantage ce qu'il paroitroit fournir pour empêcher la désunion des troupes patriotiques qu'on ne lui a reproché l'avance des 50 mille ducats au moyen desquels ces mêmes troupes ont pu être rassemblées. Un secours arrivant aussi à propos augmenteroit le crédit dont le prince administrateur jouit déjà et le mettroit à portée de diriger sous le conseil et relativement aux vues et aux intérêts du Roi toutes les démarches soit militaires soit politiques qu'il seroit question d'inspirer aux chefs du corps qu'on auroit conservé. Le tems qu'on gagneroit pour se retourner seroit précieux vu les événemens qui peuvent arriver soit du côté de la Russie soit dans le sein même de la confédération où il s'en faut bien que l'unanimité préside à toutes les résolutions, et dans laquelle l'article seul des dissidens doit faire naître d'assés grandes contradictions pour enlever nombre de partisans à la famille Czartorisky. Pour ajouter aux embarras dans lesquels cette matière épineuse de la dissidence jette le comte Poniatowsky et ses adhérens par la protection que les nobles de la Prusse polonoise réclameront vraisemblablement auprès de S. M. prussienne, il seroit essentiel de chercher à gagner à force d'argent quelques-uns des nonces-députés par la présente diette pour rédiger les *pacta conventa* et de les engager à proposer et soutenir avec chaleur l'insertion des *avulsa* en insistant avec quelque affectation sur la force des engagemens que le Roi élu devroit prendre à cet égard. Comme cet article regarde directement la Russie, notamment pour les palatinats de Kiovie et de Smolensk, il seroit inévitable que les résolutions qu'on prendroit sur cette proposition n'indisposassent où les Russes si elles étoient affirmatives ou la grande partie des districts si l'on voyoit la déférence de M. Poniatowsky pour sa protectrice prévaloir sur l'attachement qu'il doit à la République.

A l'égard des opérations du corps d'armée dont on auroit assuré la solde et l'entretien, si elles ne peuvent être offensives d'abord rien ne sera plus facile du moins, ce corps étant principalement composé de cavalerie très légère, que d'assurer sa défensive en le refusant à tout engagement sérieux avec ses antagonistes. En se rapprochant comme il fait de Cracovie le comte Branicky est précisément sur la route qu'il lui convient à tous égards de tenir, l'infanterie des Russes trouvera toujours beaucoup de difficultés à s'éloigner de ses magasins et si elle se dégarnit de sa cavalerie et il ne sera impossible (et ce seroit un point capital) de parvenir au moyen de quelques petits détachemens par surprise ou même par trahison à incendier ces magasins dont la ruine obligeroit ces troupes à la retraite. Si les Russes sont une fois amenés à tirer des subsistances des terres appartenantes à quelques-uns des confédérés, et il faudra bien qu'ils en viennent là s'ils doivent se porter en avant, dès lors les clameurs, les plaintes et les mésintelligences qui seront bientôt suivis de la défection de ceux qui se croiront lésés et qui pour assurer leur vengeance se presseront de se réunir à leurs compatriotes contre les étrangers. En un mot, où les secours de la Russie se borneront à ce qu'elle a actuellement de troupes en Pologne où elle sera obligée de les faire soutenir par un corps plus considérable. Dans le premier cas leur nombre est insuffisant contre l'armée patriotique qui, si elle ne se désunit pas dans les premiers momens, ne peut avec le tems qu'augmenter; dans le second, outre que la démarche de dégarnir les propres frontières de l'empire de Russie pourroit avancer la révolution que l'impératrice doit craindre dans la crise de mécontentement où est une grande partie de la nation, il est sûr que dans un pays aussi ouvert que la Pologne où les dévastations d'une guerre civile doivent voir promptement consumé tous les moyens de tenir la campagne, les partisans de la Russie se trouveront fort embarrassés à fournir à la subsistance d'un aussi grand nombre d'étrangers.

Si le roi de Prusse s'étoit engagé à ouvrir aux Russes ses magasins de Silésie, et à faire marcher ses troupes au soutien de celles de son allié, il est sûr que la plus prompte soumission seroit le parti le plus sage que les patriotes eussent à prendre. Mais tant que ce prince se contentera de ne se concerter avec l'impératrice que dans ses déclarations et qu'il ne partagera pas ses violences, les patriotes polonois pourront espérer en luttant sans se compromettre de lasser cette princesse et se donneront le tems de lui susciter assés d'embarras dans son propre empire pour la forcer à y rappeller la totalité de ses troupes.

Si la lenteur des négociations avec la Porte ne permet pas d'espérer que le Divan prenne un parti de vigueur, il est du moins aisé avec quelque argent de mettre le comte de Branicky en état de traitter directement avec le Kan de Crimée et de porter ce prince à faire quelques démonstrations sur le territoire de Russie, il n'en faudroit pas davantage pour obliger la souveraine à rappeller au plutôt tout ce qu'elle auroit fait passer de troupes en Pologne. Malgré le traité du roi de Prusse les vues véritables de ce monarque ne sont point encore assés claires pour qu'on puisse augurer qu'il fasse dans aucun cas marcher des troupes contre l'armée patriotique ni que dans celui où les Russes seroient forcés à se retirer ce prince se chargeât seul de soutenir à main armée le candidat de son allié. Quoiqu'il en soit de son traité et quoiqu'il en puisse être de ses vues, il est toujours certain que ce prince ne consultoit que l'intérêt naturel de son état et celui de son successeur; bien loin de se lier sincèrement avec l'impératrice de Russie il chercheroit au contraire à barrer les vues de cette princesse et celles de son favori. L'ambiguité des termes dans lesquels est conçu l'article de son traité qui concerne la Pologne, la nouveauté de s'en rapporter dans un instrument public à ce dont on est convenu dans une correspondance particulière pourroient donner matière à bien des réflexions sur la sincérité d'une amitié qui s'explique avec autant de précautions, mais dans la supposition même la plus favorable à la bonne foi de ce prince, il est incontestable qu'il ne peut envisager son alliance que comme personnelle et non comme une liaison d'Etat à Etat. Qu'ainsi bien loin d'être permanente, dès qu'il lui conviendra d'y renoncer, il ne manquera pas de trouver des prétextes plausibles dans les grands principes de son amour pour l'humanité et de l'intérêt qu'il prend en bon voisin à la conservation de la République pour ne plus se charger que du rôle utile de médiateur, après avoir embarqué la Russie comme partie dans la cause de la succession au trône de Pologne. Indépendamment de tous les raisonnemens qu'il y auroit à faire sur l'obscurité affectée dans les termes du traité; on est porté à juger qu'il faut bien que les intentions des deux cours de Berlin et de Pétersbourg sur l'élévation du comte Poniatowsky ne soient pas les mêmes quand on est certain que cet article seul est celui qui a si longtems suspendu la signature du traité défensif.

D'après ces idées sur les dispositions intérieures de S. M. prussienne, ne seroit-il pas possible pour les éclaircir d'engager avec adresse et circonspection les chefs de la confédération patriotique à sonder d'eux-mêmes ce souverain sur la nature de ses engagemens particuliers et de chercher, tels qui puissent être, à l'en détacher, sans compromettre ni les intentions du roi ni le nom du prince Xavier? La perspective du prix que la République rendue à elle-même et à sa liberté pourroit faire envisager à ce monarque seroit d'autant plus propre à le tenter que la Russie seule exceptée il pourroit se flatter de voir toutes les autres puissances de l'Europe concourir à lui assurer la récompense dont la République payeroit sa protection.

La suprématie des territoires de Butour (?), de Laurembourg, le sacrifice de la starostie hypothéquée de Drahem et enfin si cela étoit absolument nécessaire pour gagner ce prince la cession domaniale et absolue de la ville d'Elbing et de son territoire également hypothéqués par le prêt de 1669, seroient des objets assez intéressants pour le déterminer et il semble qu'il ne pourroit y avoir que l'espoir d'un démembrement réel et considérable qui pût motiver ses refus. Dans ce cas ce seroit encore un grand avantage que d'avoir pu s'assurer de son projet et de se servir de cette découverte pour allarmer les républicains engagés à la Russie, rendre Poniatowsky odieux à la nation et opérer la dissolution de la confédération formée en sa faveur. Si cette négociation n'est pas praticable dans le moment présent et que le roi de Prusse se refuse à l'entamer, il est apparent que ce ne sera que par le penchant qui le porte à voter pour le parti le plus fort, mais si une fois la résistance que le parti patriotique opposera à la Russie oblige les troupes de cette puissance à de fausses démarches ou à des marches rétrogrades comme il vient d'être prouvé que cela peut et devroit même arriver avec un fond de bonne conduite le roi de Prusse alors désuni comme il l'est de l'Angleterre et n'ayant plus d'avantages à espérer de son alliance avec Catherine craindroit de se charger seul des frais et des évènemens et s'empresseroit de lui-même à renoncer à tous les engagemens et du traité et de la correspondance particulière ; il partageroit des craintes qu'il n'estimeroit plus prématurées, il s'expliqueroit en annonçant qu'il a toujours entendu protéger la liberté entière de la République et au moyen de cette déclaration interpellative il remettroit les patriotes dans la pleine jouissance de tous les motifs de persuasion et d'intérêt national qui concourreroient avec ceux de reconnoissance à réunir l'unanimité des suffrages sur la tête du prince Xavier. Les fondemens que la diette de convocation vient de poser pour l'augmentation de la prérogative et des revenus de la couronne se trouveroient préparés d'avance en faveur du Roi librement élu, et la France qui auroit tout l'honneur de la conduite de cette révolution en retireroit aussi les plus grands avantages pour sa propre considération et la supériorité de son influence dans toutes les affaires du Nord.

Je ne me suis point assés laissé entrainer par l'attrait de cette perspective pour m'être aveuglé sur les difficultés qu'on aura à surmonter ni sur les sommes considérables qu'il en coutera pour suivre le plan que je propose. Je ne me suis point déguisé l'incertitude du succès, même dans la supposition qu'on n'épargnera rien sur les moyens pécuniaires et qu'on ne fera aucune faute essentielle dans ceux de conduite politique et militaire. Sujet zélé du Roi, serviteur dévoué du prince Xavier, c'est d'après cette double qualité dont les obligations me sont chères que j'ai cherché de bonne foi des ressources convenables dans la situation présente et je n'ai rien trouvé que celle-cy qui présente une marche assés systématique pour espérer encore de parvenir en la suivant au but le plus avantageux. Et dans le cas ou malgré toutes les peines, les soins et les dépenses qu'on aura sacrifiés pour réussir on finiroit par échouer dans l'objet principal, ce plan a du moins l'avantage exclusif de conserver à la France un fond d'amis et d'influence dans les affaires de Pologne, objet qui à en juger par tout ce qu'on a fait depuis plus de deux siècles pour y parvenir et s'y soutenir doit être assés important pour dédommager de tout ce qu'il en aura couté pour essayer de réussir.

Les démarches couteuses du cardinal de Polignac en faveur du prince de Conti ont été sans succès, les démarches plus couteuses encore du marquis de Monti en faveur du roi Stanislas n'ont pu le placer sur le trône, mais il est resté de ces démarches à la France la considération et le crédit dont elle a joui au milieu de la République sous le gouvernement même des princes contre lesquels elle avoit voté. C'est par cette réflexion que je finis.

MARTANGE AU DUC DE CHOISEUL-PRASLIN [1].

A Compiègne, ce 4 juillet 1764. — Mgr. Je crois devoir joindre au mémoire [2] que j'ai l'honneur de soumettre à V. Ex. les copies authentiques d'une lettre de M. le prince Jablonowski, palatin de Posnanie, et de la réponse que lui a faitte le prince Xavier [3] : l'une jette le plus grand jour sur l'état de la Pologne et l'autre sur les sentimens du prince-administrateur. Je suis avec respect, etc. — De Martange.

MARTANGE AU PRINCE XAVIER DE SAXE [4]

Au Prince. — *Paris, ce 15 juillet 1764.* — Mgr. V. A. R. se rappellera que dans une de ses précédentes, elle me marquoit qu'elle craignoit que je me fusses brouillé avec Mrs. de Choiseul, et qu'elle étoit étonnée que j'eusse recherché avec moins d'empressement qu'à mon ordinaire à me procurer une audience particulière du duc de Praslin. J'ai laissé dans le temps, Mgr., cet article quoique

---

1. Aff. Etr., Saxe 50.
2. Voy. la pièce qui précède datée du 1er juillet.
3. Ces deux lettres sont à la date des 1er juin et 1er juillet 1764, dans la correspondance de Pologne, aux Aff. Etr.
4. Minute autographe. Arch. de Honfleur.

intéressant sans réponse, par un bon motif et pour n'avoir pas l'air de me plaindre du comte de Fleming contre lequel je n'ai eu d'humeur qu'au moment où je craignois, et avec quelque raison, qu'il ne s'écartât de la route seule convenable aux interests de V. A. R., et auquel j'ai applaudi sincérement et de bonne foy dès le moment que je l'ai vu travailler à l'élévation personnelle de V. A. R. L'histoire du mémoire dont je vous ai fait passer l'extrait par ma dernière et que je vous envoie aujourd'huy par la voye détournée d'un banquier, m'oblige à revenir sur les motifs de la conduite que j'ai tenue alors et dont l'événement vient de prouver très-évidemment la justesse.

Vous vous rappellés, Mgr., l'époque ou Mr. de Praslin nous accusoit de contradiction dans les demandes que M. de Fontenay faisoit par ordre du ministre et celles que je faisois au nom et par ordre de V. A. R. Dans la dépêche ostensible que M. de Fleming écrivit alors à M. de Fontenay et que ce dernier ne pût s'empêcher de faire lire au duc de Praslin, il rejettoit toutte la faute de cette contradiction apparente sur la double agence ; il étoit persuadé qu'il n'y auroit jamais eu de mésintelligence si le général eut été le seul qui eût entretenu M. de Praslin et il se flattoit que dorénavant M. le Duc voudroit bien s'en rapporter de préférence à ce qui lui seroit dit par le ministre de Saxe, qu'à tout ce que pourroit lui dire un particulier sans mission. Vous sentés bien, Mgr., le peu de crédit que cela devoit naturellement me laisser auprès de M. de Praslin ; et comme je ne pouvois avoir raison qu'autant que M. de Fleming auroit tort, je n'eus aucune peine à sacrifier ma petite vanité à l'amour du bien public : je voiois alors M. de Fleming bien décidément remis sur la bonne voye, il m'étoit égal qu'il y eût toujours été ou non, il n'y avoit plus de risque à laisser agir M. de Fontenay d'après ses instructions, ainsy je crus devoir aider moy-même à faire valoir l'excuse et l'imputation de M. de Fleming en me tenant à l'écart et ménageant le reste de crédit que devoit me laisser dans l'esprit de M. de Praslin la dénomination de particulier sans mission pour quelque circonstance essentielle où M. de Fontenay ne pourroit plus aller tout seul. C'est dans ce temps que nous arriva la première nouvelle de la scission en Pologne et de la démarche spéciale de V. A. R. en faisant passer 50 mille ducats aux patriotes; il n'y avoit rien de plus à ajouter aux lettres signées de votre nom et je continuai de me ménager auprès du duc de Praslin en me contentant de voir le duc de Choiseul, dans lequel je remarquai bien de la tiédeur pour les affaires de Pologne, mais qui me reçut personnellement avec la même amitié et bonté que vous avés vue. Je continué sur ces principes, Mgr., mon sistème œconomique, et j'ai évité avec discrétion plus d'une fois de fatiguer le circonspect et paresseux Praslin par des visites importunes dont il auroit pu se délivrer tout d'un coup en me disant qu'étant sans mission il ne parloit qu'a M. de Fontenay, et comme je scais que dans le temps ainsy que je vous l'ai marqué il avoit lu un mémoire au Conseil dont l'objet étoit d'affoiblir l'intérêt que la France devoit prendre à l'élection de Pologne je pensai qu'il devoit importer au bien de votre service de me conserver la liberté de combattre ledit mémoire et d'établir le contraire d'une façon également forte et évidente. J'ai cru le moment de la nouvelle du 7 juin favorable et j'ai lâché mon coup; s'il ne porte pas efficacement au moins n'a-t-il pas été lâché aux moineaux, et l'humeur que ce mémoire a causée me fait d'autant plus me féliciter de l'avoir composé. C'est bien la preuve la moins équivoque du plaidoyer quand on y répond que par des questions telles que M. le duc de Praslin a faittes à M. de Fontenay en lui demandant qui étoit ministre de Saxe icy? si c'étoit lui ou moy, et que n'étant que militaire il n'avoit rien à faire au militaire, &a, &a.

D'un autre côté, je scais l'impression que ce mémoire a fait sur Mme la Dauphine et j'ai lieu de croire qu'elle a engagé M. le Dauphin à soutenir fermement notre cause dans le Conseil même jusqu'à s'exprimer peut-être vivement vis à vis des deux Ducs, car dans la lettre que M. le duc de Choiseul m'a écrite le 9 du courant, le lendemain du Conseil où il a été lu, voicy comment finissoit cette lettre écrite de main propre : « Je ne doute pas, &c, &.[1] »

---

1. Cette lettre ne se retrouve pas dans les papiers de Martange aux Arch. mun. de Honfleur.

Comme je n'ai rien à me reprocher vis à vis ce ministre que j'aime personnellement de tout mon cœur, j'ai volé à Compiègne pour m'expliquer avec lui et je lui ai écrit en conséquence. Il ne m'a pas été possible de le joindre mais j'ai eu une longue explication avec M. de La Ponce, son secrétaire, dans laquelle j'ai cru avoir lieu de penser que le Duc imputoit à mes instigations quelque vivacité de M. le Dauphin. Ce qui m'a confirmé dans cette idée c'est que M. le Dauphin a affecté pendant trois jours que j'ai été à Compiègne sous ses yeux avec Fontenay de passer sans nous rien dire ni à l'un ni à l'autre, et La Ponce a été jusqu'à me dire qu'on ne pouvoit que me louer du zèle avec lequel je m'intéressois au succès de la chose mais que peut-être y avoit-il dans la forme que j'y mettois quelque chose de trop vif, et que peut-être avoit-on rendu en mal quelques-uns de mes propos au Duc. Quoiqu'il en soit, j'ai écrit au Duc pour lui demander l'explication qu'il m'a promise le plus promptement possible, en disant que j'attendois ses ordres pour venir le trouver après le camp. Malgré toute l'humeur qu'il m'a marquée j'ai auguré dans ma seconde entrevue avec La Ponce que le Duc se repentira peut-être de sa vivacité et je me flatte que bien loin que cela me nuise auprès de lui je pourrai tirer quelque parti de l'explication que j'aurai avec lui, et s'il veut m'écouter je le mettrai sur la voye de se rapprocher de M. le Duc et de Mme la Dauphine en rendant service à V. A. R. et à la Saxe. Voilà, Mgr., où j'en suis avec ce ministre. De telle façon que cela tourne, je m'applaudirai toujours du zèle avec lequel j'aurai servi autant qu'il aura été en moy la cause de V. A. R.

MARTANGE AU PRINCE XAVIER DE SAXE [1]

Sans date [juillet 1764]. J'ai communiqué à Mr. de Fontenay touttes les nouvelles et détails inclus dans les lettres dont V. A. R. m'a honoré en datte des 18 et 21 du présent, à l'exception cepen-

---

1. Minute autographe. Arch. de Honfleur.

dant de ce dont elle me faisoit exclusivement part dans sa dernière du 22, n° 17. Après le retour de confiance dont le Général en a usé avec moy en me communiquant de son côté les deux dépêches de même datte qu'il avoit reçues de Mr. le comte de Fleming, j'ai dû juger que toutte démarche ultérieure de ma part auprès de M. le duc de Praslin ne pouvant plus être d'aucune sorte d'utilité à V. A. R. dans l'état présent des choses, et de nouveaux entretiens entre ce ministre et moy sur les affaires de Pologne ne pouvant que m'exposer à l'imputation personnelle d'empêcher par ma maladresse le succès d'une négociation qui me tient autant à cœur qu'à V. A. R. même qui en est l'objet, j'ai pris le parti convenable du silence en prévenant M. de Fontenay que pour me mettre totalement à couvert du soupçon d'avoir contredit ce qu'il étoit chargé de déclarer ministérialement à Mr. de Praslin je ne me présenterois seulement pas chez ce ministre. Je me flatte que V. A. R. rend trop justice à mon zèle et à mon attachement pour croire qu'il se mêle aucune humeur ou personnalité aux raisons qui m'ont déterminé à laisser agir dans ce moment-cy M. de Fontenay seul. Je n'ay qu'un but, Mgr., c'est le succès de la chose ; que je voie la couronne sur la tête de V. A. R. et mon vœu est comblé. Je serois infiniment plus flatté sans doute si je puis y contribuer, mais rien ne manquera cependant à ma satisfaction si en suivant une autre route que celle que j'ai apperçue on peut parvenir à conduire V. A. R. au terme ; je le désire sincèrement mais j'avoue à V. A. R. que je désesperois de la réussitte si je ne m'en flattois pas toujours, que la suitte des événements ramenera encor tout naturellement après quelques mois de troubles les choses à l'aspect sous lequel je les ai invariablement considérées, et à l'employ des seuls moyens que j'ai constamment estimés indispensables au succès des vues de V. A. R. : je veux dire, 1° les remises d'argent nécessaires pour vous concilier des partisans en leur faisant goûter les raisonnemens solides qui attacheroient l'intérêt général de la République à votre intérêt particulier, 2° une négociation avec le roy de Prusse le seul véritable et efficace procureur qui doive décider dans l'affaire de la succession pour concerter avec ce Prince l'élévation de V. A. R.

contre laquelle aucun intérêt d'État non seulement ne doit le prémunir mais qu'il doit même par intérêt d'État souhaiter de préférence à celle de tout autre candidat, au moins que l'intérêt majeur du démembrement ne le fasse se concerter avec la Russie. Tel est, Mgr., le sommaire du mémoire[1] non ministériel que j'ai remis icy aux deux ducs et que M. le Dauphin qui souhaite bien cordialement votre bonheur a honoré de son suffrage. On a cru pouvoir suivre une autre route, la crainte de renouveller la guerre d'un côté, l'esprit de parcimonie de l'autre, peut-être l'orgueil de ne pas vouloir faire les premières démarches d'un renouvellement d'intelligence avec le roy de Prusse, peut-être une déférence forcée pour la cour de Vienne et l'influence de la Marquise dans les affaires, la foiblesse enfin et les embarras d'un gouvernement qui, en gagnant du temps croit avoir beaucoup gagné et qui au lieu de lire dans l'avenir se borne à vivre au jour le jour, et au lieu de se rendre maître des événemens par les principes prend le parti de s'y soumettre en les attendant, chacune de ces considérations ou peut-être la réunion de touttes ont pu décider la conduitte de cette cour-cy dans le refus qu'elle a fait des deux seuls moyens naturels que je lui avois présentés autant par esprit de vérité que par zèle et pour son intérêt que pour le vôtre. Mais enfin quand on verra aujourd'huy qu'au lieu d'éviter la guerre, en se décidant comme on a fait, on a au contraire porté les choses au point non seulement de la renouveller presque nécessairement par l'opposition des deux moitiés de la nation polonoise, mais d'en perpétuer les semences dans la République si c'est un Piaste qui doit succéder ; quand on verra ou qu'il en coutera plus d'une part pour soutenir une considération qu'il n'en auroit couté pour réussir en l'évitant, ou qu'il faut renoncer honteusement à la face de l'Europe aux engagemens qu'on a pris par la déclaration ; quand on sentira l'insuffisance des déclarations de la Porte et de la marche des Tartares ; quand on verra une partie de la nation polonoise appellé le roy de Prusse à son secours et l'établir d'avance son juge entre elle et la Russie en lui payant

---

1. Voy. la pièce datée du 1er juillet 1764.

les frais de sa procuration, — peut-être alors rendra-t-on plus de justice aux moyens exposés dans le mémoire, et peut-être aussy ne dédaignera-t-on pas de se servir de l'auteur du même mémoire pour revenir comme ressource à ce qu'on aura rejetté comme moyen, et ce n'est que dans ce cas, Mgr., que je puis espérer de servir V. A. R. ; et touttes les fois que mon zèle et mon attachement pourront lui être bons à quelque chose elle me retrouvera toujours prêt à voler pour son service. Ce seroit aller contre les principes que j'ai écrits moi-même que de compter sur le courage du Grand Général et sur les suittes d'une confédération quelconque dès qu'elle ne sera pas sous l'appuy du roy de Prusse. Ce qu'en pensera ou ce qu'en dira M. de Praslin m'est inconnu, mais je parierois bien ma tête qu'elle lui fera plus de peur que de plaisir. La contenance du Grand Général, la fermeté des patriotes, le plan informe de replier les troupes sur Cracovie et communiquer avec l'armée autrichienne pendant qu'on abandonneroit le reste de la grande Pologne et la Bohême à la Prusse, aux Russes et aux Prussiens supposés unis, rien de tout cela ne rit à mon imagination ; d'un autre côté la cour de Vienne poussant les Turcs et les Tartares à faire diversion en Russie, son alliée naturelle, et la France contribuant de son argent à soutenir la confédération à la tête de laquelle sera le Grand Général dans l'espoir qu'en cas de succès ce sera pour V. A. R. qu'il aura travaillé, tout cela ne se place pas dans ma tête et il me parait même que cela ne se présente pas sous un jour plus favorable dans celle de M. le comte de Fleming. Rien de plus sage et de plus sensé, à mon avis, que ce que V. A. R. a bien voulu me communiquer du contenu de sa dépêche du 21 en réponse aux propositions d'avances de l'argent sous l'espoir que V. A. R. sera appellée par la confédération pour se faire couronner à Cracovie. Je me féliciterois de dire à cet égard la même chose qu'elle a écrite, mais je concluerois de touttes ces vérités que, dès que le roy de Prusse à la voracité duquel on expose l'Électorat de Saxe n'est pas pour V. A. R. contre la Russie, la protection foiblement combinée que les cours de Vienne et de Versailles donne à la confédération patriotique contre les vœux des cours de Berlin et de Pétersbourg réunies est non seulement inutile mais dangereuse pour la Saxe, et par un corollaire certain de la même conclusion je croirois me devoir principalement retourner pour gagner ce Roy de Prusse, fût-ce au prix que les autres lui donnent ou pour savoir au moins à quoi m'en tenir positivement sur son compte. Car jusqu'à présent je m'opiniâtre à regarder sa conduite comme très-énigmatique, et ses démonstrations d'amitié pour le comte Poniatowski ne me persuadent point encore; pendant qu'on signait en son nom le traité de Westminter en 1756, il combloit d'amitiés et de prévenances le duc de Nivernais, ambassadeur de France. Si le roy de Prusse vouloit bien sincérement faire de M. de Poniatowski roy, il seroit assés inutile de le faire chevalier de l'Aigle Noir ; ce cordon-là pourroit bien être un leurre, et je persiste à le soupçonner jusqu'à ce que l'événement ait prononcé contre moy. J'ai quelque chose dans le cœur et surtout dans la tête qui me dit que Frédéric finira par barrer Catherine. Dieu le veuille, pour moy c'est de cœur et d'âme que je le souhaite, et j'ajoute que ce sera en votre faveur.

On est toujours icy en suspens sur les suittes de la mort de la Marquise ; jusqu'à présent nul changement et tout se réduit à des conjectures. Mlle Romans[1] dont le fils croît et ressemble beaucoup au Roy son père ne laisse pas que d'avoir des amis, et il y a bien des gens qui pensent qu'elle pourroit, avec moins de crédit, avoir la survivance de la faveur déclarée. Jusqu'à présent cependant rien d'essentiel n'a annoncé cet événement. Le Roy soupe avec sa famille et des hommes, sans femme quelconque, pas même la duchesse de Gramont. L'appartement de la feue Marquise n'est encor donné à personne et je crois même que personne n'ose le demander. Si quelque indice étoit en faveur de Mlle Romans, c'est que malgré les couches et l'assiduité ordinaire du Roy pendant les neuf premiers jours auprès de Madame la Dauphine il y a, à ce qu'on m'assura hier à Versailles, un petit voyage d'un jour et d'une nuit à la Muette, et la demoiselle demeure à Passy. Le 12

---

1. Mlle de Romans commença à être connue de Louis XV en 1760; elle eut un fils qui devint l'abbé de Bourbon. Son vrai nom est Anne Coppier. — *Revue hist.*, XXXII, p. 102 ; XXXV, p. 296.

du courant le Roy va à Saint-Hubert ; c'est ordinairement là où se prennent, comme V. A. R. a sceu, les grandes résolutions. Le duc de Choiseul est aussi tranchant que jamais ; avec le ton qu'il prend, il est ou au comble de la fortune la plus confirmée ou il cherche à s'en faire honneur dans le public qui attend toujours sa chutte. Il a traitté avec hauteur deux colonels de la cour, Mrs. de Surgères[1] et de Saint-Chamans ; cela a fait beaucoup de bruit et il y a des plaintes, dit-on, au Roy. On disoit hier que peut-être son voyage des côtes auroit encor lieu, mais pour Brest seulement. S'il le fait, je le tiens perdu. Tout est dans l'attente d'un grand changement, mais avec cela rien ne donne une indication certaine sur ce qui arrivera. J'ay peur que la famille Royale ne s'y soit prise trop froidement avec un père qui cherche à s'amuser et qui, dans le fait, seroit charmé de s'amuser avec ses enfans. La prise du prétendu complice de Damien ne s'est point autrement confirmée, sinon que le bruit a couru dans le temps qu'un nommé La Combe, dragon dans la Ferronays, avait été arrêté chés son père près la Fère en Picardie, soupçonné d'avoir eu part au projet de parricide ; au bout de quelques jours ce bruit est tombé et je n'en ai rien sceu de plus.

LE PRINCE XAVIER DE SAXE A MARTANGE[2]

[*Sans date, oct. ou nov. 1764*]. — Quoique je ne vois aucune apparence de succès a ce que vous désirés pour moi, je vous promets cependant de ne plus m'engager ni verbalement ni par écrit. Mais je serai fort aise de recevoir quelques-unes de vos idées sur les réponses les plus honnêtes pour me tirer d'une pareille proposition si on me la faisoit. L'Électrice nous a dit qu'elle tacheroit de nous aider chacun suivant ses besoins ; par là il paroit qu'elle

---

1. Le marquis de Surgères, mestre de camp du régiment de Larochefoucault-cavalerie.
2. En chiffres avec traduction. Arch. de Honfleur.

veut mettre en ligne de compte ce que la France me donne et ce qu'Albert reçoit de Vienne. Elle m'a dit à moi-même que celui qui l'embarrasseroit le plus seroit le Duc mon frère, surtout si elle ne réussissoit pas en Pologne puisqu'alors elle seroit obligée à lui faire un établissement quelconque en Saxe.

Il paroît d'un côté que le duc ne pense plus pour lui-même à la couronne, et qu'il travaille sérieusement pour l'Électeur, au moins touttes les lettres qu'il reçoit et qu'il communique à l'Électrice et à moi le marquent-elles, et de plus il a remis du sceu de l'Électrice à Mr de Sacken, qui étoit ministre à Stockolm et qui part en cette qualité pour Pétersbourg, un mémoire pour chercher, si l'occasion se présente favorable, à faire un partage égal des duchés de Courlande et de Semigallie pour chacun des prétendans; et que s'il ne voioit pas jour à ce partage il proposât à l'Impératrice de lui être favorable pour l'*ordinatu*. Mais l'Électrice m'a dit avoir ordonné en secret à Sacken de ne faire aucun usage du mémoire du duc, vû le tort que cette démarche pourroit faire à l'Électeur vis à vis des Polonois s'ils venoient à scavoir qu'il eût connivé à l'avulsion d'un fief de la République.

Avec tout cela, il se répand des bruits, j'espère peu fondés, que le même duc a proposé sourdement à l'Impératrice de lui faire avoir un dédomagement pour le duché de Courlande en détachant la Lithuanie de la couronne, pour laquelle il se reconnoitroit feudataire de la Russie. De plus le secrétaire de la couronne qui est encore icy et le chambellan de Livonie, Borck, ne cessent de presser et de faire presser par touttes les lettres que nous voions de Varsovie pour que le duc aille à Varsovie sous prétexte d'y réunir les esprits en faveur de l'Électeur par le poids de sa naissance, de sa considération et de son crédit. L'Électrice cherche de son côté des prétextes pour empêcher le duc de prendre ce parti. Elle a allégué en dernier lieu la crainte qu'elle auroit en permettant au duc d'aller en Pologne que cette démarche ne donnât à la Russie raison de blâmer la cour de Saxe de confier les secrets de l'Électeur à quelqu'un contre qui on scavoit qu'il y avoit de la part de l'Impératrice inimitié personnelle.

M. de Borck m'a dit qu'on pouvait lever cet obstacle et m'a même proposé d'engager l'Électrice à écrire à l'Impératrice que le prince Charles (sans le nommer duc de Courlande), pouvant être fort utile aux vües de l'Électeur son époux à Varsovie par ses liaisons avec les seigneurs Polonois, dans le dessein où elle étoit de l'y envoyer, elle ne vouloit pas le faire sans en prévenir S. M. Impériale, et scavoir si cette mission lui seroit agréable, vû l'état des affaires de Courlande ; que l'Électrice assureroit cependant tant en son nom que dans celui du duc Charles qu'il ne seroit point du tout question de l'affaire de Courlande à la prochaine Diette, et qu'on la laisseroit *in statu quo* jusqu'à d'autres temps plus éloignés.

On a répondu que tels termes qu'on employât dans la lettre en question, on ne pourroit jamais assés cacher la supériorité qu'on donneroit par là à l'Impératrice.

J'ai des soupçons d'autant plus fondés de la duplicité de M. de Borck, malgré toutte la prétendue franchise et ouverture avec laquelle il me parle; même du caractère et des affaires du duc mon frère, qu'il étoit autrefois grand ami et confident des Czartoriski. Il a de l'esprit et pourroit chercher à les ramener dans le parti du duc sous l'espoir, du reste, de la couronne de Pologne telle que le désintéressement des deux puissances voisines voudront bien la laisser subsister.

M[rs] les Czartoriski paroissent fort gais ; ils sont apparemment sûrs de la protection de la Russie. Ils font beaucoup de visites à Varsovie et recherchent les autres par touttes les politesses imaginables. Le cabinet de l'Électeur n'a pas réussi dans les lettres qu'il a écrites aux Seigneurs. On les a trouvées conçues en termes si guindés qu'elles n'avoient pas même l'air d'être pétitoires. Le stile a paru de l'ancienne chancellerie tel que le feu Roy pouvoit l'employer : « sur cela je prie Dieu, etc. ».

On a marqué quelque ignorance en faisant espérer une promotion à M. Branicki qui est le premier sénateur séculier et le premier ministre de la République, ce qui a occasioné un bon mot d'un Czartoriski qui a dit sur cela qu'on vouloit apparemment le faire Primat du roiaume.

Dans la lettre aux Czartoriski on a fait entendre qu'on éleveroit leurs fils aux plus hautes dignités, mais cela étoit conçeu de façon que cela avoit l'air d'une menace suivant eux. Enfin touttes ces lettres généralement n'ont produit qu'une satire très-piquante parmi les sénateurs.

J'ai oublié de vous dire que le Duc s'est plaint à moy du peu de confiance que lui marquoit l'Électrice; que faute de scavoir ce que les cours alliées promettoient ou conseilloient, il ne pouvoit travailler qu'à l'aveugle. Le grand général doit avoir dit que s'il n'étoit pas Roi lui-même il doneroit sa voix à mon frère Charles qu'il avoit toujours aimé. Il ne s'engage pas beaucoup, étant persuadé qu'il régnera par l'arrangement que je scois de bonne part qui a été fait en Pologne, au moyen duquel on veut l'élever, et comme son âge ne promet pas un règne de longue durée, lui nommer en même temps, pour éviter les troubles, un successeur dans la personne du comte Potocki, palatin de Kiovie. On doit à cet effet ouvrir des conférences au mois de février pour tâcher de concilier les principales familles afin que de concert elles travaillent au bien public. Il est vray qu'au *senatus consilium* qui s'est tenu au commencement de ce mois, les sénateurs se sont mutuellement excités à la concorde, et ont commencé à se réconcilier, et jamais il n'y a eu unanimité aussi parfaite que dans ce conseil. Mais quand on viendra à la discussion des interests, Bratkowski prétend que ce sera de nouveau le triomphe de l'ambition et de la haine : *ô tempora, ô mores!*

A propos de Bratkowski, il doit partir dans les premiers jours de décembre avec Madame de Brühl pour aller dans sa patrie, où il compte par la protection de cette dame être emploié chez le Primat pour la correspondance étrangère, c'est un poste honorable et de confiance. Malgré toutte l'envie que j'aurois de le retenir, je ne puis l'empêcher d'aller chercher de la considération dans sa patrie; mais son départ me met dans un grand embarras. Par qui le remplaçer en attendant? Zinzin a des talens, mais je crains qu'il ne sacrifiât un jour mes interests à son ambition, il en est capable et pourroit peut-être en trouver l'occasion. Ainsi j'ai préféré

Sayffert[1] et compte lui donner le département du fidèle Bratko jusqu'à son retour. Sayffert me paroît plus délicat sur le chapitre de l'honnêteté. Il a été aussi à votre école et c'est un titre pour moi. N'oubliés pas de me répondre à son sujet et à celui de Block sur ce que je vous ai demandé dans ma lettre du 15 septembre.

Le général d'artillerie Brühl part demain ou après-demain pour Varsovie ; c'est un courrier qu'il a receu qui occasionne ce prompt départ.

MARTANGE AU PRINCE XAVIER DE SAXE[2]

[*Sans date, 1764*]. — D'abord le grand grief que la Dlle a sur le cœur c'est l'histoire du Rostgeld. Elle impute principalement ce reffus à V. A. R. car elle a été infiniment mieux traitée, m'a-t-elle dit, par Mme l'Electrice à laquelle elle n'a jamais été attachée que par le propre fils de la feu Reine sa bonne maîtresse, et le frère bien aimé de Mme la Dauphine à la personne de laquelle elle a toujours été attachée[3]. C'est apparemment, m'a-t-elle ajouté, parce que j'ai toujours fidèlement et honnêtement servi car on a bien trouvé de l'argent pour faire une retraitte à Mlle de Rühnebourg qui a fait un enfant le carnaval dernier qu'on a voullu mettre sur le compte de Schömberg, mais qu'elle m'a fait entendre être du cru de V. A. R. On a bien trouvé de l'argent, a-t-elle continué, pour Spinuzzi[4] qui est aujourd'huy comme maîtresse déclarée et à laquelle on a assuré

---

1. Le baron de Saiffert, ancien colonel au service de la Saxe, aide-de-camp du prince Xavier, son chargé d'affaires. Sa correspondance avec ce prince forme deux liasses cotées 17 E 110 et 110 *bis* aux Arch. dép. de l'Aube.
2. Arch. dép. de l'Aube. Fragment d'une lettre chiffrée dont une copie se trouve aux arch. de Honfleur. La copie est de la main de Mme de Martange.
3. Certains indices permettent de reconnaître la personne dont il est ici question. Il s'agit d'une saxonne, femme de chambre de la Dauphine, la Dlle Birnbaum, dont on rencontrera plusieurs fois le nom dans d'autres lettres.
4. Claire-Marie, comtesse de Spinucci, épouse morganatique du prince Xavier de Saxe, née en 1741, morte en 1791.

1200 écus par an, et on dit que c'est pour ne se pas marier; 600 écus au père[1] en Italie, et 400 au frère[2] qui vient de passer la V.....

Ma réponse succinte sur chacun de ces points a été, en substance, que j'étois bien fâché qu'elle n'eut pas obtenu de V. A. R. tout ce qu'elle avoit demandé, mais qu'au sujet du Rostgeld je n'avois jamais conçu d'espérance sachant combien V. A. R. étoit irrévocablement attachée sur ce point à l'ordre général qu'elle avoit établi et dont elle m'avoit personnellement reffusé de se départir, qu'ainsi à cet égard il falloit prendre patience, mais que d'un autre côté je la félicitois de ce qu'elle avoit lieu d'être contente de ce que vous aviés fait en faveur de son neveu et de la mémoire de son frère et pour elle-même au sujet de ses arrérages; qu'elle sentoit bien au reste que c'étoit encore à V. A. R. qu'il falloit rapporter le bon traitement qu'elle avoit receu de Mme l'Electrice qui n'avoit certainement rien pu faire en sa faveur sans s'être auparavant consultée avec vous, qu'ainsi je me flattois que Mme la Dauphine auroit la consolation de ne lui entendre parler que de sa reconnoissance.

— Oh, mon Dieu, a-t-elle repris, votre prince m'a bien aussi trouvée indiscrète d'en tant demander; indiscrète, a-t-elle répété, comme si on l'étoit en demandant des choses justes. J'aurois pu lui répondre que c'étoit lui qui étoit un indiscret de me reffuser de petittes grâces dont je lui aurois fait un grand honneur ici auprès de ma maîtresse. — Enfin, Mme, ai-je repris, Mgr. l'Administrateur a fait pour l'amour de vous et surtout par égard pour Mme la Dauphine que vous aimès tant une partie de ce que avés désiré, ainsi je vous prie ne parlés à la princesse que de votre reconnoissance et dans ces momens-cy surtout qu'elle n'ait que des sujets de consolation en entendant parler de son frère et de son pays. A l'égard de l'accident de Mlle de Rühnebourg, si cela est vray c'est un malheur que la charité chrétienne oblige de taire et vous n'en parlerés certainement pas plus que de la liaison du prince

---

1. Guiseppe, comte de Spinucci, décédé au mois d'octobre 1783.
2. Thomas Spinucci, capitaine d'infanterie au service de la Saxe.

avec Mlle de Spinucci qui, au point où vous me dites que sont les choses, prouve assés que l'Administrateur la traite simplement comme une fille qui l'amuse. Il faut laisser ces choses-là tomber d'elles-mêmes, et je conviens avec vous qu'il est à souhaiter que cela arrive bientôt, mais délicate comme est Mme la Dauphine il faut bien se garder de lui laisser rien soupçonner sur cet article. — Oh, mon Dieu, Mr. de Martange, m'a-t-elle répondu, vous sentés bien que ce que j'en dis n'est que pour vous qui scavés ce qui en est, j'aime trop ma maîtresse pour affliger son cœur par le récit de cette coquetterie et je vous répons bien de ne lui rien dire qui lui fasse de la peine. Je sais me taire. Et puis quoique je n'aime pas le prince autant que vous, a-t-elle ajouté, c'est pourtant mon maître aujourd'huy et toujours le fils de mon Roi et de la Reine. Je scais bien aussi combien Mme la Dauphine l'aime. Sur tout cela, Mgr., Je crois avoir lu assés clairement dans son cœur pour pouvoir vous assurer que malgré sa mauvoise humeur sur le chapitre du Rostgeld elle n'a aucune envie de vous nuire, et sûrement si elle le faisoit ce seroit par un flux de bavardage plutôt que par mauvoise intention, mais malgré cela je l'observeroi de près et la surveillerai pour parer au mal si elle cherchoit à en faire.

MARTANGE AU PRINCE XAVIER DE SAXE[1]

A Paris, ce 27 janvier 1765. — Il y avoit déjà longtems, Mgr., que je m'étois apperceu que Mme la Dauphine avoit quelque poids sur le cœur, et dans une lettre que j'eus l'honneur d'écrire à V. A. R. à mon retour d'un voyage de Compiègne je vous prévins des motifs de chagrin qu'elle avoit sur l'affaire de la dédicace de l'église de Sainte-Croix et sur le refus qu'avoit essuyé le jésuite qu'elle vous avoit recommandé. V. A. R. eut la bonté de me répondre alors que ces deux articles étoient déjà arrangés à sa satisfaction, et j'en fus

---

1. Orig. Arch. dép. de l'Aube. Cette lettre se compose de cinq cahiers formant 68 pages petit in-4°.

fort aise. Je restai assés tranquille jusqu'à l'époque de la conversation, dans laquelle Mlle Birnbaum me remit les papiers qui concernoient sa pension et celle de Mme Mehling dont j'eus l'honneur de vous rendre compte tout de suitte, en prenant la liberté d'y joindre quelques avis particuliers sur les motifs personels que je croiois devoir engager V. A. R. à satisfaire à ces deux demandes. La réponse de V. A. R. ne me fournit de raisons à faire valoir pour adoucir le refus des grâces sollicitées que celles prises de la nécessité où vous vous trouviés, dans les commencemens surtout de l'administration d'un Etat dont les finances étoient aussi épuisées, de vous fixer une loi stable dont aucune considération ne pouvoit vous faire écarter. J'ajoutai en parlant sur cette matière à la Dem^lle Birnbaum que V. A. R. me marquoit qu'elle seroit enchantée de faire en sa faveur et surtout par égard pour la recommandation de Mme la Dauphine, et en mémoire de l'attachement qu'elle avoit marqué à la feu reine, dont le souvenir étoit si précieux à V. A. R. tout ce qu'elle désiroit mais que les suites qui ne manqueroit pas d'entraîner cette exception et le titre qu'on chercheroit à s'en faire pour étendre à d'autres cette faveur particulière arrêtoient les effets de votre bonne volonté à son égard, que j'espérois touteffois de la façon dont je croiois V. A. R. disposée qu'elle ne perdroit rien par le refus de ce qu'elle demandoit, et que je me flattois que tôt ou tard, elle et Mme Mehling recevroient en gratification de V. A. R., comme prince Xavier, ce que vous croiés devoir leur refuser en pension comme administateur, par la raison majeure du danger de l'exemple. Je me suis toujours effectivement flatté, Mgr., que vous vous laisseriés aller au sacrifice de quelques centaines de pistoles pour me fournir un argument victorieux à faire valoir auprès d'une sœur dont l'extrême sensibilité égale la tendresse que vous lui connoissés pour vous. V. A. R. a cru devoir à cet égard se refuser à mes intercessions et aux motifs sur lesquels je m'appuyois pour obtenir, et j'ai envisagé ce refus comme un mal très grand dans tous les cas, même dans l'ordre politique. Indépendamment de ce que je savois directement et par moi-même du refus que Mme la Dauphine avoit essuyé au sujet des D^lles Birnbaum et Mehling, il m'étoit revenu d'ailleurs qu'elle n'avoit pas eu plus de succès dans quelques petites faveurs qu'elle avoit sollicitée Elle-même, en vous écrivant directement. Ce qui m'inquiéta plus que tout cela au retour de Fontainebleau, c'est que j'observai avec peine que Mr. le Dauphin qui n'adressait si souvent la parole auparavant pour me parler de V. A. R. avoit cessé de m'accorder cette grâce ; je m'informai autant que je pus sous main et j'appris qu'on ne lui entendoit pas souvent dans l'intérieur prononcer votre nom, quoiqu'il ne passoit guère de jour sans parler des autres princes et princesses de Saxe. Tout cela ne pouvoit que m'inquiéter et pour savoir une bonne fois à quoy m'en tenir je recherchai avec le plus grand empressement pendant tout le cours du mois dernier une audience particulière de Mme la Dauphine dans le double objet de m'éclaircir sur mes craintes et de remédier au mal, autant qu'il seroit en moy. Enfin le sanctuaire que connaît V. A. R. me fut ouvert dans les derniers jours de l'année dernière, et la demie-heure que j'y passai devant Mme la Dauphine est certainement une des plus intéressantes où on a bien voulu m'y souffrir, quoique j'y aie souvent été appellé pour des affaires aussi importantes qu'épineuses.

« — Croiès-vous que j'aime mon frère ? me dit-elle. » Ce fut son début. — « Oui, Madame, je le crois, lui répondis-je et j'en suis sûr. » — « Croiés-vous qu'il m'aime. » — « Oui, Madame, lui répondis-je encore et j'en suis également assuré. » Elle me regarda un instant et je vis ses yeux se remplir d'eau. — « Mon frère ne m'aime plus, » dit-elle, en les baissant sur le métier où elle travailloit, et elle se tût.

Je pris la parole pour l'assurer combien le cœur de V. A. R. étoit plein de sa tendresse pour Elle ; que j'étois convaincu que rien au monde n'étoit capable d'altérer en vous ce sentiment ; je m'étendis un peu sur les embarras d'une administration aussi difficile que la vôtre ; j'appuiai surtout sur le désir sincère que vous aviés de faire le bien et de réparer les désastres du pays, enfin je conclus par le vif chagrin que vous m'aviés marqué ressentir de n'avoir pu accorder à la recommandation dont Elle honoroit certaines personnes les grâces auxquelles Elle s'étoit intéressée, quand le désir le plus ardent qu'eût V. A. R. seroit de deviner s'il étoit possible les demandes d'une sœur aussi chère pour les prévenir ; je finis en essayant de lui faire entendre que jamais elle ne recommendroit personne en vain à V. A. R., que j'avois lu trop longtems dans votre cœur pour ne pas le connoître, et si la loi générale, lui dis-je, par laquelle le prince s'est lié de concert avec Mme l'Électrice le prive aujourd'huy du plaisir d'accorder à Mlles Birnhaum et Mehling la totalité de leur traitement hors l'Électorat, je suis bien persuadé qu'au fonds, ce sera la même chose pour elles et que tôt ou tard elles n'y perdront rien. — « Cette règle invariable, reprit Mme la Dauphine, n'est pas pour moy et pour celles qui s'adressent à moy, car pour celles qui se sont retirées en Bavière je sais qu'elles y ont trouvé assés de faveur pour ne rien perdre de la pension qu'on leur paioit en Saxe, cela n'est pas la même chose pour celle qui est auprès de moy icy. » Cette citation de Mme la Dauphine anéantissoit trop complètement la force dans laquelle j'avois cherché à présenter l'argument tiré de la crainte de faire planche pour d'autres sollicitations, et je ne pus essayer de me tirer de là qu'en rejettant à tout hazard cette grâce particulière, dans un cas pareil et dont je n'avois de connaissance que ce que Mme la Dauphine venoit de me dire, sur des considérations personnelles qui avoient vraisemblablement déterminé Mme l'Électrice pour avoir quelqu'un à la cour de Munich pour des raisons qui m'étoient également inconnues. Cette raison ne parut point du tout convaincante. — « Est-ce, mon frère, me dit-elle, ou l'Électrice qui administre l'Électorat ? Et pourquoy, continua-t-elle, se laisser égarer ou du moins décider par d'autres quand il peut se conduire lui-même, car mon frère ne prononce qu'après sa belle-sœur. J'ai été la première à lui recommander d'avoir tous les égards pour ses avis dont les premiers arrangemens n'anonçoient que l'amour du bien public, mais il y a quelque différence entre les égards et l'entière déférence qu'il y a de ne se prononcer sur rien qu'après et conformément à ce qu'elle a dicté. » Du ton dont cela fut dit, Mgr., il est certain que l'intérêt de votre gloire étoit le premier mobile qui faisoit parler la princesse, mais il y entroit bien aussi quelque ressentiment contre Mme l'Électrice. — « Je connois mon prince, lui répliquai-je, Mme, et si dans l'envie extrême qu'il a que le temps de son administration soit marqué au coin du bonheur public, il se défie de ses propres lumières et cherche à s'éclairer des conseils de Mme l'Électrice et de son Conseil. Je suis persuadé qu'il ne s'en réserve pas moins l'examen des démarches et des motifs qu'on lui propose et ce n'est pas de lui-même qu'il se décide après avoir examiné. » — « Plût à Dieu que cela fût ainsy, reprit-elle, si mon frère ne se laissoit pas gouverner comme il fait il ne se passeroit pas des choses aussi extraordinaires. Croiés-vous, par exemple, que mon frère eût pris de lui-même le parti d'envoyer Cunégonde[1] en Bohême? Que pensés-vous de cette démarche? » — Je baissai les yeux en avouant qu'aussitôt que je l'avois apprise par les bruits publics elle m'avoit fait peine mais que c'étoit bien moins dans une affaire de cette nature à V. A. R. qu'à Mme l'Électrice et au Conseil que j'imputois ce qu'il pouvoit y avoir d'irrégulier dans cette résolution. » — « Vous concevés, reprit-elle, combien j'ai du être pénétrée de cette fausse démarche. J'aime bien mon frère et mon pays, dit-elle du ton du cœur, mais, ajouta-t-elle avec dépit et fierté, il est tout simple que Mme l'Électrice soit bavaroise. Si mon frère ne s'étoit consulté qu'avec lui-même il n'auroit sûrement pas souffert qu'on fit faire à sa sœur un pas aussi hazardé; et vous ne lui auriés sûrement pas conseillé si vous aviés été auprès de luy. » Ma réponse fut que V. A. R. m'avoit toujours permis de lui dire avec liberté mon avis, mais que ce n'étoit jamais à titre de Conseil que je les soumettois au jugement de V. A. R. qui en avoit toujours receu, même de loin, l'homage avec bonté. — » Je voudrois bien, me dit-elle, que vous en fussiés plus près, car vous lui diriés la vérité, et ceux à qui il a donné toutte sa confiance n'en sont peut-être pas dignes. » Je crois qu'il pouvoit être question de M. le comte de Fleming et je me pressai de lui dire que quoiqu'elle sût bien depuis longtems que je n'avois pas une si haute idée de ses

---

[1]. Princesse de Saxe, abbesse de Thoren et d'Essen, née le 10 novembre 1740; sœur de la Dauphine.

talens, de ses connaissances et de ses vues, et que même depuis qu'il étoit en place je n'eusse rien vu qui m'eut fait changer d'avis à cet égard, je n'en étois pas moins pleinement convaincu de la droiture de ses intentions, et que la plus grande honnêteté régleroit toujours les moyens qu'il proposeroit à V. A. R. dans les affaires de son département; qu'il avoit l'estime et la confiance publique et que j'étois le premier à croire qu'à ce titre personne n'étoit plus digne que lui de la place qu'il occupoit; qu'au surplus les circonstances jusqu'à ce moment-cy n'avoient pas été favorables aux projets de la maison de Saxe, et que si on avoit eu en Saxe quelque chose à se reprocher au commencement de l'affaire de Pologne, la majorité des reproches qu'il y avoit à faire dans l'essentiel n'étoit en bonne justice, ou du moins ne devoit pas être pour le ministère de Saxe. — « J'ai cru Mr. de Fleming, m'a dit Mme la Dauphine, pendant longtemps toutte autre chose et j'en espérois mieux. Je crois comme vous à la droiture de ses intentions, mais ses moyens et son ton ne sont pas propres à faire aimer mon frère. Au reste ce n'est pas de Mr. de Fleming dont je voulois parler, mais d'un Mr. Hoffmann auquel il a donné toute sa confiance et qu'on m'assure de bonne part n'en être pas digne. » — « Je ne connois Mr. Hoffmann, repris-je, Mme, que par la réputation d'esprit et de connaissances qu'il avoit en Saxe dans le temps que j'y étois. Il revenoit alors de faire ses voyages et il s'étoit fait estimer en Angleterre. » — « Oui, dit-elle, et c'est précisément là où il s'est imbu de tous les principes que je serois bien fâchée de voir à mon frère. Il décide presque de tout ce Mr. Hoffmann et mon frère s'en rapporte à luy. J'ai déja essayer de lui faire parler à ce sujet, mais hélas! à présent mon frère ne veut plus écouter personne; mon frère se fâche quand on lui parle, oui, il se fâche tout de bon. Je voudrois tant qu'il fût aimé de tout le monde, mon frère, et il ne se fait plus d'amis. » Elle étoit, Mgr., véritablement touchée la respectable Dame en disant ces mots. — « Madame, lui dis-je à mon tour, le prince est digne d'en avoir des amis; il a daigné m'honorer souvent d'un nom aussi flatteur. Je promets à Mme la Dauphine de lui écrire avec toutte la sincérité de ce titre. Je suis sûr d'abord de sa tendresse pour Madame, rien au monde ne peut l'altérer, c'est l'essentiel. Sur le reste je m'expliquerai avec lui avec toutte franchise ; s'il y a du mal, il n'est pas de lui ; il veut et il cherche le bien, il aime trop la vérité, Mme, pour craindre de la lui présenter. Il m'a toujours permis de le faire et il me l'a même ordoné. Je demande à Mme la Dauphine le tems de pouvoir m'expliquer avec S. A. R. et j'ose l'assurer d'avance toutte espèce de tranquillité. » — « Faites de votre mieux, dit-elle, il a de l'amitié et de la bonté pour vous, je souhaite bien qu'il vous écoute. Mais ménagés l'usage que vous ferés de ce que je vous dis, car je craindrois s'il savoit que c'est moy qui vous a dit tout cela, qu'il ne l'imputât comme il a déjà fait à des innocens. » Je l'assurai dans ma réponse que je n'userois de la confiance dont elle daignoit m'honorer qu'avec autant de prudence que de zèle et que je répondois d'avance que ce que je ferois ne seroit imputé par V. A. R. à qui que ce fût.

Sur ce qu'elle me répéta qu'elle voudroit bien que je pusse être auprès de V. A. R. je crois devoir lui dire que rien ne seroit plus flatteur pour moy, et que j'avois trop de preuves des bontés de V. A. R. pour ne pas me flatter qu'elle me verroit avec plaisir, mais que je sentois trop moi-même les ménagemens que vous deviés à quelques ennemis puissans que je m'étois fait sans le vouloir et sans avoir à me le reprocher, et que le motif étoit tel qu'en allant joindre mon maître ma présence au lieu de lui être utile pourroit lui être infiniment nuisible ; que le premier bien de l'administration de V. A. R. étoit d'éviter tout ce qui pouvoit tendre à quelque discussion ou mécontentement ; qu'indépendamment de cette considération personnelle il falloit observer que ce n'étoit guère possible d'honorer un étranger de votre confiance sans risquer d'aliéner le cœur des gentilshommes du pays qu'il falloit toujours employer de préférence, l'étranger (ce qui n'étoit pas à mon égard) eût-il réellement plus de talens que les nationaux. — « Dans les tems, Madame, ajoutai-je, où il n'étoit assurément pas question que S. A. R. eût l'administration de l'Électorat, nous avons souvent agité cette question ensemble, et reconnu toutte la vérité de cette règle de conduite, et elle me paroit si juste que je serois le premier moi-même, si le prince s'en rapportoit à moy à lui conseiller la préférence en tout pour les gentilshommes du pays, puisqu'il y en a certainement de capables. » — Mais Mr. Hoffman, reprit-elle encor, n'est pas de ce nombre, et il est plus étranger que vous en Saxe et à mon frère. » Et tout de suite elle me demande si Bratkowski étoit de retour auprès de V. A. R. — « Je n'en sais encore rien, Madame, lui dis-je; mais je le désire fort, car pour celui-là quoiqu'en quelque façon étranger à la Saxe c'est assurément un brave et honnête gentilhomme bien attaché à la personne du prince et au pays où il a reçu son éducation. Quoique ses vœux et ses peines, ainsy qu'à moy, aient été sans succès dans l'affaire de la succession, ce n'est pas certainement de sa faute et il n'y a pas à ce que je crois à lui imputer d'avoir mal servi. » Je parlai tout de suite du parti qu'avoit pris V. A. R. d'appeller Mr. le commandeur de Forell[1] auprès de Mgr. l'Électeur, et je lui citai avec complaisance cet événement comme un trait qui devoit faire le plus grand honneur à l'amitié et à la reconnoissance dont elle avoit le cœur aussi susceptible. Assurément elle ne demande pas mieux que d'avoir à vous applaudir, et elle le fit sur cet article de tout son cœur. Elle me demande si je savois ce qui avoit causé la retraite de Mr. l'abbé Victor[2]. Je lui dis que je n'en savois rien mais que je présumois que la médiocrité de son état ne permetoit guère de lui garder la première place auprès d'un aussi grand prince que l'Électeur; que j'imaginois que ce pouvoit être cette raison qui l'avoit déplacé. — « Il y en a quelqu'autre plus essentielle, me dit-elle, mais mon frère m'a écrit qu'il me la diroit un jour. Je serai quelque tems sans en être instruite si je ne dois l'être que quand je reverrai mon frère pour les savoir de sa bouche. » Cela vouloit dire : il est bien douloureux pour moy que mon frère ne

1. Originaire de Fribourg et commandeur de l'ordre de Malte, il fut gouverneur du jeune Électeur de Saxe en 1764-1770.
2. Cet ecclésiastique, retiré en Suisse, habitait Chambéry en 1771. Son origine est restée incertaine; il a longtemps passé pour être le fils naturel du roi de Sardaigne, Victor-Amédée. Avant d'être chargé de l'éducation de l'Électeur de Saxe, il avait élevé les enfants du comte de Brühl.

m'accorde pas sa confiance, et il est cruel qu'il l'accorde à d'autres pendant qu'il me la refuse : car dans les âmes les plus nobles la jalousie se trouve à côté de l'amitié quand cette dernière est bien vive. — « Puis, [reprit-elle], on a nommé deux chambellans pour être auprès de mon neveu et pour coucher dans sa chambre. L'un est à ce qu'on dit un catholique fort honnête homme mais fort borné, et le second est un luthérien plein d'esprit et même madré ; cela peut avoir du danger. Mais aujourd'huy les luthériens sont en crédit et ils ont des places à la cour qu'ils n'auroient pas eu autrefois quoique Mr. de Brühl ne fût pas catholique. Il m'a donné bien du chagrin ce Mr. le comte de Brühl, mais après tout ce n'étoit que Mr. de Brühl, et aujourd'huy c'est mon frère ! » J'ai cru voir une double amertume, Mgr., dans l'expression de ce soupir. La première et la principale sans doute concernoit les interests de la religion catholique qu'elle craint de voir exposés en approchant un luthérien de l'oreille du jeune prince, et la seconde pouvoit porter, à ce qu'il m'a paru, sur le reproche si souvent fait à Mr. le comte de Brühl de son amour pour l'Angleterre auquel la confiance accordée par V. A. R. à Mr. Hoffmann luy fait craindre que vous ne vous exposiés vous-même. Elle ne m'a point exprimé clairement de crainte à cet égard, et je me suis très-gardé de la lui laisser appercevoir, ne la pouvant pas envisagée comme fondée. Je me suis rejetté tout de suite sur les deux chambellans que je lui ai dit, comme il est vray, ne connoitre ni l'un ni l'autre, persuadé au reste que l'un et l'autre avoient été choisis pour avoir l'honneur d'approcher S. A. Électorale pour de bonnes raisons. « J'ignore par quels motifs, ai-je ajouté, on a renouvellé à leur égard l'ancien usage de la charge dont ils ont le titre, mais je ne conçois pas que cela puisse jamais tirer à conséquence pour l'attachement du jeune prince à une religion dans laquelle il est né et élevé, sous les yeux d'un prince & d'une mère catholique, avec autant d'exemple de piété & de religion qu'il a dans tous ses proches. Il est d'ailleurs à présent d'un âge à le regarder comme à couvert de toutte impression dangereuse sur le chapitre de la croyance ; il est malheureux, Madame, que l'usage et les loix aient fixé la religion du pays dans celle de Luther, mais à cet égard comme il n'y a que des vœux à faire il faut bien prendre les choses comme elles sont, et je suis bien éloigné de regarder comme un mal les distinctions qu'on a accordées à la cour aux Dames du pays et aux Cavaliers luthériens puisque c'étoit autant à eux qu'à qui que ce soit que l'honneur d'approcher leur maître devoit appartenir ; que je convenois que l'éducation directe des princes de la maison ne pouvoit être confiée qu'à des catholiques, qu'ainsy à cet égard il n'y avoit rien à désirer et que tout le privilège accordé au cavalier luthérien à l'instar du chambellan catholique n'étoit effectivement qu'honorifique et sans danger pour les impressions que cette familiarité, qui seroit sans doute toujours surveillée par des yeux attentifs et intéressés, pourroit faire goûter au jeune prince. » Malgré tout cela, elle a persisté, vu la finesse du personage sur lequel le choix étoit tombé, à regarder l'honneur qu'on avoit accordé à ce cavalier luthérien comme une chose inquiétante. C'est à ces griefs capitaux, Mgr., que s'est borné cette intéressante conservation dont je n'ai pas cru vous devoir taire la moindre circonstance, regardant comme je le fais le parti auquel V. A. R. s'attachera en conséquence de ce que je lui écris comme la chose de la plus importante conséquence.

Il en résulte, Mgr., de ce que je viens de détailler à V. A. R. que le cœur de Mme la Dauphine est d'autant plus douloureusement affecté de vos froideurs qu'elle conserve encore toute sa tendresse pour le plus chéri de ses frères ; la vivacité de son amitié la rend extrêmement jalouse du retour, et elle craint d'être oubliée. Une marque éclatante d'amitié fraternelle de votre part ne lui ferait que mieux sentir le plaisir d'être aimée de vous, après la crainte qu'elle éprouve de la perte de votre cœur. Mais aussi il y auroit à craindre si vous différiés plus longtems à vous en assurer que le dépit ne prît la place de la douleur et que les larmes de son inquiétude à votre égard a fait réellement couler depuis quelque temps ne deviennent à la fin l'expression de sa colère, et ce qui seroit encor pis que sa colère ne s'éteigne dans la plus cruelle indifférence. Si elle en étoit là, Mgr., où je la connois mal ou elle n'en reviendroit jamais tout à fait. Plus on a de mérites, et plus on a mérité de quelqu'un par les services qu'on s'est constament occupé à lui rendre, et plus on en attend de confiance et de déférence. Je n'ai pas besoin assurément de presser sur ce sujet le cœur de V. A. R. il sent mieux que moy tous les droits que l'excellente sœur s'est acquis sur votre reconnaissance et conséquemment à quel point elle doit être touchée de l'idée que vous la mettriés en comparaison avec toutte autre, et à bien plus forte raison combien son cœur seroit déchiré et se croiroit humilié si elle avoit lieu de penser qu'en égards, en confiance, en un mot en tendresse, — car il n'y a que l'amitié qui paye l'amitié, — un frère si chéri la préférence à d'autres. Je trahirois les devoirs de l'attachement que je vous ai voué pour la vie, Mgr., si je vous laissois ignorer que je crois Mme la Dauphine précisément au point ou déja fatiguée de sa tristesse, il y a à craindre qu'elle ne soit toutte prête à chercher du soulagement à la violence de cet état dans le dépit, et quand il n'y auroit que ce mal à appréhender il seroit toujours infiniment essentiel à V. A. R. de s'occuper des moyens à prendre pour le prévenir, car le soupçon d'ingratitude si cruel pour les personnes privées devient encore plus frappant à proportion que l'élévation des personnes sur lesquelles il tombe et de la notoriété des services oubliés.

Mais indépendamment de cette considération qui seroit seule suffisante, il se joint encore d'autres observations à faire, qui quand même le retour d'amitié & de reconnaissance ne seroit pas aussi sincère que dans le cœur noble de V. A. R. devroient l'engager à sauver ce malheur par les témoignages apparens de la plus grande déférence. Oui, Mgr., je crois que la raison d'État vous fait la loy de marquer à Mme la Dauphine la plus grande amitié et la plus entière confiance dans toutes sortes de cas. J'écarte le souvenir de ce qu'a été le comte de Lusace en France, de ce qu'il est encore aujourd'huy à la France et ce ce qu'il reviendra un jour y être ou peut du moins revenir y être quand l'Électeur aura pris les rênes du gouvernement ; je laisse là pour un instant le passé et l'avenir pour ne vous parler que du présent et c'est à l'Administrateur seul que j'adresse ma réfléxion. Nos vieux cahiers de politique sont toujours les mêmes, Mgr., ils sont ou du moins doivent être immuables parce que nos principes sont fondés en vérité. Je suis, comme j'ai toujours été, convaincu que le bien être du pays que vous gouvernés et surtout son retour à la solide grandeur et à la véritable considération dépendront principalement des liaisons d'État à État qu'on pourra établir entre la Saxe et la France. De touttes les raisons que nous avons si souvent débatues ensemble (et j'ose dire quoique né français sans aucune partialité nationale) je ne vous en répète qu'une seule qui est le sommaire de touttes les autres. Deux puissances en Europe payent quelquefois les autres, l'Angleterre en est une et la France l'autre. La Saxe a receu des subsides de l'une et de l'autre en différens tems. La France lui en a donné pour travailler & pour être, l'Angleterre l'a paiée pour ne rien faire, conséquemment pour ne pas exister : qui de l'Angleterre ou de la France désire réellement la considération de la Saxe ? Je ne m'étendrai pas dans des redites présentes à votre mémoire, mais voiant, comme je le fais, le bien de la Saxe et conséquemment votre gloire personnelle dans la consommation du traité projetté pendant le temps de votre administration, il est clair par cela même que la raison d'État doit vous prescrire toutte espèce de ménagemens et d'égards pour Mme la Dauphine dont l'amitié pour vous et pour son pays ne fera sûrement pas décider le conseil du Roy en faveur du traité, mais dont cette même amitié influera prodigieusement sur les clauses et les avantages qu'on peut vous ménager dans ce même traité quand il sera une fois décidé de le conclure. Si cette négociation déja tentée plusieurs fois n'a pas été menée à fin par le malheur des circonstances d'une part, et de l'autre par les lenteurs, la nonchalance, les contradictions, en un mot, touttes les causes personelles du ministère présent, il n'en reste pas moins vray que ce n'est pas que l'affaire ne soit également bonne pour l'une ou l'autre cour, le même ministère peut d'un jour à l'autre changer de principes et de conduite, ou le ministère c'est-à-dire les ministres peuvent être eux-mêmes changés, pendant que Mme la Dauphine dont le poste est aussi fixe qu'élevé ne peut qu'améliorer son influence, soit comme belle-fille aimée et révérée du Roy son beau père (qui revient chaque jour avec l'âge de ses distractions) soit comme femme très-chérie de l'héritier présomptif du thrône, soit comme mère ou comme régente, pour ne pas oublier un seul des cas possibles et ce dernier seroit encor dans l'ordre politique le plus intéressant à prévoir pour Mgr. l'Administrateur.

Mais revenons à présent à M. le comte de Lusace[1] et jettons un coup d'œil, je ne dis pas sur le passé, il faudroit pour vous en parler que je craignisse que vous l'eussiés oublié et je ne ferai pas cette injustice à V. A. R. mais envisageons l'avenir. Les années, Mgr., s'écoulent si rapidement, voilà déja deux ans que je suis séparé de vous, dans trois ans nous serons peut-être bien près de nous réunir. Qui pourroit assurer aujourd'huy V. A. R. que la reconnoissance de Mgr. l'Électeur quand il arrivera à la régence le portera à vous faire un état assés considérable pour n'avoir plus besoin de la France? Les finances de l'Électorat sont sous vos yeux, jugés vous-même s'il est aussi facile d'en distraire 50 mille écus. Qui pourroit aujourd'hui répondre des goûts et des projets d'un jeune prince? Les dépenses personnelles ou les uns et les autres peuvent l'engager peuvent aussi lier les mains à la juste reconnoissance qu'il aura, j'espère, dans le cœur; mais pour ne vous rien taire, Mgr., de cette vérité qu'il faut voir toutte nue, dans le cas (qui après tout est très-possible) de mécontentement réciproque (l'intervalle de deux années que passe un jeune prince depuis 16 à 18 ans est une époque aussi prochaine qu'embarassante), on sent à touttes sortes de titres qu'on est, on sent qu'on doit être le maître, on attend avec impatience le moment de le devenir, il n'est pas impossible que cette impatience ne fasse regarder comme un obstacle au bonheur celui qui occupe la place pour laquelle on est né et à laquelle on aspire ; cet obstacle connu quelquefois on le hait et on attend le moment de le persécuter quand on jouira à perpétuité du pouvoir qu'il n'exerce que par intérim. Dans touttes ces différentes suppositions, Mgr., dont il n'y eu aucune qui ne puisse devenir une réalité, je vois l'état du comte de Lusace en France,

---

1. Le prince Xavier de Saxe était connu en France sous ce nom.

frère de la Dauphine, frère de la Reine ou de la Régente comme la plus belle des ressources : augmentation de pensions, de crédit et d'égards accumulés sur sa personne me paroit une suitte toutte naturelle de son retour ; et à l'égard des agrémens dont il pourroit y jouir, il n'y auroit assurément aucune comparaison à faire de la façon dont vous vivriés alors à celle dont vous avés vécu dans vos voiages momentanés. Toutte cette perspective est une chaine dont le premier anneau est la tendresse de Mme la Dauphine pour vous ; que cette amitié cesse ou simplement se refroidisse tous les autres anneaux se détachent et rien de ce que nous venons d'envisager ne peut plus vous convenir, ni à elle. Il y a plus, Mgr., c'est qu'il y auroit peut-être à craindre que dès à présent M. le Dauphin sensible avec dépit aux chagrins qu'il voit prendre à Mme la Dauphine et dont il peut surprendre la cause, (sur laquelle elle commence à se laisser pénétrer par le besoin qu'elle a de se soulager en se plaignant) il peut fort bien arriver que M. le Dauphin, dis-je, n'en marque hautement son vif ressentiment et qu'on ne coupe dès aujourd'huy d'avance le nœud qui unit au thrésor royal le comte de Lusace à la France, convaincu comme on le seroit que le prince Xavier l'a totalement oublié, puisqu'il a bien pu oublier celle en faveur de qui ce nœud a été formé.

Tel est, Mgr., le tableau des suites dangereuses que pourroit avoir pour le présent et pour l'avenir un refroidissement entre le frère et la sœur par excellence ; j'étois si empressé de le mettre sous vos yeux dans tout son jour que j'ai été au moment de tenter une course incognito pour aller vous entretenir moi-même, mais des réflexions plus fortes sur l'espèce d'impossibilité qu'il y avoit à cacher cette démarche qu'on auroit pu interpréter à mal, soit icy soit là bas et qui par là seroit devenue plus nuisible que profitable, m'en a fait rejeter l'idée. L'importance de la matière par rapport à V. A. R. et au secret que Mme la Dauphine m'avoit ordonné et que je ne voulois déposer qu'absolument entre les mains seules de V. A. R. ne m'ont pas permis d'user de la voye du chiffre qui d'ailleurs n'est plus sûre, comme je vous le dirai après, et j'ai attendu avec impatience l'occasion du retour de M. Charron pour faire passer sûrement mon paquet à V. A. R. Si après avoir lu tout ce que je viens de vous détailler, Mgr., vous pensés comme moy sur la réalité du mal j'ai lieu de me flatter qu'en approuvant mon zèle V. A. R. approuvera également les moyens que je vais lui suggérer de parer à ces inconvéniens et de remettre les choses dans l'état naturel où elles doivent être.

Les griefs de Mme la Dauphine en résumant tout ce qu'elle m'a dit portent : 1° sur les refus personels qu'elle a essuyés et sur le peu d'égards que V. A. R. a marqués pour sa recommandation. En second lieu sur le manque de confiance de la part d'un frère qu'elle aime autant, et dans cet article est spécialement compris le silence que vous lui avés gardé sur les causes de la retraite de Mr. l'abbé Victor ; 3° sur M. Hoffmann et les dangers de la confiance dont vous l'honorés ; 4° sur le péril que courre la religion par l'introduction d'un chambellan luthérien auprès de son lit[1]. Il y a bien sans doute d'autres peccadilles, mais les points principaux sont ceux que je viens de résumer et sur lesquels je crois qu'il est indispensable pour touttes sortes de raisons plus instantes les unes que les autres que V. A. R. s'explique amicalement, fraternellement et de la façon la plus satisfaisante dans une lettre extrêmemement tendre, dont je prends la liberté de lui proposer le croquis qu'elle pourra, si elle l'approuve, arranger, augmenter et corriger, *mutatis mutandis*, suivant les faits et les connoissances qu'elle a et que j'ignore.

« *Projet de lettre de Mgr.*

« Le vicomte[2] m'a écrit, ma très-chère sœur, avec une franchise
« dont je lui sais gré quoique le sujet de sa lettre m'ait pénétré
« de la plus vive douleur que j'ai ressentie de ma vie. Le fonds de
« mon cœur lui est trop connu pour qu'il ait pu craindre que ma
« tendresse et ma reconnoissance pour l'excellente sœur aient pu

---

1. Il faut lire : auprés du lit de l'Électeur.
2. Martange.

« souffrir de l'absence et de l'éloignement ; mais il ne me dissimule
« pas combien il m'importe pour conserver cette précieuse amitié
« qui a fait la consolation de ma vie et qui en fera toujours le
« bonheur d'entrer en justification avec vous sur quelques faits que
« vous n'avés pu apprendre qu'avec la plus douloureuse sensibilité.

« Je n'examine point de quelle source viennent les rapports
« qu'on vous a faits, ma très-chère sœur, ni par quel motif on
« peut avoir cherché à empoisoner mes actions : je vous proteste
« que je ne cherche cependant qu'à la rapporter au bien public.
« Je le désire aussi sincèrement que je vous aime et si quelques-
« uns des arrangemens ou événemens qui ont eu lieu depuis mon
« administration se sont trouvés susceptibles d'une interprétation
« sinistre, c'est assurément bien contre mon intention, et je n'ai
« pas à me reprocher de n'avoir pas cherché à prendre touttes
« les précautions imaginables pour atteindre au but que je me suis
« proposé. Il est vray et vous le concevrés facilement, très-chère
« sœur, en vous rappellant les abus et les dépradations causés par
« les négligences incroiables du feu comte de Brühl que les
« changemens même les plus indispensables à faire pour réparer
« l'ordre n'ont pû et ne peuvent encor avoir lieu qu'aux dépens
« de grand nombre de particuliers dont le petit intérêt personel se
« trouve sacrifié au redressement général. Et, à cet égard, je sens
« bien qu'en comparant la facilité qu'avoit le feu ministre à pro-
« mettre et même à donner, avec les principes de l'œconomie
« absolue que nous avons été obligés de substituer à ceux de
« dissipation, beaucoup de gens et surtout ceux qui ne vivent que
« des faveurs de la cour peuvent regarder le gouvernement présent
« comme très-dur et m'en imputer la faute, jusqu'à penser peut-
« être que je garde pour moi-même ce qu'on ne leur donne plus.
« Mais ces imputations sont un malheur attaché à la place que
« j'occupe, et je dois d'autant plus m'y résigner que ce ne seroit
« que par un plus grand mal que je pourrois éviter celui-cy. Le
« succès que je remarque déjà des mesures que j'ai prises de concert
« avec l'Électrice me confirme de jour en jour dans le danger qu'il
« y auroit de renouveller les maux en s'en écartant. C'est uni-

« quement par cette considération, ma très-chère sœur, que ..... »
(dans telle ou telle circonstance suivant ce que Mgr. scait lui-même
lui avoir été demandé par Mme la Dauphine ou en son nom), « et
« spécialement dans l'affaire de la pension de Mlle Birnbaum j'ay
« pû me refuser le plaisir de faire ce que vous souhaitiés dans le
« tems que je serois si flatté de pouvoir deviner les désirs de ma
« chère sœur pour les prévenir. Mais à cet égard je me suis bien
« proposé qu'elle et la Mehling n'y perdent rien et je compte bien
« faire toucher à Mlle Birnbaum à son retour en gratification
« l'équivalent de la pension que la loi que me suis faitte ne m'a
« pas permis de lui accorder hors du païs. Je vous prie même à
« son sujet très chère sœur, si elle avoit besoin d'argent de
« donner des ordres à Martange pour qu'il lui remette ce que vous
« jugerés à propos sur l'argent de la pension que je tiens de votre
« amitié ; je dois convenir que..... telle..... » (si le fait est vray)
« touche effectivement la totalité de son traitement en Bavière,
« mais c'est Mme l'Électrice qui est sortie »...... (par telle ou telle
raison si vous en savés qui puisse se dire), « de la règle que nous
« nous sommes mutuellement prescrit à ce sujet, et il seroit dan-
« gereux qu'elle pût se faire un titre de mon imitation pour
« multiplier les exceptions de cette espèce..... »

Je pense, Mgr., que ce seroit icy le lieu d'expliquer par les raisons de bonne politique la nécessité où vous êtes d'entretenir la nouvelle harmonie avec Mme l'Électrice et de sauver par cette explication le reproche de l'extrême dépendance où on croit V. A. R. des volontés de cette princesse.

« Quelle différence (pourriés-vous ajouter à la fin de cette expli-
« cation) des ménagemens que je dois étudier en travaillant avec
« Elle, à la plénitude d'ouverture et de condescendance que j'aurois
« pour ma chère Dauphine si j'étois à portée de recevoir ses con-
« seils ! Ce seroit alors qu'on pourroit à juste titre m'accuser de
« me laisser absolument conduire et je regarderois cette imputation
« comme mon éloge. »

Cette seule phrase est de nature à justifier galament le second grief qui porte sur le manque de confiance, et celui de la préférence que vous paroissés accorder à la belle-sœur sur la sœur que vous avés si souvent appellée par excellence. C'est encore icy le lieu, si Mme la Dauphine n'est pas encore instruite, de l'informer avec détail des vrais motifs de la retraite de l'abbé Victor, si tant est qu'ils puissent lui être confiés, et je n'en conçois point qu'on ne puisse plutôt confié à sa discrétion ; telle peine qu'ils lui puissent faire ils lui en causeront moins que la perte de votre confiance. S'il est aussi praticable de dire quelques mots de justification sur le voyage de Bohême, fût-ce en le rejettant en totalité sur Mme l'Électrice à laquelle vous avés cru devoir vous en rapporter dans une affaire de mariage, il ne faudra pas négliger de vous disculper d'une démarche qui a été jugée aussi hazardée.

Je ne crois réellement pas, Mgr., que les rapports qui sont venus à Mme la Dauphine lui aient faits par la Birnbaum ; je sais même qu'indépendemment de la famille (qui certainement ne dit rien de tout cela) Mme la Dauphine a une correspondance directe avec quelqu'un à Dresde, mais je ne sais pas quelles sont les personnes auxquelles elle s'est adressée. Au surplus, comme Mlle Birnbaum est icy sur les lieux et que l'histoire de sa pension qui lui tient à cœur est, après tout, le point le plus intéressant pour elle, il n'y a absolument pas d'autre moyen, je le répète, de parer à tout ce qu'elle peut avoir dit, comme à tout ce qu'elle pourroit dire, et de prévenir favorablement le cœur & le jugement de Mme la Dauphine que de vous attacher à la lettre au parti que je prens la liberté de vous indiquer.

Sur le chapitre qui concerne Mr. Hoffmann que je n'ai l'honneur de connoître que de nom & de réputation, je ne puis rien marquer à V. A. R. Il doit vous être assés aisé, s'il mérite votre confiance, de justifier le choix dont vous l'avés honoré, il suffit pour cela de l'exposé de ses talens et de son mérite. Mais je vous supplie, Mgr., de ne pas négliger de vous montrer parfaitement à l'abry de tout soupçon sur les goûts britanniques, et à cet effet je pense qu'il conviendroit en parlant sur Mr. Hoffmann de prendre votre texte de là pour faire sentir à Mme la Dauphine combien peu, en l'employant dans les parties qui sont de sa connoissance, vous vous laissés, comme on veut l'insinuer, décider et conduire par luy.

« Rappelés-vous, très-chère sœur, (pourrés-vous luy écrire) tous
« les projets de liaison et de traité dont j'ai si constamment
« cherché à être le promoteur entre la France et la Saxe. Ressou-
« venés-vous combien de fois vous m'avés entendu vous parler
« de cette liaison comme le nœud le plus avantageux à former si
« les deux cours ne consultoient que leur intérêt respectif. Pensés
« à touttes les démarches réitérées que j'ai faites à ce sujet à
« Versailles sous vos yeux et sous votre médiation auprès des
« ministres et de Monsieur le Dauphin. Rappelés-vous les ordres
« que j'ai donnés encore tout récemment à Fontenay relativement
« à ce traité si sincèrement projetté par moy. Vous me reconnaitrés
« toujours, ma très-chère sœur, les mêmes principes et vous verrés
« constamment aller au même but; jugés de là ou que l'imputation
« que l'on me fait de m'en rapporter absolument à Hoffmann
« peut-être d'autant moins fondée qu'on le dit dans des principes
« diamétralement opposés à ceux de mon cœur, ou que si j'ai
« quelque confiance en luy ce n'est que dans des choses purement
« œconomiques et totalement étrangères aux liaisons qu'il peut
« avoir eues en Angleterre. Mon cœur est trop à vous et à Mr. le
« Dauphin, très-chère sœur, pour aller chercher ses liaisons et son
« bonheur ailleurs qu'en France. »

Reste l'article du chambellan luthérien sur lequel V. A. R. a beau jeu et pour le fonds et pour la forme; il seroit bien extraordinaire qu'on eut été choisir de préférence et exprès une buze entre les catholiques et un aigle entre les luthériens pour approcher ces deux personages de la personne du jeune Électeur, mais quand même le hazard auroit produit un choix aussi bizarre cela ne signifieroit encor rien puisque le fonds de l'éducation n'est confiée qu'à des prêtres très-catholiques sous l'inspection d'un commandeur de Malte aussi honnête homme que bon catholique; et quand bien même, ce qui n'arrivera pas, il pourroit se faire que la familiarité du chambellan enhardît le luthérien à parler religion à son jeune maître, il n'y auroit aucun danger à courir de ces prétendues insinuations; le prince n'ayant sous les yeux que des exemples d'attachement à la religion catholique dont les pratiques journalières et habituelles l'éclaireroient infiniment plus que quelques phrases sans suitte ne pourroient le séduire. Il est d'ailleurs déjà trop bien instruit de ce qu'il doit croire pour ne pas augurer si son chambellan poussoit l'imprudence jusqu'à vouloir tirer avantage de sa familiarité pour ne pas demander lui-même l'éloignement d'un homme qui lui auroit manqué en manquant à la religion.

Il conviendra à la suitte de cet article que V. A. R. s'explique dans le sens que j'ai marqué plus haut au sujet des nouvelles faveurs qui ont été accordées aux luthériens depuis la mort du feu Roy, tant au sujet des Dames que des Cavaliers, et Elle pourra faire sentir confidemment à Mme la Dauphine combien il étoit indispensable dans le moment d'une diette générale des États en Saxe toutte composée de sujets nobles de la communion dite évangélique, des résolutions desquels la Saxe attendoit ses secours, et surtout dans le besoin qu'avoit V. A. R. de se ménager des suffrages pour la conservation du Directoire, objet si important à ne pas laisser échapper des mains de son pupille, et de prévenir les tentatives qu'on auroit pu faire auprès des princes voisins, soit le roy de Prusse soit celuy d'Angleterre comme électeur de Hanovre, sous le prétexte que bien loin que l'Électeur de Saxe fût effectivement le protecteur des sujets de cette religion comme du tems de Frédéric, de Maurice et de Jean-Georges on éloignait avec affectation d'après le changement de religion de la Maison Électorale de tous les emplois qui touchoient à la personne des princes les gentilshommes du pays qui tous étoient luthériens, et cela uniquement parce qu'ils étoient de cette communion.

Tout ce que vous pourrez dire de plus fort & de plus énergique sur votre zèle particulier pour la religion catholique ne sera que pour le mieux : outre que V. A. R. ne dira sûrement que ce qu'elle pense à ce sujet, il est important qu'elle le fasse pour fermer la bouche aux fausses imputations qu'on pourroit avoir cherché, ou qu'on pourroit chercher à faire valoir pour lui nuire. Vous savés, Mgr., et l'histoire de tous les pays est pleine de ces exemples-là, que souvent la religion a servi de prétexte aux manœuvres les plus noires des malintentionnés.

Je dois même vous avertir à ce sujet sous le sceau du plus inviolable secret que j'ay vu une lettre de Mr. l'abbé Lagnasco écrite de Rome à Mr. de Fontenay, dans laquelle cet abbé lui marquoit que l'envoyé Bianconi [1] auprès du Saint-Père lui avoit fait entendre que peu à peu on avoit le projet à la cour de Saxe de se deffaire de tous les catholiques. Fontenay s'est bien gardé, comme le pense V. A. R., de montrer cette lettre à Mme la Dauphine, et je ne doute pas qu'il n'ait répondu très-vertement sur ce chapitre à l'imprudent abbé. Si Mr. de Fontenay ne vous en a point parlé, Mgr., c'est par ménagement qu'il l'aura fait. Je ne vous communique ce fait, moy, que parce qu'il est de mon devoir de vous rendre compte de tout ce que je scais, et qu'il peut vous importer de scavoir pour votre direction.

Après avoir traité ces articles capitaux dans la longue mais nécessaire lettre autographe que je propose à V. A. R., il n'y aura pas de mal d'entrer légèrement avec Mme la Dauphine en explication sur quelques autres griefs moins importans, si vous avés connoissance qu'elle en ait contre vous (car il n'y a rien à négliger pour vous remparer à fonds de son amitié et de son estime.) — Je ne sais pas trop si on n'a pas eu la charité de l'informer de certains soupers, *ut aiunt*, clandestins ; *item* de quelques promenades nocturnes et en certaines compagnies *vulgo* dittes les oyes du frère Boccace. Elle n'aimeroit pas cela. Si elle ne vous en a rien dit elle-même il ne faut pas être le premier à lui en parler, mais si vous avés vent qu'elle en sache quelque chose, il faut sans détailler l'aveu y joindre la promesse amicale qu'elle n'aura plus de reproches à vous faire à cet égard ; ou si les faits ne sont pas notoirement & absolument à la charge de votre pudicité les expliquer favorablement et faire triompher votre innocence. Entre nous si V. A. R. se croit obligée d'entamer cet article, comme de tous les

---

1. Le comte de Bianconi, conseiller de la cour électorale de Saxe près du Saint-Siège.

reproches à essuyer le plus fort est d'être convaincu d'avoir dit la chose qui n'est pas, je préférerois à votre place la promesse a l'excuse et pour cause.

Le très-grand point, Mgr., c'est de suivre le plan que je prens la liberté de vous tracer pour les articles principaux, et notamment pour le sacrifice de la gratiffication en faveur de la D^{lle} Birnbaum, c'est la seule chose qui gisse en fait et celle qui est la plus capable, par cette raison, de prévenir favorablement Mme la Dauphine sur le reste.

Voicy maintenant les termes dans lesquels je croirois à propos de finir la lettre en question :

« C'est avec un vrai soulagement, ma très-chère sœur, que je
« vous fais avec sincérité ma confession générale ; il ne manqueroit
« à la douceur que j'éprouve dans ce moment que d'être à portée,
« pour me croire sûr d'être à l'abry de tout autre soupçon de ne me
« guider que par vos conseils. Touttes les fois que je pourrai dans
« l'éloignement m'en éclairer, je ne manquerai jamais de les
« rechercher avec empressement pour les recevoir avec autant de
« plaisir que de déférence. Je ne serai parfaitement tranquille que
« lorsque j'aurai pu voir par votre réponse que le cœur de ma
« chère Dauphine m'est entièrement rendu et que je suis toujours
« son très-cher frère. J'envoye un exprès au vicomte sans autre
« objet que celui de luy porter ma lettre pour qu'il puisse vous la
« remettre ; je ne crois pas avoir jamais expédié de courier pour
« une affaire plus importante. Je charge le vicomte de ne pas
« perdre un quart d'heure pour me le renvoyer aussitôt qu'il aura
« receu vos ordres.

« Il ne me reste, très-chère sœur, après cette longue lettre qui
« me paroît être encore trop courte pour tout ce que je voudrois
« vous pouvoir dire, qu'à vous prier de me ménager toujours
« l'amitié de M. le Dauphin auquel je vous prie de faire mes plus
« tendres complimens. »

J'estime, Mgr. la démarche de l'expédition d'un exprès, quoique couteuse, indispensable pour faire valoir le grand intérêt que vous mettrés à la conservation du cœur et de l'estime de Mme la

Dauphine qui dans un cas de besoin pourroit faire valoir auprès de Mr. le Dauphin une démarche qui annonceroit aussi authentiquement combien l'amitié de Mme la Dauphine et la sienne vous paroissent prétieuse. Il faut scavoir semer pour espérer de recueillir.

Vous voiés mon âme et mon zèle, Mgr., vous aimés trop la vérité pour ne pas réfléchir sur tout ce qu'elle vous offre de réflexions et je pense avoir trop attentivement réfléchi moi-même sur ce qu'il vous convient de faire dans le cas présent pour croire qu'il y ait rien à changer au parti que j'ai l'honneur de vous proposer, et j'ose me flatter qu'il aura l'honneur de votre approbation. Après l'engagement que j'ai pris avec Mme la Dauphine de ne commettre ce qu'elle m'a dit dans la conversation dont je vous ai rendu compte en entier, et de n'en faire usage qu'avec prudence, si au lieu de vous en tenir à la marche que j'ai pris la liberté de vous ouvrir vous pensiés à mettre dans votre correspondance avec elle plus de hauteur et de dignité que de tendresse et de condescendance, elle ne me pardonneroit pas l'usage entier que j'ay fait, pour le mieux, de la confiance dont elle m'a honoré.

J'ai eu besoin, Mgr., de me rappeller à moi-même touttes les preuves d'attachement personnel, unique et invariable que j'ai été assez heureux de donner à V. A. R. pendant le cours de six années consécutives, dans des temps et des circonstances quelquefois difficiles, pour m'enhardir à vous entretenir comme je viens de le faire avec une confiance aussi sans réserves sur des matières aussi délicates que celles qui regardent votre honneur, votre gloire et votre réputation. Si V. A. R. ne voioit en moy qu'un serviteur ordinaire, elle trouveroit ma démarche celle d'un censeur audacieux et d'un conseiller impertinent qui chercheroit à se rendre nécessaire en donnant des avis qu'on ne lui demande pas, et dans ce cas je ne serois pas trop puni de ma hardiesse par la perte entière de votre estime et de vos bontés ; mais si vous me faites, Mgr., comme j'ai lieu de m'en flatter en jugeant par le passé, la justice d'envisager ce même serviteur comme votre plus éprouvé, votre meilleur, votre fidel amy, le seul peut-être qui ait osé sans biaiser vous dire constamment la vérité (fût-elle désagréable), si en un mot V. A. R. daigne, et c'est ce que je lui demande, me regarder comme sa propre conscience, elle écartera toutte idée de la distance infinie qui est entre elle et moy, pour ne pezer qu'au poids de la raison et de son intérêt (le seul qui me fasse agir) les réfléxions et les conseils d'un ami qui, sincère jusqu'à la sévérité dans le tête-à-tête, ne s'en retrouvera pas moins toujours soumis et respectueux quand il s'agira d'obéir.

C'est dans ces sentimens que je suis et que je serai toutte ma vie, etc. — DE MARTANGE.

P. S. Je sais par un canal assuré que la tristesse de M. le Dauphin ajoute encore au progrès de sa cruelle situation ; il s'imagine d'être empoisonné et il a laissé échaper dans le particulier quelque chose de relatif à cette crainte. Sa haine pour les Choiseuls et surtout pour le duc est entièrement à découvert ; on m'a assuré, et de bonne part, que souvent même entrant au Conseil quand le Roy n'étoit pas encore arrivé il regardoit le duc en frappant du pied de colère. Celui-cy est plus impétueux et plus insolent que jamais ; s'il faut lâcher le mot propre on le regarde comme près de sa chutte et il y a effectivement plus d'apparence que jamais. Le renvoy des Suisses du canton de Schwytz, auquel il vient de porter le Roy par les motifs exprimés dans l'ordonnance que je joins, fait crier toutte la France et nous enlève, dit-on, deux mille braves gens sans compter les suittes que cela aura vis-à-vis des autres cantons. Le maréchal de Richelieu a depuis quinze jours plusieurs fois rompu en visière au duc de Choiseul, et même une fois le Roy présent, je scais encore cela de main sûre ; ce seroit un indice que le maréchal de Richelieu le croit près de sa chutte puisqu'il l'attaque. D'ailleurs on croit que le Roy le craint et qu'une partie du parlement le soutient, mais il est sûr qu'il y en a aussi une partie qui recherche sa perte.

La majorité du clergé intrigue non seulement contre lui pour le faire renvoyer, mais voudroit même qu'on le jugeât à toutte rigueur. Jamais le déchaînement public n'a été plus violent. On me disoit avant-hier encore à Versailles que l'on ne se gênoit pas trop pour le croire un Lorrain gagné par la maison d'Autriche pour servir son maître à la cour de France. Malgré l'éloignement dans lequel je vis de luy depuis nôtre scène du mois de novembre, je suis bien éloigné de le croire criminel à cet égard, mais pour impérieusement insolent et pour ministre très-dangereux parce qu'il est trop tranchant sans réfléxion, oh! je le crois, et V. A. R. scait que je suis payé pour le croire.

Un homme du secret des lettres m'a laissé entendre que les chiffres ne servoient à rien quand on vouloit écrire quelque chose de bien caché, les *carreaux*, m'a-t-il dit, pas plus que les autres, et parce qu'il m'a ajouté : que ne scait-on le contenu de ce qu'on écrit d'un pays que par les alentours de ceux qui vivent avec les gens auxquels on écrit, le mieux est de ne point trop parler des gens en place. Les suittes du discours m'ont donné quelques soupçons sur Mr. de Marainville comme si le degré de confiance dont l'honore l'Electrice, dit-on, avoit pu le mettre à portée de faire mauvois usage de ce qu'il auroit appris par ce canal. Et puis notre cher ami Du Metz qui est actuellement icy, de la cour du duc par ses beaux-frères, pourroit bien s'être fait un mérite de donner la clef du bureau que nous tenons de luy. Cecy n'est qu'idée, et je serois bien fâché de taxer l'un ou l'autre, mais pour plus grande sureté, Mgr., si nous devons chiffrer envoiés-m'en un autre sans carreaux par le porteur de la lettre que j'espère que V. A. R. écrira à Mme la Dauphine, et pour plus grande sûreté ménagés les confidences à Mr. de Marainville, car je me rappelle que dans la conversation amicale où le Duc m'apprit qu'il savoit positivement que j'étois son ennemi, il me dit : « Je vous étonnerois bien si je vous disois d'où je sais cela. » Et en rapprochant ce que mon homme aux lettres m'a dit depuis, ce diable d'homme m'a donné martel en tête, d'autant plus que si pour une indiscrétion quelconque il avoit eu connoissance de ce que j'ai écrit confidemment à V. A. R. lorsqu'il étoit question de sa place de lieutenant-général en Saxe et de celle de directeur des fortifications que feu Mgr. l'Electeur lui avoit destinée, la route qu'il auroit prise pour se venger auroit pu lui paroître d'autant plus naturelle qu'il y gagnoit pardessus le marché l'avantage de se faire un mérite icy de son avertissement. Quoiqu'il en soit, Mgr., car je n'ai point d'autre indice pour asseoir même un soupçon, je vous serai obligé s'il est vrai que Mme l'Electrice ait quelque confiance en lui de ne point me citer comme autheur d'aucune nouvelle intéressante, de crainte que cela ne vienne icy par la même voye.

Il est question très-sérieusement de faire faire un voiage à Mr. le Dauphin et cela doit être décidé au mois de mars. Les gens qui lui sont véritablement attachés espèrent que si quelque chose est capable de lui rendre la santé ce ne peut être que ce genre de dissipation. On a fait adopter à la Reine cette idée et elle a promis d'en *causer avec le Roy*, ce sont ses termes. « Mais, dit-elle, ce mois-cy et le suivant cela ne peut pas être décidé; je travaille et je scauray à quoy m'en tenir dans le mois de mars. » Voilà ce qu'elle a promis à ce que j'ai sceu de l'intérieur. Il y a bien des gens qui chercheront à traverser le projet de ce voiage, surtout si Mme la Dauphine doit en estre, car son absence de la cour empêchera les intriguans de se servir de son crédit pour tâcher d'obtenir des grâces, et cette infâme considération est très-capable de les faire cabaler contre le voiage en général. Mr. le Dauphin, dit-on, n'est pas éloigné de désirer l'exécution de ce projet, mais il désire que Mme la Dauphine en soit et cela ne sera peut-être pas praticable si quelques soupçons de grosesse se vérifient. Tout ce que je vous marque là, quoiqu'encore dans les ombres du secret, n'en est pas moins certain et c'est de la meilleure part que j'en suis instruit. Et, pour Dieu, si vous en parlés à quelqu'un daignés de ne me pas citer non plus que pour l'envoy de la pasquinade qu'on a faite sur le contrôleur général et que j'avoue bonnement qui m'a amusée quoiqu'elle ne soit que poliçonne[1]. Son édit s'exécute quoiqu'avec quelques difficulttés[2] et la besogne quoiqu'elle soit jugée foncièrement bonne trouve bien des contradictions dans la pratique. Je ne pourrois vous rien expliquer de mieux que ce qu'il a expliqué lui-même dans l'édit et dans l'instruction qu'il a donnée à la suitte.

1. C'est la chanson du *Contrôleur habile*. Voy. *Mém.* de Bachaumont, t. II, p. 136.
2. L'édit du 17 décembre 1764 sur la libération des dettes.

Tout cela ne paroit pas encore trop clair à bien des gens et il n'y a pas longtemps qu'on a mis en prison un indiscret mauvois plaisant qui, allant voir le *Serrurier* à la Comédie françoise[1], dit tout haut à un de ses amis qu'il avoit affaire au héros de la pièce pour avoir la clef de l'édit.

A propos de prison et d'indiscret on a arrêté, il y a environ quinze jours, M. Drouet[2] que vous avés vu auprès du comte de Broglie comme secrétaire de confiance et qui depuis leur est toujours resté intimement attaché ; il a été conduit à la Bastille parce qu'on a trouvé une de ses lettres dans les poches d'un émissaire[3] de d'Eon[4] qui a été arrêté à Calais retournant à Londres. J'ignore ce qu'il y a dans la ditte lettre mais cela n'a pas laissé que d'inquietter Mrs. de Broglie qui cependant, depuis quelques jours, sont plus tranquilles à ce qu'on m'a dit. Je dis à ce qu'on m'a dit, car quoique je les aime fort je me suis fait une loy de ne plus voir personne surtout eux pour ne pas donner sans nécessité nouvelle matière au duc de Choiseul à imaginer que j'intrigue contre lui. Assurément à la vie que je mène depuis sa scène, il faut qu'il ait bien le diable au corps s'il croit avoir des reproches à me faire, et

---

1. Indication qui paraît inexacte. Le *Serrurier* est un opéra-bouffe en 1 acte représenté le 20 décembre 1764.
2. Agent de la correspondance secrète de Louis XV. Voy. Boutaric, t. I, p. 124 et 334.
3. Le sieur Hugonet attaché à la correspondance secrète.
4. D'Eon de Beaumont, homme cru femme à tort, agent secret de Louis XV. De Rivière, conseiller de légation, écrivait au prince Xavier, le 23 novembre, 1777 : « Mlle Déon dans les habits de son sexe est à Paris logée chés un ancien secrétaire de M. le comte de Broglie ; elle dina et soupa hier dans une maison de ma connoissance. Par son esprit, ses saillies, ses plaisanteries sur ces airs gauches en femme elle fit les délices de la société. La première fois qu'elle demanda à boire, son laquais lui apporta de l'eau et du vin ; comme elle a le ton un peu dragon, elle lui dit qu'elle étoit accoutumée à ne boire que du vin pur. Sa figure est forte et peu agréable ; elle a l'air d'une bonne grosse servante endimanchée ; elle ne fait point de révérence et salue à bras ouverts. Elle étoit coiffée à la baigneuse et elle porte perruque. Aujourd'hui elle doit faire sa révérence au Roi et à la Reine, sans doute qu'elle s'y exercera. Mme Bertin, célèbre marchande de modes, s'est chargée de sa toilette pour cette présentation. » Arch. de l'Aube. — Voyez : *Mémoires de Bachaumont*, t. X, 289. — Duc de Broglie, *le Secret du Roi*, t. II, chap. VI et X.

je continuerai aussi sagement pour me ménager de nouvelles occasions de servir si le tems change.

Le major Valentin qui a écrit à Mr. son colonel et à Mr. le général d Arminel (?) pour obtenir une prolongation de congé afin de suivre une affaire importante qu'il a icy et qui ne peut guère être menée à fin avant le mois de septembre m'a prié de m'intéresser pour lui auprès de V. A. R. La fureur de la croix de Saint-Louis le tient toujours, jamais homme n'a eu autant d'envie d'être crucifié. Il est convaincu que s'il y avoit une lettre de V. A. R. au duc de Choiseul et que je suivisse cette affaire, elle réussiroit. Il est bien instruit ! J'aurai obligation à V. A. R. de faire mettre dans une de celles dont elle m'honorera *que je sçais bien que pour la croix de Valentin cela n'est pas praticable*, de façon qu'en lui montrant cette décision de V. A. R. il me laisse tranquille à cet égard sans croire que je ne veux pas m'intéresser pour luy, car je ne puis pas lui dire les vraies raisons qui ont fort diminué mon crédit, et même le nôtre, auprès du Duc.

Le premier chirurgien du Roy nommé La Martinière lui a fait une si belle et si importante leçon sur le chapitre du petit sérail du Parc au Cerf, qu'il n'en est plus question. Il y en a deux de ces demoiselles qu'on dit grosses, ainsy la grande bande d'étourneaux se nuisant mutuellement il n'y a pas d'apparence, si cette double grossesse est vraye, que le fils[1] du Roy et de Mlle de Romans soit reconnu.

Je profitte encor, Mgr., de la commodité du départ de Mr. Charron pour vous faire parvenir une nouvelle instance d'un de mes anciens camarades du régiment de Löwendal dont il y a déja longtemps que vous aviés eu la bonté de charger le cher Zinzin. Ce sera une grande faveur pour cet honnête père que de lui accorder ce qu'il demande et qui lui est indispensable pour pouvoir élever convenablement ses enfants. Le papier inclus y relatif est cotté *A*. La chanson du contrôleur cottée *B*. Je renvoye à

---

1. L'abbé de Bourbon. Voy. sur le vrai nom de Mlle de Romans la *Revue historique*, tome XXXII, p. 102.

V. A. R. sous la cotte *C* l'état du livre verd sur les mêmes papiers. Tout est reformé et exécuté ainsy qu'elle le verra suivant ses ordres; je ne néglige rien assurément pour presser Mr. de Boullongne auquel l'ordonnance est envoiée par le contrôleur général, mais on ne peut aller que bien doucement. J'ai vu Mrs. Foullon et Banières[1] il y a deux jours à Versailles et ils m'ont promis que l'ordonnance des six derniers mois seroit remise à la signature particulière du bureau de la guerre ce mois-cy et envoyée de là à Mr. le contrôleur général pour prendre le bon particulier du Roy.

V. A. R. est prévenue que sur ce que j'ai en caisse je dois payer e 31 du courant les deux lettres de change acquittées. J'attens les autres délégations pour y faire également honneur; j'écris une petite lettre au cher Zinzin aujourd'huy au moyen de laquelle je compte que V. A. R. pourra toucher à Dresde ou à Leipzig une somme un peu considérable dont je la suplie encore de disposer en attendant les paiemens du thrésor royal qu'on promet toujours devoir être florissans en 1765. Dieu le veuille, et d'un autre côté on me dit dans ce moment que tant le Duc que le contrôleur général sont au moment d'être renvoyés. Pour le premier, je le croirois assés, car l'affaire des Suisses doit le perdre, mais pour le contrôleur général j'en serois fâché et je ne le crois pas: le plus fort de sa besogne qui étoit l'impression publique étant passé.

Pour revenir au Livre verd, je préviens V. A. R. que quoique l'ancien 1764, art. Dépenses, soit arrêté il y a deux articles de païés par moy, un, à un menuisier de Versailles, que je n'ai pas mis sur mon compte de dépenses faute d'avoir envoyé sa quittance à V. A. R. et comme je ne la retrouve pas j'attens à lui en avoir demandé une nouvelle et à vous l'avoir adressée pour rapporter cet article qui fera corps dans la dépense de 1765; ainsy qu'un autre article de deux cent et quelques livres que j'ai payé à Mlle de Silvestre pour compléter une lettre de change que M. Hutin paiera à l'ordre de V. A. R.

Il me semble, Mgr., que les quittances en parchemin que

---

1. Premiers commis ou chefs de bureaux du ministère de la guerre.

V. A. R. a données au thrésor roial n'ont été jamais signées que du nom de *comte de Lusace*. Si cela est, permettés-moy de vous faire observer qu'il pourroit être trop fort de les signer comme vous me l'avés envoyée : *Xavier, p^ce de Pol. duc de Saxe*, d'autant plus que cette pension vous étant assignée par le Roy au département de la Guerre en votre qualité de Lieutenant général que vous n'avés prise que comme comte de Lusace, il convient que ce soit sous cette dénomination que vous signiés. Je ne la renvoye pas cependant à V. A. R. jusqu'à ce que j'aie receu sa réponse avec une autre signée *ut olim*. Mais jusques-là je ne ferai aucun usage de celle signée : *P^ce de Pol. duc de Saxe*.

La quittance de Favier pour la somme de 1.029 livres 18 s. est cottée *D*.

Il me semble que je n'oublie rien, je finis donc ma trop longue épître en me mettant avec toutte ma famille aux pieds de V. A. R., dont je suis *in corde et in litteris*. — De Martange.

MARTANGE AU PRINCE XAVIER DE SAXE [1]

A Munic, ce 22 juin 1765. — Mgr. Je suis arrivé icy avant hier à dix heures du soir par un des plus beaux ou du moins des plus imposans orages qu'il soit possible de voir. Après les éclairs dont l'Éternel illumina le petit mot de conférence qu'il eut avec son serviteur Moyse sur le mont Sinaï, je ne pense pas qu'il en ait beaucoup de plus vifs et de plus singuliers dans son arcenal que ceux dont il lui a plu d'illuminer la route de son serviteur Martange depuis Freysinguen jusqu'icy. Toutte la cour bavaroise étoit justement pendant ce temps-là à Ismaringen à trois lieues de Nimphembourg, où on avoit été dîner chez Mgr. le prince Clément [2] et où l'orage fit qu'on resta à souper quoiqu'on n'y eut

---

1. Fragment de lettre autographe. Arch. de Honfleur.
2. Prince de Saxe, archevêque-électeur de Trèves et précédemment évêque de Freisingen. Né à Dresde le 28 septembre 1739; décédé le 27 juillet 1812.

pas compté. Peu s'en fallut même qu'on n'y couchât ce qui, vu la très-nombreuse compagnie de coucheurs et de coucheuses, ne pouvoit guères avoir lieu sans être, m'a-t-on dit, les uns sur les autres. Il auroit été au reste assés heureux que cette situation eût été amenée aussi naturellement, car la bénédiction de Dieu se répandant avec profusion sur tout ce qui se fait dans une maison épiscopale, cette nuit-là un peu bien employée auroit peut-être sauvé 100 ou 150 mille oreilles à l'Europe, qu'elle perdra peut-être un jour à venir[1] parce que l'orage du 20 juin n'a pas duré une heure de plus et que le temps s'étant éclairci vers minuit LL. AA. Électorales n'ont pas couché au presbitère. La volonté de Dieu soit faite après tout, cela regardera plus les oreilles de nos enfants que les nôtres et ce seront plus leurs affaires que les miennes, *unusquisque pro suis*.

Des cinq heures du matin, hier, Mgr le prince Clément est venu d'Ismaringuen icy pour y dire sa messe chez les R. pères Jésuites qui célébroient la fête de leur saint confrère Aloysius, et à sept heures et demie il étoit déjà à Nimphembourg où j'ai eu l'honneur de lui faire ma cour plus d'une heure de suitte et *cum summa voluntate*.....

MARTANGE AU PRINCE XAVIER DE SAXE[2]

A Maison-Blanche, ce 10 novembre 1765. — Mgr. Je ne suis arrivé que ce matin de Fontainebleau où j'ai laissé tout le monde dans l'espérance fondée d'une heureuse convalescence de M. le Dauphin dont le mieux depuis trois jours s'est soutenu au point que Mrs les médecins lui ont permis hier de manger un œuf frais. J'avois porté avec moy la lettre de V. A. R. qui m'a été remise par

---

1. L'électeur de Bavière Maximilien III Joseph n'avait pas d'héritier, et Martange fait allusion à la possibilité d'une guerre entre l'Autriche et la Bavière après la mort de l'Électeur. En effet, une guerre de succession faillit s'ouvrir en 1777.
2. Minute autographe. Arch. de Honfleur.

Mlle Birnbaum [1] pour la communiquer s'il avoit été possible à Madame la Dauphine, mais les circonstances et l'état de M. le Dauphin dont la princesse est comme de raison uniquement occupée ne m'ont pas permis de lui parler pendant tout le séjour que j'ai fait. Quoique j'aie passé la plus grande partie de mon temps dans son antichambre elle ne m'a appelé qu'une seule fois à son dîner pour me dire en deux mots qu'elle avoit à me gronder de votre part sur mon silence, mais qu'elle l'avoit oublié et n'en avoit pas eu le temps. Je me suis contenté de répondre que je m'étois trouvé fort malheureux de n'avoir rien eu d'agréable à écrire à V. A. R., que j'avois toujours attendu mais qu'enfin depuis la fin du mois dernier je m'étois remis en règle en reprenant la correspondance. Comme je veux que ma lettre parte demain matin et que je n'ai pas le temps de chiffrer beaucoup, je me contente de dire aujourd'huy à V. A. R. sans détail qu'elle peut être fort tranquille sur le chapitre de la Birnbaum dont je scais à présent l'âme et touttes les affaires par cœur, car j'ai eu avec elle de fréquentes conversations et conférences de deux heures, une après midy qu'elle étoit ivre comme une soupe, et *in vino veritas*. Nulle crainte à avoir sur son chapitre continuât-elle à avoir du crédit sur l'esprit de sa maîtresse, mais j'ai de bonne raisons de soupçonner qu'elle en a beaucoup perdu, au moins est-il sûr qu'elle n'en a pas reçu un témoignage particulier depuis son retour de Saxe.

J'ai cherché inutilement à Fontainebleau et à Paris le chevalier de La Touche avec lequel je voulois m'entretenir sur ce que V. A. R. scait, mais il n'est ni à la ville ni à la cour, et n'est attendu à Paris que vers le jour de l'an. J'ai hésité si je lui écrirois ou si j'attendrois à le voir, et j'ai préféré le second parti aimant mieux différer une réponse à V. A. R. que de risquer en écrivant une proposition qui doit être faitte avec le plus grand ménagement.

Malgré tout ce qu'on dit de bien de M. le Dauphin, les gens

---

1. Déjà ce nom s'est rencontré plusieurs fois; c'est celui d'une femme de chambre, d'origine saxonne, attachée au service de la Dauphine et à laquelle cette princesse témoignait une grande confiance. Martange ne l'ignorait pas et il savait en tirer parti.

sensés le regardent toujours comme un homme mort[1] et je scais même que les médecins n'y peuvent rien. Il y auroit, à ce qu'on m'a assuré, des ordres aux postes pour avoir un certain nombre de chevaux prêts pour le transport de la cour aussitôt que le malheur sera arrivé.....

J'ai reçu avant hier la lettre de V. A. R., du 26 du passé, dont j'ai déchiffré à peu près la moitié et ç'en a été assés pour me percer le cœur. Je vais m'éclaircir le reste et vous répondre tout de suite sur le tout. Je n'ay qu'un mot aujourd'huy à dire à V. A. R. : vous êtes, Mgr., le plus fort et le plus sage, faites l'impossible pour gagner encor au moins quelque tems. Je ne saurois prévenir ce que vous me racontés, mais il n'y a rien que je ne fasse avec zèle et plaisir pour votre service.

MARTANGE AU PRINCE XAVIER DE SAXE [2]

Mémoire en forme de supplément concernant les principautés souveraines de Neufchâtel et de Vallengin. — [Sans date, 1765.]
— J'ai marqué dans le grand mémoire sur l'établissement de V. A. R. qu'on pouvoit par l'entremise de la cour de France ménager à V. A. R. le suffrage des Suisses et surtout du canton de Berne principalement intéressé à veiller sur les possesseurs de cette principauté dont il a reçeu les habitants comme des combourgeois dans la plus grande considération. Pour mieux développer et mon idée et les moyens que je croirois propres à la faire réussir[3], il est indispensable d'abord que V. A. R. considère la République

1. Le Dauphin décéda à Fontainebleau le 20 décembre 1765, âgé de 36 ans.
2. Minute autographe. Arch. de Honfleur.
3. En cherchant pour le prince Xavier un établissement ou un apanage qui lui assurât l'indépendance, Martange avait jeté les yeux sur les comtés de Neufchâtel et de Valengin dont le revenu était évalué à un demi-million de livres. Ce projet qui avait été soumis au Dauphin vers le mois de mai 1765 n'aboutit pas. Trois années plus tard, le prince Xavier de Saxe entama des négociations pour devenir grand-maître de l'ordre Teutonique; il échoua encore dans cette tentative.

suisse comme composée de cantons indépendans et jaloux les uns des autres, mais abandonnant toutte querelle particulière et tout intérêt personnel dès que la cause générale est ou peut être intéressée en bien ou en mal. Les lois de cette union et la fidélité avec laquelle on les observe sont la source du bonheur et de la tranquillité de ces peuples, et la nécessité de ne s'en point départir leur est si chère qu'il n'est pas douteux que la collection de tous ne se réunît contre le plus fort s'il tentoit d'assujetir le plus foible, ou même s'il se mettoit en état de pouvoir le faire en ajoutant un nouveau degré de puissance à celle qui lui a été reconnue par les autres cantons lors de la formation de leur République après avoir secoué le joug des maisons de Bourgogne & d'Autriche.

L'objet que je me propose en mettant cette vérité préliminaire sous les yeux de V. A. R., c'est pour lui faire sentir : 1° que le canton de Berne ne pourroit pas acquérir pour luy la souveraineté sur ses combourgeois parce qu'alors il ajouteroit ce nouvel État à sa puissance primitive et intéresseroit la liberté des autres cantons : il n'est pas à craindre que V. A. R. l'eût comme concurrent à cette souveraineté par conséquent on ne risque rien de le prévenir de confiance ; 2° que les avantages que la France pourroit procurer au canton de Berne intéressant toutte la République des Suisses il est à présumer d'après leur constitution telle que j'en envoie à V. A. R. que tous les cantons se réuniront à l'intérêt particulier du canton de Berne dès qu'il sera l'intérêt général de la République; 3° que si l'on pouvoit inspirer de la défiance au canton de Berne sur le voisinage d'un prince entreprenant comme le roy de Prusse et qu'on pût leur faire sentir au motif de tranquillité dans la souveraineté d'un prince comme V. A. R. dont ils ne seront jamais dans le cas d'avoir rien à craindre, cette idée intéresseroit aussy toutte la République, et conséquemment le canton de Berne est donc le chef-lieu où V. A. R. doit plaider pour gagner son procès vis à vis de tous les cantons et estre reconnu et garanti par eux souverain des deux principautés au lieu et place de S. M. Prussienne à la charge de maintenir la relligion suivant l'état où vous la trouveriés prenant possession de votre nouvelle principauté.

Il faut encore considérer que le renouvellement à faire de l'alliance de la France avec les Suisses est un objet de toutte importance pour le canton de Berne et pour tous les Suisses en général ; en même temps qu'elle est l'assurance de ressources les plus intéressantes pour la politique de la cour de France, cette alliance jurée sous Louis XIV est au moment d'estre renouvellée, et c'est à la faveur de cette époque bien ménagée qu'on pourroit les porter et agréer, appuyer et garantir l'établissement projetté pour V. A. R.

Mais d'imaginer que ce soit une affaire à traiter de but en blanc par l'ambassadeur du R. Tr. Ch. à Soleure, ce seroit se proposer des longueurs et des difficultés. J'estimerois que le grand point seroit de s'assurer par raisons solides, par vues d'intérêt personnel une des têtes principales du sénat de Berne, dont les conseils auroient le double avantage d'éviter touttes fausses démarches, qu'indiqueroit les moyens les plus sûrs et pourroit tourner les esprits de ses collègues avant qu'aucun émissaire du roy de Prusse ou de l'Angleterre pût cabaler avec ses partisans pour s'y opposer.

C'est donc un agent sûr et hors de tout soupçon qu'il paroitroit estre principalement question d'employer pour concilier à vos intérests un des ministres d'État du canton de Berne, sur les conseils et les mesures duquel on pût ensuite préparer toutte la négociation, et en évitant les longueurs préliminaires couper aux suffrages contraires tous les moyens de cabales. C'est pour cela qu'après y avoir mûrement réfléchi, je ne verrois nul inconvénient de charger, comme je le disois hier à V. A. R., ma femme de cette comission et sur les instructions que je lui donnerois, ce que je lui connois de discrétion et les connoissances que je lui scois dans ce canton avec Mr. Müller, secrétaire d'État et homme principal du canton, avec lequel elle a déja traité lorsqu'il fut question du prêt des 800 mille livres pour l'achat de la galerie de Modène, elle pourroit pendant cette campagne partir de Strasbourg où elle doit passer l'été, aller à Berne comme pour se promener et voir ses anciens amis et, sur ce qu'elle verroit de disposition à ce Mr. Müller, s'ouvrir ou se restraindre sur les idées qu'il seroit question de lui inspirer en faveur de V. A. R. J'ai bien encore réfléchi sur M. le commandeur de Ferel, mais il est chevalier de Malte et d'un canton catholique rival de celui de Berne......[1].

MARTANGE AU PRINCE XAVIER DE SAXE[2]

Précis et résultat des conférences entre S. E. Mr. le comte de Fleming et Mr. le général de Martange. [Sans date, *1766*]. — Le début du général de Martange dans sa première visite à S. E. Mr. le comte de Fleming a été de s'expliquer avec la plus grande clarté sur les bornes de sa mission qu'il a énoncé se restreindre à effectuer de tout son pouvoir ce qu'il jugeroit devoir assurer la tranquillité de Madame la Dauphine et calmer les inquiétudes dont le cœur de cette princesse s'est rempli sur la nouvelle qu'elle avoit receue de quelque mésintelligence et refroidissement dans l'intérieur d'une famille dont tous les membres lui sont si chers, et à laquelle elle est aussi étroitement liée par le sentiment que par le sang. Le général de Martange a ajouté qu'il n'étoit ministérialement chargé de rien et que l'agrément que le Roi Très-Chrétien à son voyage en Saxe, ainsi que la lettre dont Mr. le duc de Praslin l'avoit chargé pour S. A. R. Mgr. le Prince-Administrateur, n'avoit été demandé par lui que comme une précaution nécessaire pour assurer authentiquement et pour toujours son état de maréchal des camps en France, et prévenir l'abus qu'on auroit pu faire sans cela contre lui d'une absence hors du royaume qui ne seroit point légitimée par l'ordre et les passeports du Roy son souverain.

De cet exposé le général de Martange a conclu que son objet

1. La suite ne se trouve pas dans les papiers de Martange. — La principauté de Neufchâtel et le comté de Valengin étaient l'ancien patrimoine de la maison de Longueville du sang de France; ce ne fut qu'en 1707 qu'après l'extinction de la ligne féminine de cette maison les États de Neufchâtel et de Valengin élurent le roi de Prusse pour leur souverain, lequel ne fut reconnu en cette qualité qu'en l'année 1713 à la paix d'Utrecht.
2. Copie d'un mémoire formant 22 pages in-fol. Arch. de Honfleur.
La copie porte des ratures et des corrections de la main de Martange.

unique, exclusivement à toute affaire politique, étoit donc de justifier la confiance dont Madame la Dauphine l'avoit honoré en s'attachant à tous les moyens possibles de conduire les choses au point qu'à son retour à Versailles il n'eût que des nouvelles agréables et consolantes à raporter à Madame la Dauphine sur la paix et l'union intérieure des Princes et des Princesses de sa maison.

A l'égard des moyens que le dit général comptoit employer pour parvenir à cet objet capital il a annoncé fonder principalement son espoir, d'une part, sur les bontés personnelles et la sorte de confiance dont S. A. R. Mr. le Prince-Administrateur avoit honoré son zèle et son attachement pendant six ans consécutifs et, de l'autre, sur les dispositions d'ouverture et de confiance qu'il espéroit trouver dans LL. AA. RR. Mgr. le Duc et Mesdames les Princesses, après les lettres de Madame la Dauphine qu'il avoit eu l'honneur de leur remettre, mais que pour tirer le parti le plus avantageux de cette confiance respective il réclamoit avec instance les lumières et les secours de S. E. sans l'aprobation de laquelle il se raprocheroit de faire aucune démarche.

S. E. Mr. le comte de Fleming, après avoir agréé l'exposé de la mission de Mr. de Martange qu'il a trouvé entièrement conforme à ce que Mr. le général de Fontenai lui en avoit écrit d'après les informations de Mr. le duc de Praslin, s'est étendu avec les expressions de la reconnoissance le plus patriotique, sur le tendre intérêt qui animoit constamment Madame la Dauphine pour le bien et la gloire de sa maison, sentiment précieux, a ajouté ce ministre, à tous les bons et vrais serviteurs et dont elle donne une nouvelle preuve aussi convaincante, que pour lui comte de Fleming il étoit dans son particulier charmé du choix que Madame la Dauphine avoit fait pour être informée par le rapport le plus sincère de l'état réel des choses, du zèle avec lequel et des principes sur lesquels l'administration présente travailloit sans relâche à procurer le plus efficacement et le plus promptement le redressement des abus, la réparation des malheurs et enfin le bonheur général de la patrie auquel le bonheur particulier et la gloire personnelle de tous les membres de la maison royale et électorale se trouvoient si intimement attachés, qu'à la vérité l'esprit de désunion qui s'étoit malheureusement glissé dans la famille pouvant retarder des vues et des efforts aussi salutaires, S. E. sentoit plus que personne la nécessité de travailler à une réunion aussi désirable et qu'à cet effet elle promettoit à Mr. de Martange de l'aider de toutes les lumières qu'elle pourroit lui procurer et contribueroit de tout son cœur et de tout son pouvoir au succès d'une négociation qu'elle regardoit comme aussi essentielle que délicate. Après un concert aussi parfaitement établi de la pureté respective d'intentions, il n'a plus été question entre S. E. Mr. le comte de Fleming et le général de Martange que de discuter ensemble avec ordre et toujours dans le même esprit de franchise et de vérité les deux questions suivantes : 1° Quelle étoit la nature du mal? 2° Quelle pouvoit être celle du remède?

A l'égard de la première question il étoit indispensable aux deux interlocuteurs d'entrer dans le détail des différents griefs qui ont causé la dissension, et ils n'ont pu se dispenser de remonter jusqu'aux premières sources de la mésintelligence pour suivre jusqu'au moment présent les jalousies, raports, préférences, mésentendus, haines, vengeances, aigreurs, en un mot tous les procédés dont elle s'est grossie dans son cours. Quoique ces recherches aient été faites avec l'exactitude la plus scrupuleuse, aucun des traits discuté ne sera cité dans le précis de la conversation de Mrs. de Fleming et de Martange. Un voile respectueux doit toujours cacher ces détails, non seulement au public, mais même à Madame la Dauphine, et après s'en être entretenus pour leur propre direction, Mrs. de Fleming et de Martange se pressent de se les cacher à eux-mêmes.

Il suffit de dire que le résultat de cet examen a également porté S. E. Mr. le comte de Fleming et Mr. de Martange à envisager la désunion actuelle non seulement comme scandaleuse dans l'intérieur de la cour, mais comme infiniment plus dangeureuse encore par l'esprit odieux de parti qu'elle devoit nécessairement former et qui ne pouvoit manquer d'être une suite de la préférence que les gentilshommes donneroient dans leur attachement de la personne de l'un ou l'autre des princes, esprit de parti qui se communiquent de proche en proche et s'étendant de la capitale dans les provinces et dans les terres des particuliers ne pourroit, à la fin, indépendamment du scandale au dedans et au dehors, qu'empêcher le succès des moyens les plus sages et les plus réfléchis que l'Administration présente cherche à prendre pour réparer les malheurs publics et assurer le bonheur national.

Quoique le général de Martange eût annoncé que tout moyen pris dans la politique lui étoit interdit, il n'a pu s'empêcher, invité par S. E. Mr. le comte de Fleming, en appuyant sur l'observation de l'impression désavantageuse que cette mésintelligence ne manqueroit pas de faire dans tous les païs étrangers, de s'apesantir un peu plus particulièrement sur le mauvois effet qu'elle produiroit en France relativement à la conclusion de certains arrangemens désirables pour les deux états, et dont le ministère françois s'éloigneroit d'autant plus que la division intestine de la famille s'opposeroit aux efforts que la Saxe chercheroit d'ailleurs à faire pour se rendre en sortant de sa foiblesse à la considération qui lui appartient si naturellement dans l'Empire. Cette division entre les frères et sœurs est donc non seulement le plus grand mal dans l'intérieur de la famille, mais elle peut devenir de plus un mal essentiel qui intéresse l'État et que l'État conséquement a le plus grand intérêt de prévenir. Telle a été la conclusion sur laquelle Mrs. de Fleming et de Martange se sont arrêtés après l'examen réfléchi et méthodique qu'ils avoient fait de la nature de la discussion actuellement existante entre les princes et les princesses de la maison.

Cette première question sur la nature du mal aussi incontestablement reconnue, Mrs. de Fleming et de Martange ont passé à la nature des moyens dont il convenoit de se servir pour y remédier, et c'est sur cet article qu'il importe principalement de résumer avec ordre et clarté les différens raisonnemens dont chacune des opinions a été scrupuleusement balancée, avant de se fixer au parti sur l'exécution duquel il convient que S. A. R. Mgr. l'Administrateur donne sa dernière résolution quand il aura jugé de la validité des motifs qui ont déterminé S. E. Mr. le comte de Fleming et Mr. le général de Martange à s'y arrêter comme au parti le plus avantageux pour sa gloire et la tranquillité de son administration d'une part et de l'autre pour le plus grand bonheur réel de Mgr. le prince son frère et de Mesdames les princesses ses sœurs ; en un mot le seul qui puisse opérer d'une facon stable la réunion des esprits et des cœurs de toute la famille roiale et électorale. La première proposition sur laquelle Mrs. de Fleming et Martange se sont mutuellement interrogés est celle-ci : Ne seroit-il pas possible d'opérer une réunion sincère et cordiale entre les membres de la famille roiale, les personnes restant *in statu quo* à la cour de Dresde?

Il semble au premier coup d'œil qu'entre des personnes aussi proches et dont l'âme est faite pour des sentimens aussi purs que ceux de l'amitié fraternelle et de la concorde, quand il s'élève des nuages qui obscurcissent pour quelque tems la confiance réciproque il devroit être facile de les dissiper en se réduisant à l'oubli du passé et aux engagemens de l'avenir surtout quand ces deux propositions seroient présentées au nom d'une sœur tendrement aimée des uns et des autres, dont la santé et la tranquillité leur est chère et qui de quel côté que fussent les torts, s'ils devoient subsister, auroit le cœur également déchiré. Il semble que pour consommer une négociation de cette nature il ne seroit question que de proposer de s'embrasser à des gens qui en meurent mutuellement d'envie, mais quand on réfléchit, comme l'on fait Mrs de Fleming et de Martange, sur les causes anciennes et récentes de l'éloignement des personnes qu'il seroit question de rapprocher, sur la continuité nécessaire d'une partie de ces causes qui, n'étant point et ne pouvant point même être détruites, reproduiront toujours du plus au moins les mêmes effets; quand on considère que l'âge et le caractère des personnes intéressées ne peuvent pas permettre d'espérer une refonte totale de sentimens et de principes, il faudroit s'aveugler soi-même pour compter en suivant cette voye, si facile en apparence, rien faire de stable et de permanent, et dès lors une rechute inévitable venant à occasionner de nouvelles aigreurs, la désunion ne peut manquer de devenir plus scandaleuse et les suites d'autant plus funestes qu'on auroit perdu, en l'employant à un palliatif, le seul tems peut-être que le général de Martange au nom de Madame la Dauphine puisse ménager pour amener les esprits à un arrangement également avantageux et conséquemment également désirable pour tous.

C'est d'après ces réfléxions que Mr. le comte de Fleming et Mr. le général de Martange, reconnaissant l'impossibilité absolue d'un raccommodement stable, tant que les membres de la famille resteroient *in statu et in loco quo*, ont conclu à une nécessité indispensable de se séparer.

Aiant continué ensuite d'examiner avec la même méthode : 1° si la séparation devoit avoir lieu pour la personne de Mgr. le duc de Courlande d'abord, et, dans ce cas, quelles mesures il conviendroit de prendre pour son exécution la plus avantageuse et la plus honorable ? 2° si la séparation étoit également nécessaire pour les deux princesses, et dans le cas de l'affirmative s'il conviendroit même qu'elles se retirassent dans quelques-uns des châteaux de l'Électorat susceptibles de leur faire une résidence particulière, ou s'il seroit plus convenable de leur ménager un séjour plus agréable et plus honorable hors l'Électorat; et dans le cas où ce dernier parti prévalût s'il étoit préférable de laisser les deux princesses ensemble, ou de leur faire à chacune une sorte d'établissement séparé à deux cours différentes; enfin si l'arrangement qu'on feroit à leur égard seroit envisagé comme permanent ou seulement comme transitoire et à leur volonté?

Relativement à S. A. R. Mgr. le duc de Courlande :

Si les dernières révolutions de Pologne n'ont pas entièrement détruit dans le cœur de S. A. R. l'espoir de rentrer un jour en possession des États dont le feu roy son père lui a accordé l'investiture, il est toujours certain que dans l'état actuel des circonstances présentes, tout concourt à faire envisager les espérances que S. A. R. pourroit conserver à cet égard comme étant si éloignées qu'il n'en est pas moins instant pour lui de chercher sans perte de tems à remplacer par d'autres canaux le vuide des sommes que la perte réelle du revenu de ses duchés lui fait éprouver et dont la totalité seroit cependant si nécessaire à S. A. R. pour se soutenir avec l'éclat qui lui apartient surtout si elle vouloit partager cet éclat avec l'épouse qu'elle a honorée de son choix. Quand même l'Électorat de Saxe seroit rendu dès aujourd'huy à la prospérité et à la splendeur naturelles d'un état aussi considérable, quand ses ressorts n'auroient pas été aussi altérés qu'ils l'ont été par une suite de malheurs que la dernière guerre a comblés en dérangeant autant qu'elle a faite ses finances il faudroit encore convenir qu'il ne seroit pas possible à Mgr. l'Administrateur, n'écoutant que sa tendre amitié pour Mgr. son frère, de puiser dans le trésor de Mgr. l'Électeur son pupille des sommes qui doivent y être exclusivement destinées à l'amélioration du seul bien public, et qu'il ne doit pas être permis d'employer à l'avantage particulier tel qu'il puisse être : ces principes de gouvernement sont trop évidens pour n'être pas adoptés par Mgr. le duc de Courlande qui a régné lui-même. Ainsi d'abord il est reconnu que ce ne doit pas être du trésor électoral que Mgr. le duc de Courlande peut attendre des revenus suffisans au soutien d'un état tel qu'il lui conviendroit de le tenir en le partageant avec Madame la Duchesse.

Une seconde observation qui ne peut pas échapper à S. A. R. Mgr. le Duc, c'est l'embarras où les pactes particuliers de la maison doivent mettre le chef qui ne la représente aujourd'huy qu'*ad tempus definitum* au sujet d'un choix qui, quoique de sang le plus illustre, se trouve trop éloigné aujourd'huy du trône que ses ancêtres ont occupé pour être precisément à la place que la maison de Saxe a désigné à ses princes pour se choisir des épouses.

Il s'ensuit de cette double observation que si Mgr. le duc de Courlande estime que ce n'est pas du trésor électoral de Saxe qu'il doit attendre des revenus suffisants à son état actuel, ce ne doit pas être aussi de préférence dans l'Électorat de Saxe qui peut lui convenir de fixer une résidence dont, s'il partageoit parfaitement les douceurs, il ne pourroit peut-être jamais qu'imparfaitement partager l'éclat avec Madame la Duchesse.

Ces deux considérations capitales réunies aux réflexions qu'il est si naturel de faire sur les secours que le Roy Catholique pourroit accorder à Mgr. son beau-frère[1] à l'instar de ce qui a été fait en France pour Mgr. le prince Xavier sous le nom de comte de Lusace tracent tout uniment la route qu'il convient à S. A. R. Mgr. le Duc de suivre pour arriver au but le plus réellement avantageux comme le plus conforme à sa situation actuelle relativement à son mariage. Cet objet une fois déterminé, il est nécessaire d'entrer dans quelques détails sur les voyes à prendre pour le réaliser de la façon la plus avantageuse.

On croit pouvoir établir d'abord à cet égard comme première règle de bonne conduite une nécessité absolue d'entamer cette affaire en négociation régulière de cour à cour, c'est-à-dire de la part de celle de Dresde au nom de l'Administrateur chef de la maison de Saxe auprès de celle d'Espagne par le canal et l'entremise amiable du Roy Très-Chrétien comme chef de la maison de Bourbon. Outre que cette marche sistématique et graduelle assurera d'autant plus le succès qu'elle se fera avec plus de dignité de maison à maison que de personne à personne, — raison qui seule suffiroit pour décider le parti qu'il y auroit à prendre de préférence, — c'est qu'il y auroit beaucoup à craindre en s'écartant de cette marche naturelle si Mgr. le Duc, par exemple, cherchoit à négocier directement en son nom que le Roy Catholique et son ministère ne soupçonnassent une désunion complette entre les membres d'une maison qui ne se réuniroit pas pour procurer le succès d'arrangemens si intéressans pour toutte la famille. En un mot, on suppose au Roy Catholique le désir sincère d'obliger, et dans ce cas ce désir noble et généreux sera d'autant plus satisfait qu'il s'étendra sur un plus grand nombre de personnes au lieu d'une seule. Ici on suppose que l'amitié du Roy Catholique pour Mgr. son beau-frère a besoin d'être excitée, et dans ce second cas il est encore également incontestable qu'ayant un plus grand nombre de personnes et deux familles augustes à refuser il sera d'autant plus retenu de le faire.

---

1. Charles III, roi d'Espagne (1759-1788), avait épousé Marie-Amélie, princesse de Saxe, décédée en 1760. Il était donc le beau-frère du prince Xavier de Saxe et du prince Charles, duc de Courlande.

Encore une observation : c'est que si la pension est une fois négociée, ainsi qu'on vient de le dire, ministérialement et du fond du cœur par les chefs réunis des deux maisons de Saxe et de Bourbon et conséquemment accordée, S. A. R. le duc de Courlande arrivant en Espagne y jouiroit de la plénitude de ses avantages personnels en faveur desquels il est à présumer que S. M. Catholique avec le suffrage universel de sa nation s'empressera d'ajouter par une distinction particulière à ce qui auroit été déjà résolu et arrêté par égard pour les deux maisons, et il est évident que ce seroit un double avantage pour S. A. R.

On pense que ce ne seroit que dans ce moment-là, c'est-à-dire lorsque l'arrivée de S. A. R. à la cour de Madrid lui aura gagné le cœur du Roy son beau-frère et assujetti celui du ministère et de la nation espagnole qu'il devroit être question d'entamer la négociation de la jonction de Madame la duchesse de Courlande, négociation que l'on ne croit pas susceptible en Espagne des mêmes difficultés que les actes particuliers de la maison de Saxe pouvoient luy opposer dans l'Électorat.

La distance où la famille Krasinka se trouve aujourd'hui d'un trône certainement occupé autrefois par ses ancêtres peut être réputée au plus grand honneur de cette maison suivant le rit de la grandeur et de l'opinion castillanes pour qui l'extraction la plus ancienne quand elle remonte jusqu'au trône à telle distance qu'on se trouve de ce trône sera toujours estimée infiniment recommandable. D'ailleurs l'état mitoyen dont S. A. R. Mgr. le Duc jouiroit nécessairement en Espagne obvieroit de lui-même à tous les scrupules qu'on pourroit supposer au Roy Catholique et à son ministère, et madame la comtesse de Mittau, — supposons, — reconnue du Roy Catholique en cette qualité ne perdroit à proprement parler aucun des avantages que pourroit y avoir une princesse de Saxe propre belle-sœur du même Roy Catholique puisque celle-cy seroit obligée de paroître à la cour sous un nom féodal pour y éviter les difficultés du cérémonial. Madame la comtesse de Mittau seroit donc à Madrid comme Madame la comtesse de Henneberg[1]

---

1. La princesse Christine de Saxe, abbesse de Remiremont.

a été à Versailles où personne n'ignoroit qu'elle fût la sœur de la Dauphine et où toute la cour s'empressoit à la lettre comme telle malgré l'incognito dont toute la différence au reste en pareil cas ne consiste qu'à recevoir au lieu d'exiger.

A l'égard de la représentation qui pourroit suivre Mgr. le Duc et Madame la Duchesse dans le lieu de leur résidence hors la cour, comme il n'y a que l'état d'un vice-roy, d'un capitaine ou d'un gouverneur-général que S. M. C. puisse donner à son beau-frère pour l'engager à rester en Espagne, il est incontestable que les honneurs souverains attachés à ces charges ne laisseroient aucune différence entre la dignité dont jouiroit Mgr. le Duc et Madame la Duchesse à celle dont ils auroient joui dans Mittau même si la révolution de Pologne n'avoit pas renversé pour longtems leurs espérances. Au reste toutes ces considérations réunies doivent faire remarquer qu'il est plus important en Espagne qu'en aucun autre païs de sauver sous un nom féodal tout ce qu'un prince de Saxe, fils de Roy, et souverain lui-même auroit à exiger dans cette qualité sous son véritable nom. On ne peut dissimuler que l'amour du pointillo dans la nation espagnole n'égale la grandeur et la franchise qui caractérisent cette nation, mais elle se fera toujours un honneur et un plaisir de rendre d'autant plus au beau-frère de son souverain que le nom qu'il portera semblera moins exiger d'elle.

Toute cette négociation dont la perspective se présente sous un aspect aussi satisfaisant ne paroît exiger autre chose pour le succès le plus complet que d'être conduite sur les principes graduels d'ordre et de dignité qui viennent d'être indiqués, et les avantages de cette morale sistématique démontrent en même tems combien une négociation particulière de personne à personne entre Mgr. le duc de Courlande et le Roy Catholique seroit défectueuse.

Ce plan doit paroître encore d'autant plus agréable qu'en opérant la réunion de vues et d'intérêts de la part de S. A. R. Mgr. l'Administrateur comme chef actuel de la maison et de la part de S. A. R. Mgr. le duc de Courlande il ne peut manquer de réunir aussi sur le champ les cœurs comme les esprits et cela d'une façon d'autant plus permanente que l'intelligence mutuelle de ces princes sera fondée sistématiquement sur la parfaite réciprocité de leurs intérêts. Il ne doit donc plus rester à cet égard qu'à convenir des moyens d'exécution, c'est-à-dire tout franchement de s'arranger sur les sommes d'argent dont Mgr. le Duc aura besoin tant pour son voiage et le séjour qu'il pourra faire en France en allant en Espagne que pour les premiers tems de son arrivée à Madrid jusqu'à ce que l'objet que l'on se propose d'y remplir à son avantage ait pu être décidé. Il n'y a que Mgr. le Duc lui-même qui puisse décider cette opération de calcul en donnant à connoitre quels seront ses désirs et ses besoins. Comme il est à présumer que les demandes de ce prince seront évaluées par l'esprit d'équité et de modération sur la connoissance qu'il a de la situation actuelle des affaires pécuniaires de l'Électorat et que d'un autre côté S. A. R. Mgr. l'Administrateur joindra aux sentimens de tendresse qui l'animent, comme frère, les motifs de l'intérêt d'État qui le règlent comme Administrateur et qu'il se portera à accélérer un arrangement aussi généralement qu'évidemment avantageux, on ne croit pas avoir à craindre qu'il y ait aucune contrariété essentielle pour convenir des fonds qu'il sera indispensablement question de faire à S. A. R. Mgr. le Duc pour l'exécution. Mais le grand point à prévoir et à discuter d'avance, ce sont les obstacles que la forme sous laquelle ces sommes seront remises par Mgr. l'Administrateur, et le titre sous lequel elles seront demandées par Mgr. le Duc sont très-susceptibles de faire naître. Doivent-elles être données à titre de dettes dont le trésor électoral s'acquitte? ou Mgr. le Duc les regardera-t-il comme une avance que lui fait le trésor électoral, de la restitution de laquelle il se trouvera chargé par la suite?

L'esprit de zèle et de conciliation qui tient la plume en rédigeant ces réflexions désireroit fort qu'on pût écarter l'une et l'autre de ces questions qui entraînent nécessairement une discussion désagréable soit sur les sommes dues aux héritiers allodiaux de la maison de Kettler[1], soit sur la perpétuité du payement et 28 mille

---

[1]. Il s'agit de la descendance de Gothard Kettler, dernier grand maître de l'Ordre Teutonique de Livonie, créé duc de Courlande, en 1561, par Sigismond-Auguste, roi de Pologne. Sa maison s'éteignit en 1737.

écus d'augmentation que l'Administration présente a ajouté aux 20 mille légués par le testament du feu Roy. Ce même esprit conciliateur craindroit encore qu'on s'expliquât sur les suretés ou périls qu'il pourroit y avoir à acquitter le capital ou même les intérêts d'une somme dont le trésor électoral resteroit malgré cela chargé ou ne s'exposât à manquer par des mésentendus le grand objet qui doit absorber tous les autres : la négociation en Espagne, le voyage de S. A. R. Mgr. le Duc en France et enfin son établissement permanent en Espagne. On jugeroit infiniment plus simple et plus convenable au bien respectif de laisser la question des Kettler *in statu quo* comme ne pouvant avoir lieu qu'aux termes où les espérances de son S. A. R. sur son rétablissement en Courlande seroient réalisées puisqu'alors le titre auquel le feu Roy en a disposé se trouveroit justifié et que ce ne peut être qu'en payant le *duc réel de Courlande* que le trésor électoral de Saxe sera réellement libéré de sa dette. Ce n'est donc qu'en prenant pour baze de raisonnement les 28 mille écus d'augmentation accordés à S. A. R. qu'on peut statuer quelle doit être la forme sous laquelle le trésor de l'Électeur peut avancer les sommes nécessaires.

Si l'avantage d'un frère tendrement aimé par Mgr. l'Administrateur ne doit pas, suivant les principes de gouvernement, l'autoriser à employer à cet effet des sommes exclusivement destinées à l'amélioration du bien public, il faudra que le conseil dont Mgr. l'Administrateur prend les avis pour joindre légitimement ses suffrages aux désirs qu'à ce prince d'obliger Mgr. son frère voie un bien public évident dans l'avance des sommes qui lui seront données. Il n'est pas douteux que l'aspect des maux que pourroit entraîner dans l'État une plus longue désunion entre les princes et l'envie de les prévenir en procurant l'établissement de Mgr. le Duc ne soit déjà une considération importante pour diriger les avis sur l'affirmative, mais ces considérations toutes réelles qu'elles soient paraîtront peut-être trop métaphysiques dans l'ordre du calcul et de la conviction numéraire sur laquelle se règle principalement les financiers, on estime donc qu'il seroit nécessaire que Mgr. le Duc en recevant les sommes qui lui seroient avancées prît des engagemens pour laisser retomber par la suite dans le trésor électoral le payement annuel de 28 mille écus d'augmentation, aussitôt que son établissement en Espagne auroit été complètement consolidé. Dès lors les financiers du Conseil envisageroient l'avance faite à S. A. R. comme un espèce d'amortissement et se presseroient d'aller pour le présent au devant des désirs de Mgr. le Duc dans l'espoir du soulagement qu'ils procureroient pour l'avenir au trésor électoral.

L'avance de ces sommes peut être considérée par Mgr. le Duc comme une espèce de *conditio sine qua non*; il ne peut espérer de conduire à une heureuse fin le plan estimé le plus avantageux; avec ce secours il y a cent mille à parier que les démarches à la cour de Madrid seront suivies des plus grands succès et lui procureront au moins le décuple de bénéfices. D'un autre côté tout onéreux que puisse être pour le trésor électoral le sacrifice d'une somme considérable destinée à procurer l'établissement d'un prince de la maison, le Conseil doit regarder ce sacrifice comme avantageux en y trouvant le soulagement annuel et périodique que le trésor électoral se procurera : par là S. A. R. Mgr. l'Administrateur réuniroit le double plaisir d'avoir contribué à la satisfaction de Mgr. son frère et de ne l'avoir fait qu'avec le suffrage du Conseil qu'il s'est choisi et qui auroit trouvé comme lui que c'étoit faire le bien de l'État.

Si on est assés heureux pour amener les choses jusqu'au point de cet accord et arrangement il n'y aura plus qu'à fixer les époques de la marche de la négociation qu'on ne sauroit trop tôt commencer en France et dont le général de Martange en rendant compte à Madame la Dauphine de la réunion cordiale dont il auroit eu le bonheur d'être le témoin pourroit par les ordres de cette princesse entretenir à fonds le ministère et contribuer par son rapport à échauffer la vivacité de la recommendation. A cet égard on peut être bien sûr que dès qu'il n'y aura point d'argent à donner on trouvera dans Mr. le Duc de Praslin toutes les facilités possibles et les tempéramens les plus honorables pour exprimer au Roy Catholique et à son ministère le tendre intérêt que prend S. M. Très-Chrétienne à la satisfaction de la maison de Saxe et combien la cour de Versailles sera sensible et reconnaissante de ce que la cour de Madrid fera pour la personne de Mgr. le duc de Courlande. Quoique le général de Martange ne soit ministérialement chargé de rien, il ose espérer que le compte qu'il rendra à Madame la Dauphine et l'usage que cette princesse en pourra faire sur ses indications auprès de M. le Dauphin, du Roy son beau-père, et des membres du Conseil, ne nuira pas au succès des démarches ministériales qui seront faites de cour à cour. Le même général quoique toujours renfermé dans les termes de sa mission ne craint point de faire entrevoir l'usage qu'on pourroit faire suivant les circonstances de la parfaite réunion des membres de la maison de Saxe et de la tranquillité solide d'une administration qui ne s'occupe que du bien, et qui par cela même étoit sur la voye de rendre l'Électorat à la considération et à l'influence qui lui conviennent doit engager la cour de Versailles à consommer des arrangemens également avantageux aux deux États. S'il n'est pas permis au général de Martange d'étendre cette réfléxion elle lui a cependant paru si naturelle qu'il n'a pu s'empêcher de l'indiquer.

C'est à ces considérations capitales que s'est raporté en substance tout ce qui a été traité dans les conférences que S. E. le comte de Fleming a eues avec ledit général relativement à ce qui peut concerner S. A. R. Mgr. le duc de Courlande.

Relativement à Mesdames les princesses Elisabeth et Cunégonde[1] :

En écartant avec respect le souvenir de quelques-unes des causes qui ont pu refroidir la tendre amitié qui lioit Mesdames les princesses filles du Roy à Madame l'Electrice leur belle-sœur, en ne se permettant pas de prévoir la possibilité du retour des mêmes circonstances qui les ont désunies, il restera toujours vrai de dire qu'il y a

---

1. Elisabeth-Marie-Appolline-Casimire-Françoise-Xavière, princesse de Saxe, née le 9 février 1736 ; — Cunégonde-Marie-Hedwige-Françoise-Xavière-Florence, princesse de Saxe, abbesse de Thoren et d'Essen, née le 10 novembre 1740.

impossibité morale au rétablissement de la cordialité primitive entre les princesses qui sous le règne et du vivant du feu Roy ont joui de l'égalité et souvent même d'une supériorité fondée sur la prédilection paternelle, et Madame l'Electrice leur belle-sœur que par sa qualité de mère du souverain et par la confiance que lui marque Mgr. l'Administrateur a en quelque façon aujourd'huy changé d'état vis-à-vis d'elles. Il faudroit tant de principes et une éducation si réfléchie soit pour anéantir soit même pour dissimuler le sentiment si naturel d'émulation, pour ne pas dire de jalousie, que ce seroit se tromper que de se flatter qu'on peut s'assurer sur ce point qui est d'autant plus difficile à traiter qu'on ne l'avoue jamais aux autres et qu'on cherche toujours à se le cacher à soi-même. Cette sorte d'éducation qui peut seule élever l'âme privilégiée au-dessus de ce sentiment manque à presque tous les hommes est encore plus aux princes qui entre cent valets sont trop heureux s'ils trouvent un serviteur qui leur dise la vérité, cette vérité qui seule peut donner les principes d'après lesquels on ne fait, on ne pense, et on ne dit que ce qu'on doit.

Le parti le plus seur quand il y a tant de probabilité contre la victoire est d'éviter le combat, ainsi le parti de l'absence est dans le cas présent celui auquel il convient de s'attacher. Indépendamment de l'avantage qu'a ce parti de prévenir le mal qu'on craint, il doit produire par soi-même tout le bien qu'on peut désirer, qui coulera de source dès que la cause du mal, la rivalité de crédit et d'activité se trouvera suprimée.

On verra dès le moment même que l'arrangement pour le départ de Mesdames les princesses sera convenu avec elles et constaté, LL. AA. RR. ne plus s'occuper que de la perspective de la nouvelle existence qu'elles vont avoir, des nouveaux plans qu'elle se formeront en conséquence, et ces idées satisfaisantes prendront la place de toutes les idées chagrines que leur état actuel à la cour de Dresde leur inspire.

Si la cordialité n'est pas entièrement revenue dans les premiers momens au moins la satisfaction qui animera la politesse et la décence sera telle qu'elle suffira à la tranquillité mutuelle en attendant qu'un séjour de quelques mois à quelque autre cour et l'amour si naturel du changement fassent désirer eux mêmes Princesses de se retrouver à la cour où elles sont nées et où elles seront toujours reçues à bras ouverts, et alors le tems des prétensions et de l'humeur étant passé cette même cour sera pour elle un séjour de douçeur et d'amitié la plus sincère y réunira tous les cœurs de la famille.

On regarderoit comme une démarche très fausse de former aux deux princesses une cour dans un des châteaux de l'Électorat propre à leur servir de résidence si LL. AA. RR. restoient en Saxe, leur séparation annonceroit le mécontentement et la désunion et cette publicité de mésintelligence est un mal trop réel pour la famille d'abord et pour l'Etat pour le dehors comme pour le dedans pour ne pas chercher à en effacer jusqu'aux plus légères apparences.

C'est donc hors de l'Electorat qu'il faut travailler à former aux deux Princesses une sorte d'établissement ou, si l'on veut, d'entrepôt sortable à leur éminente naissance et à leur état de princesses non mariées.

Les deux cours de Bavière et de Freysingue [1] se présentent : dans l'une une sœur tendrement aimée [2], dans l'autre un frère également chéri [3] ; ces deux cours toujours à portée de se communiquer, souvent de se voir. Les cœurs des princesses doit voler d'eux-mêmes au-devant de cet établissement comparé à celui que leur état présent leur fait envisager comme désagréable surtout après le départ de Mgr. le duc de Courlande qui vient d'être prouvé plus haut aussi indispensable à la tranquillité publique qu'avantageux pour ce prince.

Ce même principe de rivalité si naturelle pour tous les hommes,

---

1. Freisingen, ville de Bavière, était autrefois le chef-lieu d'un évêché souverain.

2. Marie-Anne-Sophie, princesse de Saxe, mariée à Maximilien Joseph, électeur de Bavière.

3. Le prince Clément de Saxe, archevêque-électeur de Trèves de 1769 à 1808 ; avait été évêque de Freisingen de 1763 à 1769.

plus vif dans les femmes, et qui à proportion de la dignité des personnes élève d'autant plus l'âme et les prétentions feroit encore craindre soit plus LL. AA. RR. elles-mêmes soit pour les dames qui leur seroient attachées quelque sorte de préférence qui tôt ou tard pourroit renouveller les mésintelligences dont l'idée seule doit être proscrite, et la même règle de conduite qui décide la nécessité de l'éloignement des princesses de séjour de Dresde doit encore faire sentir, quoique cette nécessité soit moins frappante, l'utilité que les deux princesses ne soyent point ensemble à la même cour. Chacune d'elles séparement réunira sans partage la confiance de la souveraine ou du souverain auprès duquel elles seront ; elles jouiront séparément sans réserve de tous les avantages de la seconde place qui seule peut consoler les âmes élevées de ne pas occuper la première. On peut prévoir dès ce moment-cy avec quelle tendresse les mêmes personnes qui se regardent aujourd'huy avec tant de chagrin et de défiance à la même table s'écriroient alors pour se communiquer leurs pensées et leurs plaisirs.

Pour prévenir jusqu'à la jalousie que les personnes qui sont actuellement de la suitte des princesses pourroient exciter dans les cours de Munich et de Freysinguen, on pense encore qu'il ne faudroit absolument donner à LL. AA. RR. qu'une seule grande maîtresse de cette cour-cy, de façon que les dames de la cour de Madame l'Électrice de Bavière fussent comme celles de Madame la princesse Élisabeth et que les femmes de la haute noblesse des évêchés de Mgr. le prince Clément en forment une pour Madame la princesse Cunégonde dans la résidence de Mgr. son frère.

Si les suites de ces divers arrangemens sont si agréables en soi-même et qu'ils ayent tous les avantages de la comparaison pour les personnes augustes qu'ils concernent, il est aisé de juger de plus combien l'effet qu'ils produiront au dehors doit produire de bien par le tableau consolant que toute l'Europe y verra de moyens qu'aura employés une maison aussi nombreuse qu'illustre à multiplier autant qu'il est possible la représentation souveraine pour laquelle chacun de ses membres devroit être né.

La concorde qui seule peut faire réussir ces heureux projets par l'éloge du Prince et des Princesses dont on consulte principalement les avantages et fera un honneur infini au chef de la famille qui se sera occupé aussi essentiellement du bonheur de ses frères et de ses sœurs. Combien le cœur de Madame la Dauphine en particulier ne sera-t-il pas flatté de passer des inquiétudes et des allarmes dont il est aujourd'huy déchiré aux douceurs que lui fera goûter une union qu'elle désire avec autant d'ardeur! Quel emploi ne pourra pas faire cette princesse des sentimens que ces arrangemens lui inspireront pour en proposer ou appuyer d'autres qui payeroient au centuple ce qu'on auroit sacrifié du trésor électoral aux avances à faire à Mgr. le duc Charles et ce qu'il en couteroit à la Saxe par la sortie des pensions de Mesdames les Princesses. Mais le général de Martange se renfermant dans les bornes prescrites de sa mission ne se permet pas de s'étendre sur cette perspective politique; son cœur sera pénétré de joye si témoin des mesures qu'il espère qu'on prendra pour l'exécution du plan proposé il a le bonheur de rendre compte à Madame la Dauphine de l'empressement respectif avec lequel tous les membres de sa maison auront concouru à une réunion aussi désirée que désirable, de façon que les termes d'amitié, de reconnoissance, de tendresse et de confiance soient les seuls désormais qu'on entende de la bouche des frères et des sœurs en parlant les uns des autres.

Voici à peu près, Mgr., la suite des raisonnemens qui ont conduit S. E. M. le comte de Fleming et le général de Martange au parti auquel ils se sont arrêtés comme à celui qu'ils ont jugé le plus avantageux pour le bien et l'honneur de toute la maison en général. Si V. A. R. approuve ce plan il n'y aura pas de tems à perdre pour autoriser le général de Martange à s'occuper du soin de le faire goûter à S. A. R. Mgr. le duc de Courlande et par le moyen de ce Prince à le faire désirer à LL. AA. RR. Mesdames les princesses Élisabeth et Cunégonde pour ce qui les concerne personnellement.

MARTANGE AU PRINCE XAVIER DE SAXE[1]

Versailles, le 12 janvier [1766]. — La course du pauvre Fiennes a été retardée dans son retour par les glaces qu'il a trouvées et deux chutes considérables qu'il a faittes. Il n'est arrivé à Paris que le 7 au soir crachant le sang et dans un état à faire craindre pour sa vie. On m'écrivit hier qu'il est un peu mieux et qu'on espère l'en tirer. J'exécuterai à son sujet les ordres de V. A. R. et je joins toutte ma reconnaissance à la sienne pour le bienfait dont Mgr. veut bien le gratifier. Je vais remettre aujourd'huy à Mr. de Fontenay les 1500 écus délégués et vous rendrai compte au premier jour de l'état de la caisse et du livre verd.

Après avoir rendu à Mr. de Fontenay et à M. Rivière les paquets qui leur étoient adressés, je partis le 8 pour apporter icy touttes les autres lettres de V. A. R. que je remis le même jour à M. le premier chambellan qui a bien voulu se charger de les donner touttes le lendemain matin à Madame la Dauphine, et cette dernière a distribué touttes celles qui étoient pour le Roi et la famille roiale, excepté celle du roi de Pologne dont Madame la coadjutrice[2] s'est chargée ainsi que V. A. R. l'avoit souhaité. J'ai remis le même jour à Madame de Marsan et à Mr. de la V. et à M. l'E. de V. celles dont V. A. R. les honnoroit et elles ont été reçues avec les actions de grâces les plus respectueuses. A l'égard des réponses sans doutte, Mgr., qu'elles vous parviendront directement. J'ai fait avertir hier Madame la Dauphine, qui ne voit personne encore et qui aujourd'huy seulement recevra les visites des Princes du sang, que j'allois aujourd'huy à Paris et que je pourrois remettre à M. Rivière qui partoit demain les paquets qu'on auroit pour

---

1. Copie d'une lettre expédiée en chiffres. — Arch. de Honfleur.
2. La princesse Christine de Saxe, coadjutrice de l'abbaye de Remiremont. Ce ne fut qu'en 1773 qu'elle succéda comme abbesse à la princesse Charlotte de Lorraine.

Dresde, mais on m'a fait dire par Mr. le premier chambellan qu'on écriroit par la poste ordinaire.

Quoique j'aye vu déja plusieurs fois passer Madame la Dauphine allant et revenant de la chapelle dont elle est actuellement assés prés pour y aller entendre la messe, je ne puis pas dire avoir eu la consolation de voir son visage tant elle est envelopée de voiles et de crêpes. Sa douleur continue toujours et quoiqu'elle ait retrouvé quelque appétit et quelque repos ceux qui la voient ne me tranquilisent point sur sa santé. Elle est à ce qu'on m'assure d'une maigreur inquiétante. Le Roi lui a accordé une salle des gardes de 30 gardes de son corps et d'un chef de brigade. Cette distinction est unique en sa faveur et jusqu'à elle elle n'a pas eu d'exemple. Dans touttes les occasions ce respectable et tendre père lui donné tous les sujets de consolation qui dépendent de lui. Il faut espérer que tant de bontés et d'amitiés de la part du père adouciront de plus en plus la perte irréparable qu'elle vient de faire dans le fils. Je suis avec respect, Mgr., &ª.

MARTANGE AU PRINCE XAVIER DE SAXE [1]

[*Sans date. Février 1766*]. — Les grandes affaires vont au mieux. La Dauphine est au point où je la désirois ; elle est entrée dans son nouvel appartement malgré tous les obstacles : les peintres, les maçons et les tapissiers étoient encore dans son appartement quand elle en a pris possession le 8 du courant. Elle m'a fait dire par la B [2], qu'elle avoit lu et relu ce que je lui avois envoyé en ajoutant qu'elle n'avoit pas besoin de cette nouvelle preuve pour juger de mon attachement. Cela est du plus favorable augure. J'ai travaillé depuis à mettre en ordre un grand mémoire pour elle sur les affaires présentes de l'Eglise et du Parlement et dont l'objet en augmentant son crédit sur l'esprit du Roy est de se concilier la confiance de

---

1. Copie d'une lettre en chiffres. — Arch. de Honfleur.
2. La Birnbaum.

toutte la nation. J'aurois fort désiré vous l'envoyer par Rivière mais il n'y a pas moyen, il y a encore pour une couple de jour de travail et cela est long même à copier. Le grand point c'est que cela réussise et je l'espère vu la façon dont elle a receu le premier ; au pis aller si je n'ai pas d'autre occasion sûre je vous porterai touttes ces productions avec moi quand j'irai vous joindre à Dresde. Depuis le 9 le Roy est venu tous les jours prendre son chocolat le matin avec la Dauphine; il la voit encore malgré cela dans la journée et il paroit que c'est toujours avec un nouvel attrait de confiance. La jalousie grossit et c'est bon signe[1]. Je ne puis rien dire encore à V. A. R. de l'effet qu'ont produit les lettres de main propre, mais je sais qu'on a été fort sensible à la façon dont V. A. R. a ordonné le deuil. L'arrangement pour la pension de 150 mille livres pour Madame Christine n'est point encore fait mais il est sûr que le Dauphin l'a demandée au Roy et on regarde comme également certain que le Roy le fera. Je n'ai pas le temps de m'étendre sur la princesse Christine et sur la Birnbaum que je vois assidument pour votre service mais je suis fort content de l'une et de l'autre, et surtout de la princesse[2]. Elle me dit hier qu'elle avoit eu une peur affreuse que la Dauphine ne lui parlât de Mme Spinutzzi[3] parce qu'elle avoit commencé à l'entretenir du mariage de Mme R..... avec Agdolo[4] d'un ton à la faire trembler, mais qu'elle en avoit heureusement été quitte pour la peur. Enfin, dit-elle, ce sera toujours beaucoup si mon frère la marie et cela seroit bien plus avantageux pour lui si c'étoit un peu loin. Elle parla très convenablement et avec éloge du bien que votre adminis-

1. La phrase est raturée. On lit sous les ratures : « La jalousie des belles-sœurs et des ministres grossit et c'est bon signe »
2. La princesse Christine de Saxe, sœur du prince de Xavier, abbesse de Remiremont, vint à Versailles après la mort du Dauphin ; son séjour s'y prolongea depuis les premiers jours de l'année 1766 jusqu'à la fin du mois de juillet.
3. La comtesse Claire-Marie de Spinucci, dame d'honneur de l'Electrice douairière de Saxe, mariée morganatiquement avec le prince Xavier le 9 mars 1765. Ce mariage fut tenu secret pendant plusieurs années.
4. Le marquis d'Agdollo, conseiller de cour, était l'agent particulier du prince Xavier de Saxe à Venise.

tration faisoit au pays. Le seul article sur lequel nous eûmes un peu de difficulté à nous entendre fut celui des arrérages où il étoit affreux, disoit-elle, qu'on eût pas mis la famille dans une classe à part sans la confondre comme on avoit fait avec tous les autres créanciers. A quoi je répondis que donnant à cet égard l'exemple vous-même, non pas comme administrateur mais comme prince Xavier, vous étiés persuadé que tous devoient également le suivre et que si la forme n'étoit pas galante au moins le fond de cette démarche étoit excellent. Elle ne revint pas pour cela de son idée mais elle soutint au reste son opinion honnêtement et sans humeur. Je continuerai à l'observer, mais j'en ai assés veu pour pouvoir vous assurer, Mgr., qu'elle ne vous nuira en aucune façon. J'ai encore sceu que la Dauphine, quoique avec amitié, la traitoit un peu haut ; et soit au printems soit au commencement de l'été au plus tard elle sera fort aise de retourner à son abbaïe.

Je sais que le voyage de Compiègne est décidé pour le premier juillet ; il sera de trois mois et le Roy a déjà donné des ordres pour qu'on y prépare les appartements de façon à mettre Mme la Dauphine à portée de lui. Tout cela, Mgr., nous paroit favorable. Croyés qu'en tout et partout je veillerai constamment à tout ce qui peut vous toucher.

MARTANGE A Mme DE MARTANGE[1]

A Dresde, ce 5 juillet 1766. — C'est demain, ma chère amie, le premier de ces dimanches dont il y en aura un qui décidera mon départ, mais je ne puis encore avoir la consolation de t'indiquer positivement lequel. Comme la fête de la nativité de Madame l'Electrice tombe le 18 du courant, on se flatte que les Etats remettront jusqu'à ce jour, comme au *nec plus ultra*, le don gratuit qui est l'objet et la fin de la présente Diette, et alors le dimanche suivant qui est le 20 seroit celui du congé et la veille du mien pour

---

1. Arch. de Honfleur.

aller te retrouver. Les nouvelles que nous aurons des délibérations de Mrs. les Etats éclairciront, à ce que j'espère, nos incertitudes pendant le cours de la semaine que nous commencerons demain. Je ne perds pas de tems, en attendant, pour tenir tout en état pour mon départ ; et je viens dans l'instant même de finir le marché de 4 services de table de 12 couverts chacun que j'emporterai avec moy et qui me reviennent à 160 écus de ce pays, aussy cela me paroit fort beau. J'y joindrai ton bazin et ce que Wolff me donnera de médicamens que tu m'as dit de lui demander et qu'il m'a promis.

Nos nouvelles de Paris sont toujours satisfaisantes sur la santé de Madame la Dauphine qui va de mieux en mieux. Coco m'a écrit en datte du 23 du passé ; il avoit des lettres de la nourrice de Maison Blanche où le petit jouissoit de la meilleure santé [1], je me fais une grande fête d'embrasser la mère et les enfans.

Garde bien tes chevaux, ma chère amie, car je n'en aurai point d'icy, ils sont d'une cherté diabolique et j'amènerai tout rondement mon chariot par la poste sauf à faire mes emplettes en Flandre ou en Picardie.

Si tu as receu ta malle ainsy que tu me l'as mandé, je te prie d'en faire tes remercimens à Mr. de Cobentzel et de lui demander en même temps un passeport pour tes effets en retournant avec moy des eaux [2] ; s'il est galant il ne te refusera pas et cela nous sera fort commode dans la traversée de ces vilains pays-bas autrichiens ; en France nous nous arrangerons comme nous pourrons.

On doit m'apporter demain le plan d'accommodement entre Mrs. Rachel et moy [3] ; mercredy je suis invité à souper chez Mr. le président d'Euden où j'arrangerai cette affaire deffinitivement, à ce que j'espère, je n'attens que cela pour mettre les fers au feu, relativement à ma proposition pour placer une somme de 60 mille livres de la pension sur le premier bail, cela nous mettroit fort à notre aise dans

---

1. Suivent dix lignes en italien.
2. Mme de Martange séjournait à Spa depuis quelque temps.
3. Au sujet de la succession de M. Thomas de Rachel, mari en premières noces de Mme de Martange.

ce moment-cy pour nos arrangemens de Maison-Blanche [1], achapt et embellissemens. Enfin, mon cher enfant, je ferai pour le mieux et si je ne réussis pas cela ne m'embarassera que jusqu'à un certain point parce qu'enfin il faut bien que tout cela finisse et ce ne sera pas, j'espère, à notre désavantage. Portons-nous bien, voilà le principal, le reste s'arrangera de soi-même.

Ce 6 au matin.

Mille baisers en te donnant le bonjour, ma chère maman ; suivant le calcul que je fais cette lettre te parviendra le 14 ou le 15 au plus tard, ta réponse ne pourra donc m'arriver que le 22 ou même le 23. Je me flatte que je ne serai plus à portée de la recevoir, mais cependant si des circonstances imprévues me forçaient à rester huit jours de plus, car c'est toujours par semaines qu'il faut compter, je serois trop à plaindre si je ne n'avois pas des nouvelles de ta santé et de celles de mes chères petittes filles. Je te prie donc, ma bonne petite, d'écrire à tout hazard deux mots seulement, pour m'informer de ta santé et de façon que si je n'y suis plus il n'y ait pas grand mal que la lettre reste entre les mains de qui elle voudra. Je me fais une grande fête de me retrouver avec toy dans notre pauvre petit domaine, à n'avoir point de soin plus cher que celui d'arranger ta chambre et de rendre notre séjour commode et agréable.

Nous avons eu le 2 du courant un orage assez vigoureux et qui a même brûlé un village près d'icy ; il y a eu de la grêle grosse comme des œufs de pigeon. Depuis ce temps il pleut continuellement et à verse ; le temps est si refroidi qu'on supporte le drap à merveille et je viens de me faire donner ma robe de chambre

---

1. La terre de Maison-Blanche est situé à deux kilomètres environ du village de Lésigny (Seine-et-Marne). Martange en fit l'acquisition vers 1764. Elle se composait de haut bois, de taillis et d'un petit château qui relevaient de la seigneurie de Grosbois. Martange l'habita l'été avec sa famille jusqu'en l'année 1773 ; il y reçut plusieurs fois le prince Xavier de Saxe. Il la vendit en 1776.

Cette terre appartient aujourd'hui à Mme la baronne Hottinguer ; un élégant chalet remplace l'ancienne habitation.

d'hiver. Je souhaite fort que ce ne soit pas le même tems à Spa car vous mourriés de froid, mes chers petits amis. Ménagés bien votre santé à tous, je vous prie, pour l'amour de celui qui ne vit que pour vous et qui vous embrasse tous de cœur et d'âme.

Ton clavecin sera embarqué cette semaine sans faute pour Hambourg d'où je suis arrangé avec Mr. Brentano pour le faire adresser à Rouen, et de là sur la lettre d'avis que j'aurai de son arrivée on le fera remonter la Seine jusques à Paris pour le transporter de là, ou l'y laisser, suivant les circonstances où nous nous trouverons.

On attend icy dans quelques jours Mr. le marquis de Castries [1], lieutenant-général, et Mr. le comte de Schomberg [2], maréchal de camp, qui vont aux camps de Bohême. Pour moy, ma chère amie, je le f.... le plutôt qu'il me sera possible pour m'en aller au pais d'où ils viennent, Je te baise encore et rebaise mille et mille fois pour toy et pour la petitte graine. Mes complimens au frère et au chevalier.

P. S. Je te joins une lettre que j'ai receue de Mr. de Fontenay ; les nouvelles qu'elle contient t'amuseront peut-être un instant et vaudront au moins le port.

MARTANGE AU PRINCE XAVIER DE SAXE [3]

A Maison-Blanche ce 24 octobre 1766. — Mgr. Je suis obligé de m'en remettre aux nouvelles que Mr. le général de Fontenay fera passé à V. A. R. de l'état au vray de la santé de Mme la Dauphine n'ayant pu depuis dix jours la voir moi-même, comme je me l'étois proposé, par les suittes d'un malheureux accident qui devoit vous

---

1. Charles-Eugène-Gabriel de la Croix, marquis de Castries, né le 25 février 1727, lieutenant-général du 28 déc. 1758, chevalier des Ordres le 2 mai 1762, ministre au département de la marine en 1780, maréchal de France le 13 juin 1783.
2. Mestre de camp de cavalerie en 1755, maréchal de camp le 25 juillet 1762.
3. Minute autographe. Arch. de Honfleur.

priver d'un serviteur et qui me fait encore craindre aujourd'huy pour les jours d'une femme qui m'est chère. Il y a quelques jours, qu'en allant à la chasse, la cheville ouvrière de notre voiture casa et la chute que nous fîmes en versant fut si malheureuse que de huit que nous étions il y en eût huit qu'il fallut transporter dans des brancards, mais personne si maltraité que ma pauvre femme qui est encore gisante au lit dans la même position où on a pu la mettre, les reins froissés, les nerfs foulés et quelques os demis. V. A. R. est trop bonne et trop charitable pour ne pas sentir que la tristesse de cette situation ne m'a pas permis de m'éloigner ni de penser à autre chose qu'à mon malheur.

Ce que je puis cependant marquer à V. A. R. avec la plus grande certitude, c'est que Madame la Dauphine continue toujours sur les mêmes erremens et qu'elle gagne de jour en jour sur le cœur du Roy sans cependant faire encore aucun usage de la confiance qu'il lui marque et qui j'espère qu'il lui marquera encore dans peu de tems d'une façon plus frappante et plus distinguée. Il ne faut que voir la quantité de courtisans, hommes et femmes, qui garnissent la cour de la Dauphine pour juger de l'ascendant qu'elle a et aura sur l'esprit du maître. La liaison de Mesdames avec elle est encore une preuve infaillible de la nécessité qu'il y a de passer par elle pour plaire au Roy, et ce qui m'est revenu des gens les plus intéressés sur la crainte qu'avoient les ministres de l'augmentation de son crédit ne doit laisser aucun doutte sur le degré de pouvoir auquel elle touche. Je persiste donc, Mgr., et cela sur les meilleures raisons à regarder cette princesse comme devant être le véritable arbitre des affaires de ce royaume avant six mois. Je mets cette époque par réflexion sur le temps de son deuil pendant lequel elle s'est proposée d'après certain mémoire connu à V. A. R. de n'être uniquement occupée que de sa douleur et de ne chercher des consolations que dans la présence et la compagnie du Roy sans paroître avoir d'autre objet dans sa conduite que celui d'adoucir son sort par le charme de l'amitié et la conversation du père de l'homme qu'elle regrette. Mais le temps du deuil et des douleurs une fois passé, nous ne pouvons pas douter, d'après ce qu'elle vous a écrit et d'après ce que je vois, qu'elle n'ait le sournois projet de tirer parti d'une confiance acquise aussi sistématiquement.

J'espère sous quelques jours être à portée de lui communiquer la lettre que je n'ai receue par exprès que lundy dernier quoiqu'elle soit écrite en datte du[1]...... passé. Elle est du comte de Broglie et jette un jour assés lumineux sur les griefs du duc de Choiseul contre moy. Je profite de l'occasion sûre du départ du papa pour en faire parvenir l'extrait à V. A. R., qui n'est que pour elle et pour le cher Sayffert[2] qui peut savoir tout. Je n'en sais pas plus que le comte sur les prétendues intrigues entre Madame la Dauphine et moy; à moins que ce ne soit la démarche dont nous l'avions priée auprès de Mr. le Dauphin pour accélérer leur rappel dans le tems de l'exil. Quoiqu'il en soit, cela prouve à V. A. R. combien ce ministre doit estre opposé à la princesse puisqu'il la regarde comme son ennemie au point d'intriguer contre lui, et par contrecoup combien il est intéressé à croiser tout ce qui peut qu'aider au crédit de Mme la Dauphine, et à empêcher conséquemment l'évènement de nos projets de mariages, etc. Il n'y a uniquement que deux partis à prendre pour elle: l'un de se raccommoder avec lui, ce qui me paroît presque impraticable; l'autre de le perdre, ce qui ne peut se faire qu'avec un degré de crédit infiniment supérieur au sien, et en me rappellant la question qu'elle vous faisoit dans une lettre particulière sur le sacrifice d'une que le Duc devoit vous avoir écrite à son sujet qu'elle ne pouvoit vous demander que pour s'en servir contre lui, j'ai lieu de remarquer que le premier effort par lequel elle signalera la confiance du maître en elle sera fatal au Duc. Et, effectivement, sans être lié avec lui ou sans le perdre elle ne peut pas avoir le degré d'influence auquel elle aspire. Par la façon dont elle parle à la Birnbaum je ne peux pas douter qu'elle ne cherche à dérouter les soupçons de tout le monde, même ceux que pourroit avoir cette fille sur le véritable objet qu'elle se propose; par la façon dont elle m'a parlé dans le seul

---

1. Date en blanc.
2. Le colonel baron de Saiffert.

entretien suivi que j'ai eu avec elle depuis mon retour, j'ai lieu de me flatter que je serai des premiers à être instruit. Quand sera-ce ? c'est ce que je ne sais pas, mais ou je me tromperois fort ou ce sera avant la fin de cette année, qui est l'époque que je vous ai demandée pour vous entretenir à fonds sur nos grands intérêts. Jusque cela je suspens tout jugement, et je supplie V. A. R. pour ses intérests de suspendre de son côté toutte démarche.

MARTANGE A Mme DE MARTANGE [1]

A Paris, ce 19 décembre 1766. — J'ai vu hier, ma chère amie, et procureur et notaires jusqu'à satiété. J'ai dîné chez Madame His [2] et je suis entré en explication deffinitive sur notre affaire. Je t'expliquerai comment cela s'arrange avec des actions des fermes qui au fait me produiront à peu près, c'est-à-dire à 5 ou 600 livres près, si je les vens sur le champ, et sans perte si je les garde ou peux les garder quelque temps, les 50 mille livres dont j'ai si grand besoin. On me fait espérer au thrésor royal 25 mille livres pour la semaine prochaine ; si cela est je pourrai faire face à tout et nous aurons gagné du tems pour deux années pendant lesquelles, Dieu aidant, les choses changeront à notre avantage et nous aurons à tout bonnement arrangé notre petit hermitage. C'est un grand service, en vérité, que me rend là le comte d'Onopp [3]. Le diable de brocanteur a eu chés lui une robe de Madame Victoire avec le jupon, le tout couleur de cerise et argent qui m'a paru si agréable que je l'ai achetée pour toy, si elle te convient; si elle ne te plaisoit pas, et dont je serois très-fâché, elle serviroit aux enfans ou au pis aller à faire une robe de chambre :

1. Arch. de Honfleur.
2. Mme His appartenait à la famille des banquiers Pierre His et fils, de Hambourg, dont la faillite fit quelque bruit en 1781 ; une partie des seigneurs de la cour était en relations d'affaires avec elle. Il en sera souvent question dans les lettres qui suivent.
3. Chambellan du prince Xavier de Saxe, était capitaine au régiment de Royal-Allemand.

Je te dirai le prix qu'elle me coûte. J'ai pareillement acheté les deux pots à oil que je te porterai pour en prendre ton avis avant de les paier. Je ne me flatte pas, ma chère amie, de pouvoir revenir demain, ce sera le tout si l'acte de l'emprunt est passé et signé aujourd'huy, et je n'ai encore rien fait pour ceux de Vevay. Je tâcherai demain de revenir à Versailles ou du moins j'en réviendrai dimanche d'assés bon matin pour voir ton frère et scavoir si ses copies sont faittes pour les envoier avec les quittances que je ne ferai point faire, comme tu crois bien par Mr. Girault, ainsy cela me forcera peut-être à te mener un clerc de notaire pour prendre ta signature, car c'est hors la règle que Girault la prend cette fois-cy parce qu'il me connoit ce que l'autre notaire ne feroit pas. Enfin, mon enfant, je ferai en cecy comme en tout pour le mieux. J'ai donné au comte d'Onopp la moitié de l'andolium pour un dîner qu'il donne demain pendant mon absence à je ne sais quel baillif, je t'envoye l'autre moitié que je te prie de manger à ma santé en l'accomodant dans ta chambre à ta fantaisie, car à vue de pays ce ne sera que lundy au soir que je pourrai te rejoindre après avoir assuré, s'il est possible, mon affaire au thrésor roial et avoir pu paier Mr. Barin et le pauvre Moisson qui attend 1.200 livres comme le Messie, et les 8.000 livres du comte de Broglie. J'en ai, ma chère amie, comme tu vois par dessus les yeux. Il y a encore une certaine dette de 2.000 livres à Favier qui est fâché contre moy et qui croit que je le boude; je vais tâcher de le dissuader en le voiant une minutte. Mon Dieu, mon cher enfant, quand serons-nous une bonne fois hors de la bredouille? Je te baise mille et mille fois, et n'ai pas le temps de t'en dire d'avantage. Je baise en père mes petits enfans.

Beaucoup d'humeur et de peur au Parlement. Je n'ai rien su des délibérations d'hier.

MARTANGE AU PRINCE XAVIER DE SAXE [1]

A Maison-Blanche, ce 13 février 1767. — Mgr. L'état dans lequel j'ai vu hier Mme la Dauphine ajoute encor aux espérances que je vous ai données dans ma dernière ; j'ai vu la sérénité sur son visage. Elle avoit dormi six heures toutte d'une traitte d'un sommeil tranquille et naturel ; elle a plus d'appétit de jour en jour et le retour d'un peu de forces est sensible pour les personnes qui ont l'honneur de lui donner la main. Il est vray que la maigreur est toujours au même point et que la toux a paru augmenter depuis que la digestion se fait mieux, mais après le dessèchement que le chagrin et des remèdes mal appliqués ont occasionné à cette princesse, les gens de l'art disent qu'il faut bien donner le tems à la nourriture de rétablir les fibres, les muscles et les nerfs avant de manifester au dehors ses bons effets par le rétablissement de l'embonpoint et le retour des couleurs. On m'a dit que la toux n'inquiétoit point M. Tronchin ; je souhaite que cela soit, mais je n'en suis pas assés assuré pour le marquer à V. A. R. Ce que je puis encore lui répéter avec autant de certitude que de consolation, c'est que ce médecin regarde constamment le foie comme le siège capital de la maladie, et c'est beaucoup car avec le tems et des remèdes on peut rétablir les fonctions de ce viscère au lieu que les vices et les ulcères du poumon seroient incurables.

M. le duc de Choiseul a eu une attaque de colique néphrétique qui a inquiété ; il a beaucoup souffert et n'a été soulagé que par l'émission de deux pierres assés fortes qui se sont détachées des reins. On est actuellement tranquille sur les suittes de sa maladie. J'ai l'honneur d'être avec respect, etc. — DE MARTANGE.

---

1. Orig. Arch. dép. de l'Aube. — La correspondance du général de Martange et du prince Xavier devint journalière dans les derniers mois de l'année 1766. A ce moment, la santé de la Dauphine était l'objet des plus vives inquiétudes, et Martange suivait pour ainsi dire heure par heure les progrès de la maladie qui devait lui enlever sa protectrice.

La [1] tendre confiance du Roy pour cette princesse prend de jour en jour de nouvelles racines; personne ne doute plus de la supériorité de son influence si elle en revient. Les ministres et surtout ceux qu'elle n'aime pas ne dissimulent plus leur crainte devant leurs amis et prévoyent déja toutes les suites possibles d'un crédit aussi justement acquis et dont il n'y a que la mort qui puisse empêcher ou borner les effets. Elle va enfin, Mgr., au point où je la désirois pour elle et pour nous, et je me flatte que nous ne sommes plus loin du tems des opérations. J'attens la lettre de V. A. R. en réponse à la mienne du 14 du mois dernier pour lui faire la grande question que j'ai déja préparée et à laquelle elle s'attend sans doute d'après la conversation dont je vous ai rendu compte dans ma dernière du 5 du courant. Le Duc n'étoit pas encore trop bien hier et malgré sa plaisanterie on ne le dit pas tranquile. L'aventure de Mme d'Estainville le touche peu au fonds, mais si le propos que le Roy lui a tenu est vrai, il doit y être sensible. On m'a assuré que le Maître après lui avoir demandé comment il avait trouvé la jeune princesse de Lamballe avoit ajouté devant deux ou trois personnes, lui présent : « Je lui trouve beaucoup l'air de Mme d'Estainville, mais je me flatte qu'elle ne lui ressemblera que de figure, » Cette mortification, si elle est vraye, peut donner à penser. Au reste il est vray qu'en rendant les deux pierres dont l'émission a soulagé ses reins, il a fait la bonne plaisanterie de dire : « Tout le monde m'en jette, il faut bien que j'en rende quelques-unes. »

Le contrôleur général [2], dont tous les beaux projets s'en sont allés et s'en vont en brouet d'andouilles, est sur le côté et le bruit public annonce la disgrâce la plus prochaine de ce ministre. D'autre part, il paroit un troisième mémoire de Mr. de la Chalotais qui est bien la plus vigoureuse pièce qui a été écrite dans toute cette affaire. Mr. de Saint-Florentin et le duc d'Aiguillon y sont violemment attaqués et à visage découvert. Ce dernier qui tient les

---

1. En chiffres jusqu'à la fin.
2. Clément-Charles-François de l'Averdy.

États de Bretagne a trouvé devant lui en se mettant au bureau des commissions [le mémoire] de Mr. de la Chalotais avec ces quatre vers aussi honorables pour le magistrat qu'humilians pour le Duc :

> Ton génie et ta fermeté
> Ont fait pâlir la calomnie.
> Tel qui voulait t'ôter la vie
> Te donna l'immortalité.

Mr. le prince de Guemenée que vous connaissés s'est battu avec Mr. de Rohan-Chabot pour quelques propos tenus sur Mme la princesse de Guemenée. Le mari a donné deux bons coups à l'amant.

MARTANGE AU PRINCE XAVIER DE SAXE [1]

[*Sans date, février 1767*]. — Ce qui m'allarme bien plus, Mgr., ce sont certaines expressions que le petit Paulmier [2] qui est dans tout cet intérieur m'a dit confidemment être échapées à M. Tronchin, et qui donneroient à penser que le mal n'étant pas naturel toutes les ressources d'un art salutaire ne pouvoient plus rien aujourd'huy contre les effets funestes et cachés *du présent* [3] le plus pernicieux et le plus criminel. Je ne puis ajouter foi à tant d'horreur dont j'écarte jusqu'au soupçon comme un crime. Mais s'il est vrai, comme j'ai lieu de le croire sur ce que Paulmier m'a dit, que Mr. Tronchin se soit expliqué de façon à faire croire qu'il soupçonnoit lui-même, c'est une preuve trop affligeante du peu d'espoir qu'il conserve sur le rétablissement de la santé de la princesse. Je crains surtout ce qui peut arriver à la révolution du mois prochain si la perdition hémoroidale remplace, comme elle vient de faire ce mois-ci, le retour naturel des règles. Malgré cette

---

1. Arch. dép. de l'Aube. Fragment d'une lettre en chiffres avec traduction. Elle paraît antérieure au 28 février 1767.
2. Ou Pomiés.
3. Ces deux mots laissés en blanc dans la traduction sont tracés au crayon.

situation si embarrassante pour moy, à cause des papiers intéressans qu'elle pourroit laisser après elle si la mort la surprenoit et pour la difficulté de parvenir jusqu'à elle si sa faiblesse augmente ou même continue, je vais me mettre en état de lui faire parvenir la lettre ostensible de V. A. R. dont l'effet, tout calculé, ne pourra jamais qu'être de façon ou d'autre avantageux. Un hazard bien extrordinaire me fournira même le moyen de lui faire parvenir cette lettre sans commettre le secret de nos projets, et c'est de la Birnbaum que je médite de me servir pour cela. Le croiriés-vous, Mgr., la grosse impudique a laissé gagner son cœur aux désirs charnels du mariage. Elle a jetté ses plombs sur le lieutenant du roi de Lauterbourg; elle m'a fait part de son secret et elle m'a prié de le communiquer par occasion à Mme la Dauphine dont l'agrément et la protection lui sont nécessaires pour assurer des arrangemens sans lesquels point de sacrement à espérer pour elle. J'ai reçu en assés bonne part cette proposition de la grosse coquine, et j'ai bâti tout de suite le plan de lui faire remettre à elle-même ma lettre à la princesse, et dans cette lettre sans qu'elle en sache rien j'insérerai celle qui vous concerne et que je veux faire passer à sa maîtresse si des circonstances plus favorables ne me fournissent pas l'occasion de la lui remettre moi-même, ce qui sera difficile si son état continue. Jusqu'à ce que je puisse vous donner réponse sur cette négociation, vous concevés, Mgr., que mon inquiétude égalera toute l'impatience que vous aurés certainement de la recevoir. Je n'ai pas besoin de recommander à V. A. R. le secret sur le mariage de la Birnbaum.

Ce que je vous avois marqué de la conversion intéressante n'a pas eu toutes les suites favorables qu'on pouvoit en espérer. On m'a assuré qu'une petite jardinière étoit actuellement en faveur; et c'est toujours de trop pour la résolution salutaire que nous attendions.

MARTANGE AU PRINCE XAVIER DE SAXE [1]

A Maison-Blanche, ce 28 février 1767. — Mgr. M. de Fontenay m'a remis les deux lettres dont V. A. R. m'a honoré en datte du 4 et du 15 du courant. Les ordres que V. A. R. me donne dans la première et les commissions dont elle me charge dans la seconde seront ponctuellement exécutés. J'ai passé quatre jours consécutifs à Versailles, et j'en suis revenu le cœur plus navré et l'esprit plus noir que je ne l'ai encore eu. La désolation est sur tous les visages et j'ai vu l'empreinte de la mort sur celui de votre respectable sœur. Sa fermeté et sa piété la soutiennent encore malgré une foiblesse et une maigreur qui passent tout ce qu'on en peut imaginer. Il est inconcevable que dans un état qui paroît être aussi désespéré, elle mange encor, peu à la vérité mais avec quelque appétit; qu'elle digère bien; qu'elle repose assez tranquillement quelques heures; qu'elle joue tous les jours une demie-heure et quelquefois plus du clavecin : et avec tout cela que le marasme augmente et que les forces diminuent d'un instant à l'autre, c'est à un point incompréhensible. Je l'ai prévenue de la promptitude avec laquelle V. A. R. avoit expédié le vin de Hongrie et le gruau. Tout ce qui vient de V. A. R. est cher à ses yeux et elle en a goûté au moment de consolation, mais j'ai bien peur que cela n'arrive trop tard pour qu'elle en puisse goûter réellement. La dernière déperdition du flux hémorhoïdal n'est pas à beaucoup près remplacée et si (ce qu'on craint) les mêmes accidens se renouvellent en tout ou même en partie au commencement du mois prochain, il y a tout à appréhender pour la vie de la plus vertueuse et de la plus digne des princesses. Le Roy, la Reine et toutte la famille Roiale redoublent de soins et de tendresses dans ces terribles momens, ces tendres soins les adoucissent sans doute, mais l'amitié ne peut rien où les remèdes paroissent eux-mêmes n'avoir

[1]. Orig. Arch. dép. de l'Aube.

aucun effet. Si cette double révolution de la nature personnelle et de la nature en général pouvoit se passer sans échec, le mois prochain nos cœurs se rouvriroient à l'espérance en allant contre la belle saison. Mais jusques là je ne puis que partager mes larmes et ma douleur avec V. A. R. Je vais passer dans ces inquiétudes des jours que l'on consacre ordinairement aux plaisirs les plus tumultueux. Si j'avois de meilleures nouvelles à marquer à V. A. R. je serois plus heureux que ceux qui n'auront vécu que pour se divertir. Je suis avec respect, etc. — DE MARTANGE.

P. S. — Il y a quelques diocèses où les évêques ont ordonné une oraison particulière pour obtenir de Dieu la convalescence de Mme la Dauphine, mais cela n'a point encore lieu dans le diocèse de Paris. Je l'ai demandé au chapelain même qui célèbre la messe dans la chambre de la malade.

L'état[1] vraiment déplorable dans lequel la Birnbaum a vu la Dauphine ne l'a pas empêchée de suivre son objet et de presser cette pauvre princesse de me faire appeller pour me parler de son mariage. J'ai attendu ce moment pendant deux jours laissant à cette grosse impudique la honte de faire des influences auprès de sa maîtresse mais résolu cependant si la Dauphine me faisoit appeler de profiter de cette entrevue pour l'entretenir de nos projets et lui remettre s'il étoit possible l'extrait de la lettre du 4 de V. A. R. Ce fut avant-hier à sept heures du soir que, par l'importunité de la grosse coquine, elle me fit appeler auprès de sa ?..... où je crus parler à la mort même tant je la trouvai défigurée. Elle me remercia du vin de Hongrie que j'ai eu le bonheur de lui donner et me dit qu'après Dieu c'étoit encore la seule chose qui la soutint. — « J'ai bien peu de tems à vous donner, me dit-elle, parlés-moi vite de l'affaire de la Birnbaum ». Et je lui dis à cet égard ce dont j'étois convenu avec cette fille et le prétendu qui est un ancien lieutenant colonel que V. A. R. a vu commandant à Lauterbourg. Elle sourit à cette copulation et me demanda ce qu'elle pouvoit lui donner

---

1. En chiffres jusqu'à la fin. Traduction interlinéaire.
2. Mot en blanc dans la copie. Il faut sans doute lire *auprès de sa maîtresse*.

en présent de noces. Je lui répondis que je m'en informerois et que je lui en rendrois compte. — « J'ai à parler à Madame la Dauphine, lui ajoutai-je, de mariages plus intéressaus que celui de Mlle Birnbaum et j'ai un extrait de la lettre du Prince-Administrateur que je voudrois bien lui remettre à ce sujet ». Elle me dit avec bonté mais avec un vif sentiment de son état : « Je suis trop faible à présent ; gardés tout cela pour me le faire voir si..... » Et elle n'acheva pas ce qu'elle vouloit dire, apparemment,.... « si Dieu me fait la grâce d'en revenir ». Autant que j'ai pu juger d'elle, je crois qu'elle a mis ses papiers intéressans entre les mains de l'évêque de Verdun pour les faire passer à V. A. R. en cas de mort. Je n'ai point de certitude à cet égard qui est important, mais j'ai des soupçons assés forts pour me tranquilliser autant qu'on peut l'être dans des circonstances aussi critiques. Le public n'en espère rien, et il paroit que le médecin n'en attend plus rien lui-même depuis le dernier orage causé par les hémorroïdes. En cas de malheur, j'expédiérai Fienne comme la dernière fois avec tout ce que je croirai utile au service de V. A. R. dans ce terrible moment : V. A. R. en voit les suites comme moi, et j'en ai l'âme déchirée.

MARTANGE AU PRINCE XAVIER DE SAXE[1]

A Versailles, ce 13 mars 1767. — Mgr. J'écrivois encore hier matin à V. A. R. avec espoir, et c'est aujourd'huy en mouillant mon papier des larmes les plus amères que je vous fais mon triste compliment de condoléance[2]. Tous nos malheurs ont été comblés ce soir à sept heures. Je m'en remets à la lettre de Mr. de Fontenay pour les détails ; je ne vois qu'un abîme où les mesures les mieux prises, les plus sagement arrangées, les projets les plus honnêtes et les mieux concertés sont éternellement engloutis. Il ne

---

1. Orig. Arch. dép. de l'Aube.
2. La Dauphine mourut à Versailles le 13 mars 1767. Elle avoit été presque toujours languissante depuis le décès du dauphin son mari, arrivé à Fontainebleau le 20 déc. 1765.

nous reste plus, Mgr., que le courage d'en supporter la subversion.
Je n'ai point encore arrêté mes regards sur les suites que cette perte
irréparable peut avoir pour moy ; mon attachement pour la personne
de V. A. R. ne voit qu'elle dans ce terrible moment, et je ne sens
que votre douleur et les suites que ce malheureux événement va
entraîner par rapport à vous. Mme la Dauphine étoit le seul canal
par lequel il nous étoit permis d'espérer d'arriver au port, et ce
canal nous est fermé pour toujours ! Dans ce désastre je ne vois,
Mgr., qu'un foible service à rendre à V. A. R. c'est celui de vous
envoier le précis de la lettre que je crois convenable que vous
écriviés particulièrement au Roi[1] ; C'est la seule ressource qui vous
reste pour vous lier directement avec lui, si cela est possible ; et
quand cette démarche honnête ne vous attireroit qu'une réponse
honnête et amicale, ce sera toujours un titre pour la conservation
de la petite pension donc V. A. R. jouit icy. La douleur du Roi
sera sûrement vive, et le tems du Carême joint à la tristesse de cet
évènement peut opérer des résolutions qu'il faut se mettre en état
de pouvoir saisir. Si elle a parlé, comme je l'espère, jeudy dernier
(c'est le dernier jour que j'ai eu le bonheur de la voir) au Roi qui
me remplaça auprès d'elle, elle n'aura pas manqué de lui recommander son frère et sa maison. Il ne faut pas laisser refroidir ces
premiers momens. Nous venons de perdre celle qui pouvoit assurer
nos vues et nos projets ; c'est un coup de foudre qu'il n'a pas été en
notre pouvoir de parer ; il ne nous reste plus que des lueurs et
des conjectures, touttes foibles qu'elles sont il faut encore, Mgr.,
les saisir. Je ne scais point encore si elle a brulé ses papiers ni
comment elle en a disposé. Je ne scais pas si la haine de certaines

1. Voici ce projet de lettre : « Sire. Le nouveau malheur qui réunit encor les larmes de la France et de la Saxe me pénètre personnellement de la douleur la plus amère. Permettés-moi, Sire, de la répandre avec confiance dans le cœur paternel de S. M. Je perds dans Mme la Dauphine la sœur la plus tendre et l'amie la plus sûre ; c'est à elle que j'ai dû le bonheur de vous connoître, c'est à elle que je dois vos bontés et vos bienfaits, si quelque sentiment de consolation peut se mêler à l'amertume de mes regrets c'est l'espoir que sa mémoire me conservera la précieuse bienveillance dont V. M. m'a honoré. Je suis avec l'attachement le plus respectueux, etc. ».

gens ne chercheroit pas à en profiter pour vous faire perdre un serviteur qui vous a voué tout ce qu'il est pour la vie. Résigné à tout évènement, je vais me renfermer pendant quinze jours dans ma solitude pour tâcher d'y rassembler mes idées et voir ensuite le tour que prendront les choses. Je gémis de l'inutilité dont je vais être à V. A. R. Le seul acte de zèle qui me reste à lui donner et qui soit en ma puissance, est de contribuer au recueil de leçons que vous proposés de donner à l'Electeur; c'est à cet ouvrage seul que je vais maintenant occuper mon loisir jusqu'au tems où je pourrai rejoindre V. A. R., si ce bonheur-là m'est encore réservé. Comme Mr. de Fontenay n'attend que la lettre du duc de Choiseul pour expédier son courier, et qu'il part cette nuit pour Paris et moi pour Maison-Blanche, je me presse de vous écrire et je le fais avec le cœur brisé de douleur, mais toujours également plein de zèle respectueux et ardent avec lequel je serai toutté ma vie, etc. — DE MARTANGE.

LE PRINCE XAVIER DE SAXE A MARTANGE [1].

Dresde, ce 25 mars 1767. — Nos malheurs sont donc comblés, mon cher Martange, et tout notre espoir détruit. Le courrier porteur de cette accablante nouvelle est arrivé avant-hier matin. Elle m'a mise dans un état terrible. Ce coup quoique prévu n'en est pas moins cruel et me pénètre de la douleur la plus amère. Elle n'existe donc plus cette sœur si chère et il me reste d'elle que le souvenir. Quelle perte irréparable pour moi et comment remplacer une amie si solide et si respectable. Qui m'auroit dit que je ne la reverrois plus et que je la quittois pour toujours lorsque je pris congé d'elle la dernière fois. De quel côté que je me tourne je ne vois que des sujets de pleurs; ses enfans, la France, la Saxe, tout m'offre un tableau funeste et accable mon cœur de tristesse. Votre situation même ajoute à mon chagrin. Nous aurions tort tous les

---

1. Copie. Arch. dép. de l'Aube.

deux de craindre pour les papiers qui lui ont été confiés et nous devons être tranquiles. Elle étoit trop prudente et prévoyante pour les laisser à la main des gens qui pourroient en faire un usage contraire à ce qu'ils étoient destinés et je suis persuadé qu'elle les aura mis en sureté d'une façon ou d'autre. Dans tous les cas ils ne peuvent que faire honneur à votre esprit et à votre cœur et jamais vous exposer : le Roi est trop juste que de se laisser prévenir et bien moins contre un homme qui étoit attaché à la Dauphine qu'il aimoit. Si quelque chose m'allarme c'est le pouvoir de vos ennemis, qui se vengeront sur les serviteurs fidèles des inquiétudes que la confiance que le Roi mettoit en cette princesse et sa vertu leur ont causé. Il faut espérer que cette volonté dernière sera bornée par d'autres événemens.

Dans tous les cas comptés sur moi, et si vous avés perdu une protectrice puissante il vous reste un ami sur le cœur duquel vos services vous donnent des droits. C'est l'assurance que je vous fais aujourd'hui et elle s'étend sur tout ce qui vous appartient.

La lettre au Roi est parfaitement bien écrite et je vous en suis bien obligé. Je suis si accoutumé à recevoir des preuves de votre zèle et attachement dans les circonstances délicates et épineuses que cette nouvelle preuve ne me surprend pas dans ce moment-ci et je devois m'y attendre. Je l'envoie à Fontenay pour qu'il la fasse remettre par M. le duc de Choiseul, n'ayant plus malheureusement aucun autre canal pour la faire parvenir au Roi. Je ne sais s'il exigera d'en avoir auparavant la copie comme de coutume mais j'ordonne à Fontenai de lui dire que ce n'est pas une lettre ministérielle mais particulière ; par précaution pourtant, et pour empêcher en cas qu'il ne voulût pas se relâcher sur ce point que ma lettre ne soit remise trop longtems après, je lui en envoie la copie pour qu'il en fasse usage s'il le faut. Cependant ce sera un embarras de plus dans la situation où nous allons nous trouver et une suite du malheur que nous venons d'essuyer. Vos lettres n° 9 et n° 10 me sont exactement parvenues, et on m'aporte dans l'instant le n° 11 ; quelle différence du moment où vous l'écriviés à celui où nous nous trouvons !

Adieu, mon cher Martange, je vous embrasse de tout mon cœur. Quel triste événement ! Le cœur me saigne.

LE GÉNÉRAL DE FONTENAY AU PRINCE XAVIER DE SAXE [1]

A Paris, le 13 mai 1767. — Mgr. Cette lettre sera déjà vieille quand elle parviendra à V. A. R., mais elle ne courrera pas les risques de la poste, et je pourrai m'y expectorer quoiqu'à regret sur un article qui renouvellera la douleur dont elle est pénétrée.

La mort de Mme la Dauphine a rompu la digue qui retenoit encore le ton arrogant et despotique des Choiseuls ; celle de Mgr. le Dauphin y avoit fait une terrible brèche, mais la tendresse du Roi pour sa bru ne leur permettoit pas de s'émanciper autant que leur ambition les y portoit. Je vous avoue, Mgr., que j'ai été indigné de leur conduite dans les derniers mois de la maladie de votre respectable sœur. Depuis le premier jour de l'an qu'ils ne pouvoient se dispenser de lui rendre leurs respects jusqu'à la funeste époque du 14 mars, ni le Duc, ni sa femme, ni sa sœur n'ont pas paru chez elle où toute la cour ne manquoit pas de se trouver journellement ; ils ont témoigné après sa mort une joie si indécente et si marquée qu'ils ont scandalisé jusqu'aux très humbles serviteurs de la faveur. Voilà le sort d'un État où la bonté du maître dégénère en foiblesse ; ce qui vérifie un axiome cité plus d'une fois : que le règne d'un prince dur est préférable à celui d'un souverain qui se laisse aller à un excès de bonté. Si V. A. R. n'avoit pas fait taire celle de son cœur pour s'armer de cette fermeté si nécessaire dans les circonstances où elle se trouvoit, sa régence auroit-elle été aussi glorieuse et utile à la Saxe.

J'ai cru, Mgr., qu'il étoit de mon devoir de vous dévoiler le caractère des gens auxquels nous avons à faire. Ils redoutoient et n'aimoient pas le Dauphin et la Dauphine qu'ils auroient dû adorer si ils avoient été bon patriotes ou bons sujets. Je suis avec un très-profond respect, etc. — Fontenay.

1. Orig. Arch. dép. de l'Aube.

LE DUC DE CHOISEUL AU BARON DE ZUCKMANTEL [1]

A Versailles, le 13 septembre 1767. — J'ai reçu, M., la lettre n° 28 que vous m'avés fait l'honneur de m'écrire le 26 aoust.

Les indices que vous avés concernant les vues du prince Xavier sur la couronne de Pologne sont très certains ; ils sont confirmés par des notions qui nous reviennent d'ailleurs. Rien n'est plus chimérique assurément que ce projet ; il est digne de la vanité jointe au peu de talent et au peu d'esprit de l'Administrateur. M. de Martange qui est un des plus grands intriguans de l'Europe est l'auteur de ce projet, non pas qu'il en croye la réussite possible mais pour flatter l'excessive présomption de ce Prince sur lequel il veut avoir l'air de dominer.

M. de Martange intrigue aussi pour un autre objet qui ne réussira pas. C'est pour le mariage d'une princesse de Saxe avec M. le Dauphin. Je vous prie, M., de me donner une relation exacte sur la figure, sur la taille et s'il se peut le moral de la princesse Amélie sœur de l'Électeur.

MARTANGE AU PRINCE XAVIER DE SAXE [2]

Maison-Blanche, ce 15 septembre 1767. — Mgr. La longueur des détails ne me permet pas de rendre à V. A. R. les différens entretiens que j'aie eus à Versailles avec l'entremetteur Pomiés. Le résultat essentiel de ce que j'ai appris par son canal qui est singulièrement sûr, ainsi que V. A. R. en jugera par l'extrait de sa lettre [3] et la confidence dont sa maîtresse l'honore, c'est que le mariage du Dauphin avec l'Archiduchesse est effectivement depuis

---

1. Affaires Étrangères, Saxe, n° 52.
2. Minute autographe. Arch. de Honfleur.
3. Voici l'extrait : « *A Versailles, le 12 septembre 1767.* — Madame désireroit la chose et elle ne négligera rien pour la faire réussir, elle m'a fait la

très longtemps arrêté directement entre le Roi et l'Impératrice-Reine [1], et cela est convenu dès le tems de l'ambassade de Mr. le duc de Choiseul à Vienne. On a si fort pressé le Roi à cet égard que dès l'année dernière, il étoit question de faire venir icy l'Archiduchesse et cela auroit été exécuté si Madame la Dauphine, — lorsque le Roi lui annonça cette résolution en lui disant qu'il ne la prenoit que pour mieux s'assurer de la condescendance de la cour de Vienne — ne lui avoit pas habilement répondu qu'elle auroit cru au contraire qu'il n'y auroit pas eu de meilleur moien de s'assurer des complaisances de la cour de Vienne que de la tenir entre la crainte l'espérance sur ce mariage qu'elle désire en ne faisant point venir sa princesse d'avance; que si une fois l'Archiduchesse étoit à Versailles comme la cour de Vienne ne craindroit certainement pas qu'on lui fît l'affront de la renvoier, elle se montreroit d'autant plus revêche sur les retours de complaisance que le Roi pourroit avoir à lui demander. Cette observation qui fit alors son effet sur l'esprit du Roi empêcha que les démarches qui avoient déjà été faittes sur ce sujet n'eussent leur effet. Il est assés apparent, par parenthèse, que si le voiage de l'Empereur icy et l'entrevue de l'Impératrice et du Roi à Bruxelles ont lieu, comme le même Pomiés m'a dit qu'il en étoit question, ce sera pour renouer et consomer cette même négociation aujourd'huy qu'il n'y a plus l'obstacle de l'interposition de Madame la Dauphine. Quoiqu'il en soit, il est constant et décidé que le mariage est irrévocablement arrêté, et que le Roi en a donné sa parole; sans cela, m'ajouta M. Pomiés, il auroit été bien doux pour Mesdames qu'on eût cherché une nouvelle Dauphine dans la même maison qui avoit donné la dernière, et surtout avec tout le

grâce de me dire qu'elle en parlera au Roy et ne porra rien dire de positive que d'après la reponce de sa majesté; feu Mgr. le Dauphin avoit pris des engagements avec le prince de Piémont il s'agit de scavoir le résultat des démarches faites seulement au nom de Mgr. le Dauphin car il paroit que le Roy n'a rien statué. Voilà, mon très cher général, le résultat de ma conversation d'aujourd'huy, quand on aura répondue à votre mémoire je vous le manderay. — De Pomiés. »

1. Il s'agit du mariage du Dauphin de France (Louis XVI) et de Marie-Antoinette d'Autriche.

bien qu'en disoit de la jeune princesse Amélie[1]. Il est vrai, répliquai-je, qu'avec la taille la plus élégante et une figure très aimable, la princesse Amélie annonce le caractère le plus engageant, la douceur, la modestie, la discrétion et généralement tout ce qu'on peut désirer dans une femme. Mais, reprit-il, Mgr. le comte de Provence[2] indépendamment de ce que la délicatesse de M. le Dauphin peut lui faire courir de hasards est toujours par lui-même un assés bon parti pour qu'on y songe, et je crois que Madame seroit charmée de donner dans cette occasion une marque de l'amitié qu'elle conserve à la maison de Saxe. — Mr., lui répondis-je, il n'est pas douteux que la main de M. le comte de Provence ne fût par elle-même désirable pour telle princesse que ce puisse être : je conviens de plus avec vous que des événemens possibles, en rapprochant ce prince d'un degré du thrône, pourroient rendre même cet établissement plus intéressant pour la princesse de Saxe ; mais il y a une grande différence entre une négociation qui embrasseroit de convenance et une négociation en même temps que celle du mariage, l'intérêt de l'Etat : c'est une négociation de cette nature, Mr., qui seroit vraiment digne d'une princesse comme Madame et qui feroit le plus grand honneur dans l'Europe et à son crédit et à sa pénétration. Par exemple, Mr., une double alliance qui en même temps qu'on marieroit la princesse de Saxe au comte de Provence donneroit Madame petite-fille du Roi[3] à l'Electeur et seroit scellée d'un traité perpétuel d'amitié entre les deux cours. Voilà, Mr., ce que je souhaiterois et qui seroit une négociation d'autant plus glorieuse pour Madame qu'elle réuniroit de préférence tous les avantages sistématiques pour les deux cours.

Nous nous étendîmes beaucoup sur cette idée et je le chargeai de rendre compte à Madame de cette conversation pour pressentir ses dispositions à cet égard. Ce qu'il fit. Et sur la réponse de cette

---

1. Marie-Amélie-Anne-Josèphe de Saxe, née le 26 septembre 1757, nièce du prince Xavier, alors âgée de dix ans.
2. Louis XVIII alors âgé de douze ans.
3. Marie-Adélaïde-Clotilde-Xavière, née en 1759, mariée à Charles-Emmanuel-Ferdinand de Piémont.

princesse qui ne demandoit que du temps pour y songer et qui avoit paru généralement bien disposée à sonder le terrain, j'ai pris le parti de charger Pomiés d'une nouvelle lettre pour elle accompagnée d'un mémoire tel qu'il ne peut que faire le plus grand honneur à V. A. R. si elle le donne à lire au Roi, comme c'est mon intention. Elle a ordonné en partant pour Choisi à Pomiés de ne lui remettre la lettre et le mémoire qu'à son retour à Versailles qui étoit hier, et comme je ne voulois pas y rester aussi longtems pour ne pas donner avant le tems de soupçons sur les motifs de mon séjour, j'étois convenu d'envoyer d'icy un domestique sûr pour me rapporter la lettre de Pomiés après la conversation qu'il auroit eue avec Madame. Cette lettre est celle dont je vous envoie l'extrait *sub X*. V. A. R. jugera j'espère que jusqu'au tems où tout doit être décidé je n'ai rien négligé des engagemens que j'ai pris icy avec Sayffert[1] pour son service. Si la réponse du Roi est telle que je le souhaite et que l'affaire soit au point d'être entamée régulièrement, alors ou je viendrai moi-même passer quelques jours avec V. A. R. pour me concerter en forme avec elle où je lui expédierai mon beau-frère[2], le seul homme de la discrétion duquel je puisse être assés sûr pour l'emploier dans une affaire aussi importante. Je le chargerois en même tems du mémoire que j'ai fait pour Madame et qui seroit un peu trop long à chiffrer. Il est tel que j'ose me flatter que V. A. R. daignera m'en savoir quelque gré pour le fonds et pour la forme. Ma lettre *sub T* en annoncera à V. A. R. le précis. Si contre mes vœux le succès ne répond pas à la sagesse des mesures, nous saurons au moins par là à quoi nous en tenir, et tout ce qui aura été dit et écrit ne pourra jamais qu'être utile à V. A. R. pour ses intérêts personels ultérieurs où elle aura quelque besoin du Roi. Je suis, etc.

1. De Saiffert, colonel au service de l'Electeur de Saxe, confident et ami du prince Xavier.
2. M. Dufour, frère de Mme de Martange, partit pour Dresde porteur de dépêches à l'adresse du prince Xavier dans les premiers jours de l'année 1768. Il fut arrêté à Nancy et conduit en prison. Ayant pu continuer sa route après avoir reçu un passeport, il arriva à Strasbourg le 24 janvier. Le 31 au matin le corps de M. Dufour fut trouvé dans une rivière ; on crut à un suicide.

LE PRINCE XAVIER DE SAXE A MARTANGE [1]

Pillnitz ce 20 septembre 1767. — Ne soyés pas surpris, mon cher Martange, si j'ai tardé à répondre à vos deux dernières; des occupations pressantes, des arrangemens à faire, l'arrivée de mon frère Clément, tout enfin m'a mis dans la nécessité de différer ma réponse.

Vous connoissés trop, mon cher Martange, la vérité de mon attachement pour Madame pour n'avoir pas été bien assuré d'avance de la réponse que je ferois à la demande dont elle vous a chargé en faveur de Pomiers [2]. Vous avés bien fait de ne point lui parler de difficultés et de ne lui rien dire de ce qu'il m'en couteroit à sortir de la règle que je me suis imposée de n'accorder pendant mon administration de titres qu'à ceux qui seroient véritablement emploiés. Vous avés été témoin du refus qu'ont essuié plusieurs de nos cavaliers les plus riches et de la meilleure naissance, qui n'étant point dans l'état militaire désiroient d'obtenir le caractère en question. Je ne leur dois pas compte de ce que je fais, et telle générale qu'ait pu être la règle que je me suis imposée, la volonté de Madame y fait une exception. Aussi dans la réponse dont je vous charge pour elle, je lui marque simplement que sa volonté sera faitte, que Mr. Pomiers peut compter sur son brevet et que je l'aurois fait expédier sur le champ sans des raisons très importantes dont je vous charge de lui rendre compte. Vous êtes instruit, mon cher Martange, de mes vues, et vous savés combien la consommation de certains projets me tiendroit à cœur; ce point essentiel mettroit le sceau au bonheur de ma régence et consolideroit le sistème pour lequel et sur lequel nous travaillons depuis si longtemps. Vous n'avés pas besoin que je vous rapelle avec quelles précautions et quel secret nous nous étions proposés dans

1. Lettre originale en chiffres. Traduction interlinéaire de la main de Martange. — Arch. de Honfleur.
2. Le prince Xavier lui accorde le titre de conseiller de légation.

des temps plus favorables d'entamer et de suivre cette négociation que nous avons toujours regardée comme également sistématique et convenable pour les deux cours, et dont tant de gens cependant seroient empressés d'empêcher la réussitte. Vous avés vu à votre dernier voiage tout le manège de l'Électrice; il m'importe doublement et qu'elle ne pénètre point l'envie que j'aie de régler pendant que j'en suis le maître le mariage de son fils, et surtout qu'elle ne soit pas instruite sur le choix de celle que je lui ai destinée dans le cœur, que lorsque tous les articles essentiels seroient convenus, et qu'il ne seroit plus question que des formalités d'éclat. Malgré tout le secret de ma conduite, je ne puis pas douter qu'elle n'ait eu des soupçons dont la mort de la Dauphine ne l'a pas entièrement fait revenir. Ses projets ne sont pas certainement les miens, et cette affaire qui ne lui sort pas un instant de la tête l'intéresse d'autant plus qu'elle se flatte qu'en la conduisant et en la consommant elle-même, elle regagnera par là tout le terrain qu'elle a perdu, et se rendra maîtresse absolue de son fils. Dieu sait alors ce que deviendroit le bien que nous avons fait avec tant de peine. Que pensés-vous, mon cher Martange, qu'elle augurât de ce qu'elle me verroit accorder à un François attaché à Madame Adélaïde? car il n'y auroit pas moyen de lui faire mistère de l'expédition du brevet. Elle n'hésiteroit pas un instant à me croire dès lors en négociation réglée avec Madame même; elle en parleroit à ses adhérens avec toutte l'indiscrétion que vous lui connoissés; elle en feroit un plat avec Zugmantel et elle feroit l'impossible pour déranger touttes les mesures que je prens avec son fils, et quoique l'apparence sur laquelle elle auroit jugé fût fausse la conséquence qu'elle en tireroit n'en seroit pas moins dangereuse et le secret nécessaire que, de façon ou d'autre, il nous convient de conserver n'en seroit pas moins exposé. Voilà à peu près, mon cher Martange, le précis des raisons que je vous laisse le soin d'exposer à Madame et d'après lesquelles je ne doute pas qu'elle n'aprouve le délai que je prens pour l'expédition du brevet qu'elle me demande. Je me flatte même qu'elle donnera en conséquence ordre à Pomiers de ne rien dire des assurances que je lui donne sur le titre qu'il aura, ni même de donner à connoître qu'il y pense. Vous lui expliquerés de votre côté que la première qualité d'un conseiller de légation est de savoir se taire, et je compte qu'il le fera. J'annonce à Madame dans la lettre que je lui écris que ce que vous lui dirés est la preuve de la plus parfaite confiance que je me propose de lui donner, et je ne lui laisse point ignorer toutte celle que j'ai en vous.

Je n'ai aucune instruction particulière à vous donner, mon cher Martange, sur la confidence très délicate que je vous autorise expressément de faire à Madame. Mon intention est que vous lui parliés, si elle vous le permet, comme vous auriés fait à ma sœur. Elle est trop éclairée pour ne pas être prudente. Si ce que vous lui dirés l'engage en vous répondant à entrer en explication sur les moiens de réaliser ce que je me flatte qu'elle désirera comme moi, vous savés jusqu'où vous pouvés vous avancer et dans ce cas je compte qu'au lieu de lettre et de courier vous viendriés vous-même sous quelque prétexte passer quelques jours avec moi, et je ne crois pas malgré tout le plaisir que j'aurois à vous voir que je vous gardasse longtems.

Les affaires de Pologne s'embrouillent de plus en plus, beaucoup d'événemens répondent à vos pronostics, mais il y en qui y paroissent directement opposés. Le point capital qui est l'intelligence du Roi et de Catherine n'est plus douteux : le mois suivant éclaircira tout. — XAVIER.

LE BARON DE ZUCKMANTEL AU DUC DE CHOISEUL [1]

30 septembre 1767. — Quoique je connusse depuis longtems la portée d'esprit et le peu de lumières de ce prince [2], je pouvois si peu m'imaginer qu'il donnât dans des projets aussi chimériques que je craignois en vous les mandant de passer dans votre esprit

1. Affaires Étrangères, Saxe, vol. 52. Lettre en chiffres avec traduction en interligne ; nous n'en donnons qu'un fragment.
2. Le prince Xavier de Saxe.

pour un imbécile qui ramasse toutes les nouvelles des rues.....
Ce n'est pas au reste la première fois que M. de Martange se
propose de mettre la couronne sur la tête du prince Xavier.
L'anecdote suivante qui n'est peut-être pas parvenue jusqu'à votre
connoissance vous prouvera, Mgr., la manie singulière qu'à ce
personnage de donner des rois aux Polonois. Je puis vous en
garantir la vérité. Durant la dernière guerre, M. de Martange
conçut le beau projet d'obliger Auguste III de renoncer, même
malgré lui, à la couronne de Pologne et d'engager ensuite les
Polonois qui n'aimoient guère leur roi à élire le prince Xavier à
sa place : Auguste III devoit avoir pour dédommagement le titre
de roi de Saxe avec le duché de Magdebourg. Ce projet extravagant se trouva parmi les papiers du prince Xavier qui furent pris
avec tous ses équipages après la bataille de Minden. Ce prince
n'eut rien de plus pressé que d'envoyer un trompette au prince
Ferdinand pour le prier de lui rendre ses papiers qui ne pouvoient
lui être d'aucune utilité, mais le prince Ferdinand répondit qu'il
n'étoit plus le maître de ces papiers vu qu'il les avoit envoyés en
Angleterre avec tous les autres qui avoient été pris. La cour de
Londres ne tarda pas de faire parvenir ces papiers à Varsovie. Le
comte de Brühl qui n'aimoit pas le prince Xavier en instruisit le
roi son père qui en fut si indigné qu'il ne lui parla jamais depuis,
et souffrit à peine qu'il vint dans son appartement. Vous reconnoitrez, Mgr., à cet échantillon le savoir-faire de M. de Martange
qui de son grenier fait et défait les rois. Faut-il s'étonner après cela
s'il s'ingère aussi à défaire les ministres ? Au moins m'a-t-on
assuré qu'il s'étoit proposé de me déplacer de Dresde, et de se
faire accréditer comme ministre à cette cour mais qu'il a été arrêté
dans ce projet, lorsque vous reprîtes le département des Affaires
Étrangères, parce qu'instruit comme il l'étoit des bontés dont
vous m'avez honoré de tous les tems il crut la chose trop difficile.
Son génie fécond ne manque jamais de ressources, et on prétend
que pour dédomager le prince Xavier de la couronne de Pologne
il le flatte maintenant de lui faire jouer un rôle très-brillant, après
son administration, à la cour de France.

MARTANGE AU DUC DE CHOISEUL [1]

A Fontainebleau, ce 2 octobre 1767. — Mgr. Il y a deux ans et demi qu'après m'avoir comblé de bontés vous me les retirâtes subitement[2]. Je pris dès lors le parti de me retirer moi-même dans une petitte terre que j'ai près de Brie-Comte-Robert[3]. Aux deux voiages près que j'ait faits à Dresde avec la permission du Roi et votre agrément, je ne suis sorti de ma solitude que pour venir quelquefois à Versailles. Depuis ce tems je n'ai entretenu aucune liaison à la ville, et je n'ai reçu à ma campagne que des gens sans relation sur lesquels l'ombre même du soupçon ne peut pas tomber. J'ai eu tout le tems, dans ma retraite, de réfléchir sur ce qui pouvoit m'avoir attiré votre disgrâce, et non-seulement je n'ai rien trouvé de coupable dans le fonds de mon cœur, mais je n'ai pas même pu me rappeler une imprudence ou une indiscrétion qui ait pu vous indisposer contre moi. J'y resterois encor dix ans à rêver que je n'en devinerois pas davantage et je me rens. Quoiqu'il en soit ou quoiqu'il en puisse être, je ne puis me persuader que n'ayant moi-même dans ce moment-cy aucun fiel contre vous vous en conserviés contre moy, au point de m'exclure à perpétuité de touttes les occasions de mériter par mon zèle pour le service du Roi le retour de vos bonnes grâces. Si j'ai eu des torts réels (et, en vérité, je vous répète que je m'en connois pas) vous êtes trop généreux pour me refuser les moiens que je vous demande de les effacer. Si vous avés vous-même à vous reprocher de m'avoir jugé sur de faux rapports que vous avés cru vrais, vous vous devés à vous-même la satisfaction de me faire autant de bien que vous m'avés causé de chagrin : dans l'une ou dans l'autre supposition, je vous prie également, Mgr., de me rendre des bontez dont je chercherai toujours à me

1. Minute autographe. Arch. de Honfleur. Copie aux arch. dép. de l'Aube.
2. Ce fut, suivant nous, au camp de Compiègne de 1764 que la défaveur dont Martange se plaint se manifesta pour la première fois.
3. La terre de Maison-Blanche près de Lésigny (Seine-et-Marne).

montrer digne par mon zèle et mon application à exécuter tout ce dont vous me croirés capable. J'ai l'honneur d'être avec respect, etc [1].

MARTANGE AU PRINCE XAVIER DE SAXE [2]

A Maison-Blanche, ce 14 octobre 1767. — Mgr. Quoique les éclaircissemens que j'ai fait passer à V. A. R. par ma dernière en datte du 5 du courant ne nous laissent plus aucun doutte sur l'impossibilité actuelle d'effectuer la double alliance qui faisoit l'objet de nos désirs, je n'ai aucun reproche à me faire ni sur la conduite que j'ai tenue avec Madame ni sur les démarches que j'ai faites auprès de vous à la recommandation de cette princesse dans l'objet de m'assurer auprès d'elle un accés que je regarde toujours comme pouvant être utile au service de V. A. R., même indépendamment des mariages que nous avions projettés. Tout ce que la prudence la plus circonspecte me permettoit de faire dans cette circonstance pour ménager votre délicatesse au sujet du titre en question, c'étoit d'assurer les moiens, d'éloigner l'exécution de la grâce promise, assés de tems, pour pouvoir nous servir toujours du même canal au cas que j'eusse quelque chose à communiquer à la princesse d'intéressant pour votre service pendant le reste de votre administration. Il peut arriver encor tant d'événemens pendant les quatorze mois qui vous restent à régner que V. A. R. aura peut-être à me savoir gré de m'être ménagé une ressource d'autant plus prétieuse que dans la situation où je suis avec le duc de Choiseul n'ayant rien à attendre de ce ministre dont la faveur et l'indépendance sont plus assurées que jamais s'il me reste quelque porte pour vous être bon à quelque chose et parvenir à me faire entendre ce ne

---

1. Le duc de Choiseul répondit par les lignes suivantes. « *Fontainebleau, le 3 octobre 1767.* — J'ai reccu, M., la lettre que vous m'avés écritte hier, je la mettrai sous les yeux du Roi. »

2. Lettre en chiffres. Traduction en interligne. Arch. dép. de l'Aube. La minute autographe se trouve aux Arch. de Honfleur.

peut être que celle que je me suis ouverte auprès de Mme Adélaïde.
Quand le départ du chevalier de Schömberg me fournira l'occasion
sûre de vous faire parvenir le petit mémoire que j'ai remis à cette
princesse avant le voiage de Fontainebleau, V. A. R. jugera par
elle-même combien j'ai ménagé tout ce qui concerne essentiellement la dignité et l'influence de la cour de Saxe, mais je n'ai pas
dû croire qu'un titre subalterne, quoique honorable, accordé à une
princesse dont on peut avoir besoin pour un homme qu'elle protège
particulièrement puisse jamais faire du tort à la dignité de votre
administration. Si le feu comte de Brühl avoit eu d'aussi bonnes
raisons quand il a donné le même titre à Migliouaicha (?), à
d'Arnaud et à tant d'autres conseillers sans fonctions il n'y auroit
rien eu à lui reprocher. Les notions sûres que nous nous sommes
procurés par le canal de Pomiés quoique contraires à nos vües ont
eu cependant cela d'utile que d'une part elles ont éclairci notre
incertitude et d'un autre côté que cela a fourni à la princesse l'occasion de faire conoître au Roi son père des sentimens dont ce
prince ne peut que vous savoir gré, et dont le souvenir peut et doit
toujours le déterminer à vous servir essentiellement dans quelqu'autre circonstance. Et tout cela surtout, Mgr., s'est fait et
menagé sans comettre ni votre personne ni la dignité de votre
maison, ce qui est le point capital dans ces sortes d'affaires. C'est
d'après ces considérations que j'ai encor agi depuis la réception de
la lettre de V. A. R. en datte du 20 du passé[1] et en remettant à
Madame Adélaïde celle qui y étoit incluse *sub B*[2] j'ai prévenu
cette princesse de la nécessité où vous étiés de suspendre l'exécution de la grâce que vous accordiés à Pomier jusqu'à ce que l'établissement de l'Électeur fut consomé, ce qu'elle a trouvé parfaitement juste. J'ai annoncé la même chose à son protégé en lui
prescrivant le secret le plus absolu à cet égard et en lui ajoutant

1. Voy. la lettre du 20 septembre 1767.
2. Il s'agit d'une lettre que Martange avait préparée pour être transcrite par le prince Xavier. La minute porte en marge : « Lettre chiffrée à mon adresse qui suivant les circonstances pourroit être montrée à Madame. » — Arch. de Honfleur. Papiers de Martange, pièce n° 127.

que ce tems d'attente ne devoit être emploié par lui qu'à saisir, quand elle se présenteroit toutte occasion de mériter vis-à-vis de son bienfaiteur ce qu'il m'a sérieusement promis. Madame Adélaïde m'a promis de me charger de sa réponse qui n'étoit pas encor faitte hier que j'ai dû partir de Fontainebleau, mais qu'elle me remettra avant la fin du voiage. Je l'ai prévenue que je vous la ferois parvenir par une voie sûre pour l'engager à vous écrire avec plus de confiance sur cette affaire des mariages dont elle auroit désiré le succès aussi ardemment au moins que nous. Mais les mesures les mieux concertées, les plus sages et les plus solides ne sont pas à l'abri des coups de tonnerre. Je serois au désespoir si j'avois quelque chose à me reprocher sur la sagesse des combinaisons et la prudence des démarches, mais je ne puis que gémir sans me rien reprocher de ce que le succès qui ne dépendoit pas de moi n'y ait pas répondu.

La nouvelle explication que j'ai eue pendant ce voiage de Fontainebleau avec M. le duc de Choiseul n'a pas peu ajouté au juste chagrin que tout ceci m'a causé. Je lui avois écrit une lettre[1] aussi honnête que possible, et j'en attendois une réponse plus satisfaisante que celle qu'il m'a faitte et qui s'est bornée à me promettre de mettre ma lettre sous les yeux du Roi. Je l'ai joint un jour à la sortie de chez lui et ai pu lui parler pendant un bon quart d'heure. Je remettrai les détails de cette longue conversation[2] jusqu'au départ de Schömberg, tout ce que je puis en marquer aujourd'huy à V. A. R. c'est que la mort de Madame la Dauphine n'a pas éteint la haine dont m'honore ce ministre, et il m'a très-clairement assuré que jamais il ne me donneroit aucune marque d'amitié personelle ; qu'il savoit très-bien que j'avois cherché toutes les occasions de servir utilement V. A. R. et la cour de Saxe, mais qu'en revanche il ne croioit pas que ni la France ni ses ministres eussent également à se louer de mon attachement. Vous concevés bien, Mgr., que cette imputation non méritée n'est pas restée sans

---

1. Voy. la lettre du 2 octobre 1767.
2. Voy. la lettre du 24 octobre 1767.

réplique de ma part, mais pas la plus petite vivacité ni d'un côté ni d'autre. Il ne tiendroit qu'à moi qu'à faire des réfléxions très-chagrinantes sur cette façon de penser d'un ministre tout puissant mais comme dans cette circonstance j'ai encor pour moi le témoignage d'une conscience qui n'a point de reproches à se faire, et que dans tout ce que j'ai fait, écrit et pensé j'ai toujours eu l'honneur & la vérité pour guides je me console bien plus facilement du mal qui m'en arrive que je ne me consolerois de l'avoir mérité.

Il y a un article de la lettre de V. A. R. concernant *le roial personnage mentionné* que je n'ai pas compris, ou par ma faute ou par celle du chiffre. Si cet article est intéressant à notre correspondance, je supplie V. A. R. de me le faire expliquer par sa première.

On m'a encore confirmé ce que j'ai marqué à V. A. R. dans le tems, c'est-à-dire que le Roi avoit dit que peut-être l'Empereur viendroit en France à son retour d'Italie sous le nom de comte du Tirol ou d'Hollitz, mais depuis le Roi n'en a plus parlé. Vraisemblablement si cette apparition de l'Empereur à la cour de France a lieu cela sera si court que les cours vicariales n'auront pas le tems d'en profiter, et je ne pense pas qu'il puisse y avoir de démarches à faire à ce sujet parce que lorsque la nouvelle de son arrivée en France vous parviendroit, il seroit déjà par son retour en Allemagne à l'abri de toutte prétention sur l'exercice de l'autorité impériale. Peut-être aussi que l'envie de venir en France ne lui étoit venue que parce qu'il n'avoit pas pensé aux suites que cela pouvoit avoir vis à vis les cours vicariales, et que par considération pour ces mêmes suittes cette envie lui aura passé[1]. Si j'ai quelques notions sûres à ce sujet je ne manquerai pas à les faire passer à V. A. R.

La tournure intéressante que ne peuvent manquer de prendre dans ce moment les affaires de Pologne pourroient encore peut-être non seulement changer ces projets de voiage de l'Empereur mais même déranger bien d'autres plans par les suites que cet événement

---

1. Il manque un feuillet à la lettre originale ; nous empruntons la suite à la minute autographe.

pourroit entrainer. Si ce que V. A. R. me marque de l'intelligence de Stanislas et de Catherine est vrai, comme je l'ai toujours pensé, c'est un grand préjugé en faveur de touttes les autres conséquences que j'ai tirées de cette intelligence. S'il y a sur ce sujet des nouvelles, claires, sûres et intéressantes, je supplie V. A. R. de m'en faire part.

Je ne m'occupe plus à présent, en attendant les autres ordres que V. A. R. pourroit me faire passer en conformité du plan arrêté entre Sayffert & moy, qu'à mettre en ordre l'instruction projettée pour l'Électeur afin de pouvoir vous la faire parvenir avant Noël, ainsy que nous en sommes convenus icy le collégue et moy.

MARTANGE AU PRINCE XAVIER DE SAXE[1]

A Maison-Blanche, ce 24 octobre 1767. — Mgr. Je profitte de la sureté de la main qui rendra ma lettre à V. A. R. pour lui faire parvenir le petit mémoire concernant l'affaire des mariages que je remis à Mme Adélaïde quelques jours avant le voiage de Fontainebleau. Si les suittes de cette démarche n'ont pas été telles que nous l'aurions désiré, et j'ose dire telles qu'elles auroient été à désirer pour les deux cours, j'espère que V. A. R. verra que j'ai pris touttes les précautions convenables pour ne commettre ni sa dignité personnelle ni celle de sa maison, et que je me suis conduit de façon que tel usage qu'il ait plu à Madame de faire auprès du Roi son père de ce que je lui ai écrit, cela n'a pu ou ne pourra jamais que vous faire honneur auprès de ce prince et l'entretenir dans les dispositions les plus favorables pour toutes les circonstances où l'entremise de son amitié et de sa protection pourroient vous être de quelque utilité. Voilà, Mgr., tout ce qui étoit à la disposition d'un serviteur qui croit avoir autant consulté la prudence que son zèle. L'événement n'a pas dépendu de moi; il n'y avoit que Mme la Dauphine qui pût combattre avec succès des résolutions prises

---

1. Orig. Arch. dép. de l'Aube.

d'après les vues particulières des ministres et anéantir les projets qu'ils avoient conceus en gagnant auprès du Roi une supériorité de confiance dont elle étoit si proche au moment de sa mort. Ce coup affreux a été le triomphe de ses ennemis, est et sera longtemps pour nous un sujet de douleur & de regrets. C'est sous cet aspect, Mgr., et en prévoiant combien son secours nous manqueroit dans tous les cas, que j'eus l'honneur de vous en écrire dès le jour même de sa mort, et le trouble de tous les sentimens dont j'étois pénétré ne porta point sur ma prévoiance. Vous eûtes vous-même la bonté dans la réponse dont vous m'honorâtes d'exciter mon courage pour nous procurer, s'il étoit possible, la seule ressource qu'il nous convint de chercher après la perte que nous venions de faire. C'est d'après ces réflexions que je dirigeai d'abord mon plan sur Mme Adélaïde espérant parvenir par elle à me raccrocher au Duc, et gagner assez de terrain auprès de l'une et de l'autre pour vous être bon à quelque chose. J'ai rempli une partie de mon objet en arrivant à Madame. Mais quelle différence, Mgr., entre la confiance j'ose dire méritée dont Mme la Dauphine honoroit un serviteur éprouvé, et les premières bontés d'une princesse auprès de laquelle je n'ai d'autre mérite (si c'en est un) que l'attachement qu'elle m'a connu pour sa belle-sœur! Et quelle différence surtout entre le caractère de ces deux princesses! Ce n'est pas que Mme Adélaïde n'ait beaucoup de goût pour les affaires; elle les aime, elle les saisit avec facilité, elle en désire le succès avec ardeur, mais il s'en faut bien qu'elle ait ni la constance dans les résolutions, ni la solidité de la marche dont la pauvre Dauphine étoit susceptible. Distraite par tous les amusemens du jour, elle s'occupe de tout avec la même vivacité, et au moyen des petites complaisances que les ministres ont pour elles dans les choses purement de faveur, ils l'empêchent de s'occuper autant qu'elle le devroit, de celles qui par leur importance seroient bien plus dignes d'elle et par là ils réduisent à des actes de tendresse et de condescendance paternelle tout le crédit qu'elle a réellement auprès du Roi son père et qui ne tiendroit qu'à elle d'étendre jusqu'à là confiance. Le travail et la réflexion la fatiguent et la rebuttent, et autant elle est susceptible d'activité dans une affaire prompte qui l'intéresse, autant je la juge incapable de méthode dans une affaire de longue haleine où il faudroit gagner son terrain pied à pied. Je ne puis pas douter qu'elle n'ait souhaité au moins aussi ardemment que nous le mariage de l'Électeur avec sa nièce et même celui du Dauphin, et à son deffaut de Mr. le comte de Provence avec Mme Amélie, et cela par les raisons particulières dont j'ai déjà eu l'honneur de rendre compte à V. A. R. qui étoient d'une part la conservation de son titre de Madame dont elle est fort jalouse, et qu'elle n'auroit partagé avec personne puisqu'aussitôt que le mariage auroit été fait, la véritable Madame se seroit appellée, quoique restant en France, Mme l'Électrice, et d'un autre côté elle sentoit qu'en attirant à Versailles pour Dauphine ou pour comtesse de Provence une princesse saxonne qui n'auroit eu de confiance qu'en elle, elle se seroit conservée par son canal auprès de ses neveux un crédit qu'elle prévoit bien qu'elle n'aura jamais sur l'esprit d'une archiduchesse dont les actions seront toujours dirigées ou par la confiance d'affection qu'elle donnera aux princes lorrains ou par les conseils de l'ambassadeur de la cour impériale. Aussi est-ce principalement sur la connoissance que j'avois de cet intérêt personnel de Madame à concourir au succès de nos projets que j'avois fait fonds, et les conversations que j'ai eues à différentes occasions avec Pomiés ne m'ont pas permis de douter de la justesse du raisonnement que j'avois fait à cet égard, et c'est aussi en conséquence de cet intérêt direct que cette princesse avoit au succès de l'affaire qu'elle s'est chargée de pressentir et qu'elle a réellement approfondi, ainsi que je vous l'ai marqué, les résolutions secrettes du Roi, et dès lors il ne lui a pas été possible d'aller plus loin sans se commettre elle-même ou sans se commettre pour nous, ce qui étoit également à éviter. Il n'y avoit que Mme la Dauphine qui, malgré tout ce qui auroit été préparé à Vienne et à Turin, eût pu faire valoir la supériorité de l'intérêt qu'elle auroit eu à la chose et comme mère des Enfans de France et comme fille de Saxe. Elle auroit eu des moyens d'autant plus forts pour combattre ces résolutions qu'elles n'ont pu être parfaitement consolidées que depuis la mort de cette princesse. Enfin, Mgr., si le canal de Mme Adélaïde ne nous a pas mené à faire ce que nous nous proposions, au moins nous a-t-il servi à nous éclaircir avec certitude de ce qu'il nous importait de savoir, et j'ai l'honneur de répéter à V. A. R. que cette porte que nous nous sommes ouverte étant la seule qui nous reste dans le moment actuel auprès du Roi, je crois d'autant plus essentiel de la ménager telle qu'elle est, que tant que Mr. le duc de Choiseul sera en place (et il y paroit plus ancré que jamais) il est à croire que la haine qu'il a eue pour feue Mme la Dauphine s'étendra sans exception sur tout ce qui appartient et a appartenu à cette princesse, et à la façon dont il m'a reproché en dernier lieu mon attachement pour votre personne et pour la Saxe, je ne puis pas me flatter que V. A. R. ait à compter sur lui. Au surplus vous lui êtes si infiniment supérieur que sa mauvaise volonté, tel crédit qu'il conserve, ne pourra jamais aller qu'à négliger de vous servir, ce qu'il n'osera jamais faire quand il en aura receu l'ordre du Roi, et il vous importe conséquemment de conserver un canal direct, tel que celui de Madame, pour déterminer dans l'occasion la bonne volonté et les ordres du Roy. Que d'événemens imprévus peuvent encore arriver, Mgr., pendant le cours d'une année qui vous reste à régner! et sans parler de ceux dont je me suis entretenu avec le collègue Sayffert, quand je considère qu'au moment même que je vous écris l'état incertain de l'archiduchesse Josèphe et les suittes que cela peut avoir pour ses sœurs peuvent occasionner une révolution complète dans les arrangemens qui ont été faits aux cours de Vienne et de Turin. Je ne puis toujours que me savoir le plus grand gré pour votre service d'avoir mis Mme Adélaïde en état de profiter sur le champ même du hazard des événemens. Après tout, Mgr., si rien ne change, V. A. R. sait à quoi s'en tenir et elle est prévenue sur le parti estimé le meilleur à prendre au défaut de celui auquel elle avoit donné une juste préférence. Mes idées à cet égard restent conforme à ce qui a été discuté icy il y a deux mois avec autant de soin que de zèle entre mon collègue Sayffert et moi; c'est à V. A. R. d'après cela à prononcer et à donner des ordres.

Je ne conçois rien au procédé du duc de Choiseul avec moy dans notre dernière rencontre et je ne sais à quoy attribuer la rigueur qu'il m'a tenue en dernier lieu après la lettre que je lui ai écrite le 2 du courant. V. A. R. jugera par la copie que je lui envoie si j'avois quelque chose mieux à faire et à tenter pour me rapprocher de lui, mais bien loin de répondre au succés que je m'en étois promis, cette démarche n'a servi qu'à me procurer de sa part la confirmation de la continuité des sentimens dont il m'honore depuis près de trois ans. Malgré l'ennui des détails, je ne puis me dispenser par le rapport que cela a à votre personne de vous faire un récit exact de toutte notre conversation d'après laquelle je ne doute pas que V. A. R. ne juge comme moi l'humeur que lui lui a causé l'affaire de l'interrègne et surtout le dernier des deux mémoires qui furent alors rapportés au conseil. Je joins l'original même de la lettre qu'il m'écrivit alors pour que vous puissiés mieux voir le rapport de la mauvoise humeur de ce ministre contre moi avec la cause qui l'a vraisemblablement occasionnée. Quoiqu'il en soit, voicy mot à mot ce qui s'est passé entre lui et moi à la dernière rencontre à Fontainebleau.

Comme sa très-laconique réponse ne signifioit rien je pris le parti de tenter l'abordage, et je fus assez heureux pour le rencontrer seul un jour qu'il sortoit à pied de chez lui pour aller à la comédie. Il me demanda assez honnêtement d'abord dès que je m'approchai ce que je désirerois de lui. — « Vous rendre mes devoirs, M. le duc, et profiter de l'instant propice pour vous parler de la lettre que j'ai eu l'honneur de vous écrire il y a quelques jours. » — « M., je l'ai receue et j'y ai répondu sur le champ. N'avés-vous pas receu ma lettre ? » — « Pardonnés-moi, M. le duc, mais la réponse est courte, et j'en désirerois fort une plus détaillée et plus conforme à ce que j'avois l'honneur de vous demander ». — « M., je vous ai marqué que je mettrois votre lettre sous les yeux du Roi, c'est tout ce que je puis faire, ce sera à lui à prononcer. Au reste, que me demandés-vous ? Est-ce comme françois ou comme saxon que vous vous adressés à moi ? » — « M. le duc, depuis la paix je ne suis saxon que par attachement pour le prince Xavier et par reconnaissance pour le pays où j'ai servi avec l'agrément du Roi. Les termes de ma lettre sont clairs, c'est comme françois que j'ai eu l'honneur d'abord de vous demander le retour de vos bontés, et en second lieu c'est comme maréchal-de-camp françois que je m'adresse au ministre du Roi pour mettre, non pas ma lettre, mais mon zèle et ma bonne volonté sous ses yeux, en vous suppliant de faire pour son service quelque usage de l'une et de l'autre. » — M., je demanderai au Roi si vous êtes véritablement maréchal-de-camp à son service. » — « M. le duc, je puis vous répondre d'avance que je le suis, et si vous l'avés oublié il ne me seroit pas permis de le faire, moi, d'autant plus que c'est vous qui m'avés procuré cet honneur-là. « — « Je le sais bien, mais comme saxon, comme Mr. de Galbert, Mr. de Klingenberg, etc., pour être employé comme tel pendant la guerre. » — « Je ne crois pas, M. le duc, que vous pensiés ce que vous me dittes, et quand on se ressouvient aussi juste des noms on n'oublie pas aussi facilement les faits. » Il sourit et je continuai. « Vous vous rappellés à merveille, au moment que je vous parle, que l'année 1761 vous me procurâtes une lettre de service par laquelle je fus effectivement employé comme maréchal-de-camp pendant cette année, parce qu'il étoit question de faire passer devant moi la grande promotion que le Roi fit à la fin de la campagne, mais vous vous rappellés aussi qu'en 1762 vous eûtes la bonté de me remettre vous-même avant mon départ pour l'armée le brevet que vous ne m'aviez pas donné l'année précédente. Vous conviendrés bien, M. le duc, que la précaution et la grâce ne pouvoient regarder qu'un françois qui devoit rester au service du Roi ». Sur cela il se tut comme un homme convaincu, puis il reprit : « Vous conviendrés du moins aussi vous-même que je pouvois fort bien douter de votre qualité d'officier général françois en voyant l'attachement que vous avés toujours marqué depuis ce tems-là pour la Saxe. On ne peut pas nier que vous n'aiés bien mérité d'elle et du prince Xavier, mais vous ne vous flattés pas apparemment que ni la France ni ses ministres aient également à se louer de vous. « — « Je ne suis pas assurément assez vain, M. le duc, pour me flatter d'avoir mérité vis-à-vis de mon païs et des ministres du Roi, mais j'ose aussi me flatter et je me dois la justice de croire que mon attachement pour un prince qui est lui-même aussi cordialement attaché au Roi et à la France puisse me faire un démérite aux yeux du Maître et aux vôtres. J'aime la France et la Saxe, l'un est un devoir de ma naissance, l'autre est un devoir de la reconnaissance ; je crois ces sentimens-là et les intérêts qu'ils regardent parfaitement compatibles et je ne crois pas démériter en m'occupant des uns et des autres. » — « Je ne vous en fais pas non plus, M., un démérite. Je ne veux vous faire aucune tracasserie mais je vous dis seulement que n'ayant été occupé dans tout ce que vous avés fait que du service du prince Xavier et de la Saxe que vous avés toujours eue devant les yeux, il semble que ce ne devroit pas être au ministre du Roi que vous devriez vous adresser. » — « Ce que j'ai fait pour le service du prince, M. le duc, est bien peu de chose en comparaison de ce que j'aurois voulu pouvoir faire, et après tout je n'ai rien pu ni même tenté pour lui depuis l'Affaire de Pologne qui a été le point critique où vous m'avés rétiré vos bonnes grâces. Et, en vérité, je n'ai rien trouvé dans la conduite que j'ai tenue alors, par pensées, paroles, écrits et actions qui me paroisse susceptible de reproches. » — « Des reproches, M., je ne vous en fais pas ; je ne vous en ai pas même fait dans le temps. Tout ce que je vous ai dit alors j'en avois prévenu le Roi, et je n'ai pas outre passé d'un mot, *car alors je devois assurément bien m'observer* [1], et je savois d'ailleurs l'usage que vous ne manqueriés pas de faire de ce que je vous dirois. » — « Vous me tintes exactement alors, M. le duc, le même propos, la même phrase mot pour mot, et ma réponse fut que je vous prouverois par ma conduite combien votre prévoiance étoit à cet égard en défaut, je vous comprenois à merveille. Vous croyiés que je m'en plaindrois à M. le Dauphin et à Mme la Dauphine. Je n'en ouvris pas la bouche ni à l'une ni à l'autre. » — « Vous n'en parlâtes pas à Mme la Dauphine ? » — « Non, M. le Duc ; non, d'honneur. » — « Elle m'en a pourtant parlé depuis elle-même. » — « C'est-à-dire que vous lui en avés parlé le premier, M. le duc, et elle me le dit le même jour. C'étoit le lendemain de mon retour du premier voyage de Saxe, lorsqu'il

---

1. Ces mots sont soulignés.

était question de celui que le prince Charles devoit faire en Espagne. Elle m'ajouta même, repris-je, qu'elle vous avoit dit : mais Martange scait-il pourquoi vous êtes fâché contre lui? Et que vous lui aviés répondu que non ; sur quoi elle vous avoit encore dit : mais comment voulés-vous qu'il se disculpe s'il ne sait pas ce dont vous l'accusés. Sur quoi vous lui aviés répliqué que le Roi le savoit, que c'était une affaire ministérielle que vous me diriés peut-être un jour. » — « Cela est vrai, je lui répondis cela, mais je croiois que c'étoit elle qui m'en avoit parlé la première. » — « Je vous assure, M. le duc, que tout cela fut fort neuf pour elle qui ne l'a appris que par vous. Elle me demanda ce que je soupçonnois à cet égard et je lui répondis que je n'avois pu arrêter mes soupçons sur rien ; et je lui dis la vérité : car sur mon honneur, dans le moment même je ne scais ni ne puis soupçonner ce qui vous a déplu. » — « M., je n'ai point d'ordre du Roi de vous le dire, et je ne vous le dirai pas qu'il ne me l'ordonne. Je remettrai, ainsy que je vous l'ai écrit, votre lettre sous ses yeux, et je ferai après ce qu'il m'ordonnera. Voilà tout ce que vous tirerés de moi. — « Je ne puis pas être fâché, M. le duc, que la lettre que j'ai eu l'honneur de vous adresser passe sous les yeux du Roi. Elle est telle, à ce que je crois, qu'elle doit être, claire et respectueuse ; mais je préférerois cependant à l'usage que vous en voulés faire le retour des bontés que je vous demandois. » — « M., à cet égard, je vous tromperois si je vous permettois de ma part aucun acte d'amitié personnelle. Je ferai comme ministre tout ce qui plaira au Roi de m'ordonner de faire pour vous ; s'il veut vous employer à la guerre, il en est le maître, il scait que vous en avés les talens, et comme ministre je ne vous nuirai en rien. Mais comme duc de Choiseul, comme moi, je vous répète que vous n'avés rien d'amitié à atendre ; je vous dis rien, et jamais. »

Sur quoi révérence de sa part, révérence de la mienne. Il entroit à la comédie et je rentrai chés moi pour réfléchir un peu à mon aise sur les douceurs de sa conversation, et le résultat de mes réflexions fut de céder au temps et aux circonstances que je ne pouvois pas changer, en attendant qu'elles se changent d'elles-mêmes, ce qui après tout peut arriver d'un instant à l'autre. Et d'après cela je me suis renfermé dans ma tranquillité ordinaire, article qu'on est toujours sûr de retrouver quand on n'a fait que ce qu'on a cru devoir.

MARTANGE AU PRINCE XAVIER DE SAXE:[1]

A Maison-Blanche, ce 21 novembre 1767. — Au bout de quatre nouveaux jours d'attente je suis enfin parvenu à entretenir un peu à fonds Mme Adélaide sur nos affaires, mais autant j'ai été satisfait des sentimens sincères de l'amitié et de l'intérêt qu'elle m'a fait voir pour V. A. R., autant j'ai été peu édifié de l'irrésolution et de la timidité de son caractère lorsque j'ai voulu la mener à concerter les moyens d'effectuer ce qui nous paroit également désirable. Je lui ai rappellé dès le commencement de notre entretien les grands principes d'après lesquels V. A. R. avoit conçu un projet qui quoique avantageux aux deux cours devoit cependant être principalement utile au sistème de celle de France et conséquemment déterminer de préférence par la réfléxion les vœux du Roi et de son ministère si on n'avoit point pris d'engagemens antérieurs. Je me suis étendu, comme je le devois, sur la dignité et la juste considération dont jouit la maison de Saxe entre les maisons souveraines d'Allemagne. Enfin j'ai ajouté que à chaque vacance du thrône impérial on pourra toujours en approcher l'Électeur comme il étoit arrivé à la mort de Charles VII au roi grand père; que la préférence seule qu'il donna à la couronne de Pologne qu'il portoit l'empêcha de recevoir celle que l'Empire et la France lui offroient. J'ai fait cette observation à dessein parce que Paulmier m'avoit prévenu qu'il croyoit, d'après ce que sa maîtresse lui avoit dit, que le titre de Majesté que devoit un jour porter le prince de

---

[1]. Lettre de 20 pages, in-4º, en chiffres; traduction interlinéaire. — Orig. Arch. départ. de l'Aube. La minute se trouve aux arch. de Honfleur mais elle est incomplète.

Piémont étoit ce qui avoit fait pencher feu Mr. le Dauphin pour la maison de Savoie, et j'ai cru qu'il pouvoit importer de prévenir dans la tête de la sœur le même sentiment de gloire qui avoit déterminé le frère. J'ai établi d'après cette idée, comme par hazard, une espèce de comparaison entre la puissance réelle d'un roi de Sardaigne en Italie et d'un Électeur de Saxe en Allemagne, dans laquelle V. A. R. juge bien que le côté de l'Électeur a emporté la balance et pour l'influence et pour les revenus et pour les moyens en tout genre, convenant cependant qu'il s'en étoit bien peu fallu que depuis longtems l'influence de la cour de Dresde n'eût été égale à celle de Turin par les causes connues d'économie, d'application, d'ordre et de sistême qui avoient réglé les démarches du roi de Sardaigne, pendant que toutes ces parties de conduite sistématique avoient été négligées, dérangées ou déplacées à la cour de Dresde où la bonne administration de V. A. R. les avoit heureusement déjà rétablies et consolidées de façon que les effets ne pourroient qu'en être les plus frappans sous le règne même du jeune Électeur. Cette exposition de l'influence que devoit avoir un jour la Saxe m'a mis à portée de faire prévoir à la Princesse l'honneur particulier que lui feroit, même à la cour du Roi son père le crédit personnel qu'elle auroit en Saxe par V. A. R. et par la jeune Électrice, sur les résolutions de l'Électeur. Je n'ai point négligé de lui faire remarquer que Mme sa nièce en passant à Turin seroit vraisemblablement destinée à y rester longtems la seconde personne de son sexe au lieu que l'alliance de l'Électeur de Saxe la porteroit sans intervalle au premier rang. Sur quoi j'ai parlé d'après ce qui est et ce que je désire qui soit des qualités personnelles, du corps & de l'esprit du jeune prince qui fera le bonheur de celle qui lui sera destinée. Quoique tous ces différens motifs dont j'ai fait usage pour enflammer la bonne volonté de Mme Adélaïde ayant été successivement répandus dans le courant de l'audience qu'elle m'a accordée, j'ai cru devoir les réunir dans le compte que j'en rends à V. A. R. pour qu'elle juge que je n'ai rien omis ou outrepassé de ce que je devois dire pour son service. Enfin j'ai terminé l'exposé de toutes les considérations qui devoient engager la princesse à suivre cette grande affaire auprès du Roi son père pour bien lui faire sentir combien il seroit glorieux pour elle d'avoir donné dans une circonstance aussi intéressante une preuve solennelle de l'amitié qu'elle conservoit à la mémoire de feu Mme la Dauphine et à la maison de Saxe. Sur chacun de tous ces articles que Madame a écoutés avec la plus grande attention elle ne m'a pas fait la plus petite objection, et j'ai vu avec plaisir qu'elle étoit convaincue de la vérité de tout ce que je lui disois. Elle m'a même dit les choses les plus honnêtes sur la bonne et prudente administration de V. A. R. comme les ayant entendues de la bouche du Roi. C'est sur cela que j'ai pris la liberté de lui dire qu'il seroit bien cruel que les bons projets que V. A. R. avoit conçus pour l'établissement de l'Électeur son neveu ne couronnassent pas tout le bien qu'elle avoit déjà fait pour son pays en assurant à perpétuité la liaison et l'intimité de la Saxe et de la France ; que je la priois de considérer que la circonstance étoit unique ; que je ne lui cachois pas que pour la faire réussir il falloit à la tête du conseil saxon un prince aussi attaché à la France que le prince Xavier, mais que sa bonne volonté étoit nécessairement limitée par le tems d'une administration qui ne devoit plus durer qu'une année, pendant le cours de laquelle il lui importoit absolument de façon ou d'autre de consommer le mariage de son pupille, et s'il étoit possible celui de l'ainée des princesses ses nièces. A l'égard du Dauphin, me répondit-elle, il ne paroit pas que la mort de l'archiduchesse Josèphe ait rien changé à son mariage avec celle qui lui est destinée, car il n'y a que quelques jours que le Roi lui a dit lui-même devant moi qu'il devroit en bonne police porter un deuil plus profond pour sa belle-sœur. Ainsi pour celui-là il n'y a pas moyen de songer à la princesse de Saxe. Mais il y a deux frères et j'espère bien que nous en aurons une pour l'un ou pour l'autre. Madame, repris-je, j'avois tablé d'après cet arrangement dans le petit mémoire que j'ai eu l'honneur de vous remettre, et c'est sur cela que j'avois prié Madame de savoir positivement s'il n'y avoit rien de conclu au sujet de Madame l'aînée de ses nièces et de Mgr. le comte de Provence, puisque si on étoit libre avec la cour de Turin rien n'empêcheroit qu'on ne prît des arrangemens avec celle de Dresde. — « Sur cela vous savés bien que mon frère et le prince de Piémont ont eu une correspondance entre eux sur laquelle il paroit qu'on a travaillé depuis, mais je n'ai pas encore pu savoir positivement si cela étoit arrêté ou non et si le Roi avoit pris une résolution fixe. » — « Mais c'est cela précisément, Madame, qu'il seroit question de savoir avant tout, car vous concevés bien que le prince ne peut pas faire, sans se commettre, aucune démarche ministérielle qu'il ne soit assuré que le Roi n'a pas pris des engagemens avec une autre cour. » Et c'est uniquement sur cet article que j'ai cherché à intéresser en sa faveur l'amitié que Madame a pour lui en l'engagement à faire directement auprès du Roi ce que Mme la Dauphine auroit fait si elle avoit vécu. — « Mais, a-t-elle repris à son tour et avec embarras, c'est qu'il n'est pas si aisé de savoir positivement ce qui en est, et il faut attendre pour cela qu'il se présente un moment que je ne puis pas toujours faire naître. » J'ai pu me confirmer par cet embarras dans le jugement que j'ai déja porté de cette princesse dont le crédit ne s'étend qu'aux grâces de la cour qu'elle désire obtenir de la tendresse du Roi son père et de la complaisance des ministres. Mais elle m'a laissé voir très-clairement qu'elle craignoit également de les indisposer si elle paroissoit se mêler d'affaires aussi importantes. Quelle différence entre ce qui nous reste et ce que nous avons perdu! Enfin, Mgr., pour essayer encore de la mettre à son aise sur cet embarras de s'expliquer avec le Roi son père, j'ai imaginé de lui proposer l'expédient que vous lui écrivissiés une lettre amicale sur vos idées, comme un frère à une sœur, comme vous auriés pu faire avec Mme la Dauphine dont elle tenoit la place vis à vis de vous. — « Par ce moyen, Madame, lui ai-je dit, la lettre étant conçue de façon que vous pourriés la montrer au Roi vous pourriés aussi dans la réponse que vous feriés au Prince fixer ses démarches. Car, ai-je ajouté, je le répète à Madame, si le Roi et lui s'entendent sur le fonds il sera aisé aux ministres qui seront alors chargés de rédiger la négociation de convenir sur les formes, et la bonne volonté du Prince applanira toutes les difficultés. » Elle réfléchit sur cette proposition, dont elle approuva que nous fissions usage au cas que la parole du Roi ne fût pas déjà donnée. — « Ainsi, dit-elle, attendés encore quelques jours, je tâcherai de savoir positivement où on en est avec le prince de Piémont. Je vous le dirai et d'après cela vous pourrés vous régler pour ce que vous aurés à écrire au prince Xavier. » Ce qu'elle m'a dit sur mes affaires particulières c'est qu'elle avoit parlé au contrôleur général qui l'avoit assuré que ce qui avoit été réglé par Mme la Dauphine seroit certainement exécuté à la première vacance. — « A l'égard du duc de Choiseul je ne lui ai point encore parlé, m'a-t-elle dit, j'en suis honteuse; mais au premier jour je le ferai venir, je vous le promets. C'est une grande affaire. » — « Oui, Madame, lui ai-je répondu c'est une grande affaire effectivement de l'engager à me rendre ses bonnes grâces; il ne faut pas moins que la protection de Madame pour réussir à cette négociation pour le succès de laquelle je ferai tout ce qui sera en moi. Et si je la désire aussi ardemment c'est, en vérité, bien moins pour mon avantage particulier que pour faire servir le retour de sa confiance à des intérêts qui me sont infiniment plus chers. »

Voilà, Mgr., à quoi s'est réduit un entretien dont j'espérois tirer sinon plus de fruit au moins plus de lumières et qui ne m'en a donné que d'affligeantes sur le peu de consistance dans cette princesse et sur le peu de fonds qu'il y a à faire sur son entremise. Mais enfin telle qu'elle est il convient encore à V. A. R. de la ménager parce que c'est la seule porte de confiance pour s'adresser directement au Roi. D'après toutes les réfléxions que j'ai faites sur le peu d'apparence qu'il y avoit d'une part à faire réussir aujourd'huy le double projet de mariage avec la France et de l'autre sur le peu de tems qui restoit à V. A. R. pour pouvoir terminer l'affaire indispensable avant la fin de cette même administration, je pense que l'incertitude où nous laisse Mme Adélaide sur l'alliance de Sardaigne et la promesse qu'elle m'a faite de me dire positivement si ce projet étoit arrêté ou non, ne doit pas empêcher V. A. R. de prendre ses mesures pour l'exécution du second plan concerté entre Sayffert et moy en cas que nos vues sur la France manquassent. Si contre mon espérance actuelle Madame me tenoit parole, et qu'il se trouvât effectivement que le Roy n'a point encore pris de parti avec la cour de Turin, alors je penserois que pour assurer notre marche contre la timidité, l'embarras et la lenteur que Madame ne manqueroit pas de mettre dans la façon dont elle s'expliqueroit avec le Roy son père, il conviendroit bien à V. A. R. d'écrire directement au Roy suivant le projet ci-joint *sub O*[1] et employer la bonne volonté de la princesse à remettre votre lettre au Roi ainsi que vous l'en prierés par celle que vous lui écririés conformément au projet ci-joint *sub R*. Par ce moyen vous forceriés, sans vous commettre, et le père et la fille à s'expliquer sur ce sujet. V. A. R. sauroit tout de suite à quoy s'en tenir positivement et dans le cas le plus défavorable où le Roi auroit pris d'autres mesures sur l'établissement de sa petite fille. Il n'y auroit à craindre de sa part aucun abus de la confiance directe que vous lui auriés marquée dont il ne pourroit d'ailleurs que vous savoir personnellement le plus grand gré. C'est à ce seul conseil. Mgr., que je crois devoir me fixer pour votre service. V. A. R. le jugera elle-même après l'avoir examiné et si elle l'approuve elle m'addressera les deux lettres que je ferai remettre ou remettrai moi-même à la princesse qui aprouvera d'autant mieux ce nouvel expédient qu'elle ne verra aucun embarras dans l'exécution...... — DE MARTANGE.

1. En voici les premières lignes : « Sire. Dès les premiers tems que j'ai eu l'honneur de faire ma cour à V. M. J'ai désiré avec ardeur de voir resserrer entre les deux maisons les nœuds si chers qui unissent déja la Saxe à la France. Depuis que les circonstances m'ont placé à la tête des affaires de cet Électorat, j'ai entretenu cette idée au fond de mon cœur..... que je me suis convaincu que les liens de la plus grande intimité ne pouvoient qu'être réciproquement les plus avantageux aux intérêts des deux païs..... » Arch. dép. de l'Aube.

MARTANGE A Mme DE MARTANGE [1]

Ce 30 avril [1768] à onze heures du soir. — Malgré tout le plaisir que j'aurois, ma chère amie, à en voir ton enfant marqué je t'envoie Henry avec des saucisses, pour que tu en passes ton envie ; je serois trop heureux s'il m'étoit aussi possible de contenter tous tes souhaits, ce seroit le seul que j'aurois à former pour moi-même mais je n'en suis pas encor là ; je travaillerai toujours pour le mieux pour y parvenir.

J'ai vu aujourd'huy Mr. de Fontenay ; point de lettres du Duc, mais une du prince Xavier en datte du 20 du courant par laquelle il me fait compliment de condoléance sur le malheur de mon beau-frère [2], et pressé mon départ le plus qu'il me sera possible. Il y a quelques lignes de plus dont je ne saurai le sens que lorsque je t'aurai rejoint.

Il y a même une délégation de 1200 livres pour Mr. de Fontenay qui n'est pas le moins gênant de l'affaire. Comme le Duc a dû arriver ce soir, je tâcherai de le voir demain matin, lui ou le seigneur de la France ; si non j'irai à Versailles car il faut savoir à quoi s'en tenir et partir. Je tâcherai d'émouvoir les entrailles de Mr. de Boullongne [3] ou du moins celles de Mr. Hamelin [4] ; malheureusement les unes et les autres y sont bien peu disposées.

Celles de Mr. Simon, de Bruxelles, sont toujours à vingt pour cent, et ce n'est qu'à toute extrémité que j'en passerai par là. Mais s'il le faut absolument, il vaut encore mieux s'ouvrir la route d'Allemagne par une clef aussi chère que de ne pouvoir avancer chemin.

---

1. Arch. de Honfleur.
2. Ces mots permettent de dater la lettre. M. Dufour, beau-frère de Martange, se noya à Strasbourg, le 31 janvier 1768. Il était parti de Paris en qualité de courier de légation.
3. Jean-Nicolas de Boullongne, ancien contrôleur général des finances.
4. Banquier, rue Saint-Eustache.

Je n'ai vu ni Mme His ni le comte d'Onopp et ne les pourrai voir que demain au soir si je ne vais pas à Versailles, car alors ce ne sera que pour lundy matin. Je tâcherai avec tout cela de coucher lundy avec la femme que j'aime; s'il ne m'étoit pas possible, je serois mardy sûrement à dîner ou je te renverrois Henry. Mr. Simon doit recevoir lundy matin une visite de ma part; il n'a rien fait chez son Portugois que couper le prépuce à son embrion.

Je te prie, ma chère amie, de faire remettre à Mrs. Bourcier et Hardouin les plans ci-joints (quand tu les auras vus, s'entend) afin qu'ils fassent leur devis en conséquence et qu'ils soient en état à mon arrivée, lundy ou mardy de prendre mes ordres pour venir causer à ce sujet avec Mr. Coustou.

On dit Mr. le prince de Lamballe effectivement mieux; il est malade à Lossienne [1] qui est une petite maison de plaisance à quatre lieues d'icy. Toutte la famille y est ainsy que le duc de Penthièvre et Madame la princesse de Lamballe.

La Reine toujours dans le même état; on m'a dit qu'elle commençait à enfler, et on regarde ce signe comme du plus mauvois augure. Bonsoir, chère amie.

Ce 1er may à 7 heures du matin, déja poudré et frisé.

Le seigneur La Pierre ne peut avoir que six saucisses mais faittes de ce matin, et qui dans une heure c'est-à-dire à neuf seront rendues icy, à ce qu'on m'assure, ainsi tu les auras à dîner.

Item, je t'envoie la boucle du col du petit Crispin que j'embrasse ainsi que ses deux sœurs. Si je ne vais pas à Versailles ce matin, ce que je ne saurai que vers onze heures chez Mr. le Duc, je me suis engagé à aller dîner à Montmartre avec le vieux général et toutte la famille Silvestre [2]. Si je n'ai pas réponse de Mr. le Duc avant mardy prochain, Mr. de Fontenay lui doit parler de la part du Prince sur le désir instant qu'à S. A. R. de me voir arriver. Je ne pourroi guères retarder plus tard mon départ que d'aujourd'huy

---

1. Louveciennes.
2. Le vieux général est le général de Fontenay âgé, à cette époque, de 83 ans; la famille Silvestre se composait de l'abbé de Silvestre, secrétaire du prince Xavier, et de sa mère Marie de Silvestre.

en huit ; c'est le *nec plus ultrà*. Baisers et bonjour, très chère maman.

LE DUC DE CHOISEUL A M. FISCHER[1]

A Versailles, le 17 juillet 1768. — Nous présumions bien que M. de Martange déployeroit à Dresde les talens particuliers qu'il a pour l'intrigue, mais comme l'Electrice est trop éclairée pour être sa dupe et le prince Administrateur trop opiniâtre pour se défaire d'un aussi pernicieux conseiller, il paroit qu'il résultera de tout ceci un peu plus de tromperies et de brigues qu'il n'y en avoit auparavant à la cour de Saxe, et que cela pourra durer jusqu'à ce que le parti qui l'emportera à la majorité de l'Electeur éconduise ses antagonistes. Heureusement pour cette cour que l'époque n'en est pas éloignée.

Les insinuations de M. de Martange à l'Electrice ne sont pas trop adroites, car on ne voit pas ce qu'il pourroit faire pour cette princessse dans les termes où les choses en sont à moins de trahir le prince Xavier, ce qu'il pourroit bien faire néanmoins s'il y trouvoit son intérêt et sa seureté.

Je n'oublie pas, M., que je dois une réponse à Mme l'Electrice, je compte vous l'adresser incessamment.

MARTANGE A Mme DE MARTANGE[2]

A Dresde, ce 10 may 1769. — Tes deux lettres, ma chère amie, du 24 et 28 du passé, m'ont été remises avant-hier à Leipzig au moment où je montois en voiture pour revenir icy. Quoique ce que tu me marques du peu de santé dont tu jouis ainsy que mes pauvres petits ne soit pas aussi consolant que le désireroit le cœur d'un père

---

1. Aff. Etr. Saxe, n° 53.
2. Arch. de Honfleur.

et d'un mary qui vous est aussi tendrement attaché à tous que l'est le mien, c'est du moins beaucoup de m'avoir retiré de l'incertitude cruelle où j'étois sur l'existence de ce que j'aime ; le retard de ta lettre du 24 me paroissant d'autant moins naturel que j'avois receu des lettres de Fontenay du 25 et que je savois que les miennes du 9 et du 14 avoient dû t'être remises. Si tu calcules avec quelque justice, ma chère petitte, tu te convaincras qu'il n'est pas possible d'être plus exact que je l'ai été, et que je ne t'ai pas laissé un moment en suspens sur l'époque de mon retour qui n'a point varié depuis le premier moment que je t'en ai parlé à Paris. Ce n'est pas ma faute si tu as pris l'allarme sur les contes saugrenus qu'on est venu te faire. Je te dis la vérité comme je la pense, mais tu as une pente invincible à te méfier de toutte vérité qui n'est pas chagrinante pour toy ; encore une fois, ma chère amie, ce n'est pas ma faute. Je ne te parle ni ne puis t'entretenir du progrès des affaires qui m'ont amené icy, et tu conçois, sans que je te le dise, que j'ai de bonnes raisons pour ne le pas faire. Il suffit que tu saches à quoy t'en tenir sur le *nec plus ultra* du séjour que je ferai à Dresde, et je te répons encore positivement que je n'y finirai pas le mois au tiers duquel je t'écris ; le jour où tu recevras la présente sera vraisemblablement celui où j'aurai fait les premiers tours de roue pour aller te retrouver. Ainsy, mon cher enfant, il n'est question que d'un peu de patience dont je t'assure avec vérité que je partage bien sincèrement les fraix avec toy. Je ne te répons pas sur le reproche que tu me fais au sujet de mon retour à mes anciennes connoissances, je hausse les épaules et j'ajoute seulement que je n'ai ni le tems, ni le goût, ni le désir de renouer ou de nouer icy. Je n'ai eu qu'un objet en y venant je travaille à le remplir, ma récompense est où je te trouverai.

Nous avons eu icy les derniers jours d'avril, le tems le plus beau et le plus chaud ; il y a même eu deux orages assés vifs et le tonnerre est tombé deux fois à Kesselsdorff ; mais depuis le commencement du mois on a quitté les habits d'été qu'on avoit pris, et que j'allois prendre comme un sot si le tems ne s'étoit pas remis au froid au point qu'on peut très bien supporter le drap et même le velours. Au moyen de cela et d'un deuil de six jours que nous commençons, le 12 jusqu'au 18, pour la princesse d'Orange je pousserai jusqu'à mon départ avec les habits que j'ay et une couple de vestes d'été que je ferai faire pour porter sous l'uniforme qui est l'habit que j'ai le plus porté, celui de velours ras gris n'ayant malgré l'ordre que j'avois donné à Moison qu'une culotte qui pour trois fois s'effiloque déjà, au point qu'encore trois fois et on verroit la cuisse. J'ai fait faire un habit de drap vert pour suivre le prince à la chasse et cela fera mes beaux jours à Maison-Blanche : voilà les détails de mes dépenses de garde-robbe. En revanche touttes les anciennes dettes qu'il a fallu payer et qui se montoient à près de 2.000 écus m'ont fait un grand embarras, mais l'honneur pardessus tout, tu sais que c'est ma devise, et j'y tiens. Avec de la conduite nous parviendrons à jouir tranquilles d'une fortune honnête et c'est à cela que mes vœux sont bornés. Elle fera mon bonheur telle qu'elle soit en la partageant avec toy. Je suis fâché de l'accident qui est arrivé à ta main droitte, je suppose que c'est en la combinant avec la cuvette de porcelaine cassée. Ce dernier accident est facile à réparer, je te la rapporterai entière avec la sonnette et l'autre pièce que j'ai si maladroitement cassée. J'y joindroi la.....[1] et la tabatière ainsy que les deux figures manquantes. Je te prie en attendant de donner tes ordres pour que le tout te joigne à Maison-Blanche avant mon arrivée. Fais porter par des brancards comme tu voudras, mais que tout arrive ; il faut jouir du peu que nous avons en attendant mieux.

J'ay receu tes lettres trop tard pour faire avant de partir de Leipzig l'emplette des livres que tu me charges de t'apporter ; je te répons que ta commission n'en sera pas moins bien faitte, et je vais écrire à mon hôte Mr. Martens, in.....[2], pour lui en donner la commission dans la supposition qu'ils ne se trouvent pas icy chez Natther.

J'ai enfin déterré l'abbé Baudet et lui ai fait dire de passer chez moi demain ou après demain ; j'ai à lui parler de ce que tu sais

---

1. Deux mots en allemand.
2. L'adresse est en allemand.

pour le mieux; je ne te rendrai compte de cet objet qu'à mon retour. Aujourd'huy la cour vient coucher à Hubertsbourg et demain au soir elle sera icy. Dès lundy je remettrai les fers au feu pour tâcher de conclure la petite affaire du petit frère [1]. L'article de la pension toutte modique qu'elle soit, hors du pays, est une affaire grave, mais j'ai rompu la glace et je me flatte que le prince ne se refusera pas à mes instances.

Je ne te dis plus rien de nos affaires de la succession de Mr. de Rachel [2], je ne puis que m'en référer à ce que je t'en ai écrit de Leipzig, et je me conduirai en conséquence de ce plan pour ne rien faire que ce que ta mère et toy ordonnerés à ce sujet. Je vous donnerai seulement à l'une et à l'autre des lumières certaines et vrayes. J'ai présenté ton fils [3], que j'aime de tout mon cœur et que j'ai embrassé de même, car il te ressemble beaucoup, au Prince qui l'a receu avec bonté et lui a dit que s'il ressembloit à son beau-père et qu'il l'imitât il seroit charmé de trouver des occasions de lui faire plaisir. Il a été malade pendant trois ou quatre jours et obligé de garder la chambre, ce qui m'a privé du plaisir de le voir plus souvent. Il t'écrira et à la grande maman. Il m'a dit avoir des nouvelles de sa sœur qui est à Augsbourg et qu'il dit bien élevée et jolie. Je n'aurois pas imaginé la sorte de tendresse véritable que mon attachement pour la mère m'a inspiré pour des enfans qu'elle a faits avec un autre, mais en vérité cela est pourtant, et je t'assure qu'ils me sont chers non pas comme les miens mais beaucoup plus que des étrangers.

Je ne suis pas tranquille sur ce que tu me marques de la disparition de l'appétit et des douleurs de notre petit. Je ne saurois trop te recommander, ma chère enfant, d'avoir tant pour lui que pour Xavière du miel de Narbonne et de ne pas manquer de leur en frotter les gençives quand ils sentent des douleurs. Je rens bien

1. Il sollicitait un diplôme de conseiller de légation pour un frère de Mme de Martange.
2. M. de Rachel, conseiller des Accises de l'Électeur de Saxe, mari en premières noces de Mme de Martange, décédé au mois d'octobre 1753.
3. De sa première union, qui doit être de l'année 1745, Mme de Martange avait eu un fils et une fille.

justice sur ce remède au petit docteur, depuis ce que j'ai lu dans la *Gazette d'Amsterdam* au sujet d'une femme d'Altona qui, mère de quinze enfants en avoit perdu neuf aux dents, et a conservé les six derniers en imaginant d'user de cette précaution. La même gazette ajoute que cet innocent remède a été depuis imité par beaucoup de mères sur leurs enfans avec le même succès. Tu peux voir le fait dans la *Gazette d'Utrecht* du 30 avril, article de Hambourg. Baise-le bien tendrement pour moy, le cher petit, ainsy que ses deux sœurs que j'aime tous les trois autant que moi-même et que leur maman.

Ce que tu marques de l'aventure de Mrs. de la Tinveuille (?) et de Poyanne[1] est affreux, cela doit perdre le dernier, car le Roy a toujours abhorré et avec raison les actions d'inhumanité ; c'est inexcusable.

J'approuve et te remercie d'avance du bon ordre que tu mets dans nos petits états ; je goûterai un vrai plaisir à t'aider à faire le bien quand j'aurai eu le bonheur de me rejoindre à toy ; je t'assure que je compte jusques là les jours et les heures. Je te rapporterai des bazins et je les ferai choisir les plus beaux..... Je voulois aussi te faire faire deux douzaines de chemises de toile de Silésie et te les apporter toutes rôlées, mais cette toile est prohibée icy et Bussy[2] m'a assuré qu'on en trouveroit de meilleure et à aussi bon marché à Paris ; ainsy je ne te porterai que ma personne.

On a supprimé à Leipzig l'usage de donner des présents à toutte la cour et je trouve que c'est bien fait. Le Prince m'a cependant fait présent à moy d'une tabatière d'or fort agréable de 50 louis de valeur. Si elle te convient j'y ferai mettre mon portrait et t'en ferai présent de tout mon cœur. J'ai cherché des breloques pour nos enfans, mais tout cela vient de Paris et est quatre fois plus cher qu'en France, ainsi je crois avoir bien fait de ne rien dépenser. J'ai acheté seulement un petit portrait très-ressemblant du roy de

---

1. Le marquis de Poyanne, lieutenant général, ancien inspecteur général de la cavalerie.
2. Bussy (Dominique), camérier privé de l'Électeur de Saxe, trésorier du prince Xavier, à Dresde.

Prusse et du prince Henry son frère, cela m'a couté 10 reichsthaler, et des gants de femme et d'enfans pour toy et nos filles. Je charge ici le comte de Zinzindorff d'en faire venir de Dannemarck par sa sœur avec les doigts fermés tant pour toy que pour les deux petites quelques douzaines; on dit que c'est fort bon pour tenir la main fraîche.

Je ne fermerai ma lettre que demain au soir et s'il y a encore quelque chose de nouveau je l'ajouterai. Je finis aujourd'huy en te baisant de cœur et d'âme.

Encore le 10 may.

Le résultat d'une grande conférence que je viens d'avoir avec Mr. Rachel a été que l'état de tes prétentions à toy se montoit légitimement à la somme de 10999 écus, scavoir :

De la donation de Mme Vieux........	2.666 écus
Augmentation de ladite somme.........	1.333 —
Dot...............................	5.000 —
Augmentation......................	2.500 —
	10.999

Et celles de l'hoirie se monte à la somme de 10.886 écus, scavoir :

De la dot non payée................	5.000 écus
Intérêt de la susdite somme jusqu'à la mort de Mr. de Rachel, pour neuf ans et demi.....	2.200 —
Pour le tiers du bien de la femme qu'elle doit laisser en se remariant dans le lot de ses enfants du premier lit.................	3.666 —
	10.866

N. B. C'est la loi absolue de Dresde, je l'ai consultée, tu peux m'en croire.

Par lequel compte il ne te reviendroit du jour de la mort de Mr. de Rachel que la somme de 133 écus à prétendre sur l'hoirie et celle de 7200 écus à prétendre sur ta mère; laquelle mère te seroit de plus redevable des interests de la dite somme de

7200 écus à compter du jour du décès de ton premier mary, puisque les fonds sont restés entre les mains de la justice c'est-à-dire entre celles de Mr. Fiscaux qui en ont payé partie des interests à ta dite mère.

Voilà, ma chére amie, en ne voulant point s'aveugler le véritable état des choses pour le fonds de la question, et en justice réglée je puis t'assurer que voilà ce qui seroit prononcé. Par ce calcul, tu peux voir ce qui pourroit revenir à ta mère des 10.000 écus qui sont en caisse chez Mrs. Fiscaux. Joins à cela la prétention d'un legs de 1500 livres de France fait à ton fils par Mme Vieux et qui n'a pas été payé par ta mère; ainsy qu'une dette de 350 écus payés pour ton frère et dont quittance, ce qui absorberoit au delà des dix mille écus.

Car d'imaginer que la justice lui accordera des indemnités, il ne faut pas qu'elle s'en flatte, et si elle le fait elle s'abuse très-certainement puisque c'est elle, clair comme le jour, qui a tort dans le fonds n'ayant pas payé ce qu'elle avoit stipulé par contract et ce qui a dû être indispensablement payé. Ainsy s'il y avoit condamnation aux dépens ce seroit sur elle qu'ils tomberoient car la proposition de prendre un hypothèque sur sa maison de Genève quand on pourroit (suivant la loy qui l'a prononcé, et qui le prononceroit encor aujourd'huy que le comte de Brühl est mort) s'en procurer un plus proche sur le paiement des lettres de change de Mr. Daume, cette proposition, dis-je, de la maison de Genève pour répondre de la somme de 5000 écus stipulés par le contract ne met point ta mère à couvert de la nécessité de remplir le fonds de l'interest des clauses du même contract. C'est donc elle qui a dû payer et qui te doit réellement aujourd'huy la somme des 7200 écus dont tu aurois les intérests à répéter sur l'hoirie de Mr. Rachel si la dite somme lui avoit été remise, mais que tu peux répéter que sur ta mère puisque c'est elle qui s'est fait saisir faute de payer, et qu'il est encore sûr, suivant les loix, que la saisie ne la dégage pas des interests. A moins de l'injustice la plus atroce, je te préviens qu'aucun tribunal ne peut prononcer autrement. Ce n'est pas là son compte mais c'est pourtant celui de l'équité dont elle seroit la seule à se plaindre, tout le monde se louaht de celle qui se pratique dans ce pays-cy.

À l'égard de la gherade tu peux en jouir sans doutte et cela ne fait pas de difficultés; il n'est besoin pour cela que de donner caution de la valeur, les effets devant retourner à ta fille du premier lit après toy; cette caution à ce que disent les avocats doit être la totalité de la somme à laquelle les effets peuvent se monter attendu que c'est hors du pays que tu vis et que tu es remariée.

N. B. Il y a d'ailleurs sur ce sujet un objet de deux mille et tant de florins vendus par ordre de justice, par Mrs. Rachel, et dont ils ont quittance judiciaire.

Que veux-tu que je te dise, ma chère enfant, il faut savoir perdre, car pour gagner il n'y a rien à espérer. Les loix sont formelles, et elles sont touttes différentes que ton avocat ne te l'a dit. Les six pour cent qu'on t'a assuré qui se paioient aux veuves ne sont pas vrais, cela n'a lieu que lorsque cela est expressément stipulé. Vous êtes les maîtresses de plaider, je répons qu'avant quinze jours le procès sera fait et parfait; je vous répons encore que la justice sera juste, mais je ne vous répons pas que vous ayés lieu d'être contentés de sa décision.

Pour ta mère d'abord, il est bien sûr qu'elle n'a rien à prétendre, et que sur les 10.000 écus restans elle doit à l'hoirie 7.200 écus d'une part, plus 400 écus, dit-on, du legs de Mme Vieux au jeune Rachel et 350 écus pour la dette de Mr. son fils, ce qui feroit un total de 7950 écus; item les intérests depuis neuf ans à 5 pour cent qu'elle devroit te payer ce qui feroit encore 2577 écus 12 gr. et conséquemment il s'en manqueroit de 527 écus 12 gr. que les 10000 écus restans entre les mains de Mrs. Fiscaux ne suffisent à payer ce qu'elle doit sans parler des frais de procédure qui la concerne et qui vont à plus de 500 écus. Elle n'a point de dédommagement à prétendre parce que c'est elle qui s'est fait le tort en chicanant un payement juste; et ce n'est que toy qui en souffre car tes prétentions à toy sont nettes et claires et les siennes n'existent que dans sa tête. La seule prétention fondée est celle de ta pension pendant trois ans; les loix la fixeront à 500 florins par année, au plus, ce qui feroit à peu près pour les trois ans les mil écus qu'elle auroit à ajouter aux 10.000 écus qui sont entre les mains de Mrs Fiscaux pour être quittes vis à vis de l'hoirie de toy et de son avocat. Et si la chose se décide en justice c'est ainsy, au jugement de tous les avocats, que cela doit être jugé. Ta mère condamnée à payer l'hoirie et l'hoirie à te payer, voilà la loy. Elle perdra son procès et tu gagnerois le tien en touchant la totalité desdits 10.000 écus qui t'appartiendroient très légitimement et rien au delà, car je te répête que l'héritage du testament est absolument supposé, tout au contraire il te prive formellement de tout ce que la loy peut lui permettre de te refuser, je l'ai vu moi-même.

Voicy donc, ma chère amie, à la place de tous nos projets en l'air à quoy je bornerois la fin de cette affaire, à l'amiable, si j'en étois le maître :

1° à la levée de la saisie des 10.000 écus restans dont tu abandonnerois trois mille à ta mère et lui donnerois quittance du surplus avec entière satisfaction de l'exécution de ton contrat, et les 7 mille écus que tu toucherois te tiendroient lieu du tout;

2° Tous les frais de part et d'autre, ceux de la saisie, de la levée et des avocats seroient paiès par Mrs. Rachel ainsy que la sentence définitive d'arbitrage qui ne peut se faire qu'en justice et qui déchargeroit pour toujours ta mère et toy de toutte répétition desdits frais;

3° ta mère accepteroit quittance du legs de Mme Vieux au jeune Rachel et on lui remettroit les 350 écus payés par Mr. Dufour ;

4° on conviendroit au lieu de la jouissance de la gherade de quelques nippes et bijoux qui te resteront en propre ;

5° Je demanderois un présent de 2.000 écus pour toy pour indemnisation de tous fraix, peines et attentes occasionnées par le procès qui seroit terminé.

Ainsy en deux mots il reviendroit en tout à ta mère 3.000 écus, et à toy, en tout, 9.000 écus comptant.

Et il n'y en aura pas tant à beaucoup près si la justice prononce, je te le répete, et j'en suis sûr, et je suis sûr encore qu'elle prononcera avec équité, et excepté un brouillon d'avocat il n'y a pas un homme icy et à Leipzig qui puisse dire autrement.

Eh bien, ma chère amie, crois-tu que pour être réduite à aussi peu de chose que nous en vivrons moins bien : avec cette somme nous arrangerons un peu nos affaires et d'icy à quelque tems nous aurons peut-être occasion d'en faire de bonnes. Ce qu'il y a de certain c'est qu'il n'en reviendroit pas un sol que je ne t'en aimerois pas moins. Tu m'as donné trois jolis enfans que j'aime de tout mon cœur, tu m'en donneras encor autant si tu veux et je les aimerai de même, c'est la meilleure dot que tu puisses me donner ; je feray de mon mieux pour ne les laisser manquer de rien, ni toy non plus. De se casser la tête contre des chimères et de se plaindre sans rime ni raison cela ne sert de rien que pour se nuire, et plus le fonds restera *in statu quo* et plus nous en serons la dupe. Je dis nous, surtout toy et moy, car ta mère en tire tout doucement l'intérêt, comme je te l'ai marqué.

Tu aurois bien pour toy, une autre façon de te retourner, ce seroit de laisser tout ce qui te revient dans la masse de Mr. Rachel, c'est-à-dire :

de Mme Vieux..................................	2.666 écus
de ta mère.......................................	5.000
item, d'intérêt...................................	2.200
total	9.866

et de partager au tiers dans la succesion de feu ton mary avec tes deux enfants. Dans ce cas, supposons que le bien de l'hoirrie se monte à 60 mille écus en tout, tu aurois 20.000 écus à prétendre pour ton tiers, ce qui feroit moitié de plus que ce que tu demandes aujourd'huy et la loy te l'accorderoit. Mais il s'en faut bien que les affaires de l'hoirie paroissent être en aussi bon état et je ne sais pas si, en montrant le fonds du sac, on trouve seulement 10.000 écus de bien à chacun de tes enfans du premier lit. J'ai fait cette proposition à ton beau-frère pour l'étonner, mais il m'a répondu froidement : « Madame la générale est la maîtresse, Monsieur ; si elle se décide pour ce parti elle verra combien les enfants qu'elle a eus de mon frère sont dignes de sa compassion. » Voilà ses termes. Je crois bien qu'il outre un peu la matière mais parce que j'ai entendu dire leurs affaires ne sont effectivement pas ce qu'elles auroient dû être et ce que j'aurois cru. Il n'y a que l'oncle d'Augsbourg qui les soutienne ; la fille est entièrement à ses crochets ; il en coute à l'académie 1.200 florins pour tout à ton fils et c'est l'oncle d'Augsbourg qui les paye en grande partie.

Ce sera, ma chère amie, à ta mère et à toy à décider, surtout à toy, car pour elle elle est dans de fausses idées et ses propres amis lui donnent tout le tort (il ne faut pas lui dire, mais Mrs. Fiscaux ne m'en ont pas fait la petitte bouche). Pour moy je ne ferai rien ni ne puis rien faire que de vous dire la vérité telle qu'elle est, telle qu'on me la dit, telle qu'on m'en convainc papier et loy sur table. Quand je serai de retour à Paris, si mes idées conviennent, nous enverrons un plein pouvoir pour finir ainsy que je vous le dirai, si mes idées ne conviennent pas, de deux choses, une, ou nous verrons à mettre notre affaire à part si cela est égal à ta mère, ou nous nous réunirons tous pour plaider et je te répons qu'on nous jugera équitablement et promptement ; voilà tout ce que je puis demander à la faveur car de compter sur la protection pour obtenir des choses injustes parce que ces choses seroient à mon avantage, si on l'espéroit, on auroit tort et on compteroit sans le Prince et sans moy. Je t'ai bavardé fort au long sur tout cela, je t'en dirai encore davantage si je le puis mais je présume que cela reviendra toujours à l'une des deux propositions que je viens de t'établir. Je n'écris point encor, cet ordinaire, à la maman, je le ferai par l'ordinaire de jeudy et la remettrai honnêtement à mon retour à Paris pour lui dire l'ultimatum sur lequel elle s'accordera ou plaidera. J'aurai dans quelques jours de Mrs. Fiscaux l'état au juste de ce qu'elle a perdu dans cette circonstance par son opiniatreté mal entendue et sur la foy de son fripon d'avocat qui est celui, à ce que m'a dit le père Fiscaux, qui l'a engrainée dans cette affaire contre l'avis et le conseil de tous les amis que ton père avoit à Leipzig.

Tu verras du moins par tout ce que je t'écris à quoy je passe icy les momens dont je suis le maître par l'absence de la cour, et si je néglige de les employer à m'entretenir amicalement avec toy, cela a fait l'occupation de ma journée car j'ai dîné seul icy. Cela te fera l'occupation d'une journée à lire et quoique le fonds ne soit pas satisfaisant ce sera toujours une longue lettre de ton ami, et pour un cœur aussi tendre que le tien c'est toujours une bonne chose que la lettre de l'ami absent ; c'est une preuve qu'on pense à nous quand on nous écrit, et indépendamment de cette preuve-là, ma chère petitte, j'en ai encor bien d'autres à te donner mais ce sera quand je te reverrai. En attendant je vais dormir sur cet espoir.

Le 12, matin.

La cour est venue hier au soir ; je me porte bien, je t'aime de tout mon cœur et t'embrasse de même ainsy que nos petits. Le moment approche où nous allons nous retrouver. J'annonce dans ma lettre d'aujourd'huy à Fontenay ce retour aussitôt que certaine réponse qu'on attend de lui et qui arrivera icy le 24 ou le 25 sera parvenue, tout sera prêt alors pour revoler où tu es. Ne lui en parle pas si tu le vois et écoute ce qu'il te dira sans affectation. Mille baisers, ma chère amie, la poste me presse.

MARTANGE A Mme DE MARTANGE [1]

Dresde, ce 26 may 1769. — Une réponse, ma chère amie, que j'attends de Mr. de Fontenay et qui ne peut nous arriver icy que le 31 du courant avoit déjà retardé l'époque de mon départ au 6 de juin, mais il ne pourra avoir lieu que le 14 et cela est absolument décidé. Je n'ai pu refuser au Prince-Administrateur de rester six jours de plus pour le gala du jour du nom de Mme l'Electrice. Tu sais combien dans ce pays-cy ce seroit manquer à ce qu'on doit

---

1. Arch. de Honfleur.

aux maîtres si on négligeoit ces sortes d'attentions : chaque pays, chaque usage ; en France on ne reculeroit pas de 24 heures un voiage pour la Saint-Louis, et icy pour un jour capital du souverain ou de l'Electrice ce seroit un gros péché que d'y manquer. Cela retardera de sept jours, ma petitte, le plaisir que je me fais de me retrouver dans tes bras, et voilà tout ce qui me fait de la peine. Mais tu approuveras toy-même le motif qui éloigne le plus cher de mes désirs ; si je t'immole, ma chère amie, ce n'est jamais qu'à mes devoirs et à la nécessité. Je calcule que cette lettre te parviendra le 5, mais tu pourras être sûr que le huitième jour après que tu l'auras receue je seroi en carosse. Rien ne peut plus éloigner cette époque puisque la cour part d'icy le 15 pour Pillnitz où il n'y aura que l'Electeur, l'Electrice et l'Administrateur qui y seront à demeure avec leurs services. Le duc et les princesses resteront icy ou iront à quelque autre maison de plaisance, et les jeunes princes et princesses iront passer l'été à la vigne de Neumann. Ce qui me console en te donnant une nouvelle qui te fera d'abord quelque peine c'est d'y pouvoir joindre au moins la certitude que tu me verras à Maison-Blanche pour le jour de ta fête à moins que je ne me misse en canelle en route. Je suis presque sûr de terminer agréablement les affaires pour lequelles je suis venu icy, et celle qui regarde le petit frère. J'en ai de nouveau reparlé et ai été écouté favorablement ; je vais tâcher de faire expédier sa patente pour pouvoir la lui porter à mon retour. Pour nos affaires de la succession je les laisse au point ou je te l'ai marqué. Je n'ai pas vu depuis Mr. de Rachel, ni n'ai receu de lettre du petit auquel j'écrirai le 1ᵉʳ du mois prochain pour qu'il m'envoye ses lettres pour toy, au cas (comme je le crois) que je ne passe pas par Leipzig et que je prenne ma route pour la Bavière. Tel chemin que je suive, ma bonne petitte maman, pourvu qu'il m'amène à bon port à toy et à mes pauvres petits enfans, je croirai qu'il m'a mené à Rome supposé que Rome soit ce qu'il y a de plus agréable à voir. Je te baise en attendant mille et mille fois, ma chère amie, et pour toy et pour ma chère petitte graine.

Mille complimens au parrain, à Coco et à tout ce qui nous aime.

P. S. — Depuis huit jours je n'ai aucune lettre de toy et pour comble de guignon je n'en attens plus passé aujourd'huy. Mon Dieu que je me repens de ne t'avoir pas prié de m'écrire jusqu'au 10 de juin à tout hazard, mais alors je ne croiois pas rester ces dix jours de plus et je ne voulois pas t'inquiéter en t'annonçant la possibilité de ce retard.

J'ai été un peu enrhumé pendant trois jours, je me porte bien à présent et me porterai mieux quand je serois avec toy. Encor mille baisers, ma chère amie; pardon du griffonage, mais je t'écris en courant et après avoir déjà tant griffonné que les doigts m'en font mal.

MARTANGE AU PRINCE XAVIER DE SAXE [1]

A Paris, ce 3 mai 1770. — Mgr. Je suis pied à pied V. A. R. dans les gazettes [2], et je prens part à tout ce qui la concerne jusqu'aux bénédictions et aux indulgences que le Saint-Père lui prodigue : ces avantages spitituels ne me font pas perdre cependant de vue le soin des choses temporelles qui peuvent intéresser sa tranquillité et son service. J'espère même qu'à notre réunion J'aurai beaucoup plus de plaisir à vous entretenir de vos affaires que je n'en avois en allant avec vous à Compiègne à vous entretenir de nos projets. Le moment approche de les réaliser, Mgr., et suivant une lettre que le cher colonel m'écrit en conséquence d'une qu'il venoit de recevoir de V. A. R., je vois avec une grande satisfaction qu'elle persiste dans la résolution que nous prîmes alors à ce sujet. J'ai déjà mis les fers au feu pour chercher ce qui peut convenir à V. A. R. et, sur les indications que j'ai déjà, peut-être serai-je avant quinze jours en état de vous faire passer en gros des propositions sur un objet qui seroit admirablement votre affaire pour le

---

1. Orig. Arch. dép. de l'Aube.
2. A la fin de l'année 1769, le prince Xavier avait entrepris un voyage incognito en Italie, sous le nom du comte de Goertzig, en compagnie de la comtesse de Spinucci et de quelques officiers.

logement, la chasse et la situation intermédiaire entre la Lorraine et Paris, sur une rivière qui se décharge dans la Seine et que je crois navigable dans cette partie. La plus grande difficulté sera sur le prix qu'on dit être de 12 à 15 cent mille livres ; mais les revenus proportionnés et j'ose me flatter que moyennant les bons offices de vos amis sur ce qui vous est dû au thrésor roial on feroit les arrangemens convenables équivalens à l'argent comptant. A cet égard, daignés croire, Mgr., que ce que j'ai déja eu l'honneur de vous écrire pour vous tranquilliser sur les réductions est un oracle plus sûr à votre égard que les gémissemens qui vous sont venus de Remiremont pour ce qui concerne Mme la princesse Christine. Il y a dans la même église des autels qui sont privilégiés et d'autres qui ne le sont pas, et en bonne police on n'ignore pas qu'on ne vous doive un peu de préférence même sur frères et sœur. Je souhaiterois fort dans les circonstances présentes être en état de me montrer plus souvent, mais ma situation n'est point ignorée de V. A. R. et elle sait combien mon séjour de Maison-Blanche est fondé en nécessité. J'en souffre beaucoup moins pour moi-même que pour vous, Mgr., et je regrette amèrement de n'avoir pas dans ces momens-cy de quoy semer parce que ce seroit avec la probabilité la plus grande de recueillir.

Je compte aller à Versailles immédiatement après les fêtes du mariage pour faire ma cour à Mr. le Dauphin dans son nouvel état d'homme marié. J'ose espérer que les bontés dont feu Mr. son père et Mme la Dauphine m'ont honoré seront un titre pour aspirer à sa protection, et je suis bien persuadé que mon attachement inviolable pour son oncle me donnera quelque confiance en me mettant sous ses yeux, car je sais qu'il vous aime et vous estime, Mgr., au même degré que faisoit sa respectable mère. Je ne doute pas, Mgr., que dans cette circonstance V. A. R. n'écrive quelques lignes à Mr. le duc de la Vauguion pour le féliciter sur le mariage qui couronne l'éducation de son illustre pupille, et pour le prier de remettre à ce prince une lettre de félicitation amicale de votre part sur ce grand évènement. Si V. A. R. veut m'adresser la lettre pour le duc de la Vauguion, j'irai la lui remettre moi-même et je lui en serai bien obligé, si non, elle pourra l'adresser à Mr. le comte de Werthem, mais ce n'est pas une lettre ministérielle je croirois qu'il conviendroit autant qu'elle fût remise à Mr. le duc de la Vauguion par un serviteur dont il connoit l'attachement pour votre personne et pour votre service.

Je ne vous dis rien des fêtes qui se préparent pour ce grand mariage; V. A. R. en verra les détails dans tous les papiers publics et je n'en verrai pas davantage de ma solitude de Maison-Blanche. Je ne compte pas exécuter d'icy à deux mois mon voiage de Suisse. J'ai eu de bonnes raisons pour le différer tout intéressant qu'il pouvoit m'être et je ne suis pas fâché du parti que j'ai pris. Avec le temps, V. A. R. conviendra que j'ai fait pour le mieux. Quand on est présent et sur les lieux, on a quelquefois beaucoup à souffrir, mais aussi les absens ont, dit-on, toujours tort, et je voudrois bien une fois dans la vie avoir un peu raison. Je ne l'ai malheureusement eue que trop sur les affaires de Pologne. Quelle conduite que celle des confédérés! Qu'on doit s'être mordu les doigts à Dresde d'avoir perdu de vue les leçons que V. A. R. avoit données sur cet article! La scène change furieusement aujourd'huy et vous êtes, plus à portée que jamais de juger, où vous êtes, de la vérité de ce que nous disions il y a plus d'un an que, de telle façon que la chose tournât, cela deviendroit une guerre d'empire à empire entre les Turcs et les Russes, et que les pauvres républicains après beaucoup de fautes faites et de sang versé seroient obligés d'en venir à garder leur souverain actuel et à s'accommoder entre eux pour le reste sans la médiation d'un voisin assez intéressé pour ne pas se charger gratuitement des soins et des frais de l'arbitrage. Ou je me trompe fort ou voilà le moment que le voisin a attendu et peut-être préparé depuis longtemps. Si l'ouverture de la campagne n'est pas solennellement contre les Russes, ou que la paix ne prévienne pas les opérations, nous en verrons de belles cette année-cy. Malgré mon oisiveté, je ne puis m'empêcher de suivre avec attention la fusée dont j'ai vu préparer la poudre il y a si longtemps.

Je reviens, Mgr., à nos affaires particulières, car après tout celles des Etats ne nous regardent plus. Si V. A. R. le veut réellement elle pourra avant la fin de cette année, sans qu'il lui en coute un sol d'autre argent que celui qui lui est dû ici, être bien logée et bien meublée chez elle, y tenir l'état qu'elle jugera à propos et s'y donner le temps d'arranger ses affaires pécuniaires de façon à pouvoir se partager entre la cour et le plaisir de ne vivre que pour soi. Et tout calculé, après avoir fait le bien à la guerre pendant sept ans et sur le thrône pendant cinq ans, c'est une expectative assez douce que que d'avoir à se reposer décemment sur ses lauriers et sur ses plaisirs. Comme j'ai un peu partagé les peines du premier volume, je me fais grande fête de la part que V. A. R. me permettra de de prendre à la tranquillité qui va régner dans le reste du livre de notre vie. On nous a fermé la route de la gloire, eh bien, entrons dans celle qui mène au bonheur que je vous souhaitte, Mgr., solide et prompt avec le même zèle et le même empressement que je vous ai souhaité dans d'autres temps des occasions de travail et de gloire. Dans telle situation que je trouve V. A. R. l'emploi de ma vie sera toujours de l'aimer et de la servir de tout mon cœur. Sur ce, je lui baise les mains avec autant de respect que d'attachement. — De Martange.

MARTANGE AU PRINCE XAVIER DE SAXE [1]
(Extrait)

A *Maison-Blanche, ce 3 juillet 1770.* — Mgr. La lettre dont V. A. R. m'a honoré en date du 31 may et qui ne m'est parvenue que le 30 du présent m'a été d'autant plus prétieuse que je n'ai été tranquillisé que par elle sur les suittes de la maladie inflammatoire dont les gazettes étrangères nous avoient annoncé que vous aviés été attaqué en arrivant à Naples. Jugés, Mgr. du besoin que j'avois de recevoir de vos nouvelles et du plaisir que j'ai eu en les recevant. J'ai été dès le lendemain même à Marly pour y faire part

1. Orig. Arch. dép. de l'Aube.

de ma joie à une belle dame [1] qui s'intéresse sincérement au sort de V. A. R. et qui sur la demande que je lui ai faite de vouloir bien se charger de remettre au Roi la lettre de félicitation dont j'étais porteur, s'est chargée avec plaisir de cette commission et l'a exécutée une heure après de la meilleure grâce du monde. Je me flatte que V. A. R. ne me désavouera pas d'avoir donné à cette main la préférence sur celle de Mr. le comte de Werthem avec lequel je ne suis en aucune liaison et que je n'ai pas vu une seule fois depuis qu'il est à cette cour-cy ministre de l'Electeur. J'ai dîné à Marly chés Mr. le duc de la Vauguion et je lui ai remis la lettre de V. A. R. avec l'incluse pour Mr. le Dauphin…. Je ne doute point du prix dont sera aux yeux de M. le Dauphin l'attention d'un oncle qu'il aime et qu'il estime et de l'effet que votre lettre aura produit dans le cœur de ce prince dont le caractère se développe avantageusement de jour en jour et qui annonce les qualités réunies de ceux que nous avons si amèrement regrettés……

Depuis une connoissance liée avec Mr. l'abbé Terray et Mr. de Beaujon, je l'entretiens exactement en allant à peu près toutes les semaines dîner une fois chez l'un et chez l'autre, et une preuve que c'est bien autant au moins pour le service de V. A. R. que pour mon propre avantage que je les ménage, c'est que je n'ai encore parlé à l'un et à l'autre de mon affaire personnelle de la ferme [2], remettant de jour en jour à les en entretenir, crainte de leur donner à croire que mon attachement n'est fondé que sur l'utilité dont ils pourroient m'être. J'ai appris sur cette affaire de la ferme des particularités si odieuses de la part de quelqu'un acharné à ma ruine, que je ne puis les écrire à V. A. R. et qui exigeront la protection la plus spéciale pour vaincre les obstacles que la basse malice a opposés à l'exécution des bontés que feue Mme la Dauphine avoit eues pour moi. Je compte que ce procès sera incessamment décidé et je suis résolu à le faire juger au plus tard dans les premiers jours de Compiègne. Il est plus que tems pour moy de savoir à quoi

---

1. Mme du Barry.
2. Voy. la lettre du 25 août 1770.

m'en tenir. Il ne m'a pas été possible de tenter cette décision plutôt par des raisons majeures qu'il seroit au moins inutile de vous détailler. Mais enfin le moment est venu de se faire juger. C'est de l'arrêt qu'on prononcera que dépendra mon aisance à venir, et même ma tranquillité présente qui ne laisse pas que d'être troublée par de violentes et fréquentes sollicitudes qui m'auroient déja conduit plus d'une fois à prendre une résolution forcée, si les considérations de l'avenir ne devoient pas toujours l'emporter dans une tête saine sur les embarras du présent. Enfin, Mgr., je touche au terme, et de trop près pour ne pas continuer encor quelques jours les actes de patience que je file si cruellement depuis bien des années.....

Je vous fais mon compliment de condoléance sur la sagesse du Vésuve, et un de félicitation sur le bel opéra de Saint-Charles où vous assisterés dans trois ou quatre jours[1]. Le plus beau des spectacles pour moy seroit d'assister à vos côtés à une représentation fûsse de marionnettes dans votre château, fût-ce de Chaumot[2], ou de m'y promener dans les boullingrins du parc causant un peu du passé et de l'avenir; mais surtout jouissant du présent. Je suis en attendant ces momens vraiment désirables, etc. — DE MARTANGE.

Mme DE MARTANGE AU PRINCE XAVIER DE SAXE[3]

A Maison-Blanche, ce 12 aoust 1770. — Mgr. Je suis privée depuis si longtems du bonheur de recevoir des lettres de V. A. R. que je craindrois d'être entièrement effacée de son précieux souvenir, si vos bontés ne me rassuroient, Mgr. Accoutumée depuis longtems aux peines, j'ose avouer à V. A. R. que la plus sensible

---

1. Le prince Xavier de Saxe voyageait alors en Italie.
2. Arr. de Joigny, Yonne. Le prince Xavier de Saxe acheta la terre de Chaumot l'année suivante, au mois d'octobre 1771. Le château avait été bâti, vers 1730, par M. Delpech.
3. Orig. Arch. dép. de l'Aube.

pour moi est celle d'être privée depuis si longtems du bonheur de vous assurer de vive voix, Mgr., de mon respect et de ma reconnaissance. Je m'en afflige d'autant plus que par la position actuelle où se trouve Mr. de Martange, j'ai bien peur d'en être privée encore longtems. Il vient quoique assés malade de repartir dans l'instant pour retourner à Compiègne, c'est le moment de la décision de l'affaire éternelle de la ferme, si elle manque il faudra nécessairement prendre un parti; tout sacrifier et aller s'ensevelir dans quelque petit coin où Mr. de Martange aura tout sujet de réfléchir à touttes les occasions de fortune que son grand amour pour sa patrie lui a toujours fait reffuser. Quand je pense, Mgr., qu'il ne tenoit qu'à lui, il y a quatorze ans, d'être heureux, comblé d'honneur, de titres et de fortune, s'il n'avoit pas reffusé les grâces et les offres qui lui fit en 1756 le roi de Prusse, et que je compare ma situation actuelle et le chagrin que j'ai de le voir réduit à solliciter pour obtenir une grâce qu'une auguste princesse avoit imaginé être, depuis plusieurs années, la récompense d'un serviteur qui a sacrifié sa fortune au zèle infatigable avec lequel il a toujours rempli ses devoirs; grâces que des ennemis bien peu mérités ont barré depuis tant d'années. J'avoue, Mgr., que toutte ma philosophie échoue à cette idée et qu'il faut que je sois aussi attachée à la France et au Roi pour ne pas reprocher à mon mari d'avoir reffusé et négligé sa fortune, la mienne et celle de ses enfans dans tant d'occasions, ce que V. A. R. scait mieux que moi. Enfin, Mgr., dans le cas le plus malheureux si les bontés et la bienveillance de V. A. R. nous restent, c'est tout pour moi, surtout si j'ai le bonheur de me retrouver à même de vous exprimer tous les jours de ma vie mon respect et ma reconnoissance. J'ai besoin pour adoucir les peines que j'éprouve et celle d'être éloignée et privée de la présence de V. A. R. de me persuader qu'elle daignera ne point oublier des serviteurs qui lui sont bien respectueusement attachés. Je vous suplie, Mgr. de pardonner si j'ai osé vous entretenir de mes peines, mais comme vous êtes mon gracieux protecteur je me flatte que V. A. R. excusera ma liberté; qu'elle daignera m'honorer de ses nouvelles, et me permettre de l'assurer ici du très-profond respect avec lequel j'ai l'honneur d'être et serai toutte ma vie; etc. — De Martange.

Mes enfans se mettent aux pieds de V. A. R. et lui baisent respectueusement la main.

MARTANGE AU PRINCE XAVIER DE SAXE [1]

A Maison-Blanche, ce 29 août 1770. — Mgr. C'est par des actes redoublés de tendresse, de reconnoissance et d'attachement que nous célébrons aujourd'huy la fête du patron dans le petit hermitage que vous avés honoré l'année dernière de votre présence; nous y formons en chorus les vœux les plus ardens pour la santé, la prospérité et la satisfaction complète du Prince nouveau né [2] entre les mains duquel je renouvelle de cœur et d'âme l'hommage et l'engagement irrévocable du zèle le plus pur et du dévouement le plus entier pour sa personne et son service.

Partagés avec votre bonté ordinaire, Mgr., toutte la joie que je ressens dans cet instant même pour l'arrêt favorable qui vient de terminer la grande affaire qui me tracassoit depuis si longtems : c'est à son dernier travail de Compiègne avec Mr. le contrôleur général que le Roi m'a fait la grâce de confirmer par une nouvelle décision de sa main, celle que feue Mme la Dauphine m'avoit obtenue et de m'accorder sur la première place vacante dans la Ferme la portion d'intérêts qui m'avoit été destiné par la feue princesse. Je me trouve par ce bienfait, Mgr., au-dessus du besoin et au courant de l'honneur; mes désirs m'ont jamais été au-delà et cette fortune suffit à un cœur plus honnête qu'ambitieux. C'est à la protection de la belle et bienfaisante dame [3] que je dois ce succès, et c'est à votre recommendation Mgr., que je dois l'intérêt qu'elle a

---

1. Orig. Arch. dép. de l'Aube.
2. Le prince Xavier de Saxe était né le 25 août 1730.
3. Mme du Barry.

bien voulu prendre à mon sort. Ce sera combler l'obligation que je vous en ai si vous voulés bien lui en écrire directement pour lui marquer combien vous êtes sensible au service qu'elle ne m'a rendu qu'à votre considération.

Il ne me reste plus après la conclusion d'un évènement aussi intéressant pour mon avenir que de pouvoir régler icy quelques arrangemens indispensables pour le moment présent et d'aller ensuitte auprés de ma très-chère belle-mère[1] pour en mettre en ordre d'autres non moins essentiels, et au succès desquels, par parenthèse, je me flatte que la grâce que je viens d'obtenir ne laissera pas que de contribuer, car elle avoit une furieuse dent contre moy de l'usage que j'ai fait pendant la dernière guerre d'une partie considérable de la fortune de ma femme, et elle étoit très disposée à me faire un crime de n'avoir ni pensions ni appointemens, comme si c'étoit de ma part défaut de conduite ou de volonté. J'espère pouvoir entreprendre ce voiage à peu près vers le tems que la cour fera celui de Fontainebleau, et j'ai déjà prévenu la bonne dame qu'elle me verroit incessamment arrivé comme une espèce de patriarche pour lui mener sa fille et lui présenter ses petits-enfans, ce dont elle se fait grande fête et qui n'est pas de mauvois augure pour les résolutions que je me flatte qu'elle prendra en leur faveur.......

Je ne doute pas le que cher colonel Sayffert n'ait déjà fait passer à V. A. R. le plan que j'ai fait copier du château de Chaumot avec le nouveau document que je me suis procuré sur cette terre. Je suis enchanté, Mgr. que l'acquisition en soi et la forme sous laquelle je vous ai proposé de la faire soient agréables à V. A. R. Je désire bien ardemment que le colonel puisse en allant la rejoindre faire le petit détour que je lui ai proposé de repasser par la France et venir me rejoindre à Maison-Blanche d'où nous irions ensemble passer une quinzaine à Chaumot même, et où nous prendrions conjointement sur les lieux des renseignemens certains et détaillés dont il seroit en état d'informer V. A. R. Je joins par la

---

1. Mme David-Dufour, à Lyon.

présente la carte de Cassini sur laquelle vous pourrés au moins vous faire tableau général de vos futurs domaines [1].....

LE PRINCE XAVIER DE SAXE A MARTANGE [2]

A. M. de Martange. Sienne, ce 15 octobre 1770. — Vous êtes sans doute assés convaincu, mon cher Martange, de ma vive et tendre amitié pour ne point douter de toute la joye que m'a causé la nouvelle de l'arrêt favorable qui vient de terminer une bonne fois, et d'une façon si avantageuse, la grande affaire qui vous a tracassé un tems si considérable [3]. Je n'ai plus que des vœux à faire pour que vous entriés au plutôt en jouissance de ce dont on vous a si souvent fait les promesses.

J'aurois désiré que vous eussiés pu joindre à la demande que vous me faites de marquer de ma part ma reconnoissance à la belle dame [4], à laquelle vous avés l'obligation de votre tranquillité, un petit mot de lettre analogue. Vous m'avés embarrassé beaucoup ; cependant je vous en envoye une avec sa copie que je vous laisse pourtant le maître de supprimer ou de remettre comme bon vous semble.

Je n'ai garde de douter que le révérend patriarche [5] ne soit accueilli au mieux de sa belle-mère, ou que la fille et ses petits-enfants ne partagent vivement toutes ses caresses [6]. L'intérêt que je prends naturellement à ce qui vous regarde me fait désirer que vous puissiés terminer en Suisse aussi heureuseument vos affaires que vous venés de les terminer nouvellement en France.

Vous aurés déjà vu par ma pénultième que je vous avois prévenu en marquant à M. de Schömberg de vous remettre 12.000 livres de ma

---

1. Suivent des détails sur la terre de Chaumot.
2. Lettre originale, Arch. de Honfleur.
3. Voyez ci-dessus dans la lettre du 25 août 1770.
4. Mme du Barry.
5. C'est-à-dire Martange.
6. Voy. la lettre du 25 août 1770.

caisse, au lieu de 7.000 dont vous lui avés fait la demande. Si mes finances étoient dans l'état qu'elles devroient être l'employ que j'en ferois tout le temps de ma vie seroit à procurer à mes amis tous les agrémens nécessaires : je vous compte, mon cher Martange, pour des plus sincères.

Je voudrais bien que M. Le Clerc eût exécuté sa promesse de me payer l'accompte des 25.000 livres dans le courant de septembre.

Voici la procuration que vous me demandés touchant la terre de Chaumot, Je n'y ai omis que le seul passage, c'est-à-dire *vers la fin de septembre 1771*, puisque je ne saurois décider encore au juste le temps auquel je pourrai m'y rendre.

Bien obligé pour la carte de Cassini que vous m'avés envoyée. J'ai reçu par Sayffert le plan du château de Chaumot avec les observations y ajoutées, mais je ne puis vous cacher qu'il ne répond pas entièrement à l'idée favorable que je m'en étois formée. Je n'y trouve pas même au milieu quelque grande pièce à servir de salle à manger et de compagnie, qui pourtant est si nécessaire, ni tous les logements sur lesquels je comptois et dont la quantité et espèce, par rapport au nombre et à l'espèce de monde avec lesquels je pense m'y établir devroit être diversifiées et considérables. Où loger mon cher Martange sur lequel je compte tant pour passer dans ce petit coin de la terre ma vie agréable et aisée dans sa compagnie? Et puis toute réfléxion faite, cet endroit de ma retraite où je pense passer une grande partie de ma vie auroit besoin pour cela même de beaucoup plus de pièces commodes que si je ne voulois m'y arrêter que peu, et leur augmentation m'entraînera a de nouvelles dépenses d'une cinquantaine de milliers de livres au moins, si cela ne monte pas plus haut encore.

D'ailleurs cecy ne change point ma résolution sur cette terre, et comme vous comptés y passer quelques jours dans votre voyage en Suisse vous me ferés plaisir de m'en faire tracer un second plan plus détaillé de tous les étages séparément, depuis la cave jusqu'au comble, ainsi que des quatre façades, de la cour et de tous les environs du château quelconques, au moyen duquel je serai à portée d'en mieux juger ; et je vous prie d'y joindre encore vos remarqués sur les augmentations que l'on pourroit y faire et sur les renseignements détaillés que vous aurés pris sur les lieux sur l'économique de toute la terre.

J'aurois été bien aise que Sayffert eût acquiescé à votre demande de repasser par la France en venant me rejoindre pour aller avec vous à Chaumot, et me faire son rapport de bouche sur ce qui le regarde; on dit souvent plus avec une parole que par une lettre entière. Mais d'après ce qu'il me marque il ne me paroît pas qu'il en ait envie, et je viens de lui en faire quelques petits reproches. Les raisons qu'il m'allègue ne l'excusent point, et pour dire comme il fait que la dépense et son peu de connoissance en fait d'économie l'avoient empêché de s'y rendre, je n'en sais pas moins que j'aurois pu lever facilement l'obstacle du manque des finances, et que sa modestie seule ne lui permet point de se rendre justice sur le second article.

Je vous suis bien obligé de tous les soins que vous voulés bien prendre pour ajuster l'affaire de M. de Schömberg.

Je n'ai garde de toucher les nouvelles des Russes et des Circoncis, ni à la bataille complète que les premiers ont gagnée sur les infidèles. Je ne parle point de la flotte ottomane brûlée et dispersée puisque vous en aurés connoissance par une voie plus courte, et depuis que je ne songe qu'à me reposer de mes travaux et fatigues tant militaires que politiques j'adopte parfaitement votre sistème et tout est à moi ainsi qu'à vous ce que les minimes étoient pour le préteur. Pour ici je n'ai autre chose à vous dire, sinon que ma santé va à merveille et que je me trouve on ne peut pas mieux de la cure que je prends depuis les grandes chaleurs passées.

Voudrés-vous bien faire mes excuses à Madame de Martange de ce que je ne lui réponds point par le présent ordinaire; le temps me manque. Mille complimens à elle et à vous de la part de Madame la comtesse; et quantité d'embrassades aux chers enfans d'un père que j'aime on ne peut pas davantage. — Xavier.

MARTANGE AU PRINCE XAVIER DE SAXE[1]

A Maison-Blanche, ce 27 novembre 1770. — Mgr[2]. Je n'ai différé à répondre à la lettre que V. A. R. m'a fait l'honneur de m'écrire en datte du 15 du passé, n° 10, que pour être en état de vous faire passer les renseignemens positifs que je travaillois à vous procurer sur la terre de Chaumot et pouvoir vous rendre un compte exact des progrès que j'ai faits dans cette négociation après avoir craint pendant plusieurs jours qu'elle ne fût entièrement échouée. Ce qui avoit donné lieu à cette inquiétude, dont j'ai été d'autant plus affecté qu'il n'auroit pas été facile de remplacer dans toute autre acquisition ce que nous aurions manqué dans celle-cy surtout pour les deux objets capitaux de l'habitation commode et et spacieuse et la proximité de la rivière, c'est que la dame Duplessis-Lelay[3], propriétaire actuelle de cette terre, indépendamment de la confiance qu'elle avoit donnée icy à des gens d'affaires avoit encore donné procuration à un ancien officier de ses parens qui fait depuis plusieurs années la régie de Chaumot, de faire les démarches qu'il croiroit lui être les plus avantageuses pour se défaire de cette terre s'il trouvoit à en traiter en Bourgogne ; sur cette procuration ce monsieur avoit pris des mesures toutes différentes de celles que je négociois à Paris, et le parti qu'il proposoit de démembrer la terre pour la vendre par article avoit le double avantage et de faciliter la vente par le détail et d'en augmenter le prix. La démolition du château qui devenait alors trop considérable pour une petite terre devoit produire au poids plus de 200 mille livres de plomb et de fer qui y a été employé lors de sa construction, suivant les états de dépense de Mr. Delpech qui l'a fait bâtir il y a environ 40 ans et qui y a dépensé un million. La proposition de cet officier étoit

---

1. Orig. Arch. dép. de l'Aube. La minute se trouve à Honfleur.
2. Nous ne donnons que des extraits de cette lettre qui est relative à l'achat de la terre de Chaumot (Yonne).
3. Marie-Madeleine Delpech, veuve de M. Duplessis-Lelay.

d'autant plus propre à flatter Mme Duplessis que l'avantage de 150 mille livres d'argent comptant au moins qu'elle pouvoit par ce moyen gagner sur la démolition la mettoit tout de suite en état de rembourser une partie de ses cohéritiers sans diminuer pour cela le prix de la terre. Et ce même officier qui en connoit parfaitement la valeur pour l'avoir régie depuis plusieurs années se faisoit fort de consommer cette opération en beaucoup moins de temps qu'il en faudroit pour consommer la vente en gros. Vous concevés, Mgr., que sur cet exposé qui me fut fait par le notaire de Mme Duplessis je dus regarder d'abord l'affaire comme absolument manquée puisque nous n'étions respectivement liés dans notre traité par aucun acte, qu'il n'y avoit point de paroles positives données entre nous et que nous n'étions encore convenus que de la forme des paiemens au cas où nous vinssions à convenir du prix même de la chose. J'aurois voulu exprès éloigné de m'expliquer positivement à cet égard dans l'espoir que le cher colonel[1] arriveroit incessamment et que je pourrois me décider hardiment sur le prix qu'il faudroit quitter et l'examen que nous ferions ensemble de ce qui vous étoit le plus avantageux. Une dernière lettre que j'avois receue de lui deux jours avant la communication que me donna le notaire m'ayant fait perdre irrévocablement l'espérance d'être aidé de ses lumières et de ses conseils, je n'eus d'autre parti à prendre dans le moment présent que de faire dire par le même notaire à Mme Duplessis que je regardois tout ce que nous avions fait jusques-là comme nul et non avenu, qu'elle étoit la maîtresse de se décider comme elle jugeroit à propos en faisant affaire ailleurs, que peut-être aurai-je à me plaindre du mistère qu'on m'avoit fait depuis cinq mois..... de ce qu'elle faisoit négocier à Paris, et que l'ordre des procédés paroissoit exiger que tous ceux à qu'elle s'en rapportoit se fussent réunis dans un même point pour y traitter de concert de ses projets, qu'alors j'aurois pu savoir à qui j'avois affaire, que si Mr. de Grimane son parent avoit été à Paris peut-être en nous expliquant ensemble nous nous serions rapprochés et entendus mais qu'il

1. Le colonel de Saiffert.

n'étoit pas possible de le faire à la distance où nous étions, que je jugeois mon voiage à Chaumot superflu,… que je ne voiois d'autre parti à prendre si Mme Duplessis ne s'étoit pas entièrement décidée pour la proposition de Mr. de Grimane que de l'inviter à venir lui-même icy pour y conférer avec son conseil et le mien sur cette acquisition, que c'étoit mon dernier mot et que j'attendois sous 24 heures sa réponse. J'allai de là chés mon procureur pour lui faire part de ce que je venois de faire et le consulter sur ce qu'il y auroit à faire de plus. Il approuva le parti que j'avois pris et se transporta lui-même dès le lendemain matin chés le notaire de Mme Duplessis auquel il fit sentir les inconvéniens du parti proposé par Mr. de Grimane, par la difficulté qu'elle trouveroit à faire aucune sorte de démolition avant d'avoir satisfait ses cohéritiers qui pourroient regarder l'existence du château de Chaumot tel qu'il étoit comme une garantie de ce qui leur devoit revenir de la succession et que Mme Duplessis y trouveroit d'autant plus de difficultés qu'il étoit question de mineurs avec lesquels il falloit remplir exactement touttes les formalités ; qu'il n'étoit pas étonnant que Mr. de Grimane n'eût pas senti cet obstacle dans l'arrangement proposé, mais que le notaire en savoit toutte la force et qu'ainsi il importoit pour l'intérêt commun de la négociation d'en faire part à Mme Duplessis et l'engager à faire venir icy Mr. de Grimane ; ce qui s'est fait tout de suitte et dès le lendemain j'ai été prévenu de l'arrivée de Mr. de Grimane et du jour pris pour nous trouver tous en conférence dans le cabinet du même notaire. C'est à la droiture, la franchise et l'intelligence de ce Mr. de Grimane que j'ai dû la parfaitte connoissance que j'ai aujourd'hu'y de la valeur réelle de cette terre, par la communication qu'il a bien voulu me faire très loialement du procès-verbal fait lors de la mort de Mr. Delpech pour l'évaluation de la terre de Chaumot, qui a été portée par ce procès-verbal à 1 million 49.271 livres, sur quoi il est à observer que depuis ce tems les terres ont augmenté, 2° que Mme Duplessis y a fait pour plus de 40 mille livres de réparations, 3° que près de 2.000 arpens de friches n'y sont compris pour aucune valeur, 4° que dans cette évaluation il n'a pas été question de meubles, 5° que ces estimations par experts pour des intérêts de succession entre parents se font toujours au-dessous de la valeur. J'ai emporté ce procès-verbal à Mr. le.... un secrétaire qui vous est presque aussi attaché qu'à moy [et qui] s'est fait le plus grand plaisir d'extraire la description entière du château que je vous envoie et qui servira d'explication complette et de supplément au plan que V. A. R. a déjà reçu, et sur laquelle vous aurés à portée de juger sur la distribution des appartemens.

Le même Mr. de Grimane m'a dit que si le château tout considérable qu'il est ne l'étoit pas assés pour V. A. R., il étoit très facile en changeant les dedans du bâtiment de 10 croisées de face qui est placé dans la basse cour et transportant ailleurs la remise, on pourroit distribuer ce bâtiment en appartements tel qu'il conviendroit. Il m'a même ajouter que la petitte terre de Nardelies (?) qui n'est qu'à une très petite distance du château de Chaumot et qui étoit aujourd'huy occupée par un fermier et qui avoit aussi un second petit château et manoir du seigneur du lieu pouvoit encore faire un petit manoir très-agréable.

Il m'a remis de plus la carte de Cassini où V. A. R. peut voir en couleur tout ce qui dépend de la terre de Chaumot et se faire une idée précise de sa distribution et de son étendue.

A l'égard des revenus énoncés, non seulement il s'offre de justifier l'état qui vous en a déjà été envoié, mais il s'engage à communiquer les plans d'évaluation qu'il avoit faits et au moyen desquels et d'une dépense de 60 ou 80 mille livres au plus. les revenus pourroient être portés jusqu'à 50 mille livres par an par le dessèchement des terres aujourd'huy emploiées en étangs, par la valeur qu'on pourroit tirer des friches et le renouvellement de quelques parties vieilles vignes qui auroient besoin d'être replantées.

Sans refuser pour V. A. R. les lumières de Mr. de Grimane, je lui ai fait observer que ces améliorations là n'entroient pour rien dans la valeur de la terre, et que les dépenses faites par Mme Duplessis pour les réparations ne devoient être regardées que comme une suitte de propriété qui ne devoit point augmenter le prix de l'évaluation faite par les experts:... et que conséquemment la terre ne valoit pas plus aujourd'huy qu'à la mort de Mr. Delpech, enfin que j'en offrois volontiers pour V. A. R. le prix fixé par les experts, c'est-à-dire 1 million et 50 mille livres. Sur quoi il s'est récrié et nous nous sommes longtems débattus, lui disant toujours qu'il en tireroit 1.300.000 livres si Mme Duplessis vouloit, et moy que je n'en donnerois pas davantage que l'estimation.

Nous nous sommes longtems débattus sur cette proposition et séparés sans la décider absolument, malgré ce que les notaires et procureur respectifs ont fait pour nous rapprocher. Cependant il n'a pu disconvenir que mon offre ne soit fondée en raison puisqu'elle posoit sur l'estimation du procès-verbal.

. . . .

Le notaire de Mme Duplessis, ayant observé sur la fin de la conférence qu'il n'étoit pas question de meubles dans l'estimation du procès-verbal, demanda à Mr. de Grimane à combien se pouvoit monter le prix des meubles. Sur quoi il répondit que les meubles meublans comme lits, commodes, &^a, qui étoient de vieux meubles pouvoient bien aller à une trentaine de mille livres au plus, les glaces non comprises attendu qu'elles étoient comprises dans l'estimation ; qu'il y avoit de plus le vin qui étoit dans les caves, du bois dans les cours, des arbres qu'il avoit fait couper pour se préparer des poutres, &^a, mais que tous ces objets seroient vendus par luy ou à moy ou à d'autres et ne faisoient pas partie de l'estimation qu'il faisoit des 30 milles livres pour les meubles. Je me contentai de lui répondre que je désirois fort que tout cela fût compris dans l'offre que j'avois faitte, mais la proposition parut si forte même à mes yeux que je ne la soutins pas trop et me contentai de dire qu'au point où nous étions venus ce ne seroit pas une différence aussi peu considérable qui nous éloigneroit de conclure et je ne voulus pas aller plus loin, remettant à ma première visite à Mme Duplessis-Le Lai à me décider sur l'effet qu'auroit produit sur elle l'offre équitable que je venois de faire.

Somme toutte, Mgr., si au moien de onze cents mille livres je puis acquérir Chaumot tel qu'il est y compris les meubles, planches, bois et 40 feuillettes de bon vin qui, à 200 livres qu'il se faisoit aujourd'huy, ne laisse pas que de faire un effet de 8.000 livres et un effet tout essentiel à trouver en arrivant, je croirois avoir fait une excellente négociation.

En ne comptant le château que pour le prix des 300 mille livres de fer et de plomb qui y sont actuellement existans, ce qui est la moindre estimation possible, V. A. R. aura dans son revenu le revenu au denier 5 des 800 mille livres restans, et de plus le prix des meubles et effets qui lui resteront et feront 42 à 40 mille livres de valeur réelle. Elle ne déboursera donc réellement dans cet établissement que le prix des lods et ventes et les frais du contrat et de décret qui peuvent aller au plus à 250 mille livres, et qui sont une chose inévitable dans toutte acquisition.

Le denier le plus avantageux en acquérant est de 4 pour cent, c'est-à-dire un revenu de 4.000 pour cent mille francs. Ainsi ce seroit un million à donner pour 40 mille livres qu'a la terre de revenu. Joignés à ce million le prix du château, V. A. R. aura un effet de 1.340.000 livres de valeur réelle pour 12.

C'est à cette somme, Mgr., que j'espère conclure et je n'ose me flatter de rien obtenir de plus. Je ne puis même vous répondre de terminer à ce prix, mais sûrement je n'irai pas au-delà et j'ai lieu de croire qu'on y viendra.

Lorsque je communiquai à Mr. de Grimane le pouvoir ou espèce de procuration que V. A. R. m'a fait la grâce de m'envoyer, ces messieurs firent une observation dont je n'ai pu m'empêcher de sentir la force. Cette objection porte sur la liberté que se réserve V. A. R. de confirmer ou de reprendre la convention que j'aurois faitte moyennant la somme dont je serois convenu et que j'ai offert de porter à 9.000 livres. Sur cela ces messieurs m'ont fait sentir que dans le cas ou V. A. R. jugeroit à propos après avoir habité pendant quelque temps Chaumot de ne pas consommer cette acquisition, que ce seroit décréditer la terre au delà de toutte expression, et que dans cette supposition après avoir perdu à attendre la réponse de V. A. R. cela empêcheroit par la suite Mme Duplessis-Le Lai de trouver à la vendre même au prix dont elle auroit convenu avec V. A. R. C'est sur cette observation que j'engageai Mr. de Grimane à me communiquer ce procès-verbal qui pouvoit me mettre plus en état de rendre un compte fidéle et exact à V. A. R. pour la mettre à portée de se décider comme si elle avoit vu par elle-même et l'engager à vouloir bien donner sa parole de tenir la convention que j'aurois faitte à son arrivée en France, les choses se trouvant conformes à l'état des livres des revenus qui lui seroient envoiés. Je n'ai pu me refuser à représenter à V. A. R. l'équité de cette observation, d'après laquelle je ne vois que deux partis à prendre pour V. A. R., l'un d'y obtempérer si vous jugés effectivement que la chose vous convienne, et vous avés je crois actuellement par les détails que je vous envoie assés de documens pour juger si cela vous convient, et dans ce cas il faudra que V. A. R. m'envoye une nouvelle procuration suivant la forme cy-jointe; le second parti que je préférerois seroit que V. A. R. m'écriroit une lettre ostensible dont je lui joins modèle, au moien de laquelle nous gagnerions du temps jusqu'à celui où le colonel me joignant avec votre plein pouvoir pour donner en votre nom parole positive de passer contrat à votre arrivée en France. V. V. A. R. s'assureroit par ce moien la certitude de ne s'être engagée dans cette acquisition que sur la parole et les connoissances des deux serviteurs qui lui sont le plus attachés et dans lesquels elle a le plus de confiance. V. A. R. sera alors à portée de consulter avec Sayffert sur l'un ou l'autre de ces deux partis, et je me réglerai conséquemment sur celui qu'elle aura adopté.

Un motif dont Mr. de Grimane m'a encore fait sentir la force pour la nécessité d'une décision positive de votre part, c'est que V. A. R. voulant habiter Chaumot à son arrivée en France, il lui conviendra d'avoir les produits de la ferme de Chaumot en foins, avoine et fourrage pour l'entretien de ses chevaux, maison de ses domestiques, &ᵃ, à sa volonté; que si dans ce temps il y avoit un fermier il faudroit lui donner des dédommagemens considérables pour le faire renoncer au bail qu'il auroit fait, que par là V. A. R. seroit dans une sorte de dépendance qui ne pourroit lui convenir et qui seroit aisé d'éviter en mettant au lieu d'un fermier un administrateur et qu'il falloit que cela fût décidé avant le mois de mars;

que je concevois bien que lui, Mr. de Grimane, ne pouvoit prendre à cet égard de parti qu'en aiant la certitude qu'en faisant ce qui conviendroit à V. A. R. il ne mettroit point Mme Duplessis dans l'embarras.

A l'égard des termes et de la forme des paiemens au cas que nous convenions du prix de l'acquisition et que V. A. R. l'approuve, voicy ce dont je suis convenu :

1° Lorsque j'aurai consulté avec V. A. R. sur la forme du contrat qui lui conviendra de passer et les formalités qu'il lui conviendra de régler relativement à sa qualité de prince et à celle d'étranger, lorsque ces articles préliminaires auront été arrangées ce qui ne peut avoir lieu qu'après l'arrivée de V. A. R., arrêté que les notaires viendront à Chaumot même pour y dresser les articles et recevoir la signature de V. A. R. au cas qu'elle ne vint pas elle-même à Paris;

2° Qu'en passant ledit contrat, V. A. R. ne sera tenue que de donner en argent comptant une somme de 100 mille livres pour lesquelles Mme Duplessis lui donnera les suretés les plus claires pour en éviter le recouvrement si contre toute attente le retrait avoit lieu. — *Nota Benè*. Les parents ont le droit lorsqu'un effet de la succession de leur ligne est vendu par l'héritier le plus proche à un prix qu'ils jugent trop foible de le retirer pour eux-mêmes en paiant le prix donné par l'acquéreur. Quoique cela ne soit pas à craindre dans l'acquisition en question puisque ces 100 mille livres seront emploiées à rembourser les cohéritiers privilégiés, cette précaution est jugée toujours nécessaire à prendre pour la sureté de V. A. R. et Mme Duplessis l'agrée comme de raison;

3° A l'égard du surplus de la somme qui reste due par V. A. R., elle ne sera tenue que de paier celle de 100 mille livres à la fin du décret;

4° Du jour du contrat V. A. R. paiera à Mme Duplessis l'intérêt au denier 5 de la somme convenue et restante à paier après les 100 mille livres, ledit paiement privilégié sur les..... de Chaumot dont V. A. R. jouirra du moment même de son acquisition;

5° A l'égard du surplus de ce qui reste à paier sur le principal du prix de l'acquisition...... V. A. R. prendra les termes qu'elle jugera à propos, et sera maîtresse, en paiant la rente de la somme restante au denier 5 de rembourser quand elle jugera à propos par article de 50 ou de 100 mille livres en avertissant 3 mois auparavant la dame Duplessis du remboursement........

Ce Mr. de Grimane, Mgr., est un vieux militaire qui malgré le grand usage qu'il me paroit faire du vin de Chaumot, qui est effectivement très-bon, a une judiciaire œconomique dont V. A. R. pourra tirer un bon parti, et je l'ai flatté que vous vous ferés un plaisir de la connaitre et de prendre de ses avis sur une régie qu'il connoissoit mieux que personne. Il a été major d'infanterie et étoit retiré à la dernière guerre car il n'a connu V. A. R. que de réputation, mais il m'a assuré que touttes les fois que ses connoissances pourront vous être agréables, il seroit toujours prêt à vous faire sa cour en vous les communiquant.

Voilà, Mgr., tout ce que je puis vous dire sur vos affaires que dès ce moment-cy vous pouvés regarder comme finies...... J'ai déja fait les démarches convenables pour vous assurer le paiement des 300 mille livres que vous aurés à donner et je prendrai sur cela les mesures les plus infaillibles dès que la chose sera conclue et la conclusion même de l'affaire nécessitera de prendre sur cela des mesures encore plus fortes. Cecy est une affaire et j'ose vous en répondre d'après les dispositions où on est pour tout ce qui est aussi juste.

A l'égard de ce qui me concerne personnellement, je suis encore incertain sur mon voiage et sur le temps où je pourrai l'exécuter, et cela comme M. Pincé pour plusieurs raisons dont la première est la nécessité de faire auparavant des arrangemens que les circonstances présentes rendent aussi difficiles qu'elles avoient été aisées avant les secousses arrivées dans les finances. J'attens toujours et j'espère que d'un moment à l'autre cela s'arrangera suivant mes désirs. J'ai bien encore quelques autres motifs pour différer de partir, cependant je pourrois le faire sur le champ et je me flatte même que je saurai à quoi m'en tenir sur les uns et sur les autres avant la fin de l'année, temps auquel je pourrai avoir receu la réponse de V. A. R. à la lettre que j'ai l'honneur de lui écrire et être en état de faire avec avantage la conclusion de ses affaires et des miennes.

Je n'ai point encore été à Versailles depuis le retour de Fontainebleau et je n'ai point encore remis la lettre que V. A. R. m'a envoiée. Comme elle a bien voulu s'en rapporter à moy à cet égard, j'ai cherché à me ménager le moment le plus favorable.

Vous n'attendés pas de moy, Mgr., des bruits de guerre parvenus jusqu'à mon hermitage, mais ils sont détruits par les espérances de paix que le besoin qu'on en a de part et d'autre rend trop nécessaire pour n'être pas désirable. J'ai remis, il y a deux jours, à Mme de Martange la lettre dont V. A. R. l'a honorée et qui la pénètre ainsi que moy de la plus respectueuse reconnoissance. En attendant qu'elle vous y réponde, recevès-en, Mgr., ses très-humbles remerciemens et les miens ainsi que ceux que nous faisons l'un et l'autre à Mme la comtesse pour l'honneur de son souvenir. Permettés-moy de joindre pour V. A. R. et pour elle les vœux que je forme pour tout ce qui peut contribuer à son entière satisfaction dans l'année que nous allons commencer. J'espère que celle-cy est la dernière où je serai obligé de m'y prendre de si loin pour vous renouveller l'offrande et l'hommage de l'attachement que je vous ai voué pour touttes celles de ma vie. C'est avec le même zèle et le même respect que je suis et que je serai inviolablement, etc., etc. — DE MARTANGE.

Le grenadier, la commère et la filleule de V. A. R. se réunissent au papa pour baiser ainsi que la maman les mains de leur bienfaiteur.

MARTANGE AU ROI [1]

[*Sans lieu ni date, novembre 1770.*] — ...... Si dès le commencement des troubles de Pologne le ministère de V. M. n'avoit pas

---

1. Fragment d'un mémoire adressé à Louis XV et tendant au renvoi du duc de Choiseul. La minute autographe se compose de plusieurs feuilles volantes portant de nombreuses ratures ; nous donnons la partie que nous avons pu restituer. Arch. mun. de Honfleur.

fermé les yeux sur l'intérêt que la France avoit à ne pas laisser subjuguer le parti patriotique et qu'on eût pris les moiens convenables pour conserver dans son intégrité cette portion choisie de la nation qui réclamoit si instamment votre protection, il est incontestable que rien n'eût été plus facile que d'en imposer aux 4 ou 5.000 mille Russes qui étoient alors en Pologne et de les en empêcher de se distribuer comme ils firent dans les Palatinats pour y forcer les Diétes à réunir leurs suffrages sur des Nonces entièrement vendus à leur souverain.

Une indifférence aussi peu attendue que celles qu'éprouvèrent alors les patriotes les inquiéta et les désunit ; une partie se tourna du côté de la Russie et ce fut à la faveur de cette défection que cette puissance parvint à former dans la Diette de convocation la confédération générale qui attaqua et la liberté de la Pologne et la considération de la France.

Si au moins, après avoir eu tout le tems de se convaincre par l'événement contre cette première faute capitale, les ministres de V. M. avoient saisi le moment favorable qui se présentoit de la réparer, lorsque par un mécontentement simulé de la conduite du Roi régnant la Russie eut l'adresse d'engager également les dissidens et les mécontens du roiaume à se confédérer à Radom sous sa protection, que ces ministres si clairvoiens eussent pu entrer dans les vues de cette artificieuse puissance et découvrir aux Polonois le piège où ils alloient se précipiter, ils prévenoient la démarche si funeste qui fit la noblesse confédérée en réclamant elle-même l'envoi de ces troupes russiennes qui soutinrent depuis aussi cruellement touttes les violences et les actes de despotisme que l'ambassadeur russe exerça dans la capitale même d'une nation libre, et dont les excès forcèrent enfin une partie de la nation à se jetter par désespoir dans les bras des Turcs, la seule des puissances auprès de laquelle elle trouvoit accés dans cette extrémité.

C'est à cette époque seulement que M. de Choiseul sorti de sa léthargie pour entrer en négociation avec les confédérés. On a de la peine à concevoir par quels motifs M. de Choiseul, si indifférent sur les résolutions de la noblesse polonoise tant qu'elle pouvoit combattre avec avantage l'influence de la Russie, n'ait commencé à concourir à ses vües que dans le tems où ses plus grands efforts ne pouvoient plus servir qu'à honorer le triomphe de ses ennemis. On seroit assez tenté de croire qu'il a été tenté par l'occasion de se faire honneur du parti déjà pris à Constantinople avant qu'il y eût négocié pour le faire prendre. La jactance avec laquelle les flatteurs de M. de Choiseul élevoient la supériorité de ses vües et de son influence lors des premiers avantages des armées tartares et ottomanes, et l'honneur qu'ils lui faisoient de diriger de son cabinet, à Compiègne, les opérations militaires sur le Winter (?) avec autant de facilités qu'il faisoit les exercices du camp de Verberie-sur-l'Oise, pourroient fort bien l'avoir déterminé à adopter par vanité des mesures que les confédérés seuls avoient prises et n'avoient prises que par désespoir. V. M. sait mieux que personne si cette opinion est fondée en vérité. Au reste, soit que le parti pris à Constantinople de déclarer la guerre à la Russie soit un fruit du génie de M. de Choiseul, soit que ça ne soit qu'un projet d'adoption, il n'en est pas moins vray que c'étoit dans tous les cas la détermination la moins avantageuse qu'il put prendre pour les intérêts de V. M., car dans la supposition que les événements de la guerre se fussent déclarés pour l'armée ottomane, Mr. de Choiseul pouvoit-il se promettre d'arrêter leurs progrès précisément au point où il faudroit, pour qu'ils n'allarmassent pas la cour de Vienne et l'Empire, et quel compte dans cette supposition ne se mettroit-il pas dans le cas de rendre à ces puissances des mesures dispendieuses qu'elles auroient été obligé de prendre pour calmer leurs inquiétudes ? Au reste il est assez inutile de s'étendre aujourd'huy sur cette réfléxion dont les progrès de l'armée russienne nous ont si fort écartés qu'à peine peut-elle être un objet de spéculations.

Mais ces mêmes progrès si étonnans des armes russiennes et qui sont la suitte de cette guerre entreprise ou soutenue sous les auspices de M. de Choiseul n'ont malheureusement qu'un rapport trop réel avec la tranquillité de V. M. C'est au parti qu'il a pris ou a celui qu'il n'a pas voulu prendre que nous devons l'apparition des escadres russiennes dans la Méditerranée, et que nous entendons leur général y dire avec une dignité insultante : *tant que le pavillon de ma souveraine régnera sur ces mers*. C'est cette guerre entreprise avec plus d'humeur que de réfléxion qui a fourni à l'Impératrice de Russie l'occasion de reprendre sous œuvre le grand projet conçu par Pierre Ier dans les temps de sa gloire pour rétablir dans Constantinople le siège de l'Empire grec et s'ouvrir par la jonction du Volga et du Don la communication de la mer Caspienne à la Méditerranée pour y faire le commerce le plus riche et le plus avantageux......

Quelles assurances M. de Choiseul a-t-il prises à cet égard du côté de la cour de Vienne et de la République de Venise ? Ces deux puissances qui ont tout à réclamer sur la Porte ne favorisent-elles pas dès aujourd'huy sous main une révolution où elles pourroient trouver leurs avantages ? Ne peuvent-elles pas d'un instant à l'autre se déclarer ouvertement pour la Russie à laquelle elles ont été si étroitement liées les années précédentes ? M. de Choiseul peut-il être tranquille au moment où il cherche à renouveller la guerre entre l'Angleterre et nous sur l'usage que la cour de Londres pourroit faire d'une partie des forces navales et des troupes de débarquement de Russie ? Indépendamment de la réciprocité de secours et de besoin et de l'uniformité des vües qui lient l'Angleterre et la Russie ; indépendamment de l'opposition habituelle aux intérêts de V. M. où cette dernière puissance s'est constamment trouvée, si on on excepte le court espace qui s'est écoulé depuis l'adhésion de la feüe Impératrice au traité de Versailles jusqu'à sa mort, on conçoit jusqu'où va l'aigreur personnelle de Catherine II pour le souvenir amer qu'elle conserve de la hauteur insultante et des sarcasmes ironiques dont M. de Choiseul a accablé le prince de Gallitzin pendant son ministère auprès de V. M. Avec des dispositions aussi favorables pour seconder les entreprises de nos ennemis une forte escadre combinée de Russes et d'Anglois ne pourroit-elle pas, si les hostilités étoient une fois commencées, se porter en force sur cette isle de Corse qui doit être si précieuse à M. de Choiseul et qui coute assez cher à V. M. pour en désirer la conservation ? Soutenus de la mauvoise volonté des nationaux n'y auroit-il point à craindre que la perte de cette conquête ne fût comblée par celle des régimens qui en forment aujourd'hui la garnison ? M. de Choiseul a-t-il encore calculé quelle perte causeroit à l'État la ruine entière de notre commerce du Levant.... si la Russie de concert avec l'Angleterre (sans parler du concours d'autres puissance) venoit à chasser les Turcs de l'Europe ? A-t-il bien pesé ce qu'il en reviendroit d'avantage à nos ennemis ?

Je souffre, Sire, en faisant moi-même touttes ces réfléxions et en les mettant sous vos yeux dans l'ordre même où elles se présentent à mon esprit, mais dans la résolution que j'ai prise de décomposer une bonne fois à vos yeux un ministre que je regarde comme le plus dangereux de vos ennemis je ne dois rien vous cacher de ce qui a servi à me convaincre moi-même. Je vois clairement que V. M. est dans un cercle d'incertitudes touttes également inquiétantes et je vois en même temps que M. de Choiseul ne peut plus vous en tirer eût-il autant de talent que ses flatteurs lui en supposent et que le petit examen que je viens de faire de sa conduite politique prouve assés évidemment qu'il en a peu. L'Europe sera toujours prête à vous rendre une confiance que votre amour pour l'humanité et votre désintéressement reconnu lui ont toujours inspirée. Mais il s'en faut bien que la plupart des puissances étrangères soient dans les mêmes dispositions pour le ministre dur et impérieux avec lequel elles ont à traiter. Ce n'est qu'à travers les flammes qu'il cherche à se sauver, et en même temps qu'il souffle le feu dans le parlement d'Angleterre il excite sous main dans ce moment-cy ceux de votre roiaume pour y renouveller, à la rentrée, ce malheureux esprit d'opposition qui a si souvent troublé le repos de V. M. Tant que les têtes chaudes auront en lui un appui elles risqueront sans crainte les démarches les plus hardies contre votre autorité souveraine ; si elles cessent d'être aussi puissamment soutenues, elles rentreront dans le moment même dans les justes bornes de la soumission et de l'obéissance. Les troubles au dedans et au dehors de votre roiaume ont une même cause dont les effets seront toujours à craindre tant qu'elle subsistera. Cette cause détruite tout rentreroit naturellement dans l'ordre. Respectée des étrangers et adorée de ses sujets, V. M. couleroit des jours tranquilles. Je jouirais de sa sécurité et je serais heureux de son bonheur. C'est dans des vües aussi satisfaisantes pour un cœur uniquement occupé de vous que j'ai entrepris de mettre sous vos yeux la suite de faits et de raisonnemens que je viens de vous exposer. Je ne l'ai fait que dans l'espoir de vous être utile; le bonheur de vous plaire ne me laisse plus rien à désirer que l'honneur de vous servir.

Mme DE MARTANGE AU PRINCE XAVIER DE SAXE[1]

A Maison-Blanche, le 3 janvier 1711. — Mgr. V. A. R. voudra bien me permettre de lui offrir, et de mettre à ses pieds dans le renouvellement de cette année, des vœux, que je ne cesse de former tous les jours de ma vie pour la conservation de V. A. R. Puissiés-vous, Mgr., jouir constamment d'une santé parfaite, d'un bonheur inaltérable et de l'accomplissement de tous vos désirs. Faittes-moi la grâce, Mgr., de m'accorder ainsi qu'à mon mari et mes enfans la continuation de vos bontés et de votre bienveillance, et de vouloir bien croire que V. A. R. n'a pas de serviteurs plus fidelles ni qui lui soit plus respectueusement attaché. Puisse l'année où nous venons d'entrer être la plus heureuse de ma vie en me mettant à portée de pouvoir offrir de bouche à V. A. R. mes vœux et mon respect; c'est le vœu constant et journaillier que forme mon cœur.

V. A. R. aura sans doutte appris par la voye de Rome la disgrâce de Mrs. de Choiseul et de Praslin et leur exil dans leurs terres de Chanteloup et de Villars, près de Melun., Mgr. connoit trop tout le mal que le premier de ces ministres a fait à Mr. de Martange et à moi pour ne pas être persuadé de toutte la joye que j'en ai ressenti en voyant mon plus cruel ennemi confondu et humilié. Il est parti pour Chanteloup avec Mme de Choiseul, Mrs.

---

[1] Orig. Arch. dép. de l'Aube.

ses frères, son neveu et sa tendre sœur Mme de Grammont. Mme de Beauveau se disposoit à y aller, mais elle a, dit-on, reçu ordre de Sa Majesté de n'en rien faire. Mr. de Praslin est parti pour Villars très malade. Le maréchal d'Etrées mourut hier. Il a eu la consolation étant à l'agonie d'aprendre la disgrâce de Mr. de Choiseul. On assure que malgré la présence de son révérend père confesseur il n'a pas pu s'empêcher de faire à haute et fort intelligible voix une exclamation grivoise de la joye de ce qu'il étoit chassé ; ayant cependant la précaution de faire retirer un peu le révérend, il l'a rappellé en lui disant : « Je vous demande pardon, mon père, mais je dois cette exclamation à mon amour pour le Roi et pour l'Etat. » L'on assure aussi que l'on a rendu le propos au Roi qui en a ri.

V. A. R. aura vu par la lettre que Mr. de Martange a eu l'honneur de lui écrire, il y a quelque tems, que notre voyage de Lion et de Suisse avoit été retardé jusqu'à la réponse qu'il espère recevoir de V. A. R. sur un article qui regarde la terre de Chaumot. Il est toujours à Paris, ainsi je ne vous en dirai rien, Mgr., étant persuadée qu'il aura eu l'honneur de vous écrire la nouvelle de la disgrâce des deux ducs, et en même tems toutte la joye qu'il en ressent.

Je suplie V. A. R. d'excuser la liberté que je prens de joindre ici les deux incluses pour Mme la comtesse et le colonel Saiffert, et de me permettre de mettre à ses pieds le profond respect avec lequel j'ai l'honneur d'être, etc. — DE MARTANGE.

MARTANGE AU PRINCE XAVIER DE SAXE[1].

A Paris, ce 20 janvier 1771. — .... J'ai perdu, Mgr., le plaisir de vous donner la première nouvelle[2] ; vous l'avés sceue d'ailleurs presque aussi vite que par moi, et vous aurés sûrement retrouvé dans vos entretiens avec le cher colonel une grande partie des rai-

---

1. Orig. Arch. départ. de l'Aube.
2. Disgrâce et renvoi du duc de Choiseul, 24 décembre 1770.

sonnemens et des spéculations que je faisois sur la suitte de bonheurs publics et personels que l'éloignement de cet homme si injuste et si pernicieux sembloit nous présager à tous. Je ne me permettrai pas aujourd'huy de vous en parler sur le même ton et ce que le premier mouvement de la joie rendoit sinon légitime, au moins excusable après toutes les injustices que j'en ai essuiées et que V. A. R. connoit mieux que personne, je me le reprocherois aujourd'huy que sa disgrâce et le malheur d'avoir déplu au meilleur des maîtres et à un maître qui l'a si longtemps honoré de sa confiance le rendent mille fois plus à plaindre que la dureté avec laquelle il m'a traité et les fausses couleurs dont il a noirci le zèle le plus pur ne me l'ont jamais rendu moi-même. Laïus est mort et je ne troublerai point sa cendre. Qu'il suporte s'il peut le séjour de sa belle maison de Chanteloup avec autant de fermeté et de tranquillité que j'ai soutenu pendant six ans l'exil volontaire de ma chaumière de Maison-Blanche! Je n'y avois ni la ressource de la compagnie nombreuse, ni celle des plaisirs et des distractions en tout genre qu'il peut se procurer, mais aussi jamais le remords ne s'y est approché de moy, et je crois que c'est un mauvois compagnon dans la plus belle des retraites. On a beau se dissiper à la chasse, à la promenade, au jeu, c'est toujours le vers de Boileau:

Le chagrin monte en croupe et galoppe avec lui.

Il n'en sera pas de même de nous, Mgr., quand une fois réunis dans votre château de Chaumot nous y savourerons successivement tous les amusemens de la campagne. Aucun souvenir fâcheux n'y altérera notre tranquillité; V. A. R. peut regarder derrière elle avec toutte assurance; ses campagnes et son administration ne lui offriront jamais que des tableaux d'un aspect vraiment glorieux. Elle se retrouvera dans toutes les occasions essentielles faisant, pensant ou projettant le bien et n'employant pour l'exécuter que les moiens les plus honnêtes et les plus justes. L'honneur de la carrière que vous avés courue rejaillira naturellement sur ceux qui l'ont courue avec vous et qui vous ont accompagné dans vos travaux.

Ils seront avec vous encor à Chaumot aussi francs, aussi loiaux que vous les avés vus à la guerre et au cabinet : gaieté, sommeil, appétit, courage, santé, voilà l'appanage de ceux qui ont le cœur net, et ce sera le vôtre. Mr. le Duc qui m'a fait l'honneur de me regarder et de me prendre peut-être comme un intriguant jugera par lui-même du sort de ceux qui le sont réellement.

C'est sur le comte de Müy, celui que V. A. R. a connu à la guerre et qu'elle a vu à la cour, menin de feu Mr. le Dauphin, que le Roi a jetté d'abord les yeux pour le ministère de la guerre, mais des motifs de santé, de dévotion, d'amour de la tranquillité ont été, dit-on, alléguées par le comte pour se dispenser d'accepter, et S. M. a été assez indulgente pour accepter ses excuses. C'est un fait que je ne scais que par la rumeur publique; s'il est vray la conduite de Mr. le comte de Müy me paroit inconcevable, et je vous avoue que j'aurais bien de la peine à me dispenser de voir dans ces excuses-là au moins un grain d'hipocrisie. Je n'imaginerai jamais qu'il soit question pour un homme d'honneur de consulter sa santé, ses forces et sa dévotion quand il est question de servir son maître et d'être utile à son païs.

Quoiqu'il en soit, le second choix vaut bien au moins le premier, et V. A. R. en conviendra avec moi quand elle saura qu'il est tombé sur le marquis de Monteynard, le même qu'elle a vu maréchal de logis de l'armée du Roi sous le commandement de M. le maréchal de Contades. Beaucoup de talent, beaucoup de connaissances et surtout un grand fonds d'application, de la sagesse et beaucoup d'éloignement pour les nouveaux sistèmes, voilà le nouveau ministre tel qu'il m'a toujours paru, et il a sûrement besoin de toutes ces bonnes qualités dans la place qu'il occupe et dont j'augure qu'il se tirera à son honneur et à celui de la nation. J'ai été lui faire ce compliment au nom de V. A. R. et au mien, en attendant que vous lui écriviés vous-même une petite lettre de félicitation que je vous prie de m'adresser pour lui remettre, parce que quand même je ne serois pas alors à Paris, je la lui enverrois toujours d'où je serois en lui écrivant moi-même et cela le flattera sûrement de la part de V. A. R. dont il m'a parlé avec autant d'estime que de respect. Je l'ai prié pour mon compte, s'il trouvoit occasion de mettre mon nom sous les yeux du Roi, de vouloir bien dire à S. M. ce qu'il pensoit de ma façon de servir dont il a été témoin, et je me flatte que la vérité sortant de sa bouche sans intérêt, détruira ce que le prédécesseur peut avoir dit sur mon compte, car je ne sais jusqu'où aura été de sa part la persécution, et les gens qui peuvent tout dire sans crainte d'être contredits ont beau jeu pour nuire à ceux qui ont le malheur de leur déplaire. A tout événement j'ai pris cette précaution vis-à-vis de M. de Monteynard. Comme il est clair qu'il n'a aucun motif de me vouloir du bien, et que ce ne sera que d'après la vérité qu'il parlera, j'ai dû mettre ma confiance dans son équité et dans celle du Roi qui ne peut savoir le vray que par ses ministres, et si celui-là n'a point d'intérêt à me servir il n'en a point non plus pour me nuire. Au moins il ne dira pas que je suis un j... f..: où il faudrait qu'il eût oublié la visitte que je lui vins faire de la part de V. A. R. à la fin de la bataille de Minden. Comme il n'a jamais servi le Roi que dans ses armées et sur la frontière, il y a lieu de se flatter que l'amour du bien et de l'honneur est tout entier et restera tel dans son cœur. Ainsi soit-il.

Le département de la Marine est réuni, au moins *ad interim*, à celui du contrôle général et sous la direction de M. l'abbé Terray qui est un ministre ferme et invariable à ce qu'il paroit dans ses principes et qui viendra sûrement à bout de la tâche qu'il a entreprise, à moins que des circonstances imprévues et des dépenses énormes et extraordinaires ne le forcent à sortir de la route qu'il s'est tracée et que je tiens pour d'autant plus sûre qu'il s'est écarté de la voie des ressources pour se rapprocher de celle des moyens.

A l'égard des Affaires Étrangères, il n'y a jusqu'à présent d'autre nomination que celles qu'il a plu au public de faire, et je ne crois plus depuis longtemps aux conjectures, ainsi je ne vous en ferai aucune part. Tout ce que je peux vous dire, c'est que tout le monde s'accorde à dire que jamais les matières n'ont été exposées avec plus de clarté ni traitées avec plus de réflexions que depuis que le maître lui-même s'est chargé de cette partie du ministère, et je crois bien plus à cet éloge qu'aux nominations conjecturales du même public sur ceux qui doivent remplacer M. de Choiseul dans ce département; ainsi je ne vous en nommerai aucun. Ce qu'il y a de certain, c'est qu'elles ne peuvent pas être en meilleure main que celle qui les règle aujourd'huy. Plût à Dieu qu'il pût tout voir par lui-même ou que ceux par qui il verra eussent les yeux aussi bons que luy, et le cœur aussi noble !

La dernière lettre en datte du 5 dont V. A. R, m'a honoré[1]...

MARTANGE A Mme DE MARTANGE[2]

A Fontainebleau, ce mercredy, à 5 heures après-midy. [Sans date, novembre 1771]. — Ta lettre, ta sensibilité et les bonnes nouvelles que tu me donnes de ta santé et de celle de nos enfans, ma chère amie, me font le plus grand plaisir. J'approuve fort ton séjour à Chaumot[3] jusqu'à lundy et si je suis assés heureux pour aller t'y embrasser je le ferai avec l'empressement de la tendresse que tu me connois. Mais, malgré cet empressement, la soif que j'ai de terminer des affaires d'où dépend tout le bien être de ta vie et de celle de nos enfans, sans compter de la mienne, me fera vraisemblablement renoncer à la douceur que je goûterois à aller te trouver. Les circonstances étant dans le moment présent si épineuses, si critiques et si intriguées que se seroit hazarder tout que de perdre au moment le timon. La querelle du Duc avec Mlle Noirette[4] sur le chapitre du gros Baujon[5] en a valu une au dit Duc[6], qui lui a donné et lui donne encor, à ce qu'il me paroit, martel en

---

1. La fin de la lettre est relative à l'acquisition de la terre de Chaumot.
2. Arch. de Honfleur.
3. Le château de Chaumot près Villeneuve-sur-Yonne avait été acheté, comme nous l'avons dit, par le prince Xavier de Saxe, en 1771. Au mois d'octobre, ce prince y avait établi sa famille.
4. Ce nom désigne, selon nous, une sœur de Jean du Barry.
5. Le banquier de la cour.
6. Le duc d'Aiguillon.

tête suivant ce que le Duc m'a dit lui-même. La Noirette s'est plaint que ce Duc l'avoit tuée par cette sortÿe, arrivée dans un moment où les femmes ont besoin d'être ménagées, et où cela lui a causé une suppression totale. La carogne cependant s'en porte à merveille. Cela peut avoir nui au Duc dans l'esprit de la Dame ! et avoir donné cours au bruit qui se répand que le dit duc branle au manche, ce qui, j'espère, est faux. J'ai dîné aujourd'huy avec le prince chez luy, et comme il me faisoit politesse pour me faire passer devant luy je luy ai dit assez gaiement : « Je voudrois fort, Mr. le duc, que vous troquassiés ces politesses-là contre des ordres ; j'aimerois mieux recevoir les uns que les autres ». Sur quoy il m'a répondu : « Je désire fort aussy non pas vous en donner mais vous en faire passer. » — « Qu'ils viennent de vous, Mr. le duc, lui ai-je répondu, voilà, le principal ». — Je luy ai fait part de mon rapatriage avec les sœurs pour qu'il n'en prît pas jalousie et cela étoit nécessaire. J'ay ajouté : « Pour Dieu, Mr. le duc, tirés-moy de là le plustôt que vous pourrés. Je ne suis dans l'intrigue qu'à mon corps deffendant, le vrai travail et les affaires voilà mon élément. » — « Cela viendra, m'a-t-il dit, avec le tems ».

Du contrôleur général rien de plus nouveau, mais je crois que cela va bien. Je mène le prince dîner chez lui vendredy, et le contrôleur m'a laissé le maître de faire à cet égard comme pour moy.

Je ne sais pas encore si Mgr. ira dimanche, samedy ou lundy à Chaumot, mais si je n'y vais pas avec luy je remettrai 6 louis pour toi à celui qui ira. Je voudrois au lieu de 6 que ce pût être 600, mais nous n'en sommes pas là. Je crois t'avoir dit que j'avois vu le comte de La Marche qui m'avoit dit que le Duc lui avoit dit que l'affaire des Suisses [2] prenoit couleur, il en a fait compliment à Son Altesse et il a eu la bonté de m'en faire aussi le sien. Voilà, ma chère petitte, où nous en sommes. Je n'ai pu donner à dîner ni à souper à ton cousin ; son passeport est signé

---

1. Mme du Barry.
2. C'est-à-dire la nomination de Martange comme secrétaire général des Suisses et Grisons.

et je vais tâcher de lui remettre sa lettre pour laquelle j'ai été chez l'abbé de La Ville. Je l'ai fait venir aujourd'huy chez l'ambassadeur d'Hollande parce que j'étois chez le duc d'Aiguillon et que je ne pouvois pas être à deux endroits en même temps. Je me flatte qu'il sera content de ma bonne volonté car son affaire ne me paroit pas valoir grande chose.

J'ai revu les deux sœurs et cela s'est passé fort gayement, fort uniment et sans façon de ma part. La Noirette a voulu y mettre de la dignité, peine perdue, je ne m'en suis pas apperçu ; j'y ai retourné une fois et ai causé avec Mlle de Cérès[1] comme si de rien n'étoit. Je n'y ai point encore mangé et je veux voir un peu la tournure que prendrent les choses avant d'avoir l'air d'être bien [réconcilié], car il y a de la coquetterie de leur part à m'avoir recherché comme elles ont fait. Je te baise mille et mille fois, chère maman, pour toi et pour mes petits, je te remercie de tes bontés pour la nouvelle femme de chambre, si tu en es contente je suis comblé ; je serai charmé qu'elle continue à mériter tes bontés.

MARTANGE A Mme DE MARTANGE[2]

A Fontainebleau, ce samedy, 9 h. du soir. [*Sans date, novembre 1771*]. — Je souffre plus que toi-même, ma chère amie, (et je sais que c'est tout dire) de ne pas accompagner le prince à Chaumot et de te laisser partir pour Lion sans t'avoir pu porter au moins le baiser de l'étrier ; mais tu connois, ma chère amie, assez notre malheureuse situation pour ne pas m'exciter toi-même à ne pas négliger un des quarts d'heure qui peuvent contribuer à la faire

---

1. Une des sœurs de Jean du Barry appelée familièrement *Chon du Barry*; elle signait Claire du Bary-Cérès et Bary de Cérès. Dans les bordereaux des sommes payées pour le compte de la comtesse du Barry, on lit les articles suivants : « à Mlle Dubarry pour M. de Martange, 1.170 liv. ; à M. de Martange, 1.120 liv. ; à M. de Martange, 1.500 liv ; à Mlle de Cérès, 600 liv. ; à M. de Martange, pour linge de table, 3.071 liv. ; à M. de Martange, 5.807 liv. » — Ch. Vatel, *Hist. de Mme du Barry*, II, p. 518, 523, 525, 531, 533 et 539.
2. Arch. de Honfleur.

changer. Tu ne la connois pas encore toute entière, ma chère amie, et ce que je te sauve des inquiétudes que l'avenir me cause est peut-être encor plus considérable que ce que tu en as vu et ce que tu en sais. Au reste, mon cher enfant, telle délabrée que soit notre fortune elle n'est pas désespérée et, grâce à la constante application avec laquelle je suis les personnes et les moyens qui peuvent rétablir nos espérances, je ne dois pas désespérer d'en venir à bout. Mais je ne te le cache pas, mon cher enfant, il y a à travailler et il n'y a pas un moment de vuide. J'avois cru pouvoir me ménager la course de cette nuit pour revenir celle du dimanche ou lundy et me retrouver icy 24 heures après en être parti et t'avoir embrassée, mais c'est demain le seul jour où je puis aller faire ma cour à l'Idole[1] avec tout le monde et cela m'a trop bien réussi dimanche dernier pour en laisser passer l'occasion favorable. C'est à cette apparition subite que je fis dimanche à l'audience de la comtesse que je dois attribuer la recherche qu'ont faite les deux sœurs pour se rapatrier avec moi, et quoique ce replatrâge ne soit qu'un air et que dans le fonds elles ne m'en détestent pas moins, cela me sert du moins à me faciliter mes marches chez la Dame, et à les empêcher de travailler ouvertement contre moi, ce qui est beaucoup. Je les ai vues deux fois depuis la première rentrée, mais je n'ai point encore dîné ni soupé chez elles, et ne le ferai certainement que lorsqu'elles m'en prieront, ne voulant plus me remettre avec elles à tous les jours comme j'y étois par le passé.

Il est bon de te dire que nous n'avons point eu de lettre du s^r Proëls et que la Dame m'a fait demander si ce linge arriveroit bientôt[2], cela est essentiel ; ainsi tu écriras tout de suite au s^r Proëls pour lui marquer ton étonnement de ce que ce linge n'est point encore arrivé et scavoir de lui à quoi cela tient. Elle veut, je crois, en commander de nouveau, *tanto maglio*; cela lie toujours entre elle et moi la correspondance et cela fait un titre d'un moment à l'autre pour aller à la fortune.

1. Mme du Barry.
2. Dans les comptes de Mme du Barry pour l'année 1772 figure une somme de 3.071 livres payée à M. de Martange pour linge de table.

Je suis on ne peut pas mieux avec le contrôleur général[1] et Le Clerc[2], ce dernier m'a promis aujourd'huy de tâcher de me faire toucher incessamment une dizaine de mille livres. C'est une goutte d'eau dans l'Océan ; mais, enfin, c'est toujours de quoi pousser le temps avec l'épaule et gagner jusqu'au moment où le Duc me mettra à l'œuvre. Cela me procurerait de quoi appaiser les plus criants de nos créanciers et me fournirait les moyens d'aller te trouver à Lion et faire avec toi et nos enfans le voiage de Suisse. Enfin, mon cher enfant, j'y sue sang et eau et je ne m'occupe que de cela ; jusqu'à présent je n'ai pu partager avec toi que des peines, peut-être touchai-je au moment de partager avec toi les douceurs de la vie.

S'il mourroit un fermier général notre affaire actuellement seroit sûre, mais les gens se portent comme des papes et pour mes péchés sont immortels. Je n'ai rien de nouveau sur les Suisses depuis ce que je t'ai mandé ni sur le voiage de.... mais aussi rien n'est changé aux espérances que j'ai partagées avec toi sur ces deux objets. Patience et courage, mon cher enfant, ne songés tous qu'à votre santé et à vous bien aimer, c'est à moi à travailler pour tous et je remplis ma tâche le mieux qu'il m'est possible ; songés qu'en trois jours je puis être à vous et que je ne manquerai pas d'y voler aussitôt que je le pourrai.

Pour répondre par article à ta lettre, je te dirai que j'ai écrit à Paris pour ton exemption d'être fouillée et que je n'ai point encore réponse, si elle m'arrive demain ou après-demain je ferai partir Henry qui reste icy pour te la porter avec les lettres que le Prince attend de Saxe et qu'il doit lui porter. Si je puis en avoir une directe du Contrôleur général je la lui demanderai demain et te l'enverrai si je l'obtiens ; si non tu t'en passeras et tu en seras quitte, ma pauvre amie, pour être fouillée ; comme tu n'as rien de sujet aux droits il n'y aura de mal à cela que le petit retard de l'ouverture des malles.

---

1. L'abbé Terray.
2. Premier commis des finances renommé pour son luxe.

Je t'envoie en rougissant 8 louis d'or, bien fâché que ce soit aussi peu; mais tu connois assez mon cœur pour que je n'aie pas besoin de te dire que c'est tout ce que je puis faire pour le moment. J'aurai plus de plaisir à t'en donner quand je le pourrai que tu n'en auras jamais à les recevoir.

Quand tu seras à Lion tu m'écriras régulièrement de deux jours l'un et toujours en droiture à l'hôtel d'Orléans, où je garderai un pied-à-terre jusqu'à ce que je me mette en voiture pour aller te rejoindre. Il est inutile de convenir d'un chiffre pour s'entendre, tu sais les objets qui m'intéressent, et je te marquerai leurs progrès ou leurs retards avant peu, car cela ne sera jamais long à se décider.

Tu partiras mardy après dîner avec des chevaux de poste et tu prendras congé de tout le monde avec tendresse, amitié, reconnoissance et promesse de revenir aussitôt que ton mari t'en aura donné l'ordre ou la permission, ton état étant de se conformer à sa volonté; en t'en tenant là tu ne fais que ce que tu dois et dans tous les cas c'est à moy et sur moy qu'on doit se rejetter.

Je suis tranquille sur le mari de ta sœur au sujet de Mlle de La Haye et tu peux être tranquille pour la vie à mon sujet tant pour elle que pour toutte auttre. Mon cœur est à toi et n'est qu'à toi pour la vie; son plaisir et son bonheur ne sont et ne seront jamais qu'en toi et avec toi.

A l'égard du choix à former entre Scheurart et Prieur, moi j'opine pour le Prieur à cause du haât (?) qui est nécessaire, mais au reste décide à ton choix et ta volonté sera la mienne. S'il faut une redingote au vilain achète-la où tu pourras car tu en trouveras à Joigny et à Auxerre, sur la route comme icy et sûrement moins cher.

Je parlerai à Henry en conformité de ce que tu souhaites, je veux bien le croire corrigé mais il n'a pas toujours mérité la bonté que tu as pour lui.

A l'égard de la Fortin, je réglerai tout à Paris où elle viendra me trouver, et j'aurai également soin d'aller tout mettre, de façon ou d'autre, en ordre à Maison-Blanche pour m'y régler suivant la tournure bonne ou mauvaise que prendront icy mes affaires. Je ferai en cela comme dans le reste pour le mieux. Tu feras de même de mon côté pour la pauvre La Haye; si elle est honnête comme on me l'a peinte, c'est une bonne œuvre que de l'obliger et une bonne emplette que de l'avoir. Surtout je te recommande de ne pas perdre une minute pour l'éducation des enfans, double ou triple leçon par jour, surtout pour leur apprendre à se tenir, à marcher et à manger; les dents de Minette, je te prie, et le maître à danser sans miséricorde au moins trois heures par jour.

Mille et mille baisers, ma chère amie, il ne me reste qu'à te couvrir des plus tendres marques d'une tendresse qui fait toutte la douceur de ma vie. Partages-en l'effusion avec mes chers enfans que je te recommande ainsi que je te recommande à eux. Portés-vous bien tous et aimés moi comme je vous aime, c'est-à-dire aussi tendrement qu'il soit possible d'aimer. Tu auras encor avant ton départ quelques lignes de moy de façon ou d'autre.

MARTANGE A Mme DE MARTANGE[1]

Paris, ce 16 novembre 1771, onze heures du matin. — Ce n'est qu'icy et dans ce moment même, ma chère amie, que je reçois tes deux lettres du 8 et 10 du courant. Je commençois à avoir besoin d'être tranquillisé sur vos coquines de santés à tous, car c'est là toujours le principal et l'essentiel que de se bien porter soi-même et surtout de scavoir que les personnes qu'on aime se portent bien; le reste s'arrangera et bien avec un peu plus ou un peu moins de temps et de difficultés, mais enfin cela s'arrangera; au lieu que la santé et la vie une fois altérées il n'y a plus rien à faire ni à penser qu'à se guérir. Le froid est aussi vif icy au moins qu'où tu es, et les rhumes y vont de même; je me suis assez heureusement dégagé de celui que j'avais gagné à Fontainebleau et grâces au punch chaud que j'ai pris en me couchant, j'ai le jeu du poumon beaucoup plus libre, quoique toussant toujours un peu mais sans effort et toujours avec fruit.

1. Arch. de Honfleur.

Le fonds des affaires que j'ai avec le Duc et des espérances que j'ai conçues sur son amitié est toujours le même. J'ai cependant lieu d'y donner encore plus de confiance par de certaines raisons que je ne puis guères te faire entendre mais que tu devineras à peu près quand je te dirai que quoique l'aimant de tout mon cœur et n'aimant que lui cordialement comme tu le scais, en me voiant raproché de Noirette il a eu quelques soupçons sur ce rapatriage, comme si je pouvois l'oublier lui pour elle et immoler les anciens arrangemens à de nouveaux. Comme il a vu que cela ne pouvoit pas être fondé et qu'il a vu cela clairement, sa méfiance s'est éclipsée et j'ai eu la consolation le dernier jour que je l'ai vu à Fontainebleau de lire son cœur dans ses yeux.

Je le reverrai à Versailles et j'espère que cette petitte désinence (*sic*)[1] de sa part sera réparée par des bontés dont j'ai, en vérité, autant de désir que de besoin, lui étant sincèrement attaché de cœur et d'âme. Pour l'abbé[2] il m'a fait sa profession de foy de bonne volonté et d'amitié et je ne puis pas douter que dans l'occasion il ne me tienne ce qu'il m'a promis et alors je serois grand garçon pour moi et pour toi et pour les nôtres. Je ne dis rien de tout ce que j'ai trouvé icy de créanciers à doléances; avec 300 livres j'ai apaisé les plus importans, nous verrons comment faire avec le reste. J'ai écrit hier à Maison-Blanche, et le chevalier m'a répondu aujourd'huy que tout y est encore en place. Le chariot a parti ce matin pour aller joindre le prince à Fontainebleau, et Lorrain vient icy aujourd'huy me voir pour l'envoier prendre mesure de son habit de garde chasse de galla chez le tailleur de S. A. R.

Je serai obligé d'aller à la baraque[3] un jour pour y essaier de calmer les piaillards des villages, château et presbitère circonvoisins[4]. Tout cela t'est, Dieu mercy, épargné et voilà ce qui me

---

1. Pour *dissidence*.
2. L'abbé Terray, contrôleur général du mois de décembre 1769 au 24 août 1774 qu'il fut remplacé par Turgot.
3. Maison-Blanche.
4. Il entend parler du village de Lésigny (Seine-et-Marne) à deux kilomètres de Maison-Blanche et cinq ou six kilomètres de Brie-Comte-Robert.

console de l'absence c'est qu'au moins je n'ai pas la douleur de partager avec toi tous ces tracas. Portes-toi bien, mon cher enfant, et les tiens aussi voilà encore une fois le principal. Laisse-moi débrouiller tout ce cahos et j'en viendrai à bout avec l'aide de quelques bons amis. Je te remercie d'avoir commencé les maîtres, cher ou non je te prie de ne pas les épargner. Je ne suis fâché de la petitesse de l'appartement de ta sœur que par la gêne que tu y causes, mais ne pourriés-vous pas pour la soulager louer quelque chose dans son voisinage ; vous n'en passeriés pas moins la journée ensemble. Enfin faites de votre mieux, c'est votre affaire, mes chers amis. J'irai vous y rejoindre, voilà ce qu'il y a de sûr le plus tôt qu'il me sera possible. Je vous embrasse tous de cœur et d'âme et t'écrirai demain.

MARTANGE A Mme DE MARTANGE[1]

A Paris, ce dimanche 17 novembre [1771]. — Tes deux lettres du 11 et 13 du courant me sont arrivées hier l'après-midy, ma chère amie. L'irrégularité des postes cesse dès qu'on est à Paris ; ce n'est que dans les villes de province qui sont à une certaine distance de la capitale qu'elle a lieu parce qu'elles font, dit-on, un petit tour au bureau de Paris avant d'arriver à leur destination. Cecy ne regarde guères les négocians auxquels les lettres sont fidellement remises partout, mais pour ceux et celles où on ne risque pas d'exposer les lettres de change on est, dit-on, moins scrupuleux. Ce que tu me marques de la santé et de l'humeur de ta sœur me fait peine. Je crains les plus petites semences de discorde, et la comparaison que tu fais du caractère de l'une avec celui du deffunct n'est rien moins qu'avantageuse pour l'esprit de société, qui abhorre l'humeur, l'entêtement et l'opiniatreté sur telle matière que ce puisse être, comme les fléaux les plus dangereux entre gens qui vivent ensemble. Cela ne m'empêchera pas, ma

---

1. Arch. de Honfleur.

chère amie, d'aller t'y rejoindre le plustôt qu'il me sera possible. Je n'y craindrai ni l'ennuy ni le ton dès que j'y trouverai les gens que j'aime. Il n'y a personne au monde dont l'humeur m'effraye; le seul article qui m'empêche d'y être déjà c'est l'argent, non pas celui qu'il faut pour partir mais celui qu'il faut pour vivre partout où l'on soit. Je t'en dirai plus clairement ce que j'en pense aussitôt que j'aurai parlé de nouveau avec le personnage que j'irai chercher cette semaine à Versailles. Je ne plains point du tout, mon cher enfant, malgré notre disette les 60 livres destinées à Mr. Hus ; que les trois pauvres enfans en profitent et que les deux filles surtout apprennent à se tenir et à marcher. Si Mr. Hus leur donne de la grâce, il pourra se vanter d'être un habile maître. Je t'avoue que sur ce chapitre le cœur m'a saigné bien des fois, et de tous les malheurs que j'ai éprouvés dans ma vie celui de les voir marcher et manger n'a pas été le moins sensible. La douleur de ne pouvoir leur donner l'éducation que j'aurois désirée m'a fait passer de cruels quards d'heure de réflexion, mais la crainte de t'affliger dans des temps malheureux où je ne pouvois te procurer ni bonheur, ni plaisir, m'a fait sacrifier à la nécessité du moment un avenir que j'ai toujours eu malgré cela devant les yeux et qui m'a cruellement tourmenté. J'espère que le développement rapide réparera cette perte de temps, mais, ma chère amie, en attendant ce développement que j'aurai eu à souffrir ! N'épargnes point cet argent-là, ma chère amie, et veilles à l'emploi qui s'en fera ; pourvu que le temps de la maudite coeffure ne fasse par tort au cachet des maîtres, je suis content. Je te ferai passer les 25 louis que je t'ai offerts en attendant que je t'en porte d'autres, et je vendrois si je n'avois rien autre chose ma dernière chemise pour voir mes enfans au niveau de tous les autres de leur âge et de leur état. Ils ne doivent pas être nés pour nous humulier par leur ignorance et leur maintien. Je ne pense, ma chère amie, qu'à réparer ma fortune pour assurer et faire leur bonheur, mais s'ils veulent faire le mien il faut qu'ils s'appliquent et profitent du temps. Je suis moins inquiet du fils, mais je t'avoue que je le suis beaucoup des deux filles. Enfin, mon enfant, veilles-y, je te prie;

je te les recommande comme les prunelles des yeux. Si j'avois receu plus tôt tes lettres, j'aurois pu donner à Larive tes ordres pour le sellery et les cardons ; il est venu me voir icy à midy et je l'ai envoyé prendre sa mesure de garde-chasse du prince chez Müller. Il m'a dit tout plein de choses de ce païs-là qui me font redoubler d'activiter pour y mettre ordre, mais avec tout mon zèle je ne puis pas aller plus vite. Il avoit rencontré entr'autres sur le chemin Jérémie Pincepié avec lequel il avoit eu un dialogue peu satisfaisant qu'il m'a rendu avec toutte la fidélité possible. Je sortois d'en avoir eu avec le s[r] Boquet [1] et mon brodeur qui ne m'avoient pas rendu plus couleur de rose que de raison. Enfin il faudra bien que tout cela finisse et quand nous jouirons de la tranquillité nous l'aurons bien méritée. Ce qui me presse le plus pour le moment c'est ton peste de cousin le comte Guillaume qui arrive icy le 22 du courant et auquel je me trouvé encor redevable de 35 louis qu'il faudra bien trouver pour lui remettre et n'avoir plus affaire à lui. Si je n'avois pas l'espoir des 6.000 livres du Prince en avant sur 1772, en vérité je ne saurois comment me retourner. Dieu scait aussi comme je chauffe le père Le Cler [2]. Au reste garde Didriel et Prieur, je te prie ; ce n'est pas 90 livres par mois qui nous appauvriront et ils ne m'en couteront guères moins à Maison-Blanche. Tu ne me dis rien du portrait, il faut qu'il n'ait pas réussi. Mille et mille complimens au cher frère et à la chère petite sœur. Baisers sans nombre à la mère et aux enfans.

MARTANGE A Mme DE MARTANGE [3]

[*Sans lieu ni date. 1771*]. *Dimanche, 10 heures du matin.* — J'ai trouvé hier au soir en arrivant de Versailles ta lettre du vendredy

---

1. Parmi les mémoires, factures et notes de marchands que renferme la 4e liasse des papiers de Martange conservés à Honfleur, on trouve un « *mémoire d'ouvrage et fournitures faites pour M. le comte de Martange par Boquet, tapissier* », de l'année 1769 au 24 novembre 1773. Le montant du mémoire est de 7.884 livres 18 s. 3 d.
2. Premier commis des finances.
3. Arch. de Honfleur.

au soir apportée par Moret. Malgré toutte l'envie que j'aurois eue de le charger de ma réponse pour le faire partir ce matin, j'étois si las, si fatigué que j'ai remis à ce matin n'en pouvant plus de sommeil. Le mien n'a pas été fort bon et ma tête a beaucoup travaillé. Le Duc que j'ai vu et qui me reçoit toujours avec amitié ne m'a parlé de rien sur les affaires d'Angleterre [1], premier motif d'humeur et m'a paru aussi beaucoup plus froid sur les affaires du Nord, second motif d'inquiétude parce que je lui suis moins nécessaire, et au sujet de la lettre de Mme de Witzel dont je lui ai dit que j'attendois réponse il ne m'a paru aussi pressé que je le voudrois et qu'il me conviendroit qu'il le fût pour être à mon niveau, car je le suis rudement moy par les circonstances et par les créanciers. Pourvu que la santé se soutienne, voilà l'essentiel ; avec le temps je pareroi à tout, mais il faut pour cela se bien porter et je ne suis pas tout à fait aussi content de moy qu'à l'ordinaire. J'ai des lourdeurs dans la tête et des embarras dans l'estomach qui ne me laissent pas toutte la liberté de travail et de réflexion à la faveur de laquelle je soutiens le vaisseau depuis si longtems au milieu des tempêtes. J'avois espéré aller aujourd'huy te voir à la baraque et t'y porter de ton vin blanc, mais cela ne m'est pas possible, attendant ce soir une réponse de Mr. Le Clerc qui m'est instante pour de l'argent, de façon que je ne compte avoir le bonheur de t'embrasser avant jeudy à dîner.

Le rhume de nos deux filles m'inquiète, je les recommande à tes soins, mon cher enfant, veille sur eux et sur toy pendant que je veille icy sur votre avenir à tous. Il me semble que le temps s'est enfin mis au beau de ce matin. Dieu veuille qu'il s'y soutienne et que cela contribue à votre santé à tous et à notre satisfaction pécuniaire. Je n'ai nulle confiance dans le Sénéchal, c'est un bavard qui cherche protection et qui a plus besoin de moy qu'il ne peut m'être utile. Il faut le ménager poliment mais il n'y a aucune foy à avoir dans ses paroles. Le chevalier s'est trompé sur la longueur

---

1. Martange fut chargé par le duc d'Aiguillon d'une mission secrète à Londres. Voy. les pièces des 29 mars, 2, 5, 6 et 7 avril 1773.

du jardin de notre petite maison. Il a 153 pas de long et c'est fort honnête, sur 36 pas de large. Deux pas font près de 6 pieds. Je ne l'ai pas vue depuis la revue et je conte toujours qu'à la fin du courant tu pourras m'en dire ton avis et y habiter au commencement de juin au moins en partie. J'ai du chagrin de ce maudit argent et aujourd'huy je ne vois rien en beau. J'aurois besoin d'aller reprendre du calme avec mes bons amis, et c'est ce que je ferai sûrement cette semaine. En attendant demain je vois monter à cheval pour tâcher un peu de me remettre la tête. Mille baisers, chers petits, mère et enfans; Aimés-moy bien, c'est la seule chose qui puisse me soutenir et m'encourager. Je vous embrasse tous en bon père, en bon ami et en mari tendre.

MARTANGE AU PRINCE XAVIER DE SAXE [1]

A Paris, ce 29 décembre 1771. — Mgr. Je ne suis de retour à Versailles que d'hier à onze heures du soir. Lorsque je partis d'icy le 22 à huit heures du matin muni des lettres que V. A. R. avoit eue la bonté de me renvoyer par Lapierre, j'étois bien loin de croire que j'allois passer forcément sept jours entiers dans l'agitation de l'intrigue la plus compliquée, et à la suite d'une affaire dont le succès est infiniment intéressant pour moi, mais dont les suittes a touttes sortes d'égards le sont infiniment plus que je ne puis l'exprimer pour V. A. R. Malgré la sorte de certitude que j'avois de revenir le lendemain, j'avois cependant pris la précaution de m'assurer que le colonel pourvoiroit à la nécessité instante où vous étiés d'argent, et sur ce que j'en avois conféré avec M. Boudet je me flattois qu'avec trois ou quatre sacs de Rougemont, vous pourriés passer le temps jusqu'à ce que, revenu de Versailles, je pusse consommer avec Mrs. Le Clerc et Le Fresnaye la négociation dont je vous avois parlé. Au milieu des courses continuelles

---

1. Orig. Arch. dép. de l'Aube.

où j'ai été à Versailles cette inquiétude où j'étois sur l'état de vos finances a furieusement augmenté la masse des agitations dans lesquelles j'ai vécu, mais il n'étoit pas en mon pouvoir à moins de tout perdre par ma faute de quitter les trousses de Mrs. d'Aiguillon, la Vauguion, Barry, Saint Mégrin, etc. Je n'ai pu que prier le colonel de faire l'impossible pendant qu'il avoit les bras libres et je n'ai pas été médiocrement soulagé en le voyant à minuit, au moment même de mon arrivée, d'apprendre en recevant les lettres de V. A. R. qu'il avoit de quoi charger les poches du courrier Brettann. Je vous promets bien saintement, Mgr., que dans les huit premiers jours de 1772, l'affaire des valeurs en papier et en argent pour une somme de 25 mille livres au moins sera consommée à votre satisfaction plénière, et que, Dieu aidant, je serai en état de vous en porter en personne la nouvelle et le montant. Mais il faut avant tout terminer, de façon ou d'autre, l'affaire majeure qui est devenue aujourd'huy une affaire d'Etat et de parti, et qui dans la journée de mardy ou mercredy au plus tard doit être décidée par le Roi. Si je triomphe, V. A. R. a dans l'intérieur un serviteur zélé à portée de faire valoir non seulement ses demandes pour le moment mais ses convenances en tout genre pour l'avenir, non seulement pour sa propre personne mais aussi pour d'autres objets qui n'intéressent pas moins la bonté de son cœur et la tranquillité et la satisfaction de sa vie, cecy mérite considération. Si au contraire je ne réussis pas, indépendamment d'une espèce d'établissement avantageux du côté de la fortune, V. A. R. perdroit l'ouverture d'un canal assuré pour faire faire dans toute occasion à ses neveux toutes les démarches convenables et cecy mérite, indépendamment de moy, la plus grande attention pour elle-même. Il y a dans le moment actuel qui est celuy de la crise à parier pour ou contre, et c'est un moment si critique que je ne crains pas en rougissant de la peine que cela vous causera, de vous envoyer les modèles de longues lettres cy-joints, pour les copier et me les renvoier le plus promptement possible, pour en faire l'usage auquel elles sont destinées, et qui est on ne peut plus essentiel pour achever d'ouvrir les yeux du Roi sur mon compte et détruire radicalement les funestes impressions que le maraud dont nous célébrons l'anniversaire [1] lui a données contre moy.

Figurés-vous, Mgr., pour vous rendre compte un peu en détail de tout ce qui s'est passé, qu'après avoir ameuté tous mes amis et établi avec autant de peine que de soins l'ordre de bataille sur lequel Mrs. les ducs d'Aiguillon, de la Vauguion, de Saint-Mégrin, Mme du Barry et même Mlle du Barry ont marché de bonne foy et de bonne grâce pour me servir, j'étois parvenu avant-hier mardy à faire dire par M. de la Vauguion, à M. de Monteynard [2] quand il vint lui apporter ses provisions de colonel général des Suisses, qu'il le chargeoit de rendre compte au Roi du désir qu'il avoit que je fasse son secrétaire général [3], et de lui demander l'agrément de m'en expédier le brevet. Je dînai ce même jour chez M. de Monteynard qui me dit après le dîné que mon affaire étoit certaine, qu'il avoit la parole et l'ordre du prince, que le reste n'étoit que que des formes à remplir et que je pouvois être tranquille. Jugés ma joye, mais aussi à six heures du soir le même jour jugés, Mgr., de ma peine et de mon angoisse quand le duc de Saint-Mégrin vint m'avertir que votre petit coquin de neveu [4], poussé je ne sais pas qui (on soupçonne Mme Adélaïde où Mme la Dauphine et des prêtres) étoit allé de son chef, dans l'après-midy, trouver le Roi sans en avoir averti M. de la Vauguion, et avoit dit à S. M. en propres termes : « que sa conscience lui reprochoit de faire l'injustice à M. l'abbé Barthellemy [5] de lui ôter le secrétariat général des Suisses, que c'étoit contre le témoignage de sa conscience de déposséder un homme qui faisoit bien sa charge, mais que M. de la

---

1. Le « maraud », c'est le duc de Choiseul ; et l'anniversaire que l'on célèbre est la disgrâce de ce ministre.
2. Ministre de la guerre, (1771-1774).
3. Le comte d'Artois était colonel général de la compagnie des Suisses et Grisons (Gardes-Suisses de la Maison du roi).
4. Le comte d'Artois.
5. Barthélemy (Jean-Jacques abbé), qui publia le *Voyage du Jeune Anacharsis en Grèce*. Voy. sur les intrigues qui lui firent perdre sa place de secrétaire général des Suisses les *Mémoires* sur sa vie publiés à la tête de l'édition du *Voyage du Jeune Anacharsis* (Didot, an VII, tome Ier, p. lv.-lix.).

Vauguion l'avoit forcé à proposer M. de Martange et qu'il n'avoit pas osé lui résister parce qu'il étoit son gouverneur, crainte d'être grondé et peut-être puni. » Le duc de Saint-Mégrin m'ajouta qu'il alloit chez Mme du Barry la prévenir de cet incident pour qu'elle prévint le Roi contre les menées qu'on avoit faites pour détourner son petit fils dans le parti de l'opposition. Vous concevés, Mgr., qu'en voyant cet orage sur ma tête j'ai eu toutte la peur d'en être la première victime, et dans le premier moment effectivement le Roi, en contant la chose au duc d'Aiguillon, répétoit ce qu'il avoit dit de moy une fois à la comtesse, scavoir : qu'avec de l'esprit, des connoissances, etc., j'étois un intriguant de tous les diables à bouleverser le royaume. Le duc le reprit sur cela et lui dit du bien de moy autant qu'il en falloit pour lui faire sentir que ces impressions-là étoient l'ouvrage de l'ennemy. Puis il se rabbatit sur la nécessité de ne pas laisser un prêtre secrétaire général d'un Enfant de France quand Mr. le duc du Mayne, simple légitimé, avoit eu le marquis de Malézieux, lieutenant général et cordon rouge. Mr. de Monteynard que le duc d'Aiguillon interpella devant le Roi sur ma façon de servir parla bien et le duc de la Vauguion parla comme un ange sur le désir que devoit avoir M. le comte d'Artois d'obliger un oncle comme V. A. R. et de distinguer un homme que feue Mme sa mère avoit honoré de sa confiance. Tout cecy se passoit à la sortie du conseil, et de là le Roi alla chez Mme du Barry qui parla encore fort bien et fort adroitement en ma faveur. Rien cependant ne fut décidé, et comme le Roi partoit le lendemain qui étoit hier pour jusqu'à demain on remit à juger l'affaire et à porter le Roi à prononcer quand on auroit tiré le secret de la démarche du comte d'Artois et au retour de S. M. qui sera demain. Ainsy, Mgr., mercredy au plus tard je sauray à quoy m'en tenir, mais perte ou gain du procès il faut profiter de ce moment-cy de chaleur pour mettre de tous côtés le Roi dans le cas d'entendre du bien de moy, et de voir par là que ce que le duc de Choiseul lui a dit sur nous, — car votre cause et la mienne tout grand prince que vous soiés est la même, — n'est point la vérité. C'est pour cela, Mgr., d'une part, et de l'autre par la nécessité absolue où vous êtes ne venant point au jour de l'an de vous dire malade comme je l'ai déjà annoncé, que je vous prie d'écrire le plus rapidement possible les lettres cy-jointes, parce que quelques heures plutôt ou plus tard peuvent tout décider et que Mme du Barry surtout étant dans une disposition favorable de chaleur pour nous et dans une fureur contre les antagonistes, elle ne manquera pas de faire voir votre lettre au Roi et elle vous fera honneur, le Roi ayant dit à cette dame que rien n'étoit mieux que ce que vous aviés écrit aux ducs de la Vauguion et d'Aiguillon. *Eia ergo, age et scribe, strenue Princeps* ; liberté à vous en écrivant de jurer contre moy et de m'envoyer au diable, etc., pourvu que les lettres arrivent vite et que vous vous disiés un peu malade dans le pays, notre affaire sera excellente et quand nous raterions la Suisse, cela nous seroit très-utile à autre chose. Ne les regardés que l'une après l'autre pour n'être pas effraié et commencés par la lettre à Mme du Barry qui est de plus longue digestion, les autres vous paraîtront après des billets. En revanche, je vous apporterai de beaux louis neufs si je puis, et pas un sac de sols. Je suis un grand vilain de faire mon marché avec V. A. R. quand j'ai des preuves aussi fortes et aussi vivantes de sa bonté. En vérité, Mgr., si l'attachement et j'ose dire la tendresse les méritent j'en suis digne, car j'ai au moins bonne envie de vous être bon à quelque chose et c'est pour cela que je voudrais bien être quelque chose. Je finis là car je rougis d'autant plus de la longueur de mon épitre que le temps que vous mettrez à la déchiffrer est autant de perdu sur celui que vous emploierés à écrire ce que je vous envoie, et que je donnerois bien dix bons louis à Brettann pour avoir déjà.

Il me semble, Mgr., que voilà tout et que je n'ai plus qu'à baiser les mains de V. A. R. à laquelle je souhaite de bonnes plumes, de l'encre moins grasse que la mienne, beaucoup de patience et satisfaction complète de tous ses désirs pour l'année et la vie. Mêmes vœux à Mme la comtesse et pour elle et pour vos hoirs et ayans cause, mâles et femelles, venus et à venir. Et, sur ce, j'ai l'honneur d'être, etc. — DE MARTANGE.

MARTANGE A Mme DE MARTANGE[1]

A Madame de Martange, chez Mrs Martin rue de l'Arbre-Sec, à Lyon. — A Versailles, ce 6 janvier, à minuit [1772]. — Respire un moment avec moy, chère petite maman, après les trois jours d'angoisses que tu as dû passer sans recevoir de mes lettres, celle de ce soir portera du moins une raison de joye dans ton cœur en attendant celle que j'espère te procurer par la poste d'aujourd'huy en huit. M. de Monteynard que j'ai vu aujourd'huy m'a fait l'honneur de me dire que le Roy avoit bien voulu approuver hier les arrangemens proposés en ma faveur pour la place de secrétaire général des Suisses et que je pouvois en rendre compte à Mr. de la Vauguion, en ajoutaut que samedy il espéroit avoir avec S. M. un travail où cela seroit signé[2]. J'aurois été enchanté que cela l'eût été tout de suitte, car je suis né si malheureux que la plus petite formalité différée est capable de me faire craindre, et cette idée de délai pour l'expédition a amorti de plus de moitié la joie que la bonté du Roy m'a causée. Je partage avec toi, mon cher enfant, cette bonne nouvelle que je voudrois pour deux doigts de la main être déjà à samedy pour te confirmer.

Jusqu'à cette époque n'en parle point et attens ma lettre d'aujourd'huy en huit (car le dimanche il n'y a pas de courrier); je t'enverrai par le même l'ordre et la marche de ton retour sur Chaumot où j'irai te rejoindre. Baise bien les enfans et qu'ils te le rendent pour eux et pour moy. A demain.

---

1. Arch. de Honfleur.
2. Dans une lettre de compliments de nouvel an du prince Xavier de Saxe au duc d'Aiguillon, on lit : « Recevés, M. le duc, les souhaits sincères que je fais pour vous-même et pour la gloire de votre administration. Je voudrois bien être autorisé à y joindre mes remercimens sur le succès de l'affaire de mon pauvre Martange ; j'attens les nouvelles qu'il m'en donnera avec la plus vive impatience » (30 déc. 1771), Aff. Etrangères, Saxe, supplément, tome 3.

MARTANGE A M#me# DE MARTANGE[1]

A Fontainebleau, ce 11 janvier [*1772*]. — Je te rens mille grâces, ma chère amie, de la promtitude avec laquelle tu as exécuté la petite comission que je t'avois donnée et je compte sur toy pour en faire mes remerciemens à Monsieur Martin[2] auquel je désire ardement pouvoir bientôt les faire moi-même ainsy qu'à la très-chère petitte sœur que j'embrasse de tout mon cœur. Dis lui bien combien je suis pénétré de la bonté qu'elle a pour nos enfans ; il est impossible qu'elle n'ait pas été frappée de la ressemblance de Minette et tu ne m'en dis rien. Je te réserve, ma chère amie, ma petitte offrande et je prie d'en faire usage parce que c'est un petit coin de tranquillité pour moy que de scavoir que tu ne manque pas et que sans cela je ne suis pas à mon aise, ainsy ou tire sur moy pour cette somme ou je te l'envoie par lettre de change car elle t'est destinée et il faut que tu l'aies. A l'égard des emplettes que tu as faites pour moy et que tu feras pour les enfans et pour toy puisque tu trouves facilité pour en différer le paiement jusqu'à mon arrivée à Lion, à la bonne heure, il faut espérer que d'icy là il se sera ouvert quelque heureux débouché pour nous mettre à portée d'y faire honneur sans nous gêner, et quand ce seroit encore en nous gênant nous y parviendrons toujours. Ainsi ne te refuse rien, je te prie, de ce qui est essentiel. Je souhaite que M#lle# La Haye se forme sous tes yeux. Si elle est honête comme on me l'a assuré elle réussira, si elle ne l'étoit pas il y a un remède et ce remède est dans ta main. Il me semble pourtant qu'elle devroit au moins, puisqu'elle ne vous coeffe pas touttes avoir soin du linge, et c'est bien la moindre chose. Je lui passe volontiers l'indigestion pour deux raisons, l'une que je suis très-porté à excuser les gourmands, l'étant

---

1. Arch. de Honfleur.
2. M. Martin-Dufour, beau-frère de M#me# de Martange et négociant à Lyon. M#me# de Martange résidait dans cette ville depuis plusieurs mois.

moi-même, et la seconde c'est que la pauvre créature n'ayant pas toujours mangé tout son saoul et n'étant pas, je crois, fort accoutumée à courir la poste la voiture peut très-naturellement lui avoir procuré cette expectoration qui t'aura rappellé la scène de la vieille Jeanne en partant d'Aix-la-Chapelle. Habille-là de pied en cap, à la bonne heure, c'est une charité; si elle n'est pas propre gronde-là comme un chien, car c'est de plus mauvais exemple pour les enfans qui y sont déjà assez enclins de leur naturel.

Je te laisse absolument la maîtresse de l'inoculation de Xaxa[1], et le plutôt sera le mieux puisque tout le monde est content de l'inoculateur. Vois-le et arrange-toi avec lui pour cela. Je l'aime de toutte mon âme cette pauvre petitte et je voudrois bien qu'elle en soit déjà quitte, mais je voudrois bien aussi qu'elle apprît à marcher et à se tenir, et le temps de l'inoculation sera perdu pour les maîtres. Enfin, ma chère amie, fais à ta volonté et pour le mieux, mais profite du séjour de la ville pour leur donner un grain d'éducation que nos malheurs nous ont jusqu'à présent empêché de leur procurer. Gronde un peu, je te prie, Mlle Minette sur le peu d'attention qu'elle a eue jusqu'à présent à m'écrire, cela n'est ni d'un bon cœur ni d'un bon esprit, et elle est dans un âge où il faut avoir de soi-même l'un et l'autre.

Pour ce qui concerne l'habillement de Didriel et Prieur, je crois qu'une bonne redingote de ratine grise et une paire de culottes de même étoffe avec leurs vestes rouges les habillera très chaudement pour l'hiver, et c'est ce qu'il y a de mieux à faire jusqu'à ce que nous voyions plus clair dans nos petites affaires pécuniaires.

Je vais dîner aujourd'huy chez Mr. de Monteynard[2] avec le Prince. Je n'attens rien de là au moins de sitôt; le Duc me marque toujours des bontés, mais rien ne se fait de ce côté-là pour moy. J'espère toujours. Les grandes culottes sont toujours en suspens. Le contrôleur général est sur le bon pied, mais sans mort et sans

---

1. Sa fille Xavière.
2. Le marquis de Monteynard, inspecteur général d'infanterie en 1751, lieutenant général des armées le 10 février 1759, venait d'être nommé ministre de la guerre. M. de Monteynard habitait un hôtel situé rue du Bac, 27.

renouvellement[1] il ne peut rien que des petittes dragées que je ne voudrois pourtant pas négliger et c'est sur cela que je travaille actuellement. Le mariage de quelqu'un que j'aime prend une assez bonne tournure, ce seroit là un très-grand coup et cela peut arriver avant les étrennes. J'ai rendu compte au Prince de ce qui le concerne et tu fais fort bien de lui écrire ; ce que je t'ai marqué de lui dans ma lettre d'hier mérite au fonds quelque attention de ta part comme de la mienne, car au moien de ce secours si je puis lui faire toucher de l'argent nous pourrions encor pousser avec l'épaule et à force de presser peut-être arriverons-nous au terme. Je suis charmé que la comédie puisse un peu t'amuser. Pauvre femme, tu as vécu depuis longtemps une si triste vie ; le bonheur de la mienne sera de t'en faire passer une plus heureuse. Baise pour moy mes enfans, ta sœur, ton frère et reçois pour toi seule un million de baisers. Je te les donne de cœur et d'âme.

MARTANGE A Mme DE MARTANGE [2]

A Madame de Martange, à Chaumot. — Mardy, à 6 heures, dans le cabinet de S. A. R. [Sans date, 1772]. — J'ai receu ta lettre par le postillon, ma chère amie, et je te remercie de tes nouvelles n'ayant rien à souhaiter que d'en avoir de meilleures de ta santé. La mienne est, Dieu merci, bonne, et l'aspect de nos affaires prend une tournure favorable vis à vis du Duc et du contrôleur général en même temps. Cecy ne passera pas sans avoir quelque chose à partager avec toy et c'est cette idée de contribuer à ton bien-être et à celui de nos enfants qui anime et soutient mon courage. J'ai parlé hier au Duc de l'affaire de Maillefaud[3] qui vient demain icy et qui en repartira, j'espère, jeudy avec de bonnes lettres de

---

1. Martange avait obtenu une croupe ou part d'association dans la ferme générale, mais il ne touchait pas encore cette pension.
2. Arch. de Honfleur.
3. Marchand à Lyon et cousin de Mme de Martange.

recommandation. J'ai vu hier Beaujon [1] à dîner chez le contrôleur général ; je l'avois vu ainsi que Noirette le matin chez la comtesse [2] où j'ai été fièrement faire ma cour et où j'ai été très bien receu de la Dame et très froidement de la demoiselle. Aujourd'huy le marquis d'Arcambal [3] qui est le chevalier des deux sœurs est venu m'inviter à aller en visite aujourd'huy chez elle et je vais leur en faire une en finissant de t'écrire. Je vais pousser le contrôleur général pour avoir un peu de futaine. Restés, malade ou non, jusqu'à samedy ; si je puis je te verrai ne fusse que deux heures ; si je ne te vois pas ce sera pour le mieux. Je te ferai encore toucher 4 ou 5 louis pour augmenter un peu ta pauvre petitte bourse jusqu'à ce que je puisse l'enfler une bonne fois à mon aise.

À l'égard des chevaux, qu'ils crèvent ou non, moques-t-en, ainsy que moy, ce ne sont pas nos affaires et en partant prens moy bravement la poste de Villleneuve-le-Roy dès en partant de Chaumot ; c'est ma volonté et c'est pour le mieux, rapporte-t-en à moy. La diligence de Lion exposeroit les lettres à être lues et c'est ce que le Prince veut éviter. Si je ne viens pas samedy, pars lundy matin et prens la poste ; je te ferai tenir, ainsy que je te le marque, quelques louis, 5 ou 6, car je suis pauvre comme un rat, mais j'ai bon courage. J'écris à Paris pour qu'on m'envoie le deshabillé s'il n'est pas parti par le coche, ainsi que j'avois ordonné à Laurent de le faire quand il seroit livré. À l'égard des souliés de Mme la comtesse [4] je vais les faire prendre au postillon ; assure-là de mon respect et baise pour moy tes enfans. Je t'écrirai encore avant ton départ. Si je ne te vois pas, donne-moi de tes nouvelles par Henry ou par le Prince. Bonsoir, je quitte la blanche pour aller chez la noire.

1. Le banquier de la cour.
2. Mme du Barry.
3. Est cité par l'abbé Georgel comme ayant été l'amant de Mme du Barry.
4. La comtesse de Spinucci.

MARTANGE A Mme DE MARTANGE[1]

A Paris, ce 29 janvier 1772. — Tu es un drôle de corps, mon cher enfant, avec ton Bacchus et l'Amour ; il est bien question de cela quand il est temps de plaider contre le boucher, le boulanger et le Fort-l'Évêque, et voilà le cas où j'ai été depuis à peu près celui où tu es partie et il ne tient qu'à toi de te ressouvenir que je ne t'aurois pas envoiée devant avec toutte la brigade si je n'avois pas voulu, en cas de besoin, être soulagé des équipages pour pouvoir faire seul plus légèrement l'arrière-garde. Tu peux juger si au milieu de tous ces embarras j'ai dû m'occuper de beaucoup de choses amusantes. Ma pauvre amie, je t'ai sauvé les chagrins et c'est le seul plaisir que j'aie pu goûter au milieu de beaucoup de peines, mais je suis accoutumé à perdre une grande partie de mes attentions et de ce côté-là je fais bien de faire mon bonheur moi-même car tu ne me gâte pas sur les satisfactions que tu marques de ce que je fais, mais cela ne fait rien au fonds qui est excellent. Pour la forme tu n'as jamais vu que ton idée et sur ce chapitre-là il n'y a rien à gagner, pas plus que sur les attentions et la tendresse de ma fille ainée qui finit sa campagne comme elle l'a commencée, sans me donner un seul signe d'honnêteté. Grand bien vous fasse, mes enfans.

Tu auras vu, au reste, ma chère amie, par mes dernières, dont aucune n'a été écrite dans l'ivresse, à moins que ce n'ait été de joye, que ta marche cadroit parfaitement dans mon idée avec celle que tu te proposois et que suivant mes arrangemens cette lettre-cy qui est la dernière que je t'écrirai t'arrivera le jour ou la veille de ton départ pour Chaumot ou le premier venu attendra l'autre et d'où nous nous concerterons sur notre marche ultérieure.

Tu t'es satisfaite sur Lion et sur la tendresse fraternelle, c'est toujours quelque chose de gagné, mais je ne suis pas fâché que tu

---

1. Arch. de Honfleur.

aies pu juger par toi-même que les fantaisies en tout genre ne sont pas à bon marché. Je compte que les 7 ou 8 du prochain tu seras à Chaumot et j'espère y être vers le même temps. Je ne sais encore le jour de la réception de M. le comte d'Artois[1], ce sera cela qui me règlera sur mon départ d'icy ou de Versailles.

Les commissions que tu me donnes sur le soldat de Mme Feronce[2] ne sont pas faciles ; j'en parlerai cependant à M. le duc de Saint-Mégrin, colonel de Dauphin. Mais il faut avant tout que les parens ou ceux qui s'intéressent à lui faire obtenir sa grâce fassent deux beaux hommes à sa place ou donnent une somme d'argent de 300 livres au moins pour en faire, car sans cela, nul espèce d'espoir à réussir, et les capitaines sont avec juste raison inexorables.

A l'égard de la porcelaine de la chère petitte sœur, je ne crois pas que je puisse obtenir le passeport qu'elle souhaitte, la faveur qu'on accorde à la manufacture de Sèvres s'opposant à toutte espèce de porcelaine étrangère qu'à charge d'entrée ; je tenterai et ferai de mon mieux auprès de Mr. le contrôleur général. Mais je ne pourrai leur donner de nouvelles sur ces deux articles qui dans huit ou dix jours au plus tôt, c'est-à-dire quand je te reverrai à Chaumot. Ce maudit procureur de Ducamp, &^{a}, &^{a}, est revenu sur l'eau ; mon succès des Suisses m'a rapellé à tous ceux qui s'intéressoient à moy, et je reçois beaucoup plus de complimens et de plus de gens que je ne voudrois. Dieu veuille que nous en sortions un jour, mais il est certain que ce ne sera pas de sitôt. Bonsoir, mon cher enfant, porte-toi bien, et jouis du bien si tu peux sans te manger en idées, en tristesse et en humeurs. Reviens en bonne santé avec ta petite brigade et, croiés-moy, bénissés Dieu tous tant que vous êtes que votre mari et votre père est plus sage et plus actif que vous. Je ne vous en embrasse pas moins tous de tout mon cœur. Celle-cy est la dernière pour Lion. Demain ou après à Digeon.

---

1. En qualité de colonel général des Suisses et Grisons.
2. Famille de négociants lyonnais.

MARTANGE A Mme DE MARTANGE [1]

Ce dimanche [8 mars 1772], à onze heures et demie du soir. — J'ai fait mon voiage à Versailles, ma chère amie, et j'en suis revenu par une pluie de chien, à neuf heures, à Bel-Air [2], où je n'ai pas voulu rester à souper pour venir voir ma fille que j'ai trouvée aussi bien que son état peut le permettre. Privat [3] qui l'a vue a une heure a chargé la Guilfart de me dire que je pouvois être très-tranquille, qu'il n'y avoit que très peu de fièvre et que tout alloit bien........

A l'égard de la grande affaire du voyage, je la regarde comme faitte quoiqu'il n'y ait encore rien de signé, mais Monsieur a reparlé une seconde fois aujourd'huy à Mr. le comte d'Artois et il luy a répondu favorablement. Les deux frères nous ont vu toujours, Mr. Dietrich [4] et moy, à côté l'un de l'autre et nous ont souri ; Monsieur le comte d'Artois m'a même salué avec bonté et M. le prince d'Henin [5] nous a dit : « Votre affaire va très bien ; elle se fera mais je ne sais pas si ce sera aujourd'huy. » Nous avons entendu M. le comte d'Affry [6] que nous croions devoir venir travailler, mais il n'est pas venu à six heures comme à l'ordinaire. Nous avons seu qu'il avoit parlé le matin à Mr. le comte d'Artois et nous avons été pour le voir. Mais il étoit reparti ou alloit repartir pour Paris ; nous nous y sommes fait écrire, je tâcherai d'y aller demain matin pour savoir où cela en est. Comme à vue de pays la nécessité des

---

1. Arch. de Honfleur.
2. Chez Mme His.
3. Médecin dont il est parlé dans plusieurs recueils de *Nouvelles*.
4. Le baron de Diétrich, fils, à qui Martange céda plus tard, en 1779, sa charge de secrétaire général des Suisses.
5. Capitaine des gardes du corps du comte d'Artois, bien connu par ses démêlés avec Mlle Arnould.
6. Lieutenant général, colonel des Gardes-Suisses.

Fermes prendra du temps et que peut-être jusqu'à la parfaite consommation de l'expédition du brevet[1] au travail du Roy, cela pourroit bien nous mener jusqu'au mois et que dans le dédale d'affaires pressées où nous nous trouvons de tous les côtés nous ne pourrions aller sans quelque argent. Pour courir au plus pressé j'ai mis ce soir que j'ai pu avoir trois minuttes, la bonne Madame His seule cette digne et brave femme dans la confidence en lui disant que je scavois que M. d'Affry est chargé d'arranger l'affaire en notre faveur et qu'il ne seroit plus question que des formes, d'engager Mr. Dietrich à m'avancer un millier d'écus, ce qu'elle m'a promis fort noblement, et même comme elle a son frère icy elle m'a dit : « pour éviter touttes les longueurs je les lui demanderoi afin de gagner le temps que M. Dietrich prendroit pour faire venir cette somme de Strasbourg. » Si je puis avoir ce secours ce sera une bonne affaire pour me donner un peu de repos vis à vis des criards de 2 et 300 livres d'abord, ensuite j'aurai le plaisir de t'envoyer une centaine d'écus pour que tu coures aussy au plus pressé, et j'irai mettre l'ordre à Cerny[2] où deux mois passés sans me voir ont un peu jetté l'allarme et où une vingtaine de louis répandus remettront la tranquillité. Pourvu que la parole du Prince soit donnée à d'Affry, comme je le crois, tout cela sera exécuté cette semaine. Enfin, mon enfant j'ai bien du mal[3].

MARTANGE A Mme DE MARTANGE[4]

A Paris, ce 19 mars 1172, minuit. — Rien encore de décidé, ma chère amie, sur le jour de la réception de Mr. le comte d'Ar-

---

1. Le brevet de secrétaire général des Suisses et Grisons que Martange avait obtenu.
2. Seine-et-Oise, arr. d'Etampes.
3. La fin de la lettre manque.
4. Arch. de Honfleur.

tois[1]; je retournerai demain à Versailles tant pour y solliciter l'expédition de l'ordonnance de Mgr. que pour savoir à quoi m'en tenir sur la permission que j'ai prié Mr. le comte d'Affry de demander à M. le comte d'Artois pour me trouver après-demain à sa suitte aux casernes de Ruelle[2] où il doit aller. J'achette pour cela et pour les promenades deux chevaux qui me couteront encor une cinquantaine de louis, mais cela est indispensable; il viendra une bonne aventure qui paiera tout. En attendant nous avons eu un malheur à Maison-Blanche, le meilleur des chevaux de la ferme qui m'a couté 400 livres vient de mourir de la morve et je ne suis pas sans inquiétude pour les trois autres. Il faut dépaver l'écurie, brûler les rateliers, reblanchir tout et mettre au feu les colliers et harnois, c'est une petite suée pour nous au moins de 700 livres si cela en reste là.

J'ai paié ce matin 16 louis à Maheut pour des semailles nécessaires de mars comme pois, vesces, etc. Au surplus j'ai vu Mr. Sénéchal qui m'a mené chez un notaire et je ne désespère pas d'y faire affaire pour une douzaine de sacs de cent pistoles; si cela réussit et qu'une autre affaire que je mitonne vienne aussi à bon port nous serons en pied et en repos au moins pour un an et d'icy là il n'y a que du bien à espérer.

Je n'ai point encore fixé mon logement. Je tatonne et j'y regarde à deux fois pour me décider seul j'aimerois mieux le faire de concert avec toy.

J'ai ordonné chez Mme Tuvache la pelisse de Madame la comtesse, cela sera fait lundy ou mardy et partira mardy ou jeudy au plus tard par la diligence.

Je voudrois bien pouvoir te marquer également le jour de mon depart pour aller te chercher, mais tant que Mr. le comte d'Artois ne sera pas receu et que notre travail pour les Suisses ne sera pas fait, je ne puis pas y songer. J'espère pourtant que le Roi décidera le jour un de ceux de la semaine prochaine. De telle façon que les

---

1. En qualité de colonel général des Suisses et Grisons.
2. Rueil.

choses tournent, la poularde et l'agneau ensemble, c'est partie liée.

Ma santé est assez bonne au rhume près.

LE PRINCE XAVIER DE SAXE A MARTANGE [1]

A M. de Martange. Chaumot, ce 18 avril 1772. — Quoique nous ne fassions que nous quitter, mon cher Martange, je vous écris ce peu de mots pour vous prévenir que mon rhume qui me paroissoit très peu de choses hier, étant augmenté considérablement, joint à un grand mal de tête au point de m'ôter presque l'usage de la parole, je me vois obligé de différer mon voyage et peut-être pour plus de la semaine.

Vous pouvés bien croire, mon cher Martange, que c'est avec une peine sensible que je vois s'éloigner de plusieurs jours le moment qui devoit me procurer la satisfaction de vous embrasser et de vous redire encore combien je suis, mon cher Martange, votre très-affectionné. — Xavier.

La petite Xaverine a un peu de fièvre, mais Wolff espère que cela ne sera rien et crois que c'est d'une indigestion du maigre [2].

LA COMTESSE DE SPINUCCI A Mme DE MARTANGE [3]

Chaumot, 14 maggio 1772. — Madame et très chère amie. All 12 del corrente ò riceuto la sua carissima lettera data ai 4 may; per fortuna, che ò prima di questo tempo poluto saper sue nove per la bocca del principe Saverio, altrimenti sarei stata ben lungo tempo priva di questa consolazione. Non meno di lei, carissima amica, o provato il gran dispiacere della privazione dell amabil sua

---

1. Lettre originale. Arch. de Honfleur.
2. Ces dernières lignes sont autographes.
3. Arch. de Honfleur.

compagnia, e non desidero altro, che di esser presto consolata col poterla riabracciare. Il Principe mi a inposto salutarla destintamente, pregandola di scusarlo se non scrive a causa le grandi sue occupazioni ; la ringrazia moltissimo per gle ovi di Vano (?), che benche non siano come quei che si trovano a Dresda, ne per la forma, ne per il colore, non manca però restargliene bene obligato ; a me resta ringarziarla per i bei fiori mandatemi per le mari dell Principe, del delizioso giardino di Maison Blanche. La piccola Beatrix fa i suoi ringraziamenti per il graziosa sovenire, e gli varà molto a caro le belle scarpe color di rosa. La prego, abbraccior da mia parte tutta la sua amabile famiglia, conservarmi nella sua amicizia, e credermi qual mi dichiaro di essere tutta la vita, umilissima affezzionatissima serva e amica. — CHIARA SPINUCCI.

Mr et Mme de Cuning rimandono iloro complimenti.

LA COMTESSE DE SPINUCCI A Mme DE MARTANGE [1]
(Traduction)

Chaumot, 14 mai 1772. — Madame et très-chère amie. Le 12 courant j'ai reçu votre très-chère lettre datée du 4 mai. Heureusement que j'avais pu auparavant savoir de vos nouvelles par la bouche du prince Xavier, sans cela je serais restée bien longtemps privée de cette consolation. Néanmoins, très-chère amie, j'ai éprouvé un grand déplaisir à être privée de votre aimable compagnie, et je ne désire rien que d'avoir bientôt la consolation de pouvoir vous embrasser de nouveau. Le prince m'a chargé de vous saluer avec distinction, en vous priant de l'excuser s'il n'écrit pas à cause de ses grandes occupations. Il vous remercie beaucoup pour les œufs de.... ; bien qu'ils ne soient pas comme ceux qui se trouvent à Dresde ni pour la forme ni pour la couleur, il ne vous en reste pas moins très-obligé. A moi il me reste à vous remercier

---

1. Nous devons la traduction des deux lettres de la comtesse Spinucci à l'extrême obligeance de M. G. Monod.

pour les belles fleurs envoyées par les mains du Prince et venant du délicieux jardin de Maison-Blanche. La petite Béatrice[1] fait ses remercîments pour le gracieux souvenir, et elle sera très-heureuse des beaux escarpins couleur rose. Je vous prie d'embrasser de ma part toute votre aimable famille, de me conserver dans votre amitié, et de me croire telle je déclare devoir être toute ma vie, votre très-humble et très-affectionnnée servante et amie. — CLAIRE SPINUCCI.

Mr et Mme de Cuning envoient leurs compliments.

LA COMTESSE DE SPINUCCI A Mme DE MARTANGE [2]

Chaumot, 28 agosto 1772. — Carissima amica mea. Sono già di ritorno qui a Chaumot di poi il di 20 del corrente non voglio mancare darne avviso alla mia cara amica, sapendo l'interesse grazioso, che di me si prende, però gli faccio sapere, che la mia salute e buona, e che son restata contenta delle aque di Pougues; spero che la sua salute si sia a quest'ora ben ristabilita, comme la desidero.

Il giorno 25 giorno festivo per il conpleannus del Principe ò vestito la piccola Beatrice, che sta assai bene, benchè di recente abbi avuto la petite rougeole, mi dispiace di non aver auto le belle scarpettine color di rosa, che la cara amica mi avera promessa, serviranno però senpre. Devo pregar la amica carissima ad incaricarsi d'una commissione, che il Principe mi a detto partendo di qui d'adrigarmi a lei, ed è di mandare questa scritto qui accluso a Monsieur de Martange, accio si degni aver la bontà di spiegar per scritto, i due punti, che il signor Ferretti bramerebbe sapere, avanti di risolversi d'accettare il posto domandoto; Mr. de Martange gia sà cosa sia quest'affare, così coll ajuta di questo Foglio benché in Italiano, potra ben capire le spiegazioni che questo signor Ferretti bramerebbe avere; mi dispiace recargli tale incommodo, ma sò

---

1. Béatrice-Marie-Françoise, née à Chaumot le 1er février 1772.
2. Arch. de Honfleur.

quando e buona la mia amatissima amica, e il suo degno consorte, per non sperarne d'un benigno perdono, e di far volontieri quando avanzo a supplicarli. Il castello di Chaumot e in un gran disordine, per tutto si fa gran riparazioni, e augumentazioni di loggiamenti per il novo mondo che di Sassonia dorran venire, con il ritorno del Principe. Mille teneri abbracci a tutti di Maison Blanche ; con impazienza aspetto sue care nove, che prego amica cara di non tardarmele, ed anziora de suoi comandi, piena d'affetto, e stima, sono

Devotissima et obligatissima serva e amica. — Comtesse de Spinucci.

Vengo di ricevere in questo punto la sua carissima lettera del 12 agosto ; la ringrazio senza fine del gracioso sovvenire che a avuto per il mio giorno di nome ; la prego di miei ringraziamenti a tutta l'amabile famiglia e all buon papa Martange ; non capisco comme mai il Principe non abbi ancora scritto a lui, resta attonita di tal negligenza, non essendone capace, sopra a tutto per i suoi veri amici, comme le Mr. de Martange. Dubbito di qualche discordine di posta, non marchero farne i miei lamenti al Principe, e le ne rendero riposta.

LA COMTESSE DE SPINUCCI A Mme DE MARTANGE
(Traduction)

Chaumot, 28 août 1772. — Ma très-chère amie. Je suis déja de retour ici, à Chaumot, depuis le 20 courant ; je ne veux pas manquer d'en donner avis à ma chère amie, sachant le gracieux intérêt qu'elle prend à moi ; aussi lui fais-je savoir que ma santé est bonne et que j'ai été très-satisfaite des eaux de Pougues. J'espère que votre santé s'est à cette heure très-rétablie comme je le désire.

Le 25, jour de naissance du Prince[1] j'ai habillé la petite Béatrice, qui va très bien, quoiqu'elle ait eu récemment la petite rougeole. Je regrette de n'avoir pas eu les beaux escarpins cou-

---

1. Le prince Xaxier de Saxe, né le 12 août 1730.

leur rose que la chère amie m'avait promis, mais ils pourront toujours servir. Je dois vous prier, chère amie, de vous charger d'une commission que le Prince en partant d'ici m'a chargé de vous adresser. Il s'agit d'envoyer à M. de Martange l'écrit ci-inclus afin qu'il ait la bonté d'expliquer par écrit les deux points que M. Feretti serait anxieux de savoir avant de se décider à accepter le poste demandé. M. de Martange sait déja quelle est cette affaire, aussi avec l'aide de cette feuille, bien qu'elle soit en italien, il pourra bien comprendre quelles sont les explications que M. Ferretti désirerait avoir. Je suis fachée de vous causer cet ennui, mais je sais trop combien est bonne mon amie très-aimée, et son digne époux pour ne pas espérer d'eux un bienveillant pardon, et qu'ils feront volontiers ce que je m'avance à implorer d'eux. Le château de Chaumot est dans un grand désordre; partout on fait de grandes réparations et on augmente les logements pour les nouveaux hôtes qui doivent venir de Saxe, avec le retour du Prince. Mille tendres embrassements à tous ses très-dignes enfants, et compliments à tous les habitants de la Maison Blanche. J'attends avec impatience de vos chères nouvelles que je prie ma chère amie de ne pas me faire attendre, et empressée à ses ordres, pleine d'affection et d'estime je suis sa très-dévouée et reconnaissante servante et amie. — Comtesse de Spinucci.

Je viens de recevoir à l'instant votre très-chère lettre du 12 août. Je vous remercie infiniment du gracieux souvenir que vous avez eu pour ma fête. Je vous prie de faire mes remercîments à toute votre aimable famille et au bon papa Martange. Je ne comprends absolument pas comment le Prince ne lui a pas encore écrit; je reste stupéfaite d'une telle négligence, car il n'en est pas capable surtout envers ses vrais amis, comme le Mr. de Martange. Je soupçonne quelque erreur de poste. Je ne manquerai pas de m'en plaindre au Prince et je vous en rendrai réponse.

MARTANGE AU DUC D'AIGUILLON [1]

A Londres, ce 29 mars 1773. — M. le Duc. J'ai été arrêté entre Calais et Douvres [2] par un calme de vingt heures qui m'en a fait perdre dix autres à attendre celle d'être visité à la douane, ce qui a un peu appesanti ma marche et ne m'a permis d'arriver icy que le vendredy au soir [3].

Le peu de temps qui me reste pour profiter de la poste d'aujourd'hui m'oblige de remettre à l'ordinaire prochain les détails de mon début avec M. l'ambassadeur et ceux de la conversation particulière que je viens d'avoir avec milord Rochford. Tout ce que je puis dire à M. le Duc c'est que notre entretien qui a commencé avant onze heures a duré jusqu'à une ; que pendant tout cet intervalle de tems il n'y a pas eû une seule minute de vuide et qu'il n'a fini que par l'aveu formel de milord de son entière conviction sur la parité d'intérêts qui devait déterminer l'Angleterre à se concerter avec la France dans les circonstances présentes et occasions spéciales pour empêcher la nouvelle guerre que la Russie se disposait à porter en Suède.

L'attention suivie avec laquelle ce ministre a écouté la déduction que je lui ai faite des faits et raisonnements dont vous avez eu vous-même la bonté de m'armer à mon départ et la confiance avec laquelle il m'a répondu me paroissoient l'augure le plus favorable pour le succès complet de la commission dont vous avés honoré mon zèle. Si d'une part les oppositions insurmontables que Milord envisage dans l'aveugle antipathie de son impétueuse nation, et de l'autre les difficultés que je vois, moi, à l'élever lui-même au-dessus de clameurs de la multitude n'étoient par des obstacles aussi imposants à la confiance d'ailleurs la mieux fondée. Au travers de toutes

---

1. Arch. des Aff. Etr., Angleterre, 501, fol. 241.
2. Martange prévient de son arrivée à Londres et donne un détail précis et préliminaire de sa conversation avec Milord Rochford relativement un projet avec l'Angleterre.
3. La suite est en chiffres.

ces contradictions qui s'opposeront effectivement à la confection de tout acte solennel qu'il seroit question de communiquer au parlement et qui y feroit demander la tête du chancelier qui l'auroit scellé et des ministres qui l'auroient signé, j'entrevois plus que de la possibilité à convenir d'un arrangement, pas public à la vérité, mais aussi sacré par la sanction du Roi et de son conseil pour s'assurer des secours en Suède sans que cette démarche altère la paix de deux nations ni l'harmonie des deux ministères. C'est par les conseils et de concert avec milord Rochford que je prends une voye indirecte pour vous faire parvenir ma lettre. J'aurai l'honneur de vous rendre compte de tout dans ma première qui vous sera peut-être portée par un courier, et si les résolutions plus positives et plus décisives que milord m'a fait espérer deux ou trois jours qu'il a pris pour rendre compte au Roi et se concerter avec les autres ministres sont assés intéressantes pour me déterminer à prendre ce parti.

J'ai l'honneur d'être, etc. — MARTANGE.

MARTANGE AU DUC D'AIGUILLON[1].

A Londres, ce 2 avril 1773[2]. — M. le Duc. Je n'ai pu remettre que le dimanche matin à M. le comte de Guines la lettre que vous aviés eu la bonté de me donner pour luy. Je m'étois présenté deux fois le samedy à sa porte où j'avois pris le parti de laisser mon nom et ma demeure sur ce qu'on me dit que S. Exc. avoit donné la veille un grand bal qui n'avoit fini qu'à huit heures du matin, qu'elle devoit sortir aussitôt qu'elle seroit levée et qu'elle ne verroit sûrement personne de la journée. J'appris cependant le soir même en rentrant chez moy qu'elle s'étoit donné la peine d'y passer pour

1. Arch. de Aff. Etrang., Angleterre, 501, fol. 266-275.
2. Relation détaillée que donne Martange de sa conversation avec milord Rochford sur le projet d'alliance de la France avec l'Angleterre.

me rendre sa visitte et on me remit de sa part un billet d'invitation pour le souper et bal qu'elle donnera encor vendredy prochain.

Il m'a reçu avec la plus grande politesse jusqu'à me dire[1], en prenant de ma main la lettre de M. le Duc, que je n'avois pas besoin de recommandation et qu'il se seroit fait le plus grand plaisir de me rendre pour moi tous les services qui dépendent de lui pendant le tems que je serois à Londres. Il me demanda si je comptois faire un long séjour. Je lui répondis simplement que cela dépendroit du plus ou mois d'agréments que j'y aurois, que j'avois depuis longtems la plus grande envie de voir les Anglois chez eux et que j'avois profité du peu d'occupations que me donnoit actuellement auprès de Mgr. le comte d'Artois ma charge de secrétaire des commandemens pour demander à ce prince un congé de quelques semaines, que je comptois passer partir dans la bonne, partie dans la moins bonne compagnie pour voir un peu cette nation-ci dans tous les états. Mon intention, dit-il, est de vous présenter au Roi, et sur la réponse que je lui fis que j'avois compté sur lui pour me procurer cet honneur, il me dit que ce seroit pour le mercredi suivant, avant-hier, le jour destiné pour cela, comme le jeudi pour la Reine. Il me prévint qu'il alloit à la campagne pour deux jours, mais qu'il seroit sûrement de retour le mercredi et qu'il viendroit me prendre chez moy pour me mener à la cour. Sur la fin de ma visite j'eus l'air de me ressouvenir de la commission de Mme de Forcalquier et de la lettre que j'avois à remettre à milord Rochford. Je demandai à M. l'ambassadeur ce que j'avois à faire pour ne pas trop faire attendre au Lord le plaisir qu'il auroit à recevoir des nouvelles de cette dame. Il me répondit qu'il me meneroit volontiers chez lui dans le moment, mais que c'étoit jour d'église et que nous ne l'y trouverions pas. « Votre Excellence ne voit aucun inconvénient, ajoutai-je, comme elle ne sera pas ici de deux jours, que je porte la lettre moi-même sauf à la laisser à son suisse avec une carte de visite ». » Il n'y a aucun inconvénient si ce n'est que je vous préviens que milord Rochford ne vous rendra pas sa

---

[1]. La suite est en chiffres.

visite, car c'est ici l'usage de M^rs les secrétaires d'Etat. » Je lui répondis en riant qu'étant venu à Londres pour voir et non pour être vu je serois très flatté qu'on reçut ma visite sans exiger qu'on me la rendît. Et sur cela nous nous quittâmes. Je ne puis vous dissimuler, M. le Duc, que malgré les choses honnêtes et prévenantes que m'a dit M. l'ambassadeur, j'ai cependant cru remarquer dans son ton quelque chose de singulier et de contraint, qui me porteroit assez à croire qu'il n'est pas totalement à l'abri d'un soupçon au moins vague sur l'objet de mon voyage. Quoiqu'il en soit, je ferai certainement de mon mieux pour écarter toutes espèce de nuage et le tranquiliser sur mon compte.

En sortant de chez M. le comte de Guines, je passai chez milord Rochford que je ne trouvai effectivement pas et laissai la lettre de Mme la comtesse avec mon nom et ma demeure à son suisse, auquel je recommandai sans affectation de vouloir bien remettre l'un et l'autre à son maître aussitôt qu'il rentreroit. Je revins chez moy dans l'espérance de recevoir bientôt un message de Milord et de pouvoir peut-être dans le même jour le voir et lui présenter la lettre de M. le Duc. Je commençois à m'inquietter de ne point entendre parler de lui, quand on m'apporta à dix heures du soir un billet de sa main pour me faire compliment sur mon arrivée et m'inviter à me rendre chez lui le lendemain vers les onze heures.

J'y répondis sur le champ pour l'assurer de l'exactitude et de l'empressement avec lequel je me rendrois à ses ordres. Et le lundi avant dix heures et demie j'étois dans son cabinet, où je lui présentai la lettre de M. le Duc et où il me fit un accueil tel que je pouvois l'espérer, venant de votre part, et le plus propre à me faire bien augurer de l'entretien que nous allions avoir ensemble.

J'observai attentivement l'impression que faisoit sur milord la lecture de votre lettre, et je jugeai de tout l'avantage que j'aurois à lui détailler les raisonnemens dont vous m'aviez prescrit de la soutenir, le tableau de la marche sistématique et artificieuse du roi de Prusse reprise et suivie depuis l'interrègne de Pologne jusqu'à l'époque présente où, dans la vue de se rendre maître de la Poméranie suédoise, soit à titre de cession soit par voye d'invasion, excite Catherine II à attaquer la Suède, parut le frapper d'évidence et je le vis plus d'une fois froncer le sourcil en écoutant les conséquences que j'en tirois sur la dépendance où, si on ne s'y opposoit à temps, le pavillon prussien tiendroit toute l'Europe et particulièment l'Angleterre dans la Baltique ; Je lui fis sentir l'espèce de souveraineté que ce prince exerceroit sur la Pologne et les ressources en tout genre qu'il en tireroit pour se former dans peu une marine d'autant plus imposante qu'elle seroit étayée partout de ses forces de terre ; que dans l'état où il auroit replongé la Suède et la facilité qu'il auroit à en imposer au Danemarck les deux états se trouveroient forcés de concourir à ses vues, et qu'enfin jusqu'à la nouvelle carrière qu'il cherchoit à ouvrir à Catherine II en portant son ambition sur le commerce de la mer Noire et du Levant, tout se réunissoit pour annoncer le soin qu'il avoit de soumettre dans ce moment-ci ou d'écarter pour l'avenir tous les obstacles qui pourroient s'opposer un jour au despotisme qu'il projettoit sur la Baltique.

Tous ces points furent discutés entre Milord et moy avec le détail le plus attentif, et il m'avoua qu'il ne pourra pas se refuser à la conviction la plus entière de tout ce que M. le Duc lui avoit écrit et de ce que je venois de lui dire ; qu'il voyoit très-clairement la guerre, suite vraiment dangereuse que les circonstances présentes entraînoient nécessairement pour la considération et le commerce de la Grande Bretagne comme de la France, qu'il sentoit également non seulement l'avantage mais même la nécessité où se trouvoient les deux cours de s'étendre sur les moyens d'opposition qu'il leur convenoit de prendre, mais qu'il ne pouvoit pas non plus me dissimuler les embarras presque insurmontables que nous trouverions pour établir entre nous un concert contre lequel l'antipathie déraisonnable de sa fougueuse nation s'éleveroit toujours avec la plus grande force, et exposeroit Sa Majesté Britannique et son ministère aux plus grands inconvéniens, surtout s'il est question d'un traité dont il faille donner communication au Parlement où il exciteroit une clameur générale dont l'opposition se serviroit pour ruiner les affaires du Roi et perdre le ministère actuel. « L'opposition, milord, le nom n'en existe plus que pour vous servir de trophées, et le vrai moyen de la tenir dans l'abaissement où vous l'avez mise c'est de vous élever encore au-dessus de ce que vous êtes par le service éclatant que vous rendrez à l'Angleterre en luy conservant ses avantages les plus précieux. » La douceur de l'éloge et le brillant de la perspective ne l'empêchèrent pas de me répondre que quoiqu'il eût beaucoup gagné effectivement sur le parti pour ce qui concernoit l'administration intérieure, il s'en falloit beaucoup que cela allât jusqu'à n'avoir rien à redouter du crédit que ce parti conservoit sur l'esprit du peuple et de l'avantage qu'il ne manqueroit pas de tirer de son aversion pour toute liaison avec la France. « Tenez, me dit-il, il semble déjà qu'on ait deviné votre arrivée et ce que vous auriez à me dire, car je viens de lire dans les papiers publics du jour les traits les plus forts sur les dispositions où l'on me soupçonne d'être, et on pousse la haine jusqu'à avancer que, dans la nécessité de l'alternative, il vaudroit mieux pour la Grande-Bretagne que l'Electorat de Hanovre fût envahi par le roi de Prusse que protégé par le roi de France. « Je fis observer à Milord la différence qu'il y avoit pour la nation angloise entre l'interêt qu'elle avoit à assurer son commerce et celui qu'elle pouvoit prendre à la conservation des Etats de son souverain en Allemagne. J'ajoutai que puisqu'on pouvoit échauffer le peuple par ces sortes de papiers, il devoit être aussi possible de l'éclairer par la même voye, et même en ménageant son goût d'aversion et de rivalité indélébile. Je me servis à ce sujet de la comparaison des deux vaisseaux ennemis qui s'uniroient d'efforts contre la tempête sans renoncer pour cela à soutenir l'un contre l'autre l'honneur de leur pavillon quand le danger commun seroit passé. Milord adopta l'usage des papiers comme pouvant au moins servir, me dit-il, à pressentir les dispositions nationales, et il releva la justesse de la comparaison de façon à n'être point étonné si je la vois quelqu'un de ces jours traduite en anglois. Nous revinsmes plusieurs fois sur le roy de Prusse que je lui peignis toujours comme l'auteur et le promoteur de tout ce qui s'étoit fait et se pourroit faire en Pologne en insinuant pour lui faire bien sentir que le succès ou la ruine de la trame si artificieusément ourdie dans laquelle il avoit enveloppé les deux cours impériales, peut-être contre leurs intérêts, dépendoit avant tout de l'union des deux cours de Versailles et de Londres pour secourir la Suède et empêcher Catherine II de porter la confusion et la guerre dans ce royaume ; que le roi de Prusse qui ne comptoit envahir la Poméranie suédoise qu'à la faveur de la levée de bouclier de la Russie n'oseroit pas dans les circonstances où il se trouvoit en Pologne entreprendre seul cette invasion ; que ce premier obstacle opposé à des projets dont il n'avoit pu espérer la consommation que sur l'indolence où il avoit calculé que la jalousie respective enchaineroit la France et l'Angleterre lui feroit faire en les voyant se combiner de sérieuses réflexions sur l'influence plus directe que pourroit avoir l'intelligence de ces deux puissances contre ses autres projets d'invasion ; que les deux cours ses alliées actuelles entrainées dans son systême ou par ses suggestions ou par la combinaison forcée des circonstances pourroient être moins subordonnées à son impulsion en voyant l'attention que les deux premières puissances de l'Europe donneroient de concert à ce qui se passe dans le Nord, et les deux cours ne gagnassent-elles à leur intelligence que de restreindre le mal et d'en arrêter les progrès ce seroit toujours beaucoup. Mais observez, Milord, que le premier pas indispensable avant toute autre combinaison est de nous concerter pour secourir la Suède, et pensez que le danger est instant et que les résolutions ne sauroient être trop promptes. Milord essaya deux fois de me parler d'un plan qu'il me dit avoir déjà communiqué à M. le Duc pour agir de concert auprès de la cour de Vienne et la porter de changer du blanc au noir les engagemens qu'elle avoit avec le roi de Prusse, mais je me contentai de lui répondre que sans entrer dans les différentes considérations politiques dont ce projet pouvoit être susceptible, je le priois de considérer que dans le cas même où cela pouvoit avoir lieu pour pour la suite cela ne pouvoit pas parer à tems aux dangers de la Suède dont la conservation venoit d'être reconnue entre nous pour l'objet préliminaire sur lequel nous avions un intérêt égal à nous entendre, et plus il y auroit de notoriété dans notre intelligence et plus l'effet en seroit imposant au roy de Prusse, qui étoit trop clairvoyant pour ne pas saisir toutes les conséquences de l'attention combinée que nous aurions sur ses vues et sur sa conduite. « Je conviens de tout ce que vous me dites, me dit Milord, mais croyez-moi, M., ce que je vous dis, que ce seroit nous perdre avec cette nation que de songer à un traité qui eut une sorte de solennité » — « Votre nation est volontaire, Milord, mais elle raisonne et on peut la préoccuper de sentimens de grandeur, et pourquoi ne ferions-nous pas par des motifs d'équité et d'honneur ce que les cours de Vienne et de Berlin ont bien fait par intérêt et pourquoi rougirions-nous de le dire publiquement; il nous importe tant de le faire? » — « Cela devroit être, me répliqua Milord, mais la volonté d'un roy d'Angleterre n'a pas à beaucoup près le pouvoir de celle du roi de France, et il y a encore bien plus loin de ce que peut faire M. le duc d'Aiguillon et ce que peut faire le comte de Rochford. Enfin, M. de Martange, il faudra voir. Je vous demande toujours trois ou quatre jours pour pouvoir rendre compte à S. M. de notre entretien, consulter avec elle, et pressentir les dispositions de mes collègues, peut-être alors serai-je en état de vous donner des résolutions plus positives. Tout ce que je puis vous promettre dans ce moment-ci c'est que je vous parlerai avec toute la confiance que je dois à M. le duc d'Aiguillon, — et il ajouta avec bonté, — à celle que vous venez de m'inspirer. » Il m'en donna la preuve sur le champ en me montrant en original la réponse que le roy d'Angleterre lui avoit donné sur la communication qu'il lui avoit faite de la lettre de Mme la comtesse de Forcalquier. S. M. Br. a marqué à ce ministre qu'il ne peut être que très-bon qu'il confère avec moi et que nous traitions ensemble des points importants dont M. le duc d'Aiguillon m'a chargé. Mais, ajouta ce prince, il convient, Milord, pour votre propre délicatesse que vos entretiens soient secrets pour ne point donner de jalousie au comte de Guines. Les soins qu'il se donne et ses dépenses pour plaire à la nation demandent cette attention. Je dis à Milord que les réflexions de S. M. Br. étoient absolument conformes aux ordres que M. le duc d'Aiguillon m'avoit donnés que je ne paroîtrois m'occuper à Londres que de l'objet de plaisir et de curiosité, mais je ne le serois réellement que de profiter des occasions qu'il voudroit bien me fournir de conférer avec lui pour terminer la grande affaire dont j'étois chargé auprès de lui. Sur cela nous prîmes nos arrangements pour rendre nos entretiens secrets et nous convînmes que Milord m'écriroit un billet pour me donner rendez-vous au parc Saint-James ou ailleurs, et que Milord ne me diroit que quelques mots en public et à la cour et pour me parler de Mme de Forcalquier. Nous sommes convenus encore que pour éviter les inductions qu'on pourroit tirer à la poste de mes lettres en chiffres je les ferois passer par voye de banquier, ce que je supplie M. le Duc de vouloir bien faire aussi de son côté s'il me fait passer de nouveaux ordres. Dans le courant de notre conversation, Milord me dit qu'il ne doutoit pas que la Russie ne se proposât effectivement de déclarer la guerre à la Suède et que quoiqu'il vous eût fait dire que dans le cas où la France envoyeroit une escadre dans la Baltique la Grande Bretagne ne pourroit pas se dispenser d'en envoyer aussi une de son côté. Il n'avoit pas tenu ici le même langage au ministre de Russie, qu'il croyoit très bon que vous vous expliquassiez publiquement sur les ombrages que vous preniez des desseins de Catherine II, et que vous étiez très-fondé à vous méfier des assurances formelles et positives que vous avoit données M. Panin. L'objet de Milord est de se faire un titre de votre méfiance pour parler ici et faire parler fortement aux ministres russes en leur faisant entendre que la cour de Londres verroit celle de Péterbourg prendre cette injuste résolution avec la plus grande répugnance et dans ce cas d'aggression l'Angleterre ne s'opposeroit pas aux secours que la France pourroit envoyer au roi de Suède.

M. l'ambassadeur m'a fait l'honneur de me présenter avant-hier au Roy et hier à la Reine. En sortant de la Cour, S. Exc. m'a présenté à une taverne où se rassemblent, dit-on, tous les étrangers, ainsy me voilà actuellement au courant des plaisirs de cette grande ville.

J'ay l'honneur d'être, etc. — MARTANGE.

MARTANGE AU DUC D'AIGUILLON[1]

A Londres, ce 5 avril 1773. — M. le Duc. Les grandes affaires[2] dont mylord Rochefort a été occupé au Parlement pour y faire passer le bill concernant les presbitériens conformément au vœu de la cour, ce qu'il a emporté avec la plus glorieuse majorité de voix, a retardé jusqu'à ce jour-cy le second entretien particulier dans lequel il m'avoit fait espérer une réponse plus précise sur le grand objet qui nous avoit occupé dans notre première conférence. C'est chez moi que Mylord s'est donné la peine de venir lui-même, et il y est resté depuis midi jusqu'à près de trois heures.

Il a débuté par me faire l'honneur de me dire qu'il avoit rendu compte, ainsi qu'il me l'avoit promis, à S. M. B. de notre entretien du 29 du passé et que le Roy son maître, ainsy que luy-même, voioient exactement les conjectures présentes sous l'aspect où M. le Duc et moy les avions présentées ; que S. M. B. étoit pénétrée de l'amitié et de la confiance du Roy et que ses sentimens et ses désirs pour la conservation de la paix étoient parfaitement conformes à ceux de S. M. ; que de son côté luy, lord Rochefort, adhéroit de tout point à la justesse des principes établis dans la lettre de M. le Duc et à la vérité frappante de tous les raisonnemens et détails politiques qu'il m'avoit donné l'ordre de lui exposer.

Mais qu'en convenant encore, comme il l'avoit déjà fait dans notre premier entretien, de la partie d'intérêts qu'avoient les deux cours de concerter leurs mesures et en convenant avec moy, de plus, des avantages qu'elles pourroient retirer spécialement pour leur considération de leur intelligence sistématique, il n'en restoit pas moins absolument impraticable de constater cette même intelligence par aucune sorte d'engagement écrit, soit traité formel et public, soit même convention secrette de Roy à Roy et de ministère

1. Orig. Arch. des Aff. Étr., Angleterre, 501, fol. 282-294.
2. Résumé de la mission de Martange sur le projet d'alliance de la France avec l'Angleterre.

à ministère ; que, dans le premier cas, ou le traité pour être légal, devroit être communiqué au Parlement, il exciteroit les réclamations et les oppositions les plus tumultueuses ; que dans la seconde supposition qui étoit celle de la convention secrète le Parlement auquel on ne l'auroit pas communiquée et la nation entière à laquelle on auroit fait mistère auroient le plus grand droit de se plaindre de cette réticence criminelle ; et que dans tous les cas, la proposition seule d'une liaison quelconque entre les cours de Bourbon et celle de Londres fourniroit les armes les plus dangereuses au parti de l'opposition pour perdre les ministres actuels, peut-être demander leurs têtes, et compromettre l'honneur de la couronne sur celle du Roy son maître ; que d'après des considérations d'une nature aussi imposante, la résolution à laquelle S. M. B. s'étoit arrêtée après l'examen le plus réfléchi étoit de ne point s'écarter de la marche qu'on s'étoit fixée dans un grand conseil qui s'étoit tenu il y a environ six semaines et dont le résultat avoit été :

Que les ministres des deux départements concourreroient respectivement autant que possible à la conservation de la paix, luy, lord Rochefort, en se prettant de concert et d'intelligence avec M. le duc d'Aiguillon à l'employ de tous les moyens et tempéramens les plus propres à prévenir un renouvellement d'hostilités entre les deux nations, pendant que lord Suffolck son collègue se conduiroit dans son département du Nord de façon à persuader la Russie, que dans le cas où cette puissance attaqueroit la Suède, la Grande-Bretagne ne chercheroit point à traverser par l'envoy de ses escadres les secours que la France feroit passer en Suède ; que cette résolution prise et exécutée depuis plus de six semaines par les ministres de S. M. B. lui paroissoit encore à elle-même devoir régler la conduite sourdement amicale dans laquelle ils avoient constamment à se renfermer avec le ministère françois, et qu'enfin il manqueroit, luy, lord Rochefort, à la confiance qu'il devoit à M. le duc d'Aiguillon et à celle qu'il m'avoit personnellement promise à moi-même s'il me parloit de façon à me faire concevoir des espérances d'une intelligence plus étroite.

J'ai commencé ma réponse à Mylord par la plus courte, mais en même temps la plus énergique récapitulation des motifs que je lui avois déjà détaillés sur l'intérêt que l'Angleterre avoit ainsy que la France à empêcher que la Suéde ne fût attaquée pour surtout priver le roi de Prusse, contre lequel le vœu des deux Rois s'étoit le plus spécialement dirigé, des moyens que cette aggression lui procureroit pour consommer ses projets ambitieux.

Après ce que Mylord vient de me dire, continuai-je tout de suite, de la parfaite conformité qui se trouve entre l'aspect sous lequel S. M. B. elle-même considérera les circonstances présentes et celui sous lequel M. le duc d'Aiguillon les a exposés à V. Ex. dans la lettre confidente que j'ai eu l'honneur de lui apporter; après l'aveu flatteur qu'elle m'a fait à moi-même de l'évidence et de la justesse des conséquences dangereuses que nous avons discutées avec tant de détails dans notre premier entretien, j'avoue que j'ai de la peine à concevoir qu'en convenant aussi parfaitement sur le mal, il n'y ait pas moyen de nous entendre sur le remède, il faut qu'effectivement les considérations de l'usage dangereux que le parti de l'opposition pourroit faire de l'aveuglement antipathique de la nation soient bien irrésistibles (c'est le terme dont Mylord s'était servi plusieurs fois) pour leur sacrifier des intérêts aussi chers à la Grande-Bretagne que le sont ceux de sa considération et de son commerce;

Que le Roi seroit très fâché de renoncer à l'espoir qu'il avoit conçu de resserrer (dans des conjectures où il m'avoit paru que les deux nations avoient un intérêt commun à se rapprocher) les liens de la bonne intelligence dans laquelle elles vivent depuis la dernière paix, mais qu'en perdant cette espérance S. M. ne renonceroit pas pour cela à l'intérêt d'honneur qu'elle avoit de soutenir son allié s'il étoit injustement attaqué;

Que Mylord lui-même convenoit avec moy que la politique la plus soupçonneuse ne pouvoit supposer aucune vue d'ambition même éloignée dans l'intérêt que S. M. prenoit à la gloire et à la tranquillité de S. M. suédoise;

Que plus les sentiments de S. M. étoient gratuits et magnanimes, plus ils tenoient à son cœur;

Que tout l'objet de ma mission étoit de concilier l'exécution d'engagemens aussi sacrés que ceux de sa parole avec le vœu de son cœur pour ne point aliéner la bonne harmonie dans laquelle vivoient actuellement les deux nations;

Mais qu'autant les motifs d'équité, d'honneur et de conciliation avoient d'empire sur ses résolutions autant ceux d'une condescendance qui paroitroit inspirée par la crainte seroient encore plus au-dessous de sa façon de penser que de la dignité de sa couronne;

Que dans les temps malheureux où les deux nations avoient été le plus aigris par la guerre, elles s'étoient mutuellement conservé dans tous les événemens l'estime qu'elles se devoient et que la France ne s'exposeroit pas à la perdre en sacrifiant les plus justes engagemens à l'impression des hasards qu'elle auroit à courir pour acquitter la parole de son maître.

Mylord est convenu franchement avec moy de la parfaite équité des titres auxquels S. M. pourroit et peut-être devroit secourir S. M. suédoise dans le cas qui n'étoit plus douteux que la Russie portât la guerre en Suède, et il s'est borné à se retrancher sur le désir sincère qu'il avoit de correspondre à la confiance de M. le Duc et aux sentimens pacifiques des deux Rois, nos souverains, en trouvant, s'il étoit possible, sans cependant sortir des bornes de la résolution protocolée au conseil de S. M. B. qui devoit régler invariablement sa conduite, quelque moyen honnête de sauver la France pour servir la Suède, la nécessité d'une démarche qui telle juste qu'elle fût, n'en seroit pas moins le signal de la guerre entre les deux nations.

Sur cela j'ai demandé à Mylord s'il avoit imaginé quelque tempérament dont il pût me charger de vous faire la proposition et qui fût de nature à concilier l'efficacité de l'intérêt que prenoit S. M. au soutien de la Suède, avec le sincère désir qu'il avoit de conserver la paix avec l'Angleterre.

Si les nouvelles que j'ai reçues hier au soir, m'a répondu Mylord, sont vraies et telles qu'on me les marque je vous avoue M. de Martange, que les événemens qui se sont passés depuis votre arrivée à Londres ont rendu les obstacles bien plus difficiles encor à lever qu'ils ne nous l'ont paru, dans notre première conversation. Tenés, continua Mylord en tirant de sa poche une lettre qu'il me lut en entier avec la plus entière confiance, voilà ce qu'un émissaire particulier qui est à portée d'avoir de très bonnes informations m'écrit en date du 28 de Paris, cela est assés frais comme vous voiés.

On lui marque dans la lettre qu'il est arrivé coup sur coup trois courriers à Versailles qui y ont fait la sensation la plus alarmante; que le premier de ces courriers étoit expédié par le prince de Rohan et avoit apporté la nouvelle de la signature d'un nouveau traité entre les trois cours copartageantes pour se garantir respectivement toutes leurs possessions actuelles y compris celles qui seroient ou étoient démembrées, en leur faveur, de la Pologne; que dans ce même traité il y avait une clause offensive contre telle autre puissance que ce fût qui attaqueroit l'une des trois cours en haine de ce partage; que les nouvelles apportées par les deux autres courriers étoient celles de l'embarquement des troupes russes, et du départ des galères qui avoient profité de la fatalité singulière qui permettoit cette année-cy la navigation sur le golfe dans une saison ou l'amoncellement des glaces la rendoit ordinairement impraticable, et qu'on ne doutoit pas que les Suédois surpris d'une attaque aussi imprévue n'eussent beaucoup de peine à se mettre en état d'opposer des forces suffisantes à cette invasion. Je ne crois pas, m'a dit Mylord, et S. M. à laquelle j'ai communiqué dès hier au soir cette lettre ne croit pas plus que moy à la vérité de cette nouvelle dont l'exécution lui paroit hors de vraisemblance dans cette saison.

J'avouai à Mylord que je n'étois pas sans quelques inquiétudes en comparant ce que l'auteur disoit de la singularité de la saison avec ce que j'avois vu avant mon départ de Paris dans quelques lettres du Nord où l'on me marquoit qu'il n'étoit pas tombé un pouce de neige sur les montagnes les plus élevées et que de tout l'hiver aucune des grandes rivières n'avoit gelé près de son embouchure, ce qui de mémoire d'homme n'étoit jamais arrivé; que ce premier point de possibilité joint à la célérité incroyable avec laquelle je savois que la Russie avoit fait son armement des galères et de la rapidité avec laquelle Catherine II étoit accoutumée à brusquer ses moyens me frappoit d'autant plus que je conçevois tout l'avantage dont il devoit être à cette souveraine de presser ses opérations contre la Suède avant le retour de la saison, où elle prévoyait pouvoir reprendre celle de sa guerre avec les Turcs.

Je suis bien fâché, m'a dit Mylord, que vous croiés à la possibilité de cet événement car alors il seroit trop tard pour exécuter l'idée qui m'est venue et que je me suis proposé de vous communiquer pour que nous puissions sans perdre de temps la faire parvenir à M. le duc d'Aiguillon comme l'unique moyen qui me reste de correspondre à sa confiance. La voicy :

L'objet de la Russie en attaquant la Suède est d'y restreindre le pouvoir absolu que le Roy a tenu à se conserver dans la dernière révolution. Le droit de décider souverainement de la paix et de la guerre est surtout le point capital qui excite la jalousie de Catherine II, et j'ai pensé que si S. M. suédoise se prétoit volontairement à revenir sur ce point et à restreindre jusqu'à un certain degré l'étendue de cette prérogative inquiétante pour la Russie il ne seroit pas peut-être impossible de faire goûter à la Russie par l'entremise de S. M. B. et de son ministère une résolution de cette nature; que M. le duc d'Aiguillon ayant ou pouvant avoir le secret de S. M. suédoise sur les dispositions où ce souverain pourroit être de se relâcher sur son autorité présente (ne fusse, a ajouté Mylord, que pour se procurer au moyen de la paix qu'il conserveroit le temps de consolider assés son existence pour pouvoir dans la suite regagner sans crainte le terrain qu'il auroit volontairement cédé dans la conjoncture embarrassante où il se trouve.)

Le ministère britannique tâcheroit de faire agréer par la cour de Pétersbourg les propositions justes et raisonnables sur lesquelles M. le Duc s'ouvriroit avec luy, et qu'en conservant par cette voye la paix au royaume de Suède s'il en étoit encore temps la France dégagée honnêtement de l'espèce de nécessité qu'elle s'est imposée de secourir la Suède éviteroit à l'Angleterre la nécessité absolue où elle se trouvera de renouveler les hostilités aussitôt qu'elle verra une escadre françoise appareiller pour porter des secours à la Suède.

J'ai répondu à Mylord que n'ayant ni ordres, ni instructions sur une proposition de cette nature, je ne pouvois la prendre qu'*ad referendum*, ce que je ne manquerois pas de faire par l'envoy d'un courrier que j'expédierois aussitôt que ma dépêche seroit faite, mais que je le priois de vouloir bien observer que dans la supposition même où cette proposition pourroit se concilier avec la dignité des deux Rois, (ce que j'avois de la peine à concevoir), le temps que prendroit cette négociation d'un succès d'ailleurs si incertain seroit insuffisant pour prévenir les hostilités dans le cas où la nouvelle qu'il m'avoit donné en communication ne seroit pas fondée et où les Russes attendroient jusqu'à la moitié du mois prochain pour l'exécution de leurs projets; que dans le cas où l'embarquement auroit été effectivement exécuté et l'invasion déja commencée, cette négociation seroit encore plus impraticable par les besoins urgents que S. M. suédoise auroit des secours de la France.

La réponse de Mylord à ces observations a été : que les ministres britanniques étant disposés à regarder la promesse de M. le duc d'Aiguillon comme un engagement pour S. M. suédoise, ils ne perdroient pas un instant pour négocier à Pétersbourg les propositions que M. le Duc les auroit prié de faire à l'Impératrice; que l'on expédieroit un courrier à l'ambassadeur du roi d'Angleterre dans cette cour avec les instructions les plus propres à faire admettre ce tempérament, dont il me répétoit cependant encor qu'il ne pouvoit pas garantir l'admission, mais enfin que dans la supposition la plus défavorable nous nous trouverions respectivement au bout de quinze jours aux termes où nous en étions actuellement sans avoir à nous reprocher d'avoir négligé la seule voye praticable pour se mettre avec honneur à couvert de la nécessité de suivre une résolutien qui (toute juste qu'elle soit et qu'elle nous paroisse à nous-mêmes) n'en forcera pas moins si elle a lieu S. M. B. en son conseil à prendre à la vérité contre son gré et peut-être contre son intérêt les mesures les plus violentes par les raisons que je vous ai dites des principes où l'on est ici sur ce que l'honneur du pavillon anglois exige aussitôt qu'elle verra une escadre françoise prête à mettre en mer.

Au reste, a continué Mylord, je n'ai encore communiqué cette idée qu'à S. M. B. seule qui sincèrement désire de conserver la paix ; c'est avec son approbation que je vous la communique pour que vous la fassiez parvenir le plus promptement que possible à M. le duc d'Aiguillon.

Voilà en substance, M. le Duc, le résumé du long entretien que je viens d'avoir avec Mylord. La franchise confidente avec laquelle il m'a parlé ne me permet pas le plus léger doute ni sur la sincérité des vœux qu'il forme pour la conservation d'une paix qu'il avoue au moins aussi précieuse à l'Angleterre qu'elle peut l'être à la France, ni sur les nécessités inévitables où il se trouvera forcément emporté de concourir contre son vœu et ses lumières au renouvellement des hostilités qui recommenceront certainement aussitôt qu'ils verront appareiller l'escadre du Roy.

J'ai demandé à Mylord s'il ne me chargeroit pas d'une lettre pour vous, et il m'a répondu qu'il auroit très-certainement l'honneur de vous écrire et qu'il s'en rapporteroit entièrement à moy pour la fidélité des détails de nos entretiens, qu'il me donnoit avec plaisir ce nouvel acte de confiance. Je luy ai demandé en retour de me permettre pour ma propre satisfaction de luy faire hommage de celle que j'avois en luy lisant sans réserve la dépêche que j'avois l'honneur de vous faire, et nous sommes convenus que demain, ou plutôt aujourd'huy dimanche au soir, je passerois chés luy où il auroit peut-être encore quelque chose à me communiquer.

Ce dimanche 4.

C'est jusqu'à ce point, M. le Duc, que j'ai lu ma dépêche à Mylord, et il a trouvé que le compte rendu étoit de la plus exacte fidélité.

Il luy étoit échappé un trait dans la vivacité de la conversation que j'ai cru ne pas remettre sous ses yeux, et qu'il me paroit important de mettre sous les vôtres, c'est qu'en m'avouant la nécessité où étoit le Roy de satisfaire à l'honneur de ses engagemens avec S. M. suédoise, Mylord ajouta : « Je voudrois pour beaucoup que votre escadre passât et battît la nôtre ». Je ne me permets pas de commentaires sur ce texte, mais, M. le Duc, on jugera au moins de l'empire que la crainte des moyens dont le parti de l'opposition pourroit se servir pour les perdre a sur l'esprit des ministres britanniques.

Mylord m'a dit ce soir qu'il venoit de recevoir une très longue dépêche de Mylord Stormont qui étoit le résultat d'une longue conférence qu'il avoit eue avec vous et dans laquelle il avoit retrouvé le même fond de raisonnement que je lui avois détaillé icy de votre part. Il m'a dit que mylord Stormont y avoit ajouté de plus de son chef toutes les considérations les plus fortes contre l'injustice et la mauvaise politique du parti que l'Angleterre étoit au moment de prendre en s'opposant aux secours que la France ne pouvoit se dispenser d'envoyer en Suède. Imaginez-vous, a continué Mylord, qu'il a été jusqu'à mettre dans sa dépêche que la Grande Bretagne alloit se rendre la fable de l'Europe en armant en faveur de la Russie, qu'il me chargeoit de rendre compte à M. le Duc de ce rôle de l'ambassadeur qui, d'ailleurs, étoit son ami particulier et auquel il pouvoit s'ouvrir avec toute confiance.

A propos, m'a dit encore Mylord, l'idée que je vous avois communiquée pour la faire parvenir à M. le duc d'Aiguillon et qui étoit le premier objet de l'envoy de votre courrier n'est plus praticable; elle est aussi venue dans l'esprit de M. le duc qui a protesté à Mylord Stormont qu'il ne pouvoit absolument point savoir réellement quel étoit le secret de S. M. suédoise avertie. Il n'en est plus question, et tout ce que je vous avois détaillé sur ce sujet devient inutile, d'autant plus que j'en ai conféré devant le Roy avec Mylord Suffolk, mon collègue, et que ce dernier par une noble délicatesse que je ne puis désapprouver m'a dit qu'il ne croiroit pas pouvoir jamais se charger d'une proposition de cette nature auprès de la cour de Russie, et sa raison est que si un ministre britannique proposoit à cette puissance une chose que le conseil du roi d'Angleterre ait trouvé vraisemblable et admissible au cas que la Russie la refusât quand elle luy auroit été présentée par luy, il se croiroit obligé par honneur à passer du côté de la France et qu'il ne vouloit jamais se mettre dans ce cas-là.

Un service essentiel, a continué Mylord, que vous pourriés rendre à M. le duc d'Aiguillon, c'est de le prévenir que sur la dépêche de Mylord Stormont, j'ai demandé un grand conseil pour mercredi; tous les ministres y seront invités et on y discutera tous les points importants relatifs aux motifs déduits dans cette dépêche. Je demanderai que les résolutions qu'on prendra soient pour ma sureté bien protocolées, et je sçais d'avance quelles seront ces résolutions et je vais vous les dire, il est important que M. le duc d'Aiguillon en ait connaissance huit jours plus tôt, mon courrier partant jeudi porte à Mylord Stormont des ordres dont il ne lui sera pas permis de s'écarter. Assurés bien M. le duc (il me l'a répété deux fois), que c'est là notre ultimatum dont il n'y aura plus moyen d'espérer qu'on puisse changer les mesures.

Je vais vous dire actuellement quelles seront ces mesures, c'est que les seigneurs de l'amirauté recevront leurs ordres pour qu'on commence à préparer tout ce qui peut être nécessaire pour les armemens, mais avec précaution pour ne point allarmer le commerce et ménager les fonds publics, mais aussi que dès qu'on aura quelques informations positives que les escadres françoises ou espagnoles arment (car il y a apparence que leur projet est de se joindre ensemble) qu'alors il faudra armer visiblement et que s'il y a vingt vaisseaux tant au Ferrol qu'à Brest dans l'instant l'Angleterre fera sortir vingt vaisseaux, et alors qui peut être maître de l'évènement? Vous sentés bien, m'a-t-il répété, de quelle conséquence il peut être pour M. le Duc d'être possesseur d'un traité et d'avoir ces huit jours-là devant lui car Mylord Stormont ne pourra traiter avec luy des points contenus dans les ordres que je luy feray passer que de mardy en huit qui sera le jour où il verra M. le Duc qui pourra avoir reçu votre courrier le jeudy ou le vendredi au plus tard.

Si j'osois traduire ce passage de Mylord je croirois que cela signifieroit en bon françois : je vais prendre des mesures lentes, prenés-en des promptes, je vous donne le moyen de me gagner de vitesse, concertés-vous avec l'Espagne et soiés à votre objet avant que l'on vous oppose de ce côté-cy des obstacles que je ne serois pas le maître de lever et auxquels, au contraire, je paroitrois concourir.

C'est à cette seule idée, M. le Duc, que se borne la présente dépêche uniquement intéressante par ce seul point que je voudrois que vous l'eussiés déjà entre vos mains tant j'y attache d'importance pour la gloire des armes du Roi et pour la splendeur de vôtre ministère.

Je me reprocherois, M. le Duc, de rien ajouter à ce que je viens de vous marquer et qui, en rapprochant une assés grande quantité d'indices assés forts pour me persuader que je ne me suis pas trompé dans mon calcul, me paroît être la plus intéressante nouvelle en tous genres que vous puissiés recevoir.

Je voudrois déjà avoir les lettres de Mylord pour fermer la mienne et la savoir sur le chemin de Versailles.

Lundy 5 après-midy.

Au moment où je ferme mon paquet avec les lettres de Mylord qui me sont parvenues il y a une heure, je reçois un nouveau message de Mylord pour me rendre chez lui et je diffère l'expédition de mon courrier jusqu'à mon retour dans l'incertitude où je suis de ce qu'il peut avoir à me dire.

Je viens encore de passer une heure avec Mylord et c'est aussi mon ultimatum, comme celuy que mylord Stormont recevra par le courrier qu'on lui expédiera jeudy.

Je lui ai répété modestement mais sans glose le fonds des choses qu'il m'avoit chargé hier au soir de vous écrire, et à la façon dont il a écouté mon récit, je me suis confirmé dans l'heureuse interprétation que j'en ai faitte. Il m'a dit qu'il venoit de passer trois heures au Conseil où on avoit résolu d'envoyer des messages préliminaires aux lords de l'amirauté ; qu'il n'écriroit qu'un petit billet par la poste de demain à lord Stormont et qu'il lui annonceroit ses ordres précis pour jeudy ; qu'il prolongeroit le plus qu'il lui seroit possible les ordres d'armemens considérables, parce que m'a-t-il dit, indépendamment de l'effet que cela produit sur les fonds publics, il y a une raison politique pour cela, et cette raison est que la Russie, en voyant l'Angleterre armer puissamment ne pourra pas douter que ce ne soit pour la secourir et cela pourra élever ses prétentions et sa confiance.

Je ne luy ai pas répondu : « Mylord, vous me dites la raison qui n'est pas ». Mais je l'ai pensé.

Marqués encore dans votre lettre à M. le Duc, m'a dit Mylord, que nous venons de recevoir par la malle de Hollande une lettre de notre ministre de Pétersbourg en date du 12, par conséquent de neuf jours de plus fraîche date que celle du 3 qu'il a communiquée à mylord Stormont, par laquelle on nous marque qu'il n'y a encore aucun préparatif réel de la Russie qu'à plus forte raison il est très sûr que l'embarquement prétendu des Russes est une nouvelle dénuée de fondement. Je suis convaincu, m'a-t-il ajouté, qu'ils ne seront pas aussi à leur aise qu'ils l'espèrent avec les Suédois dont on me dit que la marine est en infiniment meilleur état que celle des Russes et des Danois; qu'il étoit sûr au reste que la guerre avec La Porte continueroit et qu'il n'y avoit plus d'apparence de paix.

Après tout ce que je viens de rendre à M. le Duc, Mylord m'a dit des choses infiniment satisfaisantes tant en son nom que de la part de S. M. B. Pour cette fois-cy j'ai vu arriver la fusée et j'aurois pu lui éviter la peine d'aller plus loin, mais j'ai mieux aimé l'attendre. Il m'a dit : Le Roy m'a dit, le Roy m'a demandé si votre dépêche étoit partie. Je vous préviens qu'il n'y a que S. M. et moy qui soyons du secret de ce que vous faites icy et il est de la plus grande conséquence qu'on ne s'en doute pas, dès que tout espoir de traité est fini entre nous et que nous n'avons plus rien à conférer. Le Roy voit bien et il m'a dit que cela pourroit me faire du tort. On va attaquer le lord North sur les prétendues liaisons avec la France. Sur un mot que le Roy m'a dit, je crains qu'on ne vous soupçonne déjà, soit qu'on ne vous ait espionné, soit qu'on m'ait espionné moy-même. Comme nous ne pourrons plus faire de bien ensemble et que, s'il y a des déclarations ministérielles à faire dans tous les troubles qui vont arriver, il vaut mieux que ce soit l'ambassadeur que vous.

Je lui ai répondu : Mylord, je pense comme vous. Ne pouvant faire le bien, je fais nécessairement le mal si je reste et je sens que je nuirois. Quand croiés-vous que je doive partir? car je suis à vos ordres. — « Mais, moy, je pars le mercredi pour quinze jours pour mes fêtes, je n'ai que ce temps-là de plaisir. Enfin si vous partés trois ou quatre jours après, cela suffira en prenant congé du Roy et chargeant l'ambassadeur de me dire combien vous êtes fâché de ne pas pouvoir me demander une lettre pour Mme de Forcalquier. »

Je ne fais point de commentaires, mais à moins de nouveaux ordres de M. le Duc, j'aurai l'honneur Dieu aidant vers la Quasimodo de lui renouveler l'hommage de mon inviolable attachement et celuy du très profond respect avec lequel, etc.

De Martange.

MARTANGE AU DUC D'AIGUILLON [1]

A Londres, ce 6 avril 1773 [2]. — M. le Duc. Quoique j'aye eu l'honneur de vous envoyer hier la chose essentielle, je me rappelle encore quelques traits de l'entretien de mylord Rochfort que je crois important d'y joindre par forme de supplément. Il étoit question entre Mylord et moy de la dépendance où étoit Catherine II du roy de Prusse. « Je vous avoue, me disoit Mylord, que ces deux puissances sont persuadées qu'il y a un accord quelconque entre l'Angleterre et la France, et malgré cela vous voyés qu'elles vont en avant ; le roy de Prusse même en rit. A l'égard du roy de Danemarck et de la Russie, croiriés-vous que ni l'un ni l'autre ne nous ont pas fait la plus petite politesse? N'est-ce pas une impertinence? Quand nos vaisseaux sortiront, ce qui arrivera aussitôt que les vôtres partiront, alors peut-être ces deux puissances nous

---

1. Aff. Étr., Angleterre, 501, fol. 295.
2. Supplément au compte que M. de Martange a rendu de sa mission relativement au projet d'alliance de la France avec l'Angleterre.

demanderont-elles des secours, mais ce sera peut-être aussi qu'on leur en donnera, c'est ce que nous verrons ».

En attendant le comte de Malzhan, ministre de Prusse répand dans la Cité le bruit qu'il va partir, joue sur les actions, et met vingt-mille pièces dans sa poche. Je ne serois pas surpris qu'au premier jour, il ne partit pas sans prendre congé. Aujourd'hui, M. le Duc, je viens d'entendre dire que ce ministre avoit fait mettre dans les papiers publics que sa maison étoit à louer. Il va peu à la cour et il ne paroit presque point en public.

J'ai l'honneur d'être, etc. — DE MARTANGE.

MARTANGE AU DUC D'AIGUILLON [1]

Londres, ce 7 avril 1773. — M. le Duc. J'ay trouvé ce matin M. le comte de Rochford à la cour qui, quoiqu'il ne fît pas semblant de me voir, m'a paru cependant avoir quelque chose à me dire. J'ay laissé écouler le gros des courtisans qui avoient été au lever de S. M. B. pour lui donner occasion de me parler en sortant des derniers. Effectivement, au tournant d'une galerie je me suis entendu appeler ; Mylord deffiloit un corridor où je l'ai suivi et où nous avons eu le petit entretien suivant : « Je viens, m'a dit Mylord, de recevoir un nouveau courrier de M. Stormont qui me marque positivement que vous armez ». — Eh bien, Mylord, lui ai-je répondu, il n'y a pas de mal à cela, tant mieux au contraire nous en serons plutôt prêts à mettre sous voile, et c'est bien quelque chose. — Ouy, m'a-t-il répondu à son tour ; mais c'est qu'il paroit

---

1. Aff. Étr., Angleterre 581, fol. 298-303.
La minute de cette dépêche est aux arch. mun. de Honfleur dans les papiers de Martange. L'original des Affaires Étrangères dont nous reproduisons le texte est en chiffres avec traduction.
Voyez aussi au sujet de cette lettre l'ouvrage de M. le duc de Broglie, *Le Secret du Roi*, II, p. 414-417. Martange avait été envoyé à Londres avec la mission de savoir si l'on devait compter sur la bienveillance ou sur l'hostilité de l'Angleterre à l'égard des armemens préparés dans les ports de France.

que M. le duc d'Aiguillon change de batteries et que son projet actuel n'est plus d'envoyer une escadre dans la Méditerranée pour y attaquer la flotte russe ». — « Attaquer les Russes, mylord, je n'en sais rien, mais y envoyer des vaisseaux de guerre pour y protéger le commerce des sujets du Roy et empêcher qu'on ne fasse éprouver aux vaisseaux marchands françois des avaries sans nombre telles que celles qu'ils y ont essuyées depuis deux ans sans qu'il ait été possible, telles démarches qu'on ait faites pour cela de se procurer une satisfaction sur le passé ni les assurances suffisantes pour l'avenir. Ces précautions paraîtront trop justes pour devoir vous surprendre ou vous inquiéter. — Mais, m'a dit mylord, vous conviendrez aussi, et cela ne peut pas être autrement, que, lorsque la France aura une escadre dans la Méditerranée, l'Angleterre ne peut pas se dispenser d'y en envoyer aussi une de son côté, alors la Russie ne manquera pas de faire des démarches qui ne laisseront pas de devenir très embarrassantes. Il faut que M. le duc d'Aiguillon pèse bien cela. J'ai parlé à S. M. sur vous et elle croit que pour écarter le soupçon le plus tôt que vous partiriez ce sera le mieux. Je viens de lui lire la lettre que vous porterez vous-même, par laquelle vous verrez bien que ce n'est pas que votre personne ne lui soit fort agréable ». Sur cela, Mylord m'a donné la lettre à lire. Comme j'aurai l'honneur de la remettre moi-même à M. le Duc, je ne lui envoye pas d'extrait qui d'ailleurs couteroit un peu à ma modestie. — « Vous m'avez fort bien entendu, a repris mylord, mais surtout expliquez bien au duc d'Aiguillon que d'ici il n'y aura rien à changer quand une fois le Conseil aura prononcé, qu'il se consulte bien avant de se décider pour la Méditerranée, car avec la meilleure envie de garder la neutralité, nous serions peut-être obligés de nous battre ». — « Et peut-être aussi, mylord, ai-je repris, même de ce côté-là, nous ne nous battrons pas ? » Je lui ai prononcé cette phrase du ton dont on fait une question confidentielle qu'il a très bien entendu. Mylord m'a simplement répondu : « Peut-être » d'un ton et d'un air qui vouloient dire : « au moins si cela arrive ce ne sera pas ma faute ». Je lui ai encore dit : « Mylord, je vous ai lu le compte que j'ai rendu à M. le duc d'Aiguillon de notre entretien et vous en avez approuvé la fidélité, mais je vous avoue que dans mon postscriptum j'ai insisté comme point capital sur l'employ des huit jours d'avance je ne vous demande, mylord, que de me dire si j'ai bien fait ». — « Ouy, fort bien, m'a répondu mylord, car pour le projet de nous engager à faire des propositions à la Russie sur les dispositions du roi de Suède à se relâcher volontairement sur son autorité cela n'est pas praticable sous aucune forme, il faut absolument y renoncer. Vous l'avez bien expliqué à M. le duc d'Aiguillon? ». — « Oui, mylord, et je vous avoue que quoique je ne prisse cette ouverture de votre part que *ad referendum* je les faisois à regret ne la voyant pas au niveau ni de la dignité du Roy, ni de la gloire de l'administration de M. le duc d'Aiguillon. J'aime mieux les coups de canon, mylord, pourvu que vous ne les entendiez pas ». Il m'a regardé en souriant et a fini en me répétant encore que le plutôt que je vous verrois actuellement seroit le mieux; que, lui comte de Rochford partoit toujours vendredi, mais que nous pourrions encore causer ensemble le jeudi au soir en me remettant la lettre en question. « L'ambassadeur ne revient-il pas samedi? ». — « Oui, mylord, et je dîne chez lui ce jour-là. Prendrai-je congé du Roy dimanche? » — « Non, m'a dit mylord, vous ne pourriez prendre congé que le mercredi. Il faut mieux que vous prétextiez une affaire particulière et que vous partiez sans prendre congé de S. M. qui ne le trouvera pas mauvois dans cette circonstance-ci je vous en réponds. Vous prierez seulement M. le comte de Guines de vous excuser auprès de moy ».

Dans le dernier entretien que je viens d'avoir avec mylord Rochford, j'ai cherché et trouvé l'occasion de m'expliquer encore plus clairement avec luy sur le vrai sens de certaines phrases dont j'ai eu l'honneur de vous rendre compte spécialement dans mon avant-dernière lettre et dans le commencement de celle-cy. Je ne puis pas douter, M. le Duc, que ce que je vous ai marqué ne soit dans la plus grande vérité, soit que l'escadre françoise se porte dans la Méditerranée, soit qu'elle aille dans la Baltique, avec la meilleure volonté du monde et avec autant de désir que vous en pouvez avoir vous-même que ce que la France fera d'un côté ou de l'autre n'altereroit point la paix entre les deux nations, il n'est pas dans la possibilité qu'on arme en France sans que l'Angleterre n'en fasse autant, et les vaisseaux anglois une fois sous voile on fera bien ici ce qu'on pourra pour que cela n'entrainât pas d'hostilités, mais on ne peut répondre de l'évènement. Le grand point seroit d'opérer avec tant de célérité que l'opération fût terminée avant que les résolutions que le conseil britannique se verra forcé de prendre contre le vœu du roy d'Angleterre et de ses ministres de confiance. Il y a telle circonstance où l'Angleterre pourra facilement traîner en longueur avec la Russie et avec le Danemarck, mais il y a aussi telle autre où ces deux puissances pourroient entraîner la décision du Conseil jusques à le forcer d'entrer en guerre avec la France. « Jusqu'à présent, m'a dit mylord, ni la Russie, ni le Danemarck n'ont fait aucune démarche auprès de nous, celles qu'elles ne feroient que dans la nécessité auront trop mauvoise grâce pour qu'on s'y rende d'abord ». Le grand point est, si l'on va, d'aller vite. Je ne crois pas, M. le Duc, devoir m'étendre plus au long sur ce texte suivant ma lettre d'aussi près. On ne souhaite point ici la guerre, on désire de l'éviter. Si on la fait ce ne sera que malgré soy et dans ce cas on regardera comme un bonheur que les succès n'en soient pas de ce côté-cy. Mais lorsque les frais d'un armement indispensable seront une fois faits et que la baisse des fonds qui en sera la suite nécessaire sera une fois soufferte, on craint que l'esprit et l'humeur de la nation ne s'aigrissent et que le cheval n'emporte le cavalier.

Mylord m'a dit qu'il avoit eu le matin une longue conférence avec le comte de Guines. Je n'en rends point l'extrait parce qu'elle a porté principalement sur le projet d'envoyer des troupes auxiliaires aux Suédois jusqu'à Gothembourg. « Et je sens parfaitement bien, m'a ajouté mylord, que ce ne seroit ni le vœu d'un ministre aussi éclairé que le duc d'Aiguillon, ni celui de la cour de Stockolm qui comme nous le marque positivement le ministre britannique à Stockolm ne demande que de l'argent et des vaisseaux ». — « Mylord, ai-je repris à mon tour, je vois que tout se réduit à deux points. Nous ferons promptement ce que nous aurons à faire, et vous ferez ce que vous pourrez pour ne prendre que des résolutions lentes dont vous differerez l'exécution autant que les circonstances le permettront. — « Je n'ai rien à ajouter, m'a répliqué mylord. » Il m'a dit ensuitte non seulement pour lui-même mais aussi de la part et au nom de S. M. B. les choses les plus faites pour me pénétrer de reconnaissance. Il y a ajouté le présent d'une bague qu'il m'a remise de la part de S. M. comme une marque de la satisfaction qu'elle avoit du compte qu'il lui avoit rendu de la façon dont j'avois traité avec lui. « Et quoique vous ne preniez pas congé de S. M., m'a ajouté mylord, je vous assure de sa part et vous dis pour moi-même que nous serons fort aises de vous revoir à Londres dans l'occasion ». Après quoy il m'a embrassé avec bonté et les témoignages d'estime les plus flatteurs.

Le ministre de Prusse, qui, ainsi que je l'avois marqué, avoit fait répandre le bruit de son prochain départ et avoit même pour confirmer cette nouvelle, annoncé dans les papiers publics que sa maison étoit à louer, est effectivement sorti hier de Londres et a pris la route de Douvres le tout pour gagner sur les actions en pariant à la baisse de concert avec le ministre de Russie et un banquier de Londres nommé Heart. Le comte Rochford avoit déjà éventé la mine ; on a soutenu le prix des actions de façon que les associés y ont perdu chacun quatre mille pièces. Le comte de Malzahn est revenu ce matin en poste pour l'audience de mylord qui l'a abordé en l'appelant *son cher cœur*, allusion épigrammatique au nom du banquier qui en anglois signifie *cœur*. Il lui garde encore un autre sarcasme dans les papiers publics où on le représentera revenant à Londres tenant dans une main un canard boiteux et dans l'autre l'aigle noir honteux et étonné de se trouver vis-à-vis le vilain oiseau estropié. Le sel de cette épigramme porte sur ce que *canard* est en Angleterre une expression consacrée à quelqu'un qui a fait une fausse démarche. J'ai l'honneur d'être, etc. — MARTANGE ».

MARTANGE AU PRINCE XAVIER DE SAXE [1]

A Paris, ce 17 avril 1173. — Mgr. Mon premier soin au retour d'un petit voiage d'outremer qui m'a tenu hors de Paris pendant quelques semaines [2] a été de demander à M. Rivière des nouvelles de la santé de V. A. R. et du temps fixé pour son arrivée dans ce pays-cy. A l'égard du premier objet de mes questions qui estoit l'essentiel, réponse satisfaisante ; même incertitude qu'avant mon départ de Paris sur le second. Ce qu'il m'a ajouté de plus a été le mécontentement de V. A. R. sur la longue interruption de ma correspondance et des reproches amers sur le manque de confiance que j'avois eû en elle en ne lui faisant aucune part ni de mon voyage ni de ce qui l'avoit occasionné. V. A. R. a sans doute les droits les plus grands sur ma confiance, Mgr., et elle en a encor de plus imprescriptibles sur mon attachement et ma reconnaissance, ces derniers sont même d'une nature à la persuader que dans l'incertitude où elle est sur mon long silence, les motifs d'oubli ou de détachement de ma part sont les derniers qui doivent se présenter à son imagination pour en interpréter la cause.

Je n'ai rien eu de bien essentiel à vous marquer, Mgr., même sur les petites affaires domestiques de V. A. R. dans ce pays-cy. Lorsque j'ai été consulté par Mrs. Régnier [3] et de La Frenaye sur quelques reviremens à faire dans vos affaires pécuniaires, j'ai décidé comme j'ai cru que V. A. R. le feroit elle-même si elle étoit présente, comme les anciens Jésuites *ad majorem Rei gloriam*. J'ai été fort tranquille sur le compte que Mr. Régnier m'a assuré qu'il vous en rendroit. Je ne nie pas cependant que sur ce qui regarde personnellement V. A. R. et même sur ce qui me concerne moi-même, je n'eusse eu matière suffisante à m'entretenir avec

---

1. Orig. Arch. dép. de l'Aube.
2. Voy. les lettres qui précèdent.
3. Intendant de la maison du prince Xavier.

elle; mais sur ces points bouche ouverte quand V. A. R. sera à Paris ou à Chaumot, mais tant qu'elle restera à Dresde ou à Zabelitz, lettre close; et avec le fonds d'équité que je lui connois elle ne peut que m'approuver. Au fait, Mgr., quand j'aurai l'honneur de vous revoir vous me trouverés constamment le même que vous m'avés toujours vu, et nous traiterons *de ore ad os* de tous les points que voudra V. A. R. Si j'ai des torts j'en serai bien aise car j'aime à les réparer, et cela ne me coutera rien; si par hazard V. A. R. s'en trouvoit à elle-même j'en serois plus fâché parce que la réparation n'en seroit pas aussi facile. Quoiqu'il en puisse être, Mgr., soiés bien sûr, je vous prie, que votre serviteur sera le même à vos yeux et que rien n'a altéré ni n'altérera jamais les sentimens que je vous ai voués pour la vie et dont je vous renouvelle l'hommage de tout mon cœur. C'est constamment avec eux et avec ceux du plus profond respect que je suis, etc. — DE MARTANGE.

MARTANGE AU PRINCE XAVIER DE SAXE [1]

A Paris, ce 29 septembre 1773. — Mgr. J'ai enfin terminé toutes les affaires de discussion qui concernoient le mariage de ma fille aînée, et depuis trois jours Mr. le prince et Mme la princesse de Löwenstein ont repris la route d'Allemagne en me laissant icy en nantissement le gendre qu'ils m'ont amené [2]. Les articles du contrat sont arrêtés, fixés et signés; il ne reste plus à remplir que les formalités de la naturalisation [3], des bancs à publier et de quelques autres petittes cérémonies indispensables qui ne laisse-

---

1. Orig. Arch. dép. de l'Aube.
2. Le baron de Rümerskirch. Voir plus loin son nom et sa filiation.
3. Les lettres de naturalité du baron de Rümerskirch se trouvent aux Archives Nat., P. 2599, fol. 28. Données à Versailles au mois de may 1774, elles furent expédiées et registrées en la chambre des Comptes le 4 juin suivant. Nous les reproduisons à la fin du volume.

ront, pas que m'occuper encore pendant les mois d'octobre et de novembre, et j'espère qu'à la fin de ce dernier tout sera consommé jusques et compris la partie pécuniaire qui, en fait de mariage comme en tout, est une partie essentielle et capitale.

Je reçois avec la plus respectueuse reconnoissance pour moy et pour les miens le compliment que V. A. R. a bien voulu me faire sur cet événement qui n'est pas un des moins intéressans qui puissent m'arriver. Les soins qu'il m'a occasionés ne m'ont pas fait perdre de vue ceux que je dois au service de V. A. R. et je n'ai pas laissé ignorer à Mr. Le Clerc les menaces que m'adresse votre mécontentement si son manque de parole me mettoit dans le cas de ne pas tenir les promesses que je vous ai faittes en son nom. Il m'a renouvellé à cette occasion les engagemens pris avec moy à Compiègne, et les protestations de son empressement à faire tout ce qui dépendroit de lui pour que V. A. R. eut à se louer de son exactitude. Je ne puis de mon côté, Mgr., que vous répéter les assurances du zèle inviolable avec lequel j'emploierai toujours les bontés personnelles que les gens en place auront pour moi à avancer le plus qu'il me sera possible les décisions avantageuses au bien de votre service et à votre satisfaction. Je me trouve heureusement dans des circonstances ou l'équité bienfaisante du ministère actuel me fait espérer de n'être pas un serviteur aussi inutile que je l'ai été sous le précédent et peut-être serai-je assez heureux pour prouver par ma conduite à venir l'injustice des nuages qu'on a jettés sur celle que j'ai tenue par le passé : V. A. R. scait mieux que personne ce que j'ai eu à souffrir et je me flatte qu'elle prendra plus de part que personne aussy à tout ce qui pourra m'arriver de favorable; elle y est intéressée pour elle-même, car c'est rendre justice à la conduite du maître que de justifier celle du serviteur.

Malgré la sobriété scrupuleuse que je me suis imposée sur toutte espèce de nouvelles, je ne puis me refuser à vous faire part de la disgrâce du comte de Broglie qui au moment de partir pour aller recevoir Mme la comtesse d'Artois en qualité de commissaire principal du Roy s'est attiré par une vivacité au moins imprudente [1] avec Mr. le duc d'Aiguillon l'ordre d'aller à son château de Ruffec pour y rester jusqu'à ce que S. M. ou ses ministres lui en fassent passer d'ultérieurs. Cela est d'autant plus malheureux pour luy que la ville comme la cour blâment également sa conduite, et que personne ne doute de la justice avec laquelle il est aussi sévèrement traitté.

Un autre événement sur lequel le public a aussi les yeux fort ouverts est l'emprisonnement de quatre ou cinq personnages d'un ordre inférieur qui ont été conduits à la Bastille pour correspondances, dit-on, illicites et même criminelles [2]. Le petit du Mourier [3], que V. A. R. a vu en Pologne auprès de la confédération sous le ministère précédent et qui est beau-frère du pauvre Schönberg, est du nombre de ces messieurs. Le public prétend qu'ils ont déja été interrogés plusieurs fois par une commission composée de magistrats du premier ordre et on juge que l'on pourra découvrir par là une suitte d'intrigues et de vérités très-importantes que des fripons très-importans aussi auroient grand intérêt de cacher. Dieu veuille que les traîtres, s'il y en a, soient découverts et confondus, c'est le vœu et la consolation des honnêtes gens. Lorsque tout cela sera plus clair et plus certain j'aurai l'honneur de vous en faire part, sachant combien tout ce qui intéresse le bien public et la satisfaction du Maître intéresse V. A. R.

LE PRINCE DE LOWENSTEIN A MARTANGE [4]

Haybach, ce 18 novembre 1773. — Mr. Je vous ay écrit le 13 novembre où je vuis ay prié de venir aussitost sans délay par poste

---

1. Allusion à la lettre écrite par M. de Broglie au duc d'Aiguillon, et plus tard publiée par l'*Observateur Anglois* (1778, t. I, p. 102).
Sur l'exil du comte de Broglie, voy : *Correspondance secrète de Louis XV*, tome I, p. 182-185; tome II, p. 361-367. — *Le Secret du Roi*, t. II, p. 443-465.
2. Voy. sur cette intrigue, ditte affaire de la Bastille, le *Secret du Roi*, t. II, p. 418-497. Les personnages écroués à la Bastille étaient Dumouriez, de Ségur, Favier et Guibert.
3. Le général Dumouriez.
4. Vers le milieu de l'année 1773, Martange et sa famille se retirèrent à

à Haybach[1]. Je vous prie derechef sans tarder un moment de partir et je vous attends à Haybach, mais pour raison de venire seul avec deux domestiques : mon honneur et le vostre en dépendent. J'ay encore une raison plus nécessaire de vous parler sans délay pour des raisons que je n'ose vous écrire, raisons d'État. Soyés content et en repos, et je vous prie ne laissés retenire et de partire incessamment ; nous vous attendons, mon épouse et moy sans retard, ainsi tous les lettres qu'on écriroit seroient temps perdu par vostre prompte arrivée que j'attends à tout moment. J'ay l'honneur d'estre, M., le vostre très-attaché serviteur. — CHARLES, prince de Lowenstein[2].

Partés sans délay, je vous prie, pour grandes raisons, dans six jours vous est icy[3].

MARTANGE A Mme DE MARTANGE[4]

A Francfort, ce 13 décembre 1773. — Je suis arrivé hier soir icy, ma chère amie, un peu las comme tu le penses bien, et je n'ai rien eu de mieux à faire à dix heures du soir que de manger vite un morceau et de me mettre au lit dont j'avois grand besoin. Je me trouve frais et bien portant aujourd'huy, grâces à huit heures de repos, et je serois très content si je savois que tu te portes aussi bien de ton côté. Ce que je te marque de ma santé, ma chère amie, est aussy tout ce que j'ai jusqu'à présent de satisfaisant à te mander, car notre grande affaire qui fait l'objet essentiel de mon voiage paroit prendre la plus mauvaise tournure, d'après ce que je

---

Honfleur, pour mettre leur genre de vie en rapport avec la modicité de leurs ressources. La fille cadette de Martange était au couvent de la Conception ; l'aînée était fiancée au baron de Rümerskirch, beau-fils du prince de Lowenstein.

1. Ce nom, ailleurs écrit *Henbach* et *Henbeck*, désigne un château que Martange avait eu en vue d'acheter pour sa fille. Voy. lettre du 18 juillet 1774.
2. Charles de Lowenstein, feld-maréchal, lieutenant au service de l'Empire ; brigadier en 1770 ; maréchal de camp en 1780.
3. Orig. Arch. de Honfleur.
4. Arch. de Honfleur.

viens d'en parler avec ce M. Rossalino chez lequel suivant ce que le chasseur m'avoit dit, je devois trouver que tout seroit arrangé à ma satisfaction et duquel je n'ai rien appris de nouveau que la confirmation de l'impossibilité où on étoit de satisfaire aux engagemens qu'on avoit pris. J'ai parlé avec la fermeté que je devois, et j'ai peint sous les couleurs les plus fortes les suittes fâcheuses que cela pourroit avoir contre le Prince, sans cacher tout le chagrin et la peine particulière que cela me faisoit à moi-même. On est convenu de tout cela, mais en blâmant fort la légèreté du Prince et se rejettant sur le refus que faisoient tous les banquiers de s'engager sans avoir leurs suretés, et l'impossibilité où l'on étoit de donner aucune sureté sans le *consans* des frères qui ne le donneroient pas ; qu'il ne scavoit pas comment le Prince s'en tireroit et qu'il faudroit voir avec luy et avec la Princesse. Je lui ai fort bien expliqué que ce n'étoit plus mon affaire pour le fonds, mais celle du banquier Rougemont dont j'avois une lettre à remettre à Mrs Betthmann ; que je devois être de retour, le 26, à Paris et que, le 22, je devois écrire positivement sur quoy on pouvoit compter. Rien de tout cela n'a fait effet, et il me paroit que le Rossalino comme les autres condamnent le Prince sans le vouloir ou le pouvoir servir. Je suis convenu avec ledit Rossalino d'aller cet après-midy chez les frères Betthmann pour savoir positivement ce que je dois dire au Prince et à la Princesse que je joindrai demain à Henbach ou à Haer, d'icy à Stockstadt, où je trouverai leurs chevaux pour me conduire chez eux. Point d'argent, point de suretés pour en avoir ; voilà où nous en sommes pour le moment présent. En attendant, je vais dîner et je te finirai ma lettre à mon retour de chez Mrs Bethmann.

Le même 13, au soir.

Grande et longue conférence chez Mrs Bethmann qui sont ainsi que ce Mr Rossalino les plus honnêtes gens du monde, mais qui ne peuvent servir le Prince sans qu'il se sacrifie lui-même, et c'est ce que ledit seigneur ne voudroit pas ; son président n'a pas autant de tort qu'il le dit puisqu'il l'a, à ce qu'on croit, déchargé de tous ses comptes; et à l'égard du *consans* des frères dont la Princesse nous a parlé, il n'y a pas moyen d'en faire usage puisqu'il est expressément limité à n'en faire usage que pour payer certaines dettes anciennes désignées. Somme toutte, tout est perdu, ou il n'y a qu'une ressource qui est Mme de la Ressource elle-même; c'est ce que Mrs Bethmann qui m'ont rendu la visite chez moy viennent de me faire entendre et ce que je vais préciser d'une voix tonnante au sérénissime châtelain d'Henbach. Si je réussis cela m'obligera de repasser icy et cela retardera mon retour de deux jours, mais au plus tard le 22 du courant est celui où je reprendrai la route de Paris. Demain j'arriverai seul, le soir à Henbach. Après demain Mr Rossalino m'y joint et le jour d'après qui sera le 16, je t'écrirai en faisant passer ma lettre par icy pour être sûr de son départ, car à touttes ces postes de traverse, on n'est jamais sûr, et Mrs Bethmann me l'ont conseillé. Portes-toi bien, ma chère amie, embrasse bien les enfans, tranquillise le baron mais sans cependant le flatter et dis-lui que je ferai pour le mieux dans tous les cas. Je ne puis rien dire davantage pour le moment à toi-même sinon que c'est un sot, ensuite que S. A., mon hôte de demain[1], j'ai receu un exprés de luy aujourd'huy, il m'attend avec impatience, il en reviendra quand il m'aura vu et que je lui aurai parlé[2].

MARTANGE A L'ÉVÊQUE DE WURTZBOURG[3]

Paris, ce 18 janvier 1774. — Amicissime pastor. Longam satis habeo reddendam tibi rationem et mei et nostrorum a tempore reditus mei hic Parisiis die vicesima mensis elapsi ad præsentem usque diem. Fatigatus semper et quasi contritus diu ac noctu cru-

---

1. Les dernières lignes sont peu compréhensibles, il semble manquer quelques mots.
2. M. Rivière écrivait, à la date du 26 décembre 1773 : « M. de Martange est revenu hier de sa postillonade à Wertheim, il m'a fait dire qu'il se portoit bien, qu'il étoit fort content de son voyage et qu'il me verroit ce matin. » — Arch. de l'Aube.
3. Arch. mun. de Honfleur.

delissima tussi suffocante et catharrali [1] nec calamum potui sumere qui de consummatione optatissimi matrimonii et tibi et serenissimis parentibus denuntiarem [2]; faustum illud negotium sub faustissimis, ut opinor, auguriis et ad mutuam omnium nostrorum laetitiam celebratum fuit die octava currentis ; et domino d'Orville qui utpotè agens serenissimi principis partes procuratoris sui renovando consensu et in persona representenda tenuerat omnes credidimus ut pariter nuntiatoris partes teneret usquequò, sibimetipsis redditi juvenes nostri (diversis reverā pro causis) frigidiori sensu obsequia nostra renovaturi, scriberemus amatis serenissimis nostris et amatissimo quoque pastori nostro. Cubili [3] semper a tribus hebdomadis aut saltem cubiculo fixus, Versalias pariter non potui adire, et neminem absolutè adiissem nisi absolutè ad id fuissem coactus per adventum litterae exspectatae à fratribus Betthmann qui primo mihi scripserunt de impossibilitate solutionis litterae cambialis Serenissimi nostri ad decimam currentis; quod (ut bene judicavit Reverentia Vestra) promptum exigebat, honoris salvandi causā, remedium, et omnia ita egi ut saltem tranquilliori animo expectare

---

1. Depuis quelques temps la santé de Martange était très altérée et son état était fort inquiétant. « Il se croit attaqué d'asthme, disait M. Rivière, mais sa maladie n'est en réalité qu'un rhume catharreux convulsif dont les quintes de la durée de cinq heures auroient broyé la poitrine d'un stentor. Le mariage de sa fille a été célébré le 8 de ce mois, et j'espère que toutte cette affaire aura d'heureuses suites, mais il est certain que les peines de corps et d'esprit qu'elle lui a causé ont pensé lui coûter la vie ». — Lettre de M. Rivière, conseiller de légation, du 19 janvier 1774. — Arch. dép. de l'Aube.

2. Il fait part du mariage de sa fille aînée, Antoinette de Martange, avec Jean-Robert-Bernard de Rümerskirch célébrée le 8 janvier 1774. Le baron de Rümerskirch était fils d'Edmond de Rümerskirch et de Marie-Josèphe Stipplin, laquelle avait épousé en secondes noces le prince Lowenstein-Wertheim.

3. *Traduction* : « Retenu pendant trois semaines à la chambre et au lit, je n'ai point pu aller à Versailles et je n'aurois absolument vu personne si je n'avois pas été contraint de sortir par la réception d'une lettre des frères Betthmann qui m'ont avisé de l'impossibilité où ils se trouvaient de payer la lettre de change de notre Prince au 10 du courant. Il fallait (comme le pense Votre Révérence) trouver un prompt remède en vue de sauver notre honneur, et j'ai tout disposé pour que nous puissions, d'un visage et d'un cœur tranquilles, attendre le retour d'Angleterre de M. Rougemont vers le dernier jour du mois, etc... »

potuerim ad tempus usque reditus domini Rougemont ex Anglia
unde redire debet ultimā hujus si faveant ipsius negotia. Interea
novam litteram mihi scripserunt fratres Betthmann per quam me
certiorem fecerunt de novis propositionibus à domino Wurth de
Vivenfels factis juxta quas propositiones credunt se suum assensum
daturos proximae solutioni 75 millia librarum scilicet ad quindeci-
mam februarii praefixam; quod summam nobis dabit in opere
nostro exequendo facilitatem modo ad terminum Paschale possint
novae regulationes solutoriae pro reliquo, sumi, et juxta illos, possint de novo fratres Betthmann pecunias hic Parisiis pronumerare
apud dominum Rougemont, quod semel factum omnia ad antiquam
fiduciam reducet et nobis omnes facilitates suppeditabit ad omnia
alia exequenda, de quibus aperto ore et corde sumus collocuti, ad
arcem inexpugnatam pro Serenissima nostra in amoena pariter et
securo positione construendam. Spero[1] sub aliquot diebus castellum
de quo locutus sum in Henbach cum uxore mea et novis nuptis
invisurus, et si illis placet jam incipiam negociatonem ut adven-
tantibus Serinissimis illos ibi possim excipere, et ipsimet judicent
ex proprio visu si illis jucundum et conveniens necne ut possint
interea aliquid ex situ praejudicare, non volui tardare, informem
licet, tibi mittere expositionis planum linealem qui mihi multum
arrisit. Quandò semel et hoc tempore hiemali videro certius quid
opinar scribam, quod verum est prœcedens possessor plus dependit
ad accomodendum quam costabit ad emendum, scilicet omnia non
costabunt plus quam nonaginta mille librarum, et ad annum 1780
reditum quinque mille librarum dabit, securum quidem in pratis,
vineis et fructibus. Plus amenissima venatio et amenior adhuc, si
possibile est, deambulatio. Judicabunt ipsismet oculis Serenissimi
et postea ad ipsorum nutum et voluntatem agemus.

1. *Traduction* : « Sous quelques jours, j'espère visiter avec ma femme et
les nouveaux époux le château d'Henbach, dont je vous ai parlé, et si cela leur
plaît, j'entamerai des négociations afin que je puisse les recevoir là à mon
arrivée, et qu'ils jugent *de visu* s'ils doivent s'y fixer et si le domaine leur
convient oui ou non............ Le prix est de 90.000 livres payables en l'année
1780; le revenu certain en prés, vignes et bois est évalué à 5.000 livres. Il y a
de plus une très belle chasse et des promenades plus belles encore si c'est
possible... »

Per[1] currum ordinarium transeuntem per Metz, Strasbourg et Francfort, dominis fratribus Betthmann, à domino Vernet depictos portus Galliae maritimos tibi mitto, benè elictos, et multum estimatos ; placeant peropto si amico et tibi adhuc exemplar unum mittam si alius generis aut tu, aut amicus tuus cupit. Scribe liberò et tibi alios mittam pro secundo exemplari. In omnibus, amicissime pastor, me semper impromptu habeas pro devotissimo et obsequentissimo amico. Ita, vale et ama. — De Martange.

P. S. — Eo momento recipio litteram principis Theodori, cui sub aliquot diebus rescribam consequenter et cui, quae simul de eo sumus confabulati. Humillime et devotissime quaeso obsequia Serenissimis nostris quibus pariter scribo.

LA PRINCESSE DE LOWENSTEIN A Mme DE MARTANGE[2]

Frieckenhaussen, le 8 février 1774. — Madame et chère amie, je vous suis très obligé des souhaits que vous avés bien voulu me faire au sujet de la nouvelle année ; je réciproque de tout mon cœur, Madame, les mêmes souhaits. J'ay été charmé d'apprandre par vostre lettre le bon estat de vostre santes et de celle de Mr. le général, mais la lettre de Mr. Dorville qu'il marque le petit accident et renouvellement de la fièvre m'a beaucup consterné et chagriné, d'autant plus que le général s'est assés bien porté pentant son séjour à Haybach à son départ : mais j'espère d'apprandre bientôt des meillieures nouvelles, en attendant je vous recomande la jeune épouse et l'époux de mon mieux, puisque j'aime en véritable mère l'une et l'autre[3]. J'ay l'honneur d'être avec un très-grant estime, Madame, votre très humble et très attaché servante et amie. — Josèphe, princesse de Lowenstein.

1. *Traduction* : « Par la diligence qui passe par Metz, Strasbourg et Francfort, je vous adresse, par l'intermédiaire des frères Bethmann, les ports de mer de la France peints par Mr Vernet ; ils sont de choix et des plus estimés.
2. Orig. autographe. Arch. de Honfleur.
3. Le baron de Rümerskirch, fils de la princesse de Lowenstein et la baronne de Rümerskirch, fille de Mme de Martange.

MARTANGE AU PRINCE XAVIER DE SAXE [1]

A Paris, ce 26 février 1774. — Mgr. Si la ferveur de mes exercices de piété pendant ce saint tems de carême ne m'a point encore entièrement guéri de l'abominable catharre dont il a plu à la Prodence d'éprouver la poitrine de son serviteur, j'ai au moins la consolation de pouvoir marquer à V. A. R. que je sens de jour en jour que la justice fait place à la clémence, et qu'après avoir longuement filtré le vieil homme je vais être bientôt régénéré, jusqu'à la dernière goutte de limphe, dans un nouvel être qui après tout pour qu'il vaille vaudra toujours mieux que le vieux que j'aurai dépouillé. Ainsi soit-il. C'est de ce moment-cy, Mgr., que sentant revenir mes forces, je vais commencer à en faire usage, et Dieu veuille que ce soit pour mon bien et pour celuy de ceux que j'aime à la tête desquels V. A. R. me permettra, j'espère, de mettre un très grand prince même en parlant à sa personne.

De touttes les nouvelles de ce pays-cy, il n'y en a qu'une qui vous intéresse et dont j'ai l'honneur de vous faire compliment, n'osant pas me flatter de vous l'apprendre, c'est la conservation de la pension de 40 milles livres obtenue par Mme la princesse Christine. On a ajouté à touttes les grâces du bienfait, touttes celles de la bonne façon, auxquelles elle est d'autant plus sensible ainsy qu'a touttes les preuves d'amitié et de déférence qu'elle reçoit sous le consulat présent qu'elle, ainsy que vous, n'aviés pas été gâtés sur ce point par le devancier. J'espère qu'avec le temps, V. A. R. aura aussi des motifs particuliers de reconnaissance personnelle, et c'est de cela dont il nous convient aujourd'huy de nous occuper.

Vous ne vous souciés ni de Beaumarchais ni de Mme Goezman, ainsy le jugement de leur procès ne doit pas plus vous intéresser

---

[1]. Orig. Arch. dép. de l'Aube.

que moy qui n'y ai pris part que par le désir que j'ay eu qu'on corrigeât une bonne fois l'autheur des libelles les plus atroces et d'autant plus dangereux qu'ils sont intéressans par le stile[1]. Voilà à bon compte un scandale de fini. Il y en a eu un autre d'une espèce différente à Tours qui, j'espère, est aussi terminé. Le public vouloit, il y a deux jours, que les mutins eussent été jusqu'à vouloir rendre une visitte à Chanteloup[2]. Jugés si je suis honnête; l'ordre public l'a emporté dans mon cœur sur le ressentiment particulier. Je me dois la justice de vous dire que j'en aurois été véritablement fâché. Et cependant V. A. R. scait mieux qu'un autre touttes les raisons que j'aurois.... Mais laissons en repos les trépassés et parlons des vivans.

Tout Paris retentit des louanges du nouveau ministre de la guerre[3] et il n'y a pas une seule voix qui dise non, entre mille qui crient ouy. On parle de tout plein de projets utiles et avantageux pour cette branche intéressante de l'administration publique.

JULIARD, PROCUREUR DES COMPTES, A MARTANGE[4]

A Paris, ce 7 juin 1774. — J'ay l'honneur de vous faire part que les lettres de naturalité de M. votre gendre ont été raportées hier[5], les épices ont été taxées aujourd'huy et M. le premier président avec la chambre ont décidé que ces lettres devoient suporter soixante-six écus d'épices ce qui foit monter la totalité des frais à la chambre des comptes à sept cens cinquante-quatre livres, seize sols, cinq deniers, savoir :

1. Le procès de Beaumarchais contre le conseiller Goëzman et ses *Mémoires*.
2. Résidence du duc de Choiseul.
3. Louis-Nicolas-Victor de Félix, comte de Muy, maréchal de France, décédé le 10 octobre 1774. Inhumé dans la cathédrale de Sens.
4. Orig. Arch. de Honfleur.
5. Ces lettres datées du mois de mai 1774 sont en copie aux Archives Nationales, P. 2599, fol. 28. Voy. plus loin, à l'appendice.

Épices 66 écus à 3 l. 4 s. l'écu	211 l.	4 s.	0 d.
3 s. pour livre	31	13	9
Aumosne	24	0	0
Signature	64	0	0
Controlle	21	6	8
Parisis	16	0	0
Expédition du greffe	132	0	0
Conclusions du parquet	79	4	0
Droit du premier huissier	2	0	0
Huissiers de service	3	0	0
Requeste et vaccations du procureur	132	0	0
Bourse commune	25	8	0
Minutte et clercs	12	0	8
	754	16	5

Lorsque je vous ay dit, M., que ces lettres couteroient moitié moins quels ont été taxées j'étois dans la bonne foy, c'est l'évaluation du huitième de part qui a été cause de cette augmentation. Si vous voullez bien envoyer un matin sur les neuf heures à la Chambre la semaine prochaine, car jeudy, vendredy et samedy la Chambre n'entrera pas, les fonds pour le montant du mémoire de l'autre part je retireray les lettres du gréffe et je les remettray à la personne qui apportera l'argent avec mon mémoire quitancé. J'ay eu l'honneur de vous dire qu'il faut de nécessité les faire enregistrer au bureau du domaine qui est au Palais et les faire insinuer, sans quoy M. Romersdekirch seroit déchu de la grâce que le Roy lui a accordé. Je suis avec la plus haute considération, etc. — JULIARD.

MARTANGE AU COMTE DE BROGLIE[1]

Paris, le 15 juin 1774. — M. le Comte. J'eus encore assés de force mardi dernier pour aller faire ma révérence au Roi et à toute la famille royale, mais en rentrant chez moi, de La Muette, on fut obligé de m'y mettre au lit perdu d'un accès de goutte universelle

---

1. Minute. Arch. de Honfleur.

qui ne me laisse encore aucun membre de libre. Il ne faut pas moins, M. le Comte, qu'un obstacle de cette nature pour m'enlever au plaisir d'aller vous rendre mes devoirs et de vous faire hommage de tous les sentimens dont je suis pénétré en voyant dans le dépositaire de la confiance du Roi celui que j'ai vu l'ami le plus fidèle de feu Mgr. le Dauphin et de Mme la Dauphine. J'ai eu le bonheur, M. le Comte, de servir sous vos yeux et sous vos ordres, et vous avés été plus à portée que personne de juger de la portion de confiance dont feu Mme la Dauphine, mère du Roi, a daigné m'honorer. Ces titres dont le souvenir m'est si précieux autorisent celle avec laquelle je me propose de réclamer vos bontés aussitôt que je serai rendu à l'usage de mes membres. Je vous supplie, M. le Comte, de recevoir en attendant l'hommage de mon attachement pour votre personne et celui de mon zèle pour le service du Roi. J'ai l'honneur d'être avec respect, etc.

RÉFLEXIONS SUR LES AFFAIRES DE POLOGNE[1]

Réfléxions sur l'état actuel des affaires de Pologne. — Paris, 20 novembre 1774. — Ce n'est qu'à l'établissement des quartiers d'hyver et après le repliement de la totalité de l'armée russe en Pologne qu'on pourra juger le dénoüement des scènes compliquées dont ce royaume a été le théâtre depuis la mort de son dernier roy.

C'est à l'usage seul que fera Catherine II de la plénitude des moyens que la paix vient de lui rendre qu'on reconnoîtra les véritables motifs de sa politique dans le traité de partage qu'elle a signé avec les cours de Vienne et de Berlin : si les démembremens arrangés entre les trois cours ont été effectivement négociés sur les principes de convenances égales et respectives; si l'impératrice de Russie a vu ou crû voir une réciprocité réelle d'avantages entre ces

[1]. Copie de la main de Mme de Martange et formant un cahier de 24 pages, in-fol. — Arch. de Honfleur.
Ce mémoire adressé à M. de Vergennes se trouve aussi aux Arch. des Aff. Étrangères, Pologne, 306, pièce n° 74.

nouvelles acquisitions et celles du roy de Prusse; si la cour de Vienne en s'alliant à son ancien ennemy s'est véritablement livrée à l'appât des circonstances et qu'elle n'ait pas simplement cédé à la nécessité des proportions ou à la crainte de s'exposer par des refus au ressentiment d'un voisin redoutable; si, en un mot, les trois cours co-partageantes ont scellé de bonne foy entr'elles l'instrument d'iniquité qu'elles ont avoué à la face de toutte l'Europe.

Il n'est pas douteux que la volonté de Catherine II bien constatée, soutenue dans l'intérieur de la Pologne par la présence de son armée victorieuse, n'y détermine la confédération générale à une soumission sans bornes et sans réserve à touttes les cessions et arrangemens qui auront été acceptés par ses délégués sous la dictée des trois ministres des trois cours alliées. Et dès lors aucune sorte d'espoir ne pouvant plus rester à ceux des anciens confédérés qui n'ont point encore donné ou envoyé leur recés[1], ils n'auront d'autre parti à prendre que celui de se réunir en personne ou par écrit au gros de la nation qui, assemblée en diette de pacification, achèvera de mettre sous cette dénomination, le sceau de la légalité constitutionnelle à tous les articles qui auront déjà été réglés par elle sous le nœud de la confédération, ce qui fixeroit formellement et irrévocablement le sort de la République aux termes et suivant le vœu du traité de Pétersbourg. Mais d'un autre côté, en considérant les objets sous un aspect différent : si l'impératrice de Russie en signant le traité de partage sur le pied des convenances respectives qui leur étoient proposées ne l'a fait que parce qu'elle se trouvoit alors sous la loi impérieuse des circonstances; si cette princesse n'a jamais pu s'aveugler sur la prétendue réciprocité des avantages qu'elle devoit trouver dans le démembrement; si malgré les anciennes liaisons d'amitié des deux cours impériales elles se sont tenues mutuellement sur la réserve dans la crainte de s'exposer respectivement à être les victimes d'une confiance indiscrette; si enfin chacune des trois cours en signant le traité de partage n'a réellement cherché qu'à voiler sous les apparences de la bonne foy l'intérêt

---

1. On lit bien *recés* sur la copie.

essentiel et véritable qu'elles avoient mutuellement à se tromper, n'est-on pas dans le cas de conclure que Catherine II dégagée par la paix qu'elle vient de signer, des entraves où la retenoit la guerre du Danube et ne craignant plus par la réunion et la présence de ses forces sur le haut Niester ni de se démasquer aux yeux de Frédéric, ni de s'ouvrir entièrement à la cour de Vienne ne tardera pas par le développement de ses véritables idées à opérer un revirement total dans le sistême actuel des affaires de Pologne?

Avant d'entrer dans le détail des motifs sur lesquels on regarde, cette seconde exposition du tableau politique comme la seule véritable telle inapparente qu'elle soit, on croit pouvoir établir en principe : que de telle façon que se décide cette grande affaire, le dénouement dans l'une ou l'autre des deux suppositions établies sera toujours un objet du plus grand intérêt pour touttes les puissances de l'Europe et plus spécialement pour la France que pour aucune autre, soit en raison de la dignité de sa couronne et de la considération dont elle a toujours joui en Pologne, même sous le règne des Rois dont elle avoit le plus contrarié l'élection; soit en raison de la publicité de son vœu pour la conservation de l'intégrité des domaines de la République et de la notoriété des secours dont elle a soutenu pendant un temps les efforts du parti patriotique; mais surtout par les suittes très dangereuses que pourroit avoir un jour contre elle-même, la permanence d'une liaison fondée sur des principes d'ambition et de cupidité entre deux cours dont le vœu réuni disposeroit à son gré de touttes les forces de l'Allemagne qu'elles pourroient employer sous le même appas de convenances respectives, à redemander contre la foy des traités, des provinces qui faisoient autrefois partie du domaine germanique et qu'elles réclameroient à des titres bien moins révoltans que ceux de leur invasion présente, en se couvrant à la face des nations de leur zèle patriotique pour la gloire de l'Empire et de la justice originaire de leurs prétentions. C'est particulièrement d'après cette réflexion si importante sur touttes les autres, qu'on a pensé qu'il ne pouvoit point être indifférent à la sagesse prévoyante du ministre du Roy d'être préparé par un calcul suivi du développement très-probable des vues prochaines de Catherine II à saisir avec les ménagemens de sa prudence consommée les occasions précieuses que ce même développement pourra lui fournir pour regagner sans se compromettre la juste influence qu'il convient à la première des couronnes d'avoir dans tous les grands événemens, concourir au rétablissement de l'ancienne balance des pouvoirs et surtout à la dissolution d'une alliance qui, ne dût-elle jamais être aussi dangereuse qu'il seroit possible qu'elle le devint, seroit toujours au moins révoltante à la nature des liens qui depuis le traité de Versailles unissent la France et la cour de Vienne.

C'est uniquement dans cette vue d'utilité que l'auteur de ce mémoire, après s'être convaincu lui-même de la désunion vraisemblablement très prochaine de l'alliance fictive des trois cours copartageantes et du revirement indispensable du sistème et d'intérêts dont cette désunion seroit suivie, a cru devoir soumettre au jugement du ministre du Roy les observations et les raisonnemens d'après lesquels il s'est confirmé dans cette opinion.

Que le Roy de Prusse, dès l'instant même de la mort d'Auguste III, ait projetté le démembrement des quatre palatinats de la Prusse roiale qui sont si forts à sa bienséance; qu'il ait cherché habilement à établir une correspondance particulière entre Catherine II et lui par la condescendance qu'il a marquée pour son candidat dans le temps de l'élection et par les éloges continuels qu'il a prodigués dans toutes les occasions à cette princesse; qu'il soit insensiblement parvenu par cette marche méthodique à l'engager sous l'appât de la gloire qui lui en reviendroit, en élevant et en soutenant seule la cause des dissidens, à s'aliéner les trois quarts de la nation polonoise qu'elle divisoit d'intérêts; qu'à la faveur de ces troubles domestiques et de ceux qu'il prévoioit devoir bientôt engager Catherine II dans une guerre étrangère, ce même prince ait espéré de consommer le démembrement auquel il aspiroit, c'est une vraisemblance si concordante dans tous les points avec les faits connus qu'on croit pouvoir se permettre de l'avancer comme une vérité équivalente à une vérité démontrée.

Mais ce qui est encore moins problématique et qui est d'une

démonstration évidente par les faits, c'est que pendant les quatre premières années des révolutions qui ont suivi la mort d'Auguste III, non seulement Catherine II n'est entrée pour rien dans les vues de Frédéric, mais qu'elle s'est même tenue très en garde contre touttes les tentatives que ce prince pourroit faire pour se concilier une influence directe dans les affaires de Pologne jusqu'à lui interdire toutte espèce de démarche active, au point que pendant que des détachemens russes partoient des rives de la Dwina pour venir soutenir à main armée sur la Vistule les volontés de leur souveraine, ce prince est constamment resté sur la Warthe tranquille spectateur de touttes les scènes qui ont précédé la confédération de Bar, et même de celles qui ont suivi la déclaration de guerre avec la Porte, et s'il a concouru à tous ces événemens, ce n'est que par les éloges intéressés dont il n'a cessé d'exciter et d'enflammer le courage de Catherine II à s'épuiser de Russes en leur faisant en même temps combattre les confédérés dans tous les coins de la Pologne et les Turcs sur le Niester et sur le Danube.

Il est donc bien prouvé par cette observation que l'objet de l'impératrice de Russie, au moins pendant les quatre premières années du règne de Stanislas-Auguste a été la domination absolue et exclusive dans touttes les affaires de la République et que cette princesse étoit bien loin alors de penser à partager cette influence et bien moins encore à laisser démembrer des provinces où elle vouloit être la seule à donner et à faire la loy.

Par quelle raison Catherine II a-t-elle renoncé à un intérêt dont elle étoit alors aussi jalouse ?

Pour répondre raisonnablement à cette question, il faut supposer que cette princesse a vu, ou du moins a pu voir dans le traité des démembremens qui lui étoient proposés par le roy de Prusse des avantages d'un prix supérieur à celui qu'elle attachoit à la conservation de cette influence unique qu'elle leur sacrifiait nécessairement par le même traité ; et cette supposition est également inadmissible soit qu'on compare de lot à lot les cessions faites à la Russie avec les nouvelles acquisitions du roy de Prusse, soit qu'on évalue ces mêmes cessions contre l'importance de l'espèce de suzeraineté acquise sur la Pologne par Pierre Ier et transmise par lui à ses successeurs comme l'intérêt d'État le plus précieux, et bien moins encore si on envisage les suittes auxquelles ces grands arrondissemens du roy de Prusse sur les côtes de la Baltique exposeroient la Russie elle-même vis-à-vis d'un voisin puissant et ambitieux qui, une fois accoutumé par elle à user du droit de convenance, ne tarderoit pas longtems à manifester à ses dépens ceux qu'il ne manqueroit pas de faire valoir sur la Courlande et peut-être sur la Livonie, aux titres de représentant des anciens chevaliers Teutons et Porte-glaives. Comment concilier des considérations aussi naturelles et aussi frappantes avec l'idée de la supériorité des avantages que l'impératrice de Russie auroit pu ou cru trouver dans son traité de partage ?

Il y a donc eu quelqu'autre motif caché qui a déterminé cette princesse. Quel a-t-il été, ce motif? Quel a-t-il pu être? En suivant le même ordre de discussion, on auroit encore à se demander pourquoy le roy de Prusse a-t-il différé aussi longtems à entamer sa négociation des démembremens avec Catherine II? Et on trouve la vraie solution de cette question dans la conduite mesurée que ce prince avoit alors à tenir avec la cour de Vienne. Par quels moyens a-t-il pu effacer à force de témoignages d'estime et même de vénération personnelle les germes de méfiance et les restes de haine qui devoient se trouver dans le cœur de Joseph II? Quel usage a-t-il fait dans ses entrevues particulières avec ce prince de tous les avantages que lui donnoient sur luy l'âge, l'expérience, la réputation et la connaissance de tous les ressorts les plus propres à émouvoir le cœur humain? Comment est-il parvenu, sous le voile spécieux de l'honneur attaché à l'augmentation de puissance, à détacher ce jeune prince, avide de gloire et de renommée, des principes d'équité naturelle et de la fidélité des traités qui ne devoient jamais leur permettre de partager des vues ambitieuses d'une injustice aussi évidente ? Comment le roy de Prusse, après avoir gagné le fils, a-t-il pu éblouir ou tromper le conseil de la mère? C'est ce qu'il n'est plus question aujourd'huy d'examiner, puisque le succès de touttes ces démarches n'est que trop prouvé par l'aveu que la cour impériale a fait et soutient encore aujourd'huy à la face de l'Europe de son alliance avec ce prince.

Mais ce qu'il importe principalement de remarquer, c'est que par ces mêmes démembremens en apparence si avantageux à la cour de Vienne, il est évident que le roi de Prusse divisoit les forces autrichiennes dans le même temps qu'il concentroit les siennes; que par cette séparation des troupes autrichiennes aux deux côtés des Krapacks (Karpathes), il se soumettoit en quelque façon sa nouvelle alliée par une sorte de dépendance dont il se promettoit bien, tôt ou tard, de la rendre victime; qu'ainsi dans le fait il trompoit la cour de Vienne, et pour le présent et pour l'avenir, dans une négociation insidieuse où son grand objet capital étoit bien plus de faire partager à la maison d'Autriche la honte de sa cupidité que d'en partager avec elle les bénéfices, et où il songeoit surtout à se fortifier de l'adhésion de cette même cour de Vienne à ses vues pour ne pas laisser à la Russie de moyens de se refuser à ses propositions en substituant adroitement à la faveur de cette intelligence un fonds de crainte, de méfiance et de jalousie aux anciens sentimens d'amitié, d'intérêt et de confiance réciproques qui unissoient les deux cours impériales depuis si longtems. Ce n'est donc qu'après avoir engagé la cour de Vienne dans un projet dont il lui avoit applani les difficultés, exalté les avantages et fasciné l'injustice, que le roy de Prusse de concert avec cette nouvelle alliée a osé entamer avec Catherine II la négociation des démembremens respectifs.

Et le temps qu'il a pris pour les proposer et auquel il s'étoit toujours préparé a été précisément celui ou cette princesse obligée de recruter sur le Danube des armées qui s'y affaiblissoient tous les jours, et par leurs victoires et par leurs maladies, se voit forcée de retirer la plus grande partie des troupes qu'elle avoit eues jusque là en Pologne aux risques d'y abandonner ses partisans à la haine et à la vengeance des républicains, et de voir passer la totalité de cette influence qui lui étoit aussi chère aux deux grandes puissances limitrophes qu'elle voioit armées sur leurs frontières et dont l'intelligence les mettoit, sans sa participation, dans le cas d'envahir tout ce qui leur conviendroit des domaines de la République. Il n'étoit pas dans le caractère de Catherine II placée comme elle étoit à cette époque entre la nécessité d'être trompée ou de tromper elle-même, d'hésiter sur le parti qu'elle avoit à prendre en adoptant comme avantageuses, avec touttes les apparences de la joye et de la sincérité les vues les plus contraires à l'intérêt sur lequel elle agissoit depuis six ans; en cédant au temps et aux conjectures dans des arrangemens qui devoient autant être contre le vœu réel de son cœur, elle avoit du moins la consolation de sauver, d'une part, l'espèce de honte qu'elle voioit pour elle dans l'évacuation forcée de la Pologne dont à la faveur du traitté elle paroitroit retirer ses troupes que pour les faire remplacer par celles de ses alliés, et d'un autre côté elle jugeoit avec plaisir que le ressentiment et l'indignation avec lesquels les Polonois verroient l'avidité des cours de Vienne et de Berlin les disposeroient d'autant mieux à oublier les violences et les vexations qu'elle avoit exercées elle-même contre eux au commencement des troubles et que lorsque le moment seroit venu elle n'auroit qu'à annoncer son désir de dissoudre un traitté également humiliant pour la République et contraire aux intérêts de la Russie pour que toutte la nation s'empressât de revenir à elle et volât avec soumission au devant de touttes ses volontés dans l'espoir de recouvrer par l'efficacité de ses secours les provinces que la cupidité des deux cours voudroit enlever aux anciens domaines de la République.

L'autheur du mémoire convient de bonne foy que cette espèce de dépouillement qu'il vient de faire des vues intérieures de Catherine II est absolument conjectural, mais on ne peut aussi disconvenir avec lui que la parfaite cohérence avec laquelle il tient aux faits et aux dates ne forme un grand préjugé en faveur de la probabilité des conséquences qu'il en tire contre l'exécution des articles convenus au traité de Pétersbourg.

Du choc inévitable des intérêts réels et cachés que chacune des trois puissances en particulier avec les intérêts apparens et avoués qu'elles se réunissoient pour suivre en commun, il n'a pas laissé que de sortir de tems en tems des étincelles qui auroient pu répandre une grande lumière sur *l'infériorité* de leurs vues si chacune d'elles n'avoit pas eu ou cru devoir paroitre avoir un motif privilégié d'intérêt majeur pour suspendre toutte explication entre elles jusqu'à ce que la baze fondamentale de leur ambition commune fût solidement posée : le commerce du sel fossile et du sel marin, l'affaire de Dantzig, celle des limites, la construction des forts, l'excavation des canaux formoient autant de questions litigieuses que si elles avoient été suivies et approfondies au moment où elles se sont élevées étoient plus que suffisantes pour croiser essentiellement l'intérêt d'État respectif. Mais le roy de Prusse étoit trop éclairé pour n'avoir pas senti lui-même et fait sentir à la cour de Vienne l'importance dont il leur étoit opportun avant tout d'accélérer par les arrangemens préparatoires de la délégation et de la confédération générale, la tenue d'une diète de pacification, la seule qui pût ratifier par une cession légale et constitutionnelle des démembremens que sans ce titre de légitimité ces deux cours ne pourroient jamais posséder qu'à titre d'odieux d'invasion.

Avec telle conformité apparente que Catherine II ait concouru à accélérer cet événement, il n'est pas vraisemblable que le roy de Prusse n'ait lu au fond de son cœur la répugnance cachée qu'elle y avoit contre la consommation réelle d'un traité que la nécessité seule des conjectures avoit pu lui faire signer. Et sur cette réflexion on peut également juger et de l'empressement avec lequel ce prince a cherché à faire tenir cette diette si intéressante de pacification avant la paix de la Russie avec la Porte, et des ressorts cachés que Catherine II a fait jouer pour prolonger et reculer les formalités préparatoires jusqu'au temps ou dégagée des embarras de la guerre sur le Danube, elle pût s'expliquer avec plus de liberté sur la Vistule.

Il est au moins vraisemblable que c'est d'après ces dispositions très cachées, mais très réelles que les ministres des deux cours prétendues médiatrices se sont conduites dans les négociations de Foczani, de Bucharest et de Constantinople, et il ne l'est pas moins que Catherine II a si peu compté sur la sincérité de leurs bons offices qu'elle ne s'en est rapportée pour la conclusion de la paix qu'à son feld-maréchal, comte de Romanzow qu'elle a chargé seul et de ses pleins pouvoirs et du soin de tout tenter, de tout risquer, de tout faire pour amener le Grand Vizir aux termes d'une pacification subite et telle qu'il convenoît à ses intérêts. Le succès seul pouvoit justifier sa politique, mais enfin elle a réussi.

Un thermomètre assés sûr du plus ou moins d'intérêt que les cours de Vienne et de Berlin prenoient au fonds de leur cœur à la prolongation de la guerre entre la Porte et la Russie, c'est le premier effet qu'a produit à l'une et à l'autre cour la première nouvelle de la signature des articles de Sumba. Les ministres du Roy employés à ces deux cours n'ont certainement pas oublié de marquer dans leurs rapports si l'étonnement avec lequel on y a reçeu cette nouvelle inattendue a été marquée au coin de la joye ou de la réflexion. Au reste à tel point qu'on ait laissé transpirer ou qu'on ait eu l'habileté de dérober à Vienne et à Berlin la véritable sensation qu'y a produite la nouvelle de cet événement imprévu, il n'en est pas moins dans l'ordre des combinaisons politiques d'en calculer les suittes sur la seconde supposition établie au commencement de ce mémoire et d'en présager le revirement total des intérêts actuels dans les affaires de Pologne.

A travers tous les nuages dont Stanislas-Auguste a enveloppé sa conduite, depuis l'époque d'un traité dont touttes les suittes apparentes devoient être aussi fatales à sa prérogative roiale que les clauses en étoient humiliantes pour sa République en général, on entrevoit cependant assés clairement à l'examen que ce prince n'a pas laissé que de concourir aux vûes réelles et cachées d'une princesse à laquelle il doit son élévation et dans les mains de laquelle il n'a jamais cessé d'être l'instrument du projet ambitieux qu'elle a conceu depuis longtems de s'assurer l'influence unique et illimitée dans touttes les affaires de la République. On peut observer à ce sujet que, dans le moment même où le comte Golofkin, ministre de Russie, s'expliquoit dans les termes les plus durs au nom de sa souveraine, contre la résistance de la ville de Dantzig (que par parenthèse l'objet primordial de sa mission avoit été de protéger à titre de médiateur), dans le même temps où il menaçoit les magistrats Dantzicois de toutte l'indignation de Catherine II s'ils retardoient plus longtems à reconnoitre la justice des prétentions du roy de Prusse, Stanislas-Auguste ait osé seul mettre des obstacles à cette même soumission, tant par les éloges publics qu'il a donnés à la résistance généreuse de la bourgeoisie, que par le refus constant qu'il a fait d'envoyer les ordres que la ville lui demandoit comme à son seul souverain et protecteur légal.

Quel a pu être l'appui d'une résolution aussi ferme de la part de Stanislas-Auguste, si ce n'a pas été la certitude qu'il avoit de complaire à Catherine II dans une circonstance essentielle, dans le moment même où il paraissoit le plus la contrarier. On verra avec le tems, (si le développement des vues de la Russie a réellement lieu), de quelle conséquence il aura été pour le succès de ses vues de se conserver le point d'appuy de Dantzig pour la conduite des opérations militaires contre le roy de Prusse.

Si on se rappelle que lors de la confédération de Radom, cette même impératrice de Russie paroissoit alors vouloir détruire son ouvrage ; que ce fut sur ces apparences qu'elle se fit inviter par une ambassade solennelle de toutte la noblesse confédérée à envoyer des secours efficaces de troupes en Pologne pour y protéger les dissidens opprimés et les catholiques mécontens du gouvernement de leur Roy ; qu'à l'arrivée de ces mêmes troupes russes qui devoient arracher Stanislas du thrône où leur souveraine se repentoit de l'avoir placé, elle ne l'en receut pas moins lui-même dans une association où il ne pouvoit être admis à aucun des deux titres qui l'avoient formée, et qu'assés en forces alors pour n'avoir plus besoin de masquer ses véritables projets, sous une fausse colère, Catherine II emploie hautement Stanislas-Auguste comme le ministre de ses volontés et qu'à ce titre il concourit effectivement à tous les actes de vexation et de tirannie que l'ambassadeur russe prince de Repnin exerça à Varsovie on sera peut-être moins étonné de l'obscurité des détours par lesquels la protectrice et le protégé n'ont jamais cessé de tendre au même but même dans les circonstances où leurs intérêts ont paru être les plus contradictoires.

Le choix que Stanislas-Auguste a fait du comte Branicki, son ami particulier le seul peut-être qui soit, qui ait toujours été dans sa confidence intime, pour aller en dernier lieu à Pétersbourg, la façon dont ce ministre y a été receu et traitté, la sorte de succès qu'a eue sa négociation (et qu'elle n'a eue qu'aux premières nouvelles de ceux du comte de Romanzow), le ton avantageux qu'a pris ce même comte Branicki depuis son retour à Varsovie, la déclaration expresse qu'il a faitte à ses commettans des intentions absolues où étoit Catherine II de ne s'écarter en rien ni de la lettre ni de l'esprit du traitté de Pétersbourg dans les démarcations des premières limites, la protestation solennelle que ce grand général a faitte en conséquence contre toutte espèce de prétention ultérieure des cours de Vienne et de Berlin, — ne sont-ce pas autant d'indices assés marquans des dispositions prochaines où on suppose qu'est la cour de Pétersbourg, de revenir par la voie des explications contre une partie au moins des arrangemens qui ont été faits à la suitte du traitté de Pétersbourg.

Quel intervalle y aura-t-il entre les explications et les aigreurs ? et ensuitte entre les aigreurs et la rupture totale ? Quel a été l'objet de ce même comte Branicki en réclamant hautement depuis son retour de Pétersbourg l'indépendance de sa charge de grand général des résolutions du conseil permanent ? Et quel peut-être l'objet de Catherine II en le protégeant dans cette réclamation ?

Si la demande du comte Branicki sur ce point important lui est accordée (fût-ce avec des restrictions), cet arrangement ne détruira-t-il pas seul *dans le fait* tout ce que la Russie de concert avec les deux autres cours a paru poursuivre *dans la forme* avec la plus grande chaleur ? Car il est évident que si le grand général ayant les forces du royaume dans sa main ne dépend pas absolument du conseil permanent il faudra nécessairement que le conseil permanent dépende du grand général et si le grand général lui-même est l'homme du Roy dès lors toutte la force et conséquemment l'autorité absolue passent à la disposition du souverain contre la teneur et l'esprit de ces articles si longuement discutés pour l'établissement de ce même conseil permanent dont l'objet étoit principalement de restreindre la prérogative royale.

En s'attachant avec réflexion à cette dernière considération, on voit clairement que dans la réalité, il n'y a encore rien eu jusqu'à présent de statué définitivement sur les objets qui depuis plus de deux ans font le sujet des délibérations entre les ministres délégués de la confédération générale et ceux des trois cours co-partageantes; conséquemment que tout peut encore être décidé définitivement dans un sens absolument contraire, que si le concours de la République a été jugé nécessaire par les trois cours pour consolider leur traité de partage, cette même République est toujours maîtresse de faire valoir les protestations qu'une partie des membres mêmes de la délégation la plus subjuguée a faite à touttes les époques principales contre les résolutions forcées auxquelles l'oppression l'obligeoit de souscrire, et qu'enfin pour en venir là cette même République n'a besoin que de se soupçonner une protection qui relève son courage et ses espérances.

L'espèce d'humeur qu'a marquée publiquement le comte Branicki depuis son retour de Pétersbourg sur la réquisition faite au nom du roy de Prusse pour le passage des six cents hommes que ce prince envoie en Valachie pour y faire des remontes, ne laisse pas que d'être d'une observation doublement importante, soit qu'on envisage la hardiesse du refus que le grand général a proposé d'abord de faire à cette réquisition, soit qu'on cherche à pénétrer la réalité des motifs de Sa Majesté Prussienne en envoyant un détachement aussi considérable sur les derrières des quartiers destinés à l'armée de Russie, dont ce détachement paroit bien plutôt devoir être chargé de reconnoitre l'état, la force, la situation, l'emplacement des magasins, les dépôts des munitions et surtout les dispositions réelles, que de remplir un objet à l'exécution duquel une trentaine d'hommes étoit plus que suffisante ainsi que l'observoit le grand général. Sur quoi peut porter cette curiosité du roy de Prusse si ce n'est sur la méfiance qu'il a des dispositions de la prétendue alliée à revenir contre des engagemens qu'elle n'a pris que dans un temps de contrainte, et qu'elle n'a jamais pu regarder comme assés avantageux pour leur sacrifier la sorte d'influence dont elle jouissoit au commencement des troubles dans les affaires de Pologne, influence trop précieuse pour elle pour ne pas s'occuper dans ce moment-cy du soin et de l'espoir de la regagner.

On se tromperoit également et sur la façon de sentir et sur celle de penser de la noblesse polonoise, si l'on imaginoit que le souvenir de touttes les avanies qu'elle a essuiées de la part de la Russie puisse balancer un seul instant dans son cœur l'empressement et la joye avec lesquels elle se remettra sans réserve sous la protection de cette puissance, dès qu'elle la verra revenir sur ses engagemens du traitté de Pétersbourg. L'espoir du recouvrement des provinces qui viennent de lui être arrachées et l'espoir du rétablissement et de la conservation de cette ancienne constitution dont les vices et les abus lui sont toujours chers l'emportera toujours dans les âmes polonoises sur toutte autre considération. Ces nobles républicains scavent par l'expérience que cette constitution à laquelle ils tiennent par dessus tout s'est conservée malgré l'espèce d'empire que la Russie a pris depuis le règne de Pierre Ier dans leurs délibérations nationales, et ils n'ont pas besoin de l'expérience pour juger qu'il ne leur restera plus rien de cette ancienne liberté en devenant sujets des maisons d'Autriche ou de Brandebourg. L'impression de ce sentiment est si forte, si profondément gravée dans les cœurs de toutte cette nation républicaine qu'on ose dire et avancer comme une vérité hors de doutte que ces mêmes familles qui n'ont jamais pu se réunir malgré les malheurs multipliés qui depuis dix ans ont été les suittes funestes de leurs divisions céderont touttes sans balancer au seul intérêt général du rétablissement de leurs anciennes prérogatives, et que c'est à ce seul point de réunion possible, facile et même naturel que toutte cette noblesse dispersée pourra encore tout espérer en y trouvant la force réelle qui lui a toujours manqué, tant qu'elle n'a agi que par pelotons sous les différends maréchaux de ses confédérations particulières. C'est alors qu'on pourra voir ces mêmes guerriers que l'instabilité, l'indiscipline, l'irrégularité, l'insubordination et surtout l'incapacité de leurs chefs ont rendus aussi méprisables sous les enseignes de leurs palatinats devenir des soldats redoutables sous les ordres supérieurs et absolus d'un général russe, et avec peut-être plus d'ardeur ne déroger en rien à la fermeté et à l'ordre de l'armée sous les drapeaux de laquelle ils combattront.

Le retour des prisonniers faits en différentes circonstances par les Russes sur les confédérés depuis l'origine des troubles et nouvellement renvoyés en Pologne par les ordres de Catherine II, avec des témoignages de l'indulgence et même de la générosité de cette princesse, ne seroit-il pas un indice de l'usage qu'elle se propose de faire de l'attachement et de la reconnaissance qu'elle a prétendu leur inspirer et l'amnistie accordée par Stanislas aux confédérés de Bar?

Malgré tout le fonds que peut faire Catherine II sur ces dispositions de toutte la noblesse polonoise dont elle disposera dans l'occasion sans réserve et avec laquelle la Russie balanceroit, peut-être avec succès, les forces combinées des cours de Vienne et de Berlin, il est plus que vraisemblable que Catherine ne négligera rien pour séparer la cause de la cour de Vienne de celle du roy de Prusse; car c'est contre ce prince que son ressentiment est spécialement dirigé comme autheur unique de toutte la trame artificieuse dans laquelle les deux cours impériales se sont trouvées enlacées malgré elles.

Si on compare avec quelque attention les avantages réels des démembremens cédés au roy de Prusse, aux avantages purement apparens des provinces cédées à la cour de Vienne; si on considère que ce ne sera qu'en courant des dangers continuels que cette même cour de Vienne pourra espérer de conserver ses nouvelles acquisitions pendant que le roy de Prusse aura toujours les plus grandes facilités d'abuser de sa position réunie et concentrée en cas de rupture entre la maison d'Autriche et de Brandebourg; si l'on établit en un mot, comme vérité politique démontrée, que cette même cour de Vienne gagnera infiniment à rendre tout ce qui lui a été cédé, pourvu que le roy de Prusse ne garde rien de ce qu'il a pris; si à ces motifs d'intérêt on joint encore ceux de la gloire qui reviendroit à la cour de Vienne en se rendant à des principes d'équité dont elle ne s'est écartée que par la nécessité des proportions et des circonstances et auxquels elle se feroit le plus grand honneur de revenir; si en considération de la restitution volontaire que feroit cette même cour de ses provinces ultramontaines, la République lui cédoit avec pleine volonté et liberté et sous la garantie des principales puissances de l'Europe, la souveraineté du duché de Zips et de Sandeck avec une partie des salines roiales de Wieliczka; si surtout, en retour de l'efficacité des secours que la Russie et la République retireroient de la réunion des troupes autrichiennes à l'armée russo-polonoise contre l'ennemi commun on lui faisoit envisager le recouvrement de totalité ou de partie de son ancien patrimoine de Silésie, — on peut se former l'idée des différens points de négociation que la cour de Saint-Pétersbourg auroit à employer pour rappeler celle de Vienne aux anciens principes de liaison et d'intimité qui les ont aussi étroitement unies depuis le commencement du siècle.

On ne se permet pas de prononcer d'avance sur le plus ou le moins de succès avec lequel ces différents points pourroient être discutés entre les deux cours impériales. Mais on auroit de la peine à se persuader qu'une liaison aussi nouvellement établie entre les cours de Vienne et de Berlin puisse balancer bien longtems des raisons aussi fortes d'y renoncer!

On se permet encore moins d'indiquer ni même de pressentir les différentes instructions que le ministre dirigeant les affaires du Roy pourroit faire passer aux différens ministres de Sa Majesté aux cours de Vienne, de Berlin et de Pétersbourg pour surveiller leurs véritables dispositions respectives dans chacun des points supposés.

On oseroit encore moins prévoir et décider jusqu'à quel point il seroit ou pourroit être convenable aux intérêts de la France, d'entrer dans les idées de la Russie dans l'objet : 1° de regagner dans la République en coopérant au recouvrement de l'intégrité de ses domaines, le degré de considérations et d'influence qu'elle y a toujours eu et qui convient à tant de titres à la dignité de sa couronne; 2° de se rapprocher de la cour de Pétersbourg, pour le bien du commerce de ses sujets dans les Échelles du Levant ce qui pourroit être essentiel à quelques égards au moins tant que le pavillon russe aura la liberté d'y pénétrer ; 3° surtout de dissoudre le plus promptement que possible l'alliance révoltante et inquiétante des cours de Vienne et de Berlin.

Les seuls objets que l'autheur de ce mémoire se soit proposés en le rédigeant ont été : 1° de déterminer bien exactement l'intérêt réel de chacune des puissances aujourd'hui influentes dans les affaires de Pologne ; 2° de reprendre dès l'origine des troubles et de suivre jusqu'à l'époque présente l'exposition des motifs politiques qui ont effectivement réglé ou du moins pu régler leur conduitte dans les différentes circonstances essentielles ; 3° sur la connexion parfaite qui se trouve entre ces mêmes motifs de conduitte, tels qu'ils ont été exposés avec l'intérêt d'État réel tel qu'il a été déterminé et la concordance toujours soutenue des raisonnements et des indices avec les faits et les dattes pour se réunir toujours aux mêmes conséquences ; 4° d'annoncer au moins comme probable un revirement total de sistème dont les suittes telles qu'elles puissent être seroient trop évidemment importantes au bien des affaires du Roy pour qu'il ne soit pas également intéressant à la sagesse de son ministre, d'en avoir calculé d'avance la possibilité, pour prendre ou préparer éventuellement les mesures les plus propres à tirer le parti le plus avantageux de l'événement.

LE PRINCE XAVIER DE SAXE A Mme DE MARTANGE [1]

Chaumot, ce 6 décembre 1774. — J'ai reçu la lettre que vous avés bien voulu m'écrire, le 3 du courant, et vous suis très-obligé des vœux que vous m'y adressés à l'occasion de mon jour de fête.

Je vous prie, Madame, de remercier aussi de ma part Mlle Xave-

---

[1]. Lettre autographe. Arch. de Honfleur. — Il est permis de croire, au ton de cette lettre, que tout lien était rompu entre le prince et Martange, ce que confirme d'ailleurs la correspondance générale du prince Xavier, conservée à Troyes. Dans les minutes de cette correspondance (2e liasse, 1770 à 1777), à partir de la seconde moitié de l'année 1774, on ne trouve plus à l'adresse de Martange que de courts billets.

rine, ma filleule, de la lettre qu'elle m'a écrite à la même occasion. Je suis avec toutte la considération possible, Madame, votre très-obéissant serviteur. — XAVIER.

MADAME MARTIN-DUFOUR A Mme DE MARTANGE[1]
(Extrait).

A Mme de Martange, faubourg Saint-Honoré, rue de Monceau, barrière du Roulle, à Paris. — A Lion, le 6 février 1775. — Je proffite, ma bonne chère sœur, de l'occasion qui se présente pour vous écrire comme si je vous parlois, en vous priant de me faire l'amitié de m'écrire par le retour de ces messieurs une lettre où votre cœur à son aise et en sûreté ce déploie comme par le retour de M. Dufour il y a deux ans. L'état d'ennuis et de tristesse où je vous ai vue quelques fois et dans lequel je vous ai laissé l'été dernier ne m'est pas sorti de la tête et me chagrine infiniment..... J'ai lieu de croire que vous avez des sujets réels d'inquiétude et d'ennuis, mais peut-être les sentiriés-vous avec moins d'amertume si vous étiés très-bien portante..... Je ne puis, ma très-chère sœur, que vous encourager à faire le voyage de Suisse pour consulter cet homme de la montagne et tâcher d'en tirer quelque parti, je compte m'y acheminer les premiers jours de may si rien de fâcheux n'arrive d'ici-là... Je ne suis pas aussi sans inquiétude sur la brouillerie avec le maître de Chaumot[2]; les gens de cette espèce ont toujours le pouvoir de faire le mal, lors même que la puissance de faire le bien leur est ôtée; ils font agir quand ils n'agissent pas, et il ne se trouve que trop de gens dans le monde qui servent avec plaisir la haine et la vengeance des gens de ce calibre-là ; il est même des gens assez indignes et assez bas pour prendre à honneur cette affreuse confiance. J'ai remarqué par un silence que n'observoient point cy-devant avec moi Messrs Goudard[3] qu'ils sont instruits; ils

1. Arch. de Honfleur.
2. Le prince Xavier de Saxe.
3. Banquiers à Lyon.

sont toujours grands partisans; ils ont receu en dernier lieu des présents en porcelaine du Prince et de la comtesse ; un de leur beau-frère nommé Sponton, génois d'origine, vient d'obtenir une place ou employ de payeur des rentes pour la ville de Gênes qui vaut ou qui rend 60 à 80 mille livres; il va avec sa femme et sa famille ce retirer à Paris. C'est singulier combien il y a de concurans dès qu'on sait quelque chose de lucratif; je connois 2 ou 3 maisons qui ont brigué cette chose-là et celui-cy l'a emporté sans qu'on se douttât qu'il la postulât. C'est agir finement et cela étoit juste comme étant génois...

MARTANGE AU PRINCE XAVIER DE SAXE [1]

A Honfleur, ce 30 décembre 1775. — Mgr. La retraite à laquelle je me suis voué pour l'arrangement de mes affaires ne m'empêche point de m'y occuper de mes devoirs : celui d'y former des vœux les plus ardens pour la parfaite satisfaction de V. A. R. et de tout ce qui l'intéresse, est d'une datte trop ancienne pour l'oublier. Je vous prie, Mgr, d'en recevoir l'hommage avec bonté au commencement de l'année, ainsy que celui du très-profond respect avec lequel j'ai l'honneur d'être, etc. — DE MARTANGE.

P.-S. Mme de Martange et mes enfans se réunissent à moy pour mettre leurs vœux et leurs respects aux pieds de V. A. R.

MARTANGE AU PRINCE XAVIER DE SAXE [2]

A Paris, ce 1er décembre 1776. — Mon Prince, Je me suis convaincu qu'il n'y avoit point d'obstacles insurmontables pour l'homme qui s'occupe sérieusement de ses affaires. Loin de me laisser abattre par les circonstances fâcheuses où je me suis trouvé

---

1. Orig. Arch. dép. de l'Aube.
2. Lettre originale autographe. Arch. de Honfleur.

à la mort du feu Roy[1] et par les pertes énormes que j'ai essuiées sous le ministère de M. Turgot, j'ai opposé le courage et la patience à la tempête et au moyen des sacrifices que j'ai faits sans balancer sur mon aisance[2], je suis parvenu dans le cours d'une seule année à établir dans ma fortune un ordre assés évident pour assurer une tranquillité, celle de tous mes créanciers, et forcer tous ceux qui croioient avoir à se plaindre de moy à applaudir à ma conduite et à mes arrangemens. Je ne doute pas, mon Prince, que Mr d'Orville n'ait rendu compte de toute ma marche à V. A. Sérénissime, et c'est sur cette confiance que je ne l'ai pas fait moi-même comme je l'aurois dû en retour de l'intérêt généreux que vous avés pris à tout ce qui m'arrivoit. Je jouis dès aujourd'hui, mon Prince, de la satisfaction de n'avoir de reproche à me faire vis-à-vis de personne et de pouvoir, même en restant au point où je suis, me passer de tout l'univers. Je n'ay cependant renoncé pour cela à aucune de mes espérances; mes services passés et la justice de mon maître me donnent des droits trop légitimes à ses grâces pour ne les pas attendre soit un peu plus tôt soit un peu plus tard, et grâce à la santé que j'ai recouvrée je n'ai plus besoin que de l'occasion pour rappeler par des services présens ce que j'ai fait et ce que je puis encore faire. Et, Dieu aidant, il y a tout lieu de croire qu'avant peu cette occasion ne manquera pas à mon zèle et l'avenir me consolera du présent, si tant est que j'aye besoin de consolation.

Je désirerois ardemment, mon Prince, pouvoir m'éviter de dire à Votre Altesse qu'un des plus grands embarras que j'aye éprouvé dans l'arrangement de mes affaires est venu des engagemens personnels que j'ai été obligé de prendre pour libérer Mr de Rougemont et vous mettre vous-même, mon Prince, à l'abry des poursuites

---

1. Allusion à l'exil de Mme du Barry et au renvoi successif des différents ministres de Louis XV : le chancelier Maupeou, l'abbé Terray et le duc d'Aiguillon; ce dernier avait donné à Martange des preuves d'un attachement personnel.

2. « Après quelques mois de séjour à Paris, dit M. Rivière, de Martange est reparti à Honfleur n'emportant avec lui que des espérances; sa terre [de Maison-Blanche] est vendue et Monsieur lui a fait remise des lods et ventes. » Lettre du 18 mai 1776. Arch. de l'Aube.

désagréables auxquels les délais des paiemens convenus par l'acte que V. A. S. a passé icy avec l'assistance de son président des finances vous avoient exposé. Je ne me fais pas un mérite auprès de vous, mon Prince, des gros intérêts que j'ai paiés pendant le cours des deux années dont le 4ᵉ payement échoit au 10 décembre prochain, et dont les sommes réunies aux intérêts forment un objet de près de 120 mille livres. Quand je n'aurois pas été obligé à soutenir les clauses de l'acte qui nous fait la loy à tous et qui fixe les clauses du mariage de nos enfans, le désir ardent d'éviter des chagrins et des peines à V. A. S. m'auroit fait également employer tout ce qui étoit en mon pouvoir pour lui faciliter les moyens de dégager sa parole et sa signature. Mais enfin, mon Prince, le jour est venu où, du moins pour un tems, il ne m'étoit plus possible de continuer à aller en avant pendant que V. A. restoit toujours en arrière; et tout ce que j'ai pu faire en dernier effort pour vous procurer encore un peu de tems a été de gagner jusqu'au mois de février prochain au moyen de l'acte dont j'envoye copie et *notiffication formelle* à V. A. S. en la priant de vouloir bien à ce sujet m'honorer d'une réponse prompte et décisive, ne pouvant vous dissimuler, mon Prince, qu'obligé nécessairement de veiller à la conservation de la fortune de mon gendre, de ma fille et de leurs enfans, rien ne peut plus me déterminer à retarder l'exécution de la loy que V. A. S. s'est faitte à elle-même en exposant ses terres de Bohême à une saisie qui suivra immédiatement la réponse que je lui demande et pour laquelle les ordres et les instructions sont déjà touttes prêttes pour être adressées à Vienne. Vous êtes trop juste et trop éclairé, mon Prince, pour ne pas sentir de quelle importance il m'est de me mettre en repos vis-à-vis de mon gendre et de ma fille auxquels je suis garant de la parfaite exécution des clauses de leur contrat de mariage. Tout ce que je puis, mon Prince, c'est d'attendre jusqu'au 1ᵉʳ janvier prochain la réponse de V. A. S., et si, à cette époque elle fait passer à M. d'Orville une somme de 80.000 livres seulement sur les 120 mille à peu près qui seront échues à cette époque je lui ménagerai au moyen de cet à-compte le délay d'une année pour payer le surplus de ce qu'elle aura à payer dans le courant de l'année 1777. Comme cette somme de 80.000 livres ne passera pas par mes mains et qu'elle sera remise par Mr. d'Orville à Mr. de La Cour désigné dans l'acte dont j'envoye copie à V. A. S. et qui en donnera quittance par devant notaire, je me flatte qu'il n'y aura pas d'inquiétude sur l'employ de cette somme, comme il n'y en a jamais dû avoir sur l'exécution des engagemens pris de ma part dans le contrat de mariage et qui ont toujours été à couvert, ainsy que V. A. S. peut en juger en observant que par delà les 120 mille livres à peu près échues au 10 décembre il restera encore trois payemens au total de 80.674 livres et conséquemment qu'il y a toujours eu 3 ou 4.000 livres au delà de la somme dont je dois l'employ à mes enfans, en vertu de leur contrat de mariage.

Sur cet exposé précis et détaillé de notre situation respective, mon Prince, V. A. S. peut juger elle-même de la nécessité où je me trouve après m'être épuisé pour soutenir son crédit et rétablir le mien, de travailler même contre Elle, à l'acquit de sa parole envers des enfans dont mon premier et principal devoir est de deffendre la fortune en les empêchant de perdre ce qui leur a été donné par leur contrat et qui a été la base essentielle de leur union.

D'après cette considération du risque que ces enfans auroient à courir, et que je courrois moi-même vis-à-vis d'eux s'ils venoient à perdre comme ils en sont ménacés faute de payement de la part de V. A. S. les bénéfices d'un capital aussi avantageusement placé, je leur communique la lettre que j'écris à V. A. et leur en envoye copie pour qu'ils se gardent bien sous tel prétexte et sous telle promesse que ce soit de se pretter à aucune cession ou abandon de ce dont ils doivent joüir et que vous et moy leur avons garanti et qui ne peut plus leur être conservé qu'autant que V. A. S. paiera ou totalité ou au moins partie de ce qui est échu actuellement et qui au 10 décembre de cette année fait une somme de près de 120.000 livres.

En résumant tout ce que je viens d'avoir l'honneur de mettre sous vos yeux, vous voiés, mon Prince,

1° Que dans l'origine Mr. de Rougemont a sauvé V. A. S. lorsque vos lettres de change ont été protestées ;

3°. Que c'est moy qui, en empruntant à très-gros intérêt, ai sauvé et Mr. de Rougemont et V. A. S. lorsque par déffaut de paiemens que vous lui aviés assignés il étoit forcé ou de vous faire saisir ou d'emprunter lui-même pour se couvrir des engagemens qu'il avoit pris en conséquence des vôtres ;

3° Que ne pouvant plus, moy, aujourd'huy, sauver plus longtemps V. A. S. des engagemens qu'elle a pris et des clauses auxquelles elle s'est soumise volontairement et avec l'assistance du chef de son Conseil, je suis dans l'alternative fâcheuse ou d'abandonner le soin de la conservation du bien des enfans ou d'agir moi-même contre V. A. S. si Elle ne s'aide pas elle-même en payant en janvier prochain les 80.000 livres à compte des 120 mille à peu près qui seront échues le 10 de décembre prochain, et que faute de ce paiement il faut que je me joigne malgré moy à ses persécuteurs; dans le temps où je voudrois pour beaucoup de sang n'avoir à lui donner que des preuves de mon attachement à sa personne et à sa gloire.

Je préviens V. A. S. que je communique la présente lettre à Mrs. d'Orville et de Rougemont et que j'en envoye copie à ma fille pour que mon gendre et elle en donnent communication à Mme la Princesse, votre Sérénissime Épouse.

Je vous supplie, au reste, mon Prince, de ne voir dans cette exposition nécessaire de ma position vis-à-vis de vous et de la vôtre vis-à-vis de moy que la nécessité indispensable de nous mettre en règle, et de n'en pas rendre moins de justice aux sentimens du sincère attachement et du très-profond respect avec lequel j'ai l'honneur d'être, etc.

MARTANGE A Mme DE MARTANGE[1]

Paris, ce 9 juin [1778]. — J'arrive de Versailles, ma chère amie, et j'en rapporte l'âme beaucoup plus calme que je ne l'avois en y allant et même le samedy que je t'en écrivis ma dernière. J'ai rempli l'objet que je m'étois proposé de parler au Prince[2] et au Maréchal[3]. Le premier m'a dit avec bonté *qu'il ne pouvoit rien me dire encore*, et c'est tout ce que j'en ai pu tirer au milieu d'une affluence incroiable de gens que sa réception dans l'ordre du Saint-Esprit[4] avait attirés à Versailles et que les affaires du moment y auroient encore attirés sans cela[5]. Pour Mr. le Maréchal, je n'ai pu le joindre qu'hier quoique je l'eusse guetté et chassé toutte la journée du dimanche. J'ai seû de luy-même ce que j'avois déjà appris par d'autres qu'il avait eu la bonté de me mettre avec beaucoup d'autres sur la liste qu'il avoit remise au Roy, mais que le nombre des élus étant infiniment plus petit que celui des présentés il étoit tout simple que j'eusse été sacrifié ainsi que beaucoup d'autres à des personnages plus protégés pour la plupart[6]. J'ai remercié le Maréchal de la bonté qu'il avoit eue de penser à moy et je l'ai prié d'être bien persuadé de tous mes regrets, que je ne désespérois pas encore et que si contre mes vœux et mes espérances je n'avois pas l'honneur de le servir à la guerre comme officier général, je lui demandois d'avance la permission de le suivre comme

---

1. Arch. de Honfleur.
2. Le comte de Montbarrey, gentilhomme franc-comtois, prince de l'Empire, ministre de la guerre.
3. Le maréchal de Broglie.
4. 7 juin 1778.
5. Deux escadres avaient été préparées ; l'une était partie de Toulon sous les ordres du comte d'Estaing pour les mers d'Amérique (13 avril 1778) avec ordre d'attaquer la flotte anglaise, l'autre était réunie à Brest. Le célèbre combat de la *Belle-Poule* est du 17 juin 1778 et le combat d'Ouessant du 17 juillet suivant.
6. Martange sollicitait le grade de lieutenant général.

aide-de-camp et volontaire[1] ; sur quoy il m'a répondu assez obligeamment : « il faudra bien tâcher de vous racrocher ». Je conte le voir encore icy où il arrive aujourd'huy ou demain pour avoir à ce sujet une plus longue conversation. En rapprochant ce qu'il m'a dit et ce que le Prince m'avoit dit de son côté, je ne serois pas étonné qu'il ne fût question d'attendre pour se décider à mon égard quelle sera la réponse de M. le comte de Lusace[2], et de voir au cas qu'il accepte, — ce qu'il n'est pas vraisemblable qu'il refuse, — quel officier général de confiance il désirera avoir auprès de lui[3]. Si j'en veux croire Eckart[4], avant son dernier départ, il avoit souhaitté me voir et avoit même ordonné à son suisse de me le faire dire, en me laissant entrer si je venois à telle heure que ce pût être. Ce sera, si cela a lieu, une funeste reprise de travail et un grand embarras pour me décider connaissant, comme je la sais, cette terrible besogne ; mais d'un autre côté s'il y met de la noblesse et de la décence je sens bien qu'il n'y a rien que je ne sacrifie à l'espoir d'être utile à mon fils.

D'un autre côté, on parle de former une nouvelle armée en Flandre aux ordres de Mr. le prince de Condé, et c'est peut-être de cela que Mr. le prince de Montbarrey a voulu me dire qu'il ne pouvoit encor me parler. Le grand point c'est que ce n'est rien de ce que je t'avois marqué que je craignois et que c'est beaucoup d'être tranquillisé sur cela. Il faut dans tous les cas attendre et surtout la réponse du seigneur comte pour m'éclaircir sur mes doutes à son sujet, et cela me fera passer icy au moins encor le

---

1. Trois cents bâtiments de transport devaient être rangés à Saint-Malo et au Havre pour porter en Angleterre une armée d'invasion. Le maréchal de Broglie était désigné « par la nation entière » pour commander cette armée ; ce fut au comte de Vaux, officier sans notoriété et sans crédit, à qui on en confia le commandement.

2. Le prince Xavier de Saxe. Une grave brouillerie existait depuis plusieurs années entre ce prince et Martange.

3. Le prince Xavier de Saxe, commandant en chef les troupes cantonnées en Bretagne au camp de Paramé ; nommé à ce commandement au mois de juin 1778, il avait établi son quartier général à Dinan.

4. Valet de pied du Roi, correspondant secret du prince Xavier. Voy. Thévenot., p. 175.

reste de cette semaine. Je scais que le Maréchal lui a écrit il y a aujourd'huy huit jours, ainsy d'icy à trois ou quatre il aura eu certainement le tems de répondre. Au surplus, je crois que cela peut être très sérieux pour les opérations, quoique le gros des spéculateurs croient encor à la conservation de la paix pour cette année, pour moy je ne suis pas de cet avis-là et j'auguerois pour quelque grand événement beaucoup plus tôt.

J'ai receu tes deux lettres à mon arrivée, aucune du s^r Léger, de Fontainebleau, accompagnée d'un mandat de 240 livres pour les deux pièces de vin que je te prie de ne boire qu'à la table, celle de Mathurin devant être uniquement pour la cuisine. Je vais sortir pour tâcher de trouver de quoy compléter ce payement pour lequel je n'ai pas assez d'argent et cela presse.

Je ne scais si je t'ai marqué que grâces à mes conseils, le pauvre Diderick s'étoit tiré des griffes du maraud de Fiennes [1]. Il y a grande apparence que le projet du mary et de la femme étoient à la faveur du mensonge qu'ils avoient fait sur leur prétendue fortune de faire un trou à la lune et d'enlever aux pauvres malheureux ainsy qu'à beaucoup d'autres l'argent qu'ils leur auroient escroqué.

J'ai vu le Roy avec grand plaisir; en vérité je ne scais pas si c'est les approches de la guerre mais il a dans le maintien et dans la phisionomie l'air d'un héros, c'est une remarque que beaucoup de gens ont faitte comme moy. La Reine est plus belle que jamais dans sa grossesse et elle porte cela à merveille. Touttes les nouvelles d'Angleterre annoncent des camps, des préparatifs et des craintes sur une descente. La côte de Kent et de Sussex est bordée d'artillerie, et on parle d'un embargo ou mis ou prêt à être mis par leur gouvernement sur tous les bateaux marchands dans les ports des Trois-Royaumes. Il n'y a pourtant encor rien de positif sur le tems où l'armée de Bretagne s'assemblera ; point encore d'équipages faits ni achetés, mais il en faut moins pour une expédition de cette nature que pour toutte autre, et ce n'est que l'affaire d'un moment pour en donner l'ordre et l'exécuter. Je t'embrasse de tout mon

---

1. Martange avait eu à son service un domestique de ce nom.

cœur ainsy que les enfans. Tel que soit mon sort, je me ferai toujours un plaisir comme un devoir de me ménager pour le bonheur de la mère et des enfans.

MARTANGE A Mme DE MARTANGE [1]

Ce 6 au soir [*janvier 1779*]. — J'ai receu aujourd'huy, ma chère amie, ta lettre du 4 et je suis bien fâché que tu ne sois pas plus contente de ta santé. Je conçois que ta bourse doit être dans ce moment-cy fort platte, aussi ai-je fait aujourd'huy une tentative dont j'espère qu'il te reviendra sous quelques jours trois louis pour te remplumer un peu en attendant mieux. J'ai écrit à Mr. La Vallée, de Roüen, ce matin, en lui envoyant un mandat à toucher sur le thrésorier de Roüen, avec prière de te faire passer, soit par le Havre, soit par Honfleur, les dittes 72 livres et de m'envoyer le surplus qui ira, à ce que je crois, à une centaine d'écus dont j'ai grand besoin de mon côté. Je fais malgré le sort contraire de mon mieux pour lutter et je ne désespère pas de façon ou d'autre de parvenir à mes fins, peut-être encore à Honfleur même que je ne perds point de vüe [2]. D'après cette espérance toutte foible qu'elle soit je ne suis point d'avis que tu vendes les rateliers (?), et aussitôt que tu auras receu de l'argent il faudra les payer et en tirer quittances en les mettant touttes à Paris pour n'être pas dans le cas de payer deux fois.

Je suis fort aise de ce que tu me marque de l'assiduité de mon fils, je désirerois fort que tu me dises un peu comment il se conduit pour l'étude de l'ordonance et, au vray, si Mr. de Boullard est content de son application, de sa soumission et de son caractère. J'ai été une fois chez Mr. Rivière où je n'ai point encore entendu dire que son fils eût receu une lettre du Prince. Sache un peu de lui, je te prie, comment il a cacheté sa lettre, et comment il l'a adressée.

1. Arch. de Honfleur.
2. Il sollicitait sa nomination d'inspecteur des milices gardes-côtes.

Qu'il ne se serve point de ton cachet, je lui en ferai faire un et lui porterai quand j'irai te joindre, ce qui sera de façon ou d'autre, Dieu aidant, vers la fin du mois.

Les premiers momens ont été effectivement contre Mr. d'Estaing et cela n'est pas étonnant avec les ennemis qu'il a dans la marine, mais il paroit que l'on n'a pas perdu confiance en luy, ni dans ce qu'il fera. C'est à la Grenade qu'il alloit quand il a appris la descente des Anglois à Sainte-Lucie et c'est un grand malheur qu'on n'ait appris que le 14 à la Martinique que les Anglois étoient débarqués dès le 12 à Sainte-Lucie qui n'en est qu'à 4 lieues[1]. Il est étonnant et peut-être condamnable qu'il n'y ait pas eu une frégatte en croisière pour être averti plus tôt d'un transport qui passoit aussy près de l'escadre françoise et qui auroit été bien plus facile à battre en mer que lorsqu'il a été établi dans l'isle. Au reste il ne faut jamais juger quand on est aussi éloigné du lieu de la scène et hors de portée d'évaluer les motifs qu'il y a eus pour faire telle chose de préférence à une autre. Celui qui tient la queue de la poëlle fait pour le mieux, et quand on fait service de ses os sûrement c'est avec toutte l'envie de réussir. Ainsy le plus sage est de ne point condamner un général dont la réputation est aussi bien faitte sans l'avoir entendu et avoir comparé ses raisons à celles qu'on allègue contre luy.

Quoique toutes les nouvelles confirment la paix d'Allemagne et que les plénipotentiaires respectifs soient tous partis pour se rendre au lieu du congrès, il n'y a cependant encore de convenu que les préliminaires et le diable est si malin que quand il y auroit encore quelque anicroche qui fît répandre les armes, je n'en serois pas étonné. On la désire trop vivement cette paix pour ne pas se flatter qu'elle se fera, qu'elle est faitte même, et c'est justement ce

---

1. Le 11 décembre 1778 le c. a. Barrington avait fait route sur Sainte-Lucie avec sept vaisseaux et un convoi de quatre mille hommes. L'île fut prise par les généraux Grant et Meadows qui commandaient le corps expéditionnaire. Le comte d'Estaing, parti de la Martinique avec dix-neuf vaisseaux, cinq frégates, quatre corvettes portant environ 5.500 hommes de troupes, tenta sans succès de reprendre Sainte-Lucie.

grand désir qu'on en a qui me fait craindre que les parties belligérantes ne se prêtent à tout ce qu'on leur propose que d'une façon un peu différente de la sincérité avec laquelle les puissances médiatrices recoivent ou font valoir leurs propositions. Le tems nous éclaircira avant peu sur tout cecy. La Suède arme pour faire respecter son pavillon des Anglois et on se flatte que l'Espagne va aussi se déclarer[1], mais ce peut être le désir qu'on en a qui le fait juger ainsy. Rien ne paroît encore se décider sur l'employ des troupes et je remets à mardy, à l'audience de Mr. de Montbarrey à voir s'il y aura quelque chose de nouveau à ce sujet et si j'y serai pour quelque intérêt personnel[2]. Bonsoir, ma chère amie, je t'embrasse de tout mon cœur et mon fils aussy ; portés-vous aussi bien que moy l'un et l'autre. Demande un peu à Mr. de Boulard s'il a receu une de mes lettres avec le papier que je lui avais promis. Il y a au moins dix jours qu'il doit lui être parvenu.

Ce 7 à sept heures du matin.

Je r'ouvre ma lettre pour te donner le bonjour et te dire que j'avois oublié hier de t'annoncer qu'on assuroit le soir qu'un de nos vaisseaux de guerre de Brest, de 74, avoit sauté en l'air hommes et canons par les suittes d'un incendie qui avoit gagné la Sainte-Barbe. Ce malheur quoique très grand, s'il est vray, pourroit encor l'être davantage par la communication très possible de l'embrassement et de l'explosion.

1. Le roi Charles III, après s'être rendu médiateur entre la France et l'Angleterre et avoir proposé une trêve indéterminée, résolut de prendre part à la guerre. Le 12 avril 1779 les plénipotentiaires de la France et de l'Espagne signèrent un traité d'alliance offensive et défensive.
2. Déjà quarante mille hommes étaient réunis sur les côtes de la Bretagne et de la Normandie pour former une armée d'invasion. Le maréchal de Broglie la commandait et tous les officiers sollicitaient l'honneur d'aller servir sous ses ordres.

MARTANGE A Mme DE MARTANGE [1]

A Pontaudemer, ce 13 février 1979. — Arrivé icy en très-bonne santé et sans accident quelconque, ma chère amie, à la pluye près qui m'a pris au commencement de la descente. J'ai été le soir à l'assemblée où j'ai vû mesdames de Lantillat[2] et de Serclos qui m'ont comblé d'honnêtetés et de politesses pour toy et pour moy. Elles vouloient m'engager hier à souper et aujourd'huy à dîner, mais j'ai bravement tout sacrifié au plaisir de passer cette heure essentielle de la journée avec messieurs de Conty[3] qui m'ont revu avec la même bonté et m'ont tous demandé de tes nouvelles. Je suis revenu de l'assemblée avec M. le chevalier d'Allemand[4] qui a resté une heure à causer avec moy au coin de mon feu, dans une bonne petitte chambre où j'ai trouvé après un lit excellent où j'ai fort bien dormi. Nulle nouvelle icy que la confirmation du succès des négociations de paix en Allemagne. On a répandu à ce sujet dans Paris une lettre du roy de Prusse où il comble d'hommages le jeune monarque sous les auspices duquel on a consommé ce grand ouvrage de la pacification de quatre grandes puissances en rendant à la France l'éclat de considération que les malheurs du dernier règne avoient un peu éclipsées. On loue surtout l'habileté de la conduitte avec laquelle on a mis icy l'Europe entière dans le cas d'être suspendue entre les vœux qu'elle a à former dans la querelle de la France et de l'Angleterre. On se demande après cela si la lettre en question est de Berlin ou de Paris, mais, dans tous les cas la louange est juste et méritée. J'ai vu icy l'ordonnance de la formation des douze régiments de chevaux-légers; elle fait et doit faire beaucoup d'honneur à M. de Montbarrey et de bien au service.

1. Arch. de Honfleur.
2. Lentillac.
3. Les officiers du régiment de Conti-infanterie.
4. Major ayant rang de lieutenant-colonel au régiment de Conti.

C'est en attendant l'heure de la parade et la visitte du régiment de Conty sur laquelle je suis prévenu par M. le major que je t'écris. Je suivrai de là ces Messieurs à la parade, et de là à l'auberge, après avoir fait quelques visittes dans la ville ; je consacrerai à ce devoir le reste de l'après-midy et finirai par l'assemblée pour partir demain de bonne heure et avec la poste, les frais des chevaux pour ma chaise étant absolument les mêmes, et l'une étant plus sûre et plus agréable que l'autre. Je te prie, ma chère amie, de me rappeller au souvenir de tous ces messieurs de Conty[1], dont j'emporte le souvenir le plus cher moi-même, et que je désire ardemment de façon ou d'autre de rejoindre bientôt. Je ne te dis rien en particulier pour M. de Boullard, tu sais ce que j'en pense et combien je suis reconnaissant de l'obligation essentielle que je lui aurai en réparant nos fautes. Je voudrois pour mon dernier louis que mon fils pût sentir et éprouver la moitié de la confiance qu'il m'inspire[2] et tout ce qu'il devra un jour à ses conseils et à son exemple. Encourage-le touttes les fois que tu le verras à l'étude et à l'amour de tous ses devoirs. S'il aime son père, qu'il aime M. de Boullard et son métier ; qu'il imite autant qu'il pourra M. de Viart[3]. Je cite celui-cy de préférence parce qu'il s'en approche le plus par l'âge, car de tel côté qu'il se tourne dans le corps, il n'aura que de bons modèles. Embrasse-le pour moy et dis-luy de m'écrire sans façon et cavalièrement, mais franchement et avec un peu de détail ce qu'il fait et ce qu'il pense.

Respects et complimens, au reste, à touttes les dames et messieurs de ta bonne et sale ville[4] que malgré ses deffauts j'aime avec passion. Je te recommande plus particulièrement mesdames Le Chevalier[5], de Longpré[6] et du Marais. Bonjour, ma chère amie, après demain de Rouen, s'il est trop tard pour la poste, demain à

---

1. Le premier bataillon de ce régiment tenait garnison à Pont-Audemer.
2. M. de Boulard était capitaine en second au régiment de Conti.
3. Sous-lieutenant au régiment de Conti.
4. Honfleur.
5. Voy. la lettre du 31 juillet 1779.
6. Veuve de Guillaume-Bertrand de Longpré, négociant à Honfleur, décédé en 1775.

mon arrivée. On me dit bien que Mme de Serclas avoit gagné 11500 livres au dernier tirage de la loterie de France sur le n° 64 où elle avoit mis 800 livres. Je ne lui envie point cette petitte caresse de fortune, mais je ne serois pas faché d'avoir pour mon gousset ou pour le tien à en recevoir le compliment. Mme de Lentillac m'a dit hier qu'elle retournoit incessamment à Honfleur où elle se proposoit bien de profiter de ta société. C'est une femme vraiment à rechercher et que je te prie de ne point négliger. Portes-toi bien et fais en tout pour le mieux ou le moins mal, car c'est notre cas tant que nous serons comme l'oiseau sur la branche. Je vais tâcher de nous fixer sur la côte[1], pour ne pas être si fort sur le côté. Bonjour.

MARTANGE A Mme DE MARTANGE[2]

Paris, ce 27 mars 1779. — Je ne t'écrivis rien hier, ma chère amie, étant si pressé que je n'en eus pas le temps; les incommodes visites du matin étoient venues avant 7 heures et ne m'avoient quitté qu'au bas de l'escalier; je ne rentrai pas avant le dîner que j'alloy faire rue Saint-Denis en maigre, avec une douzaine de convives en plaisir, à trois livres par tête. Le docteur Privat en étoit et je causai beaucoup avec luy sur le compte de M. de Boulard sur lequel il m'a dit qu'il désireroit avoir quelques éclaircissemens avant de se décider sur les remèdes à employer, mais que dans tous les cas possibles il y en avoit, qu'il n'étoit seulement question que d'être instruit pour les indiquer : 1° si le malade avoit de mauvaises digestions par abondance d'humeurs glaireuses et gluteneuses, ou 2° s'il étoit ou avoit été sujet dans sa vie aux meaux de gorge ou d'yeux, 3° s'il avoit ou avoit eu des dartres : trois causes auxquelles (c'est-à-dire à l'une des trois) il falloit rapporter les

1. Pendant quelque temps, Martange songea à obtenir une inspection des milices garde-côtes. Plus tard, il sollicita un gouvernement particulier de troisième classe.
2. Arch. de Honfleur.

flus considérables et étonnans qui fatiguoient le malade. Privat aime mieux s'en rapporter à ce que M. de Boullard luy dira ou dira lui-même qu'à des détails ou mémoires faits par le chirurgien-major. Ces messieurs, m'a-t-il dit, se perdent dans les termes et étant communément beaucoup plus occupés à la dissertation qu'à l'exposition des simples faits et des simples indices qui sont les seules choses que le docteur désire savoir. Tu liras cet article à M. de Boulard et tu l'interrogeras tout de suitte sur les trois articles en question et sur son genre de vie actuel ; à l'égard du passé tu le prieras de m'en adresser un mot luy-même en particulier pour que le plus vertueux des hommes, à l'âge où le juste pèche sept fois par jour, peut parfaitement se tromper une, et on s'en ressouvient très-longtems tantôt sous une forme et tantôt sous une autre. Si c'étoit là le cas de Mr. de Boullard ce seroit le plus favorable à traitter et à traitter avec succès. Fais-lui mil tendres complimens de ma part en lui lisant cet article et assure-le que quand il m'aura mis dans le cas de bien instruire mon docteur, je me flatte que je serai bientôt en état et à portée, moy, de lui porter moi-même le remède ou le soulagement qu'il désire.

J'ai à t'accuser la réception de ta lettre du 23 et du 24. Quand j'aurai le dessein (*sic*) de M. de Viard[1] je ferai avec grand plaisir ta commission, et moi-même s'il m'est possible, enchanté de parler de lui et d'en dire bien du mal à tous ceux qui luy veulent du bien ; embrasse-le pour moy, je te prie. Je te plains sur tes lessives au lotto, mais je te conseille fort malgré le guignon de continuer à t'amuser de ce jeu et de la société ; il est difficile de le faire à meilleur compte et il n'y a pas de mal que cela t'intéresse un peu. J'en joue un encor diabolique à cette maudite lotterie, il n'y a quelle qui peut me tirer du labirinthe affreux où je suis engagé et c'est elle qui ajoute à la peine que j'ay en m'enfonçant encore plus dans le margoüillis. Tu me charges de demander à Rougemont des nouvelles de ton Roüé[2], mais pour demander il faut parler et j'ai de

---

1. Sous-lieutenant au régiment de Conti-infanterie.
2. Jean du Barry, dit le Roué.

grands motifs pour n'être point empressé à me trouver vis-à-vis de l'homme auquel je dois de touttes façons et que je ne puis payer. Je le verrai cependant. Je vais dans l'instant à Versailles comme je te l'ai marqué. Les nouvelles d'embargo que tu m'as données hier sont intéressantes et me serviront de texte pour parler. Le colonel avec lequel je contois faire le voyage m'a écrit hier pour s'en excuser. Il reste icy pour vendre des chevaux du prince. J'ai écrit hier au Roüé et c'est l'exempt de la connétablie qui a dû luy remettre ma lettre dont je saurai le résultat lundy ou mardy. J'ai encore deux mots à écrire au comte de Saint-Ive qui m'a envoyé hier un billet fort instant et fort embarrassant. A mon retour, je te parlerai nouvelles s'il y en a de véritables et qui soient venues à ma connaissance. Il en courroit hier de fâcheuses sur le compte des pertes que nous faisions dans le commerce et qui entraînent icy une quantité de banqueroutes si grande que l'argent y est plus rare et les prêteurs moins confians que jamais. Fais mes complimens à Mr. Bermond[1] et prie-le s'il n'a point disposer de mon billet de le garder parce que j'irai moi-même dans les premiers jours d'avril le retirer à Honfleur; c'est au moins ce que j'espère. J'embrasse la mère et le fils. Remets à Mr. Bermond tes trois louis qu'il t'a prêtés en luy disant ce dont je te charge pour luy.

MARTANGE A Mme DE MARTANGE[2]

Paris, ce 4 may 1779. — Je n'ai point été à Cerny, ma chère amie, comme je crois te l'avoir marqué hier, ni ne pense y pouvoir aller de la semaine par l'expectative de Mme His, sur le jour où je pourrai m'aboucher avec son gendre au sujet de l'affaire qui me tient le plus au cœur pour cent mille raisons mais surtout pour la passe où j'ai mis Mme Rougemont et celle où elle me met moi-

1. Pierre-Guillaume-Jean-Baptiste Picquefeu de Bermon, négociant à Honfleur, nommé en 1773 à la charge d'aide-fourrier de la maison de la Dauphine, par l'appui de Martange qu'il obligeait de sa bourse.
2. Arch. de Honfleur.

même. Avec de la patience et du courage, nous sortirons, j'espère, de là comme de tout le reste.....

Je fus surpris hier par un orage du diable en sortant de chez un notaire qui demeure rue de Mauconseil, ce qui me fit prendre le parti d'aller me mettre à couvert à la comédie italienne où l'on jouoit une assez mauvaise pièce, mais où j'entendis une nouvelle assez intéressante pour moy. Des jeunes gens parloient d'un combat de la veille entre un officier de Conty et un gendarme, le plus bel homme, disoient-ils, de Paris. Cet homme superbe en passant fut regardé par l'officier de Conty (qui effectivement, disoient-ils, a un fichu regard avec son gros nez court, son chapeau de travers et sa grosse figure grêlée) au point que le gendarme, qui étoit un homme sur le principe, a cru devoir lui demander s'il étoit connu de luy. — « Non, monsieur, a répondu de Conty. » — « Mais c'est que vous m'avés regardé d'un air... » — « Est-ce que cela vous fâche, mon amy? » — « Mon amy, a repris le gendarme, je suis si peu votre amy que je vais dans l'instant vous f... de l'épée au ventre. » — « Oh, c'est ce qu'il faudroit voir, a repris Conty. » Sur quoy on s'achemina au bois de Boulogne et chemin faisant le gendarme d'observer que M. de Conty n'a qu'un couteau de chasse et de lui dire : « Oh, monsieur, vous n'êtes pas armé pour vous battre avec moy. » — « C'est très bon et cela suffit, répond Conty. » — « Non monsieur, répond le pointilleux gendarme ; il faut de l'égalité, prenons des pistolets et ces messieurs. » Car il y avoit d'autres officiers témoins et cela sent fort le goût de la ferraille, comme tu vois. On achette des pistolets, poudre et balle, et on va au bois où Mrs les témoins tout en chargeant se disent : mais il est fou de laisser tuer deux braves gens pour aussi peu de chose, et sur cela de dire : « Mrs., on a établi des bases ; battés-vous, je prette, dit l'un, mon épée à Mr. de Conty. »

Le gendarme observateur observe l'épée et trouve qu'elle n'est pas si bonne et si à la main que la sienne et qu'il ne se battra qu'au cas qu'en tirant au sort elle lui reste, attendu qu'il est aussi scrupuleux sur la vengeance que chatouilleux sur le point d'honneur. L'accomodant Conty tire au sort, et le sort laisse au gendarme son épée dont effectivement il se servait fort bien; mais Conty pas mal non plus de l'épée du camarade. Le combat a fini par un coup d'épée dans le bras de Conty et un autre dans la cuisse du gendarme qui, en s'en allant, a dit à Mr. de Conty : « A présent, Mr., c'est différent, nous avons fait connoissance et je seroi fort content que vous m'appeliés votre amy. » Et sur cela chacun a été cherché comme de raison un chirurgien. Je vais passer ce matin chez le père de La Mare[1] pour voir si c'est luy, et pour voir si je puis luy être bon à quelque chose.

Pas l'ombre de nouvelles depuis la paix d'Allemagne; même bruit sur les peines que les princes pacifiés vont se donner pour nous réconcilier à notre tour avec l'Angleterre...

MARTANGE A Mme DE MARTANGE [2]

Ce 21 au soir [*juin 1779*]. — Tu es une brave femme, ma chère amie, de m'avoir donné d'aussi bonnes nouvelles de mon fils. J'en avois en vérité, bien besoin après la nuit cruelle que j'avois passée, tourmenté par touttes les idées que l'inquiétude peut occasionner à un bon père qui aime son fils et l'honneur [3].

Il est parti ce soir ou du moins il part actuellement un beau et bon fusil d'officier qui m'a couté un peu plus qu'au bureau parcequ'il est aussi bien mieux fait et bien plus propre. Il sera demain à Rouen pour en partir par la première diligence et la première occasion. Il y a de plus dans la caisse 1 livre de patte, 1 pot de pomade et deux de tes éventails; je n'ai pas eu de quoy y mettre autre chose, tu en es bien persuadée. Mr. le comte de Vault[4] ne

---

1. Sous-lieutenant au régiment de Conti.
2. Arch. de Honfleur.
3. Martange fils, sous-lieutenant au régiment de Conti, quittait Honfleur pour se rendre à Saint-Malo.
4. Le comte de Vaux, colonel du régiment d'Angoumois en 1743, de Bourbon-infanterie en 1747, brigadier en 1746, maréchal de camp en 1748, lieutenant général le 17 décembre 1759, gouverneur de Thionville en 1761, grand-

part d'icy que le 24, ainsi j'espère que tout cela arrivera à temps. On dit que le Roy a nommé hier Mr. le prince de Condé pour commander une armée de 40 mille hommes en Flandre et que 4 bataillons des gardes françoises et 2 des Suisses vont marcher à Dunkerque. Après ce que je t'ai écrit hier, je ne me flatte pas plus d'en être que de l'embarquement, mais j'ai pris mon parti et ce n'est pas de cela que je m'occupe actuellement.

L'abbé chez lequel Xavière a été luy a dit que sa maladie de l'œil ne venoit que de l'épaississement de la limphe, qu'elle avoit le sang acre et dartreux et qu'il falloit absolument qu'elle fit de l'exercice de préférence à tout. Elle l'a mis dans la confidence de sa machine dont il lui a dit qu'il s'étoit douté mais que malgré cela et avec cela il falloit marcher et prendre l'air. En conséquence, je l'ai envoyée cet après midy au bois de Boulogne où elles ont mis pied à terre et se sont promenées depuis cinq heures jusqu'à huit.

On assure que M. d'Almodovar [1] est enfin parti de Londres vendredy, mais comme il en revient avec femmes et enfans on ne croit pas qu'il arrive aujourd'huy. Son secrétaire est arrivé d'avant-hier. On a dit au Palais-Royal, et on cite le prince de Beauvau pour autheur de la nouvelle, qu'un vaisseau anglois de 74 canons égaré de l'escadre de l'amiral Hardy, était tombé dans l'escadre françoise et avoit été pris [2]. Sur 36 qu'on compte à l'amiral Hardy, reste à 35 et si nous nous servons de celui-la nous en aurons 31 sans les Espagnols qui arriveront peut-être à la fin, Dieu aidant. Le bataillon de Paris est pourtant parti aujourd'hui pour aller en Normandie et il couche à Pontoise. Je n'ai point eu de nouvelles de Bel-Air ni heureusement de la harpie. Je ne sais si tu as remarqué qu'il y a un extrait dans les billets que je t'ai

---

croix de l'ordre royal et militaire de Saint-Louis en 1768 ; cet officier général avait reçu le commandement en chef de l'armée d'invasion réunie sur les côtes de la Manche, au Havre et à Saint-Malo.

1. Le marquis d'Almodovar, ambassadeur d'Espagne à la cour d'Angleterre, quitta Londres à la suite de la déclaration de guerre lue aux deux Chambres le même jour, le 17 juin 1779. Le 27 du même mois il fut présenté à Louis XVI par le comte d'Aranda.

2. Le vaisseau l'*Ardent* fut pris par nos frégates à l'attérage de Plymouth.

envoyés, c'est toujours 9 livres qu'il ne faut pas perdre. Peut-être une autre fois serons-nous plus heureux. Je t'embrasse de tout mon cœur et mon fils aussy. Dis lui qu'il est un brave et que je l'aime bien.

MARTANGE A Mme DE MARTANGE [1]

Ce 23 matin [*juin 1779*]. — Je n'ai pas été à beaucoup près, mon cher enfant, aussi content que je l'avois espéré de ma matinée d'hier[2], quoique cependant rien ne soit encore détraqué et qu'au contraire tout soit éclairci tant pour les clauses que pour la marche à suivre; et cela pendant une conférence de près de quatre heures consécutives à laquelle assistoient Mme His que je trouvai toutte habillée à dix heures et demie et dans le carosse de laquelle je montai pour aller chez Mr. Dyedrich où arriva une dame Douët[3], veuve du fermier général, et le conseil et l'amie du jeune Dyedrich. Je parlai, sauf respect, comme un ange, et Mme His m'a dit en sortant que j'y avois mis touttes les grâces et la franchise et la clarté possibles. Mais tout cela n'a pas empêché que mon homme n'ait pris dix jours pour se consulter et cette consultation-là avoit bien déjà l'air d'être faite pour la négative; mais Mme His que j'ai vue en revenant et qui après la conférence avoit causé un instant avec luy dans l'embrasure de la croisée m'a dit qu'elle l'avoit cru comme moy mais qu'il luy avoit dit que non et qu'il avoit réellement besoin de se consulter sur cela, surtout relativement au sacrifice des 100 mille livres qui étoient à fonds perdu un objet de dix mille livres de rente et qui jointes aux autres charges le réduiroient, s'il obtenoit, à n'avoir qu'un jour que

1. Arch. de Honfleur.
2. Martange, aidé des conseils de plusieurs financiers, cherchait à céder la charge de secrétaire général des Suisses et Grisons pour acquitter ses dettes qui montaient à plus de cent mille livres.
3. Douët, fermier général, rue Bergère, 29, dit l'*Almanach de Paris* pour 1783.

2 ou 3.000 livres pour faire ses voyages, etc. etc. ; qu'il pouvoit mourir et tout perdre, etc. ; il est inutile de dire tout ce que j'ai répondu, mais je l'ai fait avec honnêteté et force de façon cependant à luy faire envisager malgré luy que ce qu'il avoit à gagner du côté de l'honneur étoit d'une considération à balancer tout cela avec avantage. Voilà où cela en est. Mais c'est la harpie que j'ai à voir ce matin et avec laquelle ce délay-là va faire naître tous les soupirs, les doléances et les exclamations possibles. C'est une tâche de deux mortelles heures au moins que je vais remplir depuis dix heures jusqu'à midy. Je ne peux pas pourtant les abréger sous le prétexte de la messe ; juge si je serai pressé par mes nécessités pour m'en tirer par là. Certain abbé dont je crois t'avoir parlé dans la lettre du soulier est aussi ami de la dame Douët, et j'ay insisté avec Mme His pour qu'elle me mît vis-à-vis de luy, ce qu'elle m'a promis de faire cette semaine, si elle pouvoit. Je verrai cependant à aller à Versailles pour savoir où on en est et où j'en suis, article qui me touche plus que tout le reste mais sur lequel j'ai pris mon parti et en faveur duquel je n'attens rien.

Je n'ai pas entendu hier la plus petite nouvelle. Je revins de là à deux heures dîner avec Xavière où nous lûmes ta lettre et causâmes de toy et de mon fils. Puis j'allai faire un tour aux Thuilleries où il faisoit le plus beau et le plus chaud temps du monde ; aujourd'huy c'est le même et j'espère que tu en jouis aussi à Honfleur. Xavière vient de m'envoyer sa lettre par la Guiffard ; je viens de lui faire dire que je la menerois, vu le beau temps, dîner à la campagne et c'est une grande fête pour elle. J'irai la prendre en sortant de chez la harpie de la rue Croix-des-Petits-Champs, et je les menerai manger des côtelettes, ou un pigeon, ou une étuvée, ou une carpe fritte à la Rappée, bien fâché que le reste de la brigade ne soit pas de la partie. Je t'embrasse de tout mon cœur et t'aime de même, ma chère amie ; embrasse les enfans pour moy.

MARTANGE A Mme DE MARTANGE[1]

Ce 1er juillet au soir [1779]. — Je lis dans ton cœur, ma chère amie, et je sens combien il souffre de la séparation qu'il a éprouvée hier; je t'assure avec la plus franche vérité que le mien n'est occupé qu'à te procurer des mobils de consolations que je sens bien que tu ne peux trouver que dans notre réunion; aussi est-elle l'objet capital de touttes les peines que je me donne et mon espérance est de terminer promptement la seule affaire qui ait pu m'empêcher d'aller te joindre dans ce moment-cy, mais les circonstances dont tu es instruite ne te laisseront aucun doute sur l'impossibilité où je suis de le faire et sur la nécessité où je me trouve de supporter encore cette épreuve avec le même courage que touttes celles que j'ai eues à combattre depuis si longtemps. Touttes mes courses de la journée n'ont rien produit d'essentiel, n'ayant pu joindre la personne à laquelle j'avois affaire et n'ayant point receu réponse d'elle sur le rendez-vous que je lui avois demandé, mais cela n'aura pas empêché qu'on ne l'ait vue d'ailleurs et ce sera demain vers midy seulement que je pourrai en être informé. Samedy je compte aller à Versailles de grand matin et y rester jusqu'au lundy au soir que peut-être toutte l'affaire sera décidée. Je te rendrai fidellement compte tous les jours soit de là, soit d'icy, de l'état des choses : le grand point c'est que la paille en soit jettée et que du ouy ou du nom la décision ne peut pas être plus éloignée que 8 ou 10 jours, aussitôt qu'elle aura lieu je n'ai pas besoin de te prévenir que ce sera pour aller te trouver, arranger nos affaires à Honfleur et te ramener icy pour passer en famille et en bonne et tendre amitié le tems à peu près qui sans cela seroit consacré à la douleur et aux inquiétudes. Beaucoup de gens sont encore persuadés que tout cela s'accomodera, mais je suis trop franc pour te dire que ce soit mon opinion et je n'y crois pas. Mon fils part sous des auspices

1. Arch. de Honfleur.

heureux ; il va faire son devoir et il doit être trop flatté de ce qu'on augure et dit de luy pour ne pas faire tout ce qu'il y a lieu d'attendre d'un brave jeune homme. C'est son état et ce sera notre consolation, je t'assure. Embrasse-le aussi tendrement que je le fais et que l'honneur soutienne son courage. Telle affaire que j'aye demain, je ne partirai pas pour Versailles sans avoir écrit à Mr. de Causans[1] auquel j'enverrai l'extrait baptistaire de mon fils et ma petite lettre de change à M. de Boulard.

Xavière a été fort sensible aux deux lettres que je lui ai lues et j'ai vu les larmes rouler dans ses yeux ; j'ai été bien fâché de ne pouvoir dîner avec elle mais j'avois trouvé M. de Gribeauval[2] sur mon chemin qui m'avoit invité et je n'étois pas fâché de causer avec luy pour m'apitoyer un peu sur nos malheurs. Xavière va demain pour se faire remettre encore de la pomade par son abbé et elle aura encore trois autres voyages à faire pour le même sujet, avant d'être parfaitement guérie. Au reste cette infirmité-là n'est pas inquiétante et elle se porte, d'ailleurs, à merveille et la m... va toujours bien. Tu en jugeras toi-même avant peu.

On disoit aujourd'hui que quoique les Hollandais eussent accepté la neutralité, on avoit de l'humeur contre eux. Ce qu'il y a de sûr, c'est que l'ambassadeur d'Hollande quoiqu'il affecte beaucoup de sévérité ne laisse pas que de dire et de prévenir qu'il sera obligé de faire un petit voyage; cela s'appelle battre le chien devant le loup.

Le bruit étoit aujourd'huy au Palais-Royal qu'il y avoit des lettres de Brest qui parloient d'une canonade vive qu'on avoit entendue du côté d'Ouessant ; peut-être les oreilles cornent-elles aux Bretons comme à bien d'autres[3]. On est pas encore parfaitement sûr de la jonction[4] et ce n'est que d'après les opérations de la

---

1. Colonel commandant le régiment de Conti-infanterie.
2. Lieutenant-général, inspecteur de l'artillerie.
3. La curiosité était fixée tout entière sur les nouvelles que l'on attendait de la Manche, et on recueillait particulièrement celles qui provenaient de Brest.
4. L'Espagne avait déclaré la guerre à l'Angleterre et l'escadre aux ordres du lieutenant-général d'Orvilliers était sortie de Brest (4 juin 1779) pour opérer sa jonction avec la flotte espagnole commandée par don Luis de Cordova. La jonction des deux flottes ne fut complète que le 28 juillet.

flotte que l'armée de terre opérera[1]. Je ne suis pas fâché au reste que l'enfant fasse le trajet de Saint-Malo par terre, c'est toujours autant de gagné sur la traversée et s'ils vont à l'île de Wight[2], comme on le dit, ils n'auroient guères que trente lieues de mer pour aller à leur objet. Enfin, mon cher enfant, il est où il doit être ; aimons-le, mais aimons aussi son honneur. Je t'embrasse bien tendrement.

MARTANGE A Mme DE MARTANGE [3]

Ce 18 [juillet 1779]. — ... Je viens de recevoir ta lettre du 15 et je te prie d'avoir toutte espèce de prévenance pour Mr. de Laurencie[4] Dis-lui gayement : « Mr., je suis bien fâchée d'être aussi peu en état de vous recevoir comme je le voudrois, mais j'ai donné mon laquais à mon fils, mon mari a les siens, j'ai mes femmes auprès de ma fille et je suis icy un peu plus mal qu'à l'auberge. Telle que soit la maison tout ce qui y est à vos ordres, etc. etc. » Et tout cela gayement et avec la dignité de quelqu'un qui est au-dessus de ces misères-là. Ajoute que si tu avois été assés heureuse pour être plus convenablement meublée et logée, au lieu d'un de ces messieurs tu en aurois demandé autant que ta maison auroit pu en recevoir. Il ne faut jamais négliger les occasions de se faire honneur : la femme d'un maréchal de camp ne loge que dans des cas extraordinaires, mais aussi dans ces cas-là tout le monde loge[5]. Les

---

1. Des préparatifs pour opérer un débarquement en Angleterre étaient faits sur les côtes de Bretagne et de Normandie. L'armée d'invasion devait s'embarquer à Saint-Malo et au Havre. La division de Normandie était confiée à M. le duc d'Harcourt. — Arch. de la marine, campagnes, 1779, volume 156.
2. Dans le vol. indiqué ci-dessus se trouve un « projet de descente dans l'île de Wight » portant la signature de Dumouriez et daté de Cherbourg, 29 mars 1779.
3. Arch. de Honfleur.
4. M. de La Laurencie de Charras, aide-major du régiment du Roi ayant rang de colonel.
5. Une lettre de M. de Crosne, intendant à Rouen, mande au maire de Honfleur de ne point comprendre parmi les maisons sujettes au logement des troupes, la maison sise Haute-Rue et louée par Mme de Martange (9 avril 1778).

couriers de Saint-Malo pourroient bien être ou plutôt avoir été pour l'embarquement qui, dit-on, peut se faire jusqu'au 17 inclus. Tu es sur les lieux et tu le scais mieux qu'un autre. S'ils y restent jusqu'au 28 ils pourroient bien, s'il n'y a rien, être remplacés par Conty et tu n'en serois pas fâchée ni moy non plus. Tes lettres sont toujours très bonnes à lire et continuent à être bonnes à garder depuis la précaution que tu as prise. Si Mr. de Laurencie se rappelle de m'avoir vu à l'armée et surtout à la bataille de Minden où je vins proposer à M. de Gueraley l'artillerie des Saxons, tu luy ferras bien mes complimens ainsi qu'au marquis de Menillet s'il y est encor. La poste m'oblige de finir[1].

MARTANGE A Mme DE MARTANGE[2]

Ce 31 juillet au soir [1779]. — Ma foy, ma chère amie, on dit icy la même chose qu'au Havre, à Honfleur et à Saint-Malo sur le chapitre de la descente, et on croit à la fin que Mr. d'Orvilliers avec les Espagnols pourroit bien être allé à la Jamaïque et aux Antilles pendant que sir Hardy se morfond à l'attendre à l'entrée de la Manche[3]. Si cela est, j'avoüe que j'y aurai été pris comme les

1. Le régiment du Roi était de passage à Honfleur au mois de juillet 1779; il devait se rendre à Saint-Malo. M. Le Chevallier, subdélégué, rendit compte de ce passage : « La route de Honfleur à Pont-l'Évêque étant impraticable, les « voitures, sur les ordres du duc de Choiseul, se sont rendues à Caen par « Pont-Audemer et Lisieux, ce qui a fait le double du chemin ordinaire; la « troupe s'est frayé un chemin à travers les champs; elle était précédée d'un « détachement d'ouvriers qui abattaient les haies et comblaient les fossés. En « arrivant à Pont-l'Évêque, les soldats étaient dans un état déplorable. Il n'y a « pas eu de plaintes de la part des particuliers. » Arch. de la Seine-Inférieure, C. 803.

2. L'original est par erreur daté du 31 juin. Arch. de Honfleur.

3. L'armée navale combinée forte de 78 bâtiments de tout rang parmi lesquels on remarquait la *Trinité*, vaisseau de 122 canons, la *Bretagne* et la *Ville-de-Paris* de 104, ne fit route vers le nord que le 30 juillet. Après avoir paru devant Plymouth, cette flotte formidable fut rejetée par un coup de vent d'est hors de la Manche; désorganisée par la tempête, la disette et l'épidémie elle ne tenta pas d'y rentrer, resta en croisière, revint à Brest et mouilla sur cette rade le 14 septembre.

autres, et je suis encore dans le cas d'imaginer toutte autre cause du retard de l'arrivée de Mr. d'Orvilliers que cette expédition qui toutte brillante qu'elle pourroit être par le succès ne laisseroit pas que d'être très hasardée à ce qu'il me semble pour touttes les avanies auxquelles elle auroit exposé nos côtes aussitôt que les Anglois auroient été instruits de ce projet. Enfin d'icy à 3 ou 4 jours ou saura positivement à quoy s'en tenir. Tout ce que je puis te dire c'est que n'en étant point je ne serai ni honteux ni fâché de m'être trompé, si c'est partie remise, peut-être serai-je assez heureux pour ne la pas voir du même paquet (?)

Xavière a commencé aujourd'huy en dînant l'usage de ses bolles de kinkina ; elle a en cet après-midy alternativement du froid, du chaud et des ressentimens de fièvre irréguliers, ce qui est toujours beaucoup contre la régularité. Privat lui a dit qu'elle en auroit encore peut-être pour 5 ou 6 jours, mais il ne la purgera pas davantage ; mon petit filleul est dans le même cas et il y a beaucoup de cette espèce de fièvres-là. Comme le médecin est fort sage et que Xavière est fort exacte à l'ordonnance par la grande envie qu'elle a de se guérir, il faut espérer que cela ne sera pas long. L'appétit lui revient déjà et comme elle trouve bon goût à la bierre qu'elle boit pour tisanne avec un peu d'eau, je compte que sous deux ou trois jours elle sera en pleine convalescence.

C'est demain, mon cher enfant, que j'espère que mon grand procès sera décidé. J'ai été ce soir à la comédie où j'avois à voir Mme His et le seigneur Diedrich qui m'a dit avoir eu de bonnes nouvelles des dispositions où étoit l'affaire, parce qui avoit été fait pour mettre le Prince en état de juger la vérité de ce qui luy avoit été exposé par les gens qu'il sera à portée d'interroger à ce sujet. Mr. le prince d'Hénin y viendra aussi demain et fera de son mieux pour couroner ce qu'il a déjà fait. J'ai partie liée pour aller demain au retour de Versailles gémir ou rire à Bel-Air, et en arrivant icy mon premier soin sera de te rendre compte de mon voiage. S'il n'y a point de descente cette année, il y a apparence que Conty[1]

---

1. Le régiment de Conti.

reviendra prendre possession d'Honfleur et je ne serai pas faché ni toy non plus. A demain je te dirai encore des nouvelles de Xavière; en attendant bonsoir et bonne nuit.

Ce 1ᵉʳ août.

C'est de chez ma fille que je t'écris, ma chère amie; elle a fort bien dormi et se trouve assez bien ce matin, elle est même fort gaillarde et fort aise de ce que je viens de lui lire de la lettre que je t'écris. Elle va prendre une bolle de kinkina avec deux verres de camomille. Elle trouve avec grande raison cette liqueur-là fort amère. La journée commence bien au moral comme au phisique : beau soleil, bonne santé, bon espoir; reste à voir comment cela finira. C'est à quoy je vais procéder aussitôt que mon cabriolet sera arrivé. Bonjour, ma chère amie, complimens et respects aux dames et à tout ce qui se souvient de moy, surtout à Mᵐᵉ de Lentillac et Mᵐᵉˢ Chevalier[1], des Marêts et Rolland[2].

MARTANGE A Mᵐᵉ DE MARTANGE [3]

A Madame de Martange, à Honfleur. — *Paris, ce 7 au soir,* [*août 1779*]. — Je n'ai rien receu de toy aujourd'huy, ma chère amie, et ce n'est sûrement pas ta faute, mais c'est un grand mal parce que cela m'arrivant seulement demain me fait perdre le samedy, à cause de la fête, et me renvoye jusqu'à lundy pour passer l'acte chez le notaire et que deux fois vingt-quatre heures de retard peuvent opérer de grands changemens dans les résolutions des gens avides et de foy chancellante. Enfin il faut aller suivant les circonstances et si j'avois pu deviner (dans le fonds je l'aurois dû) je t'aurois demandé plus tôt et j'aurois eu par précau-

---

1. Louise-Thérèse Le Jumel d'Equemauville, épouse de Gentien Le Chevallier, écuyer, subdélégué de l'intendant à Honfleur.
2. Un ingénieur du roi, M. Rolland, résidait à Honfleur à cette époque.
3. Arch. de Honfleur.

tion ta procuration puisque c'étoit le seul effet possible sur lequel je pusse me retourner. Il faut espérer que cela ne nuira à rien pour l'essentiel, mais toy, pauvre femme, tu aurois huit jours à souffrir de plus si je ne prenois pas la précaution de te faire toucher quelque chose par la poste aussitôt que j'aurai touché moi-même, ce que dans le plus grand bonheur je ne puis plus espérer que pour lundy au soir dans le cas que ces Mrs. soient prêts à passer l'acte lundy aussitôt que je les ferai avertir que j'ai ta procuration.

Je n'ai rien appris de plus aujourd'huy que la confirmation de ce que je t'ai marqué hier; et je suis bien fâché de n'avoir pas vu aujourd'huy le colonel qui est à la campagne pour lui parler de ce que j'ai entamé avec Beaumarchais et qui est une chose d'autant plus à suivre que, sous ce prétexte, comme cet homme là est fort bien avec le ministre de la marine on peut en tirer par là sans que cela paroisse mieux pour être employé et placé. Il me paroit que je lui ai plu et c'étoit bien mon intention en cherchant à le voir et beaucoup plus que la négociation de l'argent du s^r Bayant, quoique le succès de l'un et de l'autre m'eussent fort convenus.

Le Roy est à Compiègne pour sept jours, il n'y a conséquemment point d'affaires bien pressées, joint à l'histoire du petit divertissement auquel M. de Maurepas a pu se livrer hier. Cela quadre à merveille avec le projet que j'ai de n'aller à Versailles qu'à la fin de la semaine où nous allons entrer, et je serai fort aise d'avoir revu Beaumarchais auparavant et d'y avoir mené le colonel. J'ai dans l'idée que cet homme-là nous sera utile parce que ce que nous avons à lui proposer peut luy être fort avantageux à lui-même, et si le colonel ne vient pas demain je lui enverrai un exprès ou j'irai le chercher à la campagne, car il faut icy battre le fer tant qu'il est chaud, dit le proverbe. Bonsoir. Je ne ferme pas ma lettre encor dans l'espoir d'avoir receu celle que j'attens de toy demain avant le départ de la poste. Bonsoir et bonjour à la mère et à la fille.

Ce matin, 8, à onze heures.

J'ai fort bien dormi, ma chère amie; j'attendois ce matin ta lettre ma chère amie, et ne l'ai point encore receue ce qui m'inquiette. Peut-être la poste a-t-elle retardé, en attendant je suis obligé de faire partir la mienne. Si je ne t'écris pas demain ne sois pas inquiète, c'est que j'irai peut être voir le colonel à la campagne. Bonjour, mes chers enfans. Point de lettre du fils ni de la fille aînée.

MARTANGE A Mme DE MARTANGE [1]

Chez ma fille, à 8 heures, ce 11 [août 1779]. — J'ai brutalement dormi depuis 2 heures jusqu'à 7 heures et demie, ma chère amie. D'après le récit qu'on me fait de la nuit de notre chère malade il est sûr que le redoublement a été moins fort et beaucoup moins d'agitation; il y a eu un peu de rêvasserie mais à voix basse et depuis 3 heures jusqu'à 4 un sommeil tranquille sans rêve [2].

....

J'ai oublié de te dire que j'avois été ce matin chez Mr. d'Affry qui est parti d'avant-hier au soir pour Versailles et en reviendra aujourd'huy. Comme je crois que c'est pour notre affaire avec M. le comte d'Artois, je passai de là à Bel-Air chez Mme His et de là chez Mr. Diedrich pour lui faire écrire sur le champ à Mr. de Crussol [3], capitaine des gardes, pour qu'il ait l'œil et l'oreille au grain sur ce que le chat pourroit encore faire contre notre objet, et le courrier a été expédié à 2 heures et demie audit chevalier.....

M. d'Orvilliers est certainement dans la Manche avec 66 vais-

---

1. Arch. de Honfleur.
2. Nous ne donnerons que des extraits de cette lettre relative à l'état de la santé de Mlle de Martange. La lettre est incomplète d'un feuillet.
3. Le chevalier de Crussol, mestre de camp, chevalier des Ordres, capitaine des gardes-du-corps du comte d'Artois; brigadier de cavalerie en 1780, maréchal-de-camp le 5 décembre 1781.

seaux de ligne, 35 frégates et 6 brûlots[1]. La ligne de bataille est menée par Mr. d'Orvilliers et le corps de réserve de 16 vaisseaux est commandé par don Luis de Cordova. Cecy est sûr et a été envoyé par la police à la Bourse aujourd'huy. Ce qui ne l'est pas autant mais qu'on dit, c'est que sir Hardy s'est replié sur Plimouth ou l'escadre du Roy le bloque. Il y a indépendamment de ces 66 ou 65 vaisseaux de ligne, 4 vaisseaux aux ordres de don Gaston[2] qui sont restés en croisière sur les Açores pour tâcher d'y intercepter une des flottes marchandes ennemies; il faut espérer qu'on prendra plus garde à celle de la Jamaïque qu'à celles des Indes occidentales arrivée aux Dunes à bon port, et qui leur rapporte, hommes et marchandises, on dit 5.000 matelots et pour 35 millions de marchandises. Je tombe de besoin de dormir, ma chère amie, et je vais tâcher de prendre un peu de repos.

MARTANGE A Mme DE MARTANGE[3]

Ce lundy 12 [août 1779]. — J'ay été réveillé ce matin, ma chère amie, par une nouvelle bien plus accablante que celle que je te marquois hier au soir; c'est le seigneur Diedrich qui a envoyé dès 7 heures pour me dire que notre affaire avoit été absolument refusée et qu'il le tenoit de son cousin d'Espagnac[4]. Je ne puis te

---

1. On voit avec quel soin Martange recueille tous les rapports qui se débitaient sur les opérations des flottes combinées: C'est que l'on était persuadé qu'un combat naval devait précéder l'embarquement des troupes rassemblées au Havre et à Saint-Malo; on attendait ce combat avec impatience et on saisissait tout ce que l'on disait de la position respective des flottes pour juger de la possibilité d'une rencontre.
2. Don Miguel Gaston, lieutenant général, commandait une escadre de 12 vaisseaux, 2 frégates, 2 corvettes et 3 brûlots qui faisaient partie de l'armée navale aux ordres de Don Miguel Gaston et sortie de Cadix le 22 juillet. Don Miguel Gaston s'était joint à la flotte aux ordres de d'Orvilliers.
3. Arch. de Honfleur.
4. Le baron d'Espagnac, gouverneur des Invalides; il avait épousé Mlle His, de la maison Pierre His et fils, banquiers à Hambourg. Le nom de Mme His se retrouve souvent dans les lettres de Martange.

rendre compte des détails de tout ce que j'ai fait pour réparer cela, ce qui à la fin s'est trouvé faux (et je le savois bien) quant au refus formel, mais assez mal disposé pour avoir besoin des plus grands efforts pour être redressé. J'ai eu la consolation en revenant dîner à deux heures d'avoir des motifs de calme et d'espoir que tout cela seroit réparé dimanche prochain et je viens de souper au Roulle où on a, de l'affaire, aussi bonne et meilleure espérance que jamais. J'y souperai encore demain parce que d'Espagnac part dans la nuit et que nous y conviendrons de notre marche dans tous les cas. Après demain, j'irai souper avec le prince d'Hénin qui très noblement m'a dit ce matin que ce n'étoit plus mon affaire mais la sienne et celle de Monsieur et qu'il espéroit luy que dimanche au soir nous serions tous plus contens. Je vais faire de mon mieux pour entretenir et exciter ce beau zèle qui est d'ailleurs fondé en principes du véritable honneur et de la plus loyale honnêteté. J'ai eu l'assaut d'écrire à la harpie de la rue des Petits-Champs, mais j'ai évité l'assaut et l'abordage que je tâcherai de prolonger jusqu'à la décision, quoique cela soit bien difficile mais enfin j'y ferai de mon mieux.

J'ai receu, en revenant de mes courses du matin, ta lettre de samedy et tu auras vu par la mienne d'hier que, malgré tes précautions, j'ai encore eu un jour d'attente pour en recevoir deux à la fois et que le retard ne vient pas d'icy.

Je dînerai vendredy chez Privat et lui parlerai à fonds de ta toux et de ton humeur, mais je te dirai d'avance qu'il m'ordonnera pastilles et grain doux, et il n'y a que cela pour fondre l'humeur quand on peut les suporter. Je suis bien aussy, surtout depuis deux jours et plus spécialement depuis hier dans le cas de la toux sèche, mais je n'ai pas le temps de songer à aucun remède; le mal moral est trop instant pour songer au phisique.

L'histoire de Vienne que je t'avois marquée hier fausse est malheureusement vraye et le dégat a été très considérable, mais le nombre des tués et blessés se réduit à 300, c'est encore assez fort.

Je t'envoye le manifeste de la cour relativement aux hostilités, il ne paroit que d'aujourd'huy et il aura touttes les grâces de la nouveauté intéressante pour Honfleur.

Je n'ai rien receu de ton fils ni de M. de Causans[1] ni de M. de Boulard. Si M. le prince de Montbarrey les passe en revue comme il y a grande apparence, ils n'auront pas eu le temps de penser à autre chose et tant que le ministre aura été et sera à Saint-Malo ils seront certainement occupés. Il y a des gens de l'armée qui écrivent de Saint-Malo que, malgré tout ce qui se fait et se dit, l'embarquement n'aura pas lieu, mais je ne crois pas à cette nouvelle-là et je ne puis me persuader qu'on soutienne un simulacre aussi dispendieux. Je suis à cet égard pleinement de bonne foy sur la descente, mais je n'y crois que sous la condition préliminaire d'un combat avantageux entre les escadres.

Il n'y auroit rien d'étonnant, si mon affaire finit en bien, que cette bonne fortune fût suivie d'une autre et que je fusse quoiqu'un peu plus tard envoyé en Bretagne à la seconde fournée : car tout cecy fait beaucoup parler de moy, et c'est toujours un bien, et comme il faut dans ces cas-là avoir touttes les portes ouvertes à la faveur je crois que c'est encore le cas de t'envoyer un petit billet de loterie pour t'aider du moins à passer le temps en faisant des châteaux en Espagne sur la foy des espérances. Je voudrois bien, mon cher enfant, avoir des réalités plus intéressantes à ton bonheur à t'annoncer, peut-être y parviendrai-je, mais en attendant je t'assure que j'y travaille malgré vent et marée et de bon courage.

Xavière a vu aujourd'huy son abbé qui a été fort content de son œil. Je crois que dans quelques jours cela finira, car il n'y a plus de rouge, mais l'émail paroit plus éteint ; il rétabit cela à la fin en frottant l'œil de sang de pigeon et elle a vu faire cette cérémonie à un officier de cavalerie guéri après trois mois de souffrances. Je t'embrasse et t'aime de tout mon cœur.

---

[1]. Mestre-de-camp, lieutenant-colonel du régiment de Conti.

MARTANGE A Mme DE MARTANGE [1]

Ce 15 août [1779] à minuit et demi. — Mon affaire n'est point encore finie, ma chère amie, mais je la regarde comme décidée, M. le comte d'Artois ayant dit à M. le duc de Guines qui lui parloit en faveur de M. Diedrich *cela sera*, à M. le chevalier de Crussol *cela sera*, au prince d'Hénin *sois tranquille cela sera*, et cela auroit été sans la procession du vœu de Louis XIII, qui a duré jusqu'à six heures passées, et qui a été cause que M. le comte d'Affry n'a point eu de travail. Je suis revenu chez Mme His où j'ai pu lui parler un instant sur le besoin que j'aurois eu que cela eût été agréé aujourd'huy. Elle m'a répondu que l'intention de M. Diedrich qui en avoit parlé avant mon arrivée étoit bien de me donner un million d'écus aussitôt que le prince auroit parlé à M. d'Affry et qu'il venoit encore de le dire avant que j'arrivasse. Je lui ai dit en m'en allant : « tâchés, je vous prie, que ce soit plus tôt que plus tard parce que j'en ai grand besoin. » Et tu conçois tant pour toi que pour le reste que je ne lui ai pas menti.

J'ai trouvé M. le prince de Montbarrey dans la gallerie qui m'a invité à dîner avec le ton de l'amitié et de l'estime. J'y ai été et l'ai remercié après de ce qu'il avoit dit et fait pour mon fils, en ajoutant que je serois charmé d'avoir des remerciemens encor plus directs à lui faire. J'ay ajouté : « point de parole de prince ni de ministre car je ne crois ni aux unes ni aux autres, mais parole loyale de chevalier ; voulés-vous que je reste oisif pendant cette guerre-cy ? » Sa réponse a été : « pour l'année 1779, oui ; je ne veux point vous promettre rien. » — « Puis-je conclure de là en faveur pour 1780 ? » — « Je vous répons d'y faire de mon mieux et pour vous et pour le bien du service. » — « Au moins, ai-je répliqué, je n'aurai pas à me reprocher de ne me pas proposer, et si je ne vous repette pas

---

1. Arch. de Honfleur.

tous les jours la même plainte vous êtes bien sûr que ce n'est de ma part que discrétion et crainte d'importunité. »

Ce sont des complimens, mais enfin ce sont des titres à renouveller mes demandes et à luy rappeller ses engagemens.

J'ai trouvé ma fille encor mieux que je ne l'avois laissée quoique la fièvre continue.................................... J'ai receu chez elle, ma chère amie, ta lettre du 13 avec le billet inclus que tu m'as envoyé et les nouvelles que tu y as jointes...... Mr. d'Orvilliers suivant ce que j'ai sceu à Versailles a effectivement dû partir par ordre du Roy, sur une frégatte, vendredy, pour aller joindre Mr. d'Orvilliers[1] qui de sa personne doit venir s'aboucher avec luy à Saint-Malo pour se concerter dans l'opération projettée. On ajoute que Mr. d'Orvilliers n'est point encor dans la Manche et qu'il est resté en croisière à l'embouchure pour intercepter la flotte de la Jamaïque qui, malgré cela et les 4 vaisseaux qui croisent aux Açores est arrivée à très-bon port en Angleterre comme celle des Indes occidentales. Encore 40 millions et 7 mille matelots, dit-on, ce qui ne doit pas nous faire rire. Il y en a encore trois autres moins riches à arriver, auxquelles je ne souhaite pas aussi bonne fortune, mais qui pourront bien se la procurer à l'exemple des deux autres en se bornant à Jersey et à Guernesey. Il y aura de quoy se consoler de n'être de rien en 1779.

On assure que la paix avance et que Mr. de Vergennes est fort occupé à ce sujet. A la bonne heure si elle est avantageuse, mais si nos ennemis gagnent du temps, je crains bien que nous ne regrettions amèrement de n'avoir pas plus vivement employé nos moyens.

Le courier avec la nouvelle de la prise de Saint-Vincent est arrivé; il y a dedans 80 mille nègres[2]. Pour la Grenade on n'en dit rien. En tout on ne m'a pas paru trop content.

Je ne fermerai ma lettre, si je puis, qu'après le tirage de la

---

1. Le nom du lieutenant général d'Orvilliers est répété deux fois dans la phrase, c'est un lapsus,

2. Le comte d'Estaing ayant chargé le lieutenant de vaisseau Trolong de Rumain de diriger une expédition contre Saint-Vincent, cet officier y débarqua le 17 juin 1789 avec quelques troupes. L'île fut enlevée; les Caraïbes étaient venus se joindre aux troupes de débarquement.

coquine pour t'apprendre ton sort et le mien tel qu'il soit. J'aurai eu au moins la consolation de t'apprendre deux bonnes nouvelles, celles de ma fille et celle de la résolution de M. le comte d'Artois. Un petit terne ou seulement deux ombres pour gagner la décision et passer la huitaine me feroient grand plaisir, et aussy pour envoyer les 400 livres dues pour la décharge de notre fils afin qu'il ait ses 57 livres 11 sols 1 denier de quitte tous les mois[1]. Je te remercie de la leçon que tu luy as faitte ; je luy écrirai encor aussitôt que j'aurai de l'argent pour faire passer à M. Boullard........

....

à onze heures et demie

Je viens de voir tirer l'infâme. Rien. Les heureux sont 17, 24, 34, 47, 86. C'est un crève-cœur. Que veux-tu y faire ?

MARTANGE A Mme DE MARTANGE[2]

Paris, ce 9, à onze heures du soir [août 1779]. — J'arrive de Versailles, ma chère amie, et je suis yvre de la joye que me cause l'heureux succès de la grande affaire qui m'interessoit si essentiellement. Mr. le comte d'Artois y a mis touttes les grâces possibles, et à la fin Mr. le comte d'Affry aussy. C'est ce soir à sept heures et demie que s'est fait le travail et que le Prince a bien voulu mettre le bon de sa main à tous les articles excepté à la perpétuité de la pension de mon fils qui, au lieu d'être portée à 1.500 livres même après la mort de Mr. Dietrich, a été réduite à 1.000, la place passant à un autre en cas de mort attendu que l'usage même du Roy en accordant une pension à un jeune homme à la mort de son père, ambassadeur ou lieutenant-général, n'est jamais au-dessus de cent pistoles, et ces sortes de pensions s'accordent très-rarement. Pour tes 3.000, même Mr. Dietrich venant à mourir, te sont accordées

---

1. Rappelons que son fils était sous-lieutenant au régiment de Conti.
2. Arch. de Honfleur.

après moy sur la place ta vie durant, et à moy mes 4.000 sans aucune espèce de retenue; au moyen de cela les 50.000 livres de Mme His seront payées et les 30.000 livres de Rougemont, et nous respirerons.

Je ne puis t'exprimer, mon cher enfant, à quel point je suis glorieux de t'avoir assuré cette sorte d'existence après moy. Toutte médiocre que soit cette petitte fortune, c'est toujours à ton âge un effet de 40 mille livres et c'est, dans le cas le plus malheureux, être au dessus du besoin. Il ne falloit pas moins qu'un homme comme celui avec lequel j'ai traitté pour faire un marché de cette nature. Figure-toy, ma chère amie, qu'il lui en coûte 100.000 livres argent comptant qui font bien 10.000 livres de rentes viagères, et que s'il mouroit demain, cela seroit perdu pour la famille. Il a de plus à ma mort 6.000 livres de pension à payer sur deux têtes, grâce accordée par Mr. le comte d'Artois à son porte-arquebuse. Ainsi si je meurs avant l'abbé Barthellemy il auroit sur 10.000 livres qu'il recevroit 9.000 livres à payer tous les ans, mais si cela m'arrive ce sera à mon corps deffendant et je lui ai bien promis d'y prendre garde. Mercredy je suis prié avec Dietrich à dîner chez Mr. d'Affry qui reviendra ce jour-là de Versailles et qui travaillera avec nous la feuille qui sera présentée dimanche prochain au Roy pour la signer, et tout de suitte elle sera remise à M. le prince de Montbarrey pour faire dresser le brevet du nouveau secrétaire général et le faire signer au Roy à son premier travail, et tout sera consommé. Mercredy, je toucherai 2 sacs en avancement d'hoirie et je te ferai passer 5 à 600 livres pour t'arranger là-bas. J'enverrai aussi tout de suitte 20 louis à M. Boulard pour payer les 384 livres dues sur la charge de mon fils afin que ses appointemens et tous ses petits revenans bon soient libres tous les mois, et qu'il puisse les toucher et payer dessus régulièrement son auberge ou sa place d'ordinaire avec ses camarades. J'aurois bien des choses à te dire sur la sensation que l'honnêteté de ma démarche a faitte et que je me flatte qu'elle fera encore dimanche........ mais ces choses-là ne s'écrivent point et nous en causerons avant peu.

Après le travail, le Prince nous a fait appeller et a bien voulu recevoir nos remerciemens à l'un et à l'autre dans son cabinet. Encore quelque chose d'agréable que j'ai à te dire, car qui chapon mange, suivant le proverbe, chapon lui vient, c'est que j'ai causé aujourd'huy avec ce même ami de Mr. de Montbarrey dont je t'ai envoyé la lettre au sujet de l'avancement de mon fils, et comme je lui parlois que moyennant cet arrangement, il me restoit avec ma pension de maréchal de camp environ 6.000 livres par an, il m'a dit que l'usage et l'intention du Roy et du ministre était qu'un maréchal de camp jouît au moins de 8.000 livres par an et qu'aussitôt que cecy seroit fini, il falloit songer à avoir ces 2.000 livres de plus et qu'il m'y serviroit et qu'il ne falloit pas que l'hyver se passât sans que cela fût fait. C'est une nouvelle besogne qui je crois réussira, et puis au printems il faudra bien songer à être employé et petit à petit les affaires se rétabliront. L'enfant pendant ce temps-là va bien faire et Mr. d'Affry en a parlé fort avantageusement à Mr. le comte d'Artois qui a trouvé que c'étoit agréable, à son âge, de donner bonne opinion de soy. Il faudra bien en signant que le Roy lui-même en soit instruit, et il aura ainsy que toy une copie du brevet pour la pouvoir représenter dans l'occasion. Il ne faut plus à présent penser qu'à Xavière qui, quoiqu'il n'y ait rien pour elle, est enchantée de ce qui est fait pour sa maman et pour son frère, surtout pour toy, car elle a le bon esprit de dire qu'avec son épée et la passe où il est elle se flatte qu'il n'aura jamais besoin de rien; mais avec cela en vendant à M. Dietrich dans 4 ou 5 ans son expectative, et y renonçant pour 8 ou 9.000 livres, il aura de quoy acheter une compagnie de cavalerie ou de dragons, et alors il sera au niveau de toutte la haute noblesse du royaume. J'espère que Dieu nous le conservera et je vois avec le plus grand plaisir que l'enfant est né véritablement heureux; et malgré tes craintes tu dois pourtant en convenir.

Je ne te parle point des nouvelles de mer; nous ne savons que d'aujourd'huy la position de Mr. d'Orvilliers telle que tu me la marques, et sir Hardy est certainement à la hauteur des Sorlingues avec toute sa flottte. C'est Mr. de La Touche-Tréville[1] qui ira cher-

---

1. Lieutenant-général des armées navales, commandait en 1779 l'escadre légère de l'armée franco-espagnole aux ordres du comte d'Orvilliers. Les

cher les transports du Havre après avoir, je crois, aidé à ceux de Saint-Malo à pincer les deux isles de Jersey et de Guernesey. J'ai bien de la peine à croire que cette expédition soit remise plus loin que cette présente marée et comme il ne faut que sept heures pour s'y porter de Saint-Malo et que l'artillerie des vaisseaux aura bientôt rasé touttes les fortifications qui y ont été élévées je ne pense pas que cela fasse grande résistance ni que cela soit bien meurtrier. Il faudra bien que sir Hardy prenne un parti quand cela sera fait, et, s'il ne veut pas présenter le combat à M. d'Orvilliers et qu'il s'obstine à tenir le large les troupes du Havre iront faire la même cérémonie à l'isle de Wight, et pendant ce temps-là il se préparera un autre transport aussi fort que le premier pour opérer la grande descente à la pleine lune de septembre où à la nouvelle d'octobre. Voilà ce qu'on dit, ce qu'on croit et ce qui paroit devoir être. L'évêque dont je t'ai parlé a eu ordre de partir, il y a deux jours, dans les vingt-quatre heures.

J'ai trouvé en arrivant ce soir ta lettre de vendredy qui m'a fait grand plaisir par les détails que tu m'y donnes de ce qui se fait et de la gaieté avec laquelle ton petit coquin de fils t'écrit. Il aime les filles, c'est de son âge ; avec le temps il mettra de l'eau dans son vin comme il met aujourd'huy dans son eau du vinaigre. Il est au jeu, ma chère amie, il faut lui laisser faire les honneurs de sa position et espérer qu'il jouera heureusement....

Mes bougies sont usées et mes yeux se ferment ; bonsoir, ma chère amie, à demain. Je vais dormir sur mes lauriers et sur ceux de mon fils. J'ai dans l'idée que pendant que nous sommes en fortune nous gagnerons, ce tirage-cy, à la lotterie. C'est la dernière fois que j'y mets gros, car dorénavant j'y mettrai toujours mais pas plus de 6 livres par tirage.

préparatifs et les mouvements maritimes dont Martange parle étaient faits pour opérer un débarquement en Angleterre. Comme il le dit, à la date du 29 août, l'escadre anglaise était aux Sorlingues et le comte d'Orvilliers allait manœuvrer pour la joindre.

MARTANGE A Mme DE MARTANGE [1]

Ce 9 au soir [septembre 1779]. — Voici, ma chère amie, la dernière lettre contresignée que tu auras de ma façon, et je t'assure que je renonce sans peine à cette prérogative. J'ai retiré aujourd'huy le restant des effets que j'avois au mont-de-piété; et si Mr. Le Chevalier [2], qui est venu aujourd'huy chez moy pendant que je n'y étois pas pour prendre congé et m'annoncer qu'il partoit demain pour Honfleur, n'est pas parti le matin je lui remettrai le paquet contenant tes dentelles, fichus, et le petit collier de perles fines qui y a été mis en dernier lieu. J'ai arrêté cet après-midy le petit appartement de la rue Thibautodé [3] dont je t'ai parlé hier et j'y amène Xavière qui en a été enchantée. C'est fort petit, mais enfin nous y tiendrons tous ; et comme les planchers sont fort bas j'espère que cela chaud l'hiver et cela ne sera pas cher et la maison est fort honnête ainsy que la femme du procureur chez laquelle j'ai mené Xavière, le mari également honnête et une vieille dame de 83 ans. Voilà tous les habitants ; une porte cochère, un portier, et bon air.

Xavière se fait une grande fête d'aller à Cerny pour y prendre l'air ; elle y emporte sa machine pour la mettre quelquefois le soir ou le matin aussitôt qu'elle pourra la supporter ; elle est encore bien pâle et bien maigre mais cela revient......

Je dînerai demain encor chez Mr. d'Affry où je remettrai le cachet à Mr. Diedrich. Le soir j'irai chez le prince d'Hénin et dimanche à Versailles et pour cause. Lundy je resterai à Paris pour laisser reposer les chevaux et mardy je conte aller passer le reste de la semaine à Cerny ; voilà ma marche. Il est encore incer-

---

1. Arch. de Honfleur.
2. Gentien-Nicolas-Charles Le Chevalier, né en 1729, écuyer, avocat, subdélégué de l'intendant de Rouen, parfois appelé Le Chevalier des Acres.
3. Aujourd'hui rue des Bourdonnais.

tain si nous pourrons avoir l'appartement le 24 ou le 25 de ce mois ou s'il faudra attendre jusqu'au 1ᵉʳ c'est-à-dire au 8 d'octobre, ce qui feroit perdre beaucoup de temps à l'enfant, mais le propriétaire est à Lyon et on ne l'attend pas avant le 20. Comme il a ses habits, du linge et des livres on ne peut pas prendre son appartement qu'il n'ait tout retiré....... Comme je n'ai vu personne aujourd'huy que le monde des créanciers je ne sais aucune nouvelle et je ne crois pas qu'il y en ait. Je sais que le Roy a paru très-content de ses généraux et de ses trouppes mardy dernier et qu'il a annoncé que l'armée navale tiendroit la mer incessamment. Reste à voir si le vent n'empêchera pas cette résolution, car c'est un peu luy qui réglera cela. Le *Fier Rodrigue*, vaisseau de Mr. de Beaumarchais, a eu l'honneur de combattre en ligne au combat de la Grenade et a très bien fait; le capitaine[1] y a été tué. Si Mr. Le Chevalier n'est pas parti je tâcherai de le voir et lui remettrai encore quelques louis pour toy. Fais bien vite faire ta robe, si j'avois sceu ce départ je la lui aurois remise.

M. DE BOULARD[2] A MARTANGE[3]

A Tinteinac[4] près Hédé, le 11 septembre 1779. — Mon général. J'ai reçu la lettre que vous m'avez fait l'honneur de m'écrire à laquelle étoit jointe une lettre de change de 480 livres sur Rennes, laquelle m'a été acquittée par la caisse du régiment, en acquittant M. votre fils de 384 livres le surplus servira à M. votre fils pour ses besoins.

A l'égard de la carte de la Manche que vous avez bien voulu joindre à cet envoy vous avez oublié, mon général, de mettre le prix. M. de Gois qui l'avoit demandé à M. votre fils par l'occasion

---

1. M. de Montault. On trouve dans le *Mercure* du mois d'octobre 1779, sur la prise de la Grenade, la relation du lieutenant du vaisseau le *Fier Rodrigue*.
2. Capitaine en second au régiment de Conti-infanterie.
3. Orig. Arch. de Honfleur.
4. Tinténiac, ch.-l. de canton. Ille-et-Vilaine.

d'un de mes frères qui est abbé, lequel étoit en route pour se rendre à Paris pour l'arrengement de quelques affaires que nous occasionnent la mort de mon père, me charge de vous en faire ses remerciements et de vous prier de lui en faire savoir le prix.

Nous avons aprit hier les avantages que Mr. d'Estaing a remporté sur l'amiral Biron après avoir prit l'isle de la Grenade. L'on nous a même fait le récit de quelques faits particuliers qui lui sont arrivés qui démontrent son zèle et l'envie qu'il a toujours de récompenser le mérite, comme tous ces détails nous viennent par la voie de Paris, je crois très-inutile de vous en rapporter ici.

Je ne scai si vous avez déjà été instruit de la rencontre que M. d'Orvilliers a été au moment de faire de la flotte anglaise aux ordres de l'amiral Hardi, le 31 aoust, à la pointe du jour ; la précipitation que les Anglois ont mis à regagner leurs côtes fait croire qu'ils ne nous cherchoient nullement dans leur croisière. J'estime cependant commme très-bonné leur conduite, nous étant inférieure, et depuis que notre flotte tient la mer nous n'avons pu rien entreprendre et nous sommes de refaire de nouvelles vivres pour l'escadre qui en manque.

L'on assure que l'escadre combinée de Mr. d'Orvilliers est rentrée le 9 et 10 à Brest ; l'on fonde cette croyance sur ce qu'on scait qu'elle en avoit l'ordre et que les vents ont été favorables pour oppérer ; l'on dit qu'il y a près de 4.000 malades, l'on ajoute de plus que le 25 de ce mois elle doit resortir, je le désire bien ardament car il est cruel pour un officier qui désire de s'instruire et de se montrer d'être toujours spectateur des succès de M. le comte d'Estaing sans pouvoir tenir la place d'un acteur ou figurant.

Les bâtimens de transport ont été mis à Saint-Malo partie dans la rivière de Dinan et d'autre dans le port parce que les plus gros, vu leurs charges, souffroient trop quand ils se trouvoient à sec, mais ils n'ont pas reçu ordre d'être déchargés comme l'on avoit voulu en faire courir le bruit.

Vous avez sans doute, mon général, été instruit de l'avantage que les insurgeants ont remporté sur les Anglois dans la nouvelle Ecosse qui vouloient faire un aprovisionnement de bois de construction et qui pour le favoriser avoit envoyé 4 frégates, tout cela a été pris ou brûlé par les insurgeants.

Voilà bien des choses qui se sont passées aux isles qui pourront bien rendre infructueux les efforts de M. Hardi et qui pourroit bien, joint au blocus de Gibraltar, faire faire à la France par Mrs. les Anglois des propositions de paix très-avantageuse, que je verrai avec plaisir cette nation humiliée; je voudrois cependant aller faire moi-même cette observation en Angleterre car je me méfie des figures qui nous seront envoyées en France.

M. votre fils vient tout-à-l'heure de me quitter, il étoit venu d'Hédé passer une heure avec moi; il se porte à merveille, il a eu un jour un petit accès de fièvre mais voilà plusieurs jours qu'il n'a plus aucun ressentiment. Il m'a dit avoir donné au commissionnaire de M. de Causans qui alloit à Saint-Malo avant hier une lettre pour vous. Il me charge de vous présenter ses hommages respectueux.

Il y a apparence que les troupes destinées à l'embarquement ne quitteront point leurs cantonnements pour prendre les quartiers d'hiver que lorsque l'on aura la certitude que nous ne pouvons pas nous embarquer soit à cause de la continuité des vents que par les efforts de nos ennemis; par conséquent il faut attendre avec patience.

Les maladies semblent quitter prise depuis que les chaleurs ont cédé, cependant nous avons encore 180 malades parmi les soldats et ils éprouvent beaucoup de peine dans leur rétablissement ce qui le rend très lent. Nous venons de perdre, le 6 de ce mois, un capitaine en second, officier de fortune qui servoit de l'année 1732, d'une fièvre putride; il n'avoit pas l'honneur d'être connu de vous, étant de semestre quand vous étiez à Honfleur.

Tous nos Messieurs, mon général, me chargent de mille choses pour vous et voudroient bien que tous ces retards leur procurent l'honneur d'être sous vos ordres, mais la crainte qu'ils ont que cela ne soit pas leur fait augmenter leurs regrets. J'ai l'honneur d'être, etc. — BOULARD.

M. VIART[1] A Mme DE MARTANGE[2]

A Madame la comtesse de Martange en son hôtel, à Honfleur. — *A Hédé, le 11 septembre 1779.* — Ma chère maman. M. votre fils s'est acquitté avec exactitude des reproches que vous le chargiez de me faire, et pour que vous ne fussiez plus en droit de me gronder davantage je vous écrivis il y a huit jours, et j'ettois dans l'intention de vous renouveller mes sentiments tous les jours de poste lorsqu'il m'a apris ce matin que vous [vous] plaignez encor de mon peu d'exactitude. Mais vraisemblablement ma lettre datée du 4 de ce mois ne nous étoit pas encor parvenu. Je serois fort étonné que vous ne l'ussiez pas reçu; elle ne vous apprenoit rien de nouveau car nous étions fort dans l'incertitude. Faite-moy, je vous prie, maman, réparation et ne croiez pas que quelqu'un qui a reçu autant d'honnêtetés et de preuve d'amitié que moy fût capable d'ingratitude. L'on parle beaucoup ici de la gloire que s'est acquise Mr. Destin[3] à la prise de la Grenade. Mr. d'Orviliers, qui vient de rentré à Brest pour y faire eau, vat nous retenir encor quelque tems dans le vilain pays où nous avons pour toute resource la société d'une fame fort ennuieuse. Il est des moments où l'on regrette Honfleur, surtout à présent nous trouverions les Lesêne, Dintrons, Saint-Severt des divinités, aussi quand par hasard il passe quelque femme en voiture, l'on est sûre de voir toute la garnison à la fenêtre.

L'on croit que l'embarquement est remis au 13 octobre au plus tard et nous irons passer le carnaval en Angleterre. Je regreterai plus d'une fois les instants que vous vouliez bien m'accorder pour vous faire ma cour et me repaître du bonheur de renouveler connoissance à votre campagne; c'est en attendant ce tems çarment que je vous prie de me croire, ma cher maman, le plus reconnoicent de vos amis. — Viart.

1. Sous-lieutenant au régiment de Conti.
2. Orig. Arch. de Honfleur.
3. D'Estaing.

MARTANGE A Mme DE MARTANGE[1]

Paris, ce 12 au soir [septembre 1779]. — J'ai été dîner aujourd'huy, ma chère amie, avec toutte la famille Rivière invitée ainsy que moy par Privat, à un village nommé la Barre[2], à une lieue par delà Saint-Denis, et je m'y suis fort amusé innocemment avec une douzaine de vieux soldats du bataillon de Saint-Denis qui faisoient la police dans la foire et les jeux qu'il y avoit pour la fête du village. On y a tiré le prix à l'arquebuse où j'ai tiré l'oye au sabre, beaucoup dansé, beaucoup chanté, ce qui m'a fait naître l'idée de faire des couplets sur la victoire de Mr. d'Estaing et l'illumination qui se faisoit aujourd'huy à la suitte du *Te Deum* chanté pour ce succès[3], et de donner ces couplets à ces honnêtes grenadiers pour aller les chanter chez le seigneur[4], et, de là, les faire imprimer avec permission pour les faire débiter sur le pavé de Paris. Les leçons que je leur ai donnés pour cela ont été trop plaisantes, et j'ai ri aussi d'avance des suittes de cette polisonnerie qui a au moins la grâce de l'apropos et dont je t'enverrai un exemplaire.

J'ai trouvé en revenant icy tes deux lettres du 9 et 10 du courant. Tu as vu par mes précédentes ce qu'il y a de sûr relativement à la rentrée et à la destruction de la flotte et des troupes : on dit aujourd'huy que don Loüis de Cordova opérera seul avec 15 vaisseaux et que M. Duchaffault en commandera cinquante. On dit cela parce que le public se promet de juger la conduite de M. d'Orvilliers sans savoir quels sont les ordres qui luy avoient été donnés et si en cherchant à les remplir il a effectivement mérité ou démérité aux seuls yeux qui sachent véritablement s'il a fait ou non tout ce qu'il pouvoit faire[5]………

---

1. Arch. de Honfleur.
2. La Barre de Deuil, à un quart de lieue des côteaux de Montmorency.
3. Combat de la Grenade, 6 juillet 1779.
4. Au château de la Chevrette, ancienne résidence de M. de Bellegarde, père de Mme d'Epinay.
5. Suivent onze lignes en langue allemande.

Jusqu'à présent le silence de mon fils ne m'inquiette pas, ni même celui de M. de Boulard qui étant à Tinténiac[1], comme tu l'as vu par la lettre du petit, n'est pas à portée de parler à Mr. Le Roy de luy qui est à Edet[2]. J'attens incessamment de leurs lettres à l'un ou à l'autre en réponse de l'argent que j'ai envoyé à Mr. de Boulard et des cartes que j'ai adressées ainsy qu'ils me le demandaient à l'un et à l'autre.

Je n'aime point ce que tu me marques du mauvais pain, et tu feras fort bien de t'en faire faire exprès pour toy dont tu achetteras la farine; et en le payant un peu plus cher il n'y a aucun boulanger qui se refuse à cela. Je suis bien sûr que Mr. le duc du Châtelet[3] a un boulanger et que tant qu'il restera à Honfleur il pourroit t'en fournir journellement pour ta consommation journalière........[4].

Je souhaite que ton estomach soit aussi bien remis que le mien. Tu ne me dis pas si tu prens encor le grain deux ou le 5-10, c'est cependant une chose bien essentielle pour la réparation et l'entretien de la santé, et Privat me l'a encore recomandé pour toy aujourd'huy.

J'ai entendu parler ce soir au Palais-Royal en y passant d'un très-grand avantage qu'ont eu les Américains sur les Anglois auxquels ils ont fait beaucoup de prisonniers, enlevé trois forts, mais je ne sais pas au juste ce que c'est et je ne pourrai t'en parler que demain.

Thomas est revenu ce soir et m'a apporté de bonnes nouvelles de la santé de ma fille qui est arrivée ce même jour, vendredy, à Cerny, d'où elle m'écrit qu'elle croit que l'air a encore augmenté son appétit et d'où elle m'adresse l'incluse pour te le faire passer. Je conte profiter mardy d'une permission de chasse que le prince d'Hénin m'a donnée, et mercredy ou jeudy au plus tard aller la

---

1. Ille-et-Vilaine, à 40 kilomètres de Saint-Malo.
2. Hédé, à 24 kilomètres de Rennes.
3. Le duc du Châtelet-d'Harancourt, colonel de Navarre en 1754, brigadier d'infanterie en 1757, maréchal de camp le 20 fév. 1761, colonel-lieutenant du régiment du Roi depuis 1767, devint lieutenant-général le 1er mars 1780. — Plusieurs compagnies du régiment du Roi étaient alors à Honfleur.
4. Quatre lignes en allemand.

rejoindre à Cerny et y passer sept ou huit jours à me bien
purger avec l'eau et le sel de Sedlitz que Privat m'a conseillé et
dont j'ai véritablement besoin. J'ai pensé comme toy ainsy que tu
as vu au sujet de l'appartement à Paris, et celuy que j'y ai arrêté
pour le mois prochain remplira notre objet, mais il ne faut pas et
moins que jamais renoncer à Honfleur qui, à la fin du compte, sera
le réparateur de notre fortune. Laissez-moy conduire ma barque,
je suis sur la bonne voye et je ne crois pas que je m'égare, ce que
je viens de faire me tranquillise sur ce que je pourrai exécuter. La
veine du malheur est épuisée et celle de la prospérité va commencer ; en tout cas ce sera toujours l'époque de la réunion et ce sera
toujours un très-grand bien. Il me tarde de savoir en ta possession
la robe que je t'ai envoyée et je ne suis pas fâché que tu juges mon
goût plus sûr que celuy de ta fille. Je crois quand elle a vu la
mienne qu'elle n'auroit pas été fâchée de s'en être rapportée à
moy.

MARTANGE A Mme DE MARTANGE[1]

Ce 14 au soir, [septembre 1779]. — J'arrive de la chasse où je me
serois fort amusé, ma chère amie, sans le petit malheur qu'a eu
Rivière en tuant un perdreau de blesser deux petits garçons qui
travailloient près d'une vigne. Quoique la blessure de ces deux
enfants ne soit pas grande chose et que les 6 livres qu'on a données à la mère pour leur faire retirer le plomb qu'ils avoient receu,
— l'un au nombre de 2 grains et l'autre 5 dont un à la main, deux au
ventre, un à l'estomach et le dernier au pied, — aient été beaucoup plus agréables à ces pauvres gens que le petit mal de ces
enfans ne leur a été douloureux, cela nous a cependant fait cesser
la chasse beaucoup plus tôt que nous n'aurions fait, quoique cela
allât fort bien d'ailleurs, Rivière ayant tué 12 pièces et moy 9 dont
j'emporte un lièvre et 4 perdreaux demain à Cerny. J'y porterai de

1. Arch. de Honfleur.

plus deux bouteilles d'eau de Sedlitz et deux paquets du sel du même nom pour me récurer un peu l'estomach et les intestins. Tu devrois bien, à ce que je crois, en faire autant, et sûrement il y a un dépôt pour ces eaux-là à Roüen ou au Havre, et dans le cas qu'il n'y en eût point je t'en ferois passer, car indépendamment d'une queue d'affaires qui m'empêcheront de partir pour Honfleur, je t'avoue que tant que le régiment du Roy y sera, je ne suis point du tout curieux d'y aller et tu as été la première à en concevoir la raison.

J'ai écrit ce matin à M. Rougemont relativement au délai de paiement de M. Blanche, du Havre; je t'envoye sa réponse afin que si cela n'étoit pas réparé tu puisses en faire usage vis-à-vis de son correspondant. Je suis bien fâché que tu ne sois pas contente de ta santé et les craintes que t'inspirent les maladies courantes du pays que tu habites et qui sont les mêmes icy et à la ville et à la campagne. C'est bien tous les ans la même chose, mais il est cependant sûr que cette année-cy cela a été beaucoup plus marqué. Il n'y a de préservatif à cela que de boire beaucoup de limonade légère ou au deffaut de cela un peu de vinaigre ou d'eau-de-vie dans l'eau.

Ta façon de juger l'arrangement que j'ai fait sur ma place me surprend après les détails que je t'en ai faits[1]; il faut ou que tu ne l'aies pas compris ou que tu les aies déjà oubliés. Comment, mon enfant, j'avois 10.000 livres par an et j'en payois 6.000 livres d'intérets, il m'en restoit donc 4.000 livres comme aujourd'huy et j'avois de plus 100.000 livres de dettes qui restoient à ta charge après moy ou à celle de ma mémoire et à la honte de mes enfans. Il ne restoit rien après moy et tu as un douaire de 3.000 livres de rente sans retenue ta vie durante. Mon fils, qui n'auroit jamais eu ma place puisqu'il y a déjà 6.000 livres de pension données sur ma survivance et la promesse de la place même engagée du même temps, mon fils donc aura après toy 1.500 livres qu'il n'auroit

---

1. Martange venait de céder sa charge de secrétaire-général des Suisses et Grisons.

jamais eües et il pourra dans 4 ou 5 ans d'icy, s'il vit comme je l'espère, vendre cette rente à Mr. Diedrich pour 7 ou 8.000 livres avec lesquelles il achettera une compagnie de dragons ou de cavalerie, et tu n'appelles pas cela très heureux, tu es difficile, et je vois bien que tu n'as jamais éprouvé touttes les angoisses que les instances et les craintes de Mme Rougemont m'ont fait souffrir. Mon enfant, regarde, sur ma parole et sur celle de tous les gens instruits, ce marché-là à ne le considérer même que sous cet aspect comme une affaire infiniment avantageuse. Et indépendamment de cela c'est qu'il doit me procurer des avantages au moins aussi considérables étant employé, ce que je n'aurois jamais été étant secrétaire des Suisses; et les 2.000 livres d'augmentation de pension que je conte aussi obtenir; je n'avois aucun titre pour les demander puisque possédant une place de 10.000 livres de rente j'étois aux yeux du Roy rempli de plus de 8.000 livres, au lieu qu'aujourd'huy il s'en manque 20.000 livres que je n'aye des bienfaits de S. M., c'est un titre évident pour être mis au taux de tous ceux de mes pairs qui sont dans mon cas et auxquels on a completé le revenu de 8.000 livres. Je t'avois, je crois, pourtant déjà détaillé tout cela.

A l'égard du Roux ou des Roux [1] n'en parlons jamais; tu sais ce que j'en pense et comme le silence absolu sur les gens est le comble du mépris c'est à cela que je me borne touttes les foys qu'il est question de luy.

J'ay aussy reçeu ce soir une lettre de Mr. de Boulard dattée de Tinténiac en datte du 11 de ce mois; il m'accuse la réception de ma lettre, des cartes et de la lettre de change de 480 livres. Il m'ajoute que mon fils se porte parfaitement bien, qu'il avoit eu un petit accès de fièvre un jour, mais que depuis plusieurs jours il n'avoit eu aucun ressentiment; il étoit venu d'Hédé passer une heure avec Mr. Boulard à Tinténiac. Il a dit à Mr. Boulard avoir remis au commissionaire de Mr. de Causans une lettre pour moy;

---

1. Souvent Martange désigne sous un nom supposé la personne dont il parle. Ce *Roux* est probablement le prince Xavier de Saxe; dans une autre lettre il le nomme *don Rufo*.

je meurs de peur qu'il n'ait pas dit la vérité car je l'ai point receue. Il ne me dit point s'il se conduit bien ou mal, et cela ne me fait pas plaisir, car je crains que ce ne soit par discrétion qu'il ne m'en parle pas ; peut-être aussi cette crainte n'est-elle que panique, mais ma première façon de voir les objets me trompe rarement, et ce sentiment de douleur est le premier qui se soit offert à mon imagination en lisant cet article. Les autres de sa lettre portent sur le paiement des 384 livres dues par le prédécesseur de mon fils, et acquittées par luy et sur la mort d'un capitaine en second qui servoit dès l'année 1732 et qui étoit officier de fortune, c'est apparemment Mr. Gallois[1]. Les maladies ont cessé ou du moins fort diminué depuis que les grandes chaleurs le sont aussy, mais ils ont peut-être encore 180 malades dans les hôpitaux et les convalescences sont très-longues.

Les bâtimens de transport ont été mis à Saint-Malo partie dans la rivière de Dinan, partie dans le port pour éviter les avaries que les gros navires essuieroient en restant à sec au reflux, mais point encore d'ordre de les décharger comme le bruit en avoit couru.

L'arrangement que tu as pris de toi-même pour m'écrire, ma chère amie, est le même que je t'avois indiqué ; c'est toujours à l'hôtel de Grenoble[2] qu'il faut adresser parce que de là elles me sont envoyées. Je tombe de sommeil et de lassitude. Je t'embrasse de tout mon cœur, te prie d'avoir soin de ta santé et vais me reposer après avoir fini une grande caraffe de limonade très-légère que je viens d'avaler en t'écrivant. Bonsoir, ma chère amie.

LA BARONNE DE RUMERSKIRCH A Mme DE MARTANGE[3]

Landau, ce 5 octobre 1779. — Ma très-chère maman. Il y a un tems énorme que je me suis privé du bonheur de vous écrire ; mais

---

1. Ou Galloy.
2. Rue de Grenelle Saint-Honoré.
3. Arch. de Honfleur.

je vous suplie d'êttre persuadé que cela a été bien contre mon gré. Nous sommes déménagé de Iohanneskirch, à Landau, où nous voilà pour tout l'hiver. Je désirerois bien, ma chère maman, de vous posséder à présent ici, la maison que nous y abitons étant fort vaste. Je pouroit vous y loger commodément, mais j'en ai perdue l'espérance ici comme à la campagne, et je me voit par là frustrée de la seule chose qui auroit pu me flatter isi ou ailleur, voilà comme presque toute les fois dans la vie on se voit déchue de nos plus chères espérances. Cette disgrâce m'est arrivée bien souvent, mais enfin il faut bien tout suporté dans la vie. J'ai appris par les gazettes que mon papa s'étoit défait de sa charge de secrétaire général des Suises et que sest Mr. le baron de Dietrich qui en est actuellement posseseur. Tout le monde me fait des questions, mais auxquelles je ne puis répondre. Mon frère de Lœwmannsegk[1] m'a aussi demandé de lui donner des nouvelles de cela, et je n'ai pas encore pu lui en écrire la moindre chose. Oseroi-je vous prié, ma chére maman de me marqué comment cela s'est fait, si mon papa y a gagné ou perdu. Il y a au moins six mois que je n'ai point reçue de lettre de mon papa, je suis dans la plus grande perpléxité, je ne crois cependant pas m'être mise dans le cas de me rendre indigne du bonheur de recevoir quelques lignes de sa main, mais je commence à m'apercevoir que les abcent ont toujours tort. Tirés-moi je vous en conjure encore, ma très-chère maman, de cette inquiétude. Recevés, ma chère maman, l'assurance du respect du baron et respect et tendresse de mes petits et daignés être persuadée de la reconnoissance, de la tendresse et du profond respcet avec lesquels je ne saiserés d'êttre jusqu'au tombeau, ma très-chère maman, vottre très humble et très hobeissante fille et servante. — A. D. M. de Rumerskirch[2].

P. S. Oseraije vous suplier, ma très-chère, de bien vouloir faire passer cette petite lettre à mon frère, qui m'a écrie et dont je ne sai pas l'adresse.

---

1. M. de Rachel de Lœwmanseck, né du premier mariage de Mme de Martange.
2. Antoinette de Martange de Rümerskirch.

MARTANGE A Mme DE MARTANGE[1]

Paris, ce 1er octobre au soir [1780]. — Je ne sais pas, ma chère amie, si le petit billet par lequel je t'ai mandé, ce matin, ta petitte bonne fortune t'est arrivé comme je le désirois, cela m'a fait plus de plaisir que cela ne vaut parce que j'ai imaginé que cela t'en feroit à toy en voyant que le diable n'est pas toujours à la porte des pauvres gens. Peut-être serons-nous plus heureux une autre fois, mais il n'est pas possible d'être plus près du terme puisque tu avois 85 et que c'est 86 qui l'auroit decidé. Cela pourra te servir pour faire ton vöiage et venir joindre ta fille dans la petite rue Tibautodé, aussitôt qu'elle y sera établie, si le suiet du régiment de Conty ne se décide pas prématurément pour revenir à Honfleur.

On prétend encore que Mr. Duchaffault est sorti aujourd'huy ou qu'il sortira le 6 du courant au plus tard. Reste à savoir si sir Hardy le cherchera hors de la Manche, primo, et en second lieu si on ose y chercher sir Hardy ; de plus quel sera le succès du combat et de plus si l'armée sera assez forte pour en détacher de quoy venir chercher les transports du Havre et de Honfleur, et avant tout si sir Luckart Ross qui a pris le commandement du *Roi-Johnstone* ne fera pas d'icy là quelqu'espiégleries à Saint-Malo ou au Havre, comme il paroit par ta lettre qu'on en a quelque inquiétude dans le pays que tu habites. Le bruit couroit aujourd'huy que les insurgens avoient été un peu étrillés, et que la petitte escadre de leur commodore Hopkins avoit été entièrement prise ou détruitte. D'un autre côté on disoit que Mr. de la Mothe-Picquet avoit pincé deux vaisseaux de guerre après un assez vigoureux combat ; d'autres attribuent cet avantage aux Espagnols. En tout il n'y a rien de certain à tout cela.

J'ai vu aujourd'huy le colonel Sayffert[2] avec lequel j'ai beaucoup

---

1. Arch. de Honfleur.
2. Le colonel baron de Saiffert était devenu le principal correspondant du prince Xavier de Saxe après la brouillerie du prince et de Martange.

causé de qui tu sais[1] dont il est plus excédé que jamais, et qui est plus lié que jamais au maraud. Ils sont occupés actuellement à faire reconnaître au Parlement l'état d'un nouveau fruit[2] des chastes amours; et il y a, je crois, à cette affaire, m...... au bâton, car Don Rufo[3] est venu icy, y a été huit jours et a été à Versailles où le colonel croit qu'il y a eu au sujet de la dame du chameau[4] quelques explications défavorables à la mère et à la famille, puisqu'il a vu qu'en écrivant à Pont au lieu de mettre sur l'adresse : *à la comtesse de L.*[5], on a repris au retour de Versailles l'ancienne façon d'adresser à la dame de Sp.[6]. Tout cela fait rire et vomir. Le colonel dit que c'est cent fois pis que tout [ce qu'on peut] imaginer de plus mal. Il y a lieu de......[7] très-beau d'être délivrés [de] vivre avec un être aussi bas.

Je n'ai encore pu aller cloître Saint-Jacques-de-la-Boucherie, ce sera pour demain matin en allant faire emplette d'une couchette car je ferai servir des matelats qui arriveront, j'espère, lundy de Cerni. Demain au soir est le soupé de la dame His, et dimanche je retourne à Cerny pour faire faire cet emballage, donner de l'argent au Jaune[8] et en ramener Xavière mercredy, au plus tard. Ainsi, ma chère amie, il faut toujours m'adresser à l'hôtel de Grenoble[9] jusqu'à nouvel ordre parce qu'en partant d'icy j'en donne pour qu'on me fasse passer les lettres.

Je n'ai aucune nouvelle d'Edet[10]; j'ai cependant vu ce soir un officier qui arrive de Saint-Malo, mais il n'a pas vu le régiment de

---

1. Le prince Xavier.
2. Cécile-Marie-Adélaïde-Augustine de Saxe, née à Pont-sur-Seine le 17 décembre 1779 et morte en 1781.
3. Le prince Xavier.
4. Tel est bien le texte, mais le mot est difficile à lire.
5. A la comtesse de Lusace.
6. Spinucci.
7. Plusieurs mots sont illisibles.
8. Ce terme semble désigner le duc de Selve de qui Martange tenait à loyer une maison située à Cerny, arr. d'Étampes. Voyez plus loin une lettre où il parle du lord Jaune.
9. Rue Grenelle Saint-Honoré.
10. Hédé (Ille-et-Vilaine).

Conty. Il ne croit pas, lui, à la descente. Je conte aller souper un de ces soirs avec M. le prince de Conti chez Mme de Silly pour avoir occasion de luy parler de l'enfant dont je voudrois bien avoir d'icy là des nouvelles satisfaisantes. A propos cela me revient dans ce moment-cy, le colonel m'a dit que la femme du prince Charles[1] étoit grosse et que cela alloit faire du bruit à Dresde relativement à l'état de l'enfant; ce sera une raison de plus pour rendre la situation du blondin d'icy d'autant plus fâcheuse vis à vis du chef de sa maison.

Le s^r Lorrain a été se plaindre au colonel de ce que je l'avois soldé avec 50 écus et qu'il avoit perdu beaucoup avec moy. Il l'a envoyé promener comme de raison. En vérité, nous n'avons qu'à nous louer à rebours de touttes les canailles que nous avons nourries. Ce gueux-là, auquel je disois ce matin que je n'avois nommé ses enfans que par charité, m'a forcé à luy parler sur ce ton en osant me dire qu'il n'avoit jamais ni de récompense pour la nourriture que sa femme avoit faitte, et qu'il n'avoit pas de quoi vivre avec les 300 livres du Prince. Mon enfant, lui ai-je dit, quand tu es venu à Paris, tu n'avois pas de pain; où as-tu mangé toy et tes enfans? chez moy, n'est-ce pas? Eh bien, si tu n'es pas content de ce qu'on te donne, vas-en chercher ailleurs, mais chez moy, il n'y en a plus à donner ni à laisser perdre. Il m'a dit que ce pauvre Henry étoit mort de misère chez lui à Chaumot. Il a voulu me dire bien du mal de la maison mais je lui ai fermé la bouche en lui disant que tout cela ne me regardoit pas et que je ne prononçois même pas le nom de son maître. Enfin j'ai sa quittance finale et je voudrois avoir pu me procurer celle de tous les autres. Avec le temps cela viendra. En attendant, portons-nous bien. Je t'embrasse de tout mon cœur.

Tu me demande dans ta lettre s'il y a icy des maladies épidémiques; je n'en entens pas parler. Pour des fièvres putrides et malignes aussi il y en a beaucoup, mais sans épidémie et seulement comme tribut de la saison. Le mal le plus approchant de l'épidémie

---

1. Charles-Christian, prince de Saxe, duc de Courlande, marié à Françoise de Corvin Crassinka.

qui règne icy ce sont des maux de gorge qui troussent assez vite leur monde, mais touttes les automnes il y a toujours quelque maladie à la mode, et si cela est si violent à Honfleur tu feras fort bien plus tôt que plus tard de nous arriver avec certitude qu'on ne te laissera pas coucher par terre. Bonsoir et bonne nuit, ma chère amie.

Je t'écrirai dimanche matin avant de partir pour Cerny.

LA BARONNE DE RUMERSKIRCH A Mme DE MARTANGE[1]

Johanniskirch, ce 14 janvier 1781. — Après avoir souffert tout ce qu'il est possible de souffrir, je me vois en état de remplir le plus doux devoir, s'est-à-dire de m'entretenir avec ma chère maman. Permettés-moi donc avant de m'expliquer sur ce qui m'a empêché de jouir plutôt de cette satisfaction, de vous suplier, chère et tendre maman, de recevoir avec bonté les vœux que mon cœur ferme au cieux pour la conservation de votre précieuse santé dans cette nouvelle année, et l'accomplissement de tout ce que vous désiré et la continuation de vottre bienveillance pour moi et mes enfans. S'est la cruelle maladie de ces derniers qui m'a empêché si longtems de vous donner de nos nouvelles, les deux cadets on d'abord eu pendant deux mois la coqueluche à un point si violent que toute les fois qu'ils toussoient ils devenoient violet, et le sanc sortoit des deux narines à gros bouillon ; après cette horible maladie ma petite et Xavier prirent la plus furieuse fièvre chaude possible. Jugé, chère maman, dans quelle état j'étois lorsque deux médecins me dire qu'il voyoient peu d'espérance de sauver Xavier, et éfectivement tout étoit perdue sans un someil qui vint lui rendre un peu de force ; ce pauvre enfans a souffert tout ce qu'il est possible de souffrir et a été quatre jours sans connoissance avec le transport au cerveau. Caroline a été aussi très-mal, mais son naturel moins vif que celui de son frère a rendu sa fièvre

1. Arch. de Honfleur. Orig.

moins violente. Grâce à l'Etre Suprême il me sont rendus tous trois et je ne puis assés admirer la bonté du ciel qui m'a conservé sans devenir malade après avoir si cruellement souffert, sans dormir ni manger que ce qu'il faloit pour me faire exiter.

La flatteuse nouvelle que vous avés bien voulue me donner, ma chère maman, du grade de lieutenant-général où mon papa vient de parvenir a été une consolation bien vive dans mes meaux. Toutes les lettres que j'ai le bonheur de recevoir de vous sont les seulle capable de me faire passer des heures agréable, et la compagnie de mes petits fait aussi mes seulle délices. Sans eux, je crois que je ne serois plus de ce monde, car le bonheur et la gaieté n'est pas faitte pour moi, et pendant toute l'année les pleurs sont plus près de mes yeux que le rire de mes lèvres et s'il m'arrive quelques fois de paroître gaie, un souvenir amers me fait couté bien chers ce moment de gêne : tout ceci, chère et tendre maman, est entre vous et moi, et je seroit désolé ci quelqu'un d'autre le savoit. J'ai receu hier une lettre de ma tante qui veut bien m'envoyer son portrait. Je n'ose, ma chère maman, vous prier de me faire cadeau du vôtre puisque vous me l'avez promis lorsque vous trouveriez un bon peindre. Si j'en avoit put trouver un dans ce pays-cy j'auroi pris la liberté de vous envoyer mes deux petits, mais je suis jusqu'à présent dans l'impossibilité ; au reste ne m'envoyés point de portrait, ma chère maman, et venés comme vous avés bien voulue me le promettre dans vottre dernière. Je vais me repaitre encorré de cette flatteuse espérance jusqu'au moment heureux qui la rendra réalité, s'il plaît à Dieu. En attendant ce bonheur je vous suplie, ma très-chère maman, de vous ressouvenir journellement de la promesse que vous m'en avés faite. Continué moi vos bontés si précieuse pour moi. Faite les rejaillir sur mes enfans et daignés être persuadée des sentiments, de la tendresse, de la reconnoissance et du profond respect avec lesquels je ne saiserés d'êttre jusqu'à mon dernier soupir, ma très-chère maman, vottre très-humble et très-hobéissante fille et servante. — A. De Rumerskirch.

Le baron vous suplie d'agréer l'homage de son respect et mes petits baise bien tendrement vottre chère main.

MARTANGE A Mme DE MARTANGE[1]

Paris, ce 13 juillet [1781]. — Voicy, ma chère amie, le résultat de mon conseil d'hier après une promenade de trois heures le matin aux Champs-Elysées, et de 4 l'après-midy au Luxembourg. J'ai écrit ce matin à M. de Ségur[2] et à Saint-Paul[3]. La copie de mes lettres te rendra la situation de mon âme et la résolution à laquelle je me suis fixé. De tel côté que soit venu l'obstacle, il y a à ce que je crois dans ma lettre de quoy faire faire des réflexions. Au reste convaincu que le bonheur est en nous-mêmes, et qu'il n'est question que de se recueillir pour le trouver, je me trouve très-heureux d'avance de l'exécution du parti que je prens ; si cela fait ton bonheur et celui de Xavière, je ne désirerai rien. J'espère aussy que la leçon élèvera l'âme de mon fils et c'est ce que je souhaite par dessus tout.

« A Mr. de Ségur.

« Mr. le marquis,

« Mr. de Saint Paul m'a rendu l'impossibilité où vous étiés de
« m'obliger et le regret que vous aviés eu la bonté d'en marquer :
« la première partie de son billet m'a pénétré de douleur et la
« seconde de reconnoissance. Au moins mon état est décidé et c'est
« à moi à le soutenir avec une résignation aussi ferme que respec-
« tueuse : je le ferai. Mais dans le parti forcé que j'ai à prendre il
« m'est absolument indispensable de payer le boucher et le bou-
« langer qui m'ont nourri à Honfleur et deux malheureux domes-
« tiques qui m'y ont suivi et que j'y ai gardés par décence sur la
« foy des espérances que j'avois cru pouvoir concevoir, et j'ai

1. Arch. de Honfleur.
2. Le maréchal de Ségur, né le 20 juillet, ministre et secrétaire d'Etat au département de la Guerre depuis le 24 décembre 1780.
3. M. de Saint-Paul, commissaire ordonnateur des guerres, avait dans sa division : la nomination aux emplois; les grâces militaires ; les promotions; les états-majors des places; les dettes des officiers, leurs congés, leurs reliefs, etc.

« besoin pour cela, Mr. le marquis, de l'avance d'une année de ma
« pension sur le thrésor royal. C'est à cette seule faveur que je res-
« trains aujourd'huy ma demande, et je présume que cela ne peut
« pas être onéreux au thrésor royal puisqu'au fonds ce n'est que
« prendre sur moy et me payer un peu plus tôt ce qu'on me
« donnera quelques mois plus tard, et qu'il n'y auroit de risques à
« courir qu'en cas de mort, ce qui ne m'arrivera pas je vous le
« promets, au moins de chagrin, car moyennant ce petit arran-
« gement et ma résolution je rentre dans la pleine sécurité de mon
« caractère. Je vous avoue que j'ai été un peu étourdi dans le
« premier moment, mais j'ai lu un chapitre de Bélisaire et je me
« suis dit : J'aime mon Maître, mon pays et mon métier comme
« luy ; j'ay quelques-unes de ses connoissances et j'ose croire que
« dans l'occasion j'aurois un peu de son talent, et on ne m'a point
« encore crevé les yeux. Ainsi tout calculé je ne serai pas trop
« à plaindre en me servant moi-même et j'en suis déjà tout con-
« solé. Je n'en serai pas moins toujours prêt, M. le marquis, à
« voler avec le même empressement partout où vous jugerés con-
« venable de m'employer, dès que je recevrai vos ordres et des
« ailes. J'ay l'honneur, etc ».

Je tiendrai parole et nous nous suffirons à nous mêmes ; au moins je donnerai exemple du courage et d'appétit. Peu à peu nous nous trouverons au niveau de notre revenu et tout cela ira bien. Demain je t'enverrai la lettre à Saint-Paul, je n'ai plus le temps aujourd'huy. Je t'embrasse ainsy que Xavière et de tout mon cœur. J'ai receu ta lettre d'avant-hier, il seroit bien joli de gagner un terne mardy, c'est ça qui seroit bien à propos.

MARTANGE A Mme DE MARTANGE [1]

A Madame de Martange, à Honfleur, le 14 juillet [1781]. —
J'ai passé ma journée d'hier, ma chère amie, avec le calme d'un

---

[1] Arch. de Honfleur.

homme fier et raisonnable qui se convainc d'avoir pris le meilleur parti possible, et qui réfléchit sur les moyens d'en faire son bonheur et celui des siens. Je me suis promené toutte la journée et me suis couché à minuit, et assez bien dormi. La santé se soutient toujours. Je sors ce matin pour aller passer la journée à Arceüil[1] et causer avec le colonel dont j'ai receu hier un petit billet avec l'indication des numéros 18, 29 et 53, sur lesquels il a mis et qu'il m'a conseillés, n'ayant point de meilleure ressource à m'indiquer et étant dans la même situation que moy, ce qui nous rapproche encore plus l'un de l'autre. Nous nous sommes saignés tous les deux pour faire cette fois-cy un dernier effort, nous verrons après demain ce qui en résultera. Je t'embrasse et t'aime de tout mon cœur, ma chère amie, autant à Xavière. Comme nous lirons et traduirons le silence du Bary !

Voicy ma lettre à Saint-Paul[2] dont je t'ai parlé hier : « J'ai
« receu mon arrêt, Mr., et sa rigueur ne prend rien sur ma recon-
« noissance de la ponctualité que vous avés mise à me l'annoncer
« et l'intérêt que vous voulés bien y prendre. Je vous en fais mes
« sincères remercimens. Je vous avoue que je ne m'y attendois
« pas mais la force même du coup m'a rendu toutte la mienne. Le
« malheur à un certain point exalte l'âme qu'il n'avilit pas et la mienne
« est heureusement de cette trempe-là. Vous en jugerés, Monsieur,
« par ma lettre à M. le marquis de Ségur que vraisemblablement il
« vous renverra. Je m'y borne à lui demander pour toutte grâce,
« aujourd'huy, la faveur de me faire payer une année d'avance de
« ma pension pour me mettre en état éxécuter les arrangemens
« forcés que je suis dans la nécessité de prendre pour payer mon
« boucher, mon boulanger, mes domestiques en les renvoyant. Je
« me flatte, Mr., que cecy ne dépendant que d'un simple ordre de
« Mr. de Ségur et ne pouvant être onéreux au thrésor royal vous
« voudrés bien aplanir les difficultés s'il s'en présente dans l'exécu-
« tion. Je n'attens que cela pour partir et partir content ; je vous

---

1. Arcueil, dans la vallée de la Bièvre.
2. M. de Saint-Paul, commissaire ordonnateur des guerres.

« assure, Mr., que je jouirai modestement de ma situation avec
« une sorte de satisfaction où il entrera bien quelque gloire. J'ai
« l'honneur d'être, etc. »

Voilà, ma chère amie, ce qu'ils ont receu hier. Je n'entre point
dans les détails de ce que je ferai parce que sur tout cela nous
nous déciderons ensemble et avant peu de jours, j'espère.

Je t'embrasse encore, aies soin de ta santé et de celle de ta fille.
Je suis en retard de lettres avec mon fils, étant trop occupé pour
lui écrire.

P. S. J'ai vu l'édit de création et d'enregistrement du troisième
vingtième pour finir trois ans après la signature de la paix : cela
ne l'annonce pas prochaine. On parloit hier de la prise de 130
navires sur la flotte de la Jamaïque, mais le soir la nouvelle tom-
boit. Pour celle de l'Inde [elle] est sûre et on traduit la letttre du
consul du Caire avec les détails qu'elle contient; cela paraîtra peut-
être dans la *Gazette* de demain.

MARTANGE A Mme DE MARTANGE[1]

A Madame de Martange, à Honfleur. — *Ce 7 septembre 1781,
à dix heures du matin.* — J'attens dans ce moment-cy, ma chère
amie, ta réponse et ta procuration pour terminer la négociation
pécuniaire dont je t'ai parlé. A l'égard de celle de Mr. Bayard je
passai hier une heure et demie chez Mr. de Beaumarchais et
quoique le résultat de cette conférence ait été le refus des 12.000
livres demandées, j'ai été si content de l'honnêteté des motifs sur
lesquels ce refus a été appuyé et de touttes les offres de service
dont il a cherché à le tempérer que si c'étoit un autre homme que
l'américain Bayard je crois qu'il seroit possible d'en tirer bon parti,
Beaumarchais s'étant avancé jusqu'à me dire que pour les dettes que
M. Bayard avait la délicatesse de ne pas vouloir laisser en arrière,
quand il l'auroit veu et qu'il auroit causé avec luy, il se pretteroit à

---

1. Arch. de Honfleur.

tout ce qui pourroit être faisable pour opérer sa tranquillité, faisant entendre par là où qu'il donneroit des effets à terme éloigné ou qu'il se chargeroit d'en répondre, je ne sais lequel des deux. Quoiqu'il en soit, je viens dans le moment même de rendre compte de cette conférence audit sieur Bayard, à Lille, et nous verrons ce qu'il me répondra, s'il reviendra icy, ou s'il n'y revient pas ce qu'il aura fait là bas.

A tout événement j'ai entamé avec Mr. de Beaumarchais l'affaire du colonel Sayffert relativement à de certains métaux propres à la fabrique de canons et dont il seroit assez possible de tirer bon parti et promptement. Je verroi le colonel aujourd'huy et nous en causerons avant d'aller ensemble un matin chez le seigneur de Beaumarchais.

J'ai eu hier des lettres de Mr. Martin[1] en datte du 2 de ce mois; il conte être le 12 ou le 15 de retour à Lyon. La maman ainsy qu'eux et le cousin se portent à merveille. Il m'invite à ne pas perdre courage et à penser au gouvernement de Lyon. C'est dire à quelqu'un qui ne pourroit pas avoir un écu : que ne vous faittes-vous donner un louis?

Il y a des nouvelles sûres du débarquement de Mr. de Crillon à Minorque ; il a été effectué, le 18, sans aucun obstacle[2]. Reste à savoir ce que feront les Russes qui ont 14 vaisseaux dans la Méditerrannée, quelles mesures prendra-t-on icy en conséquence de cette défection, si elle est vraye et que la nouvelle n'en soit pas anticipée. C'est ce qu'il faudra voir. Ce qu'il y a de certain c'est que c'est M. de Falckenhayn[3] qui commande les huit bataillons qu'on y envoye d'icy, et hier le maréchal de Broglie alla chez le général pour lui mener le comte de Revel, son second fils, qui doit faire cette campagne comme aide-de-camp auprès du commandant françois.

1. M. Martin-Dufour, négociant à Lyon, beau-frère de Mme de Martange.
2. La date du débarquement des Espagnols dans le nord de Minorque est le 9 août 1781. L'effectif aux ordres du duc de Crillon s'élevait à onze mille hommes.
3. Le baron de Falckenhayn, brigadier en 1762, maréchal de camp le 3 janvier 1770, lieutenant général en 1784.

Il y a eu une scène diabolique à Saverne chez le cardinal[1] entre un jeune colonel, le chevalier de Narbonne[2] et le docteur comte Cagliostro dont tu as entendu parler[3]. Le jeune colonel pour amuser les autres dames avoit persifflé pendant tout le dîner la dame Cagliostro[4] qui avoit soutenu la plaisanterie tant bien que mal, jusqu'à un verre de vin répandu par hazard ou exprès sur sa belle robe qui à exciter sa sensibilité jusqu'au dépit et aux larmes. — « Pourquoy, lui a dit son mari, vous mettez vous à côté de cet homme-là, c'est un insolent. » — Le chevalier a répliqué au docteur que partout ailleurs il lui feroit voir ce qu'on fait d'un charlatan qui s'oublie. — « Je suis médecin pour mes malades, Mr., mais homme d'honneur pour châtier les insolens qui se portent bien ». — « Je vous ferois bâtonner par mes gens » a répliqué le chevalier. — « J'ai plus de gens que vous », a dit le docteur, et pour vingt coups que je recevrois je vous en ferois donner cent. » On est sorti et le docteur a été sommé par le colonel de se battre puisque le cœur luy en disoit. — « Mr., a dit le médecin, avant tout mes malades et demain matin notre affaire. » Au retour de Strasbourg, le maréchal de Contades a mis le chevalier aux arrêts ; il les a, je crois, un peu faussés, et sur cela il a été fort maltraité à la parade par le maréchal qui l'y a remis avec la plus sévère injonction. De telle façon que cela tourne, c'est une aventure fort ridicule et dont le ridicule retombe fort sur le cardinal et sur le colonel. Cela prouve, disoit hier assez plaisamment un homme de ma connaissance, qu'il n'y a point de danger à ne pas persifler les étrangers fussent-ils ridicules. Ta lettre ne vient point et je finis la mienne, car il faut que je sorte. Je t'embrasse de tout mon cœur ainsy que Xavière. Toujours sans lettre de mon fils ; peut-être qu'à force voir que je pense à luy il pensera aussi un peu à moy.

1. Le cardinal de Rohan.
2. Mestre de camp commandant le régiment de Forès-infanterie en 1784.
3. La scène est au château de Saverne, résidence du prince-évêque de Strasbourg. Le cardinal de Rohan était le patron de l'habile charlatan venu une première fois à Paris, au mois de juin 1761.
4. Italienne intrigante et aventurière.

MARTANGE A Mme DE MARTANGE [1]

A Madame de Martange, à Honfleur. — Paris, 8 avril [1782]. — Rien de toy, hier, ma chère amie, je passai pour mon compte ainsy que je te l'avois marqué chez il signor le duc di Selva, que je trouvai et avec lequel je passai assez de temps pour lui signer la permission de louer la maison de Cerny dès ce moment-cy s'il trouvoit à le faire, à condition que le prix qu'il tireroit du loyer s'il parvenoit à s'en delfaire seroit diminué sur celui de la location jusqu'au 15 septembre que je devois tenir ; cela se passera au reste fort bien entre luy et moy. La sennora contessina, etc [2].

Nous allons dîner aujourd'huy chez Privat, demain chez Desmazures, et moy mercredy chez la Duchesse que je vis hier et que je trouvai très-affligée, ou au moins occupée de la perte de la Haye qui est un objet pour elle ou du moins pour luy de plus de cent mille écus, et Dieu scait si on entrera la dedans et si, au cas qu'on y entre, cela ne tiendra pas bien d'autres grâces auxquelles on tient excessivement et surtout au cordon bleu. On parle beaucoup de nouvelles favorables de l'Inde [3] et on regarde comme certain que Mrs. d'Orves [4] et de Suffren ont gagné de vitesse les Anglois à Ceylan, et qu'avec onze vaisseaux de ligne, 4 frégattes, 10 fluttes et quelques bâtimens munitionnaires et de transport ils auront été tenter l'expédition de Bombay, ou coopérer aux succès d'Hyder-Aly qu'on continue à dire qu'il a gagné une bataille contre les Anglois où leur général Monck même a été tué avec 4 colonels et plus de 1500 blancs sans compter les cypayes [5]. On est fort curieux

1. Arch. de Honfleur.
2. Onze lignes en italien que la mauvaise écriture de Martange rendent indéchiffrables.
3. Ces nouvelles sont sans doute relatives à l'apparition de l'escadre de Suffren devant Madras le 15 février 1782 et au combat du 17. Cependant M. d'Orves cité dans la lettre était mort le 9 février de la même année.
4. Le comte d'Orves.
5. Il s'agit peut-être du combat du mois de septembre 1781 au siège d'Arcate.

de voir la tournure que vont prendre les affaires en Angleterre sous la nouvelle administration. On assuroit hier, (j'ai de la peine à le croire, mais cependant la populace britannique est incalculable) que le carosse du Roy avoit été arrêté par une troupes d'insolens au sortir de son palais de Saint-James, qu'on lui avoit jetté de la boue et des pierres, et que quelques-uns avoient eu la barbare indignité de lui montrer la porte murée par laquelle Charles Ier étoit sorti pour aller à Charing-place, en lui disant : « Songès qu'on peut la rouvrir pour toy et pour le même voiage. » Ces indignités parricides sont si loin de nos cœurs et de nos langues qu'on ne peut croire qu'un groupe de citoyens tels vils, tels brutaux qu'ils puissent être puissent avoir la démense cruelle de proférer ces outrages sacrilèges. Cependant je le tiens de gens sensés et pas plus crédules que de raison.

Ton fils dort encore et son rhume est très gros ; il dit que cela lui a ôté le goût, mais j'ai pu voir hier à dîner qu'en tout cas cela ne lui avoit pas ôter l'appétit.... Je vais tâcher de voir ce matin le comte de Caraman.

MARTANGE A Mme DE MARTANGE [1]

A Madame de Martange, à Honfleur. — Paris ce 14 avril [1782]..... Je conte toujours aller demain à Versailles pour voir un peu ce qui en sera avec le révérent père Inumano [2] e il suo vicario, il reverendo sancto Paulo; e si il padre Inumano ha parlato o no alla signora Duchessa, oggi come ella l'havera cercata siouramente a fare [3].

Je t'ai mis les trois numéros que tu m'a chargé de te choisir, et j'espère que tu en tireras quelque chose. C'est : 21, 25, 48. J'y ai

---

1. Arch. de Honfleur.
2. Le maréchal de Ségur, ministre de la guerre, et M. de Saint-Paul, cités plusieurs fois dans d'autres lettres.
3. Martange sollicitait le gouvernement de Château-d'If. Voy. la lettre suivante.

beaucoup de foy, mais pas tant cependant qu'à la négociation que j'ai commencée et dont j'attens résolution pendant le cours de la semaine que nous allons commencer. Je n'ai eu aucune lettre de Lyon depuis celle que je t'ai envoyée, et j'attens un peu ce qu'ils m'écriront pour me régler en conséquense ; mais il sera assez tôt si cela m'arrive avant le 20. Je n'ai pas vu le personnage au poisson depuis l'arrivée de sa torquette, il faut qu'il n'en ait pas été fort édiffié, mais je m'en console et comme c'est un créancier je suis à mon aise et je ne m'en rembourse pas moins par mes mains.

Nous dînons aujourd'huy chez madame de Rougemont qui nous a envoyé inviter il y a deux jours. Je ne sais si son fils est revenu de Neufchâtel où il est depuis un mois, mais ce sont toujours des gens à ménager, sinon pour l'avenir du moins pour le passé et pour la tranquillité présente. On ne dit aucune nouvelle intéressante et on ne convient pas moins généralement de la vérité de touttes celles que je te mandois en dernier lieu sur Mr. de Kersaint, sur la Jamaïque et sur Mr. de Vaudreuil[1]. On a les yeux ouverts sur les nouvelles démarches du nouveau ministère anglois, et on s'en occupe avec raison. Tu vois dans les gazettes touttes les cérémonies papales à Vienne, ainsy je ne t'en parle pas ; mais on se rappelle dans cette circonstance une prophétie attribuée à un saint d'Irlande, archevêque d'Armagh nommé Malachia, qui a fait une prophétie sur tous les papes jusqu'au jour du Jugement dernier, ou celuy-cy est désigné par le nom de *Pèlerin apostolique*. Tu pourras voir ou indiquer aux curieux cette prophétie dans Moréry à l'article *Malachie*[2].

Ton fils dort actuellement ; il m'a dit t'avoir écrit hier ; je t'envoye un de ses dessins qu'il ne trouvoit pas assez bon pour te l'adresser. mais je sais par mon cœur que celuy des mères est indulgent. J'embrasse la mère et la fille pour luy et pour moy.

1. Allusion aux opérations des escadres françaises aux Antilles et dans l'Inde ; le comte de Kersaint avait reconquis les colonies hollandaises.
2. On trouve en effet, dans Moréri les prédictions en question : le *peregrinus apostolicus* se rapporte au pape Pie VI ; en continuant leur application jusqu'à nos jours, la prophétie *lumen in cœlo* (la lumière dans le ciel) désignerait le pape Léon XIII.

P. S. Dis à la marquise [1] que Mr. de Vergennes fils a la petite vérole, mais qu'on le croit hors de danger.

MARTANGE A Mme DE MARTANGE [2]

A Madame de Martange, à Honfleur. — Paris, ce 21 avril [1782].
— Ainsy que je te l'avois annoncé, ma chère amie, j'ai vu Mgr. de Ségur, qui m'a dit en m'abordant qu'il venait de chez une Dame de ma connaissance qui ne s'intéressoit guères à moy. — « Ce n'est pas pour vous presser que je vous l'ai détachée, c'est une manière de récompense de votre bonne intention que je vous ai procurée. » Il a souri en me répondant que ce n'est pas elle que je lui avois détachée mais qu'il s'étoit lui détaché vers elle, et qu'elle me diroit tout ce qui s'étoit passé entre eux. Tout cela du meilleur ton. J'ai dîné chez la Dame qui m'a effectivement rendu que, d'après la façon dont elle s'était acquittée de ma commission, Mr. de Ségur en convenant avec elle de deux choses qu'il connaissoit très parfaitement, lui avoit-il dit, mes mérites et mes besoins, avoit ajouté qu'il ne manquoit plus que l'occasion de satisfaire aux uns et aux autres; que les mutations dont elle lui parloit par les morts de Mrs. de Marsan [3] et d'Aumont [4] n'avoient point lieu, attendu l'engagement pris par le feu Roy en faveur du duc de Villequier [5] à son mariage pour toute la dépouille de M. le duc d'Aumont, et que pour le gouvernement de Provence les gouvernements particuliers suivroient le gouvernement général, de là impossibilité de m'accorder le petit gouvernement du Château d'If et de Ratonneau [6] que je

---

1. La marquise de Lentillac.
2. Arch. de Honfleur.
3. Le prince de Marsan, brigadier en 1747, maréchal de camp en 1748, lieutenant-général en 1758, gouverneur de la Provence et de Marseille.
4. Louis-Marie-Augustin duc d'Aumont, né le 28 août 1709, lieutenant-général en 1748, gouverneur du Boulonnais.
5. Mestre de camp de Royal-Pologne en 1760, maréchal de camp en 1770, lieutenant-général en 1784.
6. Château-d'If, Pommègue et Ratonneau formaient un gouvernement particulier du produit annuel de 8.000 livres.

l'avois priée d'articuler nommément, en proposant Mr. le comte de Scey[1] pour le gouvernement particulier de Toulon ; que la dite Duchesse s'étant encore rabattue sur mes besoins instans, lui avoit dit que c'étoit contre ses instructions de lui parler d'argent, mais que sur le tableau de mes finances elle passoit mes ordres en lui en parlant comme d'un besoin instant.

« Eh, mon Dieu, madame la Duchesse, lui auroit-on dit, je le sais comme vous, et il y a plus d'un mois que j'ai arrêté son affaire ; tout est prêt dans mon portefeuille, cela ne dépend plus que du travail avec le Roy ; nous l'attendons et je vous répons que je ne proposerai rien au Roy avant luy sur les articles de son genre. Je ne peux pas vous en fixer l'époque, mais je crois pouvoir vous dire que cela ne peut pas être bien long. »

Voilà, ma chère amie, où nous en sommes. Demain je verrai mon homme à la négociation d'argent et je t'écrirai en conséquence. Je vais prendre ce matin du sel de seignette avec mon fils ; il fait beau ; nous irons nous promener une heure et j'irai de là à pied chez mon lord Jaune[2] puis je reviendrai manger à la maison une bonne tête de veau qui y cuit à point et qui nous régalera fort.

La Reine est non pas malade mais très incomodée d'une érésipelle qui commence, disait-on hier, à gagner son beau visage et qui doit plus la contrarier que toutte autre femme, vu la finesse et l'éclat de sa peau et le prix qu'elle doit y attacher et que tous ceux qui ont le bonheur de la voir y attachent. Cela a déjà fait reculer le voyage de Marly jusqu'au 25 de ce mois au lieu d'aujourd'huy, et hier on disoit qu'il n'y en auroit point attendu l'arrivée prochaine du comte et de la comtesse du Nord[3] qui seront à Versailles le 8 may et le

---

1. Le comte de Scey-Montbéliard, brigadier de cavalerie en 1758, maréchal de camp le 20 février 1761, gouverneur de Château-d'If en 1775 et 1784.

2. Le duc de Salve dont il a été déjà parlé.

3. Le grand-duc et la grande-duchesse de Russie, sous le nom de comte et comtesse du Nord, arrivèrent à Paris le 18 mai 1782 et logèrent à l'hôtel de l'ambassadeur de la czarine, rue de Grammont, au coin des boulevards. Ils reprirent la route d'Orléans, le 19 juin suivant, « emportant avec eux les regrets et l'admiration des Parisiens. » C'est du comte du Nord que La Harpe a dit : *Aux courtisans jaloux il apprend l'art de plaire.*

13 à Paris, ainsy que l'a mandé Madame la comtesse à son amie Mme de Bruce née Voronzoff. On assure qu'il y aura en revanche un voiage de Fontainebleau où Mr. le comte du Nord qui ira faire un tour en Hollande au mois de juin reviendra pour la Saint-Hubert.

J'ai trouvé hier au soir en rentrant chez moy une lettre de Mr. de Boulard qui m'envoye le décompte de mon fils suivant lequel il lui reviendra, au 1er juin, 384 livres. L'ami Cichet lui a fait son second soldat de recrue qu'on m'a amené icy et qui est charmant. Il part demain et il m'en coûte 84 livres pour acquitter cette emplette; le voilà du moins en règle de ce côté-là. Je ne te charge de rien pour la marquise, je vais lui écrire. Nulle espèce de nouvelle en aucun genre. On parle paix et guerre en même temps, et rien de décidé ni d'arrangé sur ce qu'on pourra faire par terre, si tant est qu'on fasse. Rien de toy hier.

.. Je[1] vous embrasse bien tendrement, ma chère petite maman, ainsi que ma chère petite sœur.

---

1. Les deux dernières lignes sont de la main de Martange fils, alors âgé de dix-neuf ans; il mourut fort jeune, en 1790, capitaine au régiment d'Aunis.

APPENDICE

ACTE DE BAPTÊME DU GÉNÉRAL DE MARTANGE

Extrait du registre des baptêmes, mariages et sépultures de l'église Saint-Pierre de Villemeux, diocèse de Chartres, pendant l'année 1722.

Le mardi dixième jour de janvier de la présente année à trois heures après-midy a été baptizé Marie Antoinne Boüé, né le matin du légitime mariage d'entre noble personne André Boüé, intendant de la maison de M. le marquis de La Salle et demoiselle Marie-Françoise Richelet, ses père et mère, demeurant à Renancourt de cette paroisse, le parrain qui luy a imposé le nom a été Jean Vinot, concierge de mondit seigneur le marquis de la Salle, asisté de demoiselle Marie Andrée, grande mère dudit baptizé qui a été la marraine, tous les deux signés avec moi curé, le père absent. — Vinot, Marie-Andrée, Morel, curé [1].

NOTICE DES SERVICES DU LIEUTENANT-GÉNÉRAL DE MARTANGE
(Arch. de la Guerre.)

de Martange (Marie-Antoine Bouët), fils d'André Bouët et de Marie-Françoise Richelet, né le 10 février 1722, à Renancourt [2], élection de Dreux.

Lieutenant en second au régiment allemand de Löwendal (infanterie), le 17 décembre 1745. A servi en 1745 et 1746 comme aide-de-camp du maréchal de Löwendal.

Capitaine au régiment allemand de La Dauphine (infanterie) le 1er avril 1747.

---

1. Nous devons la copie de cet acte à l'obligeance de M. le Dr Demesse, maire de Villemeux.
2. Eure-et-Loir, com. de Villemeux, cant. de Nogent-le-Roi, arr. de Dreux.

Réformé comme Français, le 10 janvier 1749.

Autorisé la même année à passer au service de l'Électeur de Saxe, fut nommé capitaine aux grenadiers-gardes et reçut la patente de major d'infanterie.

Capitaine réformé sans appointements à la suite du régiment de La Dauphine en restant au service de Saxe, le 8 avril 1757.

Aide-de-camp du comte de Lusace, en 1758.

Colonel, en 1748.

Général-major, en 1761.

Autorisé à faire les fonctions de Maréchal de camp à l'armée du maréchal de Broglie, le 13 avril 1761.

Maréchal de camp au service de France le 1er avril 1762, et employé près le corps de troupes saxonnes à l'armée d'Allemagne.

Secrétaire général des Suisses et Grisons, en 1772.

A cédé cette charge, en 1779.

Lieutenant-général, le 1er mars 1780.

Émigré. A fait la campagne de 1792 dans l'armée des Princes.

Campagnes : 1745, sièges de Bruxelles, de la citadelle d'Anvers et des villes et château de Namur; bataille de Raucourt; — 1747, conquête de la Flandre hollandaise et siège de Berg-op-Zoom; — 1757, bataille de Prague et de Chotsemütz; — 1758, bataille de Lutzelberg où il commande les grenadiers du corps saxon; — 1759, 1760, 1761 et 1762, en Allemagne, avec le corps de troupes saxonnes.

A été blessé grièvement d'un coup de feu et a eu deux chevaux tués sous lui à la bataille de Chotsemütz, le 10 juin 1757.

Chevalier de Saint-Louis, le 8 juillet 1757.

LETTRES DE NATURALITÉ POUR JEAN-ROBERT-BERNARD DE RUMERSKIRCH [1]

mai 1774.

Louis par la grâce de Dieu, etc: Notre cher et bien-amé noble Jean-Robert-Armand de Rümerskirch, natif de la principauté de Lowenstein-Wertheim en Allemagne, âgé de dix-huit ans passés, faisant profession de la religion catholique, apostolique et romaine, fils légitime de noble Edmond de Rümerskirch et de Marie-Josèphe Stipplin, ses père et mère,

---

1. Nous ne donnons que le préambule en rectifiant le nom porté sur le registre des Arch. Nat. P. 2599, fol. 28.

nous a fait exposer qu'il fait sa demeure en notre bonne ville de Paris, qu'il s'y est marié à la fille de notre cher et bien-amé sieur de Martange, maréchal de nos camps et armées, et que voulant finir ses jours dans notre royaume, il désireroit jouir des mêmes avantages que nos vrais sujets et régnicoles, etc.

Donné à Versailles, au mois de may 1774.

Expédiées et registrées en la chambre des comptes, le 4 juin 1774.

TABLE ANALYTIQUE

1756

Projet d'une descente en Angleterre. — Situation de la France. — Détails militaires.

1757

Mission de Martange à la cour de France. — Son entretien avec M. Rouillé. Il propose l'alliance de la Saxe et de la Russie. — Projet pour les transfuges saxons. — Son entrevue avec l'abbé de Bernis. — Projet de campagne pour l'armée russe. — Retour de Martange en Autriche, puis en Pologne. — État de la Pologne.

1758

Conventions en faveur des troupes saxonnes.

1759

Campagne en Westphalie. — Positions de l'armée française. — Martange à Versailles. — Il prépare la réorganisation du corps saxon. — La flottille du sieur Thurot. — La succession au trône de Pologne. — Martange convie le prince Xavier à se porter candidat. — La Dauphine agrée ce projet. — Négociations pour en assurer le succès.

1760

Campagne de Hesse. — Positions des troupes du maréchal de Broglie. — Martange sollicite le grade de maréchal de camp. — Refus du maréchal de Belle-Isle. — Martange offre la démission de ses emplois. — Démarches du prince Xavier.

1761

Nouvelle mission de Martange à la cour de France. — Sollicite l'augmentation de l'armée de Saxe. — Nouvelles de Versailles. — Changement de ministres. — Voyage du prince Xavier en France. — Armée française du Bas-Rhin. — Affaire de Grunberg qui délivra Cassel. — Nouvelles de la paix. — Renouvellement de la convention pour le corps saxon. — Entretien de Martange avec le duc de Choiseul. — Nouvelles de la guerre. — Arrangements pour la famille royale de Saxe. — Convention pour la solde du corps saxon. — Entremise de la Dauphine. — Campagne en Westphalie. — Propositions possibles de la paix.

1762

Nouvelles négociations de Martange pour la solde du corps saxon.

1763

Bruits de la cour. — Érection de la statue équestre de Louis XV. — Affaires financières du prince Xavier. — Les députés des parlements de Paris et de Rouen à Versailles. — Martange propose la candidature du prince Xavier au trône de Pologne. — Son entretien avec le duc de Praslin. — Observations sur les tentatives à faire. — État des partis en Pologne. — Chances que présente la candidature du prince Xavier. — La Dauphine y est favorable. — Divers mémoires de Martange à ce sujet.

1764

Considérations sur la Pologne relativement à l'élection future. — Entretien de Martange avec le Dauphin. — Conduite à suivre avec les Polonais. — Vues de Martange sur la succession de Stanislas-Auguste. — Le prince Xavier retire sa candidature. — Nouvelles de la maladie de Mme de Pompadour. — Mémoire particulier sur les affaires de Pologne. — État politique de ce pays. — Mort de Mme de Pompadour.

1765

Martange sollicite un entretien avec la Dauphine. — Longue conversation sur la position politique du prince Xaxier. — Échange de confidences. — Sentiments de la Dauphine pour son frère. — Conduite que doit suivre le prince Xavier à cet égard. — Nouvelles de la cour. — Voyage du Dauphin. — Arrestation de Drouët, secrétaire du comte de Broglie. — Le Parc-aux-Cerfs. — Maladie du Dauphin. — Mémoire sur les principautés de Neufchâtel et de Valengin. — Projets pour l'établissement du prince Xavier dans ces comtés. — Autres projets concernant l'état et la condition des frères et des sœurs du prince Xavier.

1766

Affaires privées de la maison de Saxe. — Mésintelligence de la famille royale. — Ses causes. — Situation difficile qu'elle amène. — Envoi de Martange à Dresde pour rétablir l'union dans la famille. — Il est chargé de s'entendre avec le comte de Flemming à ce sujet. — Difficultés de sa mission. — Conduite à suivre. — Martange de retour à Paris fait l'achat de la terre de Maison-Blanche. — Mouvement de crainte pour la santé de la Dauphine. — Le crédit de cette princesse sur Louis XV peut beaucoup.

1767

Inquiétudes sur la santé de la Dauphine. — Martange multiplie ses visites à cette princesse. — Il tente un dernier effort auprès d'elle en faveur du prince Xavier. — Son entretien avec la Dauphine. — Mort de la Dauphine. — Condoléances. — Craintes que ce décès fait concevoir. — Projets de mariages princiers : de Louis XVI et du comte de Provence. — Martange demande à Mme Adélaïde d'appuyer ses projets. — Madame ne s'y prête pas. — Intrigues de Martange. — Le duc de Choiseul l'éloigne de la cour. — Sa conversation à Fontainebleau avec Martange. — Entretien de Martange avec Mme Adélaïde.

1769

Martange à Dresde. — Règlement d'affaires privées. — Succession de M. de Rachel. — Nouvelles de l'Électrice.

1770

Le prince Xavier désire résider en France. — Martange négocie l'achat d'un domaine. — Mariage de Louis XVI. — Martange à Marly. — Pourparlers pour l'acquisition de la terre de Chaumot. — Mémoire adressé à Louis XV et tendant au renvoi du duc de Choiseul. — Exil du duc de Choiseul.

1771

Martange annonce la chute du duc de Choiseul, renversé du ministère. — Son contentement. — Candidats à la succession du premier ministre. — Choix pour les ministères des Affaires Étrangères, la Guerre et la Marine. — Martange, le duc d'Aiguillon et Mlle Noirette. — Démarches de Martange auprès du contrôleur général. — Embarras pécuniaires. — Autres démarches pour obtenir une charge militaire.

1772

Martange obtient la place de secrétaire des Suisses et Grisons. — Mme de Martange se rend à Chaumot.

1773

Mission secrète de Martange à Londres. — Le duc d'Aiguillon l'y envoie s'informer des dispositions de l'Angleterre. — Relation détaillée de la mission de Martange. — Curieuses conversations avec lord Rochford. — Mariage de Mlle de Martange.

1774

Nouvelles de Paris. — Beaumarchais. — Martange sollicite un emploi. — Réflexions sur l'état actuel des affaires de Pologne. — Une brouillerie s'est élevée entre Martange et le prince Xavier.

1776-1777

Rupture avec le prince Xavier. — Explications assez vives. — Affaire d'intérêt. — Gêne domestique de Martange. — Il se retire à Honfleur avec sa famille.

1778-1779

Mme de Martange à Honfleur. — Nouvelles de guerre. — Martange fils est officier au régiment de Conti. — Prise de la Grenade par M. d'Estaing. — Négociations pour la paix. — Duel d'un gendarme et d'un officier du régiment de Conti. — Armements en Normandie. — Martange essaie de céder sa charge de secrétaire général des Suisses et Grisons. — Renseignements à ce sujet. — Nouvelles des armées navales de d'Orvilliers et du comte d'Estaing. — Cession de la charge de secrétaire général des Suisses. — L'escadre de M. Du Chaffault. — Le prince Xavier et la comtesse de Spinucci.

1780-1781

Martange s'installe à Paris. — Ses embarras pécuniaires. — Il sollicite un commandement. — Ses vains efforts. — Sa lettre à M. de Ségur. — Sa lettre à M. de Saint-Paul. — Ses affaires avec Beaumarchais. — Nouvelles de guerre. — Le cardinal de Rohan et son château de Saverne. — Scène entre Cagliostro et le chevalier de Narbonne.

1782-1783

Bruits relatifs à l'escadre de Suffren. — Les escadres françaises aux Antilles. — Martange sollicite un gouvernement particulier. — Il éprouve un refus absolu. — Maladie de la reine Marie-Antoinette. — Voyage en France du comte et de la comtesse du Nord. — Mme de Martange se retire de Honfleur.

FIN DE LA TABLE ANALYTIQUE

TABLE ALPHABÉTIQUE

DES NOMS DE PERSONNES

A

Adélaïde (Mme Marie-) de France, 408, 413, 414, 417, 419, 424, 490.
Affry (le comte d'), 500, 502, 594, 598, 600, 601, 604.
Agdollo (le marquis d'), 383.
Aigremont (Maret d'), 197.
Aiguillon (le duc d'), 81, 144, 158, 393, 476, 489, 490, 508, 517, 529, 531, 567.
Aleardi (la dame), 149.
Allemand (le chevalier d'), 577.
Alloy (M.), 262.
Almodovar (le marquis d'), ambassadeur, 584.
Amblimont (Mlle d'), 286.
Anhalt-Coethen (le prince d'), 234.
Apraxin (le général), 38, 45.
Arcambal (le marquis d'), 497.
Argence (le chevalier d'), 197.
Artois (Charles, comte d'), 491, 499, 500, 594, 598, 600, 602.
Ashford (lord), 525.
Aumont (le duc d'), 630.

B

Baireuth (le margrave de), 64, 65.
Bannière (M.), 202.
Barin (M.), 391.
Barrington (l'amiral), 575.
Barthélemy (l'abbé), 490.
Baudet (l'abbé), 250.
Bavière (le cardinal de), 324.
Bayard (M.), 624.
Beaumarchais (Caron de), 545, 593, 605, 624.
Beaujon (Nicolas), banquier de la cour, 449, 476, 497.
Beauvau (le prince de), 584.
Beauvau (la princesse de), 472.
Bellegarde (M. de), 609.
Belle-Isle (le maréchal duc de), 70, 75, 78, 103, 105, 108, 109, 112, 113, 145.
Belsunce (le vicomte de), 68.
Benoît (M.), résident de Prusse, 26.
Berck (M. de), 262, 323, 324.
Bermon (Picquefeu de), 581.
Bernard (Mme), de Châlons, 182.
Bernis (le cardinal de), 27, 30, 59, 62, 64, 145.
Berryer (M.), 113.
Bestucheff (le comte de), 21, 29, 42, 287.
Bethmann (les frères), banquiers, 540, 541, 542, 543.
Beust d'Eisenach (M. de), 150.
Bevern (le prince de), 50, 55.

Bianconi (le comte de), 348.
Birnbaum (D^{lle}), 326, 329, 331, 345; 359, 382, 395, 397.
Blanche (M.), du Havre, 612.
Block (le comte de), 69, 119, 175, 202, 326.
Boscarven (l'amiral), 2.
Boisgiroult (Mme de), 171.
Boquet (le sieur), 486.
Borck (M. de), 91, 323, 324.
Boulard (M. de), 574, 578, 579, 580, 588, 597, 601, 605, 610, 613.
Boullogne (M. de), contrôleur général des finances, 133, 430.
Bourcier (M.), 431.
Bourgogne (le duc de), petit-fils de Louis XV, 124.
Bouryane (le chevalier), 188, 189, 190.
Braniçki (Jean-Clément), grand général de Pologne, 215.
Brathowsky (M. de), 101, 166, 175, 183, 184, 203, 215, 267, 295, 298, 325.
Brentano (M.), de Hambourg, 387.
Broglie (le maréchal duc de), 14, 55, 166, 120, 132, 145, 161, 162, 163, 173, 174, 286, 571.
Broglie (le comte de), 21, 24, 28, 34, 44, 54, 60, 63, 106, 111, 167, 169, 286, 391, 537, 547.
Broglie (Mme la maréchale de), 150, 177.
Brugen (le colonel de), 69, 104, 108.
Bruce (Mme de), 632.
Brühl (le comte de), 21, 25, 30, 42, 54, 60, 102, 111, 117, 125, 135, 144, 147, 336, 410.
Bussy (Dominique), 155, 171, 172, 183, 436.

C

Cagliostro (Alex. comte de), 626.
Caraman (le comte de), 628.
Castries (le marquis de), 145, 387.
Catherine II, impératrice, 306, 308, 416, 469, 512, 540, 552, 553.
Caulaincourt (M. de), 68.
Causans (le colonel de), 588, 591, 607.
Cérès (Mlle), 478, 490; voir Du Barry.
Charles III, roi d'Espagne, 370, 576.
Charles XII, roi de Suède, 14.
Charras (de la Laurencie de), 589, 590.
Charron (M.), 355.
Chastellux (le chevalier de), 180.
Châtelet (le duc du), 610.
Chauvelin (M. de), 113.
Chevert (le général de), 68, 69, 70, 80, 140.
Chevreuse (le duc de), 197.
Choiseul (le duc de), 77, 78, 103, 106, 111, 118, 121, 123, 126, 133, 145, 154, 166, 219, 236, 354, 402, 403, 409, 411, 419, 432, 467.
Choiseul-Praslin (le duc de), 107, 185, 206, 219, 222, 230, 231, 238, 271, 285, 287, 293, 304, 314, 315, 471.
Clotilde de France (la princesse), 405.
Cobentzel (M. de), 385.
Condé (Louis-Joseph de Bourbon, prince de), 572, 584.
Conflans (comte de), 69.
Contades (le marquis de), maréchal de France, 286.
Conti (François-Louis de Bourbon, prince de), 85, 618.
Cordova (Don Luis de), 595, 609.
Cornic-Duchêne (Charles), capitaine de vaisseau, 158.
Coustou (Nicolas), sculpteur, 431.
Crémilles (M. de), lieutenant général, 112, 113.
Crillon (le marquis de), lieutenant général, 68.
Crosne (Thiroux de), intendant, 589.
Cumberland (le duc de), 65.
Cuning (M. et Mme de), 504, 505.

Crussol (le chevalier de), 594.
Czartorisky (les), 324.
Czartorisky (Adam-Casimir), 211, 215.

D

Daun (le général), 55.
Dauphine (la), Marie-Josèphe de Saxe, 61, 81, 83, 87, 93, 95, 106, 112, 113, 125, 132, 145, 146, 148, 159, 218, 252, 330, 382, 387, 392, 394, 396, 397, 398, 417.
David-Dufour (Mme), de Lyon, 453, 565.
Delpech (M.), 457, 459.
Desmazures (M.), 627.
Dietrich (le baron de), 500, 501, 585, 591, 594, 600, 601, 613, 615.
Dorville (M.), financier, 542, 544, 562, 568, 569, 570.
Douët (Mme), 585.
Douglas (le chevalier de), 29, 31, 34.
Drouet (M.), agent de la correspondance secrète, 354.
Dryherm (le général de), 66, 60, 75.
Du Barry (Mme), 452, 454, 477, 479, 490, 497.
Du Barry (Jean), 580.
Du Barry (Claire), 478, 490 ; voir Cérès.
Du Bois (M.), 146, 187.
Du Camp (M.), 155, 171.
Du Chaffault, chef d'escadre, 609.
Dufort (le capitaine), 115.
Dufour (M.), 430, 565 ; voir David.
Du Hausset (M.), 197.
Du Longpré (Mme), 578.
Du Metz (le chevalier), 188, 196, 352.
Dumouriez (le général), 538.
Du Plessis-Lelay (Mme), 457.
Durand (M.), ministre de France en Pologne, 26, 28.
Dyhern (le baron), 66, 69.

E

Eckart (le sieur), valet de pied du roi, 572.

Einsiedel (le comte d'), 178.
Elz (le comte d'), 167.
Enden (le président d'), 385.
Eon (d') de Beaumont, 354.
Eptingen (le baron d'), 124.
Erpach (le comte d'), 162.
Espagnac (le baron d'), 595.
Essen (le baron d'), ministre à Varsovie, 295, 298.
Estaing (le comte d'), 571, 575, 599, 606, 608, 609.
Estainville (Mme d'), 393.
Estrées (le maréchal duc d'), 56.

F

Falkenhayn (le baron de), 625.
Favier, secrétaire du comte de Broglie, 171, 175, 538.
Feronce (Mme), 499.
Ferretti (M.), 505, 507.
Fesch (le major), 69.
Fetzchwitz (M. de), 79.
Fiennes de Matharel (de), 180.
Fischer (M.), 432.
Fiscaux (MM.), 438, 439, 442.
Fitz-James (duc de), 67, 70, 228.
Flemming (Georges, comte de), 33, 56, 143, 220, 276, 315, 363.
Fontenay (Gaspard-François de), lieutenant général, 25, 62, 64, 77, 78, 79, 102, 110, 113, 121, 137, 195, 218, 226, 252, 315, 318, 348, 381, 402, 430, 443.
Fontenelle (M. de), 179.
Foulon (M.), intendant des finances, 133, 187.
Forcalquier (Mme de), 510, 516, 529.
Forell (le baron de), 335.
Fristsch (M. de), 281.
Fronsac (le duc de), 176.

G

Galbert (M. de), 421.
Galitzin (le prince de), 121, 469.

Gaston (Don Miguel), 595.
Gayot (M. de), 162.
Girault (M.), 391.
Glaubitz (M. de), 177.
Goezman (Mme), 545.
Golopkin (le comte de), 557.
Gontaut (M. de), 197.
Goudard (MM.), banquiers, 565.
Gouvernet (comte de), 179.
Gouvernet (l'abbé de), 179.
Grammont (duchesse de), 286, 321, 472.
Gribeauval (M. de), 588.
Grimaldi (M. de), 157.
Grimane (Mme de), 459, 465.
Guemenée (prince de), 394.
Gueraley (M. de), 590.
Guibert, 538.
Guillaume (comte), 486.
Guines (comte de), 509, 511, 532, 598.

H

Hamelin (M.), banquier, 430.
Hardouin (M.), 431.
Hardy (sir), amiral anglais, 584, 590, 595, 606, 607, 716.
Havrincourt (M. d'), 159.
Heart (M.), banquiers, 534.
Hénin (prince d'), 500, 591, 596, 604, 610.
Hérouville (comte d'), 144.
His (Mme), 390, 431, 584, 585, 586, 591, 594, 598, 601.
Hoffmann (M.), 333, 335, 336, 345.
Hôpital (marquis de l'), 42.
Hopkins (le commodore), 616.
Hottinguer (baronne), 386.
Hus (M.), 485.

J

Jablonowski (prince), 314.
Jarente (de), 179.
Juliard (M.), 546.

K

Kaunitz (comte de), 55, 63, 276.
Kavenach (colonel de), 66, 67.
Kersaint (comte de), 629.
Kettler (Gothard), 373.
Kilmansegg (général de), 176.
Klingerberg (de), 160, 421.
Konigsecg (comte de), 146.

L

La Chalotais (de), 393.
La Chinal-Godski (général de), 263, 281.
La Cour (de), 569.
La Fresnaye (M. de), 488, 535.
Lagnasco (l'abbé), 348.
Lamballe (la princesse de), 393.
La Marche (comte de), 477.
La Mare (M. de), 583.
La Martinière (M.), chirurgien, 355.
Lameth (Mme de), 177.
La Motte-Picquet (de), 616.
La Ponce (M. de), 317.
La Porte (M. de), 155.
La Salle (M. de), 164, 167.
Laurencie (M. de), 589, 590.
La Torre (marquis de), 182.
La Touche (M. de), 175, 359.
La Touche-Tréville (de), 602.
La Tour-du-Pin (de), 179.
La Vallée (M. de), 574.
La Vauguyon (duc de), 446, 489, 490.
Laverdy (de), 286, 393.
La Ville (l'abbé de), 478.
Le Chevalier-Le Jumel (M.), 590, 592, 604.
Le Clerc (M.), 455, 480, 486, 487.
Le Coq (M.), 163.
Lentillac (Mme de), 579.
Lippe de Bucheburg (comte de la), 120.
Lohwald (feld-maréchal), 51, 52, 53.
Loewmanseck (M. de Rachel de), 615.
Lorraine (Charles de), 54, 55.

Löwenstein (le prince de), 536, 538.
Löwenstein (la princesse de), 536, 544.
Lubomirski (le prince), 287.
Lucay (M. de), 162.
Lucke (le major), 69.
Luckner (Mme de), 101.
Lusace (Xavier de Saxe, comte de); voir Saxe.

M

Maillefaud, 496.
Maillebois (M. de), 111.
Maine (duc du), 491.
Malezenski (M.), 30.
Malézieux (de), 491.
Malzhan (comte de), 530.
Marainville (de), 352.
Marie-Antoinette (la reine), 631.
Marsan (prince de), 630.
Marsan (Mme de), 381.
Marshal (M. de), 353.
Martange (Mme de), 58, 74, 99, 115, 171, 179, 180, 384, 390, 430, 432, 443, 471, 476, 478, 482, 484, 493, 494, 496, 498, 500, 501, 503, 504, 505, 506, 539, 544, 564, 565, 571, 574, 577, 579, 581, 583, 585, 587, 589, 590, 592, 594, 595, 598, 600, 604, 608, 609, 611, 614, 616, 617, 621, 622, 624.
Martange (de), fils, 583, 587, 597.
Martange (Antoinette de), 542, 614.
Martange (Xavière de), 565, 586, 588, 591, 597, 604, 617.
Martin-Dufour (M.), de Lyon, 493, 494, 565.
Matharel (Mme de), 179.
Maurepas (M. de), 593.
Mehling (Mme), 329, 331.
Menillet (le marquis de), 590.
Mirabeau (chevalier de), 113.
Mittau (comtesse de), 371.
Mokranowsky, 148.
Monclar (de), 144.

Monet (le général), 211, 216.
Monti (marquis de), 314.
Montbarrey (prince de), 571, 572, 576, 577, 598, 601, 602.
Monteynard (de), 474, 490, 491, 495.
Montlibert (de), 197.
Müy (comte de), 474.
Müller (M.), 215.

N

Narbonne (M. de), 115, 626.
Neydert (major), 69.
Noailles (duc de), 106.
Noirette (Mlle), 476, 477, 478, 483, 497.
Nord (le comte du), 632.

O

Obernitz (colonel d'), 183.
Oblenschleger (M.), 172.
Onöpp (comte d'), 234, 235, 390, 391, 431.
Opalinski (comte), 61.
Orloff (comte), 287.
Orves (comte d'), 627.
Orvilliers (lieutenant-général d'), 590, 591, 594, 595, 599, 603, 606, 608.
Oultremont (M. d'), 189.

P

Paulmy (marquis de), 201, 217, 259.
Panin (M.), 516.
Penthièvre (duc de), 431.
Piccolomini (prince), 51.
Pincé (M.), 465.
Polignac (le cardinal de), 315.
Poniatowski (comte Auguste), 21, 31, 34, 208, 249, 304, 308, 321.
Pomiès (de), 121, 395, 403, 404, 406, 407.
Pompadour (Mme de), 78, 145, 282, 321.

Potoçki (le comte), 245.
Poyanne (marquis de), 436.
Prédelys (M. de), 115.
Privat (le Dr), 500, 579, 591, 596, 609.
Proëls (le sr), 479.
Provence (le comte de), 405.

R

Rachel (Thomas de), 385, 437, 438, 439, 444.
Régnier (M.), 535.
Rexin (M. de), 249.
Richelieu (le maréchal duc de), 65.
Richte (major), 69.
Rivière (Jean-Baptiste), 381, 535, 541, 542, 567, 574, 609, 611.
Rochefort (prince de), 69.
Rochford (lord), 508, 509, 511, 517, 530.
Rohan-Chabot (de), 394.
Rohan (le cardinal de), 626.
Rolland (M.), ingénieur, 592.
Romans (Mlle de), 321.
Ross (sir Luckart), 616.
Roüé (le), 580 ; voir Jean du Barry.
Rougemont (de), banquier, 543, 567, 570, 580, 581, 612, 613.
Rouillé de Joüy, ministre, 21, 25, 31, 42.
Rossalino (M.), 540, 541.
Roussel de la Tour (M.), 196.
Rühnebourg (Mlle de), 326, 327.
Rümerskirch (Bernard de), 536, 542, 546, 547.
Rümerskirch (Edmond de), 542.

S

Sacken (M. de), 262, 323.
Saiffert (baron de), 326, 406, 453, 456, 472, 616.
Saint-Beliani (M. de), 58.
Saint-Chamans (de), 322.
Saint-Florentin (de), 393.

Saint-Germain (comte de), 103, 112.
Saint-Ives (comte de), 581.
Saint-Mégrin (de), 489, 490, 491, 499.
Saint-Paul (M. de), commissaire des guerres, 621, 623.
Saint-Pern (de), 415.
Sainte-Foy (Radix de), 209, 210, 252.
Saxe (maison de), 88, 90, 118, 122, 176, 189, 204, 224, 234, 281, 357, 358, 368, 371, 376, 378, 381, 383, 405, 418, 505, 545, 617, 618.
Saxe (cour de), 363 à 380.
Saxe (le prince Xavier de), 70, 77, 78, 82, 105, 109, 114, 117, 118, 121, 125, 126, 133, 141, 142, 150, 154, 157, 160, 162, 163, 166, 167, 170, 190, 191, 194, 197, 200, 204, 205, 211, 215, 217, 230, 231, 232, 241, 252, 260, 261, 264, 268, 274, 283, 285, 290, 314, 317, 322, 326, 328, 357, 360, 363, 381, 387, 394, 396, 398, 400, 402, 403, 407, 412, 415, 424, 445, 450, 452, 457, 471, 472, 488, 503, 535, 536, 545, 564, 566, 617, 618.
Scey-Montbéliard (le comte de), 630.
Scheffer (M. de), 121.
Schomberg (le comte de), 162, 326, 387, 413, 414, 454, 456.
Ségur (le maréchal de), 539, 621.
Selve (le duc de), 617.
Serclas (Mme de), 577, 579.
Silly (Mme de), 618.
Silvestre (famille de), 356, 431.
Simon (M.), 430.
Solms (le comte de), 114, 116, 160.
Soltyk (l'évêque), 63.
Soubise (le maréchal de), 67, 70, 77, 145, 173, 174.
Spinucci (la comtesse de), 326, 383, 497, 503, 504, 325, 617.
Spinucci (Giuseppe de), 327.
Spinucci (Thomas de), 327.
Sponton (le sieur), de Gênes, 566.
Stahremberg (le comte de), 33, 63, 185, 186.

Stainville (le comte de), 62, 63, 114, 174; voir Choiseul.
Stanley (M. de), 157, 170.
Stanislas-Auguste, roi de Pologne, 205, 245, 410, 557.
Stormont (lord), ministre, 525, 530.
Stipplin (Marie-Josèphe), 542; voir Löwenstein.
Suffolck (lord), 518.
Suffren (le bailli de), 627.
Surgères (le colonel de), 322.

T

Terray (l'abbé), 449, 483.
Thurot (le corsaire), 80.
Trolong de Rumain (M.), 599.
Tronchin (le D^r), 392, 394.
Turgot, ministre, 567.

V

Valentin (major), 355.
Vauban (le maréchal de), 196.
Vaudreuil (M. de), 629.
Vault (M. de), 78, 112, 158.
Vaux (le comte de), 583.
Vergennes (le comte de), 206, 211, 599.
Vergennes (M. de), fils, 629.
Vernet (Joseph), 544.

Viart (M. de), 578, 580, 608.
Victoire (Mme), de France, 390.
Victor (l'abbé), 335.
Vieux (Mme), 437, 438, 439.
Villequier (le duc de), 630.
Vitzhum (le comte de), 28.
Vogüé (le comte de), 177, 178.
Voyer (le marquis de), 68.

W

Weichs (le baron de), 69, 91.
Willemann (de), 177.
Witzel (Mme de), 487.
Witingendorff (de), 148.
Woronzoff (le comte de), 21, 22, 23.
Würtzbourg (l'évêque de), 541.

X

Xavier (le prince de Saxe), comte de Lusace; voir Saxe.

Z

Zastrow (le général de), 68.
Zeschwitz (le colonel de), 69.
Zinzindorff (le comte de), 35, 69, 184, 325, 355, 437.
Zuckmantel (le baron de), 403, 409.

FIN

MACON, PROTAT FRÈRES, IMPRIMEURS.

EN VENTE A LA MÊME LIBRAIRIE :

Société d'histoire contemporaine.

1. Correspondance du marquis et de la marquise de Raigecourt avec le marquis et la marquise de Bombelles, pendant l'émigration (1790-1800), publ. par M. Max de la Rocheterie. 1 vol. (xxxii-445 p.).................. 8 fr.
2. 3. Captivité et derniers moments de Louis XVI, récits originaux et documents officiels, recueillis et publ. par le marquis de Beaucourt. 1892, 2 vol. (lxvi-400, 415 p.).. 16 fr.
4. Mémoires de Michelot Moulin sur la Chouannerie Normande, publiés par le vicomte L. Rioult de Neuville. 1893, 1 vol. (xiv-402 p.)............ 8 fr.
5. Le dix-huit Fructidor, recueil de documents, la plupart inédits, publ. par Victor Pierre. 1893, 1 vol. in-8 (xxxvi-516 p.)...................... 8 fr.
6. Mémoires de famille de l'abbé Lambert, dernier confesseur du duc de Penthièvre, aumônier de la duchesse douairière d'Orléans, sur la Révolution et l'Émigration (1791-1799), publ. par Gaston de Beauséjour. 1 vol. in-8 (xiv-320 p.)... 8 fr.
7. 8. Journal d'Adrien Duquesnoy, député du Tiers-État de Bar-le-Duc, sur l'Assemblée Constituante, publié par Robert de Crèvecœur (3 mai 1889-3 avril 1790). 1894, 2 vol. in-8 (xl-504, 545 p.)...................... 16 fr.
9. Lettres de Marie-Antoinette, recueil des lettres authentiques de la reine, publié par Max. de la Rocheterie et le marquis de Beaucourt, t. I. (1767-1789). 1895, 1 vol. in-8 (cxxvii-446 p.)............................... 8 fr.
10. L'invasion Austro-prussienne (1792-1794) (Mémoires de Langeron, etc.), publ. par L. Pingaud. 1895, 1 vol. in-8 (xvi-320 p.), portr., cart....... 8 fr.
11. La déportation ecclésiastique sous le Directoire, documents inédits, publ. par Victor Pierre. 1895, 1 vol. in-8 (xxxviii-488 p.)............ 8 fr.
12. Lettres de Marie-Antoinette, t. II, 1790-1793. 1 vol. in-8 (x-472 p.).. 8 fr.
13. Ferrand (Comte), ministre d'État sous Louis XVIII. Mémoires publiés par le vicomte de Broc (portr.). P., 1897. 1 vol. in-8, br. (xvi-313 p.) . 8 fr.
14. Collectes à travers l'Europe pour les Prêtres français déportés en Suisse (1794-1797), relation inédite publiée par M. l'abbé Jérôme. P., 1797, 1 vol. in-8, br. (xlvi-430 p.)...................................... 8 fr.
15. Mémoires de l'Abbé Baston, chanoine de Rouen, d'après le manuscrit original, publiés par M. l'Abbé Julien Loth et M. Ch. Verger. Tome I, 1741-1792. 1 vol. in-8, br. (xxix-438 p.)................................. 8 fr.
16. Souvenirs du comte de Semallé, page de Louis XVI, publ. par son petit-fils. 1 vol. in-8 (héliogr.) (445 p.)............................ 8 fr.

www.ingramcontent.com/pod-product-compliance
Lightning Source LLC
Chambersburg PA
CBHW050103230426
43664CB00010B/1422